国学是立身处世之本，更是我们不可或缺的精神力量。作为一个中国人，不能不了解国学，不能不学习传统文化。

品读国学知识　汲取无穷智慧

国学知识
全知道

董洪杰　主编

中国华侨出版社

图书在版编目（CIP）数据

国学知识全知道／董洪杰主编.—北京：中国华侨出版社，2013.5
ISBN 978-7-5113-3553-1

Ⅰ.①国… Ⅱ.①董… Ⅲ.①国学—基础知识 Ⅳ.①Z126

中国版本图书馆CIP数据核字（2013）第089863号

国学知识全知道

主　　编：董洪杰
出 版 人：方　鸣
责任编辑：吴英琦
封面设计：王明贵
文字编辑：于海娣
美术编辑：潘　松
经　　销：新华书店
开　　本：720mm×1020mm　　1/16　　印张：27.5　　字数：720千字
印　　刷：北京鑫海达印刷有限公司
版　　次：2013年8月第1版　　2018年9月第5次印刷
书　　号：ISBN 978-7-5113-3553-1
定　　价：29.80元

中国华侨出版社　北京市朝阳区静安里26号通成达大厦3层　邮编：100028
法律顾问：陈鹰律师事务所
发 行 部：(010) 58815874　　传　　真：(010) 58815857
网　　址：www.oveaschin.com　　E－m a i l：oveaschin@sina.com

如果发现印装质量问题，影响阅读，请与印刷厂联系调换。

前言

　　"国学"一说，最早见于近代思想家章太炎先生的《国故论衡》。顾名思义，"国学"就是中国之学，是中华民族在数千年历史中创造的文化。国学堪称中国人的性命之学，中华文化的学术基础、固本之学，是全面增加文化素养的学问。已故著名国学大师季羡林老先生曾提出来"大国学"的概念，他说："国学应该是'大国学'的范围，不是狭义的国学。国内各地域文化和五十六个民族的文化，都包括在'国学'的范围之内。"也就是说，广义的"国学"，就是中国之学、中华之学，是中华各民族优秀传统文化学术的总称。国学汇通思想学术、典籍制度、百行百艺、礼仪民俗，蕴含国脉、国魂、国本，是中国人的根基所在、尊严所在。从20世纪90年代起，国学热再次兴起，如今方兴未艾。

　　我们的国家，历史悠久，文化灿烂。我们的祖先留下了五千年文化遗产，国学博大精深、包罗万象，可以分为天文、历法、地理、历史、职官、服饰、器物、玉文化、青铜文化、文学、艺术、戏剧、音乐、武术、美食、民俗、礼仪、婚丧、天工开物、百草医药等方面。国学以学科分，可分为哲学、史学、宗教学、文学、民俗学、伦理学、考据学、版本学等；以传统图书类别分，可分为经、史、子、集四部。具体而言，国学是以先秦经典及诸子说学为根基，涵盖两汉经学、魏晋玄学、隋唐佛学、宋明理学，以及同时期的汉赋、六朝骈文、唐宋诗词、元曲、明清小说和历代史学等内容。国学从思想体系上可分为儒、释、道三家。国学的复兴，是时代的呼唤与要求。今天，随着国势上升，我们自然要大力弘扬国学，也要让世界了解国学。了解国学也就是了解我们的历史和现在，也就是了解我们中国人。我们知道，成为文化大国才是真正的强国。在经济全球化背景下，作为一个中国人，我们更应该深入全面地了解我们自己的国学，绝对不能够数典忘祖。

　　千百年来，国学已渗透到社会的方方面面，直接影响着国人的思想、意识、伦理、道德和行为。国学不仅是中国悠久传统文化的明证，也是每一个中国人的立身处世之本，更是我们不可或缺的精神力量。学习国学，了解国学，继承和弘扬中国文化，是每个中国人义不容辞的责任。作为一个现代人，不能不知道传统，作为一个中国人，不能不了解国学。然而，国学典籍汗牛充栋，国学内容庞杂浩繁，即使穷尽毕生之力，也难通万一。

为了帮助读者更方便、更轻松、更快捷地了解和掌握必要的国学知识，开阔文化视野、丰富知识储备、提高人文修养，编者对浩如烟海的国学知识进行了适当的取舍，选取了具有代表性、实用、读者感兴趣的内容，辑成本书。全书分为国家政治、思想学术、天人之学、文学、史学、文化艺术、民俗文化、百工名物、国学掌故九篇，涵盖了国学知识各个方面的内容，为读者轻松掌握国学知识提供了一条捷径。书中既有分门别类的严谨解释，又有引人入胜的传略和逸事，可帮助你登堂入室，领略国学的无穷魅力。

本书在广泛收集资料的基础上，力求在"新、奇、趣"上下工夫。"新"就是鲜为人知的，很少被其他书籍提到的知识；"奇"就是不一般，能让人的精神为之一振的事物："趣"即是兴趣，也是趣味，是人们想看、愿意看的东西。同时，书中还选配了200余幅包含多种文化元素的精美图片，与文字相辅相成，使读者身临其境，对国学产生浓厚的兴趣，从中体味到中国文化的博大精深。在走向世界的今天，每一个中国人都应该有良好的国学素养。请翻开本书，走进博大精深的国学长廊，领悟国学的精髓，感受国学的智慧，把握传统文化的脉搏，丰富自身的内涵，成为文化达人。

目 录

第一篇　国家政治

》职官制度

王 …………………………… 2	谏官 …………………………… 11
嫡长子制 ……………………… 2	转运使 ………………………… 12
卿大夫 ………………………… 2	宣政院 ………………………… 13
皇帝 …………………………… 3	行省制度 ……………………… 13
储君皇太子 …………………… 3	达鲁花赤 ……………………… 13
三公九卿 ……………………… 4	内阁 …………………………… 13
宰相 …………………………… 4	大学士 ………………………… 14
十三曹 ………………………… 5	司礼太监 ……………………… 14
太尉与大司马 ………………… 5	都察院 ………………………… 15
御史大夫 ……………………… 5	锦衣卫 ………………………… 15
郡县制和州县制 ……………… 6	东西二厂 ……………………… 15
郡守和县令 …………………… 6	三司 …………………………… 16
刺史 …………………………… 6	军机处 ………………………… 16
三辅 …………………………… 7	南书房 ………………………… 17
三省六部制 …………………… 7	理藩院 ………………………… 17
尚书仆射 ……………………… 7	总督 …………………………… 17
侍中 …………………………… 8	巡抚 …………………………… 18
中书令 ………………………… 8	道员 …………………………… 18
侍郎 …………………………… 8	总理衙门 ……………………… 18
政事堂 ………………………… 9	南、北洋大臣 ………………… 19
御史台 ………………………… 9	钦差大臣 ……………………… 19
唐代五监 ……………………… 9	驻外大使 ……………………… 20
观察使 ………………………… 10	品阶 …………………………… 20
参知政事 ……………………… 10	封爵 …………………………… 20
计相 …………………………… 10	幕僚 …………………………… 21
路、军、府、州 ……………… 11	酷吏与循吏 …………………… 21
知府与知州 …………………… 11	宦官 …………………………… 22
	胥吏 …………………………… 22

绍兴师爷 …………………… 22

捐纳 ………………………… 23

致仕 ………………………… 23

上卿 ………………………… 24

可汗 ………………………… 24

洗马 ………………………… 24

太傅 ………………………… 24

尚书的演变 ………………… 24

天子 ………………………… 24

皇后 ………………………… 24

公主 ………………………… 25

丞相 ………………………… 25

士大夫 ……………………… 25

斜封官 ……………………… 25

员外 ………………………… 25

太守 ………………………… 26

县官 ………………………… 26

古代官员的品、阶、勋、爵 …… 26

薪俸 ………………………… 27

贝勒 ………………………… 27

衙门 ………………………… 28

中堂 ………………………… 28

南北面官制 ………………… 28

》从察举到科举

世卿世禄制 ………………… 29

先秦的乡举里选 …………… 29

春秋战国的养士 …………… 29

征辟 ………………………… 30

郎官郎吏 …………………… 30

察举制度 …………………… 30

举孝廉 ……………………… 31

九品中正制 ………………… 31

科举制 ……………………… 32

常科 ………………………… 32

制科 ………………………… 33

恩科 ………………………… 33

进士科 ……………………… 33

明经科 ……………………… 34

翰林院 ……………………… 34

武科 ………………………… 34

八股文取士 ………………… 35

童试与乡试 ………………… 35

会试 ………………………… 35

殿试 ………………………… 36

状元及第 …………………… 36

榜眼、探花 ………………… 37

进士 ………………………… 37

举人 ………………………… 37

秀才 ………………………… 38

门生 ………………………… 38

荫生 ………………………… 39

监生 ………………………… 39

贡生 ………………………… 39

帖经、帖括 ………………… 40

试帖诗 ……………………… 40

连中三元 …………………… 40

蟾宫折桂 …………………… 41

科举四宴 …………………… 41

科场的枪替 ………………… 41

》学制和教育

学制 ………………………… 42

太学的变迁 ………………… 42

国子监 ……………………… 43

官学 ………………………… 43

稷下学宫 …………………… 43

鸿都门学 …………………… 44

太学 ………………………… 44

学官 ………………………… 44

古代的博士 ………………… 45

同文馆 ……………………… 45

通儒院 ……………………… 45

京师大学堂 ………………… 45

学位 ………………………… 46

私学 ………………………… 46

孔门四科 …………………… 46

六艺 ………………………… 47

孔门十哲 …………………… 47

书院制度 …………………… 48

四大书院 …………………… 48

私塾 ………………………… 48

东林书院 …………………… 49
古代对老师的称呼 ………… 49
洋务学堂 …………………… 50
留学生 ……………………… 50
孔子论学 …………………… 50
有教无类 …………………… 51
因材施教 …………………… 51
不愤不启 …………………… 51
学、思、习结合 …………… 51
广博专精 …………………… 52

》古代礼制

宗法 ………………………… 52
五礼 ………………………… 53
吉礼 ………………………… 53
斋戒 ………………………… 53
祭品 ………………………… 54
礼器 ………………………… 54
凶礼 ………………………… 55
丧礼 ………………………… 55
葬仪 ………………………… 55
陵寝 ………………………… 56
服丧 ………………………… 56
五服 ………………………… 56
避讳 ………………………… 57
朝聘之礼 …………………… 57
军礼 ………………………… 58
宾礼 ………………………… 58
嘉礼 ………………………… 58
相见礼 ……………………… 58
冠礼 ………………………… 59
婚礼 ………………………… 59
守制 ………………………… 60
丁忧与夺情 ………………… 60

》兵制与刑制

兵制 ………………………… 61
民兵制 ……………………… 61
烽燧传警 …………………… 61
三军 ………………………… 62
将军 ………………………… 62

军队编制 …………………… 63
秦汉军制 …………………… 63
征兵制 ……………………… 63
战阵 ………………………… 63
府兵制 ……………………… 64
都护府 ……………………… 64
节度使 ……………………… 65
枢密院 ……………………… 65
禁军和厢军 ………………… 65
募兵制 ……………………… 65
猛安谋克 …………………… 66
五军都督府 ………………… 66
卫所制度 …………………… 67
绿营兵 ……………………… 67
八旗制度 …………………… 67
兵与勇 ……………………… 68
刑制 ………………………… 69
大理寺 ……………………… 69
刑部 ………………………… 69
成文法 ……………………… 70
《秦律》 …………………… 70
《唐律》 …………………… 70
《明大诰》 ………………… 71
七出 ………………………… 71
五听 ………………………… 71
三法司会审 ………………… 72
八议 ………………………… 72
五刑 ………………………… 72
十恶不赦 …………………… 73
连坐和族诛 ………………… 73
宫刑 ………………………… 74
凌迟 ………………………… 74
监狱和班房 ………………… 74
秋决制度 …………………… 75
登闻鼓 ……………………… 75

》赋役和其他制度

均田制 ……………………… 76
占田法 ……………………… 76
户籍 ………………………… 76
算赋和口赋 ………………… 77

均输 …………………… 77
平准 …………………… 77
榷法 …………………… 78
常平仓 ………………… 78
三十税一 ……………… 78
盐铁官营 ……………… 78
井田 …………………… 79
租庸调制 ……………… 79
两税制 ………………… 79
市舶司 ………………… 80
徭役 …………………… 80
钱法 …………………… 81
一条鞭法 ……………… 81
黄册和鱼鳞册 ………… 81
摊丁入亩 ……………… 82
木铎 …………………… 82
大比和貌阅 …………… 82
太医署 ………………… 82
驿传 …………………… 83
后妃制度 ……………… 83
一妻多妾制 …………… 84

秦始皇统一六国 ……… 87
李斯的贡献 …………… 87
汉高祖得天下 ………… 88
萧何定汉制 …………… 88
汉武帝大一统 ………… 88
王莽改制 ……………… 89
光武中兴 ……………… 89
曹魏代汉 ……………… 90
诸葛亮治蜀 …………… 90
魏孝文帝改革 ………… 90
隋文帝杨坚 …………… 91
贞观之治 ……………… 91
女皇武则天 …………… 91
黄巢起义 ……………… 92
石敬瑭卖国 …………… 92
陈桥驿兵变 …………… 93
王安石变法 …………… 93
岳飞抗金 ……………… 93
成吉思汗雄霸草原 …… 94
忽必烈治元 …………… 94
明太祖的擘画 ………… 95
张居正改革 …………… 95
李自成起义 …………… 95
努尔哈赤崛起 ………… 96
康熙统一清朝版图 …… 96
林则徐销烟 …………… 96
洪秀全与太平天国运动 … 97
慈禧太后守业卖国 …… 97
戊戌变法 ……………… 98
清帝退位 ……………… 98
中华民国成立 ………… 98

》政局大变革

尧舜禹禅让 …………… 84
禹传子，家天下 ……… 85
商汤灭夏 ……………… 85
武丁中兴 ……………… 85
文王兴周 ……………… 85
周公制礼乐 …………… 86
管仲相齐 ……………… 86
商鞅变法 ……………… 87

第二篇　思想学术

》古代哲学命题

太极 …………………… 100
道 ……………………… 100
气 ……………………… 101
阴阳 …………………… 101
五行 …………………… 101

八卦 …………………… 102
万物类象 ……………… 103
有与无 ………………… 103
名与实 ………………… 103
动与静 ………………… 104
天理人欲 ……………… 105

天命 ················· 105
天人感应 ············· 105
心外无物 ············· 106
性善论 ··············· 107
性恶论 ··············· 107
性三品说 ············· 107
道法自然 ············· 108
齐善恶 ··············· 108
格物致知 ············· 108
天人合一 ············· 108

》 伦理、修养和品格

人伦 ················· 109
礼义廉耻 ············· 109
五伦 ················· 110
三纲 ················· 110
五常 ················· 110
主敬 ················· 111
孝 ··················· 111
父慈子孝 ············· 112
身体发肤，受之父母 ··· 112
不孝有三，无后为大 ··· 112
出则悌 ··············· 112
忠 ··················· 113
仁者爱人 ············· 113
克己复礼 ············· 113
信 ··················· 114
义 ··················· 114
礼 ··················· 114
智 ··················· 115
勇 ··················· 115
内省 ················· 115
持志养气 ············· 115
寡欲 ················· 116
知耻 ················· 117
慎独 ················· 117
守静 ················· 117
正心诚意 ············· 117
坐忘 ················· 118
知足 ················· 118
温、良、恭、俭、让 ··· 118

中庸 ················· 119
立德、立功、立言 ····· 119
杀身成仁 ············· 120
舍生取义 ············· 120
独善和兼济 ··········· 120
气节 ················· 121
三从四德 ············· 121
节烈 ················· 122
内圣外王 ············· 122

》 儒家

大同 ················· 122
小康 ················· 123
礼乐征伐自天子出 ····· 123
尊尊与亲亲 ··········· 124
穷则变，变则通 ······· 124
礼治 ················· 124
君君，臣臣，父父，子子 ··· 124
名不正则言不顺 ······· 125
宽政安民为上 ········· 125
上行下效 ············· 125
和同之辨 ············· 126
民为贵，君为轻 ······· 126
王道与仁政 ··········· 126
劳心者治人，劳力者治于人 ··· 127
使民不饥不寒 ········· 127
心之四端 ············· 127
忠孝如何两全 ········· 128
移风易俗 ············· 128
制天命而用之 ········· 129
君权神授 ············· 129
罢黜百家，独尊儒术 ··· 129
大一统 ··············· 130
正始之音与清谈 ······· 130
魏晋风度 ············· 131
复性论 ··············· 131
太虚即气 ············· 131
民胞物与 ············· 132
理气论 ··············· 132
明心见性 ············· 132
存天理，灭人欲 ······· 132

王守仁格竹 …………… 133
知行合一 …………… 133
经世致用思潮 …………… 133

》**道家**

老子之道 …………… 134
道生一，一生二，二生三，三生万物 134
无为而治 …………… 135
治大国若烹小鲜 …………… 135
小国寡民 …………… 135
民不畏死 …………… 135
祸福相倚 …………… 136
功成身退 …………… 136
上善若水 …………… 136
庄子的齐物论 …………… 137
逍遥游 …………… 137
螳螂捕蝉 …………… 137
材与不材之间 …………… 137
白驹过隙 …………… 138
庖丁解牛与养生 …………… 138
只可意会 …………… 138

庄周梦蝶 …………… 139
外化而内不化 …………… 140
濠梁观鱼之乐 …………… 140
窃钩者诛，窃国者侯 …………… 141

》**法家、墨家和其他思想**

法先王 …………… 141
法治 …………… 142
公私之交，存亡之本 …………… 142
法、术、势 …………… 143
法后王 …………… 143
自相矛盾 …………… 143
明故、辨类、是非之理 …………… 144
兼相爱，交相利 …………… 144
非攻 …………… 144
尚贤与尚同 …………… 145
非命论 …………… 145
不战而屈人之兵 …………… 145
离坚白 …………… 146
合纵与连横 …………… 146
华夷之辨 …………… 146

第三篇　天人之学

》**天文历算**

观象授时 …………… 148
受天命，改正朔 …………… 148
日、气、朔 …………… 148
干支计时纪年 …………… 149
"天文志"与"五行志" …………… 149
三垣与四象 …………… 149
星野 …………… 150
古代的星图 …………… 150
彗星、行星的运行记载 …………… 151
黄道与黄道吉日 …………… 151
二十八宿 …………… 151
二十四节气 …………… 152
黄历 …………… 152
阴历与阳历 …………… 152

夏历、周历和秦历 …………… 153
太初历 …………… 153
授时历 …………… 153
浑天仪 …………… 154
北斗 …………… 154
季节与十二次 …………… 154
分野 …………… 155
闰月 …………… 155
纪日法 …………… 155
纪月法 …………… 156
漏刻、日晷和圭表 …………… 156
一行测算子午线 …………… 157
张衡 …………… 158
祖冲之与圆周率 …………… 158
沈括 …………… 158

郭守敬 ……………………… 159

》独特的中医

中医 ………………………… 159
中医的起源 ………………… 159
中医的理论基础 …………… 160
四诊八纲 …………………… 160
辨证施治 …………………… 160
邪从外来，病由内起 ……… 161
望闻问切 …………………… 161
辨证与辨病 ………………… 161
未病先防，有病防变 ……… 162
扶正祛邪 …………………… 162
中药与方剂 ………………… 162
人体的经络网 ……………… 162
穴位 ………………………… 163
针灸疗法 …………………… 163
中医推拿术 ………………… 163
药膳 ………………………… 164
中医十大流派 ……………… 164
扁鹊 ………………………… 165
张仲景 ……………………… 165

华佗 ………………………… 166
孙思邈 ……………………… 166
金元四大家 ………………… 166
李时珍 ……………………… 167
《灵枢经》 ………………… 167
《黄帝内经·素问》 ……… 167
《神农本草经》 …………… 168
《肘后备急方》 …………… 168
《千金方》 ………………… 169
《本草纲目》 ……………… 169
《黄帝八十一难经》 ……… 169
《伤寒杂病论》 …………… 170
《温病条辨》 ……………… 170
十二段锦 …………………… 171
陶弘景 ……………………… 171
奇经八脉 …………………… 172
拔罐 ………………………… 172
导引 ………………………… 172
子午流注 …………………… 173
正骨 ………………………… 173
悬丝诊脉 …………………… 174

第四篇 文学

》古代文体

神话传说 …………………… 176
诗 …………………………… 176
楚辞 ………………………… 177
乐府诗 ……………………… 177
古体诗 ……………………… 178
近体诗 ……………………… 178
南北朝民歌 ………………… 178
词 …………………………… 179
曲 …………………………… 180
文 …………………………… 180
赋 …………………………… 180
骈文 ………………………… 181
古文 ………………………… 181
八股文 ……………………… 182

明代小品文 ………………… 182
小说 ………………………… 182
变文 ………………………… 183
唐传奇 ……………………… 183
六朝志怪和志人小说 ……… 184
笔记小说 …………………… 184
神魔小说 …………………… 185
世情小说 …………………… 185
才子佳人小说 ……………… 185
公案小说 …………………… 186
谴责小说 …………………… 186
话本小说 …………………… 186
章回小说 …………………… 187
诗话与词话 ………………… 187
评点 ………………………… 188

》文学流派

建安风骨 ………………… 188
玄言诗 …………………… 188
田园诗 …………………… 189
山水诗 …………………… 189
宫体诗 …………………… 190
边塞诗 …………………… 190
新乐府运动 ……………… 190
西昆体 …………………… 191
江西诗派 ………………… 191
永嘉四灵 ………………… 192
台阁体 …………………… 192
江左三大家 ……………… 192
唐诗派 …………………… 192
宋诗派 …………………… 193
诗界革命 ………………… 193
花间派 …………………… 193
婉约派 …………………… 194
豪放派 …………………… 194
常州词派 ………………… 194
公安派和竟陵派 ………… 195
桐城派 …………………… 195

》文论

诗言志 …………………… 195
诗缘情 …………………… 196
诗可以观 ………………… 196
美刺 ……………………… 197
赋、比、兴 ……………… 197
诗教 ……………………… 198
温柔敦厚 ………………… 198
知人论世 ………………… 198
文以载道 ………………… 198
文质 ……………………… 199
文气 ……………………… 199
风骨 ……………………… 199
意境 ……………………… 200
选学 ……………………… 200
红学 ……………………… 200

》杰出文学家

屈原 ……………………… 201
贾谊 ……………………… 202
司马相如 ………………… 202
扬雄 ……………………… 202
曹操 ……………………… 203
曹植 ……………………… 203
阮籍 ……………………… 203
陶渊明 …………………… 204
谢灵运 …………………… 204
陈子昂 …………………… 205
初唐四杰 ………………… 205
孟浩然 …………………… 206
王维 ……………………… 206
李白 ……………………… 206
王昌龄与岑参 …………… 207
杜甫 ……………………… 207
韩愈 ……………………… 208
白居易 …………………… 208
刘禹锡 …………………… 208
柳宗元 …………………… 209
郊寒岛瘦 ………………… 209
李贺 ……………………… 210
杜牧 ……………………… 210
李商隐 …………………… 210
李煜 ……………………… 211
唐宋八大家 ……………… 211
柳永 ……………………… 212
晏殊、晏几道 …………… 212
欧阳修 …………………… 212
王安石 …………………… 213
苏轼 ……………………… 213
周邦彦 …………………… 214
李清照 …………………… 214
陆游 ……………………… 214
辛弃疾 …………………… 215
姜夔 ……………………… 215
元好问 …………………… 216
元曲四大家 ……………… 216

前后七子 …………………… 216
徐渭 ………………………… 217
汤显祖 ……………………… 217
南洪北孔 …………………… 217
李渔与《闲情偶寄》 ……… 218

蒲松龄 ……………………… 218
吴敬梓 ……………………… 219
曹雪芹 ……………………… 219
刘鹗 ………………………… 219
吴趼人 ……………………… 220

第五篇　史　学

》**史书的体裁**

正史 ………………………… 222
杂史 ………………………… 222
别史 ………………………… 222
野史 ………………………… 223
纪传体 ……………………… 223
编年体 ……………………… 223
纪事本末体 ………………… 223
典志体 ……………………… 224
会要体 ……………………… 224
学案体 ……………………… 224
起居注 ……………………… 225
实录 ………………………… 225
方志 ………………………… 225
类书 ………………………… 225
丛书 ………………………… 226

》**史论**

属辞比事 …………………… 226
春秋笔法 …………………… 226
董狐笔和太史简 …………… 227
成一家之言 ………………… 227
六家二体 …………………… 227

五志三科 …………………… 228
直书与曲笔 ………………… 228
博采与善择 ………………… 228
彰善瘅恶 …………………… 229
史才三长 …………………… 229
史学三要 …………………… 229
六经皆史 …………………… 229
史法与史意 ………………… 229

》**著名史学家**

董狐 ………………………… 230
司马迁 ……………………… 230
刘向 ………………………… 231
班固 ………………………… 231
刘知几 ……………………… 231
杜佑 ………………………… 232
司马光 ……………………… 232
马端临 ……………………… 232
顾炎武 ……………………… 233
赵翼 ………………………… 233
钱大昕 ……………………… 233
章学诚 ……………………… 234
崔述 ………………………… 234

第六篇　文化艺术

》**乐舞**

古琴 ………………………… 236
编钟 ………………………… 236
磬 …………………………… 237
箜篌 ………………………… 237
古筝 ………………………… 237

琵琶 ………………………… 238
笛子 ………………………… 238
箫 …………………………… 238
二胡 ………………………… 239
六代乐舞 …………………… 239
雅乐 ………………………… 239

诗乐 …………………… 240
楚声 …………………… 240
燕乐 …………………… 240
尽善尽美 ……………… 241
乐与政通 ……………… 241
声无哀乐 ……………… 242
二十四况 ……………… 242
五声和七音 …………… 242
三分损益法 …………… 243
六律 …………………… 243
乐调 …………………… 244
八音 …………………… 244
工尺谱 ………………… 244
十二平均律 …………… 245
李延年 ………………… 245
赵飞燕 ………………… 245
万宝常 ………………… 246
李龟年 ………………… 246
唐玄宗 ………………… 246
杨贵妃 ………………… 246
《乐律全书》 ………… 247
《高山流水》 ………… 247
《梅花三弄》 ………… 248
《阳关三叠》 ………… 248
《秦王破阵乐》 ……… 248
《霓裳羽衣曲》 ……… 249
《春江花月夜》 ……… 249
《汉宫秋月》 ………… 250
《渔樵问答》 ………… 250
《胡笳十八拍》 ……… 250
《广陵散》 …………… 251
《平沙落雁》 ………… 251
《十面埋伏》 ………… 251

》**戏曲**
戏曲 …………………… 252
诸宫调 ………………… 252
南戏 …………………… 253
杂剧 …………………… 253
昆曲 …………………… 253

京剧 …………………… 254
四大徽班进京 ………… 254
同光十三绝 …………… 255
生旦净末丑 …………… 255
唱念做打 ……………… 256
脸谱 …………………… 256
梨园行 ………………… 257
秦腔 …………………… 257
川剧 …………………… 258
豫剧 …………………… 258
粤剧 …………………… 259
古典十大悲剧 ………… 259
古典十大喜剧 ………… 260
《窦娥冤》 …………… 260
《琵琶记》 …………… 260
《西厢记》 …………… 261
《牡丹亭》 …………… 261
《长生殿》 …………… 262
《桃花扇》 …………… 262

》**绘画与雕塑**
传神论 ………………… 263
气韵说 ………………… 263
"外师造化，中得心源" … 263
诗中有画，画中有诗 … 264
中国画 ………………… 264
人物画 ………………… 265
山水画 ………………… 265
花鸟画 ………………… 266
文人画 ………………… 266
笔法 …………………… 266
墨法 …………………… 267
水墨写意 ……………… 267
工笔 …………………… 268
白描 …………………… 268
题款与印章 …………… 268
十八描 ………………… 269
用色 …………………… 269
构图与透视 …………… 270
虎头三绝顾恺之 ……… 270

阎立本兄弟 ·············· 271

画圣吴道子 ·············· 271

唐代仕女画 ·············· 271

张萱 ···················· 272

唐朝的青绿山水 ·········· 272

展子虔和《游春图》 ······ 273

荆关北派山水 ············ 274

江南画派 ················ 274

黄家富贵 ················ 274

徐熙野逸 ················ 275

《韩熙载夜宴图》 ········ 275

米氏云山 ················ 276

书画皇帝 ················ 276

张择端和《清明上河图》 ·· 277

马一角、夏半边 ·········· 277

赵孟頫 ·················· 278

元四家 ·················· 278

《富春山居图》 ·········· 278

浙派 ···················· 279

吴门画派 ················ 279

唐寅 ···················· 279

《王蜀宫妓图》 ·········· 280

青藤白阳 ················ 280

南陈北崔 ················ 281

松江派 ·················· 281

四僧 ···················· 281

八大山人 ················ 282

扬州八怪 ················ 282

赵之谦 ·················· 283

吴昌硕 ·················· 283

岭南画派 ················ 284

海上画派 ················ 284

最早的中国绘画 ·········· 285

流丽的彩陶 ·············· 285

青铜器之美 ·············· 286

秦汉帛画 ················ 286

汉代画像石与画像砖 ······ 287

永乐宫壁画 ·············· 288

中国三大石窟 ············ 288

大足石刻 ················ 289

秦始皇陵兵马俑 ·········· 289

》书法与篆刻

中国书法 ················ 290

书体 ···················· 290

隶书与分书 ·············· 291

草书 ···················· 291

章草 ···················· 291

魏碑 ···················· 292

楷书 ···················· 292

王羲之与《兰亭序》 ······ 292

《平安三帖》 ············ 293

《伯远帖》 ·············· 293

颠张醉素 ················ 293

《玄秘塔碑》 ············ 294

颜筋柳骨 ················ 294

孙过庭与《书谱》 ········ 295

宋四家 ·················· 295

《黄州寒食诗帖》 ········ 296

董其昌 ·················· 296

石鼓文 ·················· 296

汉魏碑刻 ················ 297

大盂鼎 ·················· 297

《墙盘铭》 ·············· 298

《散氏盘铭》 ············ 298

《毛公鼎铭》 ············ 298

秦书八体 ················ 298

《泰山刻石》 ············ 299

《琅邪台刻石》 ·········· 299

《峄山刻石》 ············ 299

秦诏版 ·················· 299

礼器碑 ·················· 300

史晨碑 ·················· 300

《曹全碑》 ·············· 300

张迁碑 ·················· 300

《淳化阁帖》 ············ 301

《三希堂法帖》 ·········· 301

"永字八法" ············ 301

中国印章 ················ 302

篆刻 ···················· 302

篆刻家文彭 ·············· 303

徽派篆刻 ················ 303

浙派篆刻 ················ 303

文房四宝 …………… 304

》**中华建筑**

"房"和"屋"的区别 ………… 304

门当户对 ……………… 305

堂 ……………………… 305

阁、厢、殿 ……………… 305

台、榭、观、阙 ………… 305

版筑 ……………………… 306

斗拱 ……………………… 306

样式雷 …………………… 306

三孔 ……………………… 307

中国古代建筑 …………… 307

六大古都 ………………… 308

古城墙 …………………… 308

万里长城 ………………… 309

中国宫殿建筑 …………… 309

阿房宫 …………………… 310

故宫 ……………………… 310

坛庙建筑 ………………… 311

天坛 ……………………… 311

陵墓建筑 ………………… 312

古塔 ……………………… 312

卢沟桥 …………………… 312

赵州桥 …………………… 313

石窟建筑艺术 …………… 313

皇家园林 ………………… 314

避暑山庄 ………………… 314

圆明园 …………………… 314

颐和园 …………………… 315

苏州园林 ………………… 315

江南三大名楼 …………… 316

平遥古城 ………………… 316

北京四合院 ……………… 316

牌坊、阙、华表、影壁 … 318

戏楼 ……………………… 319

会馆 ……………………… 319

中国民居 ………………… 319

李诫与《营造法式》 …… 320

第七篇　民俗文化

》**节日**

春节 ……………………… 322

人日 ……………………… 322

立春 ……………………… 322

元宵节 …………………… 323

二月二 …………………… 323

上巳节 …………………… 324

社日 ……………………… 324

清明节 …………………… 324

端午节 …………………… 324

七夕 ……………………… 325

中元 ……………………… 325

中秋节 …………………… 326

重阳节 …………………… 326

冬至 ……………………… 326

腊八 ……………………… 327

小年 ……………………… 327

除夕 ……………………… 328

》**礼俗**

做满月 …………………… 328

抓周 ……………………… 329

长命锁 …………………… 329

做寿 ……………………… 329

取名 ……………………… 330

百日礼 …………………… 331

成年礼 …………………… 331

三书六礼 ………………… 331

说媒 ……………………… 332

相亲 ……………………… 332

过礼 ……………………… 333

择吉 ……………………… 333

迎娶 ……………………… 333

哭嫁 ……………………… 334

拜堂 ……………………… 334
喜宴 ……………………… 334
入洞房 …………………… 335
回门 ……………………… 335
丧葬习俗 ………………… 336
挽歌和挽联 ……………… 336
收继婚 …………………… 337
跪拜礼 …………………… 337
九拜 ……………………… 337
拱手 ……………………… 338
作揖 ……………………… 338
坐、跪和长跪 …………… 338
避席 ……………………… 338
投刺 ……………………… 339
古人的见面礼 …………… 339
座次的讲究 ……………… 339

》饮食文化

烧尾宴 …………………… 340
满汉全席 ………………… 340
宫廷御膳 ………………… 341
中国菜系 ………………… 341
宴饮之礼 ………………… 342
待客之礼 ………………… 342
进食之礼 ………………… 342
席间雅兴 ………………… 343
流觞 ……………………… 343

酒令 ……………………… 343
传花 ……………………… 344
茶道 ……………………… 344

》古人的娱乐

六博 ……………………… 344
投壶 ……………………… 345
射覆 ……………………… 345
围棋 ……………………… 345
中国象棋 ………………… 346
百戏 ……………………… 346
角抵 ……………………… 346
骑射 ……………………… 347
蹴鞠 ……………………… 347
豆叶戏 …………………… 348
马球 ……………………… 348
冰戏 ……………………… 348
看社戏 …………………… 349
斗鸡 ……………………… 349
踏青 ……………………… 350
斗蛐蛐 …………………… 350
赛龙舟 …………………… 351
鸣虫 ……………………… 351
荡秋千 …………………… 351
放风筝 …………………… 352
消寒 ……………………… 352

第八篇　百工名物

》三教九流

三教九流 ………………… 354
民间九流排序 …………… 354
郎中 ……………………… 354
风水先生 ………………… 355
算命先生 ………………… 355
厨师 ……………………… 355
私塾先生 ………………… 356
药铺 ……………………… 356
优伶 ……………………… 357

婢女 ……………………… 357
娼妓 ……………………… 358
乞丐 ……………………… 358
流氓 ……………………… 359
剃头师傅 ………………… 359
木匠 ……………………… 359
当铺 ……………………… 360
澡堂 ……………………… 360
三百六十行 ……………… 361

》名物国宝

鼎与簋 …………………… 361
君子之德比于玉 ………… 361
红山文化玉龙 …………… 362
后母戊方鼎 ……………… 362
四羊方尊 ………………… 363
大型青铜立人像 ………… 363
何尊 ……………………… 363
宴乐攻战纹壶 …………… 364
侯马盟书 ………………… 364
越王勾践剑 ……………… 364
曾侯乙编钟 ……………… 364
虎符 ……………………… 365
虎座凤架鼓 ……………… 365
商鞅铜方升 ……………… 365
马踏飞燕 ………………… 365
金缕玉衣 ………………… 366
长信宫灯 ………………… 366
博山炉 …………………… 366
击鼓说唱俑 ……………… 367
宋针灸铜人 ……………… 367
郭店楚简 ………………… 367
敦煌藏经洞 ……………… 368

居延汉简 ………………… 368

》车马服饰

卤簿 ……………………… 369
出巡与行宫 ……………… 369
金根车和温凉车 ………… 370
乘舆 ……………………… 370
黄屋左纛 ………………… 370
"五辇"和"五辂" ……… 371
轩车和公车 ……………… 371
官员仪仗 ………………… 371
官员出行 ………………… 371
官轿 ……………………… 372
黄帝定服饰 ……………… 372
冕旒和龙袍 ……………… 372
十二章纹样 ……………… 373
乌纱帽 …………………… 373
衣冠禽兽和补子 ………… 374
顶戴花翎 ………………… 374
衣和裳 …………………… 375
品位和服色 ……………… 375
冠、巾、帽 ……………… 376

第九篇　国学掌故

阿堵物 …………………… 378
半部《论语》治天下 …… 378
伴食宰相 ………………… 378
鞭长莫及 ………………… 378
伯牙绝弦 ………………… 378
不入虎穴，焉得虎子 …… 379
不食周粟 ………………… 379
不为五斗米折腰 ………… 379
不学无术 ………………… 379
草木皆兵 ………………… 380
沧海桑田 ………………… 380
陈蕃室 …………………… 380
成也萧何，败也萧何 …… 380
程门立雪 ………………… 381

楚囚南冠 ………………… 381
大义灭亲 ………………… 382
箪瓢陋巷 ………………… 382
盗泉 ……………………… 382
登龙门 …………………… 382
东床坦腹 ………………… 383
东道主 …………………… 383
东门犬，华亭鹤 ………… 383
东施效颦 ………………… 383
东山再起 ………………… 384
断袖之癖 ………………… 384
多行不义必自毙 ………… 384
尔虞我诈 ………………… 384
二桃杀三士 ……………… 385

防民之口，甚于防川 ………… 385
焚书坑儒 ………… 385
分道扬镳 ………… 386
风马牛不相及 ………… 386
烽火戏诸侯 ………… 386
冯唐易老 ………… 386
冯谖弹铗 ………… 387
扶不起的阿斗 ………… 387
高阳酒徒 ………… 387
割鸡焉用牛刀 ………… 387
功人功狗 ………… 388
恭敬不如从命 ………… 388
狗尾续貂 ………… 388
贾人渡河 ………… 388
顾左右而言他 ………… 389
挂冠 ………… 389
管鲍之交 ………… 389
韩信将兵，多多益善 ………… 389
好好先生 ………… 389
鸿门宴 ………… 390
鸿雁传书 ………… 390
沆瀣一气 ………… 390
画龙点睛 ………… 391
画虎不成反类犬 ………… 391
祸起萧墙 ………… 391
鸡鸣狗盗 ………… 391
兼听则明，偏信则暗 ………… 392
狡兔三窟 ………… 392
结缨 ………… 393
结草衔环 ………… 393
解衣推食 ………… 393
惊弓之鸟 ………… 393
九儒十丐 ………… 394
举案齐眉 ………… 394
苛政猛于虎 ………… 394
口蜜腹剑 ………… 394
胯下之辱 ………… 395
滥竽充数 ………… 395
老生常谈 ………… 395
礼贤下士 ………… 395
李广难封 ………… 395

临时抱佛脚 ………… 396
洛阳纸贵 ………… 396
马革裹尸 ………… 396
马上得天下 ………… 396
毛遂自荐 ………… 397
孟母三迁 ………… 397
门可罗雀 ………… 397
名落孙山 ………… 398
明修栈道，暗度陈仓 ………… 398
莫须有 ………… 398
沐猴而冠 ………… 398
南柯梦 ………… 398
内举不避亲 ………… 399
弄巧成拙 ………… 399
牛衣对泣 ………… 399
皮里阳秋 ………… 400
破釜沉舟 ………… 400
破天荒 ………… 400
破镜重圆 ………… 400
奇货可居 ………… 400
千人之诺诺，不如一士之谔谔 … 401
千金买马骨 ………… 401
倾城倾国 ………… 401
请君入瓮 ………… 401
青眼与白眼 ………… 402
染指 ………… 402
塞翁失马，焉知非福 ………… 402
丧家之犬 ………… 402
三顾茅庐 ………… 403
失之毫厘，差之千里 ………… 403
使功不如使过 ………… 403
司马昭之心，路人皆知 ………… 404
苏武节 ………… 404
弹冠相庆 ………… 404
桃李满天下 ………… 404
太公钓鱼，愿者上钩 ………… 405
投笔从戎 ………… 405
图穷匕见 ………… 405
推敲 ………… 405
唾面自干 ………… 406
退避三舍 ………… 406

望梅止渴 …………………………… 406

闻鸡起舞 …………………………… 406

问鼎 ………………………………… 407

文字狱 ……………………………… 407

吴下阿蒙 …………………………… 407

五十步笑百步 ……………………… 407

许由洗耳 …………………………… 408

相濡以沫 …………………………… 408

萧规曹随 …………………………… 408

小时了了 …………………………… 409

杏坛 ………………………………… 409

胸中十万兵 ………………………… 409

叶公好龙 …………………………… 410

一鸣惊人 …………………………… 410

一诺千金 …………………………… 410

一字师 ……………………………… 410

一叶障目，不见泰山 ……………… 410

以德报怨，何以报德 ……………… 411

欲盖弥彰 …………………………… 411

欲加之罪，何患无辞 ……………… 411

约法三章 …………………………… 411

宰相肚里能撑船 …………………… 412

中山狼 ……………………………… 412

周公吐哺 …………………………… 412

重于泰山 …………………………… 412

逐客令 ……………………………… 412

糟糠之妻不下堂 …………………… 413

执牛耳 ……………………………… 413

座右铭 ……………………………… 413

坐山观虎斗 ………………………… 413

坐怀不乱 …………………………… 413

国家政治

职官制度

王

王最早出现于殷周时期，是对天子的称呼，如商纣王、周穆王。《六书·故疑》言："王，有天下曰王。帝与王一也。"关于"王"的字形含义，《说文解字》解释："三画而连其中谓之王。三者，天、地、人也；而参通之者，王也。"春秋战国时期，周王室衰微，本来称呼为公（如秦穆公、齐桓公）的诸侯们纷纷称王。秦统一全国后，天子称作皇帝，也不再封王。汉代，汉高祖刘邦封赐异姓功臣为王，王自此成为封建社会的最高封爵。后异姓王发动叛乱，刘邦将之尽行剿灭后，封赐宗室子弟为王，并规定后世非同姓不得封王。此规矩为后来历代统治者所遵循，异姓臣子功劳再大最多封侯（但也有统治者对拥兵自雄的武人无力剿灭而被迫对其封王的情况，如清代的三藩王）。西汉时，发生了同姓王叛乱的"七国之乱"，西晋也发生了同姓王叛乱的"八王之乱"。此后的历代统治者均认识到同姓王也不可靠，因此对同姓封王时只是赐其爵号，不再封地。自此，王成为封赐宗室的最高爵位，直至清亡。

嫡长子制

嫡长子制是西周时期创立的一种权力和财产继承制度。自从夏朝建立王朝以来，便开始有一个至高无上的君王的存在。一旦一代君王死去，显然谁都想继承王位。而按照父系氏族长期以来的父系亲缘关系来判定谁最有资格继承王位，很难有定论。比如，儿子和父亲显然是血缘关系近的，但弟弟也不远。比如，夏朝的王位多由儿子接任，偶尔也有传给兄弟的。商朝的王位大多传给弟弟，最后由最年幼的弟弟再传给长兄的长子，实行这样一种有趣的王位继承制。但这些不固定的王位传承方式，很容易发生争夺王位的情况，比如商朝便多次出现君主的弟弟、儿子争夺王位的情况。并且，弟弟与弟弟之间，儿子与儿子之间，也同样存在争抢。西周的嫡长子继承制便是在这样的背景下产生的。所谓嫡长子，即嫡子中的长子。"嫡子"，即妻所生之子，与之对应的是妾所生的"庶子"。"嫡子"中的"长子"才有继承君位的资格，其他的"嫡子"和"庶子"则都没有资格。即所谓"传嫡不传庶，传长不传贤"。当然，嫡长子之外的儿子们并非一无所获，而是能够获得相应的封地。

另外，这种嫡长子继承制不仅适用于天子位的传递，而且适用于诸侯位、卿大夫等。诸侯位由嫡长子继承，其余的嫡子和庶子封为卿大夫；而卿大夫位也由嫡长子继承，其他的儿子分封为士。以此类推。这种嫡长子继承制既保证了贵族在政治上的垄断和特权地位，又防止了贵族内部在权力继承问题上的纷争，维护了贵族统治集团内部的稳定与团结。秦汉之后，嫡长子制在后来的许多朝代依旧是一个基本的原则，许多时候，连皇帝本人想要立嫡长子之外的皇子为太子都不太容易。

卿大夫

卿大夫最初是西周时期分封制度下的一个分封级别。在西周的分封制中，天子分封土地给诸侯治理，诸侯再将自己的土地分成小块交给卿大夫治理，卿大夫下面还有士，卿大夫在自己的领地内具有世袭统治权，同时效忠于诸侯。东周时期，在诸侯王脱离周天子控制崛起的同时，卿大夫阶层也开始崛起，许多诸侯国也出现卿大夫控制诸侯国政治的现象。比如孔子时期的鲁国朝政便是在季氏三家卿大夫的把持之下，甚至一些卿大夫干脆弑君自立。秦统一六国之后，由于分封制已经被郡县制所取代，卿大夫这个封建领主也便不再存在。"卿大夫"这个词分裂为"卿"和"大夫"，均是官职名称。"卿"是仅次于"公"的官职级别，秦汉朝廷"三公"之下设"九卿"，如大理寺卿、太常寺少卿等。清朝常以三品至五品卿作为官爵虚衔。另外"卿"还被皇帝用作对于大臣的爱称，乃至皇帝直接称大臣为"爱卿"。而"大夫"也是古代高级官员的称呼，秦汉之际的中央要职中便有御史大夫、谏议大夫等官职。除此之外，"卿"与"大夫"最初时也有一些区别，卿一般是在中央任职的官员，大夫则指地方大员，但后来这些区分也逐渐不那么明显了。

皇帝

　　皇帝是封建王朝的最高统治者。皇，早期是上天、光明之意，"因给予万物生机谓之皇"；帝，则是生物之主，有生育繁衍之源的意思。在上古时期，"皇"与"帝"都是用来称呼最高统治者的称号，如"三皇五帝"。商周时期，最高统治者一般都称为王，比如商纣王、周文王。皇帝一词的出现始于秦始皇。秦虽二世而亡，但"皇帝"这一称号流传了下来，为后世历代沿用。有人专门统计过，自秦2000多年下来，中国正统王朝的皇帝总共有349位。

秦始皇像

储君皇太子

　　储君，即是未来的皇帝，除个别为皇帝的弟弟、叔叔或者直接是皇帝的孙子，称作皇太弟、皇太叔、皇太孙等外，一般情况下为皇帝的儿子，称作皇太子，简称太子。在我国汉代，王侯的继承人也曾称"太子"，汉代后，各种同姓或异姓王侯乃至藩属国的继承者都统称为"世子"。储君在帝王制度下是非常重要的角色，一旦立了储君，便避免了皇帝突然去世国家陷入内乱的危险，也避免皇子们为争当储君而钩心斗角的情况。储君确定之后，大臣和皇子们对未来的政治走向心中有数，人心便安定，政治也便安定了。因此，储君往往被称作"国本"。关于储君的立法，自从我国周代确立"嫡长子继承制"以来，后世帝王一般都以此为基本原则，立嫡长子，即皇后所生的长子为太子。一旦皇后无子，则立庶子中的长子。不过，也有一些皇帝以"立贤"为原则。

　　早期时候，太子权力相当大，是仅次于皇帝的二号人物，加上大臣们对未来的皇帝自然也不敢怠慢，太子往往会对皇帝本人构成威胁。因此古代多次出现皇帝废太子甚至杀太子的事情；而反过来，势力强大的太子强行登基乃至弑君夺位的情况也发生过。前者如汉景帝废栗太子、汉武帝诛杀卫太子等，后者如隋炀帝弑父夺位、唐肃宗李亨强行登基。另外再加上众多皇子都觊觎储君之位、明争暗斗等原因，历史上太子顺利册封，顺利登基的情况并不多见。不过宋代以后，皇权不断加强，太子权力不断变小。清雍正登基后，鉴于康熙立储的失败，干脆不再公开立储，建立了秘密建储制度，即皇帝生前不公开宣布储君人选，而是悄悄定下储君，在皇帝死后才公之于众。雍正用这种方式传位给了乾隆。之后乾隆、嘉庆、道光均以此法传位。到咸丰时，因只有载淳（同治皇帝）一子，无须秘密建储，此法未用。后来同治、光绪均无子嗣，并且这两个皇帝均是慈禧操纵下的傀儡皇帝，根本没有权力立储，也就没有立储，秘密建储制度遂废。

三公九卿

三公九卿乃是秦朝时确立的中央官制，三公是古时辅助国君的三个最高官员，九卿是中央政府的九个高级官员。周代曾经出现过"三公六卿"，分别以辅佐皇帝的太师、太保、太傅为三公，以冢宰（总管军政）、司马（负责军务）、司寇（分管刑罚）、司空（负责工程）、司徒（负责民政）、宗伯（负责礼仪）为六卿。后来秦始皇统一六国后，听从李斯建议，建立了以皇帝为尊，以三公九卿为中央官制的中央集权制。三公分别是丞相、太尉、御史大夫。其中，丞相主管全国行政；太尉负责总揽全国军政；御史大夫则负责皇帝与群臣的沟通并监督群臣。九卿分别是：奉常（掌管宗庙礼仪，为九卿之首）、郎中令（领导宫廷侍卫）、卫尉（掌管宫门警卫）、太仆（掌管宫廷御马和国家马政）、廷尉（负责司法）、典客（负责少数民族与外交事务）、宗正（分管皇族事务）、治粟内史（掌管赋税徭役）、少府（负责宫廷财政与皇室手工业制造）。三公九卿的基本构架被汉代沿用，只是具体名称有所变化。丞相被改为"大司徒"，太尉改为"大司马"，御史大夫改为"大司空"；九卿中的奉常变成了"太常"，廷尉变为"大理"，典客成了"大鸿胪"，治粟内史变为"大司农"等，不过其基本职责都变化不大。三公九卿制的建立首次确立了我国中央集权制。另外，可以看出九卿中的大部分官职本来都只是负责皇家家事的奴仆，却纷纷担任起处理国家要务的职责，这也暴露了皇帝制度建立之初皇帝家事、国事不分的粗糙之处。自秦至两晋，各王朝都以三公九卿制为基本的中央官制构架，直到隋朝文帝创立三省六部制，三公九卿制才宣告结束。但事实上，三省六部制仍受到三公九卿制影响。

宰相

宰相是我国古代朝廷中的行政首脑。宰相职位最早出现在春秋战国时期，齐国的管仲、秦国的商鞅等都是当时著名的宰相。后来秦朝统一全国后，实行中央集权的郡县制，以分封制为基础的贵族统治阶层消失，官僚组织成了国家机器运行的载体。作为这个官僚组织的首领，宰相一职得以正式确立。但"宰相"只是对最高行政长官的一种泛称，历史上除了辽国曾有过"宰相"这个官职名称外，其他朝代的宰相职位都采用的是其他称呼。秦汉时期行使宰相权力的官职是丞相、相国、三公（大司马、大司徒、大司空）；隋唐以及后来的宋朝，实行三省六部制，宰相职位由中书省、门下省、尚书省三个部门的长官共同担任，官职名称、权力、人数经常有变动，但不出"三省"。具体名称则有内史令、纳言、尚书令、尚书左仆射、参知政事、同平章事等；元代设左右丞相；明太祖朱元璋废宰相制度，内阁首辅成为事实上的宰相；清代行政实权掌握在军机处，军机大臣分满汉两班，两班首领成为事实上的宰相。可以看出，从人选上来讲，宰相是国家政权的一个组织部门，并不一定由一个人担任，其人数经常是有变动的；从功用上来讲，皇帝是作为国家政权的象征，集军政大权于一身，宰相是具体主管全国行政的人，对于任何一个政权都是不可缺少的（即使名义上没有宰相的政权也往往有事实上的宰相）。因此宰相的地位相当高，是区别于一般大臣的。宋代之前的宰相上朝时是唯一可以坐在朝堂上的大臣。只是宋太祖赵匡胤不断扩大皇权，削弱相权之后，宰相地位开始下降，上朝时也没椅子坐了。历史上，皇帝和宰相职权的划分一直都是历代政治的大题目，一般而言，皇权和相权划分得合理时，政权都能运转得很好。划分不合理的，要么皇帝好大喜功，大权独揽，将国家推向战事（如汉武帝），或者出现宦官专政（往往出现于皇权很大皇帝却无能的情况下）；要么宰相专权，架空皇帝（如西汉王莽、东汉曹操、明张居正），甚至出现篡权。

十三曹

十三曹是汉丞相直辖下的十三个办事机构，有些类似于丞相的大秘书处。具体为：一西曹，主管府吏署用。二东曹，主管包括军吏在内的二千石长吏的迁除。地方上的太守以及中央的卿都是二千石这个级别。三户曹，主管祭祀农桑。四奏曹，管理政府一切章奏，大致相当于唐代的枢密院，明代的通政司。五词曹，主管词讼，即负责法律民事部分。六法曹，掌邮驿科程，类似于现在的交通部，科程是指交通灯时限及量限等。七尉曹，主管卒曹转运，是管运输的，相当于清代的漕运总督。八贼曹，管缉拿盗贼。九决曹，主管罪法。这两曹所管属于法律之刑事方面。十兵曹，管兵役。十一金曹，管货币盐铁。十二仓曹，管仓谷。十三黄阁，主管簿录众事。从十三曹的具体负责事项可以看出来，这十三曹要处理全国政治、经济、司法等各个领域的事情，俨然是全国行政的总机关。由此可以看出我国汉代皇权和相权的分工已经相当明确了。

太尉与大司马

太尉曾是我国古代掌管全国军事的最高武官。秦朝时，太尉、丞相、御史大夫并称三公。对应于丞相掌管全国行政，太尉则掌管全国军事，地位与丞相相同。汉代基本上沿用了秦制，太尉一职也继承下来。汉武帝继位后，为加强对军队的控制，不再像过去那样封军功卓著的武将担任太尉，而是任命贵戚担任此职。此后太尉便只是个虚职，并无实权。后来汉武帝干脆废太尉一职，以大司马代之。大司马只是一种用于加封的荣誉称号，更无实权。汉大将军卫青、骠骑将军霍去病均因征匈奴的军功被加封为大司马。到东汉，光武帝又将大司马改为太尉。司

文官图 唐
唐初多因袭隋制，帝王及文武百官均能戴图中所示的黑色帻，至贞观后，则为帝王、内臣所专用。

徒、司空、太尉成为新的三公，太尉又重新成为全国军事统领，并参与政事，权位极重。东汉末，曹操自任丞相，废三公。此后魏晋南北朝期间，太尉与大司马均或置或废，比较随意。隋朝后，太尉与大司马均成为一种加赠的虚衔，宋代时太尉还一度成为对于高级武官的泛称。元代后，太尉与大司马均不再设置，另外，大司马常被当作兵部尚书的别称。

御史大夫

御史大夫是秦朝设立的官职，与丞相、太尉合称为三公。御史大夫主要有两个职能，一个是作为丞相副手处理政事，因此有副丞相之称；另一个则是作为监察机构御史台之长，负责监督百官，尤其是丞相。因为秦国实权曾一度被丞相吕不韦掌控，秦王政直到22岁除去吕不韦之后才得以掌握实权，非常担心丞相再度架空自己，于是设置御史大夫来牵制丞相。并且秦汉时期，丞相空缺后，一般由御史大夫补缺，这就使丞相更加忌惮御史大夫，从而得到制衡。汉哀帝时，御史大夫更名为大司空，东汉时又改为司空。大司空和司空仍为三公之一，但均已不再是最高的检察长官，最高的检察官由御史中丞担任。魏晋南北朝时，御史大夫官职又偶有恢复。隋唐之后的御史大夫，除宋代为虚衔外，均为最高的检察官，但不再有秦汉三公的权位。明代改御史台为都察院，御史大夫一职遂废。

郡县制和州县制

郡县制是我国古代的一种国家组织形式。西周时期，国家实行分封制，除天子直接统治区域外，其他地方被划分为许多小诸侯国，小诸侯国内则以同样方式再次划分成小的采邑。诸侯国对于天子有一定的义务，但总体上是一个独立王国，天子无权过多干预。卿大夫的采邑对诸侯国也是这种关系。春秋战国时期，以楚、秦为代表的许多国家开始设立郡县制度。秦代统一全国后，在全国范围内实行郡县制，将全国分为36郡，郡下设县。郡守和县令都直接由中央政府任免，其职位不得世袭。这样，便建立起了一种干壮枝弱的中央集权制度，地方不再有力量对抗中央，有利于全国政治稳定和经济发展。汉代沿用并完善了秦朝的郡县制，在开疆拓土过程中不断设立新的郡县。至东汉顺帝，已有105郡，2000多个县。汉代一县面积大约方百里，一郡则下辖20县左右。需要指出的是，郡县制并非一定是仅仅有郡、县两级地方政权，而是强调其中央集权的性质。实际上，历代的郡县制往往都并非仅有郡县两级地方政府。比如汉代时便在郡之上设立了州，全国总共分13个州，州长官称刺史，后改为州牧；隋朝地方政府设为州、县两级；唐朝则为道、州、县三级；宋代为路、州、县三级；元代则设立行省制度；明清基本继承元代行省制度，并稍作改变之后形成了省、府、县三级行政制。这些结构形式虽然并不是严格的郡、县两级制，但考虑其中央集权的性质，仍可说是郡县制。

州县制是郡县制的流变，本质上与郡县制差别不大。魏晋之后，进入南北朝乱世，北方政权更迭频繁，百姓四处流亡。新政权建立或新的人口流入，便要重新划分行政区域，分割原来的郡县。于是，郡不断变小，州不断增多。南朝也模仿北方划郡为州。至隋文帝时，撤郡建州，实行州县制。后面的唐、宋基本沿用。

郡守和县令

郡守与县令为古代官职名称，均是在战国时期随着郡、县的设立而开始存在的。战国时的郡都设在边远地带，边防任务很重，因此其最高长官称作"守"，一般由武人担任。后来这些郡开发成熟，郡守逐渐成为地方最高行政长官。秦统一全国后，实行全面的郡县制，每个郡都设一名郡守，为一郡的最高长官。后来汉景帝将郡守更名为太守，但也习称郡守，之后太守又一度更名为州牧。南北朝时，太守权力逐渐为州刺史所夺，太守一职逐渐为刺史所代替。唐中后期，刺史又逐渐为节度使、观察使代替。到宋明清之际，知府、知州则相当于原来的郡守。值得一提的是，因宋代之前的郡守（刺史、州牧、节度使、观察使）经常集行政、军事、人事大权于一身，一旦中央控制力变弱，郡守往往成为地方割据的基本单位。

县令是一个县的行政长官，刚开始与郡守是平级关系，战国末期，正式成为郡守下属。秦汉法令以户口多少为标准，大县长官称县令，小县长官称县长。至南朝宋时，不再区分户口多少，一县长官皆称县令。至宋代，县令称为知县，元代称县尹，明清又称知县。因为朝廷委派官职只派到县令一级，其下则实行乡绅自治，县令是政府与百姓接触的枢纽。因此县令一职在整个政权机器上的地位是至关重要的，中国自古有"县宁国安，县治国治，下乱，始于县"的说法。

刺史

刺史是古代官职。刺，检核问事之意，刺史的本义是负责监督类的官员。秦时，每郡设监察御史，负责监督郡守。汉代时，监察御史往往与郡守勾结起来欺骗朝廷，丞相于是又派出一套人马出刺各地，检查郡守和监察御史。这样叠叠监督，显然成本高而效率低。汉武帝时，废除原来的两套监察官员，将全国分为13个州，每州设立一名刺史，正式建立刺史制度。这套新制度的特点是，充任刺史者均为俸禄六百石的低级官员，其检查对象郡守的俸禄却是两千石。因其官职卑微，故顾虑不多，勇于言事；另外，一旦官职低，也就急于立功，会更加恪尽职守。同时，为防止刺史滥用权力干扰地方政治，朝廷对他所调查监督的内容明确列明条目，其外不得多管。这套制度刚实行时是比较好的一套检查制度，但一项制度时间一久，便难免出现弊端。到东汉时，刺史权力逐渐扩大，成为实际的地方长官。汉灵帝时将部分资深刺史改为州牧，使之成为郡守（太守）的上级，这便在郡、县的基础上又多出了州一级。到隋文帝时，鉴于刺史权力基本替代了郡守，干脆废郡，实行州县两级，如此，刺史即相当于原来的太守。唐代中期，出于屯田与守边的需要设立新的地方军政长官节度使、观察使逐渐侵蚀刺史之权，或者兼任刺史。尤其"安史之乱"后，节度使更是遍布全国，刺史职任渐轻。宋代郡守名称为知州，刺史成为武臣虚衔，元代以后消失。

三辅

　　三辅本指西汉时治理京畿地区（国都及其附近的地区）的3个官职，后指这3个官职所管辖的地区。汉景帝时，将首都长安城以及城郊地区大体分为3块，分别设置左内史、右内史、主爵中尉（后改为主爵都尉）管理。因共同管理京畿地区，故合称"三辅"。汉武帝时，此3个官职又被命名为京兆尹、左冯翊、右扶风，其总共管理区域大致是今天的陕西中部地区。后世其具体的行政区划虽然有所变更，但直到唐代，人们仍然习惯称京畿地区为"三辅"或者简称"辅"。

三省六部制

　　三省六部制是中国古代继三公九卿制之后的另一套中央政府机构组织形式。三省分别是中书省、门下省、尚书省，六部则是吏部、户部、礼部、兵部、刑部、工部。三省六部制的出现是皇权侵蚀相权的结果。汉武帝时，设尚书台。三国时期，魏文帝曹丕又设另一个秘书机构中书省，以削弱尚书台权力。至晋，皇帝的侍从机构门下省也开始处理政务。至此，由皇帝的小臣组成的"三省"开始成为全国政务中枢。到隋朝，朝廷明令确立三省制度，三省成为正式的政府机构，三省长官共议国政，执宰相之职。至于六部，则是尚书省下设的六个具体部门。汉光武帝时，尚书台已开始分为三公曹、吏部曹、民曹、客曹、二千石曹、中都官曹等六曹尚书分曹办事。后六曹经魏晋南北朝发展演变，至隋唐时期形成吏、

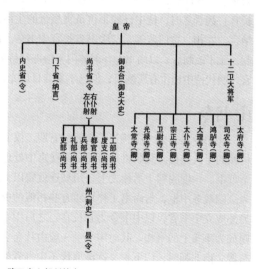

隋三省六部制简表

户、礼、兵、刑、工六部。后世将三省六部制视作隋朝除科举制度之外的另一个重要制度贡献。三省六部制结束了自汉光武以来的皇帝与政府（以宰相为代表）权限不分的混乱局面，可以说是中国政治史上的绝大进步。三省六部制虽然在唐代以后多有变化，但其基本骨架为后世历代中央政府所采用，尤其六部制度直至清末连名称都未曾变动。

尚书仆射

　　尚书仆射是一度相当于宰相的官职。仆，意为主管，因古代重武，由主射者掌事，故诸官之长

称仆射。后来只有尚书仆射沿用下来，其他仆射的名称大都废弃，因此魏晋南北朝之后的仆射，专指尚书仆射。尚书仆射的官职最早在秦朝设立，其时为尚书之首，只是皇帝身边小臣，没有权力。西汉时，置尚书台（后称省），尚书令为尚书头领，尚书仆射为其副职。东汉光武帝时，因尚书台权力越来越大，尚书仆射的权力也渐大。汉献帝时，设左、右仆射，此后历代沿置。魏晋南北朝之际，尚书仆射上有尚书事、尚书令两职，但因经常空缺，尚书仆射已相当于宰相或副宰相。例如东晋谢安、北魏李冲、北齐杨遵彦等都是以尚书仆射一职分掌或专掌朝政。隋朝时，尚书事一职遭废，尚书令则常常空缺，尚书仆射成为宰相。唐代，因唐太宗李世民登基前任尚书令，此后无人敢任此职，尚书左、右仆射成为事实上的尚书省长官，一度与门下省、中书省长官并称宰相。唐高宗后，尚书省职权渐低于中书、门下两省，尚书仆射已不能和门下、中书省长官同称宰相，而需加封平章事封号才是宰相。玄宗后，尚书仆射未曾被加封过，从此不再是宰相。宋代时，尚书仆射名称屡有变化，并一度重新成为宰相。宋以后无仆射之官。

侍中

　　侍中是古代一度相当于宰相的官职，始设于秦。侍中在秦汉之际原本是皇帝身边小臣，干的事情相当杂，负责皇帝乘车服饰乃至便溺器具等一应事情。因其常在皇帝身边，经常给皇帝出一些主意，逐渐成了皇帝的顾问，地位渐重。之后侍中经常成为皇帝对于臣子的加封，官不在大小，上可至列侯，下可是郎中这样的小官。官员获此加封后，可出入皇宫，经常伴随皇帝左右，也是一种荣耀。东汉时，设侍中寺，晋时改为门下省，唐时一度改名为东台、鸾台、黄门省等，以侍中为其长官。魏晋之时，侍中已经不再负责皇帝的生活杂事，而是专备皇帝顾问。隋唐之际，侍中一度称纳言、左相、黄门监等，与中书省长官中书令、尚书省长官尚书仆射共同被尊为宰相。宋代沿用唐制，元丰改制后，以尚书左仆射兼门下侍郎行侍中之职，另设侍郎为其副职。元朝侍中只是礼官、从官。明代侍中地位有所恢复，但已不复昔日风光，仅为正二品，地位低于尚书。清朝无侍中一职。

中书令

　　中书令是古代一度相当于宰相的官职。汉武帝时，始置中书令，由宦官担任，后来逐渐由皇帝信赖的士人担任。其职责是帮助皇帝在宫中处理政务，并负责直接向皇帝递交大臣密奏。因其为皇帝近臣，一度凌驾于丞相之上，司马迁就曾以太史公的身份担任过此职。东汉光武帝时，尚书台成为全国政务中枢，与尚书工作性质有些相似的中书被冷落。魏晋时期，魏文帝曹丕为牵制尚书台，另外成立中书省，以中书令为其长官。之后中书省日益架空尚书台，成为全国最机要机关，中书令则成为事实上的宰相。其时中书令一般由社会名望与才能俱高者担任，谢安就曾以中书令之职执政东晋。南北朝时，门下省又逐渐取代了中书省的政务中心地位，中书令的宰相位被门下省长官侍中取代。到隋唐之际，三省六部制确立，中书令与门下省长官侍中、尚书省长官尚书仆射共同执掌宰相之权。其中，因中书省是政令的决策机构，而门下省则对政令有审核权，故中书令和侍中被唐人尊为真宰相。唐肃宗后，包括宋代在内，中书令逐渐成为大臣的虚衔，无实权。元代中书令又掌相权，明代朱元璋不设宰相，"三省"俱废，中书令自此不复存在。

侍郎

　　侍郎在西汉时曾是郎官之一，是皇帝外出时的随从，不是正式官职。东汉尚书权力变大时，侍郎成为尚书下属。当时每曹设6名侍郎，六曹共36人。魏晋以后尚书曹数增多，一尚书辖数曹，郎官遂成一曹头目。隋朝三省六部制既定，侍郎随尚书一起成为朝廷正式要职，初时官阶不高，却是实权官员。明侍郎升至正三品，清侍郎升至正二品。另外，门下省和中书省也曾设立侍郎官职，一般为一个部门的二把手。

政事堂

政事堂为唐、宋宰相和皇帝议事的地方，乃两朝最高决策中心。唐初，中书、门下、尚书三省长官（中书令、侍中、尚书左右仆射）共执宰相之权，三省长官经常与皇帝一起商议国家大事。刚开始其地点设在门下省，后来又改在中书省。政事堂后分列五房：吏房、枢机房、兵房、户房、刑礼房，随时待命，具体执行政事堂的各种政令。贞观年间，唐太宗为集思广益，同时分化宰相权力，给一些职位不高但能干的官员加封参知政事、同中书门下三品（以后逐渐统一为同中书门下平章事之名）等称号，让他们也以宰相身份参加政事堂会议。另因尚书省只是政策的执行机关，没有决策权，尚书省长官的宰相身份一向有些勉强。唐高宗后，尚书仆射同样须加封封号，才能参加会议。玄宗后，尚书仆射再未被加封此封号，从此被排斥在政事堂之外。唐代后期，中书令、侍中也逐渐被排斥在政事堂之外。皇权变大，相权变小。唐玄宗时，将政事堂改名为中书门下，也有称中书政事堂或中书都堂的。后晋时又改名为政事厅。北宋沿唐制，以政事堂为宰相、参知政事议事办公处，设于禁中。政事堂囊括门下省、中书省和尚书省的主要职权，是最高行政机构。宋以后历代不设政事堂，不过明朝的内阁和清朝的军机处的功能略等于政事堂。

御史台

御史台是我国古代监察长官的官署名，同时也指古代的监察机构，其属即为言官。秦代，建立御史制度，设众多监察御史监督政府，并以三公之一的御史大夫为众御史之长。汉代，御史大夫更名为大司空（后改为司空），不再负责监察事宜，其副手御史中丞成为御史之长。因御史中丞一直驻扎在宫中兰台办公，因此其官署便被称作御史台。御史台在后来历代均存在，只是名称偶有变化，另有宪台、兰台、肃政台等称呼。御史台下设三院，一曰台院，其属为侍御史，即监督皇帝的御史，御史中丞初时便是专门驻扎在皇宫里监督皇帝的官员；二曰殿院，其属为殿中侍御史，负责监督皇宫内礼仪等事；三曰察院，其属为监察御史，主要是监督中央政府和地方官员。总体而言，御史台设立的主要目的是监督百官，即"为天子耳目"。御史的品阶一般都不高，多由具清望之人担任，往往不怕得罪官员，越得罪人，名声越大。派往地方的监察官员往往都是由御史台派出，但历代都经常发生监察官员到了地方之后取代原来的地方长官成为事实上的地方长官的事情，比如汉代的刺史，唐代的节度使、观察使都属于这种情况。明代时，太祖朱元璋改御史台为都察院，御史台之名遂废。

唐代五监

唐代五监指的是唐代时的5个负责教育、工程、军需、后勤等事宜的政府机关，分别是：国子监、少府监、将作监、军器监、都水监。唐代五监是将隋朝长秋监改为军器监之后形成的。其中，国子监是负责全国教育及考试的部门，其长官称作祭酒，为正五品上；少府

武官俑

监负责推动和普及农业、手工业技术，主官为监、少监，分别为从三品、从四品；将作监负责宫室建筑、金玉珠翠器皿的制作、纱罗缎匹的刺绣等事，其长官为监，有2名，从三品；军器监负责弓弩盔甲等军需用品的制造，其长官为监，正四品上；都水监负责全国的水运、黄河及其他河流湖泊的治理，其长官为监，正四品。唐代是中国各项制度的一个重要转折点，该五监的形成使政府机构得到很大完善，社会各项公共事务有了更专门的机构来管理，政府职能得到提高。五监的基本结构为后世历代政府所采用。

观察使

观察使是唐代后期出现的地方军政长官，全称为观察处置使。由于汉代设立的专门监督地方官员的刺史逐渐侵蚀了地方长官的权力，到隋朝时朝廷干脆明令刺史替代太守，成为地方长官，这样，朝廷中央便没有了专门的地方巡察员。到唐代前期，中央常常不定期临时派出使者监察州县，玄宗开元年间，宰相张九龄设置十五道采访处置使（简称采访使），行使原来汉代刺史的督察权，考评地方官政绩。后来，采访使制度又重蹈刺史制度之覆辙，本是中央派到地方的特派员的采访使又逐渐凌驾于刺史之上，成为实际上的地方一把手。而在不怎么受中央管制的节度使地区，采访使往往为节度使所兼任。肃宗乾元元年（公元758年）采访处置使改名观察处置使。"安史之乱"后，本为地方长官的刺史基本上已经没有什么权力，各地的节度使与观察使成为地方军政一把手。相比而言，节度使往往地盘较大，经济、军事实力雄厚，不听中央调遣，成为顾盼自雄的藩镇；而观察使则地位相对较低，地盘、势力较小，还能够服从朝廷，因此唐朝廷后期得以苟延残喘的财赋收入多由观察使所上缴。宋代在各州置观察使，但只是虚衔，为武官升迁之前的寄禄官（暂时作为升迁跳板的官职，无实权）。辽、金也曾设置观察使作为政务官，元代废。

参知政事

参知政事并非一种固定官职，而是唐宋时期的临时职衔，中低级官员可凭此职衔行宰相权。唐贞观年间，唐太宗为削弱相权、强化皇权，在与宰相议事的最高政务会议政事堂上，经常给其他非宰相但比较能干的官员加封诸如参知政事、同平章事、枢密使、枢密副使等职衔后让他们也参加会议，共议国政。太宗之后的唐代皇帝都采用了这个办法，乃至到唐高宗之后，原本是宰相的三省长官都先后被排挤出了政事堂，只剩下这些顶着临时头衔的宰相们执掌唐王朝的最高政治。如此，可以说唐朝在很长的时间里是没有宰相的。就参知政事而言，其又简称为"参政"，行使副宰相之职，唐中叶以后废去。宋代沿用了唐代政事堂制度，开始同样以参知政事为副宰相，开宝六年（公元973年）后，参知政事的职权、礼仪开始和宰相差不多。宰相出缺时，其代行宰相之职。北宋范仲淹、欧阳修、王安石都曾任此职。因为正规的宰相经常空缺，因此参知政事往往是北宋事实上的宰相。南宋时，参知政事和门下、中书侍郎，尚书左、右丞，以及枢密使、副使，知枢密院事、签书枢密院事等，通称执政，与宰相合称"宰执"，相当于常务副宰相。元、明时参知政事只是一个中级官员，清不设此职。

计相

计相是宋初中央财政机构——三司的首脑。宋代三司沿自五代。五代时期，天下不稳，税法混乱，后唐明宗设盐铁、度支（负责财政支出统计）和户部"三司"，统一掌管朝廷财政，相当于现在的财政部。宋代沿用并完善三司制度，三司掌管天下各种田赋、丁税、商税、矿税、酒税等财政收入和官俸、衣粮、军费等财政支出，当时称为"计省"，其长官为三司使。财政大权本是相权的一部分，但由于宋初皇帝想将财政权收归自己，以加强皇权对政权的控制，便令三司使不再统辖于宰相，而是直接对皇帝负责。这样，三司使便与掌管军政的枢密使、宰相各成一体，不相统摄，故被称为"计相"，意即财政宰相。但后来三司的权力逐渐扩大，职权涉及原来的兵户工礼吏等各部事务，并且时间一久，这个机构本身也变得臃肿而效率低下，三司开始成为宋朝行政机器上的一个不和谐部件。王安石变法时，曾试图分拆三司，但未能成功，只是将三司部分职权转移到其他部门。后来元丰改制，三司侵夺其他部门的职权才被重新归还各部。三司使改任户部尚书，虽仍管理财政，但已成为宰相直接下属，就职权和地位而言，已远远当不得"计相"的称号了。

路、军、府、州

路、军、府、州均是宋代的地方行政单位。宋代地方行政区划为三级制，其基本的结构是路、州、县，依次变小。其中，路是最高一级，大略相当于现在的省。宋初时，除路之外，还有一个道，与路为同级别的地方区划单位。后废道，将天下总分为十五路，分别是：京西路、京东路、河北路、河东路、陕西路、淮南路、江南路、荆湖南路、荆湖北路、两浙路、福建路、西川路、峡路、广南东路、广南西路。路的长官称作监司，每路4个。宋代的州由秦汉的郡变化而来，根据面积和人口可分为上、中、下州，长官称知州。县是最低一级行政单位。另外，在路、州、县的基本体制之下，宋代还有一些与州同级但稍微特殊的行政区划单位，府与军便属于此类。府由地位比较重要的州升级而成，分京府、次府。京府为首都或陪都所在地。宋初以都城开封府为东京，陪都河南府（今河南洛阳东）为西京，应天府（今河南商丘）为南京，大名府（今河北大名）为北京，遂有四京府，其余则为次府。州升府一般源于皇帝登基前所封或任官之地，如宋太祖以归德军节度使代周，后来便升归德军所在之宋州（今河南商丘）为应天府。军则是因军事需要而建的地方行政单位，一般在边疆地带，分大军和小军。大军与州府同级，直属于路；小军与县同级，属州管辖。就数量而言，这些地方行政单位并不固定，时有变化。

知府与知州

知府与知州均是出现于宋代的官职。唐代只称建都之地为府，宋代由于城市的快速发展，许多比较繁荣的州都升级为府。宋代统治者鉴于唐代地方长官坐大割据的教训，不给州府长官刺史以实权，而是以中央朝臣充任各府长官，称作"权知某府事"。"权"是暂时之意，意即暂时代理该府政事，简称知府。知州与知府的来源相同，同样是宋朝廷派朝臣临时充任各州长官，称"权知某军州事"，简称知州。军乃指军事，州乃指民政。如此，宋代原本以唐制而设的府州长官——刺史便被架空了，而事实上的地方长官又只是临时充任，这便加强了中央集权，避免了藩镇割据的局面。但这也导致了地方力量的弱小，以至于金国攻破首都开封，北宋政权便轰然垮掉。知府与知州在元代成为地方的正式长官，只是其上置有由蒙古人或色目人担任的达鲁花赤（蒙古官名，为所在地方、军队或官衙的最大监治长官）；明清时期，知府与知州成为正式的地方行政长官。其中知州有直隶州、散州之别，前者直隶于省，可以辖县；后者隶属于府、道，相当于知县。

谏官

谏官是古代言官的一种。言官即是专门负责监督并提意见的官员。古代言官分两种，一是御史，负责监督政府，谏官则职在监督皇帝。谏官并非正式官职名，而是对监督皇帝的官员的泛称。其最早在春秋时期设立，当时齐国的大谏、晋国的中大夫、楚国的左徒等都属于谏官性质。秦朝时，设谏议大夫为谏官，同时，御史类官职中的御史中丞也有些谏官性质。谏官制度得以正式化是

梁冠

进德冠

牙笏

宽袖短衫

宽腿裤

彩绘文官俑 唐

唐代艺匠对于文官俑塑造，着意从外形上突出表现，一方面将其塑以峨冠博带，长袍阔袂，头戴冠，身着长袍，双手执圭拱手胸前，表现出一副神情拘谨和温顺的神态；另一方面则将其矜持尊严、惟命是从的形态刻画得淋漓尽致。这些文官神态自如，举止文雅，显示出唐代文臣的端庄形象。

在汉代，当时的光禄大夫、太中大夫、谏大夫、中散大夫、议郎等官职，都属谏官，统一归汉九卿之一的光禄勋管。谏官最活跃的时期是在唐代，当时的谏官机构不断扩大，所设谏官有左右谏议大夫、左右拾遗、左右补阙、左右散骑常侍等。另外，当时中书、门下两省的官员也都有兼职进谏的职责。唐代著名谏官甚多，例如魏徵、褚遂良、孙伏伽、萧钧等。著名诗人杜甫、陈子昂、元稹等都任过谏官之职。因唐太宗开纳谏之风，唐代皇帝都比较重视谏官。宋朝皇帝起初也很重视谏官，曾专门将谏官从门下省中独立出来，成立专门的谏院，以左右谏议大夫为长官。但谏院独立后，谏官不再由宰相裁定，而是由皇帝任命，并且可以兼任御史，逐渐由监督皇帝变成了监督宰相和百官。后来，朝廷不再重视谏官，又开始出现蔡京、秦桧等权相。宋代之后，谏官或名存实亡，或名实俱亡。

转运使

转运使是中唐以后各王朝设置的主管运输的中央或地方官职。唐代建都长安，因关中地狭，粮食不足，每年要从江淮地区调粮入关。玄宗时期，朝廷官员激增，加之军需民用，粮食需求增大，漕运对于朝廷的重要性随之增加，于是设专使水陆转运使，掌洛阳、长安间粮食运输事务。安史之乱后，朝廷财政全仗江淮地区盐铁之税，又设盐运使。后来盐运、转运二使合二为一，由宰相或重臣兼任。到宋代时，转运使成为一种普遍的官职。宋初为集中财权，置诸路转运使掌一路财赋，称某路诸州水陆转运使。另外皇帝出巡时设有行在转运使，出兵征讨则有随军转运使。宋代转运使往往由朝中位高权重者兼任，是一种显官，除掌握一路或数路财赋外，还兼有考察地方官吏、维持治安、清点刑狱、举贤荐能等职责。如此，转运使职掌扩大，实际上已成为一路之最高行政长官。后来朝廷干脆将路作为州县之上的又一级地方行政单位，全国总分为15路。元、明、清时期，转运使官职不再流行，只剩下一个盐运使，负责运盐，虽品秩不高，却是个肥差。

宣政院

宣政院是元代设立的一个掌管全国佛教事宜和吐蕃地区军政事务的中央机关。宣政院原名总制院，由元世祖忽必烈设立，后借唐朝皇帝曾在宣政殿接见吐蕃使臣的典故，改名为宣政院。因蒙古人信奉藏传佛教，因此此院地位相当高。宣政院刚开始以国师八思巴为其长官，后来该职一般由朝廷大臣担任。宣政院官员为僧俗并用，其中设院使2人，后来又增至10人，秩均为从一品，另有几个正二品、从二品的官职。宣政院官职任命不走吏部程序，而是自行任命，与中书省、枢密院、御史台并为元朝四个独立的任官系统。诸路、府、州、县置僧录司、僧正司、都纲司，为宣政院下属地方机构，负责管理各地佛寺、僧徒。总体而言，蒙古人设立宣政院有两个目的，一是掌管全国佛教，二是通过宗教与军政结合的方式控制同样信奉藏传佛教的吐蕃地区。

行省制度

行省是行尚书省（后改为行中书省）的简称，本是尚书省派出的一个临时机构，后来演变成为地方最高行政机关。元朝总共分为12个大的行政区，除了大都（今北京）为中书省直辖区外，另有11个行省。元代行省置丞相、平章、左右丞、参知政事，其行政机构名称和官吏品秩与中央同，全省军事、行政、财政权力集中，由蒙古贵族总领。从行省的划分方法来说，元代行省是从军事角度进行的划分。元代统治者害怕地方反叛，于是使各省边界均犬牙交错，无山川险阻可依，北向门户洞开，形成以北制南的军事控制局面；另外，各省重镇的拱卫之城也都被划分到另一省。一旦一省叛乱，其重镇也很容易被攻下。也正因为此，后来的明、清继承了元代行省制度。元代的行省在后来数量增加不少，名称也有所变化，但就其实质而言可以说是一直沿用的。

达鲁花赤

达鲁花赤是元朝的官名。蒙古铁骑当年横扫欧亚，占领了广阔的地域，但并没有足够的人手来统治这些地域，便培养起一个个主要由当地人组成的地方政权。在这个政权的各级军政组织中，表面上以当地人为长官，实际上另设有一名被称为达鲁花赤的蒙古长官钳制之。达鲁花赤虽然与当地行政长官平级，但实际权力在其之上，是军政的最后裁定者。蒙古人当初与南宋对峙期间，由于人手不够，曾有一些汉人也做到了达鲁花赤的职位。至元二年（1265年），元代朝廷正式规定，各路达鲁花赤只能由蒙古人担任，总管由汉人担任。如此，原本已经当上达鲁花赤的汉人也都纷纷被解职。一时没有称职的蒙古人时，则由色目人担任。达鲁花赤这个官职在有元一代普遍存在，在省、府、州、县和录事司等各级官衙，都设置达鲁花赤。另外，在非蒙古族军队的元帅府、万户府、千户所，也都设达鲁花赤以监军务。

内阁

内阁是明清时期的最高官署。明洪武十三年（1380年），朱元璋为加强皇权，以谋反罪杀宰相胡惟庸，从此废去宰相一职并明令后世子孙不得设宰相。这样，全国政务全部汇集到皇帝这里。朱元璋行伍出身，精力充沛，后来又仿宋制设置了一些殿阁大学士作为自己的顾问，还勉强能够应付。到永乐皇帝，因经常外出征伐，对于政务他便有些顾不过来，于是正式建立内阁，以大学士充任阁员，参与机务。内阁刚开始并无实权，但自仁宗起，明朝的皇帝们都只是成长于深宫的娇贵皇子，不具备一个人掌控全国政务的精力和耐性，内阁权力渐重。到成化、弘治之际，内阁已经相当于宰相府。尤其到万历年间，由于万历幼年登基，政务完全由内阁处理，内阁首辅张居正的权力甚至已经超越了以前的宰相。明朝晚期，宦官权力上升，内阁权力开始下降。崇祯时，内阁权力被虚化，明内阁制度名存实亡。

清代刚开始时沿用明朝内阁制度，以满、汉同比例的方式设置内阁大学士，行使相权。但因清帝基本都比较勤政，内阁差不多只是个执行机构，权力远不如明朝内阁大。到雍正时，设立军机处作为最高决策机关，内阁基本上成了一个类似于秘书处的文书机构。但在清代，内阁一直都是名义上的最高官署。

大学士

大学士是古代官职，最早出现在唐代。唐代曾先后置弘文馆、昭文馆大学士，集贤院大学士。唐代的大学士一般由宰相兼领，只是一种荣誉称号。宋代也曾仿唐制，搞过一些大学士称号，同样只是一种荣誉称号。明代时，朱元璋怕宰相夺权，不设宰相，但自己政务又忙不过来，开始置一些翰林学士到武英殿、华盖殿、文渊阁、东阁中参与政务，称作殿阁大学士或内阁大学士。大学士官阶很低，仅为五品官职，也没什么职权，只是皇帝顾问而已。仁宗以后，大学士往往兼有尚书、侍郎等重职，握有实权，地位尊崇，称为辅臣，内阁首辅成为事实上的宰相。明朝名相张居正就是以内阁首辅的身份行使相权。清代沿用内阁制，置三殿三阁（保和殿、武英殿、文华殿、体仁阁、文渊阁、东阁）大学士，为正一品，设满、汉头目各一人，相当于宰相；又置协办大学士，为从一品，满、汉各一名，相当于副宰相。汉人一般非翰林出身不授此职，我们所熟知的和珅、纪晓岚、刘墉均曾担任内阁大学士或协办大学士之职。雍正时设军机处，取代内阁成为最高政务决策中心，军机大臣成为事实上的宰相，但军机大臣及内外官员之资望特重者仍授大学士，以示尊崇。另外，明清时的大学士也习称中堂。

司礼太监

司礼太监是明朝一度权势很大的宦官机构里的太监。明洪武年间，成立了一个新的太监机构——司礼监，掌管宫廷礼仪。明朝没有宰相，权在内阁。内阁具体掌控政务的方式是由内阁大臣阅读奏章后在上面批注自己的意见，称"票拟"，然后交由皇帝审核并用朱笔做出最后批示，称作"批红"。因明朝中后期皇帝大多疏懒，或不懂政务，"批红"也就只是走走形式，基本上就是以内阁大臣的意见为准。到明宣宗时，为压制内阁势力，废除朱元璋定下的太监读书禁令，在宫内举办内书堂，教授太监识字，然后由这些识字太监帮助皇帝"批红"。此后，"批红"的权力便逐渐落入太监之手。"批红"分两道程序，先由司礼监秉笔太监"批红"，然后司礼监掌印太监审核确认后盖印，才算通过。由此，司礼太监便与内阁形成了一种权力制衡。历史上的刘瑾、冯保、魏忠贤等权倾一时的太监就是司礼太监的头目。

明晚期，宦官权力逐渐渗透到国家政权的各处，在中央掌管提督京营兵权，在各地则派迁驻守太监，职在地方长官之上。尤其东、西两厂特务组织具有独立的司法、审查权力，并且有自己的监狱，可以随便提审百姓乃至官员。因此宦官组织已经变成一个与外庭相对应的严密的内廷官僚组织，而司礼监便是这个内廷的最高机关。司礼太监俨然相当于朝廷大臣，而其一号人物司礼监掌印太监则对应于作为外庭宰相的内阁首辅，有"内相"之称。总体而言，司礼太监的滥权乃是明朝皇帝出于私心而采用的一种统治权术，也是明朝政治的最大问题。

都察院

　　都察院是明清两代最高监察机关。明洪武十五年（1382年），朱元璋改前代所设御史台为都察院，设左、右都御史为最高长官，其职权总的是"纠劾百司，辨明冤枉，提督各道，为天子耳目风纪之司"；都御史下设副都御史、佥都御史，为都察院各级长官；又按照十三道，分设监察御史。监察御史是都察院官员的主体，负责巡按州县，专事官吏的考察、举劾。大体而言，都察院的官僚体系与汉、唐的御史台差不多，御史台的职能也都包含在了都察院之内。但相比于御史台，都察院还另外具有很强的司法功能，其与大理寺、刑部合称为三法司，遇到重大案件均由三法司共同会审。到清代，都察院制度基本沿袭明制。因清代统治者担心地方官员和军队对抗中央，经常派都察院御史以巡抚、提督、总督等临时官衔到地方上监督行政长官和武官。久而久之，巡抚、提督、总督等这些本是特派员性质的都察院官员便成了地方行政长官或军政首脑。

锦衣卫

　　锦衣卫是明朝皇帝的侍卫兼特务机构。其前身为明太祖朱元璋所设的御用拱卫司，洪武二年（1369年）改为大内亲军都督府，洪武十五年（1382年）改为锦衣卫。锦衣卫是朱元璋为强化皇帝对政权的控制而建，其作用有二：一个是作为皇帝的侍卫，与前代的禁卫军作用相同；二是作为一种特务组织充当皇帝耳目，监督百官。明代锦衣卫之所以在历史上很有名是因为它的第二个功能。锦衣卫不仅拥有自己的军队系统，而且拥有独立于政府司法体系之外的司法特权，可以绕过政府系统直接对上至大臣、武将，下至普通百姓实施侦缉、抓捕、审问，并拥有自己的监狱。锦衣卫的建立除造成国家司法混乱及朝廷上下的恐怖气氛的负面作用外，也起到了一定的正面作用。如，对于预防官员腐败起到很好的作用，以至于明代官员可算是历代最清廉的官员；另外，锦衣卫还担当了部分国防及情报工作。锦衣卫首领称指挥使，一般由武将担任。后来宦官统领的特务组织东厂成立后，锦衣卫地位逐渐低于东厂。晚明宦官

锦衣卫木印　明

锦衣卫是明代内廷侍卫侦察机关，始建于洪武十五年，专门从事侍卫缉捕弄狱之事，是皇帝的侍卫与耳目，与明王朝相伴始终。明初朱元璋为加强中央集权，以刑部、都察院、大理寺分典刑狱，称三法司，让其互相制约，如遇重大要案由三法司会审结案。这枚木印是三法司会同刻置的。

专政时，锦衣卫指挥使见东厂厂主甚至要下跪叩头。整个明代，锦衣卫和东厂、西厂这样的特务组织一直存在，乃是一种酷政，不少学者认为明代即亡于"厂卫"制度。

东西二厂

　　东厂是明永乐皇帝朱棣建立的由宦官掌控的特务机关。因建文帝既年轻有为，又怀柔天下，尊重士人，深得明朝官员拥护。朱棣发动"靖难之役"夺了侄子建文帝的江山，大批官员殉难，剩下的朝廷官员亦不大支持朱棣的新政权。朱棣因此对大臣也都十分猜忌，于是采取了两个措施，一个是迁都北京，另一个便是在锦衣卫之外另建一个更加方便自己使用的特务机关。因朱棣夺江山的过程中，几个太监嵩出了不少力（如郑和、道衍），他觉得太监比较可靠，便建立了一个由宦官掌领的侦缉机构。由于其地址位于东安门北侧（今王府井大街北部东厂胡同），因此被命名为东厂。东

厂直接向皇帝负责。起初，东厂只负责侦缉、抓人，审讯犯人的权力则在锦衣卫。但到明末宦官专权后，东厂也具有了审问权，并且设有自己的监狱，对百姓乃至官员都可抓捕、审问，成为独立于国家司法体系之外的独立体系。另外，朝廷审理大案，东厂都要派人听审；朝廷各衙门里，也都有东厂人员坐班，监视官员；朝廷各种文件，东厂也都要查看，甚至民间百姓的日常生活都在其侦缉范围内。东厂的人每天在京城各处活动，经常罗织罪名敲诈勒索良民，成为上至朝廷下至民间的一大害。西厂则是明宪宗为强化特务统治所增设的，其人数比东厂更多，权力更大，并且不再局限于京城，而是遍布全国。后因遭反对，存在不久被撤销。东西二厂与锦衣卫共同构成明代的"厂卫"制度。

三司

三司是明代省级地方政府的三个权力部门，分别是布政司（全称承宣布政使司）、按察司（全称提刑按察使司）、都司（全称都指挥使司）。明代初时沿用元制，设行省统辖郡县，洪武九年（1376年）又改行省为布政司。全国除南北两直隶外，分为13个布政司，就地域范围而言其实和原来的行省差不多。明代每一个布政司都设有三司，作为常设政府权力机关。其中，布政司相当于现在的省政府，其长官为布政使，是一省行政长官，负责全省民政；按察司是一省的最高司法与监察机构，主管一省的刑名、诉讼事务。同时也是中央监察机关都察院在地方的分支机构，对地方官员行使监察权。按察司长官称作按察使，别称臬台。都司乃是一省最高军事机构，长官称作都指挥使，掌控全省军事。三司之间，互不统属，各司其政，其长官官职相同，均直接对中央负责。三司之间互相制约与牵制，谁也不能一方独大，有效地防止了地方割据。可以说，三司的设立正是明朝政府中央集权、地方分权的治国方略的体现。到明朝中晚期，文官势力的上升和武官地位的下降打破了三司之间的平衡，明政府又派遣中央官员以巡抚、总督的官职到地方协调地方事务，三司的权力逐渐为巡抚、总督所夺。

军机处

军机处是清代最高权力机构。清代不设宰相，初时沿明制设内阁作为权力中枢。雍正七年（1729年），因西北用兵，而内阁在太和门外，恐商议时泄露军机，便在隆宗门内设军机房，选内阁中稳重者入内值班，以随时处理紧急军务。雍正十年（1732年），军机房改称"办理军机处"，后简称"军机处"，并逐渐取代内阁成为清最高决策机构。军机处任职者没有定数，少则三四人，多则六七人，一般由皇帝从满、汉大学士、尚书、侍郎等官员以及亲王中特选，称军机大臣。其属僚称作军机章京，俗称小军机。晚清时，汉族官员中仅有左宗棠、张之洞、袁世凯短时间担任过军机大臣。不过虽然军机处总揽军政大权，却并非是一个正式的国家机关，而只相当于皇帝的一个临时性的秘书处。军机处办公的地方不称衙署，仅称"值房"。军机大臣虽然每日

军机处

军机处的设立，最初是为了西北用兵的需要，开始称军机房，雍正八年（1730年）改名为军机处，雍正十年铸造关防印信，机构不断完善。军机处本为军务而设，但它逐渐部分取代了内阁的作用，成为由皇帝亲信组成的新的行政中枢。军机处的创立，是行政制度的重大改革。

出入宫廷，随从皇帝左右，但既无品级，也无俸禄，其任命只听凭皇帝一人决定。其职责也没有任何制度上的规定，只是随时奉皇帝旨意临时办差。军机处的存在标志着清代的皇帝和政府之间完全失去了平衡，皇权完全凌驾于政府之上。

南书房

南书房是清康熙时的一个重要权力机关。南书房位于乾清宫西南，本为康熙读书处，俗称南斋，是清代皇帝文学侍从值班的地方，被清代士人视为清要之地，以入之为荣。康熙十六年（1677年），康熙为与翰林院学士们研讨学问，吟诗作画，在乾清宫西南角特辟房舍以聚，名南书房。"择词臣才品兼优者"入内，称"南书房行走"。入值者主要是陪康熙写诗作文，赏析书画，有时也帮皇帝起草诏书。由于能入南书房者都是皇帝宠信之人，因此它是一个由皇帝严密控制的机构，后来经常出旨行令，地位日重。事实上，南书房权势上升是康熙有意识地加强皇权的一种手段。因当时国家名义上的最高政务机关内阁控制着外庭，对皇帝的意志经常产生掣肘；另外，由满洲贵族组成的议政王大臣会议也具有相当大的权力，皇帝经常不得不对其做出让步。康熙在南书房重新建立一个权力中心，便逐渐将权力收归到了自己这里，有效地加强了皇权的地位，更方便自己大展拳脚。雍正年间，新建立的军机处成为机要中心，南书房地位下降，但因其入值者能经常见到皇帝，还是有一定地位。光绪二十四年（1898年），南书房被撤销。

理藩院

理藩院是清代管理蒙古族、藏族等少数民族事务的中央机构。清朝统治者一向重视与蒙古族的关系，于崇德元年（1636年）专设蒙古衙门，三年（1638年）六月，改称理藩院，属礼部。清军入关后，理藩院成为清政府专设的处理各少数民族事务的专门机构，其官制同六部，设有尚书、侍郎。清统治者通过理藩院加强与各少数民族的联系，拉拢他们。康熙年间，修订《理藩院则例》，用法规固定了对少数民族地区统治的各项措施。理藩院有旗籍、王会、典属、柔远、徕远、理刑六个清吏司，分掌部界、封爵、设官、户口、耕牧、赋税、兵刑、交通、会盟、朝贡、贸易、宗教等项。所属有内馆、外馆、俄罗斯馆及蒙古官学、唐古特学、托忒学等单位。理藩院派有司员、笔帖式官员常驻少数民族地方，处理特定事务。为防止其坐大，定期轮换。另外，理藩院有时还出面接待附属国及其他外国使臣。

理藩院虽然权力不大，但其在清政府的政权机器上是一个相当重要的部件。光绪三十二年（1906年），理藩院改为理藩部。

总督

总督是明清时期的地方军政大员。明代实行空前的中央集权，地方长官权力不大，中央经常派尚书、侍郎、都御史等京官至地方安抚军民或主管兵事，事毕复命，称之为巡抚、镇守等。后这些下派官吏统一定名为都御史巡抚兼提督军务（或都御史兼其他事务）这样的名称，负责多方面事务的则称总督，并非正式官职。明朝代宗景泰三年（1453年）设两广总督，自此，总督成为专门官职。此后，又陆续设立凤阳总督、蓟辽总督、宣化总督、三边总督等，先后有12个，所辖地区广狭不等，一般在一省以上。明朝总的治国方略是重文抑武，总督的作用一方面在于以文臣钳制武臣，防止武臣割据；另一方面在于协调各省、各镇之间的关系，统一事权，防止各省、各镇有利互相争抢，无利互相推诿的情况，体现了中央对地方控制权的加强。一般而言，总督由中央政府的显官担任。

清朝刚开始时沿袭明朝的总督制，不过久而久之，总督又成了地方最高长官，俗称封疆大吏。总督辖一省或二三省，先后设有直隶、两江、陕甘、闽浙、湖广（也称两湖总督）、两广、四川、云贵及东三省9个总督。各总督综理军民要政，级别一般为正二品，如加尚书头衔则为从一品。此外，清代还有一些负责专门领域的总督，如专管漕运者称作"漕运总督"、专管河道的称作"河道总督"等。显然，这些专门领域的总督没有封疆总督实际权力大。一般而言，清朝的官员如果被简称为总督的，均指封疆总督。

巡抚

巡抚是明清时期的省级地方军政大员，以"巡行天下，抚军安民"而名，又称抚台。明代宣德、正统以后，三司之间互不统属的局面使地方行政的运转极为不灵，行政效率低下。于是，中央政府开始设置总督、巡抚这样的临时官员到各地方代表中央统一协调地方行政，同时也对权势日大的地方文官集团形成一种制约。巡抚刚开始为临时职务，后来逐渐长期驻扎地方，一年回中央汇报一次。在职权上，巡抚刚开始仅负责督理税粮、总理河道、抚治流民、整饬边关，后来逐渐偏重军事，并逐渐成为事实上的地方行政长官。

清袭明制设立巡抚，并使之成为制度化的正式官职，具有处理全省民政、司法、监察及指挥军事大权。巡抚均兼右副都御史，官职从二品，加兵部右侍郎衔则为正二品。总体而言，巡抚和总督非常相似，刚开始都只是中央派下来的临时官员，后来侵蚀地方权力，成了地方最高首脑，是一种中央集权策略在制度上的体现。就清代而言，其地方大员中，以总督为最大，一般为两三个省的首脑，其次便是巡抚，是一省首脑，有的总督则兼职下辖省的巡抚。

道员

道员是明清官职。明朝时，省级行政长官布政使下设左、右参政和左、右参议，均为辅佐布政使的官员。其人数不定，因事添设，职责同样不定，根据布政使的需要，或管理辖区内部分地区，或负责具体某一专门事务，这类官员称作分守道。另外，负责一省司法与监察事务的按察使也有自己的佐官，称作副使、佥事，也无定员，分管各按察使辖区内部分地区、刑名等事，称分巡道。清初袭明制，后乾隆废参政、参议、副使、佥事等官衔，设分守道，主管一省内若干府县的政务；设分巡道，掌管全省的教育、屯田、粮储、盐法等专门事务。分守道和分巡道长官均称作道员，俗称道台，尊称观察。就品阶而言，道员为从三品或正四品官员，官职低于巡抚，略高于知府。

总理衙门

总理衙门相当于清朝的外交部。鸦片战争前，中国没有多少外交事务，与清政府打交道较多的只有一个俄国，另外的朝鲜等国是清王朝的附属国，并不被视为严格意义上的外国。与这些国家的外交事务一般都由清政府设立的本是处理少数民族事务的理藩院一并处理。鸦片战争后，中国与欧洲国家事务日繁，除理藩院外，清政府又委派两广总督专门负责与欧美国家的交涉，并特加钦差大臣头衔，称"五口通商大臣"。但欧洲各国不满足以"蛮夷"身份与效率低下的理藩院打交道，同时又认为地方大臣负责外交于制不合，要求清政府成立专门的外交机构。咸丰十年（1860年）《北京条约》签订后，在恭亲王奕訢等人奏请下，清政府于同治元年（1862年）成立总理各国事务衙门，简称总理衙门。总理衙门头目称为首席大臣，由亲王担任。另外，按照一满一汉的原则下设大臣、大臣上行走、大臣学习上行走以及总办章京、帮办章京、章京等官职。

其中，有权的是大臣，人数初为3人，后几人到十几人不等，其首席大臣，先是恭亲王奕䜣做了28年，其后庆亲王奕劻又做了12年。总理衙门下属机构有同文馆、海关总税务司署，名义上，南、北洋通商大臣也归其统属。在职责上，总理衙门最初主持外交与通商事务，后来还负责办工厂、修铁路、开矿山、办学校、派留学生等事，权力越来越大，凡外交及与外国有关的财政、军事、教育、矿务、交通等，全归其管辖，成为清政府的重要决策机构之一。总体而言，总理衙门的设立是中国重新直面世界、同时也是半殖民化的标志。光绪二十七年（1901年），

总理各国事务衙门

清政府施行宪政改革，总理衙门改为外务部，居于六部之首。

南、北洋大臣

　　南、北洋大臣是晚清政府设置的负责外交事宜的专设大臣。其中，南洋大臣全称为办理江浙闽粤内江各口岸通商事务大臣，其设置要早一些。《南京条约》签订后，因为条约所规定的广州、厦门、上海、宁波、福州五个通商口岸的开放，清政府设立五口通商大臣，专门负责沿海口岸的通商、海防等事务。先是驻在广州，由两广总督兼任，后来移驻上海，由两江总督兼任。南洋大臣大多由湘军人物担任，湘系集团的曾国藩、曾国荃、左宗棠、沈葆桢、刘坤一等专任此职40余年，职责除交涉、通商、海防外，还训练南洋海陆军，兴办工矿交通事业，但局限于两江一带。

　　第二次鸦片战争后，清政府鉴于天津等北方城市也开始开埠通商，便专设北洋大臣负责北方口岸的通商、海防事务，驻扎天津。后来为增大北洋大臣权限，以直隶总督兼任北洋大臣。1870年，李鸿章调任直隶总督后，在北洋大臣的位子上待了28年。李鸿章到任后，兴办船厂、铁路、学校、纺织企业等，并将北洋水师训练成了当时硬件居于亚洲第一的海军。加上畿辅本为重镇，直隶总督为疆吏领袖，李鸿章又久于其位，后起的北洋的重要性远远超过了南洋。李鸿章之后，王文韶、荣禄、袁世凯也先后任职。总体上，北洋大臣由淮军人物担任。

　　南、北洋大臣名义上统辖于总理衙门，其实并不受其管束。尤其到后来，总理衙门只是做一些后勤性质的外交工作，外交谈判方面的事务基本上依赖于南、北洋大臣，尤其是北洋大臣。总体而言，南、北洋大臣是晚清历史上重要的角色，为中国外交做出了一定的贡献，但总体上因其并不具备真正的现代外交素质，又缺乏一套完整的外交策略，在对外交涉中存在局限。

钦差大臣

　　钦差大臣又简称钦差，是明清时一种临时官职。钦，意为皇帝亲自，钦差即是皇帝差遣之意，因此钦差大臣是由皇帝专门派出办理某事的官员。因为代表了皇帝本人，所以其地位十分了得。担任该官职往往都是皇帝信得过的高官，能得此职本身也是一种荣誉。一般事毕复命后，该官职便取消。其实，皇帝派遣大臣外出办事在我国古代一直都有，但从明代开始，担任这种职事的官员才有了"钦差大臣"这种固定的称谓，其地位也高出以往历代此类大臣，这也与明代实行高度的中央集权制有关。清代更是实行空前的中央集权，派遣钦差更加频繁。清代钦差又称钦使，统兵者则称

钦帅，驻外使节称钦差出使某国大臣。比如，当年林则徐到广州禁烟即是以钦差身份前往。总体而言，明清两代，钦差大臣的流行，与此两代均不设宰相，皇帝权力空前强大有关。

驻外大使

驻外大使是清末设置的官职。中国第一位驻外大使为驻英公使，于1876年设置，首任此职者为郭嵩焘（后又兼任驻法公使）。郭嵩焘是道光二十年（1841年）进士，早年与曾国藩是岳麓书院同窗，后镇压太平天国时入曾国藩幕府，是当时曾国藩著名的幕僚之一。郭嵩焘是湘系经世派的代表人物，具有浓重的洋务思想。他在伦敦担任公使期间，潜心学习了解西方，留意西方政治、社会层面的种种细节，最后写成《使西纪程》一书，称赞西方政教制度。尤其值得一提的是，郭嵩焘及使馆人员因扎着辫子，且不懂英语，刚到英国时屡屡遭到嘲笑，但他们最终以其品格与才识赢得了英法人的尊重。虽然郭嵩焘遭到其副手的诬陷，担任公使仅2年多便被召回（曾国藩之子曾纪泽继任），但这标志着中国自此步入了世界外交舞台。

品阶

品即品级，是官吏的级别，往往分为流内、流外各九品。而在一品之内，又有上下阶之分，因此称作品阶。品阶是古代官吏级别高低的一个指标，官吏们依照等级被授予种种权益，包括俸禄、礼仪以及法律、文化等方面的一些特权等。品阶制度初建于秦代，到汉代已经比较严谨，当时用若干石来表示官职的高低，最高的三公为一万石，最低的则只有11斛，总分22级。魏晋时期，出现了一种官分九品，品内再继续分为上中下、正从等阶的品阶制度。这种九品官员制为后代历代所沿用，只是具体的品内等级划分方法有所不同。比如唐代文武均分29阶；宋代则文分29阶，武分31阶；明清时期文武官员也总分为九品，每品有正、从之分，总18阶。至于流外九品，也称未入流，指的是那些在国家机关服务却地位不高的胥吏的品阶，如国子典官、儒学正、教谕、训导长官、司吏目、府检校、县典史等无甚实权只做些杂事的边缘小官吏。

需要注意的是，秦汉时期的品阶往往既代表了官员的品阶，又代表了官员的职任。但自汉代以后，品阶与职权逐渐开始分离，品阶并不代表相应的职权，而只表示一种官阶高低，这便是形成于魏晋时期并为后代一直沿用的散官制度。所谓散官，即是有这个级别的经济和礼仪待遇，至于权力，则只有担任了相应的官职才会有。比如汉代之后的文臣的"大夫"、"郎"或武臣的"将军"、"校尉"等官名并不代表官员的官职，而只是一种虚衔。历代一些上年纪的元老之臣，往往品阶很高，其实并无实权，品阶高只是对他们的一种尊崇。另外，古代经常出现文臣、武将品阶相同，但文臣地位要高于武臣的现象，这在唐以后尤其明显，这往往是统治者有意识地抑武扬文的结果。

封爵

封爵又叫爵位，是我国古代统治者封赐给宗亲或功臣、外戚的一种称号，伴随这种封号而来的是与之相应的权力、地位与物质财富。封爵制度在我国整个古代社会，都以不同的形式存在着。最早有文字记载的封爵见于周代，当时设公、侯、伯、子、男五等爵位。受封者除了要唯命于自己的上级领主外，在自己的封地之内享有完全的统治权，可以自己委任官吏，收受赋税，并且这种统治权可以世袭。但在这样的封爵制度下，一旦中央王朝控制力变弱，国家便可能分崩离析，形成大大小小的割据封国。春秋战国时期的乱世便是周代分封制的直接结果。秦朝统一中国后，实行中央集权的郡县制，自此，封爵现象虽依然存在，但不再是国家政治生活的主流，而仅仅是一种补充。

其等级、名称、形式也历代不同，封爵对象往往是宗亲、有军功者。如唐宋两代有国公、郡公、开国县公等级，所食之邑从3000户至4000户不等；明代对功臣仅封侯、伯。总体而言，封爵现象往往集中出现于一个王朝建立之初，一方面是因为有大量的打江山的功臣需要封赐（有时是功臣握有兵权，统治者也只好封王封侯，以先勉强形成一个名义上的统一局面。这往往给后世子孙留下祸患，如清代的三藩王）；另一方面，由于政局不稳，皇帝也往往会封赐皇子为王，以护卫中央。但这些封国往往会在后世成为中央王朝的威胁，唐代之前的许多动乱都是由分封出去的王所发动的叛乱，如汉代的"七国之乱"，西晋的"八王之乱"等。唐代之后，统治者以史为鉴，封爵往往就不封得那么实了，封地一般都很小，大则两三郡，小则一县，甚至一乡之地，不会再对中央构成威胁。有时则干脆只有封号与俸禄，而无封地。封爵有的不可以世袭，人亡爵消，有的可以世袭。世袭也分两种，有的按原等级世袭，有的降级世袭，各朝不一。

幕僚

幕僚为古代行政、军事长官身边出主意的人，与现在的秘书类似。幕僚最早起源于汉代军队中。汉朝时统帅率军出征，有权自行招幕一些文职僚属，并为之设置府署，以帮助自己处理军政事务，称之为"开府"。由于这种府署多设于军营帷幕中，所以称作"幕府"，而这些僚属也便称作"幕僚"、"幕职"。幕僚制度自汉以后历代都有，并且不再局限于军中，各级行政文官衙门中都设有幕职，幕僚纳入国家官僚体系，享有相应的俸禄。幕僚只是一种俗称，其具体的职务则不一而足，有相当于近代参谋长的"长史"，有参议军机、帮助指挥军事行动的"参军"，有管理文书及各类档案的"主簿"、"记室"、"录事"等。也有许多幕僚并不纳入官僚体系，而只是官员或将领自己私人招来的出主意的人，其报酬也由官员私人支付，例如明清时期十分流行的师爷，与官员之间便是一种雇佣关系。一般而言，在大的军事战争和激烈的政治斗争过程中，幕僚的作用相当大，充当幕僚的往往是大才之人。如清代曾国藩湘军中的幕僚李鸿章、郭嵩焘、左宗棠、丁日昌等人，其中有的人甚至做到了督抚级别的官职。而淮军将领做到此级别官职的只有4人。总体而言，一个"幕"字便显现出了幕僚与官员或将领之间的亲密关系，其往往是官员或将领的心腹，对于政治或军事的影响相当大。幕僚一职往往是古代应试不举的知识分子的谋生职业。

酷吏与循吏

酷吏与循吏是司马迁总结的两类官员，他在《史记》中分别写了《循吏列传》和《酷吏列传》。其后的历代史书都依照《史记》的这两部分列传。酷吏，顾名思义，是以一种比较严酷的手段治理百姓的官吏，西汉的张汤、尹齐是其代表。酷吏做事，只按法律行事，不讲人情，如果百姓不能按期交纳赋税，往往会受到严厉惩罚。但与那种欺压百姓的残暴官吏不同，酷吏又比较清廉，而且刚直不阿，不畏豪强，往往敢于对豪门贵族实施惩罚。因此，百姓和歹人、豪强都对酷吏又怕又恨，酷吏可说是两头不讨好。但另一方面，酷吏这样大不受欢迎的人之所以会大量出现，是因为皇帝有时确实需要这样的行政效率非常高的强硬派。不过历史上的酷吏因为频频得罪豪强贵族，基本上结局比较悲惨。

循吏大致上便是我们通常所说的好官。他们与酷吏一样遵守国家法律，但在对待百姓的态度上，往往比较温和，对百姓抱有同情心，并讲究人情。他们为官时，往往注重以德服人，并试图教化一方。但在对待豪强贵族时，循吏则不像酷吏那样无所畏惧，他们行事比较谨慎，甚至会明哲保身。大体上，酷吏可以说属于法家人物，而循吏身上则具有更多的儒家思想。总体而言，相比于那些做官只为谋生没有任何精神原则的俗吏而言，酷吏和循吏都是值得肯定的官员。

宦官

　　宦官是中国古代被阉割后在皇宫中当差的男子，又称内臣、内侍、内监等，清代后统称太监。因古代皇帝嫔妃众多，担心男仆与嫔妃或宫女偷情，但宫女力气太小，做不了重体力活，因此宦官逐渐多起来。"宦"本是星座之名，宦者四星在帝座之西，因用以为帝王近幸者的名称。中国的宦官最早产生于先秦时期，但其时数量并不多，汉代之后宦官才多起来。宦官来源，或因穷困，或为奴隶俘虏罪人，或被掠卖。入宫之后，多数处于奴仆地位，默默无闻地度过凄苦一生，仅少数身在帝王之侧，蒙受重信，权倾一时。宦官群体之所以在历史上受到关注正是因为这些个别的权倾一时的宦官。宦官作为皇帝近侍，与皇帝关系密切，有机会接触政治机密。尤其是皇帝年幼或昏庸无能时，往往造成宦官专政的局面。历史上几乎历朝都有程度不同的宦官干政的情况，其中三次最为严重的是在东汉、唐代晚期和明朝。东汉和帝后，多幼帝继位，因此出现外戚专权。而皇帝长大后，又依靠宦官力量夺回权力，宦官进而掌权。因此整个东汉后期都处于外戚和宦官争夺权力的拉锯战中，东汉最终也亡于这种拉锯战。唐代安史之乱后，宦官势力膨胀，军政大权被宦官集团把持，不仅文武百官出于其下，甚至连皇帝的废立也由他们决定。宦官专政与藩镇割据共同构成了唐代中晚期政治的两大痼疾。明代时，因太祖朱元璋不设宰相，皇帝政务繁多，又多懒散，便将政务丢给宦官，宦官专政程度达到了历代之最。

三彩宦官俑　唐

由魏忠贤、刘瑾等宦官把持的特务机构东西二厂，将整个明代搞得乌烟瘴气，明代可以说也是亡于宦官。不过宦官中也有人做出一番成就的，比如东汉发明造纸术的蔡伦即是个宦官，明朝宦官郑和七下西洋，乃是世界著名的航海先驱。需要指出的是，不仅中国存在宦官，朝鲜、奥斯曼土耳其、埃及等国也都存在宦官，但都没有中国多。

胥吏

　　胥吏是古代各级衙门里充当衙役的人。胥吏这个群体可以说是中国一个相当特殊的群体，这个群体没有官职，实际却又掌有很大权力。因为古代为防地方官徇私，实行同乡回避制度，并经常调任，而胥吏则都是本地人，与本地的各种势力都有交往，并且官有调任，而吏无变更，因此胥吏乃地方政治中异常关键的一个群体。尤其到明清时期，由于实行高度的中央集权，地方官权力非常有限，官员品阶又异常繁多。地方官员大多不能安于地方政事，整天只想着如何做出一些场面上的政绩，以升迁乃至脱离地方进入中央系统，因此地方官将大部分的地方政务都交付师爷和胥吏处理。如此，明清时期的地方政治便操纵在了师爷和胥吏手中。而师爷也一般是外地人，在本地已经形成一股强大势力的胥吏便成了事实上的地方政治权柄的操纵者，其往往利用自己的职权欺压百姓，谋取私利。尤其是在司法实践中，胥吏往往能够上下其手，大捞好处。因此明清"胥吏之害"成为这两朝政治的极大问题。尤其清代，后世学者对其一向有"与胥吏共天下"的评价。明末清初学者总结明亡教训时，曾指出地方政治的弊端核心就在于胥吏之害。

绍兴师爷

　　绍兴师爷的说法产生自清代，当时各地衙门中的师爷，以绍兴籍（指绍兴府，下辖山阴、会稽、萧山、诸暨、余姚、上虞、嵊、新昌八县）最多，因此人们习惯将师爷称作绍兴师爷。不仅师爷，清代衙门中的书吏也多绍兴人，因此清代官场有"无绍不成衙"的谚语。绍兴多出师爷和书吏的情况在明代已经形成，追其渊源，乃是源于明万历年间绍兴府山阴人朱赓辅政。当时朱赓担任明朝事实上的宰相的内阁首辅，利用职务之便，引用了许多绍兴籍书吏，后来许多书吏又干起了师爷的行当。另外，绍兴多出师爷，也与绍兴当地文化兴盛，重视教育，以及绍兴人多地少的经济现实所导致的绍兴人不恋乡土、有远游习俗的民风有关。在清代全国大大小小的衙门中，绍兴师爷遍布，互相介绍职事，并排挤其他乡籍的师爷。而绍兴师爷本身也以苛细精干、善治案牍等特点受到官员们的普遍欢迎和信赖。因为清代的官员素质整体不高，在遇到财政、司法等方面的问题时，往往对绍兴师爷这种专业人才相当依赖。因此绍兴师爷可以说在地方政治中起到了积极的作用。但另一方面，不少师爷本身的贪财和腐败也是出了名的，以至于"绍兴师爷"有时是一个带有贬义意味的词。

捐纳

捐纳是清代的卖官制度。卖官制度起始于秦汉，秦始皇时因蝗灾缺粮，规定纳粟千石可拜爵一级；汉文帝采纳晁错建议，又准予入粟授官或拜爵，当时称为"纳粟"。中国的卖官制度自此开始，以后历代都不同程度地有此举措。但清代之前的朝廷卖官，除东汉中后期比较严重外，一般都是因筹饷、赈灾、备边或兴办工程等事的权宜之计，并不严重。到清代时，卖官情况达到了历代最严重的程度，不仅卖官的范围大大扩大，而且开始制度化，称为捐纳。清代的捐纳开始于康熙朝，当时因对三藩用兵，财政吃紧，为筹集军饷朝廷颁布了捐纳制度，三年时间卖出了五百个知县职位。其后各个清朝皇帝都有此举措，到清中晚期达到极盛。清代捐纳分为两类，一类是因救荒、河工、军需等事开捐，事毕即停；一为常行事例，平民可捐贡生、监生，官员可捐钱升职等。其中，常行事例始于乾隆，这是卖官制度首次制度化。清初捐纳规模并不大，到嘉庆以后，捐纳现象开始泛滥，不仅文职，武职也可以捐纳。尤其晚清，由于对内镇压太平天国和对外的几场战争导致军费开支激增，加上失败后还要对列强赔款，捐纳收入成了朝廷财政的重要来源，基本占政府年财政收入的10%以上，甚至曾达到过48%。捐纳制度一方面使大量贪财无能之人步入官僚阶层，导致吏治腐败；另一方面又因破坏了社会公平，导致天下士子无心读书，国家更无人才，最终加速了清王朝的覆灭。不过古代买官者也有为实现抱负的，比如汉代著名廉吏张释之，就是通过买官入仕，最后官至廷尉。

致仕

我国古代官员退休称作"致仕"。夏商及西周时期的官员是实行世卿世禄，即终身制，到春秋战国时期，开始出现官员退休制度。汉代时，已经形成完善的退休制度。据东汉班固编撰的《白虎通义》记载，官员年满七十，如果耳目不聪、身体不再灵便，便必须退休；退休后发放原来俸禄的三分之一。唐代时，规定官员只要年满七十，不管身体如何，必须退休。另外，那些"年虽少，却形容衰老者"，也得退休。退休后五品官以上可得半禄，京官六品以下，地方官五品以下的则发给土地，官员回乡可以做地主。宋代退休制度基本沿用唐代，由于宋代官员俸禄丰厚，许多年满七十的官员总是赖着不退。朝廷也没什么办法，只是不再对其升职，并经常找御史大夫故意找他们的茬或找其亲属规劝其退休。元代规定三品以下官员年满70便要退休，三品以上则比较宽松。明清两代，由于官员大量冗余，官员退休年龄由七十变为六十，并鼓励提前退休。退休官员一般可拿半俸。总体而言，古代退休制度主要是针对中下级官员，对于朝廷重臣则比较宽松。事实上，古代的许多宰相都是由七十岁以上的老人担任。另外，古代官员退休后的待遇，除制度规定外，也往往跟官员的功绩及皇帝对其恩宠程度有关。

上卿

周代官制，最尊贵的诸侯大臣称为"上卿"，历代多沿此制。例如《史记·廉颇蔺相如列传》："既罢，归国，以相如功大，拜为上卿，位在廉颇之右。"

可汗

我国古代鲜卑、柔然、突厥、回纥、蒙古等少数民族的最高统治者叫可汗。其妻叫可敦。例如《木兰诗》："昨夜见军帖，可汗大点兵。"

洗马

说过了"司马"，我们来说"洗马"，这是古代官名。"洗"不读 xǐ，而是通"先"，也称为"先马"。洗马可不是洗刷马匹的意思，而是指在马前驰驱之意。秦汉时期，洗马为太子的侍从官，太子出行就由他来作为前导。晋代时变成为掌管图书的官职，南朝时洗马隶属于典经局，隋唐时设司经局洗马一职，这一官职一直沿袭到清代。清代司经局所设的洗马用满汉各一人，位从五品。在历史上唐代魏徵曾做过太子李建成的洗马；清末重臣张之洞年近中年，还官为洗马。

"天可汗"唐太宗像

太傅

古代三公之一，周代开始设置，地位次于太师（辅佐国君的官）。东汉时期每一个皇帝即位，都设置太傅，参与朝政，为众臣之首。后世多以他官兼领，为优待大臣之荣誉衔，并无职事。明、清两代则以太傅、太师、太保作为赠官，加衔之用，不是实职。还有，历代称辅导太子的官为太傅。

尚书的演变

官名。始置于战国，或称掌书，"尚"是执掌的意思。秦代是少府的属官，掌殿内文书，地位很低。汉武帝时设尚书五人，开始分曹治事。东汉时正式成为协助皇帝处理政务的官员，从此三公权力大为削弱。魏、晋以后，尚书事务愈来愈繁杂。隋代设置尚书省，分为六部，唐代确定六部为吏、户、礼、兵、刑、工，以左右仆射分管六部。宋代以后，三省分立之制渐成空名，行政全归尚书省。明代初期，尚存此制，后来废去中书省，直接以六部尚书分管政务，六部尚书等于国务大臣。清代相沿，清代末期改官制合并六部，改尚书为大臣。

天子

古代君主的称号。《礼记·曲礼下》："君天下曰天子。"古代认为君权是神授的，君主秉承天意治理人民，故称君主为天子。

皇后

皇帝的正妻称皇后。秦、汉以后，历代沿称。这里我们说一说"后"的意思，"后"最初也是君主主宰的意思，其与"帝"的区别是："帝"是传说中的天神，而"后"是大地的统治者。如禹之子启就被称为夏后氏。后来，因为皇帝的正妻主宰六宫所以称为皇后了。

公主

帝王、诸侯之女的称号，周代称王姬，战国时始称公主。汉代，皇帝之女称为公主，皇帝之姊妹称为长公主，皇帝之姑称为大长公主。历代沿称。

丞相

始于战国，为百官之长。到了秦代，在皇帝以下，主要由两府一寺组成中枢机构，两府指丞相府、太尉府，一寺指御史大夫寺。丞相府的首长是丞相，基本职责是辅助皇帝治理国政，丞相被尊称为相国，通称宰相，在大臣中，权力最大，官职最高。西汉初期，

约束外家
此图描绘的是东汉明德马太后训诫宗族亲戚不要骄横越礼的故事。马太后是东汉名将马援小女，明帝皇后。她曾以西京败亡之祸为戒劝阻章帝封爵诸舅，以防止外戚专权。

称相国，后来改称丞相，与太尉、御史大夫合称三公。西汉末年，改称大司徒；东汉末年，复称丞相。三国、晋、南北朝时，或称丞相，或称司徒，或称大丞相，或称相国。

士大夫

古代指受职居官的人。《周礼·考工记》："坐而论道谓之公，作而行之谓之士大夫。"也作为社会上层人物的通称。《师说》："士大夫之族，曰师曰弟子云者，则群聚而笑之。"

斜封官

"斜封官"，也称作"墨敕斜封官"，是唐朝的非正式任命的官员，是当时人们对由非正式程序任命的官员的一种蔑视性称呼。这种官职的任命状是斜封着的，要从侧门交付中书省办理，而且它上面所书"敕"字是用墨笔，这与中书省黄纸朱笔正封的敕命是不一样的，"斜封官"由此得名。

在唐朝，官吏的任命有严格的程序和制度，即先由吏部注官，再经过门下省过官，最后经过中书省对皇帝颁下的任命状进行"宣署申覆"。皇帝和宰相掌管五品以上的高级官员的授职和迁转以及六品以下的一些清要官职的任命权，吏部主要管理六品以下的中低级官员的授职升迁。但是唐中宗、唐睿宗时期，韦后、安乐公主、太平公主等擅权用事，公开卖官鬻爵，破坏正常任官制度，官员由皇帝或以皇帝名义直接用斜封任命。被任命的斜封官有时可达数千人。墨敕斜封官的授官方式导致朝政混乱。直到唐玄宗登基之后，在贤明的宰相姚崇等的协助下，罢免了中宗以来的斜封官，并规定不允许再行斜封官之事，从而结束了长期以来冗官污吏充斥朝廷的局面。

员外

员外是员外郎一职的简称，有"正额之外"增设之意。三国时期魏末最早设置了员外散骑常侍，晋朝初年又设置员外散骑侍郎，都是皇帝的侍从官。南北朝时，新设了殿中员外将军、员外司

马等。到了隋朝，员外成为尚书省二十四司内各司的次官，地位又提升了。唐、宋、辽、金、元、明、清沿隋制，以郎中、员外郎为六部各司正副主官，员外已在编制定员之内，成为显赫之位。从明朝以后，员外逐渐演变成为一种闲职，当时地主和商人可以通过捐银两的方式来获取员外一职。后来，"员外"逐渐失去了其本来含义，我们在京剧和明清小说当中常常看到"员外"是专指一些有钱人了。

太守

太守这一职位原来是战国时郡守的尊称。西汉景帝时，郡守改称太守。太守是一郡最高的行政长官。到了南北朝时期，新的州、县增加了很多，而各郡之间所管辖境地相对地缩小了，州、郡之间的地域区别也不大了。到了隋初，留州、废郡，州刺史就代替了太守的官职，太守就成为刺史或知府的别称，而不再是正式官名了。到了明清时期，太守则专门用来称呼知府了。

县官

我国古代县一级的长官的称呼，历代都有所不同。

春秋时代，地方一级的行政单位有邑县，邑县长官的称呼，各国不一，晋国叫作大夫，楚国叫作令尹，鲁国、卫国叫作宰。

战国时，行政单位有县、郡。郡的长官的主要职责是掌管军事，被称为守；县的长官的主要职责是掌管民政，被称为令。发展到后来，郡在上，县在下，郡比县大出一级，地方行政系统也就随之发生改变。

秦汉时，超过一万户人家的县，其长官叫作令；一万户人家以下的县，其长官叫作长。

隋唐时，称佐官代理县令为"知县事"，县的长官的称呼，都是令。

宋代时，县的长官叫作知县事，简称为知县。元代把知县改称为县尹。明代和清代沿袭了宋代的称呼，也称知县。

古代官员的品、阶、勋、爵

品

古代职官制度，是分等级的，这种等级就叫作品。

汉代区别官位的高低，主要是根据禄石的多少。例如禄石在千石到六百石之间的，是县令；禄石是二千石的，是九卿，或者刺史、太守。九卿、刺史、太守的品级比县令的要高。

曹魏时，把职官分成九品，从一品到九品，职位从高到低，一品最高，九品最低。

隋唐时，九品又分正品和从品两种，自正四品起，每品又分上阶和下阶两种，这样总共加起来，分出的级别，就达三十级之多。级别分得太多太细，就产生庞杂繁琐的毛病了，所以明清时，这种分级就被加以简化，九品中的每品，都只分正品和从品两种，不再分阶，这样就从三十级减少到了十八级。

阶

我国隋代时，在政府中担任有职务的官员，被称为职事官，没有担当职务的官员，就被称为散官。

唐代时，政府把这些散官的官号，进行了一番整理、补充，在整理和补充的基础上，重新确立品级，用来作为标志官员身份级别的称号，这些称号，就称为阶。例如文官阶是：从一品称开府仪同三司，正二品称特进，从二品称光禄大夫，等等。六品以下的文官阶，称为郎，例如正六品上，称为朝议郎，正六品下，称为承议郎，等等。

宋、元、明、清四代，都有阶官，不过名称、品级和唐代相比，有的已经有所改变。

勋

勋和阶一样，都是唐代在对前朝某些散官官号整理、补充的基础上，而形成的新的官号。勋号的用途，主要是作为酬赏军功的标志，被加勋的官员，就叫作勋官。勋官一共分成十二级，有上柱国、柱国、上护军、护军、轻车都尉、骁骑尉，等等。

明代的勋号，分成文勋、武勋两种，武官的勋号变化不大，基本沿袭前代，文官的勋号则有所发展，除了"柱国"外，还增加了正治卿、资治尹，等等。

清代时，勋和爵就被统一成一个了。

爵

古代的封爵制度产生很早，周代时就有了。据说周代封爵，共有五等，五等分别是公、侯、伯、子、男。

汉代也封爵，但爵的等级比较简单，事实上只有二等，即王、侯二等。汉代皇子封王，和先秦时的诸侯王相当，所以通称诸侯王。汉代初期异姓也封王，但异姓封王，就不通称诸侯王，而是通称列侯。汉武帝以后，各个诸侯王在自己的王国境内，有权分封自己的庶子为侯，这种封侯也是列侯性质，被封侯的庶子，就叫做王子侯。

三国以后，封爵制度减损补益，不断发展，其中有和前代基本保持一致的，也有变化较大的。同姓封王是基本保持一致的，异姓封王是变化较大的。异姓封王的情况逐渐少见，朝廷对于异姓，通常都只封为公侯伯子男，不再封王了。

晋宋以后，朝廷进行封侯时，有时会在爵号前面，添上含有尊贵意味的"开国"两个字，叫作开国爵；爵号前面没有添上"开国"两个字的，叫作散爵。

薪俸

古代官员发的工资称为"俸禄"和"薪俸"。"禄"的本义是上天所赐给的福分。帝王是天子，他们把土地、奴隶等赐予大臣，这些事物就是"禄"。当时只有有爵位的人才有"禄"。所以"禄"是分封制的产物，是统治阶级内部按等级对土地、民众的分配。"俸"是奉引申出来的字，它是中央集权的官僚制度发展的产物。早期的"俸"是按照贤能程度、功劳大小的标准以粮食的形式发放的，有时也将粮食折合成钱发放。可见，"俸"与"禄"最初是不同性质的物质财富分配。到了后来，俸禄常常作为一个词使用，泛指朝廷发给的钱银或粮食。

"薪"的本义是柴草，"薪"和"水"在人们的生活中是不可或缺的，古代的官府除了给官员发"俸"外，也经常以各种名目发些生活费，称为"薪"。据史料记载，发"薪"的形式也不一样，有时是发柴草，有时也折合成钱银，这样，"薪俸"也就成为一个词了。直到现在人们还把"发薪水"和发工资当成同义词。

贝勒

"贝勒"在满语中写作"beile"，在《金史》中被称作"孛堇"或"勃极烈"，是部落酋长之意，其复数被称为"贝子"。

在金朝，贝勒是一个有实权的官职，地位仅次于"皇帝"。清太祖努尔哈赤就曾被称为"淑勒贝勒"，意为"聪睿的贝勒"。努尔哈赤也用贝勒称其子侄。努尔哈赤建立后金政权以后，他的次子代善、侄子阿敏、五子莽古尔泰、八子皇太极被封为大贝勒、二贝勒、三贝勒、四贝勒，四大贝勒每月一位轮流执政，处理一切国家大事，取代五大臣议政制度。四大贝勒职位可谓一人（努尔哈赤）之下，万人之上。但是到了崇德元年（公元1636年），定宗室世爵为九等，第三等为多罗贝勒（多罗，满语，即为国家之意），简称贝勒。乾隆十三年（公元1748年），又定宗室封爵为十四等，第五等为多罗贝勒，这也用来封蒙古贵族。在清朝前期，贝勒领兵出征，享有政治、经济特权。随着满族统治者不断受到汉族官制的影响，"贝勒"逐渐演变成一个没有实权的爵位名称。

衙门

大家都知道，古代的官署称为"衙门"。其实，"衙门"最初是用来称谓军旅营门的。

衙门本作"牙门"。在古代，常常用猛兽锋利的牙齿象征武力，军营门外常常放有猛兽的爪、牙。后来为了方便，就用木刻的大型兽牙代替真的猛兽牙齿，还在营中的旗杆顶端装饰兽牙，悬挂的也是齿形的牙旗。由此，营门也就被称为"牙门"了。大约到了唐代，"牙门"逐渐被移用于官府，"牙门"也被误传为"衙门"。正如唐人封演在《封氏闻见记》中所说："近俗尚武，是以通呼公府为'公牙'，府门为'牙门'。音稍讹变，转而为'衙'也。"衙门一词广泛流行开来。宋以后，"衙门"就彻底取代"牙门"，成为官署的代称。

晚清两江总督衙门
两江总督兼任南洋大臣，管理东南沿海与长江沿岸的通商口岸。

中堂

"学士"原是唐代开始设置的掌管文学著作的官，因为宰相兼管"学士"，就把宰相称为"大学士"。到了宋代，"学士"中资望特别高的人，被称为"大学士"。在明代，设大学士若干人，替皇帝批答奏章，参议政务，官阶五品。如果兼任尚书、侍郎，还可以加官到一品，成为事实上的宰相，俗称"阁老"。清代的大学士是内阁的主官，官阶为正一品，一般称为"中堂"。

"中堂"之说起于北宋（一说起于唐），唐宋时期把政事堂设置在中书省内，是宰相处理政务的地方，中堂因宰相在中书省内办公而得名，后来把宰相也称为中堂。

明朝统治者为了进一步集中权力而不设宰相、中书省等机构，宰相的权力转移到内阁，由内阁来处理国家政务。明代大学士实际掌握宰相的权力，办公处在内阁，中书居东西两房，大学士居中，所以称大学士为中堂。清朝共设置六部，每部有尚书二人，一汉一满，在大堂上左右对坐，如果某个大臣以大学士的身份管部，就坐在大堂中间，称为"中堂"。不过这只是虚名，并不代表实际权力，军机处掌握着实权。

南北面官制

辽朝对统治区域内不同社会发展阶段的民族，采取"因俗而治"的统治方法建立的两套行政体制。辽的境内包括许多民族，大体可分为以农业经济为主的汉人和原属于渤海国的部分人民，以及以渔猎经济为主的契丹及其他游牧民族。为适应不同民族的不同生产和生活方式，在辽太宗耶律德光统治时期，制定了"以国制治契丹，以汉制待汉人"的两套机构。北面官因为办事处所设在皇帝牙帐之北而得名。北面官以契丹固有官制为基础，又称"国制"，多用契丹贵族担任，主管宫帐、部族、属国和兵机、武诠、群牧之政，分朝官、帐官、宫官、部族官、属国官等。南面官办事处所设在皇帝牙帐之南，模拟唐官制而设，又称"汉制"，多用汉人充任，主管汉人州县、财赋、文诠、军马之政，分为朝官、宫官、京官、方州官、财赋官、边防官等。南北面官制适应了不同社会发展状况的需要。

从察举到科举

世卿世禄制

卿是古代的高级官吏，世卿世禄中的"卿"不仅指卿，还泛指卿、大夫、士等一系列官吏。"禄"是古代官员的俸禄，世卿世禄制即是指西周时期的周王室和各诸侯国的卿大夫等官吏可以父死传子，世袭此职，世代享有该职俸禄。有学者认为世卿世禄制开始于商朝，但并无确切的资料提供证明，可考的世卿世禄见于西周时期。西周初年，周王室分封宗室和功臣，册封了一千多个诸侯国，而在周天子直接统治的地区和各诸侯国内，则进一步册封卿为治国的官员，卿下面则为大夫，再下是士。这些官员都有一定的封地，他们在对自己的上一级领主负责的同时，在各自封地内则享有世袭统治权。但也有学者对此提出异议，认为西周并没有实行世卿世禄制。比如在《尚书·立政篇》中载有周公对西周选官方针的阐述。在这篇文献中，周公一再强调：选拔官员时，要"俊（进）有德"，择用"吉士"、"常人"。可见，这里选拔官员的标准乃是有才德。有学者进一步提出，世卿世禄制的真正实行是在春秋中后期，这时许多诸侯国的卿大夫把持了诸侯国的政权，成为事实上的诸侯王。成"王"之后的卿大夫死后，自然是其儿子继承他的权力，继续掌控诸侯国政权，这才真正实行了这种世卿世禄制。总而言之，世卿世禄制是一种关于早期官员的权力和待遇的有效时限的制度，全面或部分地存在于商周时期。秦统一六国后，基本被废除。

先秦的乡举里选

乡举里选是我国先秦时代一种选拔人才的方法。《周礼》上曾经谈到一种具体的选拔方法，叫做"大比"，"大比"每三年举行一次，在大比中，道德高尚、技艺了得的乡民，就会被选拔出来。在《礼记》上，还提到诸侯向天子贡士。

春秋战国的养士

养士是春秋战国时期一种比较独特的选官途径。国君和贵族公子，把才德兼备或者有某方面特殊才能的人才，招揽起来，养在自己身边，时机适合时，就从中挑选人才，选派官职。齐国的孟尝君、魏国的信陵君、楚国的春申君、赵国的平原君，就是当时以养士著名的四大公子。

征辟

　　征辟是汉代的一种选官制度。皇帝不经举荐，直接征召民间有名望的人才入朝为官称作征；高级官员直接召集有才能的人充任幕僚称作辟。汉代时，人才选拔制度比较灵活，不仅皇帝可以直接提拔人才，中央高官三公九卿以及地方上的州牧、郡守等官员，均可自行征聘僚属，委以官职。皇帝征辟的人才，一般授予博士或待诏的称号；官员征辟的人才，则一般称为掾吏。博士、待诏和掾吏往往要经过一段政

士的崛起

战国时期，养士之风盛行，著名的"战国四公子"都有养士千人。养士与主人之间建立起一种新型的隶属关系。张仪、苏秦便出自于这样的阶层。

治历练，方可担任职务。总体上，征辟是一种自上而下的官员选拔制度，是汉代察举制的一种补充。实际上，征辟是战国时养士的遗风。受战国时代养士风尚的影响，汉代官员均以网络天下名士为荣。同时，士人也将其视作入仕的捷径。征辟始于西汉，盛于东汉，至魏晋衰微。

郎官郎吏

　　郎官郎吏是对汉代帝王的侍从官侍郎、郎中、中郎等的统称，通常简称郎官。郎官事实上并非真正的官职，连俸禄都没有，皇帝对其只是管吃管住而已，偶尔有所赏赐。郎官制度的主要目的在于选拔人才。其具体操作模式是从贵族子弟中挑选机敏好学者到皇帝身边以备选用，如汉初规定：二千石以上的官员任职三年以上，可以送子弟一人到京师为郎，叫作"任子"；拥有资产十万钱（景帝时改为四万钱）而又非商人的人，自备衣马之饰，也可以候选为郎，叫作"赀选"。这些作为郎官的青少年一般年龄都不大，大都在是十四五岁到二十岁之间，在皇帝身边一方面接受皇帝的考察，另一方面则熟悉政事，算是一种政治实习，几年后大都能获得官职。

　　事实上，郎官在战国时已经存在，至汉代形成定制，成为汉代选拔人才的重要途径，许多朝廷重臣大将均出身郎官。西汉文臣中有公孙弘、东方朔、司马相如等，大将则有霍去病等。此外，东汉的曹操、袁绍等人也都是郎官出身。但由于这种人才选拔局限于贵族官宦内部，范围过窄，汉武帝时开始了举孝廉、秀才制度，将人才选拔范围扩展到了全国。举孝廉、秀才逐渐取代郎官成为朝廷选拔人才的途径，但郎官制度并未废除，甚至直到清代还存在。孝廉被举之后，并不立即授予官职，而同样要先到皇帝身边做郎官。

察举制度

　　察举制度是流行于汉代的一种人才选拔制度。秦朝建立后，商周时期的官员世袭制彻底终结，秦还未建立起系统的人才选拔制度便短世而亡。汉代时，建立了察举制。察举，即由诸侯王、公卿、郡守推荐人才给朝廷，作为官员来源。察举对象既可以是平民，也可以是官吏。具体分为两科，一为常科，即定时定人数举荐；二为特科，并不定期，由皇帝根据需要下诏举行。其中，常科是由各地郡守每年向朝廷举荐孝者、廉者各一名，后来统一称为孝廉；特科则具体包括贤良文学、

明经、有道、贤良方正、敦厚、明法、阴阳灾异等名目繁多的诸科。另外，秀才刚开始为特科，后来也成为常科，并逐渐形成了州举秀才、郡举孝廉的体制。这些被察举的人才到朝廷后，还要经过考试，通过后才算过关。察举制度基本保证了王朝对行政人才的需求。察举制度在西汉时比较严格，但到东汉后期，政治腐败，权贵豪门请托舞弊，察举制度失去原本的效用。后来鉴于察举制的弊端，三国时期的曹魏政权建立新的人才选拔制度——九品中正制。但整个魏晋南北朝，察举制度虽不再是选拔人才的主渠道，但一直存在，直到隋朝科举制度建立，才宣告终结。

举孝廉

举孝廉可以说是汉代在继承战国及秦朝的人才选拔制度的基础上，进一步摸索出来的一套人才选拔方式。汉武帝时，鉴于郎官制度的人才选择面过窄和早期察举制的不定时，采用董仲舒的建议设置了举孝廉制度。举孝廉事实上是察举制度的一种，因为汉代推崇儒家的孝道，它规定各地郡守每年要向朝廷推荐孝者、廉者各一人，作为国家人才，后来统称为孝廉。

孝廉举至中央后，并不立即授以实职，而是入郎署为郎官，作为皇帝的侍从。其目的一方面在于考察其能力，另一方面也是使之熟悉行政事务。孝廉在宫里待几年后，一般便能被任命到地方上做官或者

举孝廉图　西汉
汉代选官以察举和考试为主体，察举是经过考察后进行荐举的选官制度，盛行于西汉。孝廉、茂才等常科和特科成为察举制度实践的具体途径。图为内蒙古和林格尔墓壁画举孝廉图。

留在中央任职。举孝廉后来成为汉代人才选拔的最重要途径，"名公巨卿多出之"，是政府官员的重要来源。西汉的举孝廉比较严格，被举者如被发现不合标准，举者要承担责任，被贬秩、免官。但到东汉后期，由于政治腐败，孝廉名额基本被各郡里的大门第之家所垄断，举孝廉制度名存实亡，时有童谣讽刺："举秀才，不知书；举孝廉，父别居。"魏晋之际，九品中正制代替了举孝廉，但明清时期的举人仍俗称孝廉。

九品中正制

九品中正制是魏晋南北朝时期的一种官吏选拔制度，最早由三国时期的曹魏政权所创。三国时期，一方面由于乱世之中的士人大多流离失所，主要凭借宗族乡党评价的汉代举孝廉制度在操作手段上已经不太现实；另一方面，曹操为加强政府对人才选拔的控制力，采取了下派专门官员到各处评定选拔人才的方法。后来曹丕为拉拢士族，将这种办法定为制度，即九品中正制。其具体操作方法是由政府在各州郡派驻名为中正的官员，中正依据家世、道德、才能三个角度评议各州郡中人物，具体分为九品，分别是：上上、上中、上下、中上、中中、中下、下上、下中、下下。中正将评议结果汇报中央，中央则根据中正的评议结果来对这些人才分别委以官职。九品中正制初行时非常有效，为曹魏政权有效地遴选了大量的人才，当初曹操帐下之所以人才济济与此制度不无关系，

这也是魏国最终得以统一三国重要的制度保障（晋实际上是魏的继续）。但到魏国晚期及晋朝，由于门阀政治的兴起，中正们评议人才逐渐忽略才德，而仅以家世为标准，所选人才基本为世家大族，以至于出现"上品无寒门，下品无士族"的局面，九品中正制仅是士族统治的工具。到南北朝之际，由于北方政权多为少数民族建立，九品中正制更趋衰微。到隋朝科举制度建立，九品中正制遂废。

科举制

科举制度是中国自隋至清1300多年间实行的一种选官制度。科举制度可以说是中国古人经过不断摸索所创立的制度。中国官员的来源，先是经过商周时期的世袭制，后又经历汉代的察举征辟制，再到魏晋的九品中正制，均因其弊端而终止。至科举制，才算固定下来，成为中国长时间的一种官员选拔制度。在1000多年的时间里，大体而言，科举制度经历了一个发端、完善到僵化的历程。隋朝是科举制度的初建时期，当时的隋文帝鉴于魏晋南北朝的九品中正制已不再适用，为加强中央集权，将选官权力收到中央手中，首开科举制度。但科举制度尚未建立完善，隋朝便亡；至唐代，科举制度才得到了进一步的完善，根据朝廷需要的不同人才类型被分为众多科目，武则天时还添加了武举；到宋代，科举进一步规范化，正式形成三年一次、分三个等级（乡试、会试、殿试）的考试制度；明代由于朝廷的重视，科举

科举考试图

考试到了繁盛期；清代在科举繁盛的同时，由于满、汉不平等以及晚清卖官现象的泛滥，也成了科举制度的衰败乃至灭亡期。就不同时期科举制的优劣而言，大体上，科举制在唐代时比较健康，当时的科举氛围比较宽松，不唯考试论人。考官往往在考前已经大体知晓哪些考生比较有才华而准备录取，也允许考生经别人推荐或自荐在考前向考官"推销"自己。至宋代，试卷实行糊名制，开始产生仅以一考定终身的弊端。至明清两朝，科举繁盛的表象之下，八股文的考试内容彻底使其僵化，逐渐弊大于利，终至废止。

总体而言，科举制度可以说是一项相当高明的官员选拔制度，不仅为历代政权源源不断地输送了总体上质量说得过去的官员，而且不以出身、门第、财富，而以学问作为官员选拔标准的做法使得中国长期以来存在尊重学问和读书人的风尚。可以说这是中国文化得以长期维系并不断创新的重要原因。另外，儒家思想之所以长期以来得以传承，科举考试可以说是其载体。

常科

唐代科举考试名目繁多，总体分为常科和制科。常科，即是常设的、有固定日期的考试科目。具体包括秀才、明经、进士、俊士、明法、明字、明算等五十多种。其中明法（考法律知识）、明算（考数学知识）等绝大多数科目不为人们所重视；秀才一科，则难度极高，很少有人敢报名，逐渐废弃。诸常科中最为人们所重视的是明经、进士两科。其中明经是考察考生对于儒经的记忆和理解情况；进士则主要考诗赋和策论，对考生的文学才能和政治见识有相当高的要求。明经科相对简单，录取率也高，达到十分之一；而进士科则非常难，录取率仅有六十分之一，因此时有"三十老

明经，五十少进士"的谚语。但进士科前途远大，仕途光明，唐朝中后期的宰相半数为进士出身，成为当时读书人入仕的首选途径。常科考生的来源有两个，一是生徒，一是乡贡。由京师及州县学馆出身，而送往尚书省受试者叫生徒；不由学馆而先经州县考试，过关后再送尚书省应试者叫乡贡。宋代王安石任宰相时，罢黜明经等科，之后的常科便只剩下进士科。

制科

唐代科举在常设的常科之外，又有非常设的制科。制科又称大科、特科，是皇帝根据特殊需要临时下诏安排考试，具体科目和结束时间均不固定，其目的在于有针对性地选拔某一类特殊人才。应试人的资格，初无限制，官员和布衣主要觉得自己有自信，均可自荐应考。后限制逐渐增多，需公卿推荐方可应考；布衣还要经过地方官审查。制科考试虽然由皇帝亲自主持，考中者往往也能获得不错的官职，但总体而言，在唐人眼中非是正途，在官场遭到轻视。唐代制科比较盛行，宋代渐趋衰微，整个宋代仅录取41人而已。至元、明，制科完全废弃。清代时，制科又开始设立，清初，康熙沿唐制重开博学鸿词科，其后雍正、乾隆又一度开此科；清末因政府财政困难，光绪又开经济特科。

恩科

恩科，顾名思义，是于常规科举考试之外因皇家开恩而举行的考试。恩科首开于宋代，当时对于屡试不第又有些才能的考生，允许他们在皇帝策试时，报名参加附试。为表示皇恩浩荡，朝廷对这类考生的录取率很高，甚至有时会出现在常规的状元之外另有恩科状元的情况。不过恩科并不经常举行。元代科举制度时断时续，更无恩科。明代沿用宋代恩科制度，不过开科不多。到清代，恩科制度起了不小的变化，针对的对象不再是个别考生，而是全体考生。按常规，科举考试每三年举行一次，清代恩科即是在皇帝遇到喜庆之事（皇帝娶妻、册封太子、过大寿等事）时，特别加开一次考试，意思便是皇家开恩，多给读书人一次入仕的机会。比如，中国于1904年所举行的最后一次科举考试便是因当年慈禧太后过七十大寿所开的恩科。

进士科

进士科是古代科举考试的一个科目。隋炀帝时初设进士科，到唐代时，在多达五十多种科举考试科目中，进士科最受重视，被读书人视为科举正途。其考试内容，刚开始为时务策五道，另外帖一大经（当时将《易官义》、《诗经》、《书经》、《周礼》、《礼记》称为大经，《论语》、《孟子》称为小经），即5个关于时事政治的论述题，另外则是考察其对于儒家经典的掌握情况。永隆二年（公元681年），为考察考生对学问的实际应用能力，又加两篇诗赋，这对考生的文学才能提出了更高的要求。事实上，诗赋本对个人灵感的依赖性比较大，在考场上强迫考生做诗赋，效果并不理想，往往逼考生造就大量浮薄钮怩之辞。北宋时，王安石改革科举制度，罢其他诸科，唯留进士一科作为科举科目。针对进士考试中的虚浮现象，王安石罢诗赋，仍用经义、策论取士。之后进士科又具体分为两个层级，仅考中乡试者，虽算及第，有做官

选科而考（常举）

明经（考儒家经典）、进士（对策和诗赋）、明法（考律令）、明算（考数学）等。武则天时创立武举。

▽

进士及第

取得做官的资格，除武举成绩优异者直接得官外，其余需参加吏部考试。

▽

参加尚书省吏部考试，是为铨选，又称释褐试。惟五品以上官不用参加吏部铨选，由宰相提名，再由皇帝任命。

▽

吏部考试及第者授以六品以下官，否则放回待选。

隋唐科举考试程序

资格，但称举人，不称进士；殿试考中，才称作进士。其后的元、明、清的常规科举考试，也仅有进士科，其内容仍以经义为主，但明、清时的八股文制度则使其严重僵化。

明经科

明经科是唐宋时期科举考试的一个科目。唐代根据不同类型与层次的人才需求，设置了众多的考试科目，考生可根据自己特长自由选报。因进士科比较难考，录取率低，不太自信的考生一般便报考明经科，明经科题相对简单，先是贴文，主要考察考生的对于儒家经典的记忆和理解能力；接下来也有少量的策论，类似于现在的论述题。明经科录取率颇高，达到十分之一左右，考中称为及第，便有了做官机会。宋初仍开有明经科，后王安石担任宰相后，认为明经考试空乏无益，不切实用，废之。

翰林院

翰林院听上去像个学术机构，实际上是个官署，这个官署可以说在其存在的历代都是清贵之所。翰林院初建于唐代，最有学问者方有资格入中，称作翰林官，简称翰林。翰林刚开始只是作为皇帝顾问，后在皇帝身边待多了，权力也逐渐大起来。安史之乱后，翰林学士作为皇帝信得过的近臣，逐渐开始分割宰相之权，乃至后来的宰相经常从翰林学士中挑选。唐后，有时名称小有变动，翰林院这个机构本身为历代所沿设。宋代设学士院，也称翰林学士院。翰林学士充皇帝顾问，宰相多从翰林学士中遴选。明代翰林院虽名义上仅是五品衙门，其权力却发展至顶峰，尤其由翰林学士入值的文渊阁，是明朝的权力枢纽机构，其头目内阁首辅则是事实上的宰相。清代翰林院同样是人人想进的清贵之所，翰林不仅升迁较他官容易，而且由于经常主持科举考试，得以收取天下士子为门生，文脉与人脉交织，其影响延至各个领域。因此，翰林院可以说是古代政府中学问与权势都达到顶点的一个机构，翰林也就是传统社会中层次最高的士人群体，能入院者首先是一种荣耀。鉴于翰林院的特殊地位，因此历代能入院者都是当时饱学之儒，年轻后进则至少要进士资格才能入内。明代定制，状元、榜眼、探花可直接入翰林院，其他进士则要经过考察可入内。

武科

科举考试一开始并无武举，武则天时，为选拔册封武将，培养为自己的势力，首开武举。其后武举成为科举考试的重要部分，考试的侧重点历代有所变化。唐代武举主要考骑射、步射、举重、马枪等技术，此外对考生外貌也作了要求，要"躯干雄伟、可以为将帅者"。宋代，因宋太祖赵匡胤定下"以文立国"的国策，武举考试除考武力外，还要"副之策略"。武艺考"步射"、"骑射"两场，合格后再参加文化考试，考一些诸如兵法、布局类的知识等。总体上以武艺为主，以策略为辅。元朝科举制度兴废不常，没有武举制度。到了明代，则更进一步，武举考试以考察谋略的笔试为主，而以武艺为辅了。并且先进行谋略考试，如果不及格，就直接淘汰，武艺再高也不予录用。清朝，尚武的统治者又将个人武艺考试放在了前面，首先考骑射、力气、武艺等，合格者再参加笔试。

历史上武举一共进行过约500次，宋神宗时，设立武状元。历史上有案可稽的武状元有282名。总体而言，相比于文科考试，武举一直是受到歧视的。首先，历朝的武举制度时而设置，时而废弃，取士人数远远少于文举。并且武人考中武举后，只授出身，并不马上授官职。因此武举人的地位也低于文举人，以至于一些武举状元还有再考取文举人的念头。

八股文取士

明清时期是中国科举考试的嬗变期。首先，从国家对其重视程度、考试制度的严谨、报考人数以及录取数量来说，明清时期是中国科举考试的繁盛期。但同时，在繁盛的表面之下，其通过八股文取士的考试模式却又使科举考试进入了僵化与没落期。股，即对偶之意。所谓八股文，又称制义、制艺、时文，是一种说理的韵体赋文，有严苛的程式要求。在格式上，要求考生严格遵循所谓破题、承题、起讲、入手、起股、中股、后股、束股这种死板的结构模式，并且要求句与句之间要讲究对偶，整篇文章的字数也是严格限定，不得增减一字。另外，其命题也陈旧不堪，明清500多年间，命题不离"四书五经"内陈陈相因的古旧话题，援引事例也必须出自遥远的古代，不涉时事，考生毫无抒发己见的空间。简而言之，八股文是严重形式主义并脱离现实的一种陈腐文体。八股文最早出现于宋代，但其时并没有形成程式。明代时，朱元璋将八股文推向全国，虽然仍考一些诗赋、策问、经义等，但已不重要，八股文才是关键的取士标准。后来清承明制，将八股文更推向死板严苛。

关于八股文的危害，清人徐大椿在讥刺士人的《道情》中说得很透彻："读书人，最不齐。烂时文，烂如泥。国家本为求生计，谁知道变做了欺人技。三句承题，两句破题，摆尾摇头，便道是圣门高弟。可知道，'三通'、'四史'是何等文章，宋皇、汉祖是哪一朝皇帝？案头放高头讲章，店里买新科利器。读得来肩背高低，口角嘘唏。甘蔗渣儿，嚼了又嚼，有何滋味？辜负光阴，白白昏迷一世。就教他骗得高官，也是百姓、朝廷的晦气。"明末清初学者顾炎武则称"八股之害，甚于焚书"。八股文的死板程式使得明清两代知识分子钻入八股这种无实用价值的文字游戏中，既疏于时事，又疏于学问，甚至疏于经义，思想严重被束缚，缺乏创建。

童试与乡试

童试并非正式的科举考试，而是取得参加科举考试资格的考试。其在唐宋时称县试，明清时称郡试。清代的童试3年举行2次。童试总共分3个阶段，分别为县试、府试和院试。其中，县试一般由本县知县主持，考试内容为八股文、诗赋、策论等，考试合格方可参加府试。府试由知府或知州主持，考试内容与县试差不多，合格者参加院试。院试由主管一省教育的学政主持，院试合格，就是秀才了，也叫"生员"，秀才便具有了到政府公立学校学习和参加科举考试的资格。

乡试是正式科举考试的第一关，在各省省城和京城举行，每3年举行一次，遇皇家有喜事则加恩科。考试通常在八月举行，因此又名"秋闱"。由皇帝钦命正副考官主持，凡秀才、贡生（生员中成绩优秀者）、监生（国子监学生）均可参加，考试内容分3场，分别考四书五经、策问、诗赋，每场考3天。在乡试中，每个考生只是和本省内的考生展开竞争，类似于现在的高考。乡试考中，称为举人，第一名举人称为解元。举人便具有了做官的资格，并且还可以进一步到京城参加会试，考取进士。因此，考中举人，古人读书做官的梦想就算基本实现了。但因举人名额有限，乡试这一关是相当不容易过的，不知有多少读书人将一生耗费在了这场考试上，写出了不朽名著《聊斋志异》的清代小说家蒲松龄就一直未能跨过这道坎儿。

会试

会试是科举考试中第一场国家级的考试，考生们的对手不再局限于本省之内，而是和全国范围内的才俊们展开角逐。因为会试之后的殿试基本上只是排定名次，不再淘汰，因此会试可以说是一场选拔进士的考试。明清时期的会试每3年在京城举行一次，在乡试次年举行。如遇乡试开恩科，则会试同样随着在次年开恩科。会试只有各省举人和国子监监生才有资格参加，主、副考官均由皇帝钦点。因为由礼部负责主持，又在春天举行，因此又称"礼闱"或"春闱"。会试考3场，每场3天。考中者称为贡士，第一名称为会元。考中了贡士，基本上就是未来的进士了。明初只按排名录取，仁宗时规定会试按地域分配名额。因南方富庶，文气盛于北方，按照南六北四的比例录取进士。后来比例偶有调整，但按地域分配名额的制度一直沿用至清末。这种制度保障了文化相对落后的边远省份在科考中有一定数量的进士，进入国家政治中心地带，这有利于保持落后地区的发展和对朝廷的向心力。

殿试

殿试是古代科举考试中的最后一级，由皇帝亲自主持。殿试最早由武则天设置，但并没有形成制度。后来宋太祖赵匡胤鉴于唐末出现科考官员结派的"牛李党争"的教训，在原来两级考试的基础上又加了一级由自己亲自主持的殿试。这样，取士的最终决定权便转移到了皇帝手中，新科进士都变成了"天子门生"。这便有效地防止了官员尤其是宰相利用科举考试认门生，进而结党营私的事情。自此，殿试制度确定下来，为后世历代所沿用。

殿试图

此图描绘学子们正在完成皇宫中皇帝举行的殿试。明朝科举考试内容为八股文，也称制艺、制义、时艺、时文、八比文；因题目取于四书，又称四书文。八股文是封建统治者扼杀人才、钳制思想的工具。

殿试是科举考试的最后一级，由皇帝亲自主持和出题，并定出名次。参加殿试的是通过了会试的贡士。殿试只考一题，考的是对策，为期一天。相比于前面的考试，殿试的内容是相对轻松和简单的，并且殿试一般都不再淘汰人，能参加者基本上都已是进士，殿试只是将所有人排出次序。至于排名如何，除才华学识外，给皇帝一个好印象至关重要，因此还看点运气。殿试结果的录取名单称为"甲榜"，又称"金榜"，所谓"金榜题名"即指此。具体分为三甲，一甲只取3人，第一名为"状元"，第二名为"榜眼"，第三名为"探花"，剩下的分在二甲三甲。

状元及第

状元及第，即中状元，意思是在科举考试中考得进士第一名，是古代读书人的最高荣誉。

科举考试开始于隋朝，其时进士排名不分先后，没有状元一说。到唐朝，科举考试开始正式化，士子先在地方考中贡生（相当于后来的举人）后，才有资格参加在京城举行的考试，进一步考取进士，进士第一名称为"状元"。之所以称为"状元"，据说是因为进京考试的贡生先要到礼部填写包括自己的身世和近况的个人资料，名曰"书状"，或者"投状"。因此后来考得进士第一名的就是这些"投状"中的第一名，故称之为"状元"，或者"状头"。唐代的状元并没有太多的象征意义。到宋代，状元又不再指进士第一名，而是对于殿试三甲中一甲的统称，即进士前三名均可称为状元。明清之际，殿试一、二、三名，分别称为状元、榜眼、探花。自此，状元成为名副其实的第一名，其地位也日益特殊，自古有"天上麒麟子，人间状元郎"的说法。中状元也有了"独占鳌头"、"大魁天下"等听上去霸气十足、睥睨天下的说法，并成为中国读书人"一朝成名天下知"的象征。因此在古代许多文艺作品中，往往都以书生考中了状元作为剧情发展的高潮。另外在民间，传统的吉祥图案中也有大量"状元及第"类的图案，反映了人们对于状元及第这种事情的崇拜。

据史书记载，从唐代科举考试开始，至清光绪三十年（1904年）最后一次科考，其间历代王朝有名有姓的文状元654名，武状元185名。其中历史上比较有名的有唐代的贺知章、王维，宋代的文天祥，明代的杨慎，清代的翁同龢、张謇等，而历史上最后一名状元，是清光绪三十年（1904年）的刘春霖。

榜眼、探花

"榜眼"是古时人们对科举考试中第二名进士的称呼。

在北宋之前，第一名称状元，第二、三名都称为榜眼。原因是填进士榜时，状元的姓名居上端正中，二、三名分列左右，如其两眼。到北宋末年，只以第二名为榜眼，第三名则称探花。

"探花"一词则比"榜眼"出现得早，在唐代便有，但其时并非进士第三名的意思。唐代中进士者会游园庆祝，并举行"探花宴"。由进士中的年龄最小者作为"探花使"，到各名园采摘鲜花，迎接状元，这本是一种娱乐。至北宋末年，"探花"成为进士第三名的专门称呼。

"状元"、"榜眼"、"探花"都只是一种俗称，在正式发放的金榜之上，只会称进士一甲第一名，一甲第二名，一甲第三名。

进士

进士是中国古代科举考试最高一级的功名。隋唐时期，设有诸多科目，其中进士科最为人们所重视，视为入仕正途。宋代，科举的三级考试制度正式形成，乡试中榜者称举人，会试中榜者称贡士，殿试中榜者则称进士。之后历代，进士功名成为古代读书人科考金字塔的塔顶部分，同时也最难考，得中进士是古代无数读书人的终极梦想。其中，进士又具体分为三甲，一甲3人，赐进士及第，分别俗称状元、榜眼、探花；二、三甲，分赐进士出身、同进士出身。得中进士者一般都前途光明，一甲立刻可授官职，二、三甲则参加翰林院考试，学习三年再授官职。明清时期的官吏主要由举人和进士充任，其中举人基本上充任了县级官吏；而进士则一般都是备作中央官员，即使发放到地方上做小官，也都只是历练一下，将来自有比较好的升迁前景。每次科考进士录取人数，各朝不一，唐代较少，一次仅录取二三十人乃至几人；宋代较多，一般几百人，多时上千（当时举人无做官资格）；明清时期，因举人有了做官资格，进士录取人数下降到100人左右，且为平衡各地发展，往往按地域分配名额。

自隋唐至清，在我国1300多年的科举制度史上，考中进士的总数大约有10万上下。总体而言，这是一个才能卓著的群体，古代许多大政治家、文学家、学者都是进士出身，如唐代的王勃、王昌龄、王维、岑参、韩愈、刘禹锡、白居易、柳宗元、杜牧等，宋代的范仲淹、欧阳修、司马光、王安石、苏轼兄弟等，明代的张居正、徐光启等。

举人

"举人"一词最早得名于汉代的察举制度，被举荐者称为举人。唐代时，报考进士科的考生均称举人。宋代，举人方才成为乡试考中者的称呼。但宋代的举人只是具有了参加京城会试的机会，并无做官机会。并且，举人的资格仅是一次性的，如果在接下来的会试中没有被录取，则参加下次科举时，还要重新参加乡试，再次取得举人资格方可参加会试。而到了明清时代，举人的含金量才高起来，进退都比较从容。进，可参加京城会试，乃至殿试，向进士出身冲刺，且举人资格终身有效，这次不中，下次科举可直接参加会试；退，举人则已经具备了做官的资格，一旦朝廷有相应官职出缺，举人便可顶上。一般举人所任官职都是知县、候补知县，或者教谕、训导等县级教育长官，也有个别任知府的。因此，明清时期的读书人一旦中举，也便是基本上实现了读书做官的愿望。即便是不再参加会试暂时没官做，也会像《儒林外史》中举的范进那样自有人前来巴结，送上银子，生活水准步入富贵阶层。总体上，举人构成了明清两代低级官员的主流来源。

秀才

　　"秀才"一词最早出现于春秋时期，原本并非属于科举功名的范畴，也不特指读书人，而是相当于现在的"俊才"、"英才"。汉武帝时期，朝廷推行官员选拔制度改革，"秀才"与"孝廉"一起成为地方官员举荐的两种优秀人才。东汉光武帝时期，为避光武帝刘秀名讳，"秀才"改称为"茂才"，三国曹魏时期，又改回"秀才"。至隋朝科举制度开科取士，最初也称为"取秀才"，这时的"秀才"成了考中功名者的指称。唐初，科举考试中设立秀才科，刚开始时秀才科第最高，因要求非常高，很少有人敢于问津。后来秀才科被废除，"秀才"一度成为读书人的统称。宋代时，凡是参加科举府试的人，无论考中与否，都称为"秀才"。

　　明清之际，秀才的意思逐渐固定下来。这时的秀才有一定门槛，参加科举考试的读书人，经过院试，取得入学资格的"生员"才可称为秀才。考中秀才之后，可以说是十年寒窗初步获得成果。进，可以去考取举人，一旦考中，便正式进入为官的士大夫阶层；退，则可以开设私塾。秀才虽然没有国家俸禄，但可以获得一定的特权，比如免除赋税、徭役，可以直接找县官提建议等。于是秀才这个最低功名成了明清两代出身贫困的读书人科举考试的"歇脚所"。他们往往一边通过教书获得经济来源，一边继续考取功名。但因为竞争激烈，许多人也就一辈子待在这个"歇脚所"了。

门生

　　"门生"大概由"门人"一词流转而来。春秋时期，一个人直接（当面拜其为师）或间接（以其思想为师）以某人为宗师，便自称其"门人"。比如孔子的三千弟子都自称孔子门人。"门生"一词，很大程度上承接了春秋时期"门人"一词的意思，最早见于西汉宣帝时，到东汉开始大量出现。《后汉书·袁绍传》言袁绍"门生故吏遍天下"，这里的门生有弟子的意思，但又有所不同。当时宗师亲自教授的人为弟子，转相授的则为门生。也即对其直接的老师可自称其弟子，对老师的老师则自称其门生。同时，门生还有另一个意思。汉代文官选拔制度采用举荐方式，士人通过被当地官员举孝廉、秀才的方式进入仕途，举荐的州郡官吏被称为"举主"，而被举荐的贤士便称为举主的门生。

　　到魏晋南北朝时期，"门生"一度变质成依附于士族豪强的一类人，有一些臣属、门客，甚至奴仆的意味。唐宋时期，科举考试中考中举人或进士的人，称主考官为"座主"、"座师"或"恩门"，并自称主考官的"门生"，这与汉代类似。这样，这些新举人、进士就和主考官之间建立起了一种特殊的师生关系。新举人、进士常把自己的考中看做是主考官对自己的一种类似于师恩的恩情，并且，通过这种师生关系也可在仕途上得到老师的一些照应；而主考官也乐于有这样的年轻后进来亲近自己，于是科举考试就成了主考官结党营私，培养和拉拢自己势力的一种渠道，这便对皇帝的集权统治构成威胁。唐末便出现了涉及科举官员结派的"牛李党争"。宋太祖赵匡胤鉴于此，就把最终决定考生能否被录取的大权移到了自己手上。他在原来两级考制的基础上又加了个第三级考试：殿试。殿试中皇帝亲自出题考试，并定出名次。这样皇帝就成了最终的主考官，成了所有进士的"恩门"，所有的新进士都成了皇帝的学生，也即"天子门生"。这样，科举考试的取士大权就转移到了皇帝手中，有效地杜绝了官员，特别是宰相通过科举考试结党营私的事情。同时，宋太祖还明文规定，以后举人不得自称考官"门生"。但因已约定俗成，"门生"这种说法还是流传了下来。

荫生

明清时期凭借上代余荫取得监生资格的被称为荫生。按入监缘由的不同，荫生又可具体分为多种名目：明代按其先代的品秩入监者称为官生，不按先代官品而因皇帝特恩入监者称为恩生；清代因皇家有喜事开恩得以入监者称为恩荫，由于先代因公殉职而入监者称为难荫。清代的一些荫生的科举试卷经常单独改卷，称之为官卷。总体而言，荫生与汉代的"任子"制度类似，乃是皇家对于官员子弟的一种仕途直通车政策，这种政策基本上历代都有。

握笔文吏俑 唐

监生

监生是明清时期人们对于在国家最高级学府国子监读书者的称呼。明代的监生分为4类，会试不第的举人，可入国子监深造，称为"举监"；以贡生身份入监者称为"贡监"；有功官员子弟被朝廷特批入监者称为"荫监"；捐钱进来的叫作"例监"。清代监生主要有恩监、荫监、优监、例监四种，其中不同于明代的"恩监"是因皇家有喜事特开恩招来的，优监则与贡监类似。另外，清代监生中还有一些其他的来源，比如七品以上官员子弟中聪慧好学者、因公殉职官员子弟、圣贤后裔等均可入监读书。监生不同于一般的生员，可以和大家一起参加科举考试，同时，即使科举不第仍然是有官做的，可以说前途是有保障的。因此，古代学子能成为监生，是相当轰动的大事，与中举差不多。乾隆之前的监生都还比较正规，入监门槛的执行和对监生学业的督促都比较严格。但乾隆之后，国子监逐渐沦为卖官机构，监生基本上成了花钱买官者的代名词，这些监生只是在国子监挂名，并不真去读书。因此，监生出身的官员是被人瞧不起的。

贡生

科举时代，朝廷会在各府、州、县的生员（秀才）中挑选成绩优异者，使之入京城的国子监读书，称为贡生。"贡生"之意，即是向皇帝贡献的人才。贡生制度开始于元代，明清时期逐渐完善，贡生来源也逐渐扩大。明代贡生有四种，即"岁贡"（由府、州、县学每年或每两年选送1～2名）、"选贡"（由府、州、县学每三年或五年选拔一名）、"恩贡"（因朝廷有喜事而开恩被选入）、"纳贡"（即花钱买来的贡生资格）。清代贡生有六种："岁贡"、"恩贡"和明代一样，"优贡"、"例贡"分别相当于明代的选贡、纳贡；另外还有"拔贡"和"副贡"，"拔贡"从各省科试的一、二等生员中选拔，"副贡"是从乡试落榜生中的优秀者中选拔，相当于一个举人榜的副榜，故曰"副贡"。清代贡生也称"明经"。贡生相比于一般秀才的好处在于其既可以像普通秀才一样参加科举考试，考取举人、进士，同时即使是科举不中，最后总有官做，但一般不大，为知县、县丞、教谕等官职。比如清代小说家蒲松龄屡试不中，最后凭贡生身份得了个"儒学训导"的官职，其实是个虚衔，负责督导县学的校风。总的来说，贡生制度扩大了由进士、举人进升仕途的范围，是对于科举制度的一种不错的补充。

帖经、帖括

帖经是唐代科举考试的一类考题。帖经，意即帖住经文。其具体做法是在所考察的诸多儒家经书里随便抽出一句话，然后将其中某部分用纸帖盖，要求考生答出这句话是什么，相当于现在的填空题，主要考察的是考生对经文的记忆情况。帖经类试题在唐代不同的科举科目中所占分量不同。其中，对于主要考察文学才能和政治见识的进士科里，帖经只少量存在；重在考察对经文的记忆和理解程度的明经科里，帖经则是主要试题。

帖括是考生针对帖经类考题所创造出来的一种应对方法。由于报考人数众多，而录取人数有限，为体现出层次差别，以淘汰多数考生，帖经内容逐渐越来越偏。考生们为方便记忆，将难记偏僻的经文编成诗赋歌诀的形式，称之为帖括。

试帖诗

古代科举考试中的一种诗体。因试帖诗题目前常冠以"赋得"二字，故也叫做"赋得体"。该诗体起源于唐代科举考试中，一般以古人诗句或成语为题，刚开始为五言六韵（60字），后来发展为五言八韵（80字）。唐代对考生作诗的内容和用韵都比较宽泛，到宋代时严格起来，宋仁宗规定必须于经史有据。明及清初，不考诗赋。到乾隆年间，爱作诗的乾隆又在科考中加入五言八韵诗。其格式比前代更严，题目必须出自经史子集或前人诗句、成语，在用韵上也更加严格。另外，其结构也略同于八股文，分首联破题，次联承题，三联如起比、四五联如中比、六七联如后比，结联如束比。总体上，唐宋时的诗赋比较重要，清代科考主要取决于八股文，诗赋无关紧要。

连中三元

"连中三元"是用于形容古代科举考试中的一种情况，指某个考生参加考试过程中，在乡试、会试、殿试三次考试中均考得第一名，接连考得"解元"、"会元"、"状元"。这种说法大致出现在宋代。

宋代及以后的科举考试中，读书人首先在县、府参加考试，通过考试的称为"生员"，俗称"秀才"。考得"秀才"之后，才算获得了参加正式考试的资格。接下来，首先是参加每三年一次由省府主持举行的"乡试"，又称"秋闱"。此考连考三场，每场三天。乡试考中，称为"举人"。"举人"便具备了做官的资格，中举者正式跨入士大夫阶层，清代讽刺小说《儒林外史》中的"范进中举"一段说的便是乡试中举的情形。在"乡试"以第一名的成绩考中"举人"，则称为"解元"。

通过乡试的举人，次年三月参加在京师的"会试"和"殿试"。会试由礼部在贡院举行，也称"春闱"，同样是连考三场，每场三天，由翰林或内阁大学士主考。会试考中者，称为"贡士"，贡士第一名称"会元"。

"贡士"可以参加接下来的四月份的"殿试"，殿试是科举考试的最后一级，由皇帝亲自主持和出题，并定出名次，第一名称为状元。

自古言："文不称第一，武不称第二。"客观地说，要在文科考试中做到"连中三元"，确实相当难。据史料记载，历代数下来，总共出现过17次"连中三元"的情形，另外还有2次武科举的"连中三元"。

蟾宫折桂

蟾宫折桂本意是攀折月宫桂花，古人用以比喻科举得中。蟾宫，即是嫦娥所住的广寒宫，据说由蟾蜍幻化而成。另外传说广寒宫中有一棵高五百丈的桂树。《晋书·郤诜传》中："武帝于东堂会送，问诜曰：'卿自以为如何？'诜对曰：'臣鉴贤良对策，为天下第一，犹桂林之一枝，昆山之片玉。'"说晋武帝有一天在东堂接见大臣，问大臣郤诜自我感觉如何。郤诜将自己比喻成月宫中的一段桂枝，昆仑山上的一块宝玉。此后，人们便经常用月宫桂枝来形容有才能的人。隋朝之后，科举制度开始。因为每年的乡试一般都在刚好在八月，所以人们便将科举应试得中者称为"月中折桂"或"蟾宫折桂"。《红楼梦》第九回中林黛玉听说贾宝玉要上学了，就挖苦宝玉道："好！这一去，可定是要蟾宫折桂去了。"关于此成语，古代的不少地方还有相关风俗，科考之年，应试者及亲友都用桂花、米粉蒸做广寒糕相互赠送，取科场高中之意。

科举四宴

科举四宴指的是古代科举考试结束后，朝廷为中榜者进行庆祝的四个例行宴会，其中文、武科举各有两个。

鹿鸣宴。此是为文科举乡试后的新科举人们举行的宴会。此宴起于唐代，后世一直沿用。该宴由地方官吏主持，除邀请新科举子外，考场工作人员也都会被邀请。之所以取名为"鹿鸣宴"，是因据说宴会上要唱《诗经·小雅》中的"鹿鸣"之诗。

鹿鸣宴

琼林宴。此是为文科举殿试后的新科进士们举行的宴会。此宴始于宋代，当初宋太祖赵匡胤首开殿试制度，并规定殿试后为新科进士们设宴庆贺。因为宴会在当时都城开封城西的皇家花园琼林苑里举行，故名。琼林宴后来改名"闻喜宴"，元、明、清时，称作"恩荣宴"。

鹰扬宴。此是为武科考举乡试中榜的武举人举行的宴会。一般在发榜第二天举行，参加者为主考官和新科武举人。鹰扬，意为威武如鹰击长空，与文举子的"鹿鸣"相照应。

会武宴。此是武科举殿试发榜后为新科武进士们举行的庆祝宴，该宴自唐代产生武举之后便有，一般在兵部举行，规模浩大，比鹰扬宴要排场许多。

科场的枪替

古代读书人虽然熟读"孔孟"，但无奈科举考试事关一生富贵，诱惑太大，因此科举考试举行的一千多年间，作弊现象从未间断过。至于具体手段，不外乎夹带、提前买题、买通阅卷考官等。而"枪替"，也是常见手段之一。"枪替"即是我们现在所说的替人考试的"枪手"。

"枪替"在唐朝开始出现并流行。古代没有照相机，也不可能为几万考生一一画像，因此只要性别不错，监考官无法判别考生姓名是否真实。因此监考官对于"枪替"是防不胜防。唐人杜佑在《通典·选举五》中谈到"枪替"现象时言："故俗间相传云'入试非正身，十有三四；赴官非正身，十有二三'。"到宋明清时代，"枪替"更加流行，著名词人温庭筠便是历史上有名的"枪替"。据说他就是因为当"枪替"出名，尽人皆知，于是虽然才华横溢，但他自己每次应试都因品德问题而不被录取。

对于"枪替"现象，历代统治者都相当头疼，制定了相应的预防和惩罚措施。比如清代规定各府、州的县试在同一天进行，一个省内的府试也在同一天进行，以防成绩好的考生自己考完后又去替别人考试。另外，参加县试须有五个考生联保，并由本县一名廪生做担保人，参加府试则要有两名廪生认保。考场若发生"枪替"作弊，五人都要受处罚，认保的人也要革职。雍正年间，如发现"枪替"现象，"枪替"和雇主均发配烟瘴之地充军，联保者杖打一百；乾隆时甚至将"枪替"和雇主处斩。

学制和教育

学制

学制即学校的教育制度，涉及学校的性质、培养目标、入学条件、修业年限等各个方面。夏商时期，已经有了官立的学校，当时称作序或庠，到西周时期，学校的建制已经较为发达，《礼记·学记》记载："比年入学，中年考核。一年视离经辨志，三年视敬业乐群，五年视博习亲师，七年视论学取友，谓之小成；九年知类通达，强立而不反，谓之大成。"意思是讲，每年入学一次，隔年考核一次。一年考察辨明志向，三年考察是否专心和亲近同学，五年考察是否博学和亲近师长，七年考察是否有独立见解和择友能力，这些都达到了，就是小成，意味着已经掌握了基本的知识和技能；如果到九年的时候可以做到触类旁通，坚强独立而不违背师训，就是大成，意味着学业已经达到了成熟的水平。西汉武帝时设立太学，是中国古代学制的一项重要进步。太学并无明确的学习年限规定，但考试十分严格，西汉时每年考核一次，方式是"设科射策"，相当于今天的抽签答问，东汉中期改为每两年考核一次，通过者就授予官职，否则留下继续学习。隋唐时期的官学开始对学生年龄和学习年限做出明确规定，例如律学招收学生的年龄当在18到25岁之间，学习年限为六年，考试分"旬考"、"岁考"、"毕业考"三种，旬考内容为十日之内所学课程，不及格者有罚；岁考内容为一年之内所学课程，不及格者留级；毕业考及格则取得科举资格，否则勒令退学。北宋王安石在太学实行"三舍法"，即将生员分为外舍、内舍和上舍三个等级，生员必须依照学业程度，通过考核，依次晋升。元代又将学生分为三等六斋，通过考核积分逐级升斋。明代沿用了元代的积分制，入国子监就读的学生必须先入低级班，一年半以后，学业通过者升中级班，再过一年半，"经史兼通，文理俱优"者升入高级班，而后采用积分制，按月考试，一年积满八分为格，这样就可以待补为官。到了清代，积分制已有名无实，毕业时间全凭年限来计。

隋唐之后，科举制度与教育制度相结合，虽然科举制度有着积极的一面，但是也存在着严重的消极因素，使得教育成为科举的附庸，影响了社会和学校对人才的更为科学和全面的培养。

太学的变迁

"太学"之名出现于西周，在周代是教育王室和贵族子弟的场所。汉武帝时，董仲舒提出"兴太学，置明师，以养天下之士"的建议，于是建元六年（公元前135年），作为国家最高教育机构的太学正式设立。太学在最初建立时规模很小，仅有博士弟子（即太学生）几十人，后来规模不断扩大，以至有数万人之众。汉末董卓之乱中，太学被毁，曹丕称帝后，恢复了太学。晋武帝时再度大规模地扩张太学，一时人数又达万余，但是西晋迅即灭亡，太学再次被毁。十六国时期，虽然也曾设置太学，但是政治环境动荡无序，太学并不能够进行正常运转。及至北魏孝文帝迁都洛阳后重建太学，太学方才出现复兴的局面，然则北魏分裂后，太学又一次走向衰落。到唐代统一之后，太学才又获得了良好的发展条件，体制和规模逐渐趋于完备。唐宋两代可谓是太学的极盛时期，南宋灭亡后，太学被废，国子监成为元、明、清三代的国家最高教育机构。

正始石经　三国

魏正始二年（公元241年）立，又名《三体石经》，用古文、篆书和隶书字体书刻，建于洛阳太学门前（今洛阳市偃师县）。石经共27块，后佚失，自宋以来屡有残石出土。

国子监

　　国子监是中国古代的中央最高学府和教育管理机构。晋武帝咸宁四年（公元278年），始立国子学，设国子祭酒和博士各一员，掌管教导诸生（即经过考试录取的生员）。北齐改国子学为国子寺。隋文帝时，复改寺为学，不久又废国子学，仅立太学，免除祭酒，设太学博士，总领学事。隋炀帝即位后改太学为国子监，复置祭酒，这一体制在后代沿袭下来。唐宋时期，国子监作为国家的教育管理机构，统辖国子学（与太学的区别是，国子学专以高级统治者之子弟为教育对象）、太学、四门学（四门小学，因初设于京师四门而得名）、律学（法令之学）、书学（书法之学）和算学，以及弘文馆和崇文馆（负责收藏和校理书籍）。在国子监学习的人叫监生。国子监一般仅设于京师，但也偶有例外，唐高宗龙朔二年（公元662年），又在东都洛阳设立了一个国子监，与长安国子监合称"两监"。明成祖北迁后，南京国子监仍保留，这样在明代就有北京和南京两处国子监。清末改革学制，国子监在光绪三十二年（1906年）并入新设立的学部，结束了长达1600余年的发展历程。

官学

　　官学即由官府兴办的学校，包括中央官学和地方官学。早在夏商时期，官学即已出现，并且在西周之前，各级学校全都是由官府创建的，位于国都的叫作"国学"，其他地方的则叫作"乡学"，当时只有贵族子弟才有接受教育的权利。汉武帝时期设立太学，是中国古代官学体系的一次重大变革，自此经学成为官学教育的主导内容，而培养官员则成为官学教育的主要目的。晋武帝时期又设立国子学，后来称为国子监。太学和国子监作为中央官学和国家的最高学府，在中国古代教育史上长期发挥着极为重要的作用。在最高学府之外，官学还包括专科学校和贵族学校，专科学校教授专门的知识和技艺，诸如史学、文学、书学、算学、律学、医学、画学、武学等，贵族学校则是严格以贵族子弟为教育对象，不面向普通的社会成员开放。完善的地方官学体系是在汉代建立起来的，汉平帝元始三年（公元3年）规定：郡国曰学；县、道、邑、侯国曰校；乡曰庠；聚曰序。此后，郡国学校得以普遍建立，官学和私学交织发展，形成了"学校如林，庠序盈门"的繁荣景象。

稷下学宫

　　稷下学宫是战国时期位于齐国都城临淄稷门之旁的讲学场所，设立于齐桓公田午时期，齐威王即位后，为了选贤任能与革新政治，扩大了学宫的建设，齐宣王时期，学宫趋于鼎盛，到齐国末代国君田建的时候，走向衰落，并随着齐国的灭亡而一同消失。稷下学宫广泛招徕天下贤士，容纳不同的学派，学术气氛非常浓厚，一时尊为闻名列国的文化圣地，孟子和荀子都曾任职于此。稷下学宫于存在的150年里，为战国时期学术思想的繁荣发展作出了重要贡献。

鸿都门学

鸿都门学创立于东汉灵帝光和元年（公元178年），因校址设在洛阳鸿都门而得名，是中国最早的高等专科学校，以文学艺术为教学内容，开设辞赋、小说、尺牍、字画等课程，打破了学校专习儒家经典的惯例。鸿都门学是宦官集团与士族阶层进行政治斗争的产物，当时，作为最高学府的太学为士族所占据，宦官为了扩大自身的影响，培养拥护自己的知识分子和官员，凭借灵帝喜好文学艺术的有利条件，创建了鸿都门学，学生由州、郡三公择优选送，多数是社会地位不高的平民子弟，这些人入学后得到特别的优待，很多学员毕业后都得以高官厚禄。鸿都门学在繁盛之时成员多达千人，但是由于遭到士族的强力反对，加之遭受黄巾农民起义的打击，随着汉王朝的没落而迅速消亡。

太学

太学是中国古代的国家最高教育机构。早在西周时期，太学即已出现，当时周王室的太学以南北东西中的方向为序，分别称为"成钧"、"上庠"、"东序"、"瞽宗"和"辟雍"。而作为正式的国家最高教育机构，是汉武帝时期设立的太学。最初太学只设五经博士，置博士弟子50名，专门研习儒家经书。博士弟子有免除赋役的特权，而对于哪些人具备进入太学的资格，在朝廷是由太常负责遴选，在地方则由郡国进行察举。武帝还

熹平石经 东汉

这是中国最早的官定儒学经典石刻。《熹平石经》过去都认为是蔡邕一人所书，但从书法风格来看，不似蔡邕一人所为。石经的隶书严谨规范、雍容端正，已是汉隶发展到相当成熟的产物。

下令天下郡国设立学校官，与中央太学相应，同时初步建立起地方的教育系统。后来太学的规模不断扩大，汉成帝时太学生已达三千人，王莽时期更是超过万人，东汉顺帝时太学经过大规模扩建，太学生曾多至三万余人。西晋时期，新立国子学，太学与其并存，此后两者或同时存在，或只设其一。唐宋时期，太学隶属于国子监，依然是国家的最高教育机构，在培养政治和文化人才方面长期发挥着重要作用。

学官

学官，有时也称为教官，是掌握学校教育的官员。古代官学是以培养官员为主，学校也是国家官僚体系的组成部分，在官学中担任教职的人员也都承担相应的官职，是国家的正式官员。以明清两代为例，中央官学国子监的最高学官为祭酒，相当于现今的校长，品级为从三品，然后有司业，相当于现今的副校长，为从四品下，接下来有国子监博士，相当于现今的教授，为正五品上，助

教、直讲等也都各有品级；对于地方官学，主管的学官也相应地分作不同的品级，府学称教授，州学称学正，县学称教谕，又各设训导的副职。

古代的博士

中国古代的博士是一种学官的名称，出现于战国时期，负责掌管文献档案，也兼传授学问。汉武帝时设立五经博士，博士成为专门传授儒家经典的学官。到了唐朝，把精通于某一专门知识领域的学官称为博士，如"医学博士"、"算学博士"等；及至宋代，在民间也用"博士"来称呼长于某一职业的人，如"茶博士"、"酒博士"等，现代作为学位之一的"博士"称谓也正是基于此种含义发展而来的。

同文馆

同文馆是中国最早专门培养翻译人才的教育机构，同时也从事翻译和出版方面的工作，清同治元年（1862年）创立于北京，亦称京师同文馆，隶属于总理衙门，设管理大臣、专管大臣、提调、帮提调及总教习、副教习等职，由英国人赫德任监察官，并实际操纵馆务。同治八年（1869年），美国传教士丁韪良开始担任总教习，占据此职达25年之久。同文馆最初设英文、法文和俄文三班，后来陆续增加德文、日文、天文、算学等班，招生对象开始限于14岁以下的八旗子弟，第一批入学者仅十人，以后扩大招收年龄较大的八旗子弟和汉族学生，入学学生逐年增多，其后只招收正途人员，即科举出身的举人、进士和五品以下的京外官员，且年龄均在30岁以下，学生毕业后大多担任政府译员、外交官员、洋务机构官员、学堂教习等。同文馆是清政府开办的采用班级授课制的第一所洋务学堂，在教学之外，还附设有翻译处和印书处。光绪二十六年（1900年），因八国联军入侵，同文馆停办，两年后，并入京师大学堂。

通儒院

通儒院，是清末计划设立的培养高级人才的教育机构，相当于后来的研究生院。1903年，清政府颁布《奏定大学堂章程》，为了更好地实现造就通才的办学宗旨，提出将京师大学堂原拟的大学院改为通儒院，并且在一系列具体方面做了详细规定。通儒院的招生对象为大学毕业生，以发明创新为培养目标，学制五年，学员不上课堂，而以研究为务，毕业时不进行考试，而是以研究成果来评定，毕业生给予较优的官员品级。但是通儒院在实际创办之前，清王朝就先灭亡了。

京师大学堂

京师大学堂，是中国第一所国立综合性大学，诞生于戊戌维新运动期间。1898年6月11日，光绪皇帝在《明定国是诏》中强调："京师大学堂为各行省之倡，尤应首先举办，著军机大臣，总理各国事务大臣，会同妥速议奏……以期人才辈出，共济时艰。"7月3日，光绪批准了由梁启超起草的《奏拟京师大学堂章程》，原来的官书局和译书局均并入大学堂。根据章程，京师大学堂不仅是全国的最高学府，而且也是全国教育的最高行政管理机关。9月26日，即戊戌政变后的第五天，慈禧太后颁布谕旨，以"大学堂为培植人才之

大学堂匾　清

45

地"而准予继续兴办，京师大学堂成为变法维新得以保留的唯一成果。年底，大学堂正式开课，有诗、书、易、礼四堂和春秋二堂。1900年，八国联军入侵北京，京师大学堂暂时停办。1902年，大学堂恢复，进行革新，设预备科、大学专门分科和大学院三级。预备科分为政科和艺科，分别相当于现今的理科和文科，学制为三年，毕业后可升入大学专门分科，并给予举人出身资格。大学专门分科相当于后来的大学本科，共设政治、文学、格致、农业、工艺、商务和医术七科，学制3～4年，毕业后可升入大学院（相当于后来的研究生院）深造，并给予进士出身。大学堂另设速成科，分仕学、师范两馆，学制3～4年，毕业后可任初级官吏或学堂教习。同年，京师同文馆并入京师大学堂。1903年，大学堂创办进士馆、译学馆和医学实业馆，并增设经济科。辛亥革命后，京师大学堂改名为北京大学。

学位

中国正式的学位制度是在近代才形成的，但是古代的科举制与近现代的学位制在形式上有一定的相似之处。隋唐时期开始实行科举制，进行分科考试，其中以进士科最为重要。宋代的科举制度进一步完善，出现了乡试、会试和殿试三个层级的考试。明清两代继承了宋代的体制，正式的3级考试为院试一级、乡试一级、会试与殿试一级。院试是县、府一级的考试，及格者称生员，俗称秀才。乡试是省级的考试，三年举行一次，因举行时间在秋天（八月），又称"秋闱"，通过者称举人，举人即具备了做官的资格。会试和殿试是国家级的考试，会试在乡试之后的第二年春天举行，因而也称"春闱"，考中者为"贡士"，第一名称"会元"。殿试由皇帝亲自主持，殿试及第者称为进士，进士又分为三甲，第一甲三名，依次称为状元、榜眼、探花，赐进士及第，第二甲和第三甲名额不确，分别赐进士出身和同进士出身。一般殿试只对贡士定出名次，也就是说参加殿试的贡士通常都能够成为进士，实际上同进士出身就相当于殿试中的落第者。这样，秀才、举人和进士就相当于中国古代的三等基本学位，但是这种区分更主要地是与政治资格相联系的。光绪二十八年（1902年）颁布的《钦定学堂章程》所规定的"附生、贡生、举人、进士"四级学位可以看作是中国最早的正式学位制度。1935年，南京国民政府颁布《学位授予法》，仿效欧美，规定了学士、硕士、博士三级学位制度。

私学

私学即古代的私立学校。西周之前，教育是贵族阶层的专利，学校也全是由官方兴办的，到春秋时期，原来的一些贵族子弟由于代际的递变而降为士乃至平民，其中的一部分人开始在民间授徒讲学，开创了私学的风气。孔子对私学的发展作出了重大的贡献，使得私学真正地能够与官学相抗衡。战国时期，私家授学更是极为普遍，呈现出百家争鸣的繁荣局面。秦王朝统一之后，开始禁止私学，汉代以后，随着政治与文化大一统的实现，官学获得空前的发展，同时民间私学也逐渐恢复，再度兴盛起来，但已失去先秦时期所具有的那种自由的学术和思想氛围，教育内容也与官学趋同。两宋时期，书院兴起，私学显现出新的景象，教学方式变得灵活起来，教学内容也更为丰富，但是元代之后，书院也趋于官方化，失去了原有的活力。至于广泛存在的私塾，则普遍传授的是启蒙阶段的教育。总体来看，自秦汉以来，私学主要承担的是作为官学之辅助的角色，尽管如此，私学对古代社会的发展仍然发挥了巨大的作用，与官学相辅相成，共同建构了中国古代的教育体系。

孔门四科

"孔门四科"，意为孔子所传授的四门学术，指的是德行、言语、政事和文学，相关的记述见于《论语·先进第十一》："子曰：'从我于陈、蔡者，皆不及门也。德行：颜渊、闵子骞、冉伯牛、仲弓；言语：宰我、子贡；政事：冉有、季路；文学：子游、子夏。'"孔子在此分别举出了四个学科门类之下最为优秀的学生。唐代开始，"孔门四科"的提法逐渐受到学者的重视。明清时期，"孔门四科"演变为"儒学四门"——义理、辞章、经济和考据。

六艺

"六艺"，即礼、乐、射、御、书、数，是中国古代教育中要求学生掌握的六种基本的才能。"六艺"的提法最早见于《周礼·保氏》："养国子以道，乃教之六艺：一曰五礼，二曰六乐，三曰五射，四曰五驭，五曰六书，六曰九数。"礼，即礼节，"五礼"指的是吉礼、凶礼、军礼、宾礼和嘉礼；乐，即音乐，"六乐"指的是云门、大咸、大韶、大夏、大濩和大武等古乐；射，即射箭，"五射"指的是五种具体的箭法，分别为白矢、参连、剡注、襄尺和井仪；御，即驾驭马车，"五驭（御）"指的是五种具体的驾车技艺，分别为鸣和鸾、逐水曲、过君表、舞交衢和逐禽左；书，包括识字和书法，"六书"指的是象形、指事、会意、形声、转注和假借；数，即算术，"九数"指的是九九乘法表。

孔门十哲

"孔门十哲"指孔子弟子中最优秀的十位贤哲，指的是子渊、子骞、伯牛、仲弓、子我、子贡、子有、子路、子游、子夏。"孔门十哲"这种说法的依据为《论语·先进第十一》所记载的孔子的一段话："从我于陈、蔡者，皆不及门也。德行：颜渊、闵子骞、冉伯牛、仲弓；言语：宰我、子贡；政事：冉有、季路；文学：子游、子夏。"孔子说的是跟随自己在陈国、蔡国经历困苦的人现在都不在身边了，表达了对这些学生思念的情感，然后分为几个方面叙述了这些学生的长处之所在，例举出了这十人。颜渊，就是颜

孔子讲学雕像

这组雕像是人们为纪念孔子讲学、传授儒家思想而雕刻的。相传孔子有弟子三千，贤者七十二人。正因为有了他们，儒家思想才得以传承发展。

回，字子渊，是孔子最为欣赏的学生，才学品性俱为优好，出身贫贱，不幸早亡；闵子骞，即闵损，以德行著称，洁身自守，坚持不仕；冉伯牛，名耕，不幸染恶疾，令孔子十分感叹；仲弓，即冉雍，出身微贱，父亲行为不端，因而受人轻视，孔子为其辩护，他的宽宏厚重的品性很为孔子称赞；宰我，即宰予，字子我，曾提倡缩短三年守丧的期限，受到孔子的谴责，因为善言辞，孔子曾派他出使齐、楚等国；子贡，即端木赐，长于雄辩，精于处世，是春秋时期著名的富商，子贡曾为孔子守墓六年，体现出非同寻常的师生情谊；冉有，即冉求，字子有，生性谦谨，具有出色的政治和军事才能，曾因为帮助季康子聚敛民财而受到孔子的严厉批评；季路，即仲由，字子路，因曾担任季氏的家臣，所以也被称为季路，出身贫苦，性格豪爽，为人耿直，勇力超拔，在卫国的内讧中被杀；子游，即言偃，在鲁国的武城为官时倡行礼乐，深为孔子赞佩；子夏，即卜商，才思敏捷，经常与孔子讨论文学，时有不凡的创见，在孔子身后，儒家的许多经典都是通过子夏传授下来的。

书院制度

书院起源于唐代，兴盛于宋代，集教学、研究和藏书功能于一体，是中国古代教育史和学术史上具有重要地位的教育组织形式。唐玄宗开元六年（公元718年），将乾元院改为丽正修书院，集中进行修书和讲学活动，这被认为是书院的起始。唐末和五代期间，战乱频仍，官学衰败，许多读书人避居山林，模仿佛教的禅林讲经制度而创立书院，这为宋代书院制度的盛行奠定了基础。历史上最为知名的白鹿洞书院、石鼓书院、应天府书院和岳麓书院这四大书院都形成于北宋时期，在此之外，嵩阳书院、茅山书院等也都曾在当时产生了很大的影响。南宋时期书院的繁盛不亚于北宋，丽泽书院、象山书院等都颇为著名。书院最初大多为私人设立，后来官府设立的书院逐渐增多，到元代，各路、州、府都设有书院，使得书院变成一种类似于学校的体制。明代初年书院一度低落，而随着官学的衰退，书院又复兴起来，以无锡的东林书院影响最大。清代前期对书院采取限制的政策，后来转而提倡，但是清代的书院具有明显的官方色彩。清代后期，以两湖的书院最为兴盛。光绪二十七年（1901年），诏令书院改为学堂，书院的历史就此结束。

四大书院

"四大书院"指中国古代历史上最为著名的白鹿洞书院、石鼓书院、应天府书院和岳麓书院。白鹿洞书院位于江西庐山五老峰南麓的山谷中，始建于唐代，李渤（公元773～831年）任江州刺史期间，在旧日隐居的地方广植花木，增设台榭、宅舍和书院，这就是白鹿洞书院的由来。书院的得名是因为李渤青年时期在此读书时曾养过一只白鹿，所以他读书的地方被称作白鹿洞。南唐升元四年（公元940年），白鹿洞建立学馆，称"庐山国学"，这是一所类于金陵国子监的高等学府。北宋初年，江州的乡贤明起等在白鹿洞正式创办"白鹿洞书院"，但不久即废，直到著名学者朱熹重修书院并主持书院的建设，白鹿洞书院才开始闻名四方。

石鼓书院位于湖南衡阳北面的石鼓山，唐宪宗元和年间（公元806～820年），李宽始在此地建庐读书，宋太宗于太平兴国二年（公元977年）赐"石鼓书院"的匾额，但是20年后此地才正式建立书院。宋仁宗景祐二年（1035年），石鼓书院再次得到御赐匾额，从此步入书院的鼎盛时期。周敦颐、苏轼、朱熹、张载、茅坤等众多知名学者都曾在石鼓书院执教讲学。

应天府书院，亦称睢阳书院，原址位于今河南商丘县，为后晋杨悫所创，与其他几大书院设于山林胜地不同，应天府书院居于繁华的闹市。宋真宗景德二年（1005年），将宋太祖的发迹之处宋州改名为应天府，取的是应天顺时之义，三年后，当地人曹诚上书请示拨款修建书院，经应天府知府上报朝廷，得到批准，第二年，宋真宗正式赐额为"应天府书院"。庆历三年（1043年），宋仁宗下旨将应天府书院改为南京国子监，使其成为北宋的最高学府之一，盛极一时。晏殊和范仲淹都曾先后主持过书院的建设。北宋末年靖康之难中，应天府书院被毁。

岳麓书院位于湖南长沙岳麓山东侧，紧邻湘江，宋太祖开宝九年（公元976年）由潭州太守朱洞创建，宋真宗咸平四年（1001年）赐以书院匾额，大中祥符五年（1012年）周式承接主持工作后，书院得到迅速发展，日益繁荣，后朱熹参与书院的建设，使得岳麓书院臻于鼎盛。

私塾

私塾是中国古代私人设立的教学场所，由早期的塾发展而来。《礼记·学记》追述西周的学制说："古之教者，家有塾，党有庠，术有序，国有学。"所谓"塾"，就是乡学的一种形式。私塾在春秋时期就已产生，但"私塾"这一称谓是近代才有的，在古代，私塾被称为学塾、乡塾、家塾、教馆、书房、书屋等，其中有塾师自己创办的学馆，也有地主、商人等富裕的人家聘请塾师而成的家塾，还有用祠堂、庙宇的地租收入或私人捐款兴办的义塾。塾师多为落第秀才或老童生。学生的年龄差异很大，小至五六岁，而年龄大的则有20岁左右的，但是以十二三岁以下儿童为主。一家私塾的学生少则一二人，多则可达三四十人。学生在入学的时候要向孔子的画像进行叩拜，而学制很为灵活，可长可短，教育的内容以启蒙为主，《三字经》、《百家姓》、《千字文》、《千家诗》等是常用的基本教材，同时注重礼节和品德的培养。私塾虽然大多限于教育的低级阶段，但是作为乡间启蒙的基本形式，两千多年间，与官学相辅相成，对于文化的传承和人才的培养发挥了巨大的作用。

东林书院

　　东林书院，位于江苏无锡，创建于北宋徽宗政和元年（1111年），是当时的知名学者杨时长期讲学的地方，因杨时号龟山，所以又被称为龟山书院，至于"东林"之名则来源于杨时游庐山时所作的诗题"东林道上闲步"。东林书院在宋代曾为一时之盛，后来废置。元顺帝至正十年（1350年），僧月秋潭在此地建东林庵，书院自此成为僧人的居所。明代成化二十年（1484年），僧人信谅又加重修。万历三十二年（1604年），被罢黜的顾宪成，偕同其弟顾允成，又联合高攀龙、安希范、刘元珍、叶茂才、史孟麟、薛敷教、钱一本等

东林书院旧迹
明朝末年，宦官专权，朝政昏暗，一批清正的士大夫在东林书院讲论时事，评议朝政，被宦官集团称之为"东林党人"。后来宦官集团和东林党人展开了激烈的斗争，许多东林党人被冤杀。图中建筑为东林书院旧迹。

人，为继承杨时讲学遗志，共同筹款重建东林书院，并形成所谓的东林党人，志于世道、躬身践履，讽议朝政，裁量人物，指陈时弊，锐意图新，对明末的政治产生了很大的影响，而东林书院也成为明代最为知名的书院之一。

古代对老师的称呼

　　"老师"是当代人们对教师的尊称，原本是宋元时代对地方小学教师的称谓，后来由专指变为泛指。在"老师"之外，古代对教师其他的常用称呼还有师父、师傅、师长、先生、西席、西宾、山长等，其中有的称谓今天依然在使用。"师父"，因有"一日为师终身为父"的说法，所以也将老师尊称为师父；"师傅"一词是对太师、太傅、少师、少傅等官职的合成，因为这些职位负责教习太子，所以师傅也成为老师的代称，这一称谓当今仍在使用，但一般指工商曲艺等行业的老师；"师长"则含有视老师为尊长之义；"先生"的原初意义为先出生的人，引申指长辈、知识丰富的人，再引申为老师的含义；"西席"和"西宾"，对于当今已经是很陌生的称谓，其来源为这样一个典故：东汉明帝刘庄即位后对先前的老师桓荣依然十分尊敬，与其相处时令老师坐在靠西向东的尊位，流传开来，对老师就有了"西席"或"西宾"的称谓；"山长"之称源于五代时期蒋维东隐居衡山讲学的事迹，人们尊称蒋维东为"山长"，此后，山中书院中的主讲教师亦称为山长，使得山长成为对老师的一种尊称。

洋务学堂

　　洋务学堂是清末洋务运动中为培养新的实用人才而创办的以学习西方科技文化为主的新式学堂。它的出现标志着中国在与西方文化全面接触后所发生的第一次具有现代化意义的教育改革，完成了中国近代教育价值观念的转变，由此开启了中国大规模学习西方的热潮。一般认为，创办于1862年的京师同文馆是第一所洋务学堂，而其发展历史则在中日甲午战争后随着洋务运动的结束而一同终结。洋务学堂将"中学为体，西学为用"作为主导思想，其类别大体包括外国语学堂、军事学堂、技术学堂三种，前后共创办了二三十所。由于管理体制的落后、文化观念的保守、官员的腐败以及帝国主义对中国发展的遏制等因素，洋务学堂发展缓慢，并未引领中国走向富强。尽管如此，洋务学堂在40年的发展历程中还是作出了相当的历史贡献，更新了陈旧的教育思想，培养了中国最早的科技和外语人才，对清末的戊戌维新和科举制的废除等重要变革也都产生了积极的影响。

留学生

　　留学生意为正在外国学习的学生，有时也指已经学成归国的人员。这个词是日本人创造的。在唐代，日本为了学习中国的先进文化，曾多次派遣唐使来中国。遣唐使是外交使节，在中国停留的时间不能过长，不便于进行系统而深入的学习，所以日本政府后来派出遣唐使的时候就一同派遣"留学生"和"还学生"。所谓"留学生"就是不随遣唐使一同回国而依然留在中国学习的人员，"还学生"则与遣唐使一同回国。后来，"留学生"这个词就沿用下来，泛指留居外国学习或研究的学生。

孔子论学

　　孔子是中国古代第一位伟大的教育家，在自己丰富的教育实践中总结出了一系列精湛的学习方法和教育理论，在记录孔子言行的《论语》一书中，关于教育的深刻见解可谓比比皆是。《论语》开篇的一句话就是："学而时习之，不亦说乎？"这句话体现出将学习与实践相结合的观点，也表现出以学为乐的精神。孔子非常看重学习的兴趣，认为"知之者不如好之者，好之者不如乐之者"，并且本身就是一个极其热爱学习的人，曾自云"发愤忘食，乐以忘忧，不知老之将至"，还积极地提倡"敏而好学，不耻下问"。一次，冉求对孔子说自己并非是不喜欢老师说的道

孔子讲学图 清

此图表现了春秋时期孔子在杏坛讲学的情景。图中孔子端坐讲授，弟子们在周围恭敬地聆听。作品因是宫廷绘画，所以特别讲求用色和整体结构。

理，只是自己的力量达不到那样的高度，所以做不了。孔子对他说如果真的是自己的力量不够，那么是在去做的途中才感受到的，可是你现在都没有开始去做，怎么可以说力不足呢，那只是你自己不愿去做罢了。孔子在此所说的实际上是强调学习的主动态度的重要性。孔子还强调学习的循序渐进和坚持不移，自言"吾道一以贯之"，告诫人们"居之无倦，行之以忠"。孔子也极其肯定改过对于个人进步的重要意义，曾说"德之不修，学之不讲，闻义不能徙，不善不能改，是吾忧也"，又说"人非圣贤，孰能无过"，"过而不改，是谓过矣"。孔子还提出了"温故知新"、"不愤不启，不悱不

发"、"举一反三"、"学思结合"、"见贤思齐"等诸多非常富有启发性和实践意义的教育理念和学习观点，这对当今学生的学习和教师的教育来说不啻于一笔宝贵的精神财富。

有教无类

"有教无类"语出自《论语·卫灵公第十五》："子曰：'有教无类。'"这句话表达的是在教育面前人人都有权利，而不涉及个人的贫富、阶层等各种差别，体现的是教育平等的思想。《论语·述而第七》记载孔子的话："自行束以上，吾未尝无诲焉。"其含义是：只要是有一点礼物送给我，哪怕是很微薄，我也从来没有不教诲他的。所谓束，就是一束干肉的意思，拜师求问的时候要送礼物是古代的一种严格的礼节。束是一种最为微薄的礼物，孔子不嫌其微，而是一视同仁地给予教诲，体现的正是有教无类的精神，但是更进了一层，因为这还显示出孔子坚持教育平等的理念是不以自身所得利益的多寡而有所改变的，这对当时教育尚未普及而为贵族阶层所垄断的情况而言尤其具有重大的意义，也正是从孔子开始，教育才从贵族社会走向了民间。

因材施教

因材施教，指教师要根据学生自身不同的个人情况，进行有差别的有针对性的教学，从而使得每个学生都能够扬长避短，获得最好的发展。中国古代伟大的教育家孔子是因材施教的典范，《论语·先进第十一》记载，子路问："闻斯行诸？"子曰："有父兄在，如之何其闻斯行之？"冉有问："闻斯行诸？"子曰："闻斯行之。"公西华曰："由也问'闻斯行诸'，子曰'有父兄在'；求也问'闻斯行诸'，子曰'闻斯行之'。赤也惑，敢问。"子曰："求也退，故进之；由也兼人，故退之。"对于"闻斯行诸"（听到就去做吗）这一同样的问题，孔子对子路和冉有两个不同的提问者做了两种截然不同的回答，子路性情豪放，行事鲁莽，所以孔子要约束他，冉有则在做事的时候总是退缩，所以孔子要鼓励他。这是因材施教的一个典例。

不愤不启

"不愤不启"是孔子的一种教学方法，语出《论语·述而第七》："不愤不启，不悱不发，举一隅不以三隅反，则不复也。"这段话的意思是，教导学生，不到他想弄明白而不得的时候，不去开导他；不到他想说却说不出来的时候，不去启发他；教给他一个方面的知识，他却不能由此而推知同一范畴的其他各方面，那就不再教他了。孔子提倡的是启发式的教学，认为不应当面面俱到地把知识的所有细节全部传授给学生，而是提纲挈领，将知识中基本的一面传授给学生，之后便主要靠学生自己去进行领悟。孔子看重的是学生自身的思考能力，教师不应当越俎代庖，剥夺学生思考的积极性，应该在学生经过认真思考之后为问题的疑难之处所困扰的时候再去点拨，这样学生一定会取得显著的进步。

学、思、习结合

将学习、思考与实践相结合，是孔子所明确主张而反复强调的教育思想。《论语·子张第十九》说："博学而笃志，切问而近思，仁在其中矣。""博学"就是广泛地学习，"笃志"就是坚持自己的志向，"切问"就是恳切地求问，"近思"就是认真地思考当前的问题，做到了这四点，也就会掌握仁德之义了。这句话虽然是子夏说的，但也体现出孔子的观点，这里提到了4点，实际也可以归结为两个方面，就是学和思，而笃志可以看做是学习的态度，切问可以看做是思考的表现。《论语·为政第二》说："学而不思则罔，思而不学则殆。"其意为，只是读书而不思考，就会变得迷惘而无所知；只是思考而不读书，就会产生疑惑而不得解。这就是说，将读书与思考割裂开来单独进行都不会得到好的学习效果。《论语·卫灵公第十五》说："吾尝终日不食，终夜不寝，以思，无益，不如学也。"这表达的也是将学习和思考结合起来的重要性。孔子不仅认为学习与思考应当很好地结合，也强调应当将学习与实践密切地联系起来，《论语·学而第一》说："学而时习之，不亦说乎？"表达的意涵也就是提倡不能仅仅关注于书面的学习，还要把学到的知识时时地应用到实践中去。

广博专精

广博与专精，是学习的两个维度，这两个维度必须有一种很好的统一关系才能够达到最佳的学习效果。在学习过程中，广博与专精相互依存，相互补充。广博是专精的基础，专精是广博的升华；广博离开了专精就会转化为杂乱，专精离开了广博又会转化为孤陋。取得广博与专精的和谐是一条基本的学习规律。孔子主张博学，但是也强调必须有一个中心来把广博的知识依照一个纲领贯穿起来，即所谓"吾道一以贯之"，也就是以简驭繁，使所学的知识博而不失其精，专而不害其广。《论语·雍也第六》所说的"博学于文，约之以礼"就集中地体现了这种深刻的认识。

古代礼制

宗法

宗法是我国古代规定一个家族内成员的权力等级秩序的制度。宗法制度是古代氏族父系家长制的延续，萌芽于商周时期，成熟于西周、春秋时期，其核心是嫡长子继承制。简而言之，即是嫡长子对于上一代的权力、地位及财产具有合法的继承权，是为大宗；其他儿子在这些方面只能有低一个等级的继承权，是为小宗。大宗对于小宗具有统辖权，小宗必须以大宗为尊。不过，大宗、小宗只是相对的概念，而非绝对。比如周代天子的嫡长子继承君位为大宗，其余分封为诸侯的儿子们为小宗；诸侯的嫡长子相对于天子仍是小宗，但相比于分封为卿大夫的兄弟们，则是大宗了。但总体上，宗族会在一定范围内形成一个有绝对权威的大宗以及族长，统领全族。周朝时的宗法制度主要是存在于贵族内部，并且因当时的各级政府便是由各级贵族的家族所掌控，因此当时的宗法与国法是混淆在一起的。

自秦开始，贵族统治模式的解体使得宗法制度与国家行政逐渐区分开来，退守到家族之内。基本上所有的宗族都制

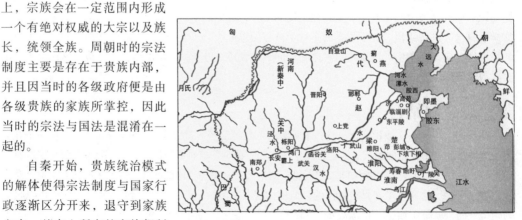

汉初分封示意图

定了相应的族规，一个宗族的族长通过祠堂集神权与族权于一身，并通过族规对族人拥有统率、处置和庇护之权，并且国家法律也承认这种权力。事实上，由于古代政府均是一种小政府，其权力体系只下延到县一级，因此县以下的秩序维持很大程度上便是依靠宗法秩序的自我维持。尤其宋明以后，宗族制得到统治阶级的更大支持，族权布满农村社会各个角落的众多宗族，成为仅次于政权的权力体系。

五礼

五礼是形成于周代的五大类礼仪，分别是:吉礼、凶礼、军礼、宾礼、嘉礼，其最早记载于《周礼》。五礼并非由周人所创立，其中的诸多礼仪是在夏商周一千多年的时间里逐渐形成的，到西周时期，周人对三代的礼制做了总结并将其归纳为此五类。其中，吉礼是五礼之冠，主要是对天神、地祇、人鬼的祭祀典礼;凶礼是哀悯吊唁忧患之礼，用以礼哀死亡、灾祸、寇乱等;军礼是与军事有关的礼仪，用以战前动员，鼓舞士气;宾礼是对于来访的宾客所实施的礼仪，以示尊重;嘉礼比较琐碎，用于国家或人民日常生活中对于比较高兴的事情的庆祝。五礼在西周形成之后，在春秋战国时期曾一度遭到破坏，即所谓"礼崩乐毁"。孔子所创立的儒家学派对周代礼制进行了继承和发扬，汉代时，儒士叔孙通以五礼为参考所设计的礼仪被汉高祖采纳为宫廷礼仪。自此，五礼成为后世历代帝王乃至民间礼仪的基本骨架，为后世国家政治的稳定和社会运转的有序提供了保障。五礼在后世历代都有所发展，其所涉及的范围不断扩大，内容日渐增多。以宋为例，各类吉礼已达43种，嘉礼27种，宾礼24种，军礼6种，凶礼12种，加起来总有112种。这些礼仪有形或无形地存在于国家政治和人们日常生活的各个方面，并深入人心，每个人都自觉不自觉地以其为行为规范，中国被称为礼仪之邦正源于此。

吉礼

吉礼是古代五礼之一，并居五礼之冠。吉礼是有关祭祀的典礼。其主要的祭祀对象可大体分为3类，分别是天神、地祇、人鬼。其中，天神包括昊天上帝、日月星辰、司中、司命、雨师等;地祇包括社稷、五帝、五岳、山林川泽等;人神包括宗庙、孔子等。吉礼的举行往往是一种国家政治行为，由统治者主持。在诸多的祭祀活动之中，尤为统治者所重视的是祭祀宗庙、社稷、天地、孔子。宗庙，也叫太庙，是皇帝先祖的祠堂，一般建在王宫前面，明、清两朝的宗庙就建在紫禁城外;社稷，是指土神和谷神。祭祀土社、谷神的地点一般称社稷，在古代，它是国家的象征。古代礼制规定，"左宗庙，右社稷"，社稷坛一般建在王宫前的右侧，与太庙对称;祭祀天地，在古代又称为"封禅"，十分隆重，由帝王亲自前往泰山举行，一般是比较有作为的皇帝才有此举动;祭祀孔子也是历代非常重视的仪式，是国家礼制的一部分。一般由大臣前往主持，有时皇帝亲自前往。

斋戒

中国古人的斋戒在佛教传入中国之前就已经存在，是参加祭祀前所做的一些清洁身心的准备。所谓斋，指的是主动意义上的沐浴更衣、凝聚神思;戒，则是防范意义上的杜绝欲望和欢娱，如禁止饮酒食辛、性行为以及各种娱乐活动等。中国早期有"三日斋，七日戒"的规定，其目的在于表示对于所祭祀的鬼神的虔诚，同时也是使人通过几天在身心方面的准备，最终能够心无杂虑，澄明清澈，以与鬼神进行精神相交。需要指出的是，早期的斋戒中并不禁食鱼肉荤腥，而只是禁食葱、蒜、韭菜等辛辣食物。事实上，人们在斋戒时往往还专门吃鱼肉荤腥。因为古代祭祀程式复杂，时间很长，有时一连几天，对人的体力要求很高，因此古人专门食肉以补充体力。只是在南北朝后受佛教影响，斋戒才逐渐与素食联系起来。后来，斋戒一词又被用以表示出家人必须遵守的清规戒律。即八关斋戒：一不杀生，二不偷盗，三不淫邪，四不妄语，五不饮酒，六不坐高广大床，七不涂饰香及歌舞观听，八过午不食。

祭品

祭品是古人祭祀时给鬼神献上的礼品，一般都是古人认为比较贵重和美好的。最常见的祭品便是五谷、瓜果蔬菜、酒、动物等。各种祭品之中，动物最贵重。而在古代六畜之中，马是用来打仗的，不允许随便杀死。剩下的五畜之中，个头最大的牛、羊、猪成了最重要的祭品。因周朝初建时，牛是从雅利安人那里引进的新鲜物种，数量还比较少，比较珍稀，故被用来作为最高规格的祭品；羊当时也是刚从藏族人那里引进的新物种，数目也不多，被放在第二位；而猪为华夏族人最先驯养，是最普

用茶祭祀先祖

通不过的家畜，放在最后。作为祭品，牛、羊、猪三牲齐备叫"太牢"或"大牢"，只有天子才有资格用；只有羊和猪叫"少牢"，供诸侯或大夫之用；只有一头猪，则称为"特豕"，供低级贵族之用。天子或诸侯祭祀时，一般用毛色纯正的牲畜，称为"牺牲"。祭祀结束之后，鬼神自然不可能真的吃了祭品，因此天子或诸侯往往将祭品分赐臣下，称为"赐胙"。至于普通百姓，祭祀时一般只是根据节令摆放一些时鲜蔬谷，加上一些相宜的肉蛋类。不过，后来随着社会经济的发展，原为贵族专用的祭品，平民也可以用了。

礼器

礼器是我国古代贵族在举行祭祀、丧葬、庆祝等礼仪活动时所使用的器物，往往象征着使用者的身份、地位和权力。礼器大体上可分为四类，一类是用以盛放食物的食器，包括鼎、簋、鬲、盂、俎等；一类是酒器，包括爵、角、觚、尊、壶、卣、方彝、觥等；还有用以盥洗的水器，有盘、匜等；再有就是用以标明身份尊贵的玉器和束帛（往往合称玉帛）。其中，玉器包括璧、璋、琥、琮、圭、璜等；束帛则是扎成捆的丝织品。因玉帛在古代被广泛用于各种典礼，因此经常被当作礼器的代名词。

诸多礼器之中，鼎是最具象征意义的。鼎本来是用来煮饭的器具，由青铜铸成，或圆形三足，或方形四足。做饭时，直接在其下烧火即可，因此相当于现在的锅，同时又附带了灶的功能。后来其被用来在祭祀时装肉。古代贵族往往在鼎的外面上铸上自己祖先的功绩，然后藏之宗庙。不同身份之人的鼎的数量和装饰不同，天子九鼎，饰以黄金；诸侯七鼎，饰以白金；卿大夫五鼎，饰以铜。禹当年曾用天下诸侯贡献之铜铸造九鼎，象征九州。此后，鼎便成了天下的象征。

凶礼

凶礼是古代针对不好的事情所举行的礼仪，具体包括丧葬礼、荒礼、吊礼、恤礼、襘礼等。其中丧葬礼是为死者举行的表达哀思的礼仪；荒礼是遇到旱涝灾害或瘟疫流行时，统治者所举行的一种表达自己体察灾情，并愿意与人民分担的一种礼仪；吊礼是在别的友邦国家或友好人士遭受自然灾害后，统治者派人前往慰问的礼仪；恤礼是当邻国遭受政治动乱时，统治阶层派人前往表示慰问的礼仪；襘礼是友邦在军事上遭受失败后，统治者派人送去物质援助并给其鼓励的礼仪。总体而言，凶礼都是在别的个人或国家遭受不好的事情后，对其表示同情和慰问的礼仪。后来，凶礼主要是指丧葬、持服（即守孝）、封谥号等与死亡有关的礼仪。

丧礼

丧礼是安葬并悼念死者的礼仪，属于"五礼"之中的凶礼。在古代诸多礼仪之中，丧礼产生得最早。周朝时，丧礼已经形成了一系列繁复而严格的规定，孔子将丧礼说成是孝的一部分，主张对父母"生，事之以礼；死，葬之以礼"。因此古人十分重视丧礼，由专门以此为职业的人主持。其具体过程大体上可分为报丧、入殓、出殡、守丧几个步骤。死者去世后，亲属先要将死者去世的消息告诸亲戚、朋友、同事等，叫作"报丧"。这些被报丧的人则会陆续前来吊唁。然后是对死者举行"殓"的仪式。其中，给死者穿上专门的衣裳称作"小殓"；尸体入棺，称为"大殓"。"殓"之后，棺材放在家中等待下葬，叫作"殡"。"殡"者，意为将暂时未曾离家的死者当作宾客。殡的日期不固定，几天到几十天不等，待选定吉日和墓地便可下葬。下葬事宜称作出殡送葬，亲人、朋友、故旧等往往要一路随棺木到墓地，为死者送行。送葬时，根据与死者关系的亲疏，送葬者的孝服也可分为五种，称为"五服"。安葬之后，亲属根据孝服的不同有不同的守孝期。最短的三个月，最长的三年，乃是死者儿子的守孝期。期间，守孝者在饮食、衣着、起居等方面受到一系列约束。其实，这只是丧礼的大致程序，具体过程中还有很多琐碎的规定，比如对于哭就有诸多规定。

在历史发展的过程中，丧礼产生了不少演变，比如佛、道兴起后，水陆道场一度成为丧礼的一部分；不同地区的丧礼也逐渐形成了一定的地方色彩。总体上，中国的丧礼比较讲排场、爱热闹、好攀比。另外，死者只要寿终正寝，而非夭亡，在古人看来这是值得高兴的事情。因此，相对于婚姻庆典的"红喜事"，丧事又叫做"白喜事"。现代，中国在大部分古代礼仪已经丧失的情况下，丧礼应该是保存最完备的一种礼仪了。

葬仪

葬仪指安葬死者的方式。因中国是多民族国家，不同民族的安葬方式往往各具特色，因此中国存在土葬、火葬、水葬、鸟葬等诸多葬仪。就汉民族来说，早期人们一般实行土葬。这与汉民族作为农耕民族，重视土地有关。在古汉人眼里，人是由土地所养育的，因此死后回归土地相当于回家。《礼记·祭仪》中说："众生必死，死必归土。"与汉族不同，早期的一些少数民族则实行火葬。如《墨子·节葬》中曾记载在秦国西边的一个西羌人建立的义渠国中，"其亲戚死，聚柴薪而焚之"，称之为"登遐"（升天）。佛教传入中国后，由于佛教高僧死后，一般都实行火葬，因此火葬一度在汉族佛教徒中流行，以至于宋太祖曾明令禁止。南宋时，由于偏于一隅，人多地狭，火葬一度盛行。其后的明清时期依然如此。水葬一般是聚居于河流湖畔或海边的民族流行的习俗，他们一般将死者放于木筏上，任其漂流，这是因为他们以水族为食物，往往视水为自己的归宿。鸟葬多流行于牧猎民族，他们往往将亲属尸体放于郊野或高山之巅，任鸟啄食，认为这可使死者魂升入天界。另外还有悬棺葬、树葬、玉敛葬等葬仪存在于其他一些少数民族中。

陵寝

陵寝是古代帝王的坟墓。春秋时期，厚葬之风盛行，死者的墓越建越气派。其中，最气派的当然还是帝王之墓，一般称为"陵"。陵，本是山丘的意思，以之来称呼帝王之墓，也可见其规模之庞大。战国时，秦惠王规定："民不得称陵。"自此，陵成了帝王之墓的专称。因古人相信人死后灵魂还要继续在地下"生活"，故帝王墓旁建有寝宫。另外，墓外还建有一系列用于

武帝茂陵 汉
被称为"中国的金字塔"。位于西汉11座帝陵的最西端，是汉诸陵中规模最大的帝王陵。

装饰和祭祀的石雕、殿堂等。因为陵寝是一个以其墓穴为中心的庞大建筑群，故称"陵园"。

陵寝真正的大规模化，始于秦始皇。其陵寝高120米，底边周长2167米，37年始建成，极尽豪华之能事，并设计了相应的机关防止盗贼。其后的历代帝王都沿袭了秦始皇的做法，往往不惜巨资，并调遣当时最高明的匠人参与建造。因此帝王的陵寝是古代留下来的极其珍贵的艺术品。一般一个朝代的帝王陵寝都会建在一起，形成一个陵寝群，其地点往往在其都城附近。如西安附近的唐陵、河南巩县境内的宋陵、北京昌平区境内的明代十三陵、河北遵化市的清东陵和河北易县的清西陵。

服丧

服丧，即古人为死者守丧的礼仪。守丧，指的是在丧事办完之后，亲属通过服饰和生活方面的特别规定来体现对于死者的哀悼和怀念。其大致可分为两个方面，一是通过守丧者所穿的丧服以及穿丧服的时间长短来体现。具体而言，根据亲属关系的远近可分为五种丧服，由近及远分别是：斩衰、齐衰、大功、小功、缌麻。其中，斩衰要穿三年；齐衰则根据具体的关系不同，时间有所差别，一年、五个月、三个月都有；大功则穿九个月；小功穿五个月；缌麻则只穿三个月。其二，对于死者儿子，还有关于生活方面的一系列规定，称为守制，时间为三年。

五服

五服指五种丧服。古代社会的葬礼中，与死者亲属程度不同的人要穿不同的丧服，以示区别。具体分为五种，从重到轻依次是：斩衰，此是五服中最重的丧服，其用极粗的麻布缝制而成，极其简陋，许多该缝的地方都敞开着，完全不像上衣，此表示因哀痛而不注意外在形象之意。此服为最亲近者所穿，如子为父、妻为夫等。齐衰，是次于斩衰的丧服，用粗麻布制作，因把边缝齐了，所以叫齐衰。此为次一级的亲属所穿，如已嫁女为父母，孙辈为祖父母等。大功，又次于"齐衰"，

用粗熟麻布制作，一般是为堂兄弟、未嫁堂姊妹，已嫁女为伯叔父等所穿。小功，次于大功，用质量较好的麻布制成，为伯叔祖父母、外祖父母、母舅等所穿。缌麻，最轻的一种丧服，用细熟麻布制成，做功比较细致，此为曾祖父母、妻之父母、表兄弟等所穿。总体而言，亲属关系越近，其丧服越粗糙。大体上，古代丧服的服制都以《仪礼·丧服》为准则，历代遵行，只是小有变通。另外，不同的丧服所穿的时间长短也不同。

避讳

避讳是中国古代特有的现象，指的是在口头或书面提到某个人的名字中含有的字时，避开此字。关于避讳的原则，《公羊传·闵公元年》中曾言："春秋为尊者讳，为亲者讳，为贤者讳。"这是古代避讳的一条总原则。其中的尊者，主要是指古代皇帝，有时也指贵族和官员；亲者指自己的长辈；贤者则指孔孟等圣贤。而避讳的方法，主要可分为3种：改字法，即将所避讳的字改作另一字，比如东汉时，秀才因避光武帝刘秀的名讳而改称茂才。又如苏洵的祖父名序，苏洵将文章中的序改称为引，至今沿用。空字法，即遇到避讳的字时，空开不写，读者也往往心领神会。缺笔法，即在写到这个字时，故意少写一笔。除此之外，古代还有其他的一些避讳法。当年吕后当权时，因其名雉，人们遇到雉时都改称野鸡；清乾隆时，为避顺治帝福临名，天下百姓不得贴"五福临门"；陆游的《老学庵笔记》记载，宋代田登做州官时，自避名讳，州中都将"灯"字称为"火"字。元宵节时，官府发布告曰："本州以例放火三天。"以至于百姓有"只许州官放火，不许百姓点灯"的讽刺。到后来，甚至连皇帝的属相也要避讳。比如因宋徽宗属狗，当时曾一度禁止民间杀狗。至于古人的圣讳，各朝略有不同，一般有孔子、孟子、老子、黄帝、周公等。圣讳相对不那么严格，一般是读书人自觉避讳以示尊重。

朝聘之礼

朝聘之礼原指古代诸侯派使者或亲自定期觐见天子的礼仪，后来也指藩属国使节前来觐见中国皇帝的礼仪，属于"五礼"中的宾礼。具体而言，聘，是指诸侯派使者觐见天子；朝，则是诸侯亲自觐见天子。《礼记·王制》规定，诸侯每年都要派大夫前往王都拜见天子，称作"小聘"；诸侯每三年要派卿前去拜见天子，称作"大聘"；诸侯每五年须亲自前往王都拜见天子，称作"朝"。诸侯及卿大夫朝聘天子时，要携带当年该向天子交纳的贡赋，还要奉行严格的礼仪，以示对天子的敬重和臣服。其礼仪大致分为六个程序，分别是："效劳"（天子派人迎接并慰问来宾）、"赐舍"（安排来宾下榻）、"朝觐"（来宾正式拜见天子并献礼）、"请罪"（来宾向天子表示自己做得不好，求天子宽恕，是一种谦虚说法）、"赐礼"（天子赏赐来宾一些礼物）。

万国来朝图 清

朝聘之礼本来只有天子才有资格享受，但东周时，周王室衰微，各诸侯国也纷纷采用了朝聘之礼。

秦统一中国后，中国在一千多年的时间里称雄于东方，期间各国派使节前来时，中国基本上都以朝聘仪式接待，因此"四夷来朝"的说法一直不绝于书。直到鸦片战争后，在西方人的强烈要求下，清王朝才废弃了朝聘之礼，而以现代外交礼仪与各国打交道。

军礼

军礼是有关军事活动的典礼，包括校阅、用兵、畋猎等活动时的礼仪。各个时代的军礼有所不同，如《周礼》中所记载的有"大师之礼"，乃是军队征伐之前举行的礼仪；"大均之礼"，则是天子或诸侯在分土地、征赋税时举行的军事检阅；"大田之礼"，用于天子狩猎时，并顺便检阅军队；"大役之礼"，用于国家建造城邑、宫殿、开河、造堤等大规模土木工程时的队伍检阅；"大封之礼"则是诸侯勘定各自封地地界、树立界碑的一种活动。另外，《通典》中记载了唐代的军礼，具体包括：告太庙、命将、出师、阅师、誓师、献俘等。古代军队出征打仗前宰头牛，甚至有时杀个违反军纪的人，称为祭旗，也是一种军礼。总体而言，军事活动中形成了定制的行为，都可算是一种军礼。军礼大体上是为起到一种宣示力量、鼓舞士气、检阅训练部队等作用。

宾礼

宾，客也；宾礼即是一种针对客人的礼仪，这个客人可以是个人，也可以是代表一个国家。宾礼在各个时期的种类和形式都有所变化。上古时期的宾礼主要包括朝、聘、会、遇、锡命等一系列的礼仪制度。朝，即是诸侯按固定日期朝见天子时的一系列礼仪；聘，是指诸侯国之间互遣使者访问的礼仪；会，指诸侯对天子不定期的朝见，或是诸侯之间无定制的会面；遇，指诸侯或官吏间偶然的邂逅，通常礼节比较简单；锡命，指的是天子或诸侯对下属封赐爵位、服饰、土地等时的礼仪。《通典》记载了唐代的宾礼："三曰宾礼，其仪有六：一，番国主来朝；二，戒番国主见；三，番主奉见；四，受番使表及币；五，宴番国主；六，宴番国使。"番，指的是唐周边的少数民族政权以及朝鲜半岛地区的新罗、日本等国。《清史稿·礼志二》则记载了清代的宾礼："宾礼：藩国通礼，山海诸国朝贡礼，敕封藩服礼，外国公使觐见礼，内外王公相见礼，京官相见礼，直省官相见礼，士庶相见礼。"

嘉礼

嘉礼是人们为日常生活中高兴的事情所举行的庆祝礼仪，往往是人们之间联络感情、建立良好人际关系的媒介；另外，皇帝家中有喜事所举行的庆祝礼仪也叫嘉礼。嘉礼因为涉及生活各个方面，内容比较庞杂，其中比较重要的几种是婚礼、冠礼、飨礼、宴礼、射礼等。婚礼，指结婚礼仪。冠礼，古代男子年满20岁时所举行的典礼，对之加冠以示成年。另外，古代女子15岁时亦行笄礼，以示成年，也可算是冠礼的分支。飨礼是古代设酒食款待来客的一种礼仪。宴礼，是古代皇帝家有诸如君主登基、册皇太子、天子纳后妃、太子纳妃等喜事时所举行的宴请大臣的礼仪。射礼，因古代尚武，因此在许多场庆祝活动中都设有射箭项目，作为一种仪式的同时，也是一种娱乐。《清史稿·礼志六三》："二曰嘉礼。属于天子者，曰朝会、燕飨、册命、经筵诸典。行于庶人者，曰乡饮酒礼。而婚嫁之礼，则上与下同也。"在五礼之中，其他四礼都大多与国家政治生活相关，由皇帝出面主持，嘉礼则是唯一与普通百姓日常生活联系紧密的礼仪。

相见礼

相见礼是古人日常相见时的礼仪，属于"五礼"中的宾礼。春秋之前，因"礼不下庶人"，因此相见礼只是贵族之间通行的礼仪。《礼仪·士相见礼》记载了当时秦国士大夫相见的礼仪，其规定士用野鸡，下大夫用雁，上大夫用羔。这里说的是对于上门拜访时的见面礼的规定。另外，其对贵族之间说话时的眼神也有所规定。如士与大夫面谈时眼睛要先看着其面部，然后看其肩膀，最后再看其面部。春秋之后的历代都对相见礼有相应的明文规定，其适用范围也不再局限于贵族，而是扩展到全社会。就内容而言，其一个重要方面是规定官员之间的见面礼仪，总体上是以官大者为尊，而大的程度不同则须施以不同的礼仪；另一方面，对于庶人之间的礼仪有相应规定，基本原则是以年长者为尊；此外，则是比较具体地规定了诸如主宾、师生等之间的礼仪，也是相当具体，以清朝的《士庶相见礼》对主客之间的礼仪规定为例，其对于主人如何迎接、安排坐次、饮茶、送客等都做出了一系列详细规定。

冠礼

冠礼是中国古代在男子20岁时对其施行的成年礼，属于嘉礼的一种。古人认为一个男子在20岁时，正式摆脱童稚，进入成年人行列。对其进行冠礼，是提醒他以后便要担负起一个成年人的责任，言谈举止也要遵循社会的种种规范。同时，周围的人也开始把他当作一个成年人来看待，对其表示尊重。先秦的冠礼仪式要繁琐一些，后来有所简化。其大致流程是：在加冠礼之

却坐图轴 南宋 佚名 绢本
此图描绘的是汉代故事，西汉文帝时，宠妃慎夫人常与帝后平起平坐，引起众臣不满。一日，汉文帝携后妃同游上林苑，中郎将袁盎直谏文帝，指出后妃平坐违反纲常，并最终使皇帝与慎夫人采纳了他的谏议。

前，通过巫卜的方式选定加冠的日期，并联系好加冠的大宾和协助加冠的"赞冠"。行礼那天，主人（一般是受冠者之父）、大宾及受冠者都穿礼服。授予其冠后，大宾要读一些祝辞，一般是诸如"从今天起，你就告别你的童稚，步入成年了，以后你要担负起责任，保持良好的道德情操，为社会多作贡献，祝你前途无量"之类的。另外，还有一个重要项目便是要给受礼者取字，之后，除父母与老师可以称呼其名外，其他人都要称呼其字。加冠仪式后，这个青年还要到处拜访亲友、当地长官和有名望者。别人也对其表示祝贺和勉励。

追溯起源，成年礼仪式源自原始社会，至先秦时形成这种冠礼的形式，并成为六礼（冠、婚、丧、祭、飨、相见）之首。需要指出的是，冠礼有时也会在20岁之前举行。因行冠礼后才可以成亲，古代有些贵族子弟成婚较早，因此冠礼也经常提前举行，大体上都是在15岁到20岁之间。

婚礼

婚礼是古人关于结婚的礼仪，属于嘉礼的一种。婚姻自古乃人生大事，因此婚礼在古代便是

相当重要的礼仪，一点都马虎不得。在周代时，中国便已经形成了一整套完备的婚礼仪式，在《仪礼》中有详细规制。简而言之，可称之为"三书六礼"。三书，指聘书、礼书和迎亲书。六礼，则指从提亲到完婚的六个大体步骤。具体为：一是纳彩。此是男方家长托人向女方家长提出联姻的意愿，也即"说媒"。纳彩不是空口说白话，而是要送礼的。先秦时，以雁为纳彩礼。后世则经常用羊、鹿、阿胶、蒲苇等。二是问名。如果纳采时，女方收下礼物，就表示应允了。问名便是详细问女子的姓名、年龄、生辰及其家族情况。三是纳吉。此是男方家长请人测算男女双方生辰八字是否相合。因古人相信天命，因此这对婚姻的成败也起相当大的作用。四是纳征。就是下聘礼，这就不是一只雁或者一只羊能打发了的，而是要真金真银，并且历代都不断在增加。五是请期。此为定下迎亲日期，一般是男方象征性地征求下女方意见，其实是自己决定后告诉女方，因此也叫告期。六是亲迎。这是男子娶媳妇的梦最后实现的步骤了。该步骤主要就是迎亲和拜堂，但其具体步骤则相当繁琐。在迎亲前一天，女家要为女儿"开脸"、"上头"，这两个步骤主要是使女子在发型上开始区别于未婚少女。拜堂第二天，新娘要拜见公婆等，此时婚礼才算基本结束。而严格算的话，婚后第三天，新妇归宁结束，婚礼才完全结束。

守制

守制是古人对于死者儿子所单独作出的守丧制度，期限为三年。期间，该制度对于守丧者有一系列相当严苛的生活方面的要求。首先，孝子不能有任何享乐，不得饮食酒肉、瓜果菜蔬，只能吃粥；不得与妻妾同房；乃至不得洗澡、换衣服、剃头等。其次，守丧者不得嫁娶，不得有任何庆祝活动，不得在节日拜访亲友。最后，在汉代察举时代，守丧者不得被举荐；科举考试时代，守丧者则不得应考。而在外做官的官员，必须告假回家守制，称为丁忧。最理想的，便是守制期间，孝子在父（母）墓前搭建简陋草庐独居三年。可以看出，守制的所有规定全都做到恐怕是不太可能的，这只能是古人对于孝道所设想的一种理想化状态。但是，政府对于守制制度是相当严格的，如有士子在居丧期间前去应考，是要受到法律制裁的；另外，一些官员怕丁忧后官职难以恢复，会瞒报父母丧事，朝廷对这类情况也会严厉惩罚。

总体而言，古人之所以要制定守制制度，乃是受儒家思想的影响。儒家重孝的同时，又推崇礼制，因此将孝道体现到琐碎的礼制之中也是题中应有之义了。而之所以守孝时间为三年，《礼记·三年问》中解释为："子生三年，然后免于父母之怀。"意思是婴幼儿出生三年后，可以脱离父母怀抱了，因此也守丧三年作为回报。但守制制度的过分严苛显然已经有些不合乎人情，将孝形式化了，脱离了孝本来的真诚。

丁忧与夺情

古代官员因父、母亡故暂时辞官回乡守制称作丁忧，又叫"丁艰"、"守孝"。该制度开始于汉代，古代官员遇到这种事，不管官职多大，都得告假回乡。但一个官员一旦辞官回乡，不但没有俸禄，更关键的是3年之后再回到朝廷，官场的变动也已经很大，自己的位子也早就被别人顶了。要想恢复原来的职务，自己还需要重新摸爬滚打一番才行。正因为此，不少官员都不愿意回乡丁忧，以至于瞒报自己父母的丧事。但这种情况一旦被发现，则惩罚十分严重。比如后唐明宗时的孟异因瞒报母亲丧事，最后被赐自尽。

因丁忧的时间长达三年，这必然经常会给朝廷的行政工作带来中断，尤其是身居要职者的丁忧。而夺情便是古代政府针对这个问题所制定的制度。古代官员遇到需要丁忧的情况，如果朝廷因为特殊情况，比如政治或军事方面的需要而要求官员不得回乡丁忧，而必须留在朝廷，或者官员已经回乡丁忧但期限未满，朝廷提前强令召回其出仕，这两种情况都叫做夺情。丁忧一旦遇到夺情，则必须屈从。因为在古代，君臣之义是大于父子之情的。一般情况下，只有担任中央朝廷要职的官员才会遇到夺情的情况。另外，也有官员因不愿离职而自谋夺情的。比如明万历年间的内阁首辅张居正，在接到父亲讣告时，正在推行改革，因不愿功亏一篑，他表面上屡次上书请求回乡丁忧，暗地里却通过太后让皇帝诏令他夺情。虽然不少反对派力图赶他回家丁忧而夺其权，但最终还是张居正取得成功。

兵制与刑制

兵制

　　兵制指古代的军事制度，包括武装力量体制、军事领导体制和兵役制度等方面的内容。据《周礼·夏官》记载，早期以军为基本编制单位，一军有1.25万人。周王室有六军，诸侯则大国三军，次国二军，小国一军；在领导体制上，一般由卿大夫等贵族担任各级军官；而在兵役制度上，当时实行的是全民皆兵制。自秦汉时期起，中国的兵制开始形成了新的模式。在武装力量上，常规军体制各代不一，一般都分为中央军和地方军，且各代都采取强化中央军，弱化地方兵的强干弱枝策略，以防止地方割据。在领导体制上，不再以贵族统兵，而是以各级武将统兵。除个别镇守边关的武将之外，朝廷武将往往实行战时领兵，战完罢权的制度。在兵役制度上，因中国地广人多，因此自秦汉起便废除了全民皆兵的制度，而是实行征兵制、募兵制或世兵制等。如汉代实行每个成年男子都服三年兵役的"寓兵于农"的征兵制；隋唐时期则采用"寓农于兵"的府兵制；宋代是募兵制；元明是世兵制；清先是世兵制，后又改为招募。

民兵制

　　民兵制即兵士并非职业化，而是亦民亦兵的兵役制度。大体而言，职业化的军队由国家花钱招募而成，而征兵制下的军队大多有民兵性质。在我国整个古代社会，仅有宋代长时间实行过全国范围的募兵制，其他朝代虽也存在招募兵士的情况，但一般都并非主流。因此，我国古代的大部分常备军队都或多或少有些民兵性质。而根据具体兵制的不同，不同朝代的民兵制也各有其特点。比如唐代之前的军队多实行征兵制，即适当年龄的男子被强制轮流到军中服役一段时间，期满回家依旧务农，民兵性质浓厚，战斗力很难保证。而唐代的府兵、明代的卫所兵的性质则介于民兵和职业兵之间。首先士兵均终身为兵，随时听候调遣，这像是职业兵；但同时又没有军饷，而须在平时自己种田自力更生（国家不向其征服役），这又像是民兵。另外，比较纯粹的民兵也存在于各代。如宋代王安石为减轻正规军军费开支，便训练过农民武装以备辽国南下造成的不时之需；清代的"勇"兵便属于民兵，并且正是靠民兵镇压了太平天国运动。

烽燧传警

　　烽燧传警是古代一种通过放火或放烟的方式传递军情的手段。白天放烟叫"烽"，夜间举火叫

"燧"。烽燧传警的办法早在西周时期就已经存在。春秋战国时期，各诸侯国为防止外国入侵，纷纷修建长城，尤其是秦将各国长城连接起来后，烽燧与长城便联系在一起，并开始被称为烽火台，成了历代常设的军事防御组织，用以防范北方的游牧民族。一般情况下，每十里设一个烽燧（烽火台），明代则五里一个。每个烽燧上都设有5～10个兵丁。遇到敌人进犯，便要点火或放烟，将消息传递给隔壁的烽燧，这样依次传递，很快便可抵达军事中枢。一些朝代烽火种类、施放程序、施放方法、密号等方面都有严格明确的规定，甚至"传报得宜克敌者，准奇功。违者处以军法"。历代之中，严防匈奴人的汉代和防范蒙古人的明代对烽燧制度最为重视。

烽火戏诸侯

荒淫昏庸的周幽王为博得爱妃一笑不惜假借烽火之名欺骗属国国君，使他们对其失去信任，最后亡国，可谓荒唐可笑又教训深刻。

三军

三军的说法产生自周代。周代以"军"作为最大的军队建制，《周礼·夏官·司马》记载："凡制军，万有二千五百人为军。王六军，大国三军，次国二军，小国一军。"因此，三军合3.75万人。不过，这只是制度所规定的天子及各诸侯国的常备武装人数。事实上，到春秋时期，各国的军队数量已经远远不止规定的数目，更遑论动辄出动几十万军队的战国时期了。不过虽然一军的人数已经大大超过规定，但各国军队依旧习惯上将部队编为三个军，只是各国名称有所不同。如楚国分别设中军、左军、右军；晋国设中军、上军、下军；魏国称前军、中军、后军。三军各设将、佐等军衔。其中，中军将是三军统帅。后来三军不再是军队建制，凡出征打仗，军队往往分作前军、中军、后军，分别担任先锋、主力、掩护警戒的职能。另外，三军也常常指古代步、车、骑三个兵种。现在，三军则成了对于海、陆、空三个兵种的泛称。

将军

将军的称呼产生自春秋时期。军是古代最大的军队建制，总有1.25万人；将，则是统领之意。卿大夫一般担任一个军的首领，因此卿大夫往往被称为将军，但并非一种正式官职。战国时期，将军逐渐成为正式官名，并根据三军的设置分别出现上、中、下、前、后、左、右将军等官名。秦代因之，设上将军为出征打仗时的军事统领，其次置前、后、左、右将军。汉置大将军、骠骑将军，位次丞相；车骑将军、卫将军、前、后、左、右将军，位次上卿。晋朝设骠骑、车骑、卫将军，又有伏波、抚军、都护、镇、中军、四征等大将军。南北朝时，武人逐鹿，将军名号更多。唐代时，各种制度开始规范，设上将军、大将军、将军等名号，作为一些禁卫军军官和武散官（有官无职的官员）的称号。宋、元、明时期，将军多为武散官，另外将军还是对廷尉武士的尊称。清人尚武，将军常被作为宗室爵号，另外也是对地方军事长官的泛称。

军队编制

军队的编制就是军队组编士兵的方式。在古代，因士兵往往都不是职业军人，因此其编制在平时与战时往往有所不同。因五进位以及十进位制是人类普遍采用的计数方法，因此先秦军队基层编制就是一五一十点数的"什伍"之制。五人为伍，五伍为两，五两为卒，五卒为旅，五旅为师，五师为军，一军有1.25万人。又往往按照具体职责分为三军。秦汉时期，军队乃是民兵制，兵士平时按照居住地点就近编伍，由各郡的郡尉、各县的县尉负责训练，并负责地方治安；参加战争时，再进行统一编制。一般是按照地域编制后，分配到各将军的战斗集群中去。隋唐时期，平时编制实行府兵制，各地每个折冲府管辖兵员800~1200人，以折冲都尉为长官；战斗时则同样再进行临时编制。宋代军队是招募而成的职业军队，战时平时编制差别不大。以十人为火，五火为队，十队为营（总500人），若干个营组编为将，将是独立的战斗单位。明代军队也接近于职业兵，其编制为卫所形式。每卫编制5600人，设置指挥；卫下辖五个千户所，每所1112人，设千户；千户下辖五个百户所，每所112人，设百户；百户下辖两总旗；总旗下辖五小旗。清代八旗军则以旗为最大单位，绿营兵则以营为基本单位。

秦汉军制

汉代往往被史学家看做是秦的继续，因此秦汉军制也比较类似。从军事领导体制而言，其实行的都是一种强化中央集权的军事制度，军队被置于皇帝的严密控制之下。秦代总领全国军队的为三公之一的太尉，但太尉并无实权，真正打仗时皇帝临时委派上将军及前、后、左、右诸将军统兵，战后军队则依旧交还太尉；汉代差不多，其名义上的最高军事长官初为太尉，后改为大司马，也是虚职。战时皇帝临时任命大将军、骠骑将军、车骑将军等统兵。秦汉皇帝均用这种将、兵分离制将军队控制在自己手中。就兵役制度来说，秦汉均实行征兵制。秦统一六国后，兵役制度仍沿用旧制，弊端重重，陈胜吴广起义便源于兵役制度的弊端。汉代兵制更加完善，男子年满23岁需服兵役两次，一次在本郡、县服役，另一次到中央宿卫或戍边，每次一年。另外，汉代在征兵制之外还部分实行募兵制作为补充。东汉末年，募兵制逐渐取代征兵制，地方武人趁机培养自己的势力，割据自雄，造成东汉末年群雄割据的局面。

征兵制

征兵制是强制符合条件的男子入伍的兵役制度，与以自愿应征性质的募兵制相对应。在我国唐代之前，基本上实行的都是征兵制，将入伍作为一项义务分派到各家各户。春秋战国时期，战事频繁，各国的兵役都十分繁重，正是强制性的征兵制才得以保证士兵的来源。秦代男子满17岁便要开始为国家服兵役，总共至少三年。汉代基本继承了秦制，只是将年龄推迟到23岁。其后的魏晋南北朝，乱世之中，强制性征兵也是主要的招兵手段。北魏的花木兰替父从军，便是在征兵制的背景下发生的。征兵制的特点一是军费开支小；二是兵士服完役便离开，不会成为将领私人势力，造成武人自雄。其缺点则是军队战斗力不如招募的职业兵。隋唐及以后各代，实行的是府兵制、世兵制或募兵制等，征兵制逐渐废弃。

战阵

所谓战阵，是在军队投入战斗时根据地形、敌我力量对比等情况所组成的战斗队形。在古代冷兵器时代，军队组成训练有素、纪律严明的战阵之后，可以极大地增强军队的战斗力。《六韬·均兵篇》曾言，在平坦地形上作战，如果单个战斗，则一名骑兵抵挡不了一名步兵，但若列队成阵，则骑兵可与8倍于己的步卒作战，因此古代军队作战往往要组成各种战阵。就战阵的起源来说，最早的战阵乃是模仿原始社会的围猎模式而成的。到商周，尤其是春秋战国时期，由于常年大规模的战争，形成了一些以车兵和步兵相配合的战阵，常见的有以中军为主力，两翼相配合的三阵，以及在三阵基础上形成的五阵，军事家孙膑则发明了著名的以步兵为主体的八阵。汉代对匈奴作战之后，骑兵的作用日渐重要，战争更强调各兵种间的协调。诸葛亮根据战争军器的发展创造了使步、弩、骑、车等兵种有机协调的新八阵，即著名的八阵图。唐代重视骑兵的作用，打仗讲究灵活的奇袭战术，战阵不多，著名的有名将李靖的六花阵及用于撤退的撤退阵。宋代因缺少马匹，打仗靠步兵，创造了常阵、平戎万全阵、本朝八阵等诸多战阵，但效果一般，败多胜少。明清之际，火器的使用使得军队不适合再组成密集的战阵，军队战斗编制向小而疏散的方向发展，战阵逐渐淡化。

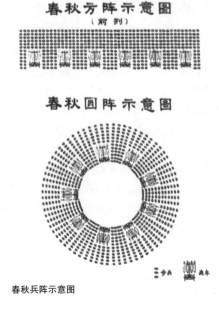

春秋兵阵示意图

府兵制

　　府兵制是隋唐时期的一种兵制。府兵制起源于北魏时期，历北周、隋至唐代趋于完善，是唐代前期的主要兵制。其具体形式是在全国各地按照战略位置和防御需要建立军府，充当府兵者可携带家属聚居于军府内，政府分给一定土地。府兵农时务农，农闲时接受专门的军事训练机构折冲府的训练，战时则随将出征。府兵家可免除各项赋税徭役，但其军服、武器、马匹等军用物资以及到京师宿卫时路上用度则需自己置办。这种制度在朝廷来说，省出了军费开支；在府兵来说，也自觉划算，加上唐代尚武，年轻人都乐于充当府兵。因此充当府兵者多是家庭殷实子弟乃至官僚子弟，贫贱子弟还当不上。府兵有两个职责，平时需轮番到京师宿卫；战时府兵随将出征，战毕兵归于府，将归于朝，避免了武将拥兵自重。到玄宗时期，因为战事频繁、防御线延长，原来防戍的休假制度取消，加上后来番上卫士往往被贵族官僚借为私家役使，导致社会上以充当府兵为耻辱，故府兵大量逃亡，府兵制名存实亡。朝廷不得已允许将领私自募兵，这便导致了"安史之乱"的爆发和之后的武人割据局面。

都护府

　　都护府是汉唐两代在边疆地区所设的特殊官署。"都"意为全部，"护"意为带兵监护，"都护"即"总监护"之意。西汉宣帝时，在乌垒（今新疆轮台县东北）设西域都护府，统一管理大宛及其以东城郭诸国，兼督察乌孙、康居等游牧行国之事。魏晋时，设有西域长史府，类似于西域都护府。唐代的都护府影响最大。由于强盛的唐王朝先后打败突厥、薛延陀等部，周边少数民族纷纷表示归顺。唐朝在这些少数民族地区设立州县，任其自治，只在一个大区域内设都护府，作为最高军政机关。都护府长官都护为一地最高军政长官，其职责在于"抚慰诸藩，辑宁外寇"，凡对周边民族之"抚慰、征讨、叙功、罚过事宜"，皆其所统。自太宗至武后，在北、西、南面少数民族地带设安东、东夷、安北、单于、安西、北庭、昆陵、蒙池、安南等九个都护府。到玄宗时，只剩下安东、安北、单于、安西、北庭、安南都护府，这就是著名的唐代六都护府。唐中后期，唐王朝不复昔日强盛，周边民族不服，各都护府逐渐废弃。

节度使

节度使是唐代后期出现的地方军政长官。唐代时，驻守各道的武将称作都督，其中带使持节者称作节度使。唐睿宗景云二年（公元711年），贺拔延嗣被任命为凉州都督充河西节度使，之后节度使成为正式的官职。唐玄宗开元年间，又设立了陇右、平卢、碛西、河西、朔方、河东、范阳、岭南、剑南9个节度使。因唐朝强盛，对少数民族失去警惕，此时的节度使多由少数民族担任，且往往封郡王。节度使刚开始只有军权，并无权干涉地方行政。后逐渐总揽一区的军、民、财、政，辖区内地方行政长官各州刺史均受其节制，有的干脆兼任驻在州之刺史。公元755年，平卢、范阳、河东三镇节度使安禄山伙同史思明发动"安史之乱"。"安史之乱"平定后，全国节度使遍布，多为"安史之乱"中叛乱或平叛的武人。其不受中央节制，军政人事，皆得自专，父死子继，形成藩镇割据的局面。五代时期，各地节度使摇身变为乱世军阀，中央政权的拥立与废弃都取决于节度使，后梁、后唐、后晋、后汉、后周的建立者均为节度使。宋代赵匡胤以文治国，节度使逐渐成为虚衔。元代废弃。

枢密院

枢密院是唐、五代、宋、辽、元时代的官署名称。唐永泰年间，以宦官任枢密使，帮皇帝处理机要。五代后梁改枢密使为崇政使，由士人充任，并设崇政院。后唐又改崇政院为枢密院，崇政使为枢密使，与宰相分执朝政，宰相掌文，枢密使掌武。宋代沿设枢密院并进一步完善，与中书省合称"两府"，并为宋代最高政务机关。庆历年间因对西夏用兵，宰相一度兼任枢密使。南宋宁宗后，宰相始例兼枢密使。辽曾分别设南、北枢密院，北院掌管军事，南院掌管官吏升降，分别相当于兵部和吏部。元代，枢密院为军政枢纽，并掌管禁卫军以及边防事务。战时，则在作战区域设行枢密院作为枢密院派出机构总领军政。明代，枢密院废置，其职权由大都督府代替。总体而言，枢密院与尚书、中书、门下三省的演变过程类似，先是作为内廷性质，后成为正式的政府中枢机关，与宰相分权，是皇权侵蚀相权的产物。

禁军和厢军

宋代因北有辽国、西夏强敌，都城东京（开封）又无天险可守，统治者极没有安全感，因此大量养兵，士兵没有退役制度。到宋太宗时，兵士老壮强弱不齐，不像样子。宋太宗于是从中挑选年轻健硕者组成一支精锐之师，称为禁军，剩下的则称为厢军。禁军是宋朝的中央军及正规军，也称"上军"，除一部分驻守在河北以防备辽南下外，其余基本上都驻守在东京及附近地区，拱卫京师。宋朝真正的战事、边防任务主要依赖禁军，因此禁军俸禄、福利也远远高于厢军（如禁军士兵在驻防地可携带家属，并分配家属营房）。厢军基本没有对外作战能力，全部驻守在各地方，负责维护地方治安的同时，主要是做各种杂役，极没有尊严，"好男不当兵"的说法便出自宋代。另外，宋代对罪犯实施的"充军"刑罚，便是充厢军。另外，禁军的主要来源是从厢军中挑选，因此大部分厢军士兵的人生规划便是升到禁军中去。而禁军中因老弱被淘汰的士兵则编入厢军。

募兵制

募兵制是政府花钱招募，个人凭自愿报名参加的兵役制度，与其对应的是强制符合条件者入

更戍图 北宋

北宋为防止军事将领专权，实行兵无常帅、帅无常师的更戍法。更戍法在加强皇权的同时也大大削弱了军队的战斗力。

伍的征兵制。募兵制早在春秋时期就已经出现，当时的名将吴起便组织过一支最早的招募部队，叫作武卒。东晋名将谢玄也曾利用招募的方式组建了"北府兵"。唐中期，府兵制长时期运作后开始出现弊端，许多人不愿当兵，于是朝廷准许地方武将募兵。自唐之后，五代以及宋代，募兵制基本上完全取代原来的征兵制。宋代因招募大量士兵，且没有退休制度，要终身发饷，故军费开支庞大，给财政造成极大的压力。元明清时期，募兵制只是作为一种征兵制的补

充而已。相比于征兵制，募兵制的优点是使军人职业化，军队战斗力往往比较强。例如明代抗倭名将戚继光募兵所建的戚家军，俞大猷募兵所建的俞家军，都堪称劲旅。但募兵制也存在一定弊端，其一方面给国家财政造成负担，另一方面因士兵职业化后与将领长期隶属，容易导致军阀产生。如唐末藩镇割据的局面便与募兵制有关。

猛安谋克

猛安谋克既是金代女真人的一种社会组织模式，也是金代的一种官职。猛安谋克最早是女真人围猎时的一种组织编制，后来逐渐成为一种军事、行政组织编制。其成员平时从事狩猎、捕鱼等生产活动，遇到战争，青壮年则自备武器、军马和粮草，应召去打仗，联盟根据各部首领（称为孛堇）率领出征人数多寡，分别称之为猛安或谋克。其中猛安相当于千夫长，谋克则相当于百夫长。金人统治北方后，东北地区的许多女真人徙入内地。猛安谋克这种组织形式也开始渗透到汉族地区。算下来，当时的猛安谋克有5个作用：1.作为地方行政组织的两级单位，其中，猛安相当于防御州，谋克相当于县，但地位高于县。2.职官的代称，对应于地方行政单位，猛安相当于州刺史，谋克则略高于县令，这是正常的政府行政组织之外的另一套官职体系，职责则涉及率兵打仗和掌管生产、征收赋税等多个方面。3.军队编制的两级单位。4.户制。5.世袭爵衔，可父死子继，世代相传。猛安谋克为后来满族人的八旗制度奠定了基础。

五军都督府

五军都督府是明朝五个同类的军事官署，分别是中军都督府、左军都督府、右军都督府、前军都督府、后军都督府。明初朱元璋设统军大元帅府，后仿元制改为枢密院，之后又改为大都督府，统领全国军政。洪武十三年（1380年），朱元璋为扩张皇权，先是杀宰相胡惟庸并宣布永不设宰相，将行政权分拆；之后又将大都督府分拆为五军都督府，将军权分拆。五军都督府各设左、右都督两名作为长官，均为正一品。往往是武将出身，如抗倭英雄戚继光、女帅秦

良玉都是五军都督府左都督。都督开始有参政议政权，明后期逐渐失去。五军都督府的职责是统领京畿及各地方的卫所，具有统兵权，但调兵权与武将人事权却归兵部。都督府和兵部互不统属，均直接听命于皇帝。打仗时，在兵部挂职的武将凭皇帝印信领兵，战事结束，还兵于都督府，自己仍挂职兵部。这样，明代的军权便被分拆在五军都督府和兵部两个部门，防止了武将跋扈的局面。

卫所制度

卫所制度是明代的一种军制。明代上自京师，下至郡县，皆设卫、所作为基本的驻兵单位。一卫一般为5600人，其长官指挥使品秩正三品；一卫可分为5个千户所，每千户所1120人，其长官正千户品秩正五品；每千户又分为10个百户所，每百户所112人，其长官百户品秩正六品。另外，明代在一些特别的地方驻有不统辖于卫，单独建制的千户所，称为守御千户所；还有少量称作御的军事机构，其一般下辖两三个千户所。卫所数量时有变动，以洪武二十三年（1390年）为例，当时全国共有卫547个，所2563个。至于其具体的分布，则是朝廷根据全国各地的战略位置、防御需要来设置，有的一府数卫，有的数府一卫，有的则一府、一州一个千户所而已。明代实行世兵制，卫所兵士皆由"军籍"家庭世代充任，卫以下军官也都世袭。这些卫所平时同时受一省军事长官都指挥使司和中央军事机构五军都督府节制，战时则听命于朝廷委派的临时将领，战罢仍归卫所。这固然避免了武人拥兵自雄的现象，但也造成了将不熟兵，兵不习将的弊端，导致军队战斗力不高。

绿营兵

绿营兵是清政府招募汉人组成的军队，因其旗帜为绿色，并以营为主要的基层编制，故名。绿营兵受兵部管辖，主要兵种是步兵，此外还有少量骑兵和水师。其少部分配合八旗兵守卫京师，大部分驻守在全国各省。绿营兵建立之初，是因清八旗兵武装力量不足，以其作为八旗兵的辅助，帮忙驻守京师尤其是各地方，并受到八旗兵的严密监视和控制。清中叶以后，由于八旗军的战斗力下降，绿营兵逐渐成为军队主力，其人数也不断增加，最多时达60万人。至清晚期，由于吏治的腐败，军事力量也进一步下降，绿营兵的战斗力也大大下降。以至于清政府靠汉族地主武装湘军、淮军才得以镇压了太平天国运动。

八旗制度

八旗制度是清代一种全民皆兵的制度，由清太祖努尔哈赤在女真人牛录制的基础上建立。八旗分别是正黄、正白、正红、正蓝、镶黄、镶白、镶红、镶蓝。努尔哈赤将所有满人都编入八旗之内，每300人为一牛录；5牛录为一甲喇；5甲喇为一旗。八旗既是社会生产组织，又是军事组织，旗内男子平时牧猎，战时从伍。

满洲入关后，八旗兵成为职业兵。后清太宗又在满洲八旗的基础上建立蒙古八旗和汉军八旗。清中期后，汉军八旗逐渐式微，因此人们所说的八旗通常只指满洲八旗。八旗之中，由皇帝控制的镶黄、正黄、正白三旗，称为上三旗，负责驻守京师；由诸王、贝勒统辖的正红、镶红、正蓝、镶蓝、镶白五旗，称为下五旗，负责驻守全国重镇。

八旗制度是清朝统一中国的经济与军事基础，并对清初的平定三番、远征新疆、戍守西藏、抗击沙俄等起到了关键作用。清中后期，八旗军失去了战斗力，清朝的军事主力逐渐由汉人组成的绿营兵担任，八旗制度已失去原本作用，但一直存在至清亡。

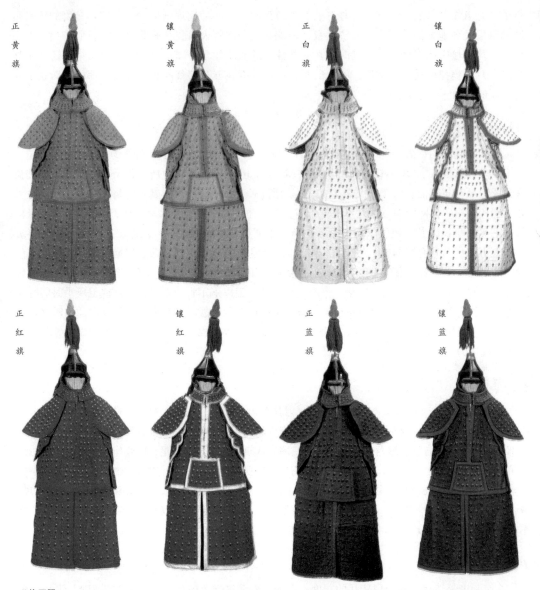

正黄旗　镶黄旗　正白旗　镶白旗

正红旗　镶红旗　正蓝旗　镶蓝旗

八旗军服

八旗军服以颜色作区别，但只为大阅礼时穿着，平时不用。起初各旗是地位平列的，入关之后才有皇帝自领上三旗的做法。所以正黄旗、镶黄旗、正白旗被称为上三旗，其余五旗为下五旗。

兵与勇

　　清代士兵的后背上有的标一个"兵"字，有的则标一个"勇"字，两者性质有所不同。"兵"，是清代的常备武装，主要包括八旗兵和绿营兵两部分，属于国家的职业军人，称为"经制兵"；而"勇"是清代的一种临时招募兵。清制规定，遇战事，若八旗兵和绿营兵不足用，则就地临时招募汉人，称为"勇"。"勇"在战事结束后即解散，即使有功劳也只发放物质奖赏，并不留用，相当于民兵。

　　清晚期，八旗兵和绿营兵均已经失去战斗力。太平天国运动兴起后，八旗兵和绿营兵不堪一击。清政府特准曾国藩、李鸿章等人操练乡勇，组建湘军、淮军，最终镇压了太平天国运动。因其极强的战斗力，"勇"逐渐取代了"兵"，成为国家的主力部队。

刑制

刑制也叫刑法，是中国古代关于刑罚，即论罪惩罚的制度。中国古代没有独立的民法典，民事（婚姻、经济、商业等）法律都附属于刑法制度，因此刑制是我国古代法律的主体。关于刑制的起源，最早可以追溯到三代之际。夏朝时便有"禹刑"，商有"汤刑"，周有"吕刑"。之后的历代王朝都在参考前代的基础上建立了自己的刑制。其中，秦朝的《秦律》和唐朝的《唐律》两部刑制影响最大，都开创了后世数代基本的刑制构架。具体而言，我国古代的刑法名目相当繁多，大体上可概括为"五刑"。另外，在五刑之外，历代都存在诸如凌迟、腰斩、诛九族等相当野蛮残忍的刑法，作为"五刑"的补充，其针对的对象往往是那些犯了谋反、残忍凶杀等重罪的罪犯。有时皇帝凭一人脾性也会对人行以极刑。

总体而言，古代刑制的主观性比较强。古人一般认为治平世用轻典即可，乱世则须用重典。另外，遇到宽厚仁爱的君主，刑制就会宽松，比如汉文帝刘恒；而遇到暴虐之君，则刑制比较严酷，如明太祖朱元璋。中国刑制对朝鲜、日本、越南等国都有深刻影响，被现代法学家称为"中华法系"。

大理寺

大理寺是我国古代的司法审判机构。秦代时，掌管狱讼的人称为廷尉，汉代一度改廷尉为大理，后改回。北齐时，确定以大理寺为官署名，作为中央审判机关，以大理寺卿为长官，正三品（隋之后各代均为从三品），少卿为其副职。后除元代外，历代因之。

大理寺虽名义上为历代的中央审判机关，但在各代的具体职权时有变化。唐代，大理寺主要负责审理中央百官及京城徒刑以上的案件，与刑部共同行使审判权；宋代，大理寺与刑部、御史台共同行使审判权；明代的大理寺与刑部、都察院合称"三法司"，共同行使审判权，其中，大理寺侧重于对冤案、错案的驳正、平反；清代承袭明代三法司体制，但此时三机关的职权划分与明代大不相同。其中刑部权力比较大，而大理寺的地位则远不如前代，其职责只是复核刑部拟判死刑的案件。清光绪三十二年（1906年），仿西方司法独立，大理寺改为大理院，其职权为解释法律，监督各级审判，并作为最高级的审判机关。

刑部

刑部是中国古代最高司法机关。刑部最早设立于隋朝，为"三省六部制"中的六部之一，其长官为刑部尚书，品秩正三品；其副职为侍郎，正四品下。隋唐时期，刑部与大理寺一同行使最高审判权力。宋代，刑部、大理寺、御史台共同行使审判权。元代，刑部与大宗正府、宣政院共同行使审判权，刑部还兼有司法行政方面的职责。明清两代，刑部与大理寺、都察院合称"三法司"，共同行使审判权。其中刑部的职责是审核修订各种法律，复核各地送部的刑名案件，会同九卿审理"监候"的死刑案件并负责直接审理京畿地区的待罪以上案件。在组织机构上，刑部除在中央设有官署外，在各省都设有派驻机构，负责各省的刑名案件以及司法政务。清代的刑部各司还设有减等处（负责各案的赦减等事）、秋审处（掌核秋审、朝审各案）、督捕司（督捕旗人逃亡事件）、提牢厅（掌管狱卒，稽察监狱罪犯，发放囚犯日常用品等）等基层机构，职责相当宽泛。光绪三十二年（1906年），清政府宣布"仿行宪政"，刑部被改为法部。

成文法

所谓成文法，指的是以国家名义制定成文字并公之于众的法律。与成文法对应的是以习惯、惯例等作为法律准绳的不成文法，比如中国夏、商、西周时期的法律便属于不成文法。需要指出的是，成文法的内涵不仅在其书面性，更在于其公开性。因此虽然春秋时期的楚文王时期、晋国、宋国都建有文字形式的法律，但因其并未公之于众，后世法学界一般认为略迟些的郑国政治家子产铸在鼎上并公布于全社会的郑国法律条文，才是中国最早的成文法，史称《铸刑书》。战国时期，魏国改革家李悝总结春秋法律编撰成我国第一本法典《法经》，可算是我国第一部完备的成文法。之后，自秦开始，历代统治者都必然要在开国之初建立自己的成文法。如《秦律》、《汉律》、《唐律疏议》、《宋刑统》、《大明律》、《大清律》等。总体而言，相比于不成文法，成文法是一种法制上的进步。其明确具体、稳定（严格的修改废止程序）、较好的预防作用更有利于社会的有序。但往往因时间的推移而过时，须经常修改，也是相当麻烦，并且有时会产生文字上的歧义。

《秦律》

《秦律》是对于秦代所颁布的一系列法律的统称。商鞅变法时，曾将春秋时李悝的《法经》稍做修改后作为秦律颁行全国。秦统一六国后，将《秦律》做一番修订推行到全国。后来秦二世又对《秦律》做了一些改动，最终成型。据考古所发掘的秦简发现，《秦律》不仅包含了《法经》6篇的内容，而且还有《田律》、《工律》、《置吏律》、《效律》、《仓律》、《金布律》等内容，涉及到政治、经济、军事、文化等多个方面。从秦律的着眼点来看，其目的重在维护一种中央集权的政治制度，体现的是奴隶主及贵族的利益，某种意义上是镇压奴隶及底层人民反抗的工具。另一方面，因其使社会各领域"皆有法式"，也促进了社会经济的发展。从刑罚制度上讲，《秦律》内保留了许多古代残忍的酷刑，比较野蛮。秦亡后，汉在废除了其中一些酷刑的基础上继承了《秦律》，之后的魏晋南北朝因之，直到唐代，《秦律》才有大的改动。

《唐律》

《唐律》在广义上可指有唐一代的法律，又因唐代法典所遗留下来的版本以《唐律疏议》影响最大，故也常指《唐律疏议》，又叫《永徽疏议》。唐代建立后，初袭隋朝的《开皇律》，后经过武德、贞观两代的修改，至永徽年间经长孙无忌等19人再次修订后形成《永徽律》。后长孙无忌等又对其精神实质和律文逐条逐句进行疏证解释，撰成《律疏》30卷，与《律》合为一体，统称《永徽律疏》。其后《永徽律疏》虽被修改两次，但后人对其修改内容已不得而知，故将《永徽律疏》视作《唐律》。《唐律》继承了秦汉以来历代的立法和司法经验，对社会各个方

《唐律疏议》

面的法律进行了完善，并除去之前法律过于严酷的弊端，成为唐代之前法律之集大成者。至此，《秦律》才真正得到了大的变动，法律不再一味是严刑峻法，而是融入了儒家的一些伦理道德思想。《唐律》形成后，对后世影响巨大。《宋刑统》基本照抄《唐律》，《元典章》、《大明律》、《大清律例》也以其为蓝本。另外，《唐律》对于古代日本、朝鲜、越南等国也有深刻影响，被认为是中华法系的代表法典。

《明大诰》

《明大诰》是明太祖朱元璋所立的一套特别的刑事法规。朱元璋开国后，推行刚猛强断、严刑峻法的治国策略，自己在明朝政府法《大明律》之外另立了一套更为严峻的法规《明大诰》。在罪行上，其中设有"游食"、"官吏下乡"、"寰中士夫不为君用（即有才能者不肯出来做官）"等明律中没有的罪名；在处罚上，对于同一罪名，《明大诰》比《大明律》要重得多，并且还设有断手、刖足、阉割为奴等《大明律》中不存在的残忍刑法；从着重点来说，《明大诰》的大部分内容主要针对的是贪官污吏；在格式上，《明大诰》是由案例、峻令、朱元璋就案例所发的训导三部分组成，有些不伦不类，完全不是法律文本的样子。总体而言，《明大诰》提倡的是对人极度蔑视的封建强权主义和无节制的滥杀政策，严重违背了"罚罪相当"的法律精神，是朱元璋根据自己的好恶搞出来的一套恶法，可以说是中国法制的倒退。《明大诰》在明初一度是家家收藏、人人诵读的御制圣书，朱元璋死后，比较仁慈的建文帝即位，《明大诰》便失去了法律效力。

七出

"七出"是我国古代法律和礼制规定的男子休妻的七种条件。妻子只要触犯其中任何一种，丈夫或夫家便可以提出休妻。具体是：1.不孝顺公婆，此被认为是"逆德"。2.无子，即妻子不能生儿子，被休理由是"绝世"。在中国古代，某种意义上结婚就是为了传宗接代，不能生儿子，婚姻便失去了意义。不过因古代实行一妻多妾制，真正为此休妻的不多。3.淫，即妻子红杏出墙，被休理由是"乱族"。古人认为这会造成后代在血缘和辈分上的混乱。4.嫉，理由是"乱家"。因古代实行一妻多妾，妻子嫉妒会造成家庭不和。5.有恶疾，指妻子患严重疾病，其理由是"不可共粢盛"。是指不能一起参与祭祀，这显然有些借口性质。6.口多言，指妻子不该说话的时候搬弄是非。其理由是"离亲"。在古代，涉及家族中事，都由男子议定，女子被视作外人，不让插嘴，一旦插嘴便被认为是破坏家庭和睦。7.窃盗，即偷东西。理由是"反义"，即违背义理。

"七出"的内容在汉代已经基本形成，当时叫作"七去"，只是民间约定俗成的规矩。至唐代，则形成法律制度，但并不严格执行。自宋代起，其执行才逐渐严格。可以看出，"七出"完全从男方立场和利益出发，是一种维护夫权、欺压妻子的法律与民俗。但另一方面，"七出"也最低限度地保护了古代妻子的权益，至少男子不可以凭个人好恶随便休妻了。"七出"几乎贯穿于整个封建时代，直到20世纪30年代才被国民政府完全废除。

五听

"五听"是中国古代司法官吏审理案件时观察了解当事人心理活动的五种方法，分别是辞听、色听、气听、耳听、目听。其说法最早见于《周礼·秋官·小司寇》。据汉代郑玄的注释，辞听是"观其出言，不直则烦"。即观察当事人的语言表达，心虚者则不免显得浮躁。色听是

"察其颜色，不直则赧然"。即观察当事人的面部表情，心虚者会呈现羞愧状。气听是"观其气息，不直则喘"。即观察当事人的呼吸情况，心虚者会喘息不稳。耳听是"观其聆听，不直则惑"。即观察当事人聆听的情况，心虚者往往因心神不宁而听力不集中，从而显得惶惑。目听是"观其眸子视，不直则然"。即观察当事人的视觉和眼睛，心虚者往往目光散乱。周代的这套方法后来成为历代司法审判的基本手段。唐代法典《唐六典》还规定："凡察狱之官，先备五听。""五听"可以看作是古人对于犯罪心理学的一种早期运用，虽不免有主观性，但作为一种辅助审案的手段，显然有一定的作用。

三法司会审

三法司会审又简称三司会审，是我国古代三法司（三个司法机关）共同审理重大案件的制度。《商君书·定分》："天子置三法官，殿中置一法官，御史置一法官及吏，丞相置一法官。"后世的"三法司"之称即源于此。汉代时，以廷尉、御史中丞和司隶校尉为三法司；唐代以刑部、大理寺和御史台为三法司；明、清两代以刑部、大理寺和都察院为三法司。遇有重大疑难案件，由三法司共同审理。比如清代时，凡涉及死罪的重大案件，在京城的由三法司会审，在外省的则须经三法司复核。会审时，先由俗称"小三法司"的都察院御史、大理寺官到刑部与司员一起会审录问，此俗称"会小法"。之后，小三法司各自回去向其堂官汇报情况。大理寺堂官（卿或少卿）、都察院堂官（左都御史或左副都御史）再到刑部，与刑部堂官（尚书或侍郎）一起会审犯人，此为"会大法"。如果三法司意见一致，则将结果汇报皇帝；如果意见不一致，则将各自意见汇报皇帝，由皇帝裁夺。各省上报来的案件，三法司复核时，如意见统一，则结案；意见不统一时，同样上奏由皇帝定夺。总体而言，三法司会审制度是古人为避免司法案件中的专权舞弊行为，维持司法审判的公正性而设计的一种制度。就制度本身来说，是相当高明的。

八议

八议是古代一种为官僚、贵族而设的司法特权制度。在我国古代，司法部门对于八类犯罪者无权直接审理，而是要先将情况汇报给皇帝，由皇帝裁决并减轻处罚。具体是：议亲，即皇帝亲戚；议故，即皇帝的故旧；议贤，即有德行的人；议能，即有卓越才能之人；议功，即功勋卓著之人；议贵，指三品以上的官员和身有一品爵位的人；议勤，即勤于政务的官员；议宾，一般指前朝国君的后裔中被尊为国宾的。

八议制度源于西周的"八辟"，本为约定俗成。魏明帝时，首次将此写入法典《新律》，使官僚贵族的这种特权得到公开的、明确的保护。唐朝法律进一步规定，这8种人犯罪之后，如果犯的是"流"（即流放）以下的罪，则直接降罪一等处理；但如果是犯了十恶重罪，则由大臣议定处罚方案，最后上奏皇帝裁定。往往不能免死，只是死的方式少些痛苦，也有个别得以改为流放。

事实上，八类人中的贤、能、宾、勤等人只是虚晃一枪，八议特权的主要享受者是士大夫阶层，是古代"刑不上大夫"观念的制度体现，也是士大夫阶层在与皇权对峙的过程中为自己争来的特权。该特权历代都存在，但到明清两朝，随着皇权取得绝对的权威，士大夫权力减弱，八议制度就名存实亡了，如明朝士大夫经常被当庭打死。

五刑

五刑是中国古代的刑法，分为奴隶制五刑和封建制五刑。夏朝初步建立了奴隶制的五刑制度，从轻到重依次是：墨（在面或额头上刺字涂墨）、劓（割去鼻子）、膑（挖去膝盖骨）、宫

（毁坏生殖器）、大辟（死刑）。奴隶制五刑均是以摧残人的身体来实施惩罚，俗称肉刑。汉代时，肉刑被汉文帝、汉景帝废除，以自由刑为主的封建五刑制度逐步形成。在隋《开皇律》中，封建五刑正式以法令形式出现，经过唐朝的完善，封建五刑形成了完整的法律体系。这五刑分别是：笞（用竹板或荆条拷打犯人脊背或臀腿，按次数分等级）、杖（用大竹板或大荆条拷打犯人脊背臀腿，按次数分等级）、徒（强制服劳役，按期限分等级）、流（把罪犯押解到边远地方服劳役或戍边，按里程分等级）、死（即死刑，隋、唐定死刑为斩、绞两等）。相比于奴隶制五刑，封建五刑的建立乃是中国刑法制度的重大进步，直到清末方被废除。另外，在五刑之外，封建社会还一直存在一些极其严酷的刑法，如凌迟、腰斩、诛九族、车裂等，这些都是针对犯了谋反等重罪的犯人而言。

孙膑像

孙膑曾与庞涓一同学习兵法。庞涓嫉贤妒能，恐孙膑取代他的位置，设计陷害孙膑，使其受膑刑。

十恶不赦

在我国古代，一旦犯了十种罪大恶极之罪，便不可赦免。西汉时，曾存在"大逆不道不敬"罪，北齐法典《齐律》在其基础上总结出了"重罪十条"，称犯此十者，不在八议论赎之限。到隋朝时，因为统治者信奉佛教，在《开皇律》中对北齐所列的十条重罪稍做增益之后，引入佛教"十恶业"的说法，形成了"十恶不赦"的说法。具体是：一曰谋反，此被视为十恶之首；二曰谋大逆，指毁坏皇家宗庙、陵墓和宫殿等；三曰谋叛，指背叛朝廷；四曰恶逆，指殴打甚至谋杀祖父母、父母、伯叔等尊长；五曰不道，指杀别人一家三口以上或肢解人，以及用巫蛊害人；六曰大不敬，指冒犯帝室尊严，通常为偷盗皇家祭祀的器具和皇帝日用品等；七曰不孝，指对祖父母、父母不孝，或守制期间作乐等；八曰不睦，指谋杀亲属，或女子殴打、控告丈夫等；九曰不义，指谋杀官吏，士兵杀将领，学生杀老师，女子在丈夫死后立即改嫁等；十曰内乱，指亲属之间通奸或强奸等。隋朝之后的历代都将这十条罪写在法典最前面，以示严重，并规定不得赦免。可以看出，十恶之罪是因为直接危害了封建专制制度的君权、父权、神权、夫权等核心权力，才会如此不可饶恕。

连坐和族诛

连坐又称相坐、随坐、从坐、缘坐，是中国古时因一人犯法而使和其有一定关系的人（如亲属、邻里或主管者等）连带受刑的制度。夏代便有"罪人以族"的说法；春秋时期，秦国的商鞅将连坐规定为明令的法律；经秦汉的进一步完备，至隋唐之际，连坐制度形成系统的法律体系，并写入《唐律》；明清时期的连坐刑罚频繁实施，尤其在清朝的文字狱中盛行。在实施对象上，连坐主要针对的是谋反、谋逆、谋叛等重大犯罪。

族诛是连坐制度中最为严峻的一种，即对罪犯整个家族实施死刑。具体又可分为诛二族、诛三族、诛七族，最惨烈者为诛九族。另外，明永乐皇帝曾对建文帝的老师方孝孺实施过历史上仅有一次的诛十族。诛族刑罚存在于整个封建社会，尤其是西周以后，历代王朝均以家族作为政治、法律的基本单位，一人高升，则一族受益；一人获重罪，也往往会波及全族。

连坐和族诛在历代都存在，直到1905年才被光绪帝废除。

宫刑

宫刑是古代一种阉割男子生殖器或破坏女子生殖机能的一种肉刑，又称腐刑。其中女子宫刑又叫幽闭。宫刑早在上古时代就已经存在，《尚书》中便提到过宫刑。起初只是为惩罚男女不正当关系，是对于刚刚兴起的一夫一妻制的维护手段。如《伏生书》云："男女不以义交者，其刑宫。"到西周时期，宫刑已经开始扩散到诸多罪名上，成为统治阶层维护统治的残酷手段。秦朝时，宫刑被明确写入《秦律》中，乃是仅次于大辟（死刑）的一种明令刑罚。汉代的宫刑更为普遍，正史有记载的大臣就有司马迁、张贺、李延年等多人受此刑罚，平民可想而知。隋朝时，在《开皇律》中废除了宫刑，自此历代正规刑制上均没有宫刑，但私下里此刑并未完全废止。明太祖朱元璋在他的"法外之法"《明大诰》中又加入了"阉割为奴"的刑罚。宫刑的实施过程相当残忍，因古代医疗设施的简陋，宫刑过程非常痛苦，死亡率也相当高。需要指出的是，古代宦官被阉割不是严格意义上的宫刑，而往往是为生活所迫，自愿被阉割入宫，并非承受刑罚。

凌迟

凌迟也称陵迟，是我国古代一种用小刀将人慢慢割死的极刑，即民间所说的"千刀万剐"。凌迟之刑大约出现于五代时期，正式以"凌迟"之名出现在法典中是在辽。此后的金、元、明、清都将之定为正式的刑法。五代时期，因政权更迭频繁，统治者时时担心叛乱，因此多用极刑，凌迟之刑出现，当时称作剐刑。后来的金、元两朝，统治者将凌迟之刑写入法典。明太祖朱元璋性格暴戾，经常使用凌迟这种残忍的刑法。并且其不仅仅针对那些犯了十恶不赦之罪的罪犯，而是在《明大诰》中明令以之惩罚各种一般性的犯罪，其中特别针对官员的贪污行为。并且，明代的凌迟也是历代执行得最为残忍的，一般都要割几千刀受刑者才死。清乾隆时期，凌迟则进一步扩展到打骂父母或公婆、儿子杀父亲、妻子杀丈夫等触犯伦理道德的犯罪。太平天国林凤祥、李开芳、石达开等不少将领，以及捻军首领张洛行、赖文光等均受了凌迟之刑。但清代的凌迟刑法执行得没那么残忍，一般割几十刀。光绪三十一年（1905年），朝廷模仿西方法律改革法制，凌迟等酷刑被"永远删除，俱改斩决"。

监狱和班房

监狱在上古时代就已经存在，据说最早由舜帝时期的刑法官皋陶所造。监狱起初不叫此名，夏朝时叫"夏宫"，商朝时叫"圉"，周朝时叫"圜土"，秦朝时则叫"囹圄"，直到汉朝监狱才开始叫"狱"。之后历代沿用，到明代时，则叫"监"；清代，监狱成为固定的说法。早期的监狱比较简单，如夏代往往就是在地上挖个圆形土坑而已。到秦代，因实行严刑峻法的法家政治，监狱开始变得正规，监狱制度也变得完备，当时还实行轻刑囚徒监视重刑囚徒的制度。南北朝时，为防止犯人逃跑和同伙劫狱，创造了地下监狱，即地牢。唐代时，监狱组织形成了自上而下的完备体系，不同类型的罪犯往往关押在不同的监狱里。宋代的监狱制度基本沿用唐代，并且地方监狱增多，各州都设监狱。白天犯人出去劳役，晚上入狱休息。明朝由于长时期实行特务统治，司法混乱，各种监狱名目繁多，数量惊人，中央有刑部监狱、都察院监狱、军事监狱、诏狱等，地方各省、府、州、县都有监狱。清代监狱体制基本沿自明朝。

班房经常被作为监狱的别称，但与监狱有所区别，是关押临时性嫌疑犯的地方，类似于现在的拘留所。班房往往成为胥吏设立名目敲诈勒索的地方，明清两代普遍存在的胥吏之害，很大程度上便是通过此方式发作的。

秋决制度

　　古人执行死刑一般放在秋冬季节，称为秋决。所谓秋决，官员在判词中一般称作"秋后问斩"，理论上并非一定要在秋天，而是在秋冬两季均可。但因秋天在先，春夏两季以及之前积累下的死刑判决一般在当年秋天便可执行了，所以大多在秋天执行。秋决的做法最早形成于西周时期，汉朝时形成定制，以后历代都遵守。秋决制度与古人的天人合一观念有关。古人认为人与自然之间有内在的联系，崇尚人与自然的和谐，认为人行事应该处处顺应自然。春夏乃是万物滋长、生命欣欣向荣的季节，不宜执行死刑。而秋冬季节则是万物萧条、生命凋谢的季节，此时执行死刑才是顺应自然的。因此，除犯了谋反等大罪的人要立即处决之外，一般的死刑都要留待秋冬季节执行。

死刑图
太宗时对死囚的处决是慎重的，要求"三日中五覆奏"，皇帝批准后三日方可执行，这样有助于减少冤假错案的发生。

　　除秋决制度外，古人在行刑时间上还有其他一些禁忌。比如唐宋时期规定正月、五月、九月为断屠月，每月的十斋日为禁杀日（初一、初八、十四、十五、十八、二十三、二十四、二十八、二十九）；明清时，国家进行大的祭祀活动时也禁止行刑。另外，行刑当天的具体时间也规定在下午1点到5点之间。过时则要等到第二天。

登闻鼓

　　登闻鼓是古代悬挂于朝堂外的一面大鼓，是古代有冤屈者最后的申诉渠道。登闻鼓由中国早期的直诉渠道演变而来。相传尧舜时期，便存在一种"敢谏之鼓"。周朝时曾在路门之外悬鼓，称作"路鼓"，由太仆主管，遇百姓击鼓则将事由上报天子。晋代时，效仿上古时代，设"登闻鼓"，其目的在于给底层百姓提供"上达天听"的一个渠道。其后历代，"登闻鼓"均沿设。宋、元、明、清还曾就此设立专门的机构，如登闻鼓院或鼓厅，专职处理此类案件。

　　总体而言，登闻鼓是由皇帝本人出面的对正常司法程序的一种纠偏机制，是古代司法程序的金字塔顶。一旦各个级别的司法部门均对一个案件缺乏公正审理，当事者或其家人则通过击打登闻鼓直接找皇帝鸣冤。古代朝廷对于登闻鼓相当重视，唐代曾规定："有人挝登闻鼓，……主司即须为受，不即受者，加罪一等。"古代的许多冤案也都是通过此方式得到了申雪。如清代著名的"杨乃武与小白菜案"便是通过此方式在慈禧太后的过问下得到解决。但通过这种方式处理的案件十分有限，且许多朝代对于击打登闻鼓设置了相当多的限制。总体而言，在一个人民对政府没有监督权因而必然缺乏司法公正的社会里，登闻鼓的意义是积极的，毕竟给了底层人民最后的一线希望。

赋役和其他制度

均田制

均田制是中国北魏至唐代官田分配的一种方式。北魏时，由于之前长时期的乱世造成北方大量的户口迁徙，土地荒芜，国家财政收入受到严重影响。为保证国家赋税来源，北魏孝文帝于太和九年（公元485年）下诏计口分配国有荒芜土地。其中，15岁以上男子可分用于种植农作物的露田四十亩，女子二十亩。奴婢同样授田。露田不得买卖，年老或死亡后，须归还官府。另外，男子还授桑田二十亩，用于种树，不需归还，死后下传子孙，但同样不得买卖。种田者则每年须向政府交纳一定粟谷和帛。这种制度使得社会经济得到恢复，政府财政收入也有了保证。其后的北齐、北周、隋、唐都沿用均田制，只具体实施细则有所变更。但由于当初分田时的国有土地本来就不足，加上后来禁止土地买卖的法令时紧时松，唐中叶以后，大量的土地又逐渐被一些豪强大户兼并。唐德宗建中元年（公元780年），实行两税制，在税制上承认了土地兼并的现实，均田制宣告废止。

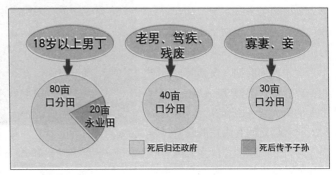

唐朝均田制示意图
唐时均田制规定寡妻妾以外的妇女及奴婢均不受田，以减少贵族养奴获田的数量，比前代更加完善。

占田法

占田法是西晋时实行的一种土地法。自春秋末期井田制崩溃以来，土地兼并之风愈演愈烈。到西晋时，土地已经大量集中到贵族和豪强手中，大量贫民无田可耕，沦为流民。这便给社会造成了严重的隐患。为稳定社会，晋武帝司马炎颁布占田法，规定平民按户口登记，"男子一人占田七十亩，女子三十亩"。如果不足这个数目，仍要按这个数目缴税，因此此举等于是逼农民种田。另外，占田法对于贵族和官员的占田数目也做了规定。其中，王公侯中的大国可占地十五顷，次国十顷，小国七顷；大臣一品者可占五十顷，其下每降一品减少五顷。占田法对于平民和达官贵族所做规定的初衷是不同的，对平民意在保证耕者有其田；对达官贵族则是意在将其占田数量限制在法定之内。因占田者对土地均只有使用权，没有买卖权，土地相当于被重新收归国有，因此占田法在一定程度上是对井田制的恢复。占田法加强了政府对农民的控制，同时也促进了农业的发展和社会的稳定。但因西晋短命而亡，占田法也就不了了之。

户籍

户籍是登记户口的簿册。户口包含两个概念，以家为户，以人为口。中国最早的户籍制度建立于战国时期，当时的秦国曾实行五家为一保，十保相连，一人犯罪，十保连坐的制度。这就是后来的保甲制度的雏形。其他诸侯国也采取了类似的制度。秦统一六国后，在全国范围内推行户籍制度。汉承秦制，将户籍制度进一步完善。汉代每年八月都要进行一次全国人口普查，以作为征税、派役、征兵的依据。唐代，户籍制度得到进一步完善。当时朝廷规定，每三年修订一次户籍，各县户籍一式三份，州、县、中央的尚书省各保存一份。唐代的户籍登记已经相当详细，一家之中的男女人口、年龄、土地、财产情况都一一登记造册。后来历代基本上都沿用唐代的户籍制度。

　　古代的户籍制度只有一种统计学意义，用以作为政府自上而下收税派役的依据，而没有作为身份证明的意义。

算赋和口赋

　　算赋和口赋是古代的两种人头税。其中，算赋是针对15岁以上56岁以下的成年人征收，其开始存在比口赋要早，始于秦商鞅变法，名目是"为治库兵（兵器）车马"，算是一种军赋。汉代时，算赋成为政府财政收入的一个重要来源。当时，每个成年人每年算赋为一百二十钱。政府为抑商和限制蓄奴，规定商人和奴仆缴两倍；另为增加人口，鼓励早嫁，规定15～30岁女子未嫁者缴5倍。

　　口赋则是对未成年人征收的人头税，始于汉代，与算赋共同构成汉代的人头税。口赋数额为每人每年二十钱。对儿童的起征年龄开始为7岁，汉武帝时因匈奴用兵，将之提前到3岁，汉元帝时又改回7岁。东汉末年军阀混战，政治黑暗，口赋一度自1岁起征。与算赋不同的是，口赋收入不归政府，而算作皇帝收入。

　　人头税存在于后世历代，直到清雍正年间实行摊丁入亩，将人头税摊入土地税中，其名目才完全消失。

均输

　　均输是西汉的一项财政制度。西汉时，郡国各地每年要向朝廷上贡本地物产。但因路途遥远，往往运费超过产物价值，并且物产经长时间放置并颠簸后也往往遭到损毁。汉武帝时，大农丞桑弘羊创设均输制度。即在大司农下面设均输官，派驻全国各地，将各地上贡的物产直接在当地或运往邻地高价地区出售；然后按朝廷需要或市场行情酌情购买一些货物运回朝廷，或者将这些商品交由平准官再次出售，变成现金交给朝廷。这种将各地贡物变成现金乃至再用这些现金投资商业的做法与朝廷平抑物价的平准制度相配合，极大地增加了政府的收入。北宋王安石变法时，为增加政府财政收入，也曾采用均输制度。

平准

　　平准是创始于西汉的一种通过贵时抛售、贱时收买的方式稳定市场价格的一种经济措施。汉武帝时，由于政府改铸新币引起物价上涨，另外由于均输官从全国各地采购回来的货物需要出卖。大农丞桑弘羊建立了平准制度，在大司农下设平准官，贵时抛售、贱时收买，以平抑物价。同时，平准官也统辖均输官带回长安的货物和被朝廷垄断的铁器等商品的买卖。由此，国库收入迅速增加。

　　平准制度表面上是为了避免贪婪的商贾囤积居奇，平抑物价，而实际上则只是将商人的巨额利润转移到了朝廷手里，乃是一种国家商业垄断。简单说，就是与民争利。平准制度成为后世历代朝廷解决财政困境、增加国库收入的重要手段。比如王莽改制时设立的"司市"、王安石变法时设立的"市易务"都与汉代的平准机构类似。

榷法

榷法是古代的国家专卖制度。在古代，因盐、铁两项为各家各户所必用，利润巨大，不少民间商人借此成为巨商大贾。汉武帝时，因对匈奴用兵，财政吃紧，任命桑弘羊、东郭咸阳、孔仅三人为理财官，代表朝廷与民间商人争夺盐铁之利。之后朝廷在全国设立盐官和铁官，对盐铁实行统购统销，就是政府垄断。这种办法为政府增加了巨大的财政收入，可一旦实行垄断，排斥竞争，产品质量便得不到保证。当时的铁器不但"割草不痛"，而且价格昂贵。后来，酒也开始实行专卖。汉昭帝时，曾就盐铁专卖的利弊专门召开了一次辩论会。当时的民间贤良文学人士极力反对这种与民争利的行为，而朝廷官员却主张继续实施专卖。会后，官员桓宽还根据会议记录整理出一部《盐铁论》，是我国重要的经济思想史著作。专卖制度带来了巨大的财政收入，因此不仅汉朝不曾取消，其后的历代政府都一直沿用。唐代时，对茶也实行专卖。宋代时，设立专门的榷货务。

常平仓

常平仓是古代政府用于储备粮食以调节粮价和应对荒年的一种粮仓。我国古代一直有"谷贱伤农，谷贵伤民"的说法，因此粮食的价格一直是朝廷关注的重要问题。西汉孝宣帝时，大司农中丞耿寿昌奏请在边郡设置粮仓，在谷贱时买入以利农，谷贵时卖出以利民。后来该制度为全国各郡县所采用，成为政府调节粮价并备荒赈恤的重要手段。但该政策实施既久，弊端便产生，常平仓不仅起不到原有作用，而且经常反过来做，在谷贱时更加压价欺农，谷贵时则抬价伤民。汉元帝时，常平仓取消。其后各代，常平仓设置数量有所不同，但基本上都有设立，由地方长官负责。虽仍利弊兼存，但总是起到了一些利民惠民的作用。明代时，明太祖俞州县皆置预备仓，出官钞籴粮贮之以备赈济，荒年借贷于民，秋成偿还。清大致沿明制，这种具有更多赈灾性质的预备仓遂取代了常平仓。

三十税一

三十税一是汉代的田租税率，即征收土地收获总量的1/30。秦代时，统治者对人民实行横征暴敛，其赋税达到了2/3之高。汉初，刘邦收拾起经秦国暴政和秦末战乱的烂摊子之后，为巩固统治，采取了恢复生产、轻徭赋税、与民休息的政策。其将赋税征收额度定为"什五税一"，即1/15。比孟子所提倡的仁政税制"什一税"（1/10）还要优越。到汉文帝时期，经济虽然得到恢复，但人民生活仍不富裕，国库也没存什么钱。汉文帝接受大臣晁错建议，以薄赋敛的方式鼓励人们开荒种田，宣布税收额度只收一半。由此，汉代税收变为三十税一，并成为定制。东汉初，因战争的影响，支出浩繁，田赋改行十一税率，后又在建武六年（公元30年）改回三十税一，直至东汉献帝初，循而未改。三十税一可以说是相当轻的一种赋税，除了高于唐代一度实行的四十税一的赋税之外，低于其他各代。不过，虽然汉代土地税很低，但其各种人头税却远高于土地税。

盐铁官营

盐铁本来是民间买卖，因其家家必需，所以是大生意，早期的巨商大贾大多出于这两个行当。春秋时期，齐国宰相管仲曾主张实施盐铁专卖，可算是最早的盐铁官营政策。后来到汉武帝时，因跟匈奴打仗，财政吃紧，汉武帝曾下诏要求这些民间商贾捐助军费，但效果不甚理想。于是汉武帝以桑弘羊等人作为政府的理财官经营盐铁，与民间商人展开竞争。由于一系列政府政策的配合，盐铁业逐渐掌控在朝廷手中。当时汉武帝在全国各地设立盐官和铁官，专职此事。

盐铁专卖政策增加了政府财政收入的同时，也产生了铁器质量低劣，价格昂贵，甚或强迫人民购买及强征人民作役等弊病。但因其能带来巨大的财政收入，其后历代王朝都基本实施了该政策。一般盐官营的办法是：民制、官收、官运、官销。铁的官营则更严密，包括开矿冶炼，铸造器物及销售，政府控制了生产和流通的全部过程。其中，因盐的生产掌握在民间，便有了私下转卖的可能性，因此私盐贩子便成了历代朝廷的一个"严打"重点。这当然只是因官府在制定法律的时候将自己设置成了合法一方。

井田

　　井田是中国商周时期的一种土地分配方式。有说井田始于夏朝。其具体方式是将每方圆一里内的九百亩土地划分为"井"字状的九块，周围八块作为私田，分予私人耕种；中间一块，其中二十亩作为宅基地，供八家盖房住人，剩下的八十亩作为公田，由八家共同负责耕种，其收成作为赋税上缴国家，算下来，税率大概为1/10。法律规定，各家公田忙完，方可忙私田。这里的私田，归属国家所有，私人只有使用权，而无买卖权，其使用权则父死传子。

　　事实上，井田制是一种土地国有并平均分配的制度，避免了土地兼并，在某种意义上实现了耕者有其田的理想。但这仅仅是针对大大小小的奴隶主阶层而言，当时的奴隶阶层只有无偿劳动的份儿。到春秋晚期，以铁器的使用和牛耕的推广为标志的农业技术得到提高，不再需要这种奴隶在大面积土地上集体劳作的模式，小户劳作开始流行，井田制逐渐瓦解。但井田制作为一种"平均分配"土地的制度，成了后世许多人心目中的理想土地制度。比如战国时的孟子便力主恢复古代井田制。王莽建立新朝后，鉴于土地兼并之风的流行，也曾试图恢复西周井田制，但以失败告终。尽管如此，后世历代帝王制定土地政策时，井田制的"耕者有其田"的制度内涵都成为他们重要的参考。

租庸调制

　　租庸调制是唐代实行的一种赋役制度。唐代继承自北魏至隋的均田制，并在此基础上实行了租庸调制。其基本思路是政府按人丁分配土地，确保"耕者有其田"，然后再按人丁收取赋役，确保国家财政收入。此制规定，凡均田人户，不论其家授田多少，均按丁交纳定额的赋税并服一定的徭役。具体为：每丁每年要向国家交纳粟二石，称为租；交纳绢二丈、棉三两或布二丈五尺，麻三斤，称为调；服徭役20天，是为正役，国家若不需要其服役，则换算为一定数额的绢布交纳，这称为庸，也叫"输庸代役"。可以看出，租庸调制是以"人丁为本"的赋税制度，其课税对象一是田、二是户、三是身，而其基础则是丁。唐陆贽将之总结为："有田则有租，有家则有调，有身则有庸。"这种制度的优点在于，既给底层民众提供了生活保障，同时又保证了国家财政收入的稳定，唐代借此不仅国库充裕，人民也安居乐业。但唐中叶以后，由于土地兼并的加剧造成了均田制的消亡，盛世之中人们的麻痹又造成了户籍登记的疏懒。均田制和准确的户籍登记这两个租庸调制的基础不复存在，租庸调制遂为两税制所代替。

两税制

　　两税制是唐代中后期采用的一种赋税制度。唐中叶，尤其是安史之乱之后，由于土地兼并和户籍混乱，原来的以"人丁为本"租庸调制赋税制度不再合理。唐德宗年间，宰相杨炎实施了两税制。所谓两税，既指在时间上每年在春、秋各收一次，也指两种税收名称：户税和地税。户税和地税原本只是与租庸调制搭配的两项无足轻重的小税，在新的两税制下，则成了朝廷主要的两个税种。具体办法是，朝廷一改原来的"量入为出"的财政原则，而是实行"量出为入"的原则，先核算好一年要花的钱，然后分摊到各地的户税和地税里去。户税以家庭为单位，不分当地外地，"以见居为簿"，按财产多少征收；地税按占有土地多少征收。两税制按照财产与土地数量征收的方式使国家的财政负担很大程度上从穷人身上转移到了富人身上，同时也抑制了土地的进一步兼并，大大缓和了社会矛盾。唐朝之所以能在"安史之乱"后苟延残喘了100多年，两税制功不可没。另外，从税制的角度来说，两税制是我国税制的重大变化，此制度是朝廷首次放弃对土地的分配权，而是在承认土地私有的基础上，设置相应税制来征收税赋。其后宋代的"二税"、明代的"一条鞭法"、清代的"摊丁入亩"，都是对唐代两税制的继续和发展。

市舶司

市舶司是我国古代在沿海城市设立的负责外贸事宜的官署，相当于现在的海关。我国汉代时，在开通丝绸之路的同时，也以广州为口岸，进行海上对外贸易。经魏晋南北朝及隋到唐代时，我国的海上对外贸易已相当繁荣。朝廷于是在广州、扬州等口岸设专职官员市舶使，负责检查出入口市舶（商船），并征收商税，同时对于一些珍贵商品则实行政府垄断。宋代，市舶使发展成为一个专门官署市舶司，朝廷在广州、密州（今山东胶县）、秀州（今上海淞江区）、杭州等地均设此官署。个体商户

南都繁会图 明
此图描绘了明中叶南京都市繁华的景象。

须经市舶司颁发许可证方可出海。元朝统治者本身的外向性使海上贸易空前发展，明代商人更是沿着郑和开辟的新航线将生意越做越大，因此元明时期市舶司一直存在。清初一度实行禁海政策，康熙时解禁，在广州、宁波、漳州、云台山（连云港）四处设口通商，并配套设立粤、闽、浙、江四海关，行使原来的市舶司职能。乾隆时仅留广州一口通商。鸦片战争后，设税务司、总税务司管理海关诸事，大权却落入洋人之手。

徭役

徭役是古代政府强制性向人民派遣的军役、劳役等，与赋税共同构成了中国古代人民的赋役负担。徭役在先秦时已经存在，《诗经》中便有不少以此为题材的诗歌。秦汉之际，形成比较正式的徭役制度。秦时男子满17岁，汉时满23岁，须在地方和京师各服兵役一年，是为正卒；每个男子一生必须戍边一年，是为戍卒；另外还须再为地方政府服劳役一月，是为更卒。官富人家则可以银抵役。其后历代徭役制度不一。总体上，就形式来说，古代徭役制度沿着一条逐渐货币化的路线演进。唐代中期之后百姓交役钱，国家购买劳力或兵士的形式普遍流行。宋代出现了募役（雇人服役）、助役（津贴应役者）、义役（买田以供役者）等多种形式。到明清之际，因一条鞭法及摊丁入亩政策的实施，百姓基本不再出役，完全由银钱代替。另外，元代曾将大部分徭役专业分拨给一部分人户世代担负，如站户（负担驿站铺马）、猎户、盐户、窑户、矿冶户、运粮船户等。就轻重来说，唐之前徭役比较繁重，唐之后徭役负担相对减轻，尤其明清之际，因徭役货币化，且国家的财政收入重心由人丁转向土地，徭役负担以银钱的方式大部分转移到了富户身上，中下层百姓徭役负担大大减轻。

钱法

　　钱法是中国古代的货币制度。上古时代人们以贝壳为通行货币，故财、贿、贵、赋等与钱相关的字均从"贝"。春秋时期，金属铸币成为主要货币，除黄金是硬通货可在各国畅行无阻之外，铜币则各国不一，只在本国有效。秦代统一币制，铸两等货币，黄金为上币，单位用"镒"（二十两）；铜钱为下币，重半两。此后，方孔圆形成为我国铜钱的固定形状。因秦钱重，不便使用，汉武帝时，铸五铢钱替代秦钱。五铢钱轻重合宜，自汉至隋基本行用不废。唐代在铜钱上铸"开元通宝"（意为通行宝货）字样，此后，"通宝"成为钱币通称，各代冠以自己的朝代、年号，此即是制钱。唐末，原只作为器饰材料的白银开始进入货币领域，至宋大盛。当时白银以五十两为一锭，俗称"元宝"。至此，金、银、铜三级货币体系正式形成。其中，白银成为最常用的计价单位。明清时期，国家财政都以银两计算，工商赋税也交纳白银。另外，宋代起，已经开始小范围使用纸币，称作"交子"。元代时，曾一度禁止金属货币流通，统一使用纸币，但因通货膨胀而作罢。明清时期，又实施过纸币政策，均不怎么成功。另外，清代也开始模仿西方铸造银元，与银两制并行，直使用至民国时期。

一条鞭法

　　一条鞭法是明代中后期实行的一种赋税制度，初名条编，后因谐音而得此名。明朝中期，由于土地兼并严重，被兼并者交不起赋税，大量逃亡；同时，作为兼并者的官僚地主阶层则瞒报土地，逃避赋税，加上官僚阶层的免役政策，明朝政府的赋税收入逐年下降，出现严重的财政危机。鉴于此，万历朝的内阁首辅张居正改革税制，施行一条鞭法。其内容总体上是将一县的田赋、种类繁多的徭役、杂税合并为一，折成银两，分摊到该县农地上，最后按照拥有农地的亩数来向土地主人收取赋税。这样，国家的财税负担便从中下层百姓转移到了官僚地主阶层，国家的财政收入得以增加，社会矛盾也得到缓和，因此此法被后世认为是挽救了晚明王朝。另外，从税制本身来说，首先，一条鞭法大大简化了赋税征收程序，改良了行政效率；其次，限制了官吏巧立名目加征赋役，减轻了农民负担；最后，首次实行赋税折银的办法，客观上促进了商品经济的发展。并且，以银抵役的做法使农民具有了较大的人身自由，从此，他们可以离开土地，为城市手工业的发展提供劳动力。总体而言，一条鞭法上承唐代"两税制"，下接清雍正的"摊丁入亩"，是我国税制的重大进步。不过一条鞭法以银代粮的做法也带来了农户争相种植经济类作物，导致粮食产量不足的弊端，成为农民起义的诱因。

黄册和鱼鳞册

　　黄册和鱼鳞册是明清两代分别用于登记全国人口和田地的档案。明初，由于元末战争中土地文书散失，致使地籍混乱，田赋无准。朱元璋于洪武二十二年（1389年），派官员到各州县查核丈量田地，然后绘制成册，因状如鱼鳞，故名鱼鳞图册。鱼鳞册相当详细，对每块田地都画了形状图，并登记其面积、编号、主人及佃户姓名；此外还有土田纳税等级、买卖情况、分家等引起的土地变化等。鱼鳞册通过对土地的严密控制，有效地防止了隐瞒土地逃避赋税的情况，保证了国家的土地税收。黄册则是与鱼鳞册配套而行的人口登记册，10年编订一次，与鱼鳞册互相印证，一起构成了收受田赋的依据。另外，黄册还用来作为朝廷收受人丁税、定徭役、征兵的重要依据。黄册和鱼鳞册在清初均得到沿用。康熙七年（1668年）改为每年造送"丁口增减册"，黄册不再修订。鱼鳞册则沿用至清末。

摊丁入亩

摊丁入亩是清雍正时实行的一种税制改革。其具体做法是一改之前丁银（包括"人头税"、徭役等）和地银（即田赋）分别收取赋税的办法，将丁银摊入地银之中一并收取。这样地多者便需要承担较多的赋税，地少者则赋税较轻。其实质是明代张居正实行的一条鞭法的深化（一条鞭法只是将部分丁银摊入地亩）。摊丁入亩实施的背景是清军入关后，贵族官僚阶层大量兼并土地，出现大量无地少地农民。如此，广大贫民地少人多，丁役负担基本上压在他们身上。鉴于这种情况，康熙晚年时，便在广东实施了摊丁入亩试验，到雍正时，则正式向全国推广。此办法一方面减轻了无地农民的负担；另一方面，田地税赋增重也很大程度上抑制了土地兼并，为清政府保存了一定数目的自耕农，有利于政府财政收入和社会的稳定。值得一提的是，由于摊丁入亩政策取消了"人头税"，广大底层农民生养后代数量快速增长。整个2000多年的封建时代，中国人口数量一直徘徊在2000万～6000万，乾隆时开始突破1亿，道光时则达到4亿。

木铎

商周时期，政府组织比较简单，没有那么多的行政人员。政府需要传达政令时，便由一种叫作遒人的政府官员到民间走街串巷传达，同时官员也顺便采采民风，因此这种官员可谓是兼具上令下达和下情上达两个功能，是政府与社会的直接连接者。木铎是遒人巡行各地随身所带的器具，是一种带木柄的金属铃铛，类似于走街串巷的小贩所拿的拨浪鼓。遒人正是用这个东西将大家召集起来发布政令。因此，木铎经常象征了王道。后来，孔子周游列国时，一个卫国的小地方官因为被孔子的个人魅力所折服，说"天将以夫子为木铎"，意思是将孔子比做上天的代表。从此，木铎便也象征天道。

大比和貌阅

大比，又叫案比，是中国古代政府为掌握户口数量而设置的一种簿籍登记制度。此制度始于战国时期，秦汉时期进一步完善，每年举行一次。大比时，以郡县为单位，由地方官吏负责对管辖范围内所有人丁、财产状况进行调查，然后据此造成户籍，上缴中央。其内容包括每户男女人口、姓名、年龄、相貌、财产状况等。此用来作为政府征收贡赋，兴发力役，组织军旅等的基本根据。另外，古代三年一次的科举考试也称为大比。

貌阅往往与大索连称为"大索貌阅"，二者共同构成隋唐时期的户口登记制度，相当于秦汉时期的大比，但稍有区别。大索的目的在于搜索隐匿人口，针对的是民间为少缴赋税而隐匿人丁的现象。而貌阅则重点在于检查年貌形状，针对的是有人本处于成丁之岁，却以诈老、诈小的手段逃避赋役的现象；另外，貌阅也用于核实确认那些身患残疾、疾病的人，并给予免除赋役等政策优惠。

大比和貌阅均是古代政府控制人民，尤其是赋役的主要承担者——丁口的重要手段，是古代政府收受赋税及行政管理的基础。

太医署

太医署是古代医疗性质的官署名。太医署的基本职能是为皇家及达官贵族看病，有时还有医政管理乃至医学教育的功能。其历代名称不一，西汉时正式设立太医一职，西晋时开始设立专门的太医机构，称医署；南朝的刘宋政权改医署为太医署，是全国最高的医政管理及医疗机构。隋唐时期，太医署的医学教学功能不断加强，当时在校师生达300多人，并分为医学、药学两科，医学还进一步分医、针、按摩、体疗、疮肿、少小、耳目口齿等诸多科目。其教师严格分职称，学生定期考试，俨然一个医科大学。北宋初沿唐制，后又在淳化年间改太医署为太医局，功能则变化不大。金、元、明、清时期的太医院相当于原来的太医署。清时太医院中的官吏和医务人员均称为太医，真正顶尖的医生则称为御医，只有十几人。

太医丞印
太医是专门为宫廷服务的医生。战国时代的秦国已有太医令之设置，作为宫廷医院的最高行政长官。汉代，太医丞是职位仅次于太医令的医官。图为故宫博物院收藏的一枚"太医丞印"。

驿传

　　驿传是我国古代政府设置的一种用于传递诏令、文书之类并接待过路官吏的交通组织。"驿"，意为用马传送；"传"，意为用车传送。另外还有用步传送的，称为"邮"。驿传制度始建于春秋战国时期，当时诸国各自实行，规模较小。秦朝时，要在庞大的国土面积上实施中央集权，政令的迅速传达是重要基础，于是首次在全国范围内建立起驿传制度。汉承秦制，并使驿传制度得到了进一步完善。汉代驿传制度是在交通要道上隔大约三十里设一驿，相当于一个交通站。里面备有马匹、饲料、饮食、床铺等一应接待设施，并有专门人员负责接待。接待时，按照官职高低、任务轻重和时间缓迫分为不同的等级，提供相应等级的马匹、服务效率等。办差者每天行程也有固定里数，失期失程的要依律受罚。东汉时，使者通过驿传最快一昼夜可达千里。这就大大加快了政令的传达和各地的联系，加强了中央集权。另外，驿路往往也是重要的商道，促进了经济的繁荣。其后历代，驿传都成为国家行政的重要基础，并更加完善。清咸丰、同治以后，随着铁路、轮船、电讯等现代交通通讯工具的发展，驿传变得无足轻重，逐渐废弃。

后妃制度

　　后妃制度是关于我国古代皇帝婚配的礼制，属"五礼"中的嘉礼。"后"，指皇帝正妻；"妃"，泛指皇帝的姜，也称"嫔妃"。夏商以前，后妃制度比较简单，文字记述也很模糊，往往将天子的配偶统称为妃。如黄帝有四妃；帝喾有四妃。正嫡叫元妃，其他都称为次妃。周代时，《礼记》中对后妃制度做出了详细规定："天子立一后，三夫人，九嫔，二十七世妇，八十一御妻，共一百二十一人。"此后历代的后妃制度，基本上以周制为基础，只具体名称与等级时有变化。如秦代称皇帝正妻为皇后，嫔妃则分为八品。汉初承秦制，除皇后外，嫔妃则分为夫人、美人、良人、八子、七子、长使、少使等凡十四等，东汉又有所简化。唐代后妃名目最为繁多，皇后以下，设四夫人：贵妃、淑妃、德妃、贤妃；九嫔：昭仪、昭容、昭媛、修仪、修容、修媛、充仪、充容、充媛；二十七世妇：婕妤、美人、才人各9人；八十一御妻：宝林、御女、采女各若干。宋代嫔御的名号没有准则，比较杂乱。明代后宫，皇后之下为妃，具体有皇贵妃、贵妃、淑妃、宁妃、贤妃、恭妃、宸妃、康妃、庄妃、裕妃等，其下则有嫔御多人。清代宫廷的后妃制度由康熙所定，皇后下设皇贵妃1人、贵妃2人、妃4人、嫔6人，人数相对较少。诸多后妃之中，皇后总领后宫，其他嫔妃则都有相应等级的爵位，享有固定俸禄，如同百官。另外，一些级别不高的嫔妃还要担任宫中女官职务，负责一定的宫中事务。

　　实际上，供皇帝使用的女子远远不止制度上规定的数目，历代宫中都有大量的没有名份的候选嫔妃，另外宫女也可算入此类，其数目基本都在几千人，甚至过万。如明崇祯年间，后宫女子数量达三万之巨。

一妻多妾制

　　一妻多妾制为中国古代的婚配制度。古代男子在娶得一妻之后，可以另外纳妾，只要财力许可，数量不限。而法律也支持纳妾权，如果妻子干涉丈夫纳妾，则犯了"七出"（受法律支持的丈夫休妻的七种理由）之罪。即使是公主下嫁，也无权干涉驸马纳妾的夫权。就与丈夫的关系而言，妻与妾虽然都与丈夫具有性关系之实，但其性质完全不同。妻乃明媒正娶过门；而妾在名义上只是丈夫花钱买来的，过门仪式简单许多，并且还可再卖出。古代男子如因重罪而获灭族，其妻家族要遭灭族，而妾的家族基本不受牵连，由此也可见丈夫与妾并非严格意义上的夫妻。另外，妻妾之间有严格的主从之分，妾在权力与地位上远低于妻，在某种意义上具有妻的奴婢的性质。并且这种主从关系还延续到后代身上，妻、妾所生子有嫡、庶之分，在地位与财产的继承权利上，妾所生的庶子也远低于妻所生的嫡子。

　　中国的这种一妻多妾制最早起源于先秦时期的媵妾制度。当时的诸侯大夫娶妻时，女方往往以侄娣（妻侄和妻妹）随嫁，随嫁的侄娣便称为"媵"。媵也是男方合法夫妻，与妻大致相当，其地位不同于后来的妾。另外，当时也已存在妾，其只类似于一种奴婢。秦汉之后，媵、妾逐渐不分。唐宋之后，媵逐渐消失，一妻多妾制正式形成。在古代，一妻多妾制相当普遍，即使穷人，也往往要纳一个妾。对于贵族来说，则妾的数量越多越觉得有面子。总体而言，一妻多妾制乃古代男权社会的产物，是一种畸形而不公平的婚姻制度。

政局大变革

尧舜禹禅让

　　尧舜禹禅让说的是上古时代华夏族的3个首领尧、舜、禹之间以"让贤"的原则依次传承"天子"位的故事。据《史记》记载，尧舜禹三人乃是中国原始社会末期华夏族的首领。当时的"天子"乃是部落联盟首领，实行民主推选制度。先是由各部落的酋长召开会议推举下一任天子，天子再对其进行一定时间的考察，认可后，则禅让于他。尧年老时，舜因为孝顺和有才德而被推举，尧对他考察了3年后，认为合格，禅位于他。舜老时，因禹治水有功，而禅位于他。尧舜禹禅让的事迹被后世之人，尤其是儒家人士传为美谈，三人也因此与之前的炎黄二帝，之后的周文王、孔孟等并列为圣人。不过，对于尧舜禹禅让的真实性，历代都有人表示怀疑，比如法家代表人物韩非子便怀疑所谓禅让实为逼让。不管其真假，作为历史事件来说，尧舜禹的"禅让"代表

尧舜禅位图

了华夏民族在原始社会的尾声，其后华夏民族便进入了更加高级的文明时期。

禹传子，家天下

　　禹的天子位本来由舜禅让而来，但他未将位置再次禅让于贤者，而是由其子启接替了天子位，禅让制自此结束。传说禹当初本来挑选自己的得力大臣皋陶作为自己的继承人，但皋陶早逝。禹又选定皋陶长子伯益，并在晚年授政于伯益。后来，禹东巡会稽时逝世，临终前遗言传位于伯益。但伯益为禹守丧3年后，又将天子位让给了禹之子夏启。于是夏启建立了中国第一个奴隶制王朝——夏朝。这是司马迁的说法。

　　除了司马迁的版本外，还存在另外一些版本的传说。如禹当年本来怀着私心，有意培养启的势力，并架空名义上的继承人伯益。禹一死，启便夺了伯益之位，并杀死了他。还有的说法则称禹本来是真心禅让于伯益的，其子夺位之行为和他无关。这些说法只是见于野史，考虑到历史都是由胜利者书写，也有相当的可信度。总之，此事的真相恐怕永远说不清了。自此，松散的原始部落联盟变成了组织更严密的国家。经过夏商两代，到西周嫡长子继承制确立，"家天下"政权模式正式形成，直至3000年后的清末才算结束。

商汤灭夏

　　夏朝最后一位天子叫夏桀。相传夏桀体格健壮，又勇猛非常，能赤手空拳与猛兽搏斗，作为个人来说倒是条好汉。但作为君王来说，却不修国政，骄奢淫逸，为讨美女妹喜欢心，不惜民力大盖宫殿，失却民心；对周围部落征伐无度，导致各部落首领对其离心。据《史记·殷本纪》记载，商是因辅佐禹治水有功的契被舜封在商地（今河南商丘附近）后形成的部落。夏桀当政之时，商汤是商族部落首领。看到夏桀迟早要亡国，商汤有心代之。他对内以仁政笼络民心，对外则经常主动救济有灾难的部落。如此，其影响逐渐扩大。后夏桀也察觉到了商族的威胁，将商汤骗到宫中，将其囚禁。商汤的部下伊尹用美女和重金贿赂夏桀及其身边奸佞小臣，商汤得以放回。商汤回去后，经过几年准备，于公元前1600年发动灭夏战争。因夏桀人心失散，军队一击即溃，夏朝灭亡，存世约500年。商汤定都于亳（今河南商丘境内），建立商朝。

武丁中兴

　　武丁中兴是指商王武丁时期，商王朝走出衰败实现重新兴盛之事。商朝时，关于王位传承没有法定的规则，只是在习惯上形成了一种兄终弟及规则（最小的弟弟再回传给大哥的长子）。但自商王仲丁起，连续发生君王儿子、弟弟，乃至堂弟、侄子争抢王位的事情。此类事件经仲丁、外壬、河甲、祖乙、祖辛、沃甲、祖丁、南庚、阳甲九王都不绝，商王朝因此多次迁都，史称"九王之乱"。九王之乱的内耗严重削弱了商王朝的力量，北方及西北方的方国趁机发展实力，日益威胁着商朝统治。到商王盘庚时，将都城从奄（今山东曲阜）迁到殷（今河南安阳），执行比较开明的政策，逐渐扭转了商王朝的颓势。历小辛、小乙两帝后，武丁为帝，在继承前面良好局面的情况下，在军事上先后击败北方的鬼方、邛方、土方，西面的西羌以及南面的荆楚等。商王朝的势力由此在西、北、东、南急速扩张，达到商代的最高峰。另外，武丁时期人民生活安定，政治、经济、文化也都得到长足发展，史称"武丁中兴"。自此，商王朝又往下传了8帝，200多年，再未迁都，直至商亡。

文王兴周

　　文王兴周说的是商朝末年，位于西北渭水流域的周族在周文王的治理下崛起之事。周文王本姬姓，名昌，商纣时封为西伯，即西部诸侯（方国）之长，史称西伯侯，其子周武王代商立周后追封

周文王访贤 版画

其为周文王。周文王共在位50年，对内奉行德治，宣以仁政，大力发展农业，鼓励商业，实行藏富于民的低税收政策，周族得以日渐强盛。对外一方面广泛招贤纳士，姜尚、伯夷、叔齐、太颠等人先后归附其麾下；另一方面则通过调解小国间的纠纷（这本是商王的权责）等手段，在众诸侯国中树立自己的威信，使得众多诸侯国前来归附。另外，对于那些不肯主动归附的国家，周文王则实施铁腕政策。先是分化拉拢忠诚于商王的国家，不成则渡过黄河进攻耆、邘等国；又沿渭水东进，攻占了商朝在渭水中游的重要据点崇（今河南嵩县）；最后迁都丰邑（属今陕西西安），对商王朝形成钳形包围之势。正如孔子所言周文王"三分天下有其二"，为周武王伐纣奠定了基础。

周公制礼乐

周公旦姓姬，名旦，乃是周文王的第四子，周武王的同母弟。武王灭商2年后即死，其子成王继位，成王年幼，由周公摄政。周公摄政总共7年，期间，其先是平定了其兄弟勾结商人残余势力的叛乱，巩固扩大了周朝的疆域；然后又册封诸侯，分封众多诸侯国以屏卫周王室；最后为方便控制东边诸侯国，建立东都洛邑（今河南洛阳）。周公考虑到要想保持这套政权组织能够长时期有效运转，又进一步制定了礼乐制度。礼，即维护君臣宗法和上下等级的一套典章制度，主要作用是划分和规范人的身份地位，最终形成等级制度；乐，即音乐，乃是对礼制的一种辅助。礼制的内容上至国家政治，下到日常生活，相当庞杂，其中最主要的便是以嫡长子继承制为核心的宗法制和贵贱等级制。这两项制度为国家政权机器乃至社会的运转提供了规则。礼乐制度不仅为周王朝的有序运转奠定了基础，后来经孔子的传扬，基本为后世所继承，成了后来3000年整个中国古代社会的基础制度。周公制定礼乐后，就功成身退，归政于成王，因其功劳和德行，其被后人尊为圣人。

管仲相齐

管仲，齐国人，春秋时期的诸子百家中的法家代表人物之一，史称管子。曾担任齐国宰相，并获得"春秋第一相"的美称。管仲本来辅佐齐桓公的政敌，且用箭射伤过齐桓公，但齐桓公因臣下鲍叔牙推荐，不计前嫌，拜管仲为相。管仲拜相后，进行了一系列卓有成效的改革。在经济上，废除井田制，承认土地私有，建立税收制度。管仲特别重视商业，在淄博建立7个商品交易市场。另外，他在当时实施了最早的盐铁政府专营政策，以增加国家财政收入。这也显示了管仲作为法家人物讲究实效的特点。政治上，管仲在全国划分政区，设官吏管理，并建立了一套人才选拔制度。军事上，管仲在民兵制的基础上，建立了常备军。在一系制度的作用下，齐国逐渐积累起强大的物质基础和军事实力。其后，齐国又打出"尊王攘夷"的外交策略，以诸侯长的身份，挟天子以伐不服，齐桓公由此成为春秋时期的第一个霸主。孔子曾称赞管仲，说要不是管仲，自己早就被夷族抓走了。诸葛亮也十分敬佩管仲，以其为楷模。后世则将管仲、诸葛亮、北宋的王安石和明代的张居正并称为中国古代四大贤相。

商鞅变法

商鞅变法指的是战国时期政治家商鞅在秦孝公的支持下在秦国主持的变法。商鞅本是卫国人，因不得志，投奔秦国，公元前361年起在秦国实施了一系列的变法。具体内容是：在经济上，重农抑商，奖励耕织，打破井田制，承认土地私有制度；在政治上，废除分封制以及世卿世禄制，实行郡县制和按军功授爵制；另外，统一度量衡，实行连坐制度等。总体上，商鞅变法的内容是以加强中央集权，富国强兵，发展更先进的地主阶级经济势力并培养其政治势力为目的。在商鞅变法十几年后，秦国大治。

事实上，相比于其他六国，秦国是最晚实施变法的一个，变法前秦的社会经济已经落后于关东各国许多。但因为秦本属夷族之列，传统文化羁绊最小，其变法成为最彻底的一个，由此后来居上。秦孝公死后，商鞅被其因变法而得罪的贵族势力车裂。商鞅建立的严酷法制导致普通百姓对其的仇恨，因此他遭受车裂时"秦人不怜"。但商鞅变法的成果保留了下来，为秦国后来统一六国奠定了经济、军事基础。

秦始皇统一六国

秦嬴政十七年（公元前230年），内史腾率兵灭韩；十九年（公元前228年），赵都邯郸被秦军破，赵王迁降秦；二十年（公元前227年），燕太子丹派荆轲刺秦失败，秦将王翦率军攻燕，次年，燕王逃到辽东；二十二年（公元前225年），秦将王贲率60万大军攻魏，包围并水淹魏都大梁（今河南开封），破之，魏亡；二十三年（公元前224年），王翦率60万人灭楚；二十六年（公元前221年），王贲率军南下攻齐，齐王不战自降。嬴政之所以能在短短10年之内陆续剪灭六国，并非偶然。事实上，自春秋时期始，中华大地上便开始了一场残酷的吞并扩张战争。春秋初期，总有140多个诸侯国；到战国初期，则只剩下了二十几家；到秦始皇时，则只剩下了7家。这场如石投井不到底不止的游戏，必然只剩下一个最后的赢家。从"七雄"的整体态势来看，秦国的商鞅变法乃是诸国之中最彻底的一个，因此其经济、军事制度乃至政治、人才制度都在了六国的前列；加上其优越的地理位置等因素，嬴政灭六国便有很大的必然性。因此其10年内统一六国的行为，在某种意义上可以说是摘下了秦国花几百年时间培养出来的果实而已。就更宏观层面来说，秦始皇统一六国可以说是开天辟地的大事件。自此，中国结束了自春秋以来五个半世纪的乱世，复归一统；更进一步说，中国自此在文明层次上更进一步，进入了封建时期。

李斯的贡献

从秦国统一六国开创了中华文明的新时代的积极意义出发，李斯作出了突出的贡献。就统一六国之前而言：其一，秦始皇因为韩人郑国前来离间秦国而下令驱逐客卿（前来为秦效力的异国人士），李斯的《谏逐客书》使秦始皇收回命令，为秦留住了大量人才；其二，李斯作为一个卓越的政治家和军事战略家，进一步推动并深化了吕不韦等人的"武力统一论"，他还是秦灭六国整体战略的主要制定者和执行者之一。就秦统一六国之后而言：其一，李斯极力反对分封制，谏言秦始皇实行郡县制，促成了大一统国家的建立；其二，作为秦国丞相，他提出并亲自执行了文字、度量衡、货币等的统一，首次实现了中国文化上的统一。此举使得秦国实现了真正意义上的统一，并奠定了中国历2000多年分分合合而依然存在的基础。不过，李斯对于"焚书"、严刑峻法等政策的提出和执行也使后人对他的评价毁誉参半，莫衷一是。

汉高祖得天下

秦始皇建立秦朝后，在表面统一的政权之下，充满仇恨之情的六国残余政治势力伺机而动，秦朝的统治基础并不稳固。同时，秦政府在严刑峻法的同时，对百姓的赋役征收过重，赋税竟达2/3，每年征调劳役占总人口的15%，这样的政权显然不是能祚长久的。后来陈胜吴广振臂一呼，六国百姓纷纷响应，秦王朝基本上是瞬间崩溃。在秦末诸强争霸过程中，刘邦通过联合众多势力弱小者共同对付势力最强的项羽，最终击败了项羽，于公元前202年结束了割据混战的局面。汉朝建立之初，因为一些异姓将领已经拥兵自重，刘邦不得已封了他们为异姓王，7个异性王所据面积占到汉疆域的一半。此时刘邦所得之天下其实只有一半而已。后来刘邦花了自己最后12年的时间，逐个剿灭了主要的异姓王，才算是真正得了天下。得天下后的刘邦认为秦朝的灭亡是其缺少同姓王国的藩卫，故封赐同姓子弟为王者9个，这又为继承者埋下隐患。值得一提的是，因上自刘邦，下至萧何、陈平等诸多大臣都是布衣出身，由此打破了自西周以来的由贵族把持政治的局面。此后，随着察举、征辟等制度的建立，汉朝政府向底层有才能的人士开放了。

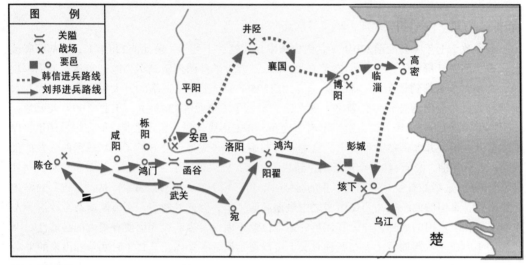

楚汉相争示意图

萧何定汉制

所谓"萧何定汉制"乃是一种笼统说法，更精确地说，萧何所定的乃是法律方面的制度，军法是由韩信所定，历法、度量衡则由张苍所定，叔孙通根据儒家规范制定了礼仪方面的制度。《晋书·刑法志》载："汉承秦制，萧何定律，除参夷连坐之法，增部主见知之条，益事律《兴》、《厩》、《户》三篇，合为九篇。"萧何参考秦律，对其所增益之后，制成《九章律》。《九章律》乃是汉王朝治理社会的基本大法。后来，叔孙通又制《旁章》18篇，张汤制《越宫律》27篇，赵禹作《朝律》6篇，作为补充法。再加上皇帝和官府下达的具有法律效应的各种"令"，共同形成了维持社会秩序的汉朝法律体系。其中，《九章律》最为重要。《九章律》不仅在有汉一代是基本大法，其前承《秦律》乃至先秦李悝的《法经》，后沿用到隋唐时期才有大改，且多有沿用，因此在整个中国法制史上起到了承前启后的重要作用。

汉武帝大一统

秦始皇虽然统一六国，建立了中央集权的秦朝，但因六国残余势力依然存在，伺机而动；同时因政府实行严刑峻法，百姓负担沉重，因此秦朝所建立的只是依靠武力维持的暂时一统。秦亡后，刘邦建立汉朝并逐个灭掉异姓王，实现中国的重新统一，但其临死前又分封了九个同姓王。九个同姓王的疆土占到了汉疆域的一半以上。刘邦死后，这些同姓王逐渐不再听中央指挥。因此自汉高祖，历吕后专权、文帝、景帝，汉朝并非真正一统的政权。到汉武帝时，因其父景帝已经通过镇压"吴楚七国之乱"大大削弱了诸侯王的实力，汉武帝先是通过允许诸侯王进一步分封子弟的策略使剩下的诸侯国自行分裂，又通过查办淮南王刘安和衡山王刘赐谋反案，彻底击垮了诸侯王的势力。汉王朝至此真正实现了大一统。不仅是地域和行政上统一，汉武帝通过确定历法，独尊儒术，进一步统一货币、文字等手段实现了中国文化上的统一。汉初，许多人还习惯以战国时的楚人、秦人等界定自己和他人的身份。汉武帝时，秦、楚、齐、鲁等文化大融合，这种现象便逐渐消失了。

王莽改制

　　王莽改制是西汉末王莽代汉称帝后在政治、经济领域进行的一系列改革。西汉末年，王莽以外戚身份篡夺西汉政权，建立新朝。针对自西汉晚期越来越严重的土地兼并、奴婢和流民泛滥等问题，王莽宣布恢复周朝体制。政治上，王莽将中央和地方的官名、官制、郡县名和行政区划都加以改变，还恢复五等爵。经济上，禁止土地买卖，规定将全国私田收归国有，然后重新按人口分配；实行五均六筦制度，朝廷委派巨商大贾管理市场，并掌控盐、铁、酒、铸钱、五均赊贷事务，事实上就是将市场和这五种商业实行国家垄断；多次进行币制改革；禁止买卖奴婢等。王莽的政治改革使得朝廷行政更加混乱，其经济改革或因乌托邦性质（土地改革）或因实施环节的问题，不仅没能达到有利于下层百姓的目的，反而使他们更加贫苦，同时还得罪了贵族、官僚和大地主阶层，给社会经济造成极大混乱。结果赤眉起义爆发，新朝灭亡。

光武中兴

　　王莽的新朝灭亡之际，已沦为布衣的汉景帝后裔刘秀（光武帝）在诸多起义领袖中脱颖而出，最终凭借卓越的政治与军事才能定都洛阳，史称东汉。刘秀建立东汉政权后，指挥军队镇压赤眉等农民起义军，消灭了乱世中形成的诸多割据势力，实现了真正的一统。之后，刘秀实行以"柔术"治天下的策略，采取了一系列措施解决王莽政权乃至西汉留下来的社会问题。经济上，鼓励耕织，组织军队屯垦，恢复西汉时三十税一的轻税政策，与民休息；实行减轻穷人赋税负担的度田制度。政治上，偃武修文，裁并400多县，简政减吏；加强中央集权，对功臣赐予优厚的爵禄，但收回兵权，并禁止他们干政。文化上，兴建太学，提倡儒术，尊崇节义。此外，他还下令释放奴婢、刑徒，减轻刑法等。虽然遇到不小的阻力，但各项政策都得到不同程度的实施，东汉的经济水平、人口、文化由此逐渐恢复到西汉强盛时期的水

光武帝涉水图　明　仇英

平，史称"光武中兴"。光武帝也因此被后世认为是历史上仅有的几个"千古一帝"之一。

曹魏代汉

东汉中后期，因多为幼帝登基，权力在外戚与宦官之间轮换。政治的腐败导致公元184年黄巾起义爆发，各地州牧在镇压农民起义的过程中培养起自己的武装力量，成为军阀，东汉政权名存实亡，此后中国进入了一个群雄逐鹿的混战时代。公元196年，曹操将汉献帝迎到许都（今河南许昌市东），"挟天子以令诸侯"。之后，曹操逐渐铲除了北方的其他武装割据势力，统一了北方，与西蜀的刘备势力和江南的孙权势力形成了三足鼎立的局面。公元216年，曹操被汉献帝封为魏王。曹操自称要学习周文王，将代汉的机会留给了儿子。公元220年，曹操去世，其子曹丕办完曹操丧事便逼迫汉献帝"禅让"，代汉建魏，史称魏文帝，东汉正式宣告结束。曹丕称帝后，刘备于次年称帝，自称汉政权；公元229年，孙权称帝建吴。曹魏代汉后仅二十几年，朝廷实权便落入司马氏手中，曹氏皇帝成了傀儡。公元265年，曹氏皇帝便又"禅位"于司马氏。

诸葛亮治蜀

事实上，《三国演义》中所说的诸葛亮与刘备的"鱼水关系"有相当大的夸张成分。诸葛亮真正获得特殊的政治地位，开始治理蜀国，是在刘备白帝城托孤之后，如后主刘禅所说"政由葛氏，祭则寡人"。外交上，在刘备夷陵兵败，蜀国受魏、吴夹击的危急情况下，诸葛亮重新建立了吴蜀联盟，为蜀国寻求了一个暂时能得以自保的外部环境。内政上，诸葛亮实行一种"以教令为先，诛罚为后"的德治与法制相结合的策略，并且始终以身作则，秉公执行，赏罚必信，正如陈寿所言："刑政虽峻，而无怨者。"在用人上，诸葛亮则在维持新人旧人平衡的基础上尽量巩固新人地位，为蜀国的未来储备人才。诸葛亮在经济上也采取了一系列卓有成效的政策。在诸葛亮的治理下，蜀国大治。吴国的张温出使蜀国回去以后，曾赞美蜀政，以致引起了孙权的忌恨；魏国有才智的大臣刘晔、贾诩也对诸葛亮的治国才能十分钦佩。诸葛亮因此被誉为中国历史上"四大贤相"（管仲、诸葛亮、王安石和张居正）之一。

七擒孟获图

魏孝文帝改革

指北魏孝文帝所实施的经济、政治、文化改革。北魏是北方草原上的鲜卑族人建立的政权，公元439年，北魏太武帝结束北方"五胡十六国"乱局，统一中国北方。太武帝死后，魏孝文帝继位。鉴于以落后民族统治先进民族的弊端，魏孝文帝采取了一系列改革措施。一方面，推行均田制，使得广大汉族百姓耕者有其田，并颁布与均田制相适应的新的租调制，减轻农民负担。废除鲜卑族"交足上面的，余下是自己的"的落后官吏俸禄制度，而是实行汉族的自上而下发放的俸禄制，目的同样在减轻人民负担。另一方面，魏孝文帝在鲜卑族内部推行汉化制度，以使鲜卑族的夷族身份逐渐淡化，最终得到汉族人的心理认同。具体而言，首先将都城从接近鲜卑族故地的山西大同迁到了汉族中心地带洛阳；其次是在鲜卑族中推行汉话、汉服、汉姓，鼓励鲜卑族与汉族人通婚。上述措施使得北魏的经济得到发展，政治清明许多，鲜卑统治者得到了汉族人更多的心理认同，其统治基础由此更加稳定。

隋文帝杨坚

隋朝虽短，却出了一位了不起的皇帝，便是隋文帝杨坚。杨坚的父亲杨忠是西魏和北周的军事贵族，被封为随国公。杨坚承袭父爵，本人也在对北齐的战争中立下战功，他还是北周宣帝的岳父。宣帝死后，杨坚以辅政大臣的身份夺取了年幼的静帝的皇位，建立隋朝。隋朝建立后，南下灭陈，重新实现中国统一。隋文帝建立统一的隋朝，意义非凡。就承前来说，是继东汉末年直至南北朝200多年的乱世后，重新建立的大一统政权；就启后来说，隋文帝建立隋朝后，不仅使其疆域辽阔，经济繁荣，文化昌盛，军事上也所向披靡，周围少数民族臣服，后来唐朝的兴盛正是建立在隋朝的基础上。其次，隋文帝时所创立的三省六部制、州县两级制、开皇律、均田制、科举制等新制度均为后世历代所沿承。值得一提的是，隋文帝不仅因其文治武功被誉为中国历代最有才智的皇帝之一，而且因其与民休息，废除古代酷刑等措施，也被誉为历代最仁慈的皇帝之一。

贞观之治

贞观是唐太宗李世民的年号。李世民在位的23年里，唐王朝在经济、政治、文化、军事等方面均达到了历史的高峰，史学家称之为"贞观之治"。唐朝建立后，隋末乱世导致的人口减少造成了地广人稀的局面，再加上人心思安，为唐朝的兴盛创造了经济和心理基础；隋朝对周边少数民族的征服也为唐朝创造了良好的外部环境；再加上京杭大运河的修通、三省六部制、科举制等也在商业繁荣、政治制度、人才选拔等方面为唐朝奠定了良好的基础。唐高祖李渊称帝8年后，唐王朝基本稳定下来，此时唐太宗继位。因其雄才大略、任人唯贤、广开言路，采取了一些以农为本、减轻徭赋、休养生息的政策，唐朝很快达到了历史的巅峰。当时唐朝疆域辽阔，军事强盛，国际威望极高，吸引了大量外国人前来落户，当时仅在广州便居住了20万西方侨民。唐太宗当政时政治清明，官吏极少贪污，这并不是靠严刑峻法所维持的，而是靠政治制度上的设计以及官员自律；社会安定，百姓安居乐业，夜不闭户，路不拾遗。值得一提的是，因当时社会极少有不公平之事，社会犯罪率极低。据载，贞观三年（公元629年），全国判处死刑者仅有29人，由此可以想见当时盛世景况。

女皇武则天

武则天是中国历史上唯一一个被史学家所承认的女皇帝（北魏的元氏和唐高宗时的陈硕真也曾做了皇帝，但因种种原因不被后世史学家所承认）。武则天本是唐开国功臣武士镬次女，14岁入宫为唐太宗昭仪（属于嫔妃一种）。太宗死后，其先是出家为尼，后又做了唐高宗妃子，并成为皇后。高宗死后，武则天之子中宗继位，武则天作为皇太后把持朝政。后废了中宗，立睿宗李旦。公元690年又废睿宗，自称圣神皇帝，改国号为周，并迁都洛阳。当时武则天已经67岁，乃是中国以最大年龄登基的皇帝。公元705年，宰相张柬之趁武则天年老病危，拥立中宗复位，尊武氏为"皇太后"。同年冬，武氏死，享年82岁。

可以想见，武则天以女子身份称帝，并且当了15年皇帝，显然是相当有才干。在其治理下，政治上，关陇旧贵族势力遭到打击，政治更加清明，各项制度得到进一步发展；军事上，唐朝击败了突厥、契丹的军事进犯；经济文化上，上承贞观之治，下启开元盛世，乃是唐朝繁荣昌盛时期的重要一环。有趣的是，遵武则天遗言，唐中宗为其立了一块无字碑。功过是非都留于后人说，这无疑是相当睿智的行为。

武后步辇图 唐 张萱

黄巢起义

黄巢起义是唐朝末年的一次规模宏大的农民起义。唐朝晚期，因地方上藩镇割据混战，中央则宦官专权，朋党相争，政治的腐败导致百姓负担沉重，不堪忍受，多次爆发农民起义，但均被镇压。乾符二年（公元875年），私盐贩子王仙芝在今河南长垣起兵，屡试不第的书生黄巢也在今山东菏泽起兵响应。后王仙芝战死，黄巢成为起义军领袖，转战全国十几个省市，兵力发展至几十万人。藩镇势力为保存自己实力，不与起义军交战。起义军先攻下陪都洛阳，于公元881年又攻下长安（今陕西西安）。唐僖宗率人逃到成都。黄巢在长安称帝，建大齐政权。黄巢建立政权后，缺乏政治远见，既不派兵到成都彻底剿灭唐中央政权，又不在长安周围扩散根据地，而是据守在长安城内。因缺乏相应的经济政策导致粮草不济。由此，唐朝廷获得喘息之机，调集驻守长安周围的禁军对长安实施包围，并攻破长安。黄巢率军逃走，于公元884年在山东莱芜狼虎谷兵败自杀（一说为部将所杀），起义宣告失败。

石敬瑭卖国

石敬瑭是五代十国时期后晋的开国皇帝，中国历史上有名的卖国贼。石敬瑭本是后唐屡立战功的功臣兼驸马，常年驻扎北部边境负责抵御契丹南下。因其战功卓著，加之常年驻守边关，逐渐拥兵自重，被篡位登基的后唐末帝李从珂猜疑，终至翻脸。李从珂派兵讨伐石敬瑭。石敬瑭于是向契丹求援，表示愿意称臣，并厚颜无耻地表示愿意以父事契丹；同时许诺事成之后，割卢龙一道及雁门关以北诸州与契丹。在契丹的帮助下，石敬瑭最终夺得后唐江山，于公元936年被契丹册封为大晋皇帝，定都汴梁，称之为东京开封府。石敬瑭做皇帝后，"信守"承诺，割燕云十六州给契丹，每年给契丹布帛三十万匹。石敬瑭以皇帝身份却称辽皇帝为"父皇帝"，成了历史上臭名昭著的"儿皇帝"。

石敬瑭的诸多卖国行径中，危害最深的乃是割让燕云十六州。十六州大致是今天的北京、天津和河北北部、山西北部的大片土地，它们是中国北方的门户，辽兵乃至后来侵宋的金兵自此可长驱直入中原地区，使北方社会经济遭到严重破坏。

陈桥驿兵变

公元959年，周世宗柴荣去世，年仅7岁的恭帝即位。时任殿前都点检、归德军节度使的赵匡胤与禁军高级将领石守信、王审琦等结义兄弟掌握了军权。公元960年春，赵匡胤和赵普、石守信等，在京城散布"点检做天子"的谣言并谎称北汉和辽国的军队联合南下，攻打后周。宰相范质难辨真伪，急派赵匡胤统率军北上御敌。

军队行至陈桥驿（今河南封丘陈桥镇）时，赵匡胤授意赵匡义（赵匡胤之弟）和赵普等发动兵变，众将把黄袍加在赵匡胤身上，拥立他为皇帝，反叛后周。随后，赵匡胤率军回师开封，京城守将石守信、王审琦大开城门，迎接赵匡胤入城，翰林学士拿出早已准备好的禅让诏书，逼迫周恭帝退位。赵匡胤即位，是为宋太祖，改国号为宋，史称北宋，改元建隆元年，仍定都开封，史称"陈桥兵变"。

河南封丘陈桥乡"宋太祖黄袍加身处"碑

王安石变法

王安石变法是北宋宰相王安石所发动的一场旨在去除国家积弊的改革，因在熙宁年间举行，又称熙宁变法。北宋王朝的积弊主要在于两个方面，一是因宋太祖遗言要优待文人，导致冗官太多；二是因燕云十六州为辽所占，北方门户洞开，需要大量养兵，导致冗兵太多，所谓"一天下之民养两天下之兵"。此两项首先导致宋财政吃紧；其次因赋税过重，农民不愿种地，便又牵连出土地兼并等一系列社会问题。事实上，在王安石变法之前，宰相范仲淹便进行过一场类似的变法，史称"庆历新政"。因反对派势力太大，无果而终。王安石任宰相后，又针对这些问题颁布了方田均税法、青苗法、裁兵法、募役法等一系列新法令，主要着眼点便在于增加政府财政收入、强兵、减轻农民负担。

王安石实施变法后，朝廷财政收入增加不少，士兵数量减少的同时质量得到提高。但因遭到既得利益者和保守大臣的反对，阻力过大；同时，王安石也有些刚愎自用，未能充分团结苏轼等中间派人士；加之变法宣传不足，没能吸引优秀的人才进行有力的执行，导致变法利弊兼有。元祐元年（1086年）司马光执政，尽废新法，只部分内容保留下来，王安石变法宣告失败。之后的宋人以支持或反对王安石变法分为"元丰党人"、"元祐党人"两派。从此宋朝进入了党争的泥沼，不可自拔。后人对于王安石变法的评价也是褒贬不一。

岳飞抗金

岳飞，北宋相州汤阴（今河南汤阴县）人，宋朝重要的抗金将领，与韩世忠、张俊、刘光世并称为南宋中兴四将。岳飞的抗金活动在北宋时期已经开始，他在20岁时投军抗金，凭战功逐渐成为高级军官。靖康二年（1127年），北宋灭亡，北宋皇室几乎全部被金人俘虏回金国。赵构在临安（今杭州）建立南宋政权，是为宋高宗。宋高宗初期主张收复失地，启用了岳飞等大批主战派将领。岳飞领导的岳家军的主要抗金活动有四次北伐，前三次北伐均收复大量失地，将南宋的疆界逐渐向北方推移。1140年，岳飞的第四次北伐已经打到开封城下，金人已经弃城北逃。宋高宗赵构却在一日内连发12道金牌将岳飞召回，致使前功尽弃。岳飞回朝后，被奸臣秦桧以"莫须有"的罪名害死在杭州风波亭。

成吉思汗雄霸草原

成吉思汗本名铁木真，生于1162年，本是蒙古草原上一个部落首领之子。9岁时其父被杀，其族离散，铁木真跟随其母艰难度日。铁木真长大后又逐渐召集其父旧部，凭借自己的军事与政治才能逐渐统一了蒙古各部，于1206年建立蒙古汗国，自称"成吉思汗"，意为天下之主。成吉思汗统一蒙古后，先是逼降西夏，然后沉重打击了金国元气。因自忖一时不能灭金，成吉思汗暂时与金国议和，向西扩张。1219年，成吉思汗灭西辽，为西征扫清障碍。次年，成吉思汗率军20万西征。蒙古军先后攻破讹答剌（在今锡尔河中游）、布哈拉及撒马尔罕等地，向南抵达印度河，西则至克里米亚半岛。成吉思汗将占领的土地分给自己的四个儿子，形成了窝阔台、察合台、钦察、伊利四大汗国。1225年，成吉思汗回蒙，两年后灭西夏，在筹划进一步灭金时逝世。

相比于历史上的匈奴、鲜卑、突厥、回纥、契丹、女真等曾经称霸草原的北方少数民族，成吉思汗所拥有的土地面积乃是最大的。并且，成吉思汗也是第一个不再将眼光局限于南下中原，而是将目光投向了遥远的西边的北方草原民族首领，气魄又是不同。成吉思汗死后，其子孙在成吉思汗的基础上先是联宋灭金，之后灭南宋与大理，又进行了两次西征，最终建立了横跨欧亚的蒙元帝国。

成吉思汗放鹰捕猎图
这是一幅中国丝绸上的绘画，狩猎是蒙古人重要的生活内容。在狩猎时，鹰是猎人的向导，它负责搜寻猎物，引导方向，所以蒙古人出猎时往往将鹰带在身边。

忽必烈治元

忽必烈是成吉思汗的孙子，于1271年改蒙古汗国为元，是为元世祖。8年后，忽必烈灭掉南宋。作为一个少数民族建立的大一统政权，忽必烈的统治方法，大致说来可概括为"先私后公"。所谓"先私"，便是在制度设计上采取了一系列措施保障蒙古人对汉人的统治权。首先，元朝实行的是空前的中央集权，各地方政府称作行省，是行中书省的简称，意即地方政府只是中央政府的一个派出机关而已，因此地方极度无权。而行省区划本身也是从一种防止地方独立的军事策略出发。其次，为分化人民，忽必烈将所有人分为蒙古、色目（中亚、西域等地的民族）、汉人（北方的汉族、契丹、女真等）、南人（南宋遗民）4个等级。另外，忽必烈废除了科举制度，以堵住汉人入仕之路。在保证了蒙古人的统治权之后，忽必烈作为一国之君，所采取的一系列经济、文化政策则有相当建树。首先，因为蒙古人开阔的视野，元朝的商业繁荣达到了历史的顶点；其次，忽必烈所提倡的兼容并包的思想，使得元人首次拥有真正的宗教信仰自由，很少有思想文化禁锢（这点与后来的清截然不同）也使得元朝文化取得了大发展。

明太祖的擘画

明太祖朱元璋立国后，没有满足于简单继承前朝的制度，而是在参考前面历代制度的基础上，进行了一番颇有决断的擘画。明朝的各项制度可以说是相当有特色的。就效果而言，朱元璋的擘画则是优劣参差。就设计得比较好的制度而言，首先是值得一提的便是朱元璋所设立的卫所兵制。卫所兵制兼具征兵、募兵之长，养兵百万，不废百姓一粒米。统兵权与调兵权的分离既使军队可保卫国家安全，又防止了武人专权。其次，朱元璋所实施的扶植自耕农，奖励移民垦荒屯田的经济政策也比较成功，加上重新丈量土地使得赋役负担更加公平，因此明初的小农阶层生活整体不错。另外，有明一代的官员乃是历代最清廉的官员，应该说也是受朱元璋所影响，但是通过严刑重典实现的，并不可取。另一方面，朱元璋的一些擘画也给明朝遗留了相当大的麻烦。朱元璋所设计的最不好的制度有两个，其一是不设宰相，其二是特务组织。不设宰相的制度使得有明一代尤其是中晚期一直受到宦官专权的影响，而特务组织最终也发展成为明代政治的痼疾。明中晚期，宦官干政的同时又控制了"东厂"特务组织，两个痼疾纠结在一起，最终导致了明朝的灭亡。还有些制度，刚开始比较好，随时间推移，便由利变为弊了。比如朱元璋分封子侄为王藩卫中央的策略，在朱元璋在世时固然起到了巩固国防的作用，但朱元璋死后，这些藩王却成了其后世帝王的麻烦。

张居正改革

明万历年间，内阁首辅张居正为兴利除弊，进行了一系列政治、经济、军事方面的改革。明万历时，经过喜好淫乐的正德皇帝和一心炼丹成仙的嘉靖皇帝的折腾，明王朝这部政治机器已经弊病丛生，眼看要转不动了。当时的明王朝吏治腐败，财政拮据，民间土地兼并严重，农民起义此起彼伏。鉴于这种情况，内阁首辅张居正在经济、政治、军事上采取了一系列的改革措施。在政治上，张居正采取加强对官员的监督等办法，整顿吏治；在经济上，下令重新丈量全国土地，然后实施"一条鞭法"（见条目"一条鞭法"）的赋税制度，以使赋税负担转移到拥有土地的富人身上，减轻了贫苦农民的负担，以此抑制土地的进一步兼并。在军事上，张居正任用了戚继光等一批卓越的将领，大大巩固了明军的国防。与蒙古在边疆开市通商的政策使边疆地区几十年无战事。张居正改革之后，明朝的财政收入显著增加，社会矛盾得到缓解，吏治也更加清明，与蒙古各部的关系缓和、边境晏然。可以说，张居正的改革乃是晚明暮霭中的一抹霞光，使得明朝又挣扎着往前走了几十年。张居正也因此被誉为一代明相。

李自成起义

李自成起义是明末的一场农民起义。明天启、崇祯年间，陕北连年大旱，朝政黑暗，加之财政困难，无法赈济，农民纷纷暴动。陕西米脂农民李自成于崇祯三年（1630年）加入起义军，并逐渐成为起义军领袖，以"均田免粮"为口号吸引农民入伍，最后队伍达到几十万之众。崇祯十六年（1643年），李自成采纳谋士顾君恩之策，先取陕西作为根据地，在西安宣布建立大顺政权，李自成改名自晟，称王。同年

李自成雕像

二月，起义军分两路进攻北京，在三月中旬攻入北京。崇祯皇帝自缢于煤山（今景山），明朝灭亡。李自成攻下北京后，明朝只剩下驻守山海关的明总兵吴三桂还有一定军事实力。本来吴三桂已经答应了李自成的招降，但因李自成骄傲自满，轻视吴三桂的实力，软禁了吴三桂在京城的家属，导致吴三桂反悔投清。李自成率军征讨吴三桂时被吴三桂和多尔衮率领的清军夹击而败退北京，仓促称帝后准备退回陕西再起。后在湖北九宫山下被地主乡团所围，李自成战死。余部由刘宗敏、李过率领南下，联明御清，终未成气候。

努尔哈赤崛起

努尔哈赤是清王朝的前身——东北后金国的缔造者。明嘉靖三十八年（1559年），努尔哈赤出生在赫图阿拉（今辽宁新宾县）建州左卫一个小部落酋长的家里。万历十一年（1583年），努尔哈赤之父被女真另一个部落与明军联合所杀，年仅25岁的努尔哈赤率部起兵。凭借卓越的军事才干，努尔哈赤先是花10年时间统一了建州女真各部，后又降服海西、野人等众多分散的女真部落，势力日大。在其崛起的过程中，对内，努尔哈赤逐渐建立起了经济、军事一体化的八旗制度，为其征战提供了物质和组织上的保证；对外，在起兵后30年间，都实行尽量稳住明朝，避免引起其注意的策略。努尔哈赤拜明朝辽东总兵李成梁为干爹，更是为其崛起赢得了极大方便。万历四十四年（1616年），努尔哈赤自觉羽翼丰满，在今辽宁新宾县称汗，建立后金，表面上向明称臣。两年后，努尔哈赤起兵叛明，在莎尔湖大战中杀前来征剿的明军6万人，自此明朝廷提努尔哈赤色变，以致无人敢到辽东做官。1625年，后金迁都沈阳，基本控制整个东北。次年，努尔哈赤死，但其为后来清政府的入主中原已经奠定了基础。1644年清军入关后，尊努尔哈赤为清太祖。

康熙统一清朝版图

康熙是清圣祖爱新觉罗·玄烨的年号，因明清帝王多只用一个年号，故往往以年号代称帝王。康熙是清朝入关后的第二个皇帝，于1667年登基。16岁时，康熙在其祖母太皇太后孝庄文皇后的帮助下，赢得了与顾命大臣鳌拜的斗争，开始亲政。清朝立朝时并未在军事上取得完全的胜利，只是与明朝投降势力取得了政治上的妥协。清朝立国后，明朝降将平西王吴三桂、平南王尚可喜、靖南王耿精忠三个藩王事实上与清廷分庭抗礼，因此当时清朝并非一个真正统一的王朝；郑成功在台湾自称南明朝廷，与清廷对峙。康熙20岁时，宣布撤藩，三藩起兵，康熙花了8年时间平定了三藩。3年后，康熙又统一了台湾。至此，清王朝实现了真正的统一。后来，康熙又花了9年时间平定了蒙古势力噶尔丹的叛乱，击退了当时沙俄对我国东北地区的侵略，签定了《尼布楚条约》，维持了东北边境150多年的和平。通过这一系列的军事行动，康熙将清王朝的基业稳定下来，基本奠定了中国今天的版图。

林则徐销烟

道光十九年（1839年），鉴于鸦片对国人的危害以及白银大量外流的现实，清朝政府派遣钦差大臣林则徐到广东禁止鸦片。林则徐采取强硬手段收缴英商鸦片，于当年6月在广州虎门海滩当众销毁鸦片，历时23天，共销毁鸦片230多万斤，被誉为中国乃至世界历史上伟大的禁毒运动。

林则徐销烟一事并非一个孤零零的事件，而是当时中国乃至世界大局中的一环。自18世纪60年代起，英国率先开始了工业革命，大量的工业产品亟需消费市场，当时拥有世界1/3人口的中国自然是其垂涎的目标。但中国经济自给自足的特性和乾隆以来实行的闭关政策使得英国产品无法打入中国市场。相反，因对中国的茶叶、瓷器等产品的进口，英国白银每年大量流入中国。正是通过鸦片贸易，英国才扭转了对华贸易逆差。林则徐的禁烟显然打破了这种局面，于是鸦片战争爆发，英国用大炮打开了中国的大门，其他西方国家也紧随其后，中国开始进入半殖民地半封建社会时期。

洪秀全与太平天国运动

洪秀全是广东花县人，道光年间科举不中，遂借用早期基督教义中的平等思想，创立拜上帝教。道光三十年（1851年），洪秀全借用拜上帝教的组织体系，发动金田起义，建国太平天国，自称天王。太平军以平均地权、建造无处不平等的理想社会为口号，吸引大量农民，声势浩大，达百万之众。咸丰三年（1853年）太平天国定都南京，拥有长江中下游地区，占据清政府的半壁江山。因清政府无力征剿，以曾国藩、李鸿章为首的地主武装湘军和淮军成了打击太平天国运动的主力军。在外国军队的帮助下，淮军于1864年攻破天京，太平天国运动失败。

太平天国失败的原因，在军事上是由于偏师北伐孤军深入，导致全军覆没；在政治上则是因其缺乏政治远见，洪秀全定都南京后耽于享乐，后又出现领导集团内部的自相残杀，石达开出走，此后太平天国由盛转衰。另外，太平天国所提出的均田制度则完全是乌托邦性质，因此其缺乏有效的经济纲领。

洪天贵福被擒图

幼天王（1849～1864年），本名洪天贵，洪秀全长子。1861年洪秀全在其名下加一"福"字，为其即位后用。同治三年（1864年）6月1日洪秀全病逝后，幼主随即即位，称幼天王。幼天王玉玺名下横刻"真主"二字，清方误称为"福"。幼主后随陈得才、赖文光等辗转江西玉山之际，在石城杨家牌为清军所袭，被俘。一个月后，在南昌殉难。中国封建历史上最后一个农民政权至此彻底瓦解。

慈禧太后守业卖国

1861年，咸丰帝去世，慈禧太后联合恭亲王奕訢发动辛酉政变，掌控了朝政。其后的两个皇帝同治（其子）与光绪（其养子）均是傀儡，在1861年至1908年这50年的时间里，慈禧可以说是事实上的统治者。慈禧的守业分为两个层面，首先是代表清廷守住其统治权，其次才是代表中国守住国家利益。从第一个层面来讲，慈禧从咸丰帝手中接过清政权时，太平天国当时已经占据半壁江山，慈禧面对如此局面，能够通过倚重汉族地主力量的策略剿灭太平天国，相当不容易。在内忧外患不断，民主呼声高涨的情况下，直到1908年其死，清政府竟然还未垮台，应该说慈禧的守业也算合格了。但从第二个层面来讲，慈禧对于中国国家利益的守护，就是个败家子了。中日、中法等几场战争下来，不仅赔款高达几亿两白银，南边让日本割了台湾，北边则被俄国割走了一百多万平方公里的土地，可谓中国近代第一卖国贼。

戊戌变法

1895年《马关条约》签订以后，康有为等人发动公车上书，提出变法的主张。他们陆续创办报刊，组织社团，宣传维新变法。在维新人士和帝党官员的积极推动之下，1898年6月11日到9月21日，光绪皇帝先后颁布了一系列变法法令，进行自上而下的改革。主要内容有：设立农工商局、路矿总局，提倡开办实业，修筑铁路，开采矿藏，组织商会，改革财政；广开言路，允许士民上书言事，裁汰绿营，编练新军；废八股，兴西学，创办京师大学堂，设译书局，派留学生，奖励科学著作和发明。这些革新政令，目的在于学习西方文化、科学技术和经营管理制度，发展资本主义，建立君主立宪政体，以达到富国强兵的目的。维新变法遭到了以慈禧太后为首的顽固派的极力反对。他们在9月21日发动政变，囚禁了光绪，慈禧太后宣布"亲政"，戊戌变法失败。变法从开始到失败，前后仅103天，因此又称"百日维新"。

清帝退位

1911年武昌起义爆发后，清朝政府陷入了内外交困的境地。清廷重新起用袁世凯收拾局面。袁世凯与黎元洪议定停战，并且密议商定只要袁世凯逼迫清帝退位，即推举他当中华民国大总统。孙中山从海外回国，被各省代表推举为中华民国临时大总统，同时又决定一旦袁世凯逼退成功，孙中山须将总统职位让出。袁世凯暗中指使北洋文武官吏请愿，迫使宣统逊位。经过多次磋商，最后达成了退位的协定。中华民国给清帝提供逊位之后的优待条件。1912年2月12日，清政府颁布了皇帝退位的诏书，布告全国。中国历史上最后一个封建王

上海各界欢送孙中山赴南京就职
1912年1月1日上午10时，孙中山与各省代表汤尔和、王宠惠及军事顾问荷马李等，乘沪宁铁路专列赴南京就职。

朝——清朝宣告结束。清帝退位以后，仍然住在紫禁城，国民政府每年拨给400万元的费用。

中华民国成立

1912年1月1日，孙中山在南京宣誓就任第一任中华民国临时大总统，他在临时大总统誓词中说："倾覆满洲专制政府，巩固中华民国，图谋民生幸福。"中华民国南京临时政府成立，规定改用西历纪年，1912年为中华民国元年。黎元洪为副总统，临时政府各部部长分别是黄兴、黄钟瑛、伍廷芳、蔡元培、张謇等人。1月11日，决定以红、黄、蓝、白、黑五色旗为民国国旗，以武昌起义的军旗为陆军旗，青天白日旗为海军旗。临时政府随后相继颁布了《修正中华民国临时政府组织大纲》和《中华民国临时约法》，迅速组建起临时政府的政治体制。

第二篇

思想学术

古代哲学命题

太极

"太极"在中国古代哲学中是用来表述宇宙本原及其无限性的一个概念，"太"有至的意思，"极"则为极限之义，"太极"就是至于极限，无有相匹，既包括了至极之理，也包括了至大至小的时空极限。"太极"一词最早见于《易经·系辞传上》："易有太极，是生两仪，两仪生四象，四象生八卦。"其中的"太极"即为天地未开、阴阳未分之前的混沌状态。"两仪"即为太极的阴、阳二仪，其意指浩瀚宇宙间的一切事物和现象都包含着对立而相依的阴和阳两个方面，而它们之间的这种既互相对立斗争又相互滋生依存的关系，既是事物存在的一般规律，是宇宙中万事万物的纲领和由来，也是一切事物产生与毁灭的根由所在。这其中包含着朴素的哲学辩证法，是中国古代哲学思想的光辉体现。北宋周敦颐在《太极图说》中又提出"无极而太极"的命题，太极也被理解成阐明宇宙从无极而太极，即从无到有，从无形无象的元始以至混沌初蒙，而再至万物化生的自然过程。

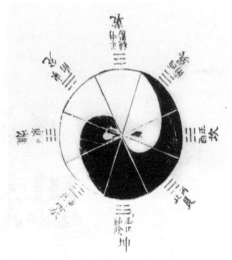

《太极图》（阴阳鱼）

这种《太极图》据考始制于东汉炼丹家和气功学家魏伯阳的《周易参同契》。它反映了阴阳两方面既相互对立又相互依存，阴中有阳，阳中有阴。这种阴阳对立互根的思想在中国古代医学中得到了广泛的应用。

道

"道"，在中国古代哲学中是一个表达宇宙本源与自然规律的范畴。"道"字的原本意义是指供人行走交通的路径，后来引申为一种抽象的含义，用来表达道理、道义，而作为一个哲学概念来表述，则始于老子。道家的经典著作《老子》，就分为《道经》与《德经》两部分，因而又合称为《道德经》。老子超越了纷纭变幻的凭人类感性所能觉知的经验范围，而将人事运行做了一种形而上的思索和阐发，在其思想体系中，"道"是一个核心性的概念，"道"字在五千余言的《老子》一书中出现达七十余次之多。概括而言，"道"在老子那里基本有两种含义：一种是作为宇宙本原的"道"，一种是作为自然规律的"道"。到了庄子那里，"道"的意涵又有了新的表述："夫道有情有信，无为无形，可传而不可受，可得而不可见；自本自根，未有天地，自古以固存；神鬼神帝，生天生地；在太极之先而不为高，在六极之下而不为深，先天地生而不为久，长于上古而不为老。"（《庄子·大宗师》）庄子认为，得"道"者可以达到一种"天地与我并生，万物与我为一"的逍遥境界，即是后来所传称的"得道成仙"。"道"，成为宇宙人生的真谛，代表着人所能达到的最高修化。而"道"并非道家哲学的专有概念，儒家也有关于"道"的论述，例如西汉董仲舒曾说："道之大原出于天，天不变，道亦不变。"（《天人三策》）但儒家思想中的"道"基本上指的是更为实在的自然与社会的运行秩序和发展规律，并不如同道家之"道"那样的高深玄妙。唐代韩愈则用"道"来阐发自上古尧舜时期以来直至孔孟历代相延传的中国正宗的文化价值系统。宋代朱熹又将"道"表述为"天理",指出:"理也者,形而上之道也。"(《答黄道夫书》)朱熹由此把"道"提升至本体论的范畴来阐述,从而使"道"成为儒家学说中的一个核心概念。总体而言,"道"的阐释基本体现于宇宙本体和事物运行规律这两重意义上。

气

"气",在中国古代哲学中是一个特别重要而又非常复杂的概念,在各种典籍的不同阐述中有着各不相同的内涵。从根本上来讲,"气"体现的是关于物质存在和运动的哲学范畴,具体说来,中国古代学者从以下几个意义上阐释"气"这一基本概念。首先,气是运行不息而且无形可见的一种极细微的物质,是构成宇宙万物的本原或本体,如《庄子·知北游》说:"人之生,气之聚也。聚则为生,散则为死。"另见《列子·天瑞》:"夫有形者生于无形,则天地安从生?故曰有太易,有太初,有太始,有太素。太易者,未见气也;太初者,气之始也;太始者,形之始也;太素者,质之始也。气,形质具而未相离,故曰浑沌。"其次,气分为阴阳二气或五行之气,各种气之间的交互运动,推动着宇宙万物的发展与变化,如《老子》说:"万物负阴而抱阳,中气以为和。"周敦颐在《太极图说》里讲:"二气交感,化生万物。万物生生,而变化无穷焉。"气充塞于宇宙万物之间,与万物相互渗透,是万物之间相互感应的中介物质,令万物之间相互联系,相互影响,从而使万物处于和谐有序的运动之中并且相互感应而构成一个有机的整体。气也同样地存在于人体之内,是人体生命的体现,是推动和调控人体生命活动的动力源泉,人的生命状态与气密切相关,气的运动停止标志着人体生命活动的终结,如《管子·枢言》所说:"有气则生,无气则死,生者以其气。"人要保持健康的身体,则必须认真保养运行于人体中的气。气还表现着一种崇高的道德状态和人生修养境,即孟子所言的"至大至刚,以直养而无害,则塞于天地之间"的"浩然之气"。

阴阳

"阴阳"是人们把握和描述事物的对立统一属性的哲学范畴,阴阳这一观念产生于人们对天象的观察,其最初含义是很朴素的,用来表示阳光的向背,向日为阳,背日为阴,后来则引申为气候的寒暖、方位的上下、状态的动静、性质的刚柔等普遍的两两对立的范畴。中国古代的哲学家们认为自然界中的一切现象都存在着既相互对立而又相互依存的关系,于是就用阴阳这个概念来解释自然界两种相互对立同时又相互消长的物质势力。《易经·系辞传上》中"一阴一阳之谓道",《素问·阴阳应象大论》中"阴阳者,天地之道也,万物之纲纪,变化之父母,生杀之本始",意思是说,阴阳的这种对立统一的运动规律是自然界一切事物运动变化固有的规律,世界本身就是阴阳二气相互作用互为运动的结果。周敦颐的《太极图说》中有这样的表述:"无极而太极。太极动而生阳,动极而静,静而生阴,静极复动。一动一静,互为其根。分阴分阳,两仪立焉。""(阴阳)二气交感,化生万物。万物生生,而变化无穷焉。"这是中国古代哲学中对于阴阳概念最为完备的阐述。阴阳学说,是中国古代朴素的唯物论和自发的辩证法思想,这种学说对中国古代哲学思想的发展有着极为深远的影响,并且广泛地体现于医学、音乐、数学、化学、天文学等多个领域的科学和文化知识体系建构之中。

五行

"五行",是中国古代哲学中在阴阳之外的又一个重要的基本概念,是用来表述宇宙和社会属性及其变化规律的范畴系统。同阴阳的概念一样,五行最初的含义是指5种具体的物质,即水、

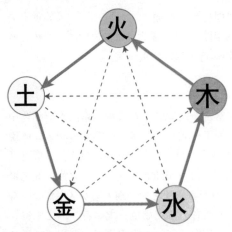

五行图

五行说是中国古代论说宇宙构成万物的元素论，它的特点是从万物中分析出五种完全不同形质的基本物质——水、火、木、金、土，认为这是构宇宙万物的根本元素。图中实线所示为相生关系，虚线所示为相克关系。

火、木、金、土，这5种在人们生活中占有重要位置的基本物质，并且人们认为宇宙间的万物都是由这五种基本物质构成的。这同古希腊恩培多克勒的"四元素说"（水、火、土、气）类似。中国古代哲学中之所以选择用"五"这个数字，是与中华民族对"五"这个数字有一种特殊的情感偏好有关，《易经·系辞传下》曰："天数五，地数五。"中国古人对"五"有一种带有神圣意味的崇拜之情。另外，中国的五行概念有着比古希腊的四元素说远为广阔的内涵，"五"代表着五种基本物质，而"行"则含有运行的意思，五行之间有着相生和相克的关系。具体说来，木生火，火生土，土生金，金生水，水生木；水克火，火克金，金克木，木克土，土克水。战国时期著名的阴阳家邹衍就是用五行相生相克的原理来阐释宇宙自然与人类社会的发展演变。五行的概念起源于何时并没有确凿的依据可以查考，但在《尚书·洪范》中已经有明确的阐述："五行：一曰水，二曰火，三曰木，四曰金，五曰土。"《国语·郑语》中也有："先王以土与金、木、水、火杂，以成百物。"五行在哲学思想中不仅指代五种基本的物质，而且延伸至事物所具有的五种基本的属性，广泛地应用于各种思想学说和知识体系中，五行与阴阳结合而形成的阴阳五行学说，是贯串中国古代哲学思想的一项基本原理。

八卦

"八卦"中的"卦"，是一个会意字，从圭，从卜。圭，指土圭，是一种以泥做成的用于测日影的土柱；卜，为测度之意，测度的方式为在四正四隅八个方位上分别立圭，而后将观测到的日影加以记录和总结，也就形成了八卦的图象。又一说是"卦"字的右边"卜"字，是象形，表示在地上竖立杆子，右边那一点代表太阳的影子；"卦"字左边的"圭"字是尺子，用来测量影子的长度位置，所谓八卦，就是在地之八方对日影进行测量之结果的记录。两种说法对于"卦"字两部分构成的解释不尽相同，但作为"八卦"这一整体概念的表达则基本是一致的，即八卦表示的是对日影从八个方向进行测量的记录。通过这种长期的观察和测量，人们逐渐掌握了春夏秋冬的季节更替规律，从而用于指导农业生产和日常生活。后来八卦演化成为一套有象征意义的符号，其基本单位是爻，爻有阴阳两类，阳爻表示阳光，阴爻表示月光，用"—"代表阳爻，用"--"代表阴爻。每卦有三爻，代表天地人三才。三才的天部，意指天体运行和气象变化，即星象之学，又称天文；地部指观测日影来计算年周期的方法，从而知晓地面事物的运行状况，即地理；人部指把天文、地理和人事相结合，以便按照这些规律来从事生产和生活。用3个这样的符号，共组成8种形式，叫做八卦。八卦代表8种基本物象：乾为天，坤为地，震为雷，巽为风，艮为山，兑为泽，坎为水，离为火，总称为经卦。八个经卦两两组合，则构成六十四卦。这样八卦就成为一种哲学上的概念，用来表示宇宙、社会与人生中各种事象的运行状况。关于八卦，最早的资料来自于西周的《易经》，其书记载："易有太极，是生两仪。两仪生四象，四象生八卦。"据考证，所谓太极即宇宙之原始，两仪指天地，亦可称之为阴阳，四象就是四季天象，长日照的夏季称为太阳，短日照的冬季称为太阴，春为少阳，秋为少阴。据传，八卦的创始者为伏羲，伏羲八卦，也叫先天八卦。后来周文王在伏羲八卦的基础上进行修改，形成了自己的乾坤学说。他认为先有天地，天地相交而生成万物，天即乾，地即坤，八卦其余六卦皆为乾坤之子女：震为长男，坎为中男，艮为少男，巽为长女，离为中女，兑为少女。相应于伏羲八卦，文王八卦又称为后天八卦。及至宋朝，八卦符号通常与太极图搭配出现，代表中国传统信仰的终极真理——"道"。八卦是中国古代哲学思想的重要组成部分，除了在占卜和风水中占据着基本地位之外，还广泛地影响到医学、武术、音乐、算学等多个知识领域，其带有神秘意义的博大而精微的内涵至今仍有待人们进行更深入的认识和研究。

万物类象

"万物类象"，是易学中的一项重要的理论表述。在易学中，八卦是研究象的，天地万物有万般形态，凡此形于外者皆叫做象。易学中将世上庞杂纷繁的万物进行分类，分别归类于一个卦，用八卦来拟象万物，即万物类象。一个卦所拟象的物类难以数计，而归类的依据是八卦本身的爻象及其意义，通晓了这一点就可以知道各种物类应当归属于哪一卦。换言之，"健、顺、动、入、陷、附、止、悦"这宇宙万物的八种功能属性即八类动态之象，是据象归类的本纲。如乾卦，其卦象为三阳爻，纯阳之卦，其数一，五行属金，居西北方，色白。《易经》曰："乾为天、为圆、为君、为父、为玉、为金、为寒、为冰、为大赤、为良马……为木果。"乾卦三阳爻，纯阳刚健，故为天；天体进行圆周运动，故为圆；天生万物，如君王管理万民，如父亲主管家庭，故为君，为父；纯阳爻为刚强坚固之象，所以为玉，为金，为冰；阳盛则色极红，故为火红，即大赤色；马有刚健之性，故为马……树上的果实呈圆形，故为木果。总而言之，凡是具有刚健、圆形、权威、珍贵、富有、寒冷、坚硬等属性的事物都归于乾卦。

有与无

有与无，是道家关于宇宙起源和本体问题的哲学范畴。"有"指实有，为事物的存在之意；"无"指虚无，为事物的无有之意。最早提出有无范畴的是老子，他指出："天下万物生于有，有生于无。"又言："无名天地之始，有名万物之母。"也就是说，天地万物起始于"无"，"有"从"无"中生发而来，这是老子关于天地起源和万物源生的哲学观点。而后庄子言："泰初有无，无有无名。"（《庄子·天地》）并且说："有始也者，有未始有始也者，有未始有夫未始有始也者；有有也者，有无也者，有未始有无也者，有未始有夫未始有无也者。俄而有无也者，而未知有无之果孰有孰无也。"（《庄子·齐物论》）这段话可以看做是庄子对老子的有无论的进一步深入。宇宙生成于"无"，而这"无"又从何而生的呢？庄子对这一问题的解答是，"无"并非宇宙的起点，无穷地追溯上去，"有"与"无"都是不可知的，不能够断定终极的有无。关于有无的论述在庄子这里变得更加玄奥，而这种玄而又玄的问题在相当长的时期遭受到人们的冷落，直到魏晋之际老庄之学盛起之时才又被提上案端，有无之辩成为一个流行的哲学话题。在辩难之中，形成了"贵有"与"崇无"的两派，如王弼以"崇无"论出发，主张"以无为本"，而裴頠则认为"至无"是不能够生"有"，因而主张"以有为本"。有无之论是中国古代哲学所特有的哲学范畴，与西方哲学中的唯心论和唯物论并没有对应关系，以西方的和当代的视角来简单地框定中国的和古代的哲学论题是十分荒谬的。

名与实

名与实，是关于事物的实质与其概念的哲学范畴。"名"，指名分、概念，"实"，指实际、实质。对名与实之关系的论述最初是一个政治层面的话题，孔子曾提出"正名"的说法，《论语·子路第十三》记载："子路曰：'卫君待子而为政，子将奚先？'子曰：'必也正名乎！'"子

灵公问陈

鲁哀公二年，孔子从陈国返回卫国，卫灵公询问陈国的事，孔子说："军事方面我还没有学，明天再回答你吧。"这时，灵公看到有大雁飞过，抬头凝视，心灵已不在孔子身上，孔子觉得受到了轻视又返回了陈国。

路问孔子，卫国国君等待您去治理国政，您准备先做什么呢？孔子回答说，议定书是纠正名分上的用词不当吧。子路认为孔子的想法很不切实际，名分又有什么可以纠正的呢？孔子于是接着解释说："名不正，则言不顺；言不顺，则事不成；事不成，则礼乐不兴；礼乐不兴，则刑罚不中；刑罚不中，则民无所措手足。故君子名之必可言也，言之必可行也。君子于其言，无所苟而已矣。"这里的"正名"，指的是依据人的等级名分来明确其权利和责任以及一整套从于礼法的行为规范。孔子指出：概念不明确，说话就不能顺理成章，礼乐制度就不能实施，而没了礼法的尺度，定刑判罚就会失据，老百姓就会手足无措。概念明确了，社会生活才能纳入正道，次序井然。以人为例，君、臣、父、子的概念都明确了，身当其位的个人才能各守其职分，享有相应的权利，担起相应的责任，履行相应的义务。这就是孔子对齐景公所讲的为政之道，是言"君君，臣臣，父父，子子"，这4种关系所表达的实际就是名与实的问题。孔子强调的是要让行为的实际符合其所承担的名分，即追求所谓的名副其实。荀子继承了孔子的"正名"思想，提出"制名以指实"，后来韩非子也主张"循名而责实"。名实之论发展到后来演变为哲学上的问题，战国时代很多学说流派都对名实关系提出了自己的见解，如墨子提倡"取实予名"，即认为"名"是"实"的反映，应当依实而赋名，而庄子主张"名者实之宾"，"实"为主体。《尹文子·大道上》说："形以定名，名以定事，事以验名。"惠施、公孙龙等名家则将逻辑学引入对名实问题的论说，提出了诸如"白马非马"、"鸡三足"、"规不圆"等一系列诡谲的命题，这些论点在开启人们思路的同时也带有浓重的诡辩和谬论的色彩。

动与静

动与静，是关于宇宙万物的状态及其变化的哲学范畴。关于动静关系的论述最早见于《论语·雍也第六》："子曰：'知者乐水，仁者乐山；知者动，仁者静；知者乐，仁者寿。'"孔子在此处所说的动和静指的是个人性情的分别，并没有涉及抽象意义的层面。而在《老子》中动与静则成为一种哲学范畴："重为清根，静为躁君。""躁"，即为动。老子认为"静"主宰"动"，其书又言："夫物芸芸，各复归其根，归根曰静，静曰复，复命曰常。"这表达了静是宇宙万物的最后归宿之意。《易经·系辞传上》曰："动静有常，刚柔断矣。"是说宇宙万物的动与静都遵循着恒常的规律。北宋周敦颐在《通书》中专有《动静》一篇，系统地论述了动与静的问题，他将动和静视作宇宙生成与变化的根本原因："太极动而生阳，动极而静，静而生阴，静极复动。一动一静，互为其根。"南宋朱熹所提出的"动静互待"、"动静互涵"、"动静无端"等哲学命题亦出于此，而且已经具有明显的辩证色彩。而朱熹又说："静是太极之体，动是太极之用。"这继承了先代哲学中以静为本的观念。明末清初著名思想家王夫之对动静做了最为深刻的论述，他认为"天地之气，恒生于动，而不生于静"（《读四书大全说》卷十），动是绝对的，而静是相对的，甚至认为静也是一种动，指出："动静皆动也，由动之静，亦动也。"这已经达到了现代哲学中对于动静关系的认识水平。然而为中国传统哲学多所崇奉的是"主静说"，若《礼记·乐记》所载："人生而静，天之性也。"

天理人欲

关于天理人欲的最早论述见于《礼记·乐记》："夫物之感人无穷，而人之好恶无节，则是物至而人化物也；人化物者也，灭天理而穷人欲者也。"意思是说，人受到外物的诱惑而丧失了清静寡淡的天性，从而恣心纵欲。"于是有悖逆诈伪之心，有淫作乱之事。是故强者胁弱，众者暴寡，知者诈愚，勇者苦怯，疾病不养，老幼孤独不得其所，此大乱之道也。"正是出于此理，先王要制订礼乐，以此来节制人欲，达到社会的和谐。在唐代以前，儒家思想强调的是人伦和修齐治平之法，是倾向于外的，而到宋代之时，因为受到佛教和道教的影响，开始强调人的心性，思想由侧重于外而转为侧重于内，如此，天理人欲这一话题就被重视起来，得到了深入的阐发。最早把"天理"作为一个哲学上的核心概念进行论述的是程颢。程颢认为，"天理"具有永恒性和超越性的意涵，是一种最高的宇宙范畴，之于人来讲，"天理"即作为"性"，也就是仁义礼智信等与生俱来的善端，而与之相应的人欲则是恶端。朱熹传承了程氏的天理观，指出："人之一心，天理存则人欲亡，人欲胜则天理灭，未有天理人欲夹杂者。"朱熹将天理和人欲截然对立起来，提出了著名的"存天理，灭人欲"的主张，这一论断遭到后人的极大诟病。实际上，朱熹所言的"人欲"并非指人的欲望之意，而是指超过人的生活之本然需求的奢侈的欲望，强调的是清心寡欲，而不是完全泯灭人的任何欲望。

天命

"天命"，简单地解释，就是所谓天的意志，朱熹曾这样阐述："天命，即天道之流行而赋于物者。"意思是说，天命就是施加于世间万物的天道运行的自然规律。中国古代的天命观认为，天的意志是不可违逆的，是人的力量所不能够扭转的，人的所行所为必须遵循天命。《尚书·汤誓》曰："有夏多罪，天命殛之。"《诗经·商颂·玄鸟》云："天命玄鸟，降而生商。"这些言说都体现了"受命于天"的思想底色。在夏、商、周三代，天命的观念是极为盛行的，后来董仲舒的"天人感应"理论就是以天命观为基础而创立的。在儒家学派的开创者孔子的学说中，天命亦占有重要的地位，孔子将"知天命"作为人生修养的一项重要因素，曾言："不知命，无以为君子也。"并且在讲述自我人生发展历程的时候有"五十而知天命"的说法。可以说，在整个中国古代，天命是人们思想中的一个核心概念，甚至到了现代，中国人的头脑观念中仍或隐或显地存有天命思想的遗痕。

天人感应

"天人感应"是董仲舒提出的关于天与人交互感应的命题，这其中蕴含着天有意志和天人相通两个前提，就科学的观点看来，这两个前提都是靠不住的，但在古时，人们认为这两个前提是自然

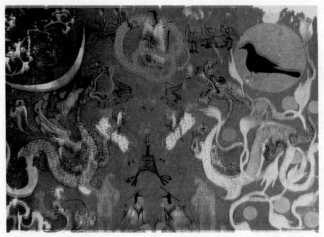

天人感应帛画 汉代
古代天文学中天象和人文有密切关联，这种关联被称为"天人感应"。至汉代，董仲舒为"天人感应"作出了理论上的阐明。他认为天与人之间存在象与数的关联，天与人是同类的，是可以彼此感应，互相影响的。从此"天人感应"论被历代王朝纳入上层建筑与社会意识形态之中。

成立的，因而也就对"天人感应"之说产生信任。"天人感应"思想源于中国先秦哲学，到西汉时，董仲舒将这一思想发展为一套系统的神秘主义学说，其基本意涵为：人的活动与行为全都处于上天的观测之中，人若为善，天则喜悦，也会示人以祥瑞，即出现凤凰、麒麟、灵芝等吉祥之物；反之，人若为恶，天就会愤怒，从而对人施以恶兆，就会发生地震、冰雹、日食等灾异的事件。汉武帝有感于历史兴替、福祚无永，因问策于天下贤良，以求讨"大道之要，至论之极"，是一种博大渊然的具有终极性的道理和谋略，而不是仅可施于一时一事的权宜之计。董仲舒连上策三篇作答，即著名的《天人三策》。在《天人三策》的首篇中，董仲舒集中论述了天人关系，说道："国家将有失道之败，而天乃先出灾害以遣告之；不知自省，又出怪异以警惧之；尚不知变，而伤败乃至。以此见天心之仁爱人君，而欲止其乱也。"指出天子如有过失，将遭受上天的警示，也就是所谓的"天谴"。"天人感应"是一种悖于客观实际的唯心主义观念，但是在历史上产生过积极的作用。封建王朝，帝王一人独尊，但是在"君权神授"的观念控驭下，皇帝也不可恣意妄为而违背天的意志来行事，这对皇帝的行为产生了一定的约束力。历史上曾有过的皇帝下达"罪己诏"的事件以及免租减赋等益民之举，往往就与"天谴"的发生有关，这在古代史书中会找出很多相关的事例。流传至今，"天人感应"的思想仍然在某种程度上存在于中国人的意识理念中。

心外无物

"心外无物"是中国明代哲学家王守仁提出的哲学理念。宋代心学的创始者陆九渊提出"心即理也"和"宇宙即是吾心，吾心即是宇宙"的重要命题，这种观念最早可追溯至孟子的"万物皆备于我"的提法。王守仁发展了陆九渊的心学思想，提出"心外无物，心外无理，心外无事"的核心观点。王守仁所说的"心"，是一个内涵较为复杂的概念，它指代一种最高的本体，如"心即道，道即天"，也指称个人的主观意识，如"心一而已，以其全体恻怛而言谓之仁，以其得宜而言谓之义，以其条理而言谓之理"。这两种意涵往往是交杂在一起的，这比陆九渊学说中"心"的内涵要更为宽泛。"心外无物"的基本含义是，心与物同为一体，物不能离开心而存在，心也不能离开物存在。离开灵明的心，便没有天地万物；而离开了天地万物，也没有灵明的心。一方面，灵明的心是天地万物的主宰；另一方面，心无体，以天地万物感应的是非为体。客观的事物没有被心知觉，就处于虚寂的状态。如深山中的花，若未被人看见，则与心同归于寂；而若被人看见，则此花的颜色就一时明白起来。王守仁所谓的"心外无物"，并不是说人的主观意识决定着客观物质的存在，而是指外界事物的存在离开了人的主观体验则没有意义，它指向的不是宇宙本原问题，而是存在与意识之关系的问题。

性善论

　　性善论是孟子提出的命题，到宋代时，经过程颐、张载、朱熹等学者的发扬而成为儒家正统的人性论。孟子在政治上提倡仁政，主张行王道而反霸道，在对待人和人类社会方面持有一种温柔敦厚的作风，这曾被胡适戏称为"妈妈政策"。可以说，孟子的一整套思想体系都是以性善论为基础的，孟子这样论说人性："所以谓人皆有不忍人之心者，今人乍见孺子将入于井，皆有怵惕恻隐之心，非所以内交于孺子之父母也，非所以要誉于乡党朋友也，非恶其声而然也。由是观之，无恻隐之心，非人也；无羞恶之心，非人也；无辞让之心，非人也；无是非之心，非人也。恻隐之心，仁之端也；羞恶之心，义之端也；辞让之心，礼之端也；是非之心，智之端也。人之有是四端也，犹其有四体也。"由恻隐、羞恶、辞让、是非之心而发的仁、义、礼、智这四端，就是孟子的人性论的依据。在孟子看来，人的这些善端是与生俱来的，人的本心为善，所以言之人性本善。这就是孟子的"性善论"的基本内涵。

性恶论

　　性恶论，是荀子人性论观点。荀子否定了孟子的性善论，指出："凡人有所一同。饥而欲食，寒而欲暖，劳而欲息，好利而恶害，是人之所生而有也，是无待而然者也，是禹桀之所同也。"这里所列举的饥食、寒暖、劳息、好恶等人生而有之的品性与孟子所言的恻隐、羞恶、恭敬、是非之心等善端是完全不同的，荀子进一步阐述说："是无待而然者也，是禹桀之所同也。可以为尧禹，可以为桀跖，可以为工匠，可以为农贾，在执注错习俗之所积耳。"又言："材性知能，君子小人一也。好荣恶辱，好利恶害，是君子小人之所同也。人之生固小人，无师无法则唯利之见耳。尧禹者，非生而具者也，夫起于变故，成乎修为，待尽而后备者也。"荀子指出，这些人生来就有的能为在于尧、禹等贤圣之人与桀、跖等暴恶之人是一样的，人的本性是唯利是图的小人，成为君子者在于后天的修为。荀子以"性恶"为理论基础，更加强调了礼乐教化的重要性，同时也为法治提供了思想前提，提出了礼法共治的主张，即礼乐不可废，法约不可弛。

性三品说

　　"性三品"是董仲舒提出的人性论。董仲舒将阴阳的观念引入对人性的分析，如同天有阴阳一样，人也分善恶。人所具有的善的品质，体现了天的阳性，董仲舒称之为"性"；人所具有的恶的品质，体现的是天的阴性，他称之为"情"。尽管"性"蕴含着善的一面，但并不等同于善，而只是意味着善的可能，他比喻说："性比于禾，善比于米；米出禾中，而禾未可全为米也；善出性中，而性未全为善也。"董仲舒依据人所具有的"性"和"情"的地位不同而将人性分为三品，上品为"圣人之性"，是"性"主导，而"情"很少，因此不教而可为善的品性；下品为"斗筲之性"，是"情"主导，而"性"缺乏，因此虽教而亦不能为善的品性；介于两者之间的为"中民之性"，是"性"、"情"相当，是为善而亦可以为恶的品性。董仲舒的"性三品"说将先天的人性进行了有差异的类分，这与孔子所言的"性相近"和孟子所说的"人皆可以为尧舜"是迥然不同的。东汉时期的思想家王充指出：董仲舒之言本性有善有恶，说的是普遍的人的本性；孟子之言性善，说的是上等人的本性；荀子之言的性恶，说的是下等人的本性，几种言说的差异在于论说对象范畴的不同。王充的这种提法对董仲舒的"性三品"说给予了充分的肯定。到唐朝，韩愈作《原性》，对董仲舒的"性三品"说进行完善，更进一步地将"性"与"情"都分为上、中、下三品，"性"与"情"相互对应，"上品之性"发为"上品之情"，"中品之性"发为"中品之情"，"下品之性"发为"下品之情"，这是一种更为精致化的"性三品"说。

道法自然

"道法自然"，语出《老子》第二十五章："人法地，地法天，天法道，道法自然。"其中的自然是指事物的本然之义。道法自然是道家哲学中的一个核心观念，其基本涵义在于强调自然的崇高地位，而相应地去掉人为的力量，即所谓的绝圣弃智，返璞归真，达到一种素朴无为的自然境界。庄子曰："夫赫胥氏之时，民居不知所为，行不知所之，含哺而熙，鼓腹而游，民能以此矣。"这句话就是对人之去除雕饰、任其真性的自然境界的一种形象的说明。道法自然的重要价值在于告诫人们要遵从自然之理，所行所为不要违背自然之性，要回归自然的人性，而弃除人性的异化。

齐善恶

"齐善恶"，是道家为表达事物性质的相对性而提出的命题。《老子》第二章曰："天下皆知美之为美，斯恶已；皆知善之为善，斯不善已。"意思是说，丑、恶是相对于美、善而言的，如果没有美、善，也就无所谓丑、恶了。庄子将这种相对主义的论调推向极致，认为世间万物的一切区分都是相对的，这些差别源于人的主观看法，而不存在客观的标准，"自其同者视之，万物皆一也"。人性也是如此，并没有明确的善恶标准，善与恶有着等同性，即所谓的"齐善恶"。

格物致知

"格物致知"，是儒家哲学中关于认识论的命题，语出《礼记·大学》："欲诚其意者，先致其知；致知在格物。物格而后知至，知至而后意诚。"但是"格物致知"在《礼记·大学》中并未做具体阐释，而且其他先秦典籍中也未见此语，这使得"格物致知"的含义没有确解，引发了后来的争论。宋代朱熹将"物"解释为"天下之物"，"即凡天下之物，莫不因其已知之理而益穷之，以求乎其极。至于用力之久，而一旦豁然贯通焉，则众物之表里精粗无不到，而吾心之全体大用无不明矣"。朱熹的观点是通过究察事理从而获得知识。同时代的陆九渊则持与朱熹相反的观点，认为"格物致知"意在言格去物欲而求得天理，反对在心外去穷理求知。明代王守仁也反对朱熹的"即物穷理"，认为："先儒解格物为格天下之物，天下之物如何可格得？且谓一草一木亦皆有理，今如何去格？纵格得草木来，如何反来诚得自家意？"王守仁因此认为"致知"就是致良知，

"格物"就是正物，于是将"格物致知"说成"致知格物"，也就是"致吾心之良知于事事物物"，然而无论是朱熹，还是陆、王，"格物致知"的意义在于个人的道德修养，而不在于对自然物理的认识上，这与清末时期以"格致"来统称物理、化学等自然科学的含义是不相同的。

天人合一

"天人合一"，是中国古代哲学中对于天人关系的经典命题。天人关系，是哲人所必然要面对、要思考的一个基本问题，其关键在于对"天"的理解。在原始社会人的智慧尚未开化的阶段，华夏先民将"天"视为有意志的神灵，原始巫术的基本意义

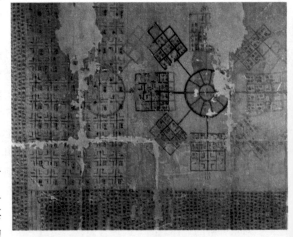

天文气象杂占帛书
这是秦汉时期写成的有关天文星象的占卜书。它体现了中国古人天人合一的思想，也反映了古代中国人以天象附会人事的传统。

就是进行天人之间的沟通，《易经》中所载伏羲发明八卦，其意图就是"以通神明之德，以类万物之情"。"天人合一"的命题建立在天人相通的基础上。发展到东周时代，在人们的社会生活中巫术的作用已经淡化，这时人们的关注重心已经由"天"转向人，"天"的神化色彩也开始消退，开始转向自然和人伦意义的一面。孟子将"天"视为道德的本原，认为人的心性受之于天，尽心知性而可与天地相通达。"仁义忠信，乐善不倦，此天爵也"，孟子在此即用天赐的爵位来表示人的高尚道德。"夫君子所过者化，所存者神，上下与天地同流"，这是君子的道德修养所能达至的崇高境界。在庄子那里，"天"指向自然的意涵，人是自然的一部分，所以天人本来就是一体的，而天与人的分隔是人的文化造成的，所以庄子倡导"绝圣弃智"，返璞归真，从而可达天人相融的本然境界。最早明确表述"天人合一"这一命题的是西汉的董仲舒，他在《春秋繁露》中提出"天人之际，合而为一"的主张。此后，"天人合一"一直都是中国传统哲学思想中的核心。

伦理、修养和品格

人伦

　　人伦，是儒家伦理学说的一个基本概念。伦，为条理、顺序之义，《说文解字》中言："伦，辈也。"人伦，是指儒家思想中所特别重视的人与人之间的关系，又特别指尊卑长幼之间的辈分关系。《孟子·滕文公上》说："人之有道也，饱食暖衣，逸居而无教，则近于禽兽，圣人有忧之，使契为司徒，教以人伦：父子有亲，君臣有义，夫妇有别，长幼有序，朋友有信。"可见，在孟子看来，父子、君臣、夫妇、长幼、朋友之间的人伦关系是人与禽兽之别的一个基本方面。《管子·八观》言："背人伦而禽兽行，十年而灭。"这里表达了与孟子一致的观点。《汉书·东方朔传》载："上不变天性，下不夺人伦。"宋代周密《齐东野语·巴陵本末》言："人伦睦，则天道顺。"从这些表述中可以发现，人伦已经被提高到与天性、天道同等的位置，可见人伦在中国古代社会人们思想中的重要性。"只是父亲伯叔兄弟之伦，因是圣人遗训，不敢违忤。"这句话说的是贾宝玉。贾宝玉在《红楼梦》中以性格叛逆著称，但是对于人伦大道这样的圣人遗训还是甚为尊奉的，由此可以推知人伦思想对人的强大的约束力。

礼义廉耻

　　"礼义廉耻"，语出《管子·牧民》："何谓'四维'？一曰礼，二曰义，三曰廉，四曰耻。"又言："国有四维，一维绝则倾，二维绝则危，三维绝则覆，四维绝则灭。"由此可观，礼义廉耻占有着作为国家纲纪的崇高地位。管子解释说："礼不愈节，义不自进，廉不蔽恶，耻不从枉。故不逾节则上位安，不自进则民无巧诈，不蔽恶则行自全，不从枉则邪事不生。"意思是，礼要求人们的行为不超越一定的界限，义要求人不自荐，廉要求人们不隐瞒自己的过错，耻要求人有羞耻之心，不跟邪恶者同流合污。做到了这四点，就可以避免种种社会问题的产生。欧阳修在《新五代史·冯道传》中对管子的这一论说大加激赏："善乎，管生之能言也！礼义，治人之大法；廉耻，立人之大节。盖不廉，则无所不取；不耻，则无所不为。人而如此，则祸乱败亡，亦无所不至，况为大臣而无所不取，无所不为，则天下其有不乱，国家其有不亡者乎！"

五伦

　　"五伦"，指的是君臣、父子、夫妇、兄弟、朋友这五种基本的人际关系，也是儒家思想中人伦关系的基本方面。《孟子·滕文公上》说："父子有亲，君臣有义，夫妇有别，长幼有序，朋友有信。"这就是孟子对五伦的简要的阐述。《礼记·礼运》中对孟子的五伦说做了进一步的阐释，解为"十义"，即"父慈，子孝，兄良，弟悌，夫义，妇听，长惠，幼顺、君仁，臣忠"。"五伦"是儒家所倡导的人际关系的基本准则，是中国传统社会伦理思想的核心内容。

三纲

　　"三纲"，即所谓"君为臣纲，父为子纲，夫为妻纲"。"纲"的本义为提网的总绳，其比喻义为事物中占据支配和控制地位的关键成分。"三纲"的提法并非出于儒家，而是始于韩非："臣事君，子事父，妻事夫，三者顺则天下治，三者逆则天下乱，此天下之常道也。"孔子对君臣关系的看法是："君使臣以礼，臣事君以忠。"而孟子则认为："君之视臣如手足，则臣视君如腹心；君之视臣如犬马，则臣视君如国人；君之视臣如土芥，则臣视君如寇仇。"可见，孔子、孟子所言的君臣关系是相互的、双向的对等关系，而韩非所言的君臣关系以及父子关系、夫妻关系则是单向的、一方对另一方具有控驭权的服从关系。韩非将君臣完全对立起来，倡扬权术和法制的重要性，而儒家则强调亲情和仁义是维持社会关系的根本。"三纲"的正式提出者是西汉时期的董仲舒，他在《春秋繁露》中说："君臣、父子、夫妇之义，皆取自阴阳之道：君为阳，臣为阴；父为阳，子为阴；夫为阳，妻为阴。"又言："阴者阳之合，妻者夫之合，子者父之合，臣者君之合。""合"，是配合的意思，也就是被支配的一方。这也就是后来统驭中国社会思想两千余年的"王道三纲"。"三纲"虽然打着儒家的旗号，但与孔孟之学相去甚远，实则是后来君主专制社会的思想家为迎合政治需要而制定的伦理规范。

五常

　　"五常"，指仁、义、礼、智、信这五种精神信念与行为规范，是儒家伦理思想的核心。"五常"的定称，出于董仲舒《天人三策》："仁、义、礼、智、信五常之道，王者所当修饬也。"之所以将仁、义、礼、智、信称作"五常之道"，是因为"常"表达的是永恒不变之义。后来，"五常"与"三纲"常常并称，成为中国传统社会的最高伦理准则，但是实际上"五常"的观念比"三

"三纲""五常"
此长卷形象地展示了"三纲""五常"的内涵。①君为臣纲。②夫为妻纲。③父为子纲。④仁，仁者爱人，取材自谢安劝哥哥谢奕善待老翁的故事。⑤礼，取材自景公谦让的故事。⑥义、礼、信，取材自孔子化行中都的故事。当时，孔子制定制度：尊老爱幼、各行其道、路不拾遗、等价交换、童叟无欺等，这反映了儒家重义、明礼、诚信的伦理观。

纲"早很多，在孔子之前就已经是社会上广为认同的德行规范，孔子继承了华夏文化的优秀传统，并将之发扬光大，泽于后世。可以说，"五常"作为一种思想理念，有着比"三纲"更为广泛的适应范围，当今虽不再有"五常"的提法，但是仁、义、礼、智、信这些基本理念仍在相当程度上影响着中国人的思想和行为。

主敬

　　"主敬"是儒家思想中的一条重要的伦理规范。所谓的"丧主哀"、"祭主敬"，也就是强调在从事丧礼和祭礼的时候，要避免徒具形式，而一定要有悲哀和敬重的心理。"敬"的对象原为天地、鬼神、祖宗等，后来扩展到人事，通过一套繁复的礼仪来表达"敬"的心理。孔子对于"敬"的精神高度重视，有过"色难"的著名表述，也就是说，子女在侍奉父母的时候一直保持怡悦的表情这一点是很难做到的，这一点恰恰正是孔子所要强调的。他曾非常感慨地说道："今之孝者，是谓能养。至于犬马，皆能有养；不敬，何以别乎？"当今所谓的孝，也就是能够养活父母的意思罢了。可是对于犬马来说，它们也都能够得到养活；如果没有敬的态度，孝父母与养犬马又有什么区别呢？孔子的这种表述至今而言都有着极佳的借鉴意义。由于孔子对于"敬"的强调，"主敬"成为儒家思想的一个核心理念，宋代程颐在谈论儒家所崇奉的至为繁多的礼仪时曾说其精神可一言而蔽之："毋不敬。"一切的礼法都以一个"敬"字为依归。

孝

　　孝，指的是子女对父母所应当尽到的职责和义务，包括尊敬、顺从、赡养、送终、守制等内容。在动物界中存在着"反哺"的现象，人类的孝在生物意义上来讲也是以这种"反哺"为基础的，但是人作为一种"道德动物"，这种"反哺"就具有了较之动物界的本能现象远为复杂的含义，并且升华为"孝"的概念。应当说，"孝"是全人类所共有的伦理行为，但是在中国有着尤为重要的意义。早在上古时期，孝的理念在中国人的意识中就已经相当强烈。这种理念的产生，或与原始的宗教情感有关，先民们认为祖先的在天之灵可以福佑子孙，因而对祖先产生一种敬畏的心理。另外，在中国古代的宗法制社会中，家国同构，宗统与君统合二为一，孝与忠紧密相连，这也加重了中国人孝的意识。在孝的内容中，"慎终追远"是尤为重要的一条，语出《论语·学而第一》："曾子曰：'慎终追远，民德归厚矣。'"其意为，慎重地办理父母的丧事，虔诚地祭祀远代的祖先，这样就可以令人民的品德归于忠厚。又如，孔子在解释孝的时候说："生，事之以礼；死，葬之以礼，祭之以礼。"这表明了孝不仅在于父母的生前，而且亦重于父母的身后。由于对父母葬祭格外重视，所以古代有"守制"的规矩，也就是父母亡故之后要在家守丧三年，而不得从事嫁娶、应官、交游等活动。关于此点，孔子说："子生三年，然后免于父母之怀。夫三年之丧，天下之通丧也。"守丧的礼法尤其展现出中国人在对待孝这一问题上的独特性。

父慈子孝

父慈子孝，指父母对子女慈爱，而子女对父母孝顺，语出《礼记·礼运》："何谓人义？父慈，子孝，兄良，弟悌，夫义，妇听，长惠，幼顺，君仁，臣忠。"父慈子孝，是儒家伦理思想中父子关系的规范，这与后来"三纲"中所谓的"父为子纲"的提法是有差别的。"父为子纲"强调的是子对父的绝对服从，父亲处于完全的支配地位，而"父慈子孝"在重视"子孝"的同时也言明了"父慈"的一面，表达的是父子之间双向的对应关系，是对父与子的共同的要求，而"父为子纲"表达的则仅仅是对于子女的要求。

身体发肤，受之父母

"身体发肤，受之父母"，语出《孝经》："身体发肤，受之父母，不敢毁伤，孝之始也；立身行道，扬名于后世，以显父母，孝之终也。"古人认为，自己的身体是父母所给的，应当倍加爱护，不敢有所损伤，这是孝道最基本的要求。曹操曾割发代首，割发之所以具有如此重要的意义，其原因就在于此。《三国演义》中描写的夏侯惇中箭后吞食眼珠之举也是基于此种理念，夏侯惇高呼的"父精母血，不可弃之"，说的也就是"身体发肤，受之父母，不敢毁伤"，当然不敢扔弃。

魏武帝曹操像
曹操发兵宛城时规定："大小将校，凡过麦田，但有践踏者，并皆斩首。"可是，曹操的马却受惊践踏了麦田，他让执法的官员为自己定罪，并割发代首。

不孝有三，无后为大

"不孝有三，无后为大"，语出《孟子·离娄上》："不孝有三，无后为大，舜不告而娶，为无后也，君子以为犹告也。"其意为，不孝的表现有三种，其中以断绝后嗣这一点的罪过最大，舜没有禀告父母就娶妻，是怕没有后嗣，所以君子认为舜虽然没有禀告，也是相当于禀告父母了。关于"不孝有三"，《十三经注疏》中汉代经学家赵岐的解释为："于礼有不孝者三事，谓阿意曲从，陷亲不义，一不孝也；家贫亲老，不为禄仕，二不孝也；不娶无子，绝先祖祀，三不孝也。""不孝有三，无后为大"这一理念体现了中国人对于家族的绵延与继嗣的格外重视。在古时，孝的内容不仅有"生之以养"和"死之以葬"，而且还有极为重要的一点，就是要保持对于父母和先祖的祭祀的延续，而这种延续必然要以后嗣的承继不绝来实现，如果没有后人，相当于断了祭奉祖先的香火，这是一种大不孝。这种观念在当代不少中国人的心中仍然有着极深的影响。

出则悌

"出则悌"，"出"是相对于父母的住处而言，由于子女与父母不在一起住，所以有"入"、"出"的说法，"入"，即入父宫，也就是进入父母住的地方，而"出"也就是指离开父母的住处；"悌"，是弟爱兄的意思，也引申为幼者对于长者的敬爱。"出则悌"，语出《论语·学而第一》："弟子，入则孝，出则悌，谨而信，泛爱众而亲仁。"这句话的意思是，年纪幼小的人，在父母面前要孝敬，在外时则要敬爱兄长，说话要严谨可信，要广泛地去爱众人而亲近有仁德的人。

清代李毓秀所作的启蒙读物《弟子规》中有一篇即谓"出则悌"。与"入则孝"相应，"出则悌"是儒家思想中人伦规范的另一个基本方面。

忠

　　忠，是中国传统社会中一项基本的道德要求。"忠"原初是指对别人尽心尽力的忠诚态度，而不是专指臣对君的道德规约和行为职责。《论语·述而第七》载："子以四教：文、行、忠、信。"忠，就是孔子的四项基本教育内容之一。在先秦时代，并没有后来那样的忠君观念，孔子关于臣对君忠的看法是："君使臣以礼，臣事君以忠。"也就是说不是单方面地要求臣对君的忠诚，首先提到的是君要以礼待臣。孟子更说："贼仁者谓之'贼'，贼义者谓之'残'。残贼之人谓之'一夫'。闻诛一夫纣矣，未闻弑君也。"由此可见，在孟子这里，暴虐之君如纣者，实为民贼独夫，杀掉这样的暴君，是无所谓弑君的。这样的话是完全没有死忠、愚忠的色彩的。而要求臣下绝对忠于君主的始作俑者还是法家的韩非。韩非认为，根本不存在所谓的共同的国家公利，君主和臣民之间的利害完全相反，因而绝无道义可言，彼此之间纯粹是相互利用的关系。但是，韩非是以君主本位来处理君臣关系的，他倡言："故人臣毋称尧舜之贤，毋誉汤武之伐，毋言烈士之高，尽力守法专心于事主者为忠臣。"这可以说是汉代大一统时期董仲舒的"君为臣纲"的理论渊源。自从"忠"被列入"三纲"之后，这一观念为封建统治者绝对化，皇帝作为万民之君，受命于天，受权于神，要求民众对皇帝无条件地履行忠诚，也就是所谓"君让臣死，臣不得不死"。另外，在帝制时代，皇帝往往是作为国家的代表被看待的，臣民效忠于皇帝常常与尽忠于国家是合在一起的，出于对国家的情感和职责，贤臣也要求自己尽到对皇帝的忠诚。

仁者爱人

　　"仁者爱人"，语出《孟子·离娄下》："君子所以异于人者，以其存心也。君子以仁存心，以礼存心。仁者爱人，有礼者敬人。爱人者，人恒爱之；敬人者，人恒敬之。"其实在《论语》中就已经有了"仁者爱人"这样的表述，只是没有在字面上将其连接起来。"樊迟问仁。子曰：'爱人。'""仁"，是儒家思想的核心理念，《汉书·艺文志》在阐述儒家学派的特点时概括说："游文于六经之中，留意于仁义之际。"而早在孔子之前，"仁"就已经是华夏民族的一个重要的道德范畴，《尚书·商书·太甲下》中记载："民罔常怀，怀于有仁。"也就是说，唯有仁德才是民心的常归之所。孔子将"仁"这一为世人所崇尚的理念发扬为一种至高的人生境界。在《论语》一书中，有关"仁"的表述屡屡可见，诸如："志士仁人，无求生以害仁，有杀身以成仁。""士不可以不弘毅，任重而道远。仁以为己任，不亦重乎？死而后已，不亦远乎？""克己复礼为仁。一日克己复礼，天下归仁焉。""仁者先难而后获，可谓仁矣。"孔子对"仁"进行了多种不同角度的阐释，"仁"可以说是孔子心目中的道德极则。后来孟子继承和发展了孔子的"仁"的学说，积极倡导"仁政"，提出"仁者天下无敌"的观念，将"仁"看做是帝王为政的最高标准。孔孟之后，"仁"的思想更是深深地刻在中国人的头脑中，"仁"成为自我修养与评价他人的一项根本准则。

克己复礼

　　"克己复礼"，语出《论语·颜渊第十二》："颜渊问仁。子曰：'克己复礼为仁。一日克己复礼，天下归仁焉。为人由己，而由人乎哉？'"这段话的意思是，颜渊向孔子请教仁的含义是什么。孔子说："克制自己，令自己的言行思想符合礼的要求，这就是仁。一旦做到了克己复礼，那么天下的人就都会称许你是仁人。实践仁德，全靠自己，难道还能凭借别人吗？"仁，是孔子道德思想的核心理念，在不同的时候，孔子对于"仁"的内涵有着不同的阐发，而在这次对颜渊的回答中说的是"克己复礼为仁"，回答得干脆而肯定，可见，孔子是将"克己复礼"视作"仁"的基本要求。之所以说"克己复礼为仁"，是因为孔子强调礼治，在其思想中是有着一套严整的礼法规约的，而履行这种礼法，使自己的言行适宜自己的身份、符合礼法的约定，这对于人际的和谐与社会的稳定是至关重要的。因此，"克己复礼"，是儒家思想中对于自我人生修养的一项基本要求。

信

　　信，是中国传统的核心价值范畴之一。信，就是诚，是无欺，是使人无疑。"信"不仅被奉为人际相处的起码准则，亦是治理国家的基本理念。孔子曾说："人而无信，不知其可也。大车无輗，小车无軏，其何以行之哉？"孔子将人没有诚信比做犹如车没有輗、軏（輗、軏，指车辕与横木相连接的关键部位）无法立足于世。孔子在回答子贡关于政事的提问时指出"足食"、"足兵"与"民信"这基本的三点，又言其中最为重要的是取信于民这一点，称："民无信不立。"另外，孔子的弟子子夏也说："与朋友交，言而有信。"曾子的每日三省其身中的一项重要内容同样是"与朋友交而不信乎"。在法家的治国之术中，尤其重视对人民的守信，商鞅"南门立木"就是重信的一个明证。到了汉代，"信"这一道德准则被奉为五常之一，更是确立了至高无上的地位和影响力。

商鞅像
商鞅变法初，担心百姓不相信自己，立木南门，让百姓相信自己重信。

义

　　义，是中国传统的基本价值规范之一。"义"的本义是指合宜的行为表现，而这种合宜的判断标准是社会公认的准则，"义"的繁体字为"義"，在造字上含有群我关系的因素，也就是说令自己的言行符合群体的规范要求者乃称之为"义"。概而言之，"义"体现着一种超乎个人利益之上的道德范畴。孔子曾言："不义而富且贵，于我如浮云。"并且有"义然后取"、"见得思义"、"见义勇为"等关于"义"的行为要求，孔子是将"义"作为自身去就取舍的准则来看待的，如有所取，必当符合义的要求而后可；若有所去，亦当首先思考是否符合义的标准。孟子发扬了孔子的义的思想，言称："生，我所欲也；义亦我所欲也。二者不可得兼，舍生而取义者也。"由此人们常将"舍生取义"与"杀身成仁"相并述，"仁"、"义"二字也成为儒家思想的标志，作为中国传统的核心价值理念，传承千年，根深蒂固。

礼

　　礼，是中国传统价值的一个核心范畴。礼最初是指祭神的宗教仪式，后来发展到人事方面，表示与人的身份地位相应的行为规范和仪式制度。《礼记·中庸》载："礼仪三百，威仪三千。"可见当时的礼仪是非常繁复的，礼制涉及到人们生活的方方面面，无大无小，细至举手投足之间都有相应的礼节来规范。如此繁缛的礼仪显然只有在物质生活余裕的贵族阶级才能施行，所谓"刑不上大夫，礼不下庶人"。根据传统的说法，西周初年，周公旦制订了严密的礼乐体系，奠定了以礼为治的教化传统。孔子对周公之礼极为尊奉，将礼视作修身与治国的基础，曾对其子孔鲤言："不学礼，无以立。"并且提出著名的"克己复礼为仁"的论说。礼之所以具有如此之重要的地位，是因为礼所反映的不仅仅是行为表面上的一套规矩，更是体现着言行规范的后面所蕴含的严肃的道德伦理基础，其严格的形式性承载着重要的实质性。

智

智，是儒家的核心价值范畴之一。儒家思想中的"智"，指的并不是科学智慧，而是一种道德智慧，也就是辨别善恶、是非的能力，也就是孟子所言的人的与生俱来的"是非之心"。《论语·雍也第六》记载："樊迟问知（即智）。子曰：'务民之义，敬鬼神而远之，可谓知矣。'"孔子的解释是，致力于民众应当遵从的义德，尊敬鬼神但是并不亲近它，这就是可以叫做"智"了。又，《论语·宪问第十四》记载："子曰：'君子道者三，我无能焉：仁者不忧，知者不惑，勇者不惧。'子贡曰：'夫子自道也。'"孔子在这里将"知者不惑"作为君子所具有的基本美德之一，其后孟子进一步指出，所谓"智"，就是生而有的"是非之心"，只要尽心将这种智慧来发扬，就能够做到知性，由知性而知天，知天则意味着达到超凡脱俗的人生之境，这是"智"的最高境界，也是儒家思想中作为一种道德智慧范畴的"智"的概念的本真之义。

勇

勇，是儒家的重要道德范畴之一，指勇敢、果断的品格，孔子将勇看做是仁者所必备的条件，并且将勇与智和仁相并举，曰："知者不惑，仁者不忧，勇者不惧。"但是君子的勇是应当以义为前提的，"君子以义为上，君子有勇而无义为乱，小人有勇而无义为盗"。孔子又说"恶勇而无礼者"，可见，勇的品质的发扬是应当以对于礼和义的尊崇为基础的。孟子继孔子之后对勇的内涵做了更为详细的阐发，指出真正的勇是深明大义，能够通过自省而作出进退选择的"理性"之勇，是合于气节、道义，敢于担当的道德之勇，而不是逞强好胜的血气之勇、匹夫之勇。孟子以气养勇，以义配勇，崇尚"舍生取义"，其勇与"心"、"志"、"气"有着密切的关系，是一种体现情感与行动相统一的道德品质。孟子认为勇的培养需要立其志、养其气，从而最终形成具有"浩然之气"的理想人格。

内省

"内省"，是儒家所提倡的修养方法。《论语·颜渊第十二》载："子曰：'内省不疚，夫何忧何惧？'"也就是说，面向自己的内心来省察，如果没有可以愧疚的事，那么会有什么值得忧虑和畏惧的呢？孔子又说："见贤思齐焉，见不贤而内自省也。"这句话表明，在孔子这里，内省是一种重要的自我提升的方法。曾子所言的"吾日三省吾身"就是对内省方法的实践运用。后来，内省的修身方法一路传承，无论程朱理学，还是陆王心学，都极为强调"内省"的功夫。内省的基础是道德上的自律，这是其优点，也是其弊端。孟子说"反求诸己"，但这是建立在"性善论"的基础上的，也就是说，在确定人具备仁、义、礼、智等善端的情形下才是有效的。孔子言："我欲仁，斯仁至矣。"这种"仁至"也是以"我欲仁"为前提的，而"欲仁"者则已经为君子，所以在某种意义上来讲，内省只可施于君子，而不能够奏效于非君子之流的。

持志养气

"持志养气"，是儒家提倡的修养方法，源出孟子，关于"持志养气"这一问题的论述，集

食气养生图 清 黄慎

中见于《孟子·公孙丑上》。孟子说："夫志，气之帅也；气，体之充也。夫志至焉，气次焉，故曰：'持其志，无暴其气。'"这段话的意思是，心志，是气的主宰；而气则支持着人的身体。心志是最为重要的，而气为其次，所以说："掌握了心志，就不会令气出现什么问题。"这表达了持志为首要，养气为根本的意义内涵。孟子还说："吾善养吾浩然之气。"孟子所言的"气"，指的是一种博大高深的精神状态和人格境界，其含义包括当今所言的"气质"，但是比普通的气质要更为高远，是一种难以具体形容的概念。孟子在向弟子解答何谓"浩然之气"时说："难言也。其为气也，至大至刚，以直养而无害，则塞于天地之间。其为气也，配义与道。"由此可知，在孟子看来，这种"浩然之气"意味着一种与天地同流、共道义同在的至高无上的修养境界。孟子也指出，这种境界的达到和养成是不能够一蹴而就的，并且以"揠苗助长"这则寓言来形象地说明。孟子"持志养气"的论说对有志于道德修养和获得自我提升的古人产生过极大的感召力。

寡欲

"寡欲"，是儒家提倡的修身方法。《孟子·尽心上》："养心莫善于寡欲。"欲望本是一种生物本能，但在人的身上却有着特殊性，一方面因为人类世界较动物的世界远为复杂，相比于动物很单纯的欲望而言，人类的欲望呈现出纷繁之状。另一方面，动物的欲望追求仅限于几种基本的生理欲望的满足，而生理欲望一般而言都是有限度的，不会产生过度膨胀的问题，人类的欲望则不然。俗语说"人为财死，鸟为食亡"，这句话很好地表现出人的欲望与动物的欲望的区别。鸟为食而奔逐，人则为财而争斗，食者为一腹之欲，食量再大也是有限度的，有了一定的食物就可以满足；而财则是一种无限的欲望，人对财的追求是没有界限的，也就是说没有"满足"的可能，所以人类有贪得无厌之说，动物却不大可能出现这种情况。人类这种欲望的特殊性，决定了人常常要遭受欲望得不到满足之苦（事实上，从一定意义上来讲，人的欲望必然是永远不会获得满足的），与此同时，一些人为追逐欲望不择手段而给社会带来罪恶。这样，如何正确处理欲的问题就成为思想者所必然要认真面对的一大人生困局。思想家们常常不约而同地选择人要对自身的欲望进行限制，但是具体的提法却有所差别。与佛教的严格禁欲相比较，儒家对于人的欲望方面是很为开明的，认为饮食男女乃人之大欲，是完全应当追求和满足的，只是提倡"欲不可纵"，人对自身的欲望要有所节制，这也就是儒家的"寡欲"思想。宋代理学家所提出的"存天理，灭人欲"的主张，不应简单地按字面理解为禁欲主义，这里所说的"人欲"实际上指的是超出人的基本生理欲求的过分的欲望。寡欲虽然有倡导人们安于清心素朴的生活以免去诸多的扰攘纷争的积极的一面，仍未免失之于保守，如言"美味"即是应当革去的"人欲"，实在是过于严苟，另外，这种提倡如果达到有失分寸的过分化的地步，对于社会的发展前行也是有所不利的。更为正确的提倡应当是求欲而有道，也就是不应当只看一个人的欲望本身是处于一种什么样的程度，而且更要看其对欲望的追求是否是以遵守既定的道德规范与公认的行为准则并且不为害于他人为前提的。同时，应倡导对于欲望不要过分地热衷，也就是说，"寡欲"依然是人们持身的一种重要参照，只是不必机械地去一味尊奉。

知耻

"知耻"是儒家思想中的一个重要的道德范畴，指的是个人通过自己内心的省察而产生羞恶感。孔子曾以"行己有耻"来表述士人之行，也就是说要以羞耻之心来约束自己的行动，自己认为羞耻的事就不会去做。这是知耻的重要意义。知耻则有所不为，若不知耻则无所不为，知耻是君子之行的一条基本的道德约规。孔子言："知耻近乎勇。"朱熹对此的解释是，"勇"指"勉力而行、自强不息"的精神，是君子必当具备的美德。孟子将"知耻"称作"羞恶之心"，将其作为人皆有之的"良知"。荀子继承和发展了孔孟的知耻观念，并且对荣辱问题进行了详细的阐述，将"知耻"作为人生修养的要则。明末清初的思想家顾炎武提出："朝廷有教化，则士人有廉耻；士人有廉耻，则天下有风俗。"并且说："士大夫之无耻，是谓国耻。"可见，知耻与否不仅关乎个人之善恶，亦系于国家之荣辱兴衰。

慎独

"慎独"，是儒家提倡的一种重要的修身方法。《礼记·中庸》曰："道也者，不可须臾离也，可离非道也。是故君子戒慎乎其所不睹，恐惧乎其所不闻。莫见乎隐，莫显乎微，故君子慎其独也。""慎独"的基本含义就是人在不为他人所察知的自己独处的时候尤其要遵守道德，慎重行事。《礼记·大学》中也再三强调，"君子必慎其独也"，并且将其解释为"诚意"，"毋自欺"，也就是说一个人在独处的时候依然能够保持好自己的道德操守，才是真正做到了君子的本色，君子之为，在发于己心，在从乎自律，而不是依靠外在的约束。

守静

"守静"，是道家所提倡的修身和养生的根本方法。老子曰："致虚极，守静笃，万物并作，吾以观复。夫物云云，各复归其根。归根曰静，是为复命。"意思是说，万物品类虽然众多，生态虽然各异，但最后都只有"复"归到它的根本上才能开始生长。而这个根本也就是"静"。《礼记·乐记》言："人生而静，天之性也；感于物而动，性之欲也。"将静看做是人的天性。"守静"的思想基础是：世间万物的原本都是空虚而宁静的，要追寻万物的本质，必须恢复最原始的虚静状态。其实生命都是由无到有，由有再到无，最后总会回复到根源，而根源都是虚静的，虚静是生命的本质，这种生命的本质也是自然的常道，所以修身养生当以"守静"为本。

正心诚意

"正心诚意"，是儒家提倡的人身修养的重要方法，指的是令心地端正，令意念诚恳，语出《礼记·大学》："古之欲明明德于天下者，先治其国；欲治其国者，先齐其家；欲齐其家者，先修其身；欲修其身者，先正其心；欲正其心者，先诚其意；欲诚其意者，先致其知；致知在格物。""正心"和"诚意"是自我修养从格物、致知开始，最后达到明明德于天下的必要步骤，也是修身的必然前提。

坐忘

　　"坐忘",是道家所讲的一种修养方法和一种至极的精神境界,语出《庄子·大宗师》:"堕肢体,黜聪明,离形去知,同于大通,此谓'坐忘'。"这段话的背景是,一天颜回去见孔子,说自己有了长进,因为自己已经忘却了"仁义",但孔子觉得这还不够;又一天,颜回再见孔子,提到自己的长进,说已经忘却了"礼乐",但孔子认为还不够;再过了些日子,颜回又去见孔子,在表述自己的长进时说自己已经达到了"坐忘"的境界。孔子吃惊地问,什么叫"坐忘"?颜回在向孔子解释什么是"坐忘"时说了上面的那段话。意思是说,不知四肢形体的存在,弃却视听的感觉,分离身形,去掉智慧,和同于大通之道,这就达到了"坐忘"的境地。孔子对颜回的论说非常佩服,于是说:"和同就不会偏执于个人的好恶,顺化则不会拘泥于世俗的常理。你果真成为贤人了!我孔丘愿意跟在你的后面学习。"人们一般认为这是庄子在假借孔子和颜渊的对话来表述自己的思想。唐代司马承祯在《坐忘论》中阐释说:"夫坐忘者何所不忘哉!内不觉其一身,外不知乎宇宙,与道冥一,万虑皆遗,故庄子云同于大通。""坐忘"是指人有意识地忘记外界一

道教养生图

切事物,甚至忘记自身形体的存在,达到与"大道"相合为一的得道境界,也指人在修炼中控制意志、排除杂念的内修方法,是对生命本意的深度体认和对生命主体性的高度把握。

知足

　　"知足",是道家提倡的伦理观念。《老子》第四十六章:"罪莫大于可欲,祸莫大于不知足,咎莫大于欲得。故知足之足,常足。"第四十四章:"名与身,孰亲?身与货,孰多?得与亡,孰病?甚爱,必大费;多藏,必厚亡。故知足,不辱;知止,不殆,可以长久。"老子提倡去掉身外之欲,劝导人们知足知止,而可常足常乐。人们处于一个物欲横流的世界,老子的话有着鲜明的规劝意义,只是要让人们实践中对这样的理念给予执守和认同却并非易事。试问,面对纷纭杂陈的诱惑,能够做到静然不动心者能有几人?知足的戒条在明晃晃的利诱面前往往显得十分脆弱。

温、良、恭、俭、让

　　"温、良、恭、俭、让",是儒者所具有的五种美德,语出《论语·学而第一》:"子禽问于子贡曰:'夫子至于是邦也,必闻其政,求之与,抑与之与?'子贡曰:'夫子温、良、恭、俭、让以得之。夫子之求之也,其诸异乎人之求之与?'"这段话的意思是,子禽问子贡:"孔子到了一个国家一定会了解到那个国家的政事,这是主动问来的呢?还是别人自动告诉的呢?"子贡回答说:"那是孔子依靠温、良、恭、俭、让这些美德所得来的,孔子得到这些听闻的方式与别人获取的方式是不相同的吧。"温、良、恭、俭、让,指的就是温和、善良、严肃、节俭、谦虚这5种品德,这是孔子的学生对他的评价,可见孔子自身是躬行着这些美德的,而这也成为后世效法的榜样。

中庸

　　"中庸"，是儒家思想中的一项核心主张，意涵是执两用中，不偏不倚，不过亦无不及，调和折中，恰到好处。《论语·雍也第六》："中庸之为德也，其至矣乎？"孔子是将中庸作为最高的道德规范来看待的。《礼记·中庸》载："仲尼曰：'君子中庸，小人反中庸。君子之中庸也，君子而时中；小人之反中庸也，小人而无忌惮也。'"到了宋代，"中庸"被特别地强调出来，程颐将《礼记》中的《中庸》一篇看做是"孔门传授心法"，阐释说："不偏之谓中，不易之谓庸；中者，天下之正道，庸者，天下之定理。"（《中庸章句序》）朱熹又作《中庸集注》，把《中庸》和《大学》、《论语》、《孟子》并称为"四书"。后来，《中庸》成为官定的教科书和科举考试的必读书，对中国古代的教育产生了极大的影响。由于中庸学说的盛行，人们往往将中庸与中国人的性格特点联系起来，以为中国人是很中庸的，实际上，中庸是儒家倡导的一种道德准则与行为规范，却并非是对中国人的事实性格的描述与概括。孔子曰："（中庸之德）民鲜久矣。"这就是说中庸之道在民众之间已经缺乏很久了。鲁迅曾解释这句话说："然则圣人为什么大呼'中庸'呢？曰：这正因为大家并不中庸的缘故。"

立德、立功、立言

　　立德、立功、立言，即"三不朽"，语出《左传·襄公二十四年》："太上有立德，其次有立功，其次有立言。虽久不废，此之谓不朽。"当年，鲁国的叔孙豹与晋国的范宣子就何为"死而不朽"这一问题各自发表过见解。范宣子认为，他的祖先自虞、夏、商、周以来世代为贵族，家世显赫，香火不绝，这就是"不朽"。叔孙豹则以为不然，他认为这只能叫做"世禄"，而并非"不朽"，在言及什么是真正的"不朽"时，叔孙豹说了上面那段话。唐代孔颖达在《春秋左传正义》中对立德、立功、立言三者分别做了明确的阐释："立德谓创制垂法，博施济众"；"立功谓拯厄除难，功济于时"；"立言谓言得其要，理足可传"。也就是说，"立德"指道德操守，"立功"乃指事功业绩，而"立言"指的是把真知灼见形诸语言文字，著书立说，传于后

宋人伐木
孔子离开曹国，路过宋国，在大树下与弟子练习礼法，宋国司马要害他，欲拉倒那棵树，弟子们说："可以离开这里吗？"孔子镇静地说："天地赋予了我德行，司马能把我怎么样呢？"

世。"立德"、"立功"与"立言",指向的都是身后之名的流传不绝,因此而谓之"不朽"。而对身后不朽之名的追求,正是古圣先贤超越个体生命的局限而追求永生、超越物质欲求而追求精神满足的独特形式。孔子说:"君子疾没世而名不称焉。"屈原在《离骚》中说:"老冉冉其将至兮,恐修名之不立。"司马迁在《报任安书》中也说道:"立名者,行之极也。"这些话语都表达了先贤对于不朽之名的热衷,不朽之名与通常而言的名利之名并不是一回事,因为不朽之名指向的是一种极致的人生境界,对这种人生境界的追求,激励着个体生命拼搏奋进,敢于取舍,从而释放出无比巨大的能量,昭己名于后世,亦泽被于千秋,而绝非针对求得一时的浪声虚名以得心慰而已。

杀身成仁

"杀身成仁"是儒家提倡的志士仁人所具有的道德品格,语出《论语·卫灵公第十五》:"志士仁人,无求生以害仁,有杀身以成仁。"当维持仁德与保全生命发生冲突的时候,志士仁人的选择不是为了保全性命而背弃仁德,而是为了成就仁德而不惜牺牲生命。"杀身成仁",是将仁德放在了比生命更为高贵的位置上,近代匈牙利诗人裴多菲有一首著名的小诗,写的是:"生命诚可贵,爱情价更高。若为自由故,二者皆可抛。"意在言爱情高于生命,而自由又高于爱情,也就更高于生命,为了追求爱情和自由,可以付出自己的生命。这与孔子所言的为仁德而杀身的目的不同,但其精神实质是相通的。贪生怕死、为求得一己的苟活而不顾一切仁义道德的人,自古以来为世人所唾弃,而杀身成仁、视义德高于生命的人则受到人们的称扬和敬仰。

舍生取义

"舍生取义",是孟子所言的道德抉择,语出《孟子·告子上》:"鱼,我所欲也;熊掌,亦我所欲也。二者不可得兼,舍鱼而取熊掌者也。生,亦我所欲也;义,亦我所欲也。二者不可得兼,舍生而取义者也。""舍生取义"常常与"杀身成仁"相提并论,"仁"和"义",都是儒家的核心道德范畴,孟子的"舍生取义"可以看做是孔子的"杀身成仁"的另一种形式的表达,两者的意义内涵是一致的。孟子在上面那段话之后继续说道:"生亦我所欲,所欲有甚于生者,故不苟得也;死亦我所恶,所恶有甚于死者,故患有所不避也。如使人之所欲莫甚于生,则凡可以得生者何不用也?使人之所恶莫甚于死者,则凡可以避患者何不为也?由是则生而有不用也,由是则可以避患而有不为也,是故所欲有甚于生者,所恶有甚于死者。非独贤者有是心也,人皆有之,贤者能勿丧耳。"这段话的大意是在表明:生存当然是我的欲求,可是我的欲求还有比生存更为重要的,所以不能苟全生命;死是我所厌恶的,但是我所厌恶的还有比死更厉害的,所以在需要的时候是不能避免赴死的。如果人们没有比求生和避死更为崇高的欲求,那么由于贪生惧死就会不择手段,无所不为。当人们的心中有着比恋生恶死更为高贵的情感和欲望时,才会做到有所不用,有所不为。不是只有贤者才有这样的心地,而是人人都如此,但是贤者能够使这种高洁的心地不沦丧。孟子的这一段解说将"舍生取义"的内涵表达得十分明了,概而言之,生命诚然高贵,但是对于人来讲,仁义之所贵更重于生命,君子贤人是能够做到为了持守仁义而献出生命的。

独善和兼济

独善和兼济,是儒家提倡的修身准则,语出《孟子·尽心上》:"穷则独善其身,达则兼善天下。""独善"和"兼济",是这两句话的简括的提法,其意为,一个人在不得志的时候,要汲汲于修善己身，而在发达的时候，则要有志于普济天下，惠被苍生。孟子还说："得志，与民由之；不得志，独行其道。""得志"，就是"达"；而不得志，也就是"穷"。这里的"穷"与"达"，意指是否有为官参政的机会，只有获得了执掌政权的机会，才能够将自己的治世理想进行实践和推广，否则自己的一腔热情只是纸上空谈，即使是一介平民，依然要严格自律，保持操守，而不可放任自流，放弃自我的修养。这就是儒家的退则修己身、进则济天下的积极入世的人生观念。

气节

"气节"，是儒家所提倡的一种道德操守，是指坚持正义、面对强压而不屈服的高贵品质。分开来讲，"气"指的是一种精神状态，孟子所言的"浩然之气"就是一种高渺的修养境界；而"节"指的是节操，是一种道德品格，是在重大是非面前所表现出的正确抉择，是《论语》中所言的"临大节而不可夺"乃"君子人也"之意。后来"气"、"节"并称，指称充满正义和正气的坚贞的人格，《史记》中评价汲黯"好学，游侠，任气节"，此之谓也。汉代苏武持节牧羊的事迹就是气节的一个最佳的说明。

三从四德

"三从四德"是中国古代社会对妇女的德行所做的规范。

"三从"出自《仪礼·丧服》："妇人有三从之义，无专用之道，故未嫁从父，既嫁从夫，夫死从子。""三从"在这里与后来习称的"三从四德"之中的含义并不一样，"三从"原本指的是贵族妇女为亲属服丧的仪制，"从"的意思是在仪制上的依从，而不是权力关系上的服从。

"四德"出自《周礼·天官》："九嫔掌妇学之法，以教九御，妇德、妇言、妇容、妇功。"据郑玄的注释，"妇德"指贞顺，"妇言"指辞令，"妇容"指修饰，"妇功"指纺织，这是王妃所应当学习的4种"妇道"。东汉才女班昭作《女诫》，将其称为"女人之大德"，并阐释说：

女史箴图（唐摹本）
图卷采用一文一图的形式，每图前楷书"箴"文。人物用游丝描，细劲流畅，不惟造形准确，于神情也描绘得颇为生动。画中舍身挡熊的冯媛在众人恐慌避走之时傲然不惧。对镜梳妆的姬妾，典雅秀逸姿态从容，表现出贵族女子的特征。

"清闲贞静，守节整齐，行己有耻，动静有法，是谓妇德；择辞而说，不道恶语，时然后言，不厌于人，是谓妇言；盥浣尘秽，服饰鲜洁，沐浴以时，身不垢辱，是谓妇容；专心纺绩，不好嬉笑，洁斋酒食，以奉宾客，是谓妇功。"这也就是"四德"所蕴含的具体内容。

"三从四德"开始时是作为贵族妇女的日常仪德而制定的，后来经过儒家的提倡，成为全社会所遵奉的"妇道"。"三从四德"对妇女所做的要求体现出明显的男权色彩，因而在"五四"新文化运动中备受抨击，尤为女性主义者所不容。

节烈

"节烈"，是中国古代封建社会后期所表彰的女德。"节"，指的是"守节"，也就是说妇女保持贞操，夫死后不改嫁，从一而终，不事二夫；"烈"，指的是"殉节"，也就是说妇女在丈夫死后随之自杀。"节烈"观体现的是妇女基于自身的经济地位而形成的对男性的人身依附关系，丈夫对妻子具有绝对的主导权。"节烈"作为一种妇德来提倡是宋代以后才出现的，而在此之前，对于妇女的改嫁社会上并无异议，这样的事例在历史记载中可以说是屡见不鲜的。宋代程颐曾说过"饿死事极小，失节事极大"这样的话，表示女性的贞洁是比生命还要重要的。其实程颐说这样的话是有着当时具体的历史背景和语言环境的，是有感于当时淫靡的世风而发的，且程颐说的"失节"之事同时也是针对于男方的，其本意并非后人单独看这两句话时所理解的那样。程颐的这种表达后来为朱熹所提倡，但朱熹所言的"失节"并非仅仅是针对妇女而说的，而且在宋代的时候妇女再嫁的情况也是非常普遍的，社会上将妇女之"节烈"普遍看做一种高尚的德操，是更后来的事情了，但最终却演变为"以理杀人"的封建教条。吴敬梓的《儒林外史》中写一个老秀才王玉辉在闻知女儿为丈夫殉死之后忍着悲痛而大叫："死得好，只怕我将来不能像她这样一个好题目死哩！"这种"节烈"观是人性扭曲的表现。

内圣外王

"内圣外王"，最早见于《庄子·天下》："是故内圣外王之道，暗而不明，郁而不发，天下之人，各为其所欲焉，以自为方。""内圣外王"的含义，简单地说，就是内以为圣，外以称王，指一个人在内具有圣人的修养境界，在外则可统御天下。"内圣"，表现的是一种人格理想；"外王"，表现的是一种政治理想。在柏拉图所阐述的理想国中，为王的是哲学家，相当于中国所言的圣者，这实际上与中国"内圣外王"的思想是有着相通之处的。但是，在现实中，圣者很少有机会能够成为王者，孔子只是一位"素王"，而王者也大多不具备圣者的资质，"内圣外王"主要是作为一种理想构思而存在的。

儒家

大同

"大同"，是儒家所提出的最高范畴的社会理想，《礼记·礼运》中记载孔子对大同世界的描绘："大道之行也，天下为公。选贤与能，讲信修睦，故人不独亲其亲，不独子其子，使老有所终，壮有所用，幼有所长，矜寡孤独废疾者，皆有所养。男有分，女有归。货，恶其弃于地也，不必藏于己；力，恶其不出于身也，不必为己。是故谋闭而不兴，盗窃乱贼而不作，故外户而不闭，是谓大同。"清末康有为为宣传变法改制而将孔子的大同理想与西方的近代社会制度相比附，并亲著数十万字的《大同书》来表述自己的政治理想。孙中山对大同世界的理想描述也是十分推崇，并将"天下为公"作为自己的政治格言。"大同"是孔子对人类理想社会的构想，表达了自己对"天下为公"的大同世界的向往，只是没有同时指出人类走向大同社会的可由之径。

壁画中宁静的尧舜时代

《史记》载，舜在 20 岁时就以孝闻名。30 岁时，尧询问可用的人才，四岳诸侯都推荐舜。经过一番长期的考察，尧对舜很满意，就把帝位禅让给了舜。

小康

"小康"，是儒家所描述的一种社会状态，《礼记·礼运》中记载孔子在讲述"大同"之后接着说道："今大道既隐，天下为家。各亲其亲，各子其子，货力为己。大人世及以为礼，城郭沟池以为固，礼义以为纪，以正君臣，以笃父子，以睦兄弟，以和夫妇，以设制度，以立田里，以贤勇知，以功为己。故谋用是作，而兵由此起，禹汤文武成王周公，由此其选也。此六君子者未有不谨于礼者也，以著其义，以考其信。著有过，刑仁讲让，示民有常。如有不由此者，在势者去，众以为殃，是谓小康。"在孔子看来，禹汤文武成王周公之时的社会可以称作"小康"，"小康"虽不及"大同"，却也是一种比较好的社会风貌。康有为根据《春秋公羊传》的"三世"说，将"小康"比作"升平世"，将"大同"比作"太平世"，社会的发展规律是由"据乱世"走向"升平世"，再进入"太平世"。

礼乐征伐自天子出

"礼乐征伐自天子出"，语出《论语·季氏第十六》："天下有道，则礼乐征伐自天子出；天下无道，则礼乐征伐自诸侯出。自诸侯出，盖十世希不失矣；自大夫出，五世希不失矣；陪臣执国命，三世希不失矣。天下有道，则政不在大夫。天下有道，则庶人不议。"这段话的意思是，天下有道的时候，礼乐的制作和战争的发动都是由天子决定的；天下无道的时候，礼乐和战争的事宜便由诸侯来决定。由诸侯来决定礼乐和战争，很少有能维持十代而不乱的；如果制作礼乐和发动战争的权力落到了大夫的手中，那就很少有能维持五代而不乱的；如果大夫的家臣把持了国政，就很少有超过三代而不发生动乱的。天下有道，国家的政权不会掌握在大夫的手中。天下有道，老百姓就不会有非议。孔子的这段话是经过对历史的考察而得出的结论，春秋时期，自齐桓公开始，"礼乐征伐自诸侯出"，而天子则失去了号令权；齐国从桓公称霸到简公为陈恒所杀，经历十代；鲁国自季友专政，到季桓子时政权让于阳虎，经历五代；而季氏的家臣阳虎、南蒯、公山弗扰等都是当身而败，未及三代。"礼乐征伐自天子出"之所以为"天下有道"的标志，是因为"自天子出"意味着政令的统一，意味着国家政治活动的清明有序，而若自诸侯出，自大夫出，乃自家臣出，则意味着纷争与混乱，意味着激烈的权力争夺，而在这种争夺的过程中必然会产生种种丑陋的事件，同时也给人民带来危害，也就是"天下无道"。

尊尊与亲亲

"尊尊"与"亲亲"，是周朝的基本政治思想，其意是尊重应当尊重的人，亲近应当亲近的人。"尊尊"与"亲亲"所体现的是一种严密的尊卑与亲疏的等级关系。周朝统治者认真地总结了商朝灭亡的教训，认为商朝在纣王时覆灭的一个基本原因就是众叛亲离，在国都遭受危险的时候，没有地方上的势力进行有效的支援。因此，周朝建立了以分封制和宗法制为基础的政治制度，周王将自己的家族成员分封到各地，成为诸侯，诸侯之下再有大夫，权力层层下递，都选择关系亲近者来担任，同时，这种受封的爵位又是世袭的。这就是"尊尊"与"亲亲"的思想在政治制度上的具体呈现。"尊尊"与"亲亲"的观念落实到最后，其目的就是要任何人都遵守由这种原则所确定的制度，各安其位，不存妄想，百姓做顺民，百官做顺臣，这样国家就会长治久安。到了春秋特别是战国时期，"尊尊"与"亲亲"的原则在相当大的程度上被打破了，官吏的任用不再唯亲是举，秦朝建立之后，世袭制也被废除，而以任命制代之。

穷则变，变则通

"穷则变，变则通"，语出《易经·系辞传下》："神农氏没，黄帝、尧、舜氏作，通其变，使民不倦，神而化之，使民宜之。《易》穷则变，变则通，通则久。"其意为事理到了窘困穷竟的时候就应当有所变动，变动之后即可于事通达，通达之后即可行于长久。清末梁启超在倡导维新时在《变法通议》中引用这段话说："《易》曰：'穷则变，变则通，通则久。'伊尹曰：'用其新，去其陈，病乃不存。夜不秉烛则昧，冬不御裘则寒，渡河而乘陆车者危，易证而尝旧方者死。'""穷则变，变则通"强调的是不可拘泥于成法，行事的法则当因时而异，与时俱进，这才是成功之法。

礼治

"礼治"，是一种以礼仪制度作为国家的基本政治秩序的执政理念。"礼治"的基本确立是在西周初年，周公旦在确定礼制的过程中起到了重要的作用。周初的"礼治"是以"亲亲"和"尊尊"观念为基础的，"亲亲"，就是按照血缘关系的远近来区分亲疏，再由亲疏来确定贵贱；"尊尊"，就是地位低的人要尊重地位高的人，不得有所僭越。由此，君、臣、父、子各具其名，尊卑、亲疏、高低、贵贱各有其分，依此而行，整个社会便会建立起一套严明的秩序，国家的政治生活也不会出现纷乱，这就是"礼治"的核心意涵。与"礼治"的思想内涵相配合，统治者创立了一套繁复而精微的礼仪制度，令"礼治"的形式与内容相为呼应，以起到良好的实践效果。但是，"礼治"未能使国家的运行长治久安，统治者并不能借此而可高枕无忧，延递至东周时期，"礼治"的规则便为礼崩乐坏的乱世局面所打破。

君君，臣臣，父父，子子

"君君，臣臣，父父，子子"，语出《论语·颜渊第十二》："齐景公问政于孔子。孔子对曰：'君君，臣臣，父父，子子。'公曰：'善哉！信如君不君，臣不臣，父不父，子不子，虽有粟，吾得而食诸？'"这段话表达的意思是，齐景公向孔子询问治理国家的方略，孔子回答的对策是，要令做君主的像个君主的样子，为臣的要像个臣的样子，当父亲的要像个父亲的样子，而做儿子的要像个儿子的样子，也就是说，要各自都按照自己的身份行事，各就其位，名副其实。齐景公对孔子的论述非常地肯定，并且说如果不这样的话，即使国家有很多的粮食，自己都会吃不上的，非这样做不可，否则国家就会大乱。孔子的这种关于君臣父子的表述被后世演化为"君为臣纲，父为子纲，夫为妻纲"的伦理准则，而其实这与孔子的原意是相去甚远的，孔子强调的是每个人都应当依照礼法来做符合自己身份的事情，而"三纲"强调的是君对臣、父对子、夫对妻的统领，两者的目的都是实现国家与社会的安定有序，但办法却是不同的。

臣子拜见皇帝图
图中皇帝高坐于堂上，左右有太监、仕女侍候，堂下一臣子匍匐在地上毕恭毕敬地叩头，似乎在等待皇帝的吩咐。这幅图表现了封建社会臣子对皇帝的绝对服从。

名不正则言不顺

　　"名不正则言不顺"，语出《论语·子路第十三》："名不正，则言不顺；言不顺，则事不成；事不成，则礼乐不兴。礼乐不兴，则刑罚不中；刑罚不中，则民无所措手足。"孔子说这段话所要表达的是，做任何事情，都要名义正当，如果名义不正当，讲话就不能通顺，事情就做不成，礼乐制度也就无法兴办，刑罚也就不会得当，如此一来，老百姓也就会不知所措。孔子是极为重视名分的，在这里从名之不正的负面影响的角度来讲述了正名的重要意义。孔子所讲的名正，是实至而名归的"名"，通过正名所要强调的是事理的端正，名之正是行事有方的端始。前面的话从正面来讲就是，名正而可言顺，言顺而可事成，事成而礼乐可兴，礼乐兴则刑罚为中，刑罚为中则民可有所循，如此则天下治。

宽政安民为上

　　宽政安民为上，是儒家所提倡的政治方略，指的是遵奉为政宽大、使人民安定的治国理念。《左传·庄公二十二年》记载："羁旅之臣，幸若获宥，及于宽政，赦其不闲于教训而免于罪戾，弛于负担，君之惠也。"这段话所表达的意思就是劝勉君主施行宽大的政治，并且认为这是君主的一种恩惠。《后汉书·王龚传》记载："畅深纳敌谏，更崇宽政，慎刑简罚，教化遂行。"说的也是对于宽政的提倡。周武王灭商之后，周公曾向武王进谏执行"使各居其宅，田其田，无变旧新，惟仁是亲"的安民政策，武王欣然采纳。宽政与安民是紧密地联系在一起的，可以说，唯有宽政，方可安民，宽政是安民的必要条件之一，而安民则是宽政的一项基本内容。

上行下效

　　"上行下效"，语出班固《白虎通义·三教》："教者，效也，上为之，下效之。"意思是上面的人怎么做，下面的人也跟着怎么做，一般指不好的事情，用以告诫地位高的人特别是最高的领导人物要注意自身的言行，以免给社会造成不良的影响。《战国策》中记载了莫敖子华的对楚威王说的一段话："昔者楚灵王好士细腰，故灵王之臣皆以一饭为节，胁息然后带，扶墙然后起。比期年，朝有黧黑之色。"这个典故后来被概括为"楚王好细腰"。《墨子·兼爱》中也记载了这一典故，并且明确指出：“君说之，故臣能之也。”臣下之所以能够那样做，是因为国君喜欢那样的事情。“楚王好细腰”，后来比喻当权者的爱好引导着社会的潮流，东汉马廖在《上长乐宫以劝成德政疏》里也引用了这样的句子：“吴王好剑客，百姓多创瘢；楚王好细腰，宫中多饿死。”这就是“上行下效”的典型案例。

和同之辨

“和同之辨”，就是关于“和”与“同”的分辨，《论语·子路第十三》记载孔子的话：“君子和而不同，小人同而不和。”这就是孔子著名的“和”、“同”观念。“和”指的是调和、和谐，“同”指的是顺同、同一，君子在面对问题、处理事情的时候，选择的是和谐，而且这种和谐是以坚持正确的意见为前提的；小人则恰恰相反，选择的是顺同，是没有原则的盲从，而不是以正确的道理来坚持，进行调和。

民为贵，君为轻

“民为贵，君为轻”，这是孟子提出的思想观念，语出《孟子·尽心下》：“民为贵，社稷次之，君为轻。”孟子接着还说了这样的话：“是故得乎丘民而为天子，得乎天子为诸侯，得乎诸侯为大夫。诸侯危社稷，则变置。牺牲既成，粢盛既洁，祭祀以时，然而旱干水溢，则变置社稷。”意思是，所以得到民众的拥护就能做天子，得到天子的信任就能做诸侯，得到诸侯的信任就能做大夫。诸侯危害了土谷之神，那就改立诸侯。祭祀用的牲畜是肥壮的，谷物是清洁的，又是按时祭祀的，然而还是干旱水涝，那就改立土谷之神。孟子“民贵君轻”的思想内涵是，人民是天下的根本，国家（社稷）是为了给人民谋求福利才建立的，而君主则是为了治理国家才设立的，归根结底，也是为了给人们带来更多的福利才会有君主这个位置的，也就是说，君主以国家为基础，而国家又以人民为基础，所以说，“民为贵，社稷次之，君为轻”。

王道与仁政

“王道”与“仁政”，是儒家所主张的政治理念，“王道”，就是圣王之道，是符合仁义准则的治国之道，而“仁政”，是将仁义作为基本的政治观念治理国家，“仁政”是“王道”在政治措施上的具体实现，而“王道”则是“仁政”的思想内涵。“王道”的概念发端于孔子的仁的思想，孟子进行了明确阐述。孟子说：“仁也者，人也；合而言之，道也。”这句话言简意赅，指出了仁与道的基本关系。孟子在谒见梁惠王的时候，具体地阐述了自己的“王道”理想：“谷与鱼鳖不可胜食，材木不可胜用，是使民养生丧死无憾也。养生丧死无憾，王道之始也。五亩之宅，树之以桑，五十者可以衣帛矣；鸡豚狗彘之畜，无失其时，七十者可以食肉矣；百亩之田，勿夺其时，数口之家可以无饥矣；

孔子圣迹图页 清 焦秉贞 绢本
图中湖石峻挺，绿意浓深，孔子正与国君相对而谈。此画当源自孔子周游列国，游说诸王，宣扬儒家“仁政”，“以德治国”的典故。

谨庠序之教，申之以孝悌之义，颁白者不负戴于道路矣。七十者衣帛食肉，黎民不饥不寒，然而不王者，未之有也。""王道"是孟子极力提倡的以仁义治天下的政治主张，可是在孟子所生活的时代，通行于世的却是与"王道"截然相反的"霸道"。"霸道"，也就是凭借武力、刑法和权势对外征伐和对内管理的政治思想，这是法家积极主张的施政理念。战国中后期，各国政治是沿着"霸道"的方向前进的，《史记·孟子荀卿列传》说："当世之时，秦用商君，富国强兵；楚、魏用吴起，战胜弱敌；齐宣王用孙子、田忌之徒，而诸侯东面朝齐。天下方务于合纵连横，以攻伐为贤；而孟轲乃述唐虞三代之德，是以所如者不合。"《史记·十二诸侯年表·序》还记载："孔子明王道，干七十余君，莫能用。"这都表明当时孔孟所主张的"王道"与"仁政"的理想是屡屡碰壁，不被当时的统治者采纳。

劳心者治人，劳力者治于人

"劳心者治人，劳力者治于人"，是孟子提出的思想观念，语出《孟子·滕文公上》："然则治天下独可耕且为与？有大人之事，有小人之事。且一人之身而百工之所为备，如必自为而后用之，是率天下而路也。故曰：或劳心，或劳力。劳心者治人，劳力者治于人；治于人者食人，治人者食于人。天下之通义也。"这一段话是孟子为驳斥陈相所转述的许行的"贤者与民并耕"的观点而说的。意思是，既然是这样的道理，那么治理天下的事就能一边耕种一边来做的吗？有官吏们的事，有小民们的事。再说一个人身上（所需的用品）要靠各种工匠来替他制备，如果一定要自己制作而后使用，就会导致天下的人都疲于奔走。所以说，有些人动用心思，有些人动用体力。动用心思的人治理别人，动用体力的人被别人治理；被人治理的人养活别人，治理人的人靠别人养活。这是天下通行的道理。"劳心者治人，劳力者治于人"，因为其中体现了一种治与被治的等级观念而遭到人们的批评，其实孟子说的这句话，其本身含义是指社会上因为人们所从事的职业和岗位不同而有所分工，这是很自然的事情，强调的是"劳心"与"劳力"的职业之分，并不在强调"治人"与"治于人"的等级之分上。

使民不饥不寒

"使民不饥不寒"，是孟子的"仁政"理想中的一项基本内容，《孟子·梁惠王上》说："七十者衣帛食肉，黎民不饥不寒，然而不王者，未之有也。"孟子的观点是，如果能够做到使人民免于饥寒之苦，而同时申之以孝悌之义，进行良好的道德教化，那么这个国家还不称王于天下就是不可能的事情了。"使民不饥不寒"，现在看起来似乎是一个比较低级的社会发展标准，但是在孟子所生活的时代，农业生产力非常低下，加之频繁的战乱又对人民正常的生活和生产秩序有着相当严重的破坏，能够做到使一个国家的人民不饥不寒已经是一件很不容易的事情了，而"黎民不饥不寒"又是"申之以孝悌之义"的基础，用现代的话来讲，孟子所阐述的政治理想就是物质文明与精神文明两手抓，这是一个国家实现富强的根本途径，也是必由之路。

心之四端

"心之四端"，是孟子提出的人性观念，"恻隐之心，仁之端也；羞恶之心，义之端也；辞让之心，礼之端也；是非之心，智之端也。"孟子讲："人之有是四端也，犹其有四体也。有四端而自谓不能者，自贼者也；谓其君不能者，贼其君者也。凡有四端于我者，知皆扩而充之矣，若火之始然、泉之始达。能充之，足以保四海；不充之，不足以事父母。""心之四端"，是孟子的性善论的基本立足点，在孟子看来，恻隐、羞恶、辞让、是非这四种情性，与仁、义、礼、智这四种美德，是人与生俱来的，人只要努力地将这些善端进行扩充，就能够达到一种完善的人生修养境界，这是人能够实现自我完善的前提存在。

忠孝如何两全

"忠"，指的是报效于国家，尽忠于君主；"孝"，指的是能够很好地实现对父母的赡养和孝敬。忠孝两全，被视为一种人生理想，元代高明的《琵琶记·高堂称寿》中说："人生须要忠孝两全，方是个丈夫。"可是忠与孝时常会发生矛盾，以致有"忠孝不并"，"忠孝难两全"的说法。"忠"与"孝"是人所应当具有的两种最为基本的品德，而且二者之间又是密切相关的，在家国一体的中国传统社会，孝于父母和忠于国家两者具有一致的思想内涵，孝是忠的基础，忠则是孝的延伸，那么又为什么常常说"忠孝难两全"呢？当然，这并不是说忠和孝这两种品德难以同时存在，而是说尽忠和尽孝这两件事难以同时做好，照顾周全。因为人无分身之术，在一定的生命过程中，时间和精力都是有限的，用于报效国家，则相应地用来照顾父母的就会有所减少，而用于孝敬父母，则用来尽忠于国家的就会受到影响，从社会学的角度讲，这是一种角色冲突。一种极端的情况是，如果一个人为国捐躯，就再也不能对父母尽孝了，可是在关键的时刻，如果考虑到还要尽孝于父母而怜惜自己的生命，则必然失之于对国家的忠诚。对于如何做到忠孝两全，只能是辩证地来看，从积极的一面来讲，忠于国家和孝于父母两者之间实质上是统一的，所以有"尽忠于国"是"至孝于家"的说法，不宜将两者完全地对立；而从消极的一面来讲，忠与孝之难以两全，又是一种不能够消除的冲突，是一种必然的存在，人们只能是选择在具体的事务中进行一定程度的协调，做到两者之间的平衡。当然，主流的价值观仍是倡导个人当以大局为重，在特别的时刻，宁舍孝而毋失于忠。

移风易俗

"移风易俗"，指的是某种行为所具有的扭转社会风气和改变人民习俗的教化作用。《荀子·乐论》说："乐者，圣人之所乐也，而可以善民心，其感人深，其移风易俗，故先王导之以礼乐而民和睦。"又说："故乐行而志清，礼修而行成，耳目聪明，血气和平，移风易俗，天下皆宁，美善相乐。"荀子在此表达的是礼乐教化对于形成良好的社会风气所具有的巨大作用。《吕氏春秋·先识览第四》记载了这样的事："鲁国之法:鲁人为人臣妾于诸侯，有能赎之者，取金于府。子贡赎鲁人于诸侯而让其金。孔子曰：'赐失之矣。夫圣人之举事，可以移风易俗，而教导可施于百姓，非独适己之行也。今鲁国富者寡而贫者多。取其金则无损于行，不取其金，则不复赎人矣！'子路拯溺者，其人拜之以牛，子路受之。孔子喜曰：'鲁人必多拯溺者矣！'"这段话的意思是，鲁国有一条法律，鲁国人在国外沦为奴隶，有人能把他们赎出来的，可以到国库中报销赎金。有一次，孔子的弟子子贡（端木赐）在诸侯国赎了一个鲁国人，回国后拒绝收下国家赔偿金。孔子说："赐呀，你采取的不是好办法。圣人所做的事，可以改变风俗习惯，影响老百姓的行为，并非个人的事情。现今，鲁国富人少而穷人多，你收取国家的补偿金，并不会损害你的行为的价值；而你不肯拿回你抵付的钱，从今以后，鲁国人就不肯再替沦为奴隶的本国同胞赎身了。"子路救起一名落水者，那人感谢他，送了一头牛，子路收下了。孔子高兴地说："这一来鲁国人一定会勇于搭救落水的人了。"孔子强调"圣人之举事，可以移风易俗"，是告诫人们在做事的时候不要只考虑一己的范畴，而应当更广阔地想一想，自己采取这种选择的后果是什么，会给他人、社会带来什么样的影响，是对"移风易俗"作用的看重。

制天命而用之

　　"制天命而用之"，这是荀子提出的思想命题，语出《荀子·天论》："大天而思之，孰与物畜而制之？从天而颂之，孰与制天命而用之？"这段话的意思是，与其推崇天而思慕它，怎么比得上将天当做物质而加以控制呢？与其顺从天而歌颂它，怎么比得上掌握它的规律而利用它呢？荀子在《天论》里集中阐述了自己天人观念，指出："天行有常，不为尧存，不为桀亡。应之以治则吉，应之以乱则凶。强本而节用，则天不能贫。养备而动时，则天不能病。修道而不贰，则天不能祸。故水旱不能使之饥，寒暑不能使之疾，妖怪不能使之凶。本荒而用侈，则天不能使之富。养略而动罕，则天不能使之全。倍道而妄行，则天不能使之吉。故水旱未至而饥，寒暑未薄而疾，妖怪未至而凶。受时与治世同，而殃祸与治世异，不可以怨天，其道然也。故明于天人之分，则可谓至人矣。"又说："天不为人之恶寒也辍冬，地不为人之恶辽远也辍广，君子不为小人之匈匈也辍行。天有常道矣，地有常数矣，君子有常体矣。"在天人问题上，荀子立场鲜明地坚持天命有常、天人相分的观点，人的祸福全是因为自身的行为而得来，是与天数无关的，天人之间并不能够相互感应，人对待天的正确态度应当是知晓天所运行的规律，从而合理地利用它，让它为人更好地造福，也就是所谓的"制天命而用之"。

君权神授

　　"君权神授"，意即君主的权力是神所赋予的，这是对君主的一种神化。统治者宣扬自己的地位是上天所赋予的，从而强调自身统治的合法性，增强人民的认同和服从。《尚书·召诰》说："有夏服天命。"这是有关君权神授思想的最早记载，也说明，自夏朝开始，君权神授就已经成为一种有关政权的重要理念。商朝的统治者创造了一种"至上神"的观念，宣称"帝"或"上帝"是上天和人间的最高主宰，又是商王朝的宗祖神，因此，人民应当服从商王的统治。周朝统治者则用"天"代替了"帝"或"上帝"的概念，周王称为"天子"。周朝毛公鼎上面的铭文记载："丕显文武，皇天宏厌厥德，配我有周，膺受大命。"这是对"君权神授"思想的明确宣扬。到汉朝，董仲舒提出"天意"、"天志"的概念，并且提出了"天人相与"的命题，认为天是有意志的，是最高的人格神，是自然界和人类社会的最高主宰，天和人之间是相通的，人应当按照天的意志来行动。董仲舒以"天人相与"作为理论基础，系统地发展了君权神授的思想，强调君权的天然合理性和神圣不可侵犯性。君权神授的思想在中国古代有着非常深远的影响，历代帝王以至造反的农民领袖，无不假托天命，自称"奉天承运"，或者说"替天行道"，虚构神迹，利用谶纬迷信，把自己的活动说成是受上天的指使，从而达到神化自己及其活动的目的。陈胜和吴广在谋划起义时，先用丹砂在丝绸上写"陈胜王"，将其放在别人用网捕获的鱼的肚子里面，然后又暗中潜伏到戍卒驻地旁边丛林里的神庙中去，在晚上用竹笼罩着火装作鬼火，像狐狸一样叫喊："大楚兴，陈胜王！"这就是君权神授的迷信思想深入人心的一个鲜明的例证。

罢黜百家，独尊儒术

　　"罢黜百家，独尊儒术"，是董仲舒所提出的主张，汉武帝元光元年（公元前134年），召集各地贤良求问治理天下的策略，董仲舒在进策中提出："《春秋》大一统者，天地之常经，古今之通谊也。"他认为当时执政者的理念无法统

董仲舒像

一，而百姓也莫知所从的原因是"师异道，人异论，百家殊方，指意不同"，于是他倡导进行文化上的统一，尊崇孔子的学说，而罢黜其他各家的思想观点，也就是独尊儒术。董仲舒的这一建议为汉武帝所采纳，儒学自此取得中国官方正统学术的地位，并且绵续两千余年，对中国古代的意识形态和社会生活都有着极大的影响。"罢黜百家，独尊儒术"为汉武帝政治上的大一统创造了思想基础，这一方面加强了君主专制制度，另一方面对统一的民族国家的形成和巩固也产生了巨大的积极作用。

大一统

"大一统"，也就是尊崇一统的观念。孔子在作《春秋》的时候，开篇说："隐公元年，春，王正月。"意思是讲，鲁隐公元年的春天，就是周王的正月。《公羊传》解释说："何言乎'王正月'？大一统也。"唐代徐彦注疏："王者受命，制正月以统天下，令万物无不一一皆奉之以为始，故言大一统也。"《汉书·董仲舒传》说："《春秋》大一统者，天地之常经，古今之通谊也。"《汉书·王吉传》也说："《春秋》所以大一统者，六合同风，九州共贯也。"可见，在春秋时期，大一统已经成为一种被社会所崇尚的观念，孔子说："天下有道，则礼乐征伐自天子出。""礼乐征伐自天子出"，就是大一统的表现，这意味着"天下有道"。周王东迁，天下诸侯各立，呈现出分崩离析的局面，但是大一统作为一种深入人心的观念并没有因此而抹去，思想界虽有"百家争鸣"，在政治理念上有"王道"和"霸道"之别，但大一统这一点是各家共同秉持的观念。孟子在回答梁襄王所提出的"天下恶乎定"的问题时回答说："定于一。"荀子所提出的"四海之内若一家"的理想，还有墨子"尚同"的主张，等等，这些都是春秋战国时期大一统思想体现。到秦始皇统一六国，实现"书同文，车同轨"，再及至汉武帝"罢黜百家，独尊儒术"，中国最终在文化与政治两大基本领域都确立了大一统的秩序。

正始之音与清谈

"清谈"，指的是魏晋之际名士之间所崇尚的一种讨论方式，因为兴起于魏正始年间（公元240~249年），所以这种清谈的风气又被称为"正始之音"。清谈，又称为"清言"，之所以叫做"清谈"，是相对于俗事之谈而言的，因为清谈的内容不涉及国事与民生这样的社会实际问题，而是讨论关于本与末、有与无、动与静、一与多、体与用、言与意、自然与名教等诸多的形而上的话题。清谈的进行有一套习惯的程式，一般都有交谈的对手，借以引起争辩。通常情况下，辩论的双方分为主客，人数不限，可两人、三人或者更多。在清谈的过程中，一方表达自己对主题内容的见解，树立自己的论点，另一方则对此进行问难，推翻对方的结论，同时提出自己的观点。在相互论难的过程中，其他人也可以就着讨论主题发表赞成或反对的意见。到讨论结束时，主客双方或者协调一致，握手言和，或者虽各执一辞，互不相让，但经过他人的调停，暂时结束谈论，这称为"一番"，以后还可能会有"两番"、"三番"等。清谈之风承袭东汉后期的"清议"，又借魏晋之际崇尚老庄的玄学的出现而兴起，作为当时上流社会所普遍喜好的风尚，既有着思想文化方面的原因，也有着社会经济方面的因素。严重脱离社会实际的清谈风气的兴起与魏晋之际士族门阀所拥有的政治与经济特权及其因此而享有的优越的社会地位有着密切的关系，魏晋之后，随着士族政治的衰微和社会环境的转变，清谈的风气也就随之消泯了。

魏晋风度

魏晋风度，指的是魏晋时期的名士们所具有的那种率真任诞、清峻通脱的行为风格。饮酒、服药、清谈和纵情山水是魏晋名士所普遍崇尚的生活方式，一部《世说新语》，可以说是魏晋风度的集中记录。魏晋风度的出现是与汉末延至魏晋之际的政治局面的混乱有着密切关系的，当时的许多名士或为当权者所杀或被杀于乱军之中，士人们没有一个安定有序的生存环境可以依托，因而转向放诞，将精神寄之于老庄，流连山水，肆意酒乡，一方面是为了全身避害，一方面也是为了麻痹自己的思想。这种有不得已而为之的行为

刘伶像
刘伶宣扬纵酒放诞之情趣。他视酒如命，喝酒时常令仆人拿一锨，说："若我醉死，可直接挖坑埋我。"

方式，因为其展现出人生中艺术的一面，又演变为一种社会所共同偏好的普遍风气。

复性论

"复性论"，是唐代思想家李翱所提出的人性论，李翱曾写作《复性书》来阐明自己的这一理论观念。"复性"，就是恢复人本来的善性，使之"至于圣人"。李翱的复性论认为，性和情既相区别，又相联系。"性者，天之命也"，"情者，性之动也"。"性"指仁、义、礼、智、信，"情"指喜、怒、哀、惧、爱、恶、欲。性藏于内，情显于外。"情由性而生"，"（性）由情以明"，"情有善有不善，而性无不善"，但是"情本邪也，妄也"。人人皆具善性，"圣人得之而不惑"，百姓则溺于情"而不能知其本"，只有灭情才能复性。李翱指出，复性的准则是"诚"。"诚者，圣人之性也，寂然不动，广大清明，照乎天地，感而遂通天下之故，行、止、语、默、无不处于极也。"所谓"诚"，说的就是一种超然于动静之上的绝对守静的灵明透彻的精神境界。复性的步骤有两个：首先是"弗虑弗思"，使思维处于相对静止状态，即所谓"正思"；其次是"动静皆离，寂然不动"，放弃主观对虚静的追求，处于无所感知的状态，即所谓"知本无有思"。李翱认为，进入了这种境界，就可以做到"虽有情，未尝有情也"，从而实现完全的复性。

太虚即气

"太虚即气"，是张载（北宋哲学家，理学创始人之一）所提出的哲学命题。"太虚"一词最早见于《庄子·知北游》："是以不过乎昆仑，不游乎太虚。""太虚"在这里是指极端虚无的处所，还不是完全意义上的哲学概念，到汉初的《素问·天元纪大论》提出"太虚廖廓，肇基化之，万物资始，五运终天"的太虚化生的观点，太虚才成为一个真正的哲学概念，意涵是指空寂深远的宇宙的初始状态，也就是万物得以生成的本原。张载认为太虚是天地的始祖，天地皆从太虚之中来。"太虚无形，气之本体；其聚其散，变化之客形尔。"在张载看来，气是有形有象的，太虚则是无形无象的，无形无象的太虚，是气的本体。气因其或聚或散的不同变化形式而有不同的存在状态：气聚则凝聚为物，气散则回归太虚。太虚是永恒的宇宙本体，而聚散变化的世界万物，则是气的存在的暂时形态，即所谓"变化之客形"，太虚是散而未聚之气，待其聚，则为气。这就是张载的"太虚即气"的思想的基本内涵。

民胞物与

"民胞物与"，语出张载《正蒙·乾称》："民，吾同胞；物，吾与也。"世人都是我的同胞，万物都是我的朋友。张载说："乾称父，坤称母；予兹藐焉，乃混然中处。故天地之塞，吾其体；天地之帅，吾其性。"这段话所体现的思想就是，人和万物都是天地所生，性同一源，本无阻隔，由此张载得出"民胞物与"的观点，主张爱一切人和一切物，认为"凡天下疲癃残疾，独鳏寡，皆吾兄弟之颠连无告者也"，强调"立必俱立，知必周知，爱必兼爱，成不独成"。张载"民胞物与"的思想后来为程氏兄弟和朱熹所继承和发挥，成为宋明理学思想的重要组成部分。

理气论

理气论，是宋代理学关于理、气关系的基本理论。"理"，意为事物存在和运行的原理；"气"，意为以弥漫形态存在于宇宙之中的物质质料。气作为质料，构成了物的形体。起初，理学家认为人的精神也是一种气，是一种比一般的气更为精细的气，即"精气"。后来张载指出，人的精神和本性，是气自身所固有的，是气之灵。而二程则体会出，气中有一个理，这个理就是世界上所有事物的运行秩序的总根源，也是人的本性和精神的根源。张载认为，气不会产生，也不会消亡。二程和朱熹则认为气会消亡，而理才是不生不灭的，并且理可以产生出气。朱熹虽然强调理和气不相分离，二者不分先后，但是他认为气可以消亡，并且可以由理重新创生出来，这实际上也就承认了理和气是可以分离的，把理和气看做两种存在物。此后的理学家又修正了朱熹的理气论，认为理只是气之运动的法则，是气的功能，理和气是不能相互分离的。

明心见性

"明心见性"，本是佛教禅宗用语，指屏弃一切世俗杂念，彻悟因杂念而迷失了的本性，陆九渊将禅宗的这一修炼方法移用过来表述自己的心学思想，主张为学应当注重内省的功夫，而不必执意于向外寻求，提倡如禅宗明心见性般直契本心、了然顿悟。明心见性，这个"心"，就是自我的本心，这个本心也就是原初的善心，是没有被后来各种杂念所扰乱和遮盖的纯洁的心地；这个"性"，也就是自我的本性。是与生俱来的为善的情性，是一种圣人之性。人要通过明心见性的过程来发扬和恢复原本善良的心性，从而进入一种崇高的道德境界。

存天理，灭人欲

"存天理，灭人欲"，这一说法的提出习惯上被归于朱熹的名下，而实际上，类似的提法早有渊源，《礼记·乐记》中说："人化物也者，灭天理而穷人欲者也，于是有悖逆诈伪之心，有淫佚作乱之事。"意思是讲，人为外物所诱惑而丧失了天理、纵容人的欲望，于是有了各种邪恶的想法和恶劣的行为。这里已将"天理"和"人欲"相对立，"天理"，也就是孟子所说的人的与生俱来仁、义、礼、智等良知，而"人欲"则是对"天理"的违背，是为所欲为的不善之举。程颐说："人心私欲，故危殆。道心天理，故精微。灭私欲则天理明矣。"这也是将"人欲"和"天理"相对立的表述，说的也就是"存天理，灭人欲"。朱熹传承了这种思想，说道："孔子所谓'克己复礼'，《中庸》所谓'致中和'，'尊德性'，

朱熹像

'道问学'，《大学》所谓'明明德'，《书》曰'人心惟危，道心惟微，惟精惟一，允执厥中'，圣贤千言万语，只是教人明天理，灭人欲。"朱熹实际上并非"存天理，灭人欲"的首倡者，但是他将此看做是儒家思想的精髓之所在，并且对其进行了详细的阐发，极大地提高了这一观念的影响力。值得注意的是，朱熹并非是一概反对人的任何欲望，他所说的"人欲"是指那些超出了正当要求以及违反了社会规范的欲望，是属于"非分之想"一类的欲求，只是后来人们脱离了具体的语境对字面的含义发生了误解，因而严厉地抨击朱熹对于人欲的否定。事实上，朱熹的这种倡导之于纷杂混乱的社会实际乃及乱世之中人的行为操守也并非是毫无积极意义的，但不可否认的是，朱熹的这种表述对后来的社会思想产生了很为不良的影响，以致出现了"以理杀人"的现象。"存天理，灭人欲"的错谬的根本之处不在于对"人欲"的否定，而在于将"天理"和"人欲"相对立，使"理"和"欲"之间不是相和谐的关系，而是此生彼灭的相冲突的关系。

王守仁格竹

王守仁早年笃信朱熹的学说，曾对朱熹"格物致知，即物穷理"的方法付诸实践，去"格"亭子前面的竹子，也就是对着竹子进行观察，结果苦思竭虑，坚持了7天，竹子之理没有"格"出来，自己反而病倒了。王守仁当时以为这是由于自己没有做圣贤的能力，之后方才明白，"天下之物本无可格者，其格物之功，只在身心上做"，这就是"王守仁格竹"的故事。王守仁在《传习录》下卷中讲述了自己格竹的这件事，意在表明朱熹"格物致知"的理论是错误的，进而阐述了自己"致良知"的心学理论，认为求知明理的方法当是面向自我的内心，发扬自己本心的良知，将之推广到身外的万事万物上面。

知行合一

"知行合一"是王守仁的哲学观念，明武宗正德三年（1508年），王守仁在贵阳文明书院讲学时首次提出"知行合一"的说法。王守仁所讲的"知行合一"，指的并不是实践与认识相符合的含义，这里的"知"，是一种良知，也就是指人的道德意识和思想理念，而"行"，是指人的道德践履。王守仁指出，"知"与"行"二者之间，互为表里，不可分离，知必然要表现为行，不行不能算真知。而良知，无不行，自觉的行，也就是知。在王守仁看来，知决定着行，道德意识是人之行为的指导思想，按照道德的要求去行动就是达到良知的工夫，在道德指导下产生的良知是行为的开始，符合道德要求的行为则是良知的完成。

经世致用思潮

经世致用思潮，是清代初年由顾炎武、王夫之、黄宗羲等知名学者的提倡而掀起的一股思想潮流。经世致用，就是说要将学术理论同社会实践结合起来，运用自身所掌握的理论知识积极地致力于解决现实社会中的各种问题。南宋时期，吕祖谦、叶适、陈亮等思想家就提倡经世致用，反对当时的理学家只谈心性命理的空疏之学。清朝初年，由于明朝灭亡、清军入关的沉重打击，理学的统治地位被强烈地撼动，一批有识之士深切地感受到明朝空疏不实的学风对国家和民族所造成的巨大灾难，因而积极提倡经世致用的真学问和以实为宗的新学风。他们以社会问题为中心，在救世济时的思想指导下，提出了解决当时社会问题的各种方案：在政治上，猛烈地批判封建专制制度，揭露专制君主的罪恶，提出了一些带有初步民主启蒙因素的主张，如黄宗羲的"公其是非于学校"、顾炎武的"庶民干政"的主张等；在经济上，针对封建的土地兼并，提出了解决土地问题的各种办法，这些办法都贯串着"均田"的精神，表现出对农民问题的关心和同情；在教育上，激烈地批判束缚思想的科举制度和八股文，要求注重学校教育，从而培养出真正有学问有实际能力的有用人才……由于这些杰出思想家的积极号召和清朝初年特殊的社会与政治环境，一股以经世致用为标志的思想潮流应时而起。

道家

老子之道

"道"，是老子思想理论体系的基础，是一个本原性的最高的哲学范畴，既是世界的本体，又是万物运行的根本规律。《老子》第二十五章讲："有物混成，先天地生。寂兮寥兮，独立而不改，周行而不殆，可以为天地母。吾不知其名，强字之曰道，强为之名曰大。"这段话是说，有一个浑然一体的东西，它先于天地而存在，又独一无二；它永远不依靠外在的力量，周流运行，永不停歇，因此，它可以看做是天地产生的根本。由于不知道它应该叫做什么名字，姑且给它起个名字叫做"道"，勉强再给它起个名字叫做"大"。老子又说，它统率着一切，主导着万事万物的发展，可是它做的这些又看不见，所以称之为"逝"；它运行不息，遐而无所不及，又须臾不离开万物，因此称之为"远"；而它运行不息，伸展遥远又返回本原，因而称之为"反"。"大"、"逝"、"远"、"反"，是老子对"道"所具有的各种品性的表述。"大"，说的是"道"涵盖一切，至高至上；"逝"，说的是"道"神妙莫测，不可见其形；"远"，说的是"道"运行不息，无时不存，亦无处不在；"反"，说的是"道"所具有的万物归宗的本原性。

道生一，一生二，二生三，三生万物

"道生一，一生二，二生三，三生万物"，语出《老子》第四十一章："天下万物生于有，有生于无。道生一，一生二，二生三，三生万物。"这段话讲述的是，天下万物来源于有，有则来源于无，这就是"无中生有"的道理。根据这个道理，最早的那个"有"必定是从"无"中而来的，而这个原初的"无"，也就是"道"，所以说"道生一"；而一旦有了第一个"有"，那么这第一个"有"就会产生第二个"有"，这就叫做"一生二"；接着，有了第一个"有"和第二个"有"的出现，第三个"有"也就会产生出来，即"二生三"；以此类推，继之以无穷，则万物化生，也就是"三生万物"。老子这段话讲的是"道"的本源性和万物由来的原理。

紫气东来 清 任颐
图中老子身着赤衣，须眉皆白、高额、凸颅、阔耳、长颌、笑意盈盈、童颜鹤发。

无为而治

　　"无为而治"，是道家的基本思想，首先是由老子提出来的。老子认为天地万物都是由道化生的，而且天地万物的运动变化也都遵循着道的规律，而道所遵循的又是自然的规律，也就是"道法自然"。既然道以自然为本，那么对待事物就应该顺其自然，无为而治，让事物按照自身的必然性自由地发展，使其处于符合道的自然状态，不对它横加干涉，不以有为影响事物的自然进程，只有这样，事物才能正常地存在和健康地发

道教养生追求无为、飞升、得道成仙。图中所表达的正是这种思想。

展。老子说："是以圣人处无为之事，行不言之教。""上德无为，而无以为；下德有为，而有以为。""为学日益，为道日损，损之又损，以至于无为。无为而无不为。"这些讲的都是"无为而治"的好处。当然，所谓"无为"，并不是一无所为，不是说什么都不做，而是不妄为，不随意而为，不行违反自然规律之为。

治大国若烹小鲜

　　"治大国若烹小鲜"，语出《老子》第六十章，意思是治理大国就如同烹制美味的小鱼一样，这是老子所崇尚的治国方法。据说上古时期的贤君汤曾向伊尹询问治国的主张，伊尹用这样的比喻来说明："做菜既不能太咸，也不能太淡，要调好作料才行；治国就如同烹饪，既不能操之过急，也不能松弛懈怠，只有恰到好处，才能把事情办好。"老子取用了伊尹的这个说法来表达自己的政治方略，强调治理国家要依照规律循序行事，一切有条不紊，长此以往，国家必定和谐而昌盛。

小国寡民

　　"小国寡民"出自《老子》第八十章："小国寡民，使民有什佰之器而不用，使民重死而不远徙。虽有舟舆，无所乘之；虽有甲兵，无所陈之，使民复结绳而用之。至治之极，甘其食，美其服，安其居，乐其俗。邻国相望，鸡犬之声相闻，民至老死不相往来。""小国寡民"是老子对自己的社会理想所作的阐述，这种社会生活状态，颇有桃花源式的意境，也是一种只能形诸书面的空想，无论在既往，还是在未来，都是不可能出现的情形。有人批判老子的这种思想表现的是一种后退的意识，而其实这是老子有感于当时社会纷争扰攘的混乱局面所提出的一种以寡欲思想出发的、人民世代安居乐业的美好愿望，不宜过分地奢求和妄评。

民不畏死

　　"民不畏死"出自《老子》第七十四章："民不畏死，奈何以死惧之？若使民常畏死，而为奇者，吾得执而杀之，孰敢？向使民常畏死，常有司杀者杀。夫代司杀者杀，是谓代大匠斫，夫代大匠斫者，希有不伤其手矣。"这段话说的意思是，民众不畏惧死亡，又怎能用死亡来威吓他们呢？如果民众一贯都畏惧死亡，那么对个别的胆敢胡作非为的人我们抓来杀掉，还有谁敢妄动呢？

就算民众一贯都畏惧死亡，那也应该由专司诛杀的人去杀。代替专司诛杀的人去杀，就像代替高明的木匠去砍伐一样。而代替高明的木匠去砍伐，很少有人不会伤到手的。老子在此提倡的是一种慎用刑法的施政观念。这段话反复谈论着民众是否畏惧死亡的问题，民众到底畏不畏惧死亡呢？很显然，恋生恶死是人的一种本能（也是一切生物的本能，人也不例外），但是人不畏惧死亡的情况也是存在的。孟子曾言"所恶有甚于死者，故死有所不避也"，人之所以连死亡都不怕了，是因为有比死亡让人所更不能够容忍的。对于民众来讲，统治者的过分的昏庸和残暴就是比死亡都更不能忍受的事情，是谓"苛政猛于虎也"。在这种情况下，再用死亡来威慑民众也就是没有效力的了，刑法即使再过严厉，都不能制服民众了，陈胜吴广在准备起义时所说的"今亡亦死，举大计亦死，等死，死国可乎"表明的也就是这个道理。老子的论说是在劝诫统治者治理国家应当依靠政治的清明有序，而不可以依靠严刑峻法，使用酷刑要有章可循，谨慎从事，这样才可以令刑罚起到威慑的作用，才有利于国家的长治久安。

祸福相倚

"祸福相倚"，语出《老子》第五十八章："祸兮福之所倚，福兮祸之所伏。"祸福相倚表达的是祸与福相互依赖，相互转化的辩证观念，《淮南子·人间训》中记载的"塞翁失马，焉知非福"的典故就是对祸福相倚的具体而生动的说明。祸福相倚，告诫的是人们在面对幸福之时，不可盲目乐观，应当要敏感地意识到眼下的好景中可能存在的背反因素；面对灾祸之时，也不要盲目地悲观，应当在不幸之中看到幸运的一面，要在不利之中提取出有利的因素，使事情的发展向着对自己有益的方向转化。居安思危、有备无患等行事的法则，其思想依据也就是祸与福之间的互有依存又相为转变的关系。

功成身退

"功成身退"，语出《老子》第九章："持而盈之，不如其已；揣而锐之，不可长保。金玉满堂，莫之能守；富贵而骄，自遗其咎。功成名遂身退，天之道。""功成身退"说的是大功告成之后，自行隐退，而不再贪恋于名位，这是合于天道的做法。《庄子·天运》中有这样的话："以富为是者，不能让禄；以显为是者，不能让名。亲权者，不能与人柄，操之则栗，舍之则悲，而一无所鉴，以窥其所不休者，是天之戮民也。"一味贪图而不知休止的人是要遭受上天的刑戮的。"飞鸟尽，良弓藏；狡兔死，走狗烹"，说的也就是这个道理。勾践灭吴之后，范蠡与文种的不同结局就是一个具体的事例。

范蠡像

上善若水

"上善若水"，语出《老子》第八章："上善若水。水善利万物，而不争；居众人之所恶，故几于道。居善地，心善渊，与善仁，言善信，政善治，事善能，动善时。夫唯不争，故无尤。"老子用水的特点来表达至善的人的品性，水具有两大优点，即"善利万物"和"不争"，而这两个方面又是统一的。因其"不争"，才可"善利万物"；而"善利万物"的一种基本的表现就是"不争"。老子指出，正是由于不争，才会没有什么过错，在老子看来，这是一种接近于道的品性。

庄子的齐物论

　　"齐物论"是庄子的一种哲学思想，也是《庄子》一书中一篇文章的名字。关于"齐物论"的解读，基本上有两种，一种解为"齐物"之论，一种解为"齐"之"物论"。按照前一种理解，"齐物论"讲的是对万物的齐一；而按照后一种理解，"齐物论"讲的就是对于各种看待事物之观点的齐一。其实这两种理解是有着相通的一面的，虽然前一种说法的重点是齐"物"，而后一种说法的重点是齐"论"，但是这种"论"也是"物之论"，可以说是间接地齐"物"。庄子在《齐物论》中提出了"吾丧我"这一著名的表述，"吾丧我"，说的就是自己忘掉了自己，准确地讲，是自己的心神忘却了自己的形体，这是"天地与我并生，而万物与我为一"的物我皆忘的精神状态，也就是一种齐一的超然境界。庄子说："忘年忘义，振于无竟，故寓诸无竟。"意思是忘掉死生，忘掉是非，到达无穷无尽的境界，因此圣人总把自己寄托于无穷无尽的境域之中。这就是对"吾丧我"的一种讲解。庄子还讲述了自己梦蝶的故事，说道："不知周之梦为胡蝶与，胡蝶之梦为周与？周与胡蝶，则必有分矣。此之谓物化。"物化，也就是物我之间的交合变化，因为这种变化，而万物之间浑然为一，是故"众人役役，圣人愚，参万岁而一成纯，万物尽然，而以是相蕴"。众人总是一心忙于去争辩是非，圣人却好像十分愚昧无所觉察，糅合古往今来多少变异、沉浮，自身却浑然而一不为纷杂错异所困扰，万物全都是这样，而且因为这个缘故相互蕴积于浑朴而又精纯的状态之中。

逍遥游

　　"逍遥游"，就是一种没有任何束缚而自由自在的生命状态，是一种"乘天地之正，而御六气之辩，以游无穷"的高渺境界，是一种"肌肤若冰雪，绰约若处子，不食五谷，吸风饮露，乘云气，御飞龙，而游乎四海之外"的仙人之姿，是庄子所崇尚的一种绝对自由的精神修养。《逍遥游》一篇集中地表现了庄子的这一思想理念。这篇文章一开始就进行了这样的表述："北冥有鱼，其名为鲲，鲲之大，不知其几千里也；化而为鸟，其名为鹏，鹏之背，不知其几千里也，怒而飞，其翼若垂天之云。是鸟也，海运则将徙于南冥。南冥者，天池也。"这是一种非常之恢弘深远的景象和境界。庄子在进行了一番异常生动的形象描绘后，将逍遥游的精神实质归结为："至人无己，神人无功，圣人无名。"这是讲道德修养高尚的"至人"能够达到忘我的境界，精神世界完全超脱物外的"神人"心目中没有事业和功名，思想修养臻于完美的"圣人"从不去追求名誉和地位，只有做到了如此，才可为逍遥之游。

螳螂捕蝉

　　"螳螂捕蝉"，典出《庄子·山木》："睹一蝉，方得美荫而忘其身，螳螂执翳而搏之，见得而忘其形；异鹊从而利之，见利而忘其真。"另可见于西汉刘向编撰的《说苑》中的《正谏》一篇："园中有树，其上有蝉。蝉高居悲鸣饮露，不知螳螂在其后也；螳螂委身曲附欲取蝉，而不知黄雀在其傍也；黄雀延颈欲啄螳螂，而不知弹丸在其下也。此三者皆务欲得其前利，而不顾其后之有患也。"这种情形被人概括地称之为"螳螂捕蝉，黄雀在后"，常常以"螳螂捕蝉"来简称。比喻只顾眼前的利益而忽略背后的危险的盲目做法，经常被用来劝导人们要有全局观念，处理事情的时候不可只看一面，尤其不可为眼前的利益所迷惑而对潜伏的祸患失去警惕。

材与不材之间

　　"材与不材之间"，语出《庄子·山木》："周将处乎材与不材之间。材与不材之间，似之而非也，故未免乎累。"一次，庄子在山中行走的时候看见一棵大树枝叶十分茂盛，可是伐树的人却停留在旁边而不去砍伐它。庄子问为什么不去砍这棵大树呢，伐树的人说："这树没有什么用处。"庄子由是感慨地说："这棵树就是因为不成材而能够终享天年啊！"庄子走出山来，留宿在朋友家中。朋友叫童仆杀鹅来款待他。童仆问主人："一只能叫，一只不能叫，请问杀哪一只呢？"主人说："杀那只不能叫的。"第二天，弟子问庄子："昨天遇见山中的大树，因为不成材而能终享天年，可是主人的鹅，却因为不成材而被杀掉，先生你将怎样来对待呢？"庄子说："我庄周将处于成材与不成材之间。"庄子的这种观点表达的是为人处世要把握好一种分寸，做到应时而顺变，不可拘泥于一方，应当力求达到这样一种境界："与时俱化，而无肯专为，一上一下，以和为量，浮游乎万物之祖，物物而不物于物。"人要通过这种随顺的处世原则来过一种悠游自得的生活，役使外物却不为外物所役。

白驹过隙

"白驹过隙"，语出《庄子·知北游》："人生天地之间，若白驹之过隙，忽然而已。"人生于天地之间，就像骏马穿过一个狭窄的通道，瞬间而过罢了。"白驹过隙"，后来就被用作形容时间过得极快，而人生极为短暂。庄子在此使用这个比喻是用来讲述人在面对倏忽短暂的生命时所应秉持的达观态度。在庄子看来，世界的万物，自然而然地，全都蓬勃而生；又自然而然地，全都顺应变化而死。业已变化而生长于世间的，又会变化而死去，还在生活着的为之哀叹，人们为之感到悲悯。可是人的死亡，只是解脱了自然的束缚，毁坏了自然的拘约，人的魂魄随死亡而消逝，接下来身形也将随之而去，这就是最终对道的归向。不具有形体因变化而为有了形体，具有形体再经变化而形体消失，这是人们所都知道的，那么人们为什么不能因此而对生命看得通达呢？

庖丁解牛与养生

"庖丁解牛"，典出《庄子·养生主》："庖丁为文惠君解牛，手之所触，肩之所倚，足之所履，膝之所踦，砉然响然，奏刀騞然，莫不中音。合于《桑林》之舞，乃中《经首》之会。"这段话是讲，有一个名叫丁的厨师替梁惠王宰牛，手所接触的地方，肩所靠着的地方，脚所踩着的地方，膝所顶着的地方，都发出皮骨相离声，进刀时发出的响声，这些声音没有不合乎音律的。它合乎《桑林》舞乐的节拍，又合乎《经首》乐曲的节奏。后来，"庖丁解牛"就作为一个成语用来形容经过反复的实践，掌握了事物的客观规律，做事得心应手、运用自如的情形。梁惠王对庖丁精湛的技艺十分惊叹，庖丁却对梁惠王说："臣之所好者道也，进乎技矣。"也就是讲，自己所看重的是自然的规律，这已经超过了对宰牛技艺的追求。然后，庖丁向梁惠王讲了自己多年宰牛的经历感受，由最初的眼里只有一头牛，到后来对牛的肌体结构十分精通，以至于达到了"彼节者有间，而刀刃者无厚，以无厚入有间，恢恢乎其于游刃必有余地矣"的高超境地。梁惠王听后感慨说自己学习到了养生之道。庖丁讲的是宰牛，梁惠王却体悟到了养生，两者看似不相及，但是在对自然规律的认识和运用这一点上却是相通的，也就是庖丁说的"所好者道也"，"道"这个原理是普适于万事万物的。

只可意会

"只可意会"，语出《庄子·天道》："世之所贵道者，书也。书不过语，语有贵也。语之所贵者，意也，意有所随。意之所随者，不可以言传也，而世因贵言传书。""只可意会"常常与"不可言传"连用，用以形容只能用心去仔细地揣摩体会，而无法用语言具体地传达出来的微妙的道理。这一成语所要阐说的是，意蕴之妙，在乎一心，如果能够用语言来讲述出来的，那就不会是精妙的道理，而精妙的道理一旦用语言表述出来，也一定不是原来的模样了。《庄子·天道》中还讲述了一个轮扁斫轮的故事，轮扁用自己斫轮的实践体会指出，书上所记载的圣人之言，尽是古人之糟粕矣。当然这不是说书不好，也不是说圣人之言毫无意义，而是说一个人内心的那种精微的体验，是无法通过语言来传达，从而令他人也亲切地感知得到的，这并不是否认知识的可传承性，而是讲道理的精髓之处是必须自己通过亲身实践和用心领悟才可以真正有所认识和掌握的，才能真正地领会其中的奥妙，这不是仅靠语言的传达就可以实现的。

庄周梦蝶

　　"庄周梦蝶"，典出《庄子·齐物论》："昔者庄周梦为胡蝶，栩栩然胡蝶也，自喻适志与！不知周也。俄然觉，则蘧蘧然周也。不知周之梦为胡蝶与，胡蝶之梦为周与？周与胡蝶则必有分矣，此之谓物化。"这段话讲述的意思是：过去有一天，庄周梦见自己变成了蝴蝶，一只翩翩飞舞着的蝴蝶，自己感到非常快乐，悠然得意，而不知道自己是庄周。一会儿梦醒了，惊惶不定之间却发现自己是庄周。不知是庄周做梦变成了蝴蝶呢，还是蝴蝶做梦变成了庄周呢？庄周与蝴蝶必定是有区别的，这就是物与我的交合与变化。《齐物论》是庄子阐述齐物思想的名篇，所谓"齐物"者，说的是世界万物包括人的品性，看起来是千差万别的，然而归根结底却又是齐一的，是相对而同一的。"庄周梦蝶"是庄子提出的关于齐物思想的一个重要的哲学观点，这种观点认为人不能够确切地区分真实和虚幻，万物亦真亦幻，相对而互化。在一般人看来，一个人在醒时的所见所感是真实的，梦境是幻觉，是不真实的，庄子却以为不然。醒是一种境界，梦是另一种境界，二者是不相同的；庄周是庄周，蝴蝶是蝴蝶，二者也是不相同的，但是在庄子看来，这些都只是一种现象，是"道"之运动中的一种形态、一个阶段而已，既相为分离而又互为交合的。17世纪法国哲学家笛卡尔在《形而上学的沉思》中阐述了这样的观点：人通过自己的意识感知世界，世界万物都是间接被感知的，因此外部世界有可能是真实的也有可能是虚假的。这就是怀疑论的思想基础和理论前提。"庄周梦蝶"这一典故所寓含的哲学意义与笛卡尔的这段话是有着相通之处。

梦蝶图　刘贯道　元
此图取材"庄周梦蝶"的典故。

外化而内不化

　　"外化而内不化"，语出《庄子·知北游》："仲尼曰：'古之人，外化而内不化，今之人，内化而外不化。与物化者，一不化者也。安化安不化，安与之相靡，必与之莫多。'"这段话的意思是，孔子说："古时候的人，在其外能够适应环境的变化而在其内却坚持操守，现在的人，在其内不能够持守而在其外又不能适应环境的变化。随应外物变化的人，内心必然是纯一坚定而不离散游移。对于变化与不变化都能安然听任，安闲自得地与外在环境相顺应，必然会与外物一道变化而不有所偏移。"这是庄子假托孔子之口表述的人生理念。所谓"外化"，就是对于外在的社会环境要通达顺应，否则将无法在社会中安身立命；所谓"内不化"，就是不要受变化万千的外部世界的影响，而要在内心有所坚持，否则将被纷繁复杂的外在世界所左右，从而丧失自我。"外化而内不化"是说，生存可以随遇而安，但是生命要有所坚持，既要随顺，又要固我，这是一种超达而坚贞的人生观。

濠梁观鱼之乐

　　"濠梁观鱼之乐"，典出《庄子·秋水》：庄子与惠子游于濠梁之上。庄子曰："鯈鱼出游从容，是鱼之乐也！"惠子曰："子非鱼，安知鱼之乐？"庄子曰："子非我，安知我不知鱼之乐？"惠子曰："我非子，固不知子矣；子固非鱼也，子之不知鱼之乐，全矣。"庄子曰："请循其本。子曰'汝安知鱼乐'云者，既已知吾知之而问我。我知之濠上也。"这段话的大意是，庄子与惠子在濠水的桥上游览，庄子说："鱼在水里从容自在地游玩，是多么快乐啊！"惠子听了不以为然，说："你又不是鱼，怎么会知道鱼的快乐呢？"庄子反驳说："你又不是我，怎么会知道我不知道呢？"惠子说："我不是你，当然不知道你；可你也不是鱼啊，这也是完全可以肯定的。"庄子又说："让我们把话从头说起。你说'你怎么会知道鱼的快乐'那样的话，是已经知道我已经知道才问我的。我告诉你我是怎么知道的，我是在濠水之上感知到的啊！""濠梁观鱼之乐"的典故体现出两方面的问题，一方面是逻辑之辨的问题，一方面是认识论的问题。在前一方面，惠子认为庄子是不能够感知到鱼的快乐的，也就是说一个主体不能够超越其本身而对另外一个主体进行感知，庄子也就以惠子的这一逻辑前提为出发点，质问惠子与他也不是同一主体，就也不知道他的所知所感，因此不可以否认他不知道鱼的快乐。其实庄子的这一辩驳带有似是而非的色彩，惠子随即也就指出了庄子的谬误之处，说自己当然不知道庄子的感受，可是同样的道理，庄子也就不会知道鱼的感受。从中可以看出，惠子所持的逻辑是一致的，就是主体之间不能够进行跨越性的感受，而庄子的逻辑则是矛盾的，他指出惠子不知道他的感受，是以一个主体不能够感知另外一个主体为前提的，而他又讲自己知道鱼的感受，这就是以一个主体可以感知另外一个主体为前提的了，所以说庄子的逻辑是矛盾的。那么，庄子接下来是怎样来应付惠子的辩驳的呢？庄子说："让我们把话从头理一下好了。"这等于是将惠子刚才的驳斥给避开了，而另选了一个话题。庄子说，惠子问自己怎么知道鱼的快乐，其话语内涵的前提是已经承认了自己知道鱼的快乐而问自己的，然后庄子进行了回答。庄子回答的是什么呢？庄子给出的回答为自己是怎么知道鱼之乐的，也就是说讲的是自己知道的方式。那么，惠子最初的问题的本意是什么呢？很显然，惠子所提的问题原本并不是像庄子所讲的那样，是先已经承认了庄子知道鱼之乐，而询问所知的方式，惠子问题的原貌是一个反问句，问庄子怎么知道鱼的快乐呢，实际含义说的是庄子不知道鱼的快乐，是对知鱼之乐进行否定，而不是说先肯定了知鱼之乐，然后询问庄子是如何知鱼之乐的。当然，就惠子所问的"安知鱼之乐"这句话本身，也可以像庄子所讲的那样来理解，如果那样来理解的话，那么前面庄子最初对这个问题的回答就是答非所问了。庄子对惠子的话进行否定，是因为惠子对庄子的话进行了否定，而庄子再进行反驳，如果说是惠子肯定了庄子的话，而对其中的某一不解之处进行征询，那么庄子也就谈不上进行反驳了。很显然，惠子最初的问题在庄子最后的回辩中被曲解了。而这一典故所体现的另一个方面也就是认识论的问题，惠子与庄子所争论的焦点是，一个主体是否能够认识和感知到另一个主体的情绪感受，也就是说，认识主体之间是否能够相互理解。就一般意义而言，主体与主体之间是可以进行相互感知和理解的，但是这种认识不是直接得来的，而是通过一套程式化的外在表象而得来的，在这种跨越主体的认知感受中，有一个解码的过程，就是说，一个主体在对其他的外在主体的心理感受进行认知的时候，存在着一个通过对外在主体所表现出来的具有心理意义的征象进行破译的过程，由于人与人之间享有着一套习以为常的共同的认知编码，所以这种解码的过程是自然完成的，是不需要有意为之的。然而，就极端意义而言，主体与主体之间是不能够被完全感知和理解的，异在的主体之间的认识是不能够完全合一的，"一千个读者有一千个哈姆莱特"，说的就是这个道理。当然，庄子与惠子辩论之时可能不会想到这么多的，庄子的知鱼之乐实际上可以说是一种"以我观物"的体验方式，鱼是快乐的，是因为庄子本人在看到鱼的时候自己是快乐的，所以外物也染上了自己内心的色彩，自己怀着喜悦的心情见到鱼在水中游，就说鱼也是快乐的，至于鱼是否真的快乐，庄子无须去考究和理会的。

窃钩者诛，窃国者侯

　　"窃钩者诛，窃国者侯"，语出《庄子·胠箧》："彼窃钩者诛，窃国者为诸侯，诸侯之门而仁义存焉。"这句话讲的意思是，偷窃一个钩子的人是要被诛杀的，可是盗窃了一个国家的人却做了诸侯，与偷钩子的人的区别是，在诸侯那里是有着仁义之名的。当然，这样的仁义，显然是十分虚假的，是只说给别人听而自己并不去执行的。庄子透过社会纷繁的表象而直睹事情的真实，鲜明地揭示出统治者虚伪的面目，其力度可谓是入木三分。

法家、墨家和其他思想

法先王

　　"法先王"，是儒家所崇尚的政治主张，意为效法先古的圣明君王的言行和制度。"先王"，一般指的是尧、舜、禹、汤、文王等，儒家的经典《尚书》中记载了这些先王的德政，这些先王的做法也成为后世君王的楷模。孔

商汤网开一面

汤经常出外巡视农业生产和畜牧情况。有一次，他驾车来到郊外山林，看见一个狩猎者正在张挂捕捉飞禽走兽的网。他的网在东西南北四面都张开了，结得严严实实，并且跪在地上祈祷："我的网已在四面张好。求上天保佑，凡是天上飞下来的，从地上跑出来的，从四面八方来的鸟兽，都钻到我的网中来吧。"汤看了这个狩猎者所布的网，听了他的祈祷，笑着说："啊，如此张网，一定会把鸟兽全部捉尽。那岂不是太残酷了吗？只有夏桀才会如此！"于是汤命人撤下三面的网，而只留下一面。

子"祖述尧舜，宪章文武"，孟子"言必称尧舜"，指出："规矩，方圆之至也；圣人，人伦之至也。欲为君，尽君道；欲为臣，尽臣道。二者皆法尧舜而已矣。不以舜之所以事尧事君，不敬其君者也；不以尧之所以治民，贼其民者也。"当然，儒家所谓的"法先王"，并不是说要拘泥于先王的一言一行，而是"五帝殊时，不相沿乐；三王异世，不相袭礼。"也就是说，所遵法的不是具体的形制，而是其思想精神和政治理念。"法先王"的观点对中国古代的社会思想有着非常深远的影响，形成了中国人"信古"的思想传统，历代屡屡出现的托假先贤的伪作就是一种显然的说明。

法治

"法治"，即依靠法律来治理国家，是法家的基本政治主张。儒家提倡的是"德治"和"礼治"，孔子说："道之以政，齐之以刑，民免而无耻；道之以德，齐之以礼，有耻且格。"对于人民，如果用政法来引导，用刑罚来整顿，人民虽然会免于罪过，但是没有羞耻之心；如果用道德来引导，用礼仪教训来整顿，人民就会有羞耻之心，就会在心理上归服。与其用外在的法令来约束人民，孔子更加看重于人民内在的自律的作用，认为通过道德礼教的引导，发挥人民自身的向善的精神，这才是实现政治清明有序的根本所在。法家的思想出发点则是否定人所具有的这种自律向善的品质，认为人与人之间都是依靠利益而联系的，是相互利用的关系，实现天下的治理，只能够靠外在的约束，因而提倡"法治"。我们应当看到的是，法家所倡导的"法治"，与现代的"法治"精神是有所区别的，法家虽然强调法律在国家政治中的根本作用，但是"法治"的立足点是君主专制，这种"法治"是为君主的统治服务的，制定什么样的法律，最终还是要看君主的心思，而且法律对君主并不具有约束力，所以说，法家所主张的"法治"在君主专制制度之下，只能是一种不彻底的"法治"。

公私之交，存亡之本

"公私之交，存亡之本"，意为公与私的区分问题关乎国家存亡的根本，语出《商君书·修权》："公私之分明，则小人不疾贤，而不肖者不妒功。故尧舜之位天下也，非私天下之利也，为天下位天下也。论贤举能而传焉，非疏父子，亲越人也，明于治乱之道也。故三王以义亲，五霸以法正诸侯，皆非私天下之利也，为天下治天下。是故擅其名，而有其功，天下乐其政，而莫之能伤也。今乱世之君臣，区区然皆擅一国之利，而管一官之重，以便其私，此国之所以危也。故公私之交，存亡之本也。"这段话讲述的意思是：只有公私的界限分明，小人才不嫉妒贤人，无能的人才不嫉妒有功的人。尧舜治理天下，并不是独占天下的利益，乃是为了天下人而治理天下，所以选拔贤能，而且把天下传给他。尧舜并不是疏远自己的儿子，亲近外人，乃是明晓治乱的道理。三王用道义来爱护天下人，五霸用法度来纠正诸侯，都不是独占天下的利益，乃是为了天下人而治理天下。因而才能取得名誉，建立功业，天下人都喜欢他们的政治，没有人能够伤害他们。现在乱世的君臣很渺小地独占一国的利益，或掌握一官的职权，从而就追求个人的私利，这就是国家危险的原因。可见公私的分界就是国家存亡的根源。"公私之交"，之所以为"存亡之本"，是因为统治者如果持政以公，做事以公众的利益为出发点，在行为取向上以国家和人民的利益为重，那么他的统治就是有益于国家和人民的，人民就会因此而得到好处，国家也会因此而富强。反之，统治者做事全是为了满足一己的私欲，一切以自身的利益得失为裁夺，那么结果必将是足一人而寡天下，人民的利益就会受到侵害，国家也就因此日益削弱。统治者为政的利益出发点的问题，也就是为公还是为私的问题，是关系到国家之兴亡的大事。

法、术、势

　　"法"、"术"、"势"，是韩非所总结的帝王术。"法"，指的是作为国家政治之根本的法律；"术"，指的是君王统治的手段和策略；"势"，指的是君王所具有的权力和威势。韩非认真地总结了此前法家的思想，成为法家理论的集大成者，形成了一套以君王的统治为出发点，以法为本，法、术、势相辅相成的严整的政治理论体系。在韩非之前，法家人物以商鞅、申不害和慎到为代表，商鞅重视法的作用，申不害崇尚术的长处，慎到则推尊势的威力，韩非将法、术、势三者有机地结合起来。关于法，韩非提出"以法为本"、"以法为教"、"立法于君"等具有纲领性的政治主张。韩非还非常强调法的稳定性和平等性，指出："法也者，常者也。""法之所加，智者弗能辞，勇者弗敢争。刑过不避大臣，赏善不遗匹夫。"关于术，韩非指出："术者，因任而授官，循名而责实，操生杀之权，课群臣之能者也，此人主之所执也。"就是说，要根据每个人的能力给他相应的官职，按照名称来考察实际内容，要求名实相符，用自己手中的生杀大权，考察臣子的才能，这是君主所掌握的。韩非认为，术是应当隐藏起来而不露于外的，这与法不同，他说："人主之大法，非法则术也。法者，编著之图籍，设之于官府，而布之于百姓者也。术者，藏之于胸中，以偶众端，而潜御群臣者也。故法莫如显，而术不欲见。"关于势，韩非指出："君持柄以处势，故令行禁止。柄者，杀生之治也；势者，胜众之资也。"就是说，君主掌握了权柄来处理权势，所以下达的命令就能贯彻执行。权柄，是控制臣民生死的一种法定职分；威势，是制服民众的一种资本。在论述势的重要性时，韩非指出了：圣人具有尧舜那样的贤德和伯夷、叔齐那样的懿行，可是如果不依靠势，也就会无法立功成名。君王能够统治天下的首要原因并不在于其能力高强、品德出众，而是因为他拥有势而位尊权重。韩非由此提出"法势合一"的主张，声言"抱法处势则治"。依照韩非的理论，身为君主，只要将法、术、势三者加以完美地运用，则天下可运于掌。

法后王

　　"法后王"，是荀子首先提出的政治理念，意味取法于当今圣贤的君王。荀子说："故人道莫不有辨。辨莫大于分，分莫大于礼，礼莫大于圣王；圣王有百，吾孰法焉？曰：文久而灭，节族久而绝，守法数之有司，极礼而褫。故曰：欲观圣王之迹，则于其粲然者矣，后王是也。"这段话讲的意思是，对各种事物的界限加以区别没有比确定名分更重要的了，确定名分没有比遵循礼法更重要的了，遵循礼法没有比效法圣明的帝王更重要的了。可是圣明的帝王有上百个，我们效法哪一个呢？回答是：礼仪制度因为年代久远而湮没了，音乐的节奏因为年代久远而失传了，掌管礼法条文的官吏也因与制定礼法的年代相距久远而使礼法有所脱节了。所以，要想观察圣明帝王的事迹，就得观察其中清楚明白的人物，而这样的人物就是后代的君王。"法后王"是与"法先王"相对的提法，荀子并非是反对"法先王"，而是批评只知"法先王"而不知"法后王"的观念，并且认为，"法后王"实际上也就是"法先王"，是在新的时代对先王之道的最为合宜的遵法。荀子所言的"后王"，指的是那些在时代急剧变化的历史环境中变法自强的君王，"法后王"就是要取法这些君王所施行的那些在现实政治中产生了积极有效影响的措施与方略，从而令儒家的政治理想与切实可行的制度结合起来，把外在制度的匡正作用与孔孟所倡导的自律和教化的作用结合起来，进而引导人们走向君子的人格，进而形成安定有序的社会局面。

自相矛盾

　　"自相矛盾"，指自己说话、做事前后抵触，典出《韩非子·难一》："楚人有鬻盾与矛者，誉之曰：'吾盾之坚，莫能陷也。'又誉其矛曰：'吾矛之利，于物无不陷也。'或曰：'以子之矛陷子之盾何如？'其人弗能应也。夫不可陷之盾与无不陷之矛，不可同世而立。""自相矛盾"说的是一个逻辑学问题，即矛盾律的问题，矛盾律是指两个互相矛盾或互相反对的命题不能同时为真，其中至少有一个是假命题，这样，在两个互相矛盾或互相反对的命题中就不能两个都肯定，否则，就会犯"自相矛盾"的逻辑错误。矛盾律所体现的是思维的一致性和相容性。在这个故事中，卖矛和盾的楚人前后说出了两个命题，先说他的盾坚固得没有矛能够攻得破。而后又说他的矛锐利得没有盾不能够攻破，后一个命题是对前一个命题的否定，如果肯定了后者，前者就被否定了；如果肯定了前者，则后者就被否定了。换一个角度来讲，一个命题本身不可能既是真的又是假的，这个人所说的这两个命题不可能同时为真。也就是说，如果他说的前一个命题是真的，那么后一个命题就不是真的，反之亦然。

明故、辨类、是非之理

"明故"、"辨类"、"是非之理"，是墨子的逻辑学思想的重要体现，在中国古代逻辑学史上也有着重要的意义。"明故"，指的是对原因的明确；"辨类"，指的是对类属的辨别；"是非之理"，指的是对是与非的判断。"类"与"故"，在墨子的论述中是两个具有重要逻辑学意义的概念，"类"的概念把握的是事物的关联性，"故"的概念把握的是事物的因果性。墨子以"明故"出发来"辨类"，又进而定"是非之理"，体现了论说的较强的逻辑性。举一例而言："圣人以治天下为事者也。必察乱之所自起，焉（乃）能治之，不察乱之所自起，则不能治。譬之如医之攻人之疾者然，必知疾之所自起，焉（乃）能攻之，不知疾之所自起，则弗能攻……圣人……当察乱何自起……臣子之不孝君父，所谓乱也……此何（故）也？皆起不相爱。"这就是墨子在论辩之中对于"故"这一逻辑概念的出色运用。

兼相爱，交相利

"兼相爱"，"交相利"，是墨子的基本思想理念。墨子认为，诸如争抢杀伐盗寇劫掠等，社会上的一切不合理的现象，都是因为人与人之间不相爱而引起的，因此提倡"兼爱"，也就是视人如己，"视人之国若视其国，视人之家若视其家，视人之身若视其身"，如此一来，则"天下之人皆相爱，强不执弱，众不劫寡，富不侮贫，贵不傲贱，诈不欺愚"，这也就实现了"交相利"，即人与人之间互惠互利，而绝无损己利人之事的存在。

非攻

"非攻"，是墨子的重要思想主张，墨子从"兼爱"观念出发，极力反对发动战争，《墨子·非攻》有这样的表述："今攻三里之城，七里之郭……杀人多必数于万，寡必数于千。"战争使百姓生活在"居处之不安，食饭之不时，饥饱之不节"的张皇无措的境地，而战争对人民生活的破坏远不止于此，"入其国家边境，芟刈其禾稼，斩其树木，堕其城郭，以湮其沟池，劲杀其万民，覆其老弱，迁其重器，卒进而柱乎斗……"这一切都是战争所带来的罪恶。墨子指出："此其为不利于人也，天下之厚害矣，而王公大人乐而行之，则此贼灭天下之万民也，岂不悖哉！"这说的是战争为天下最大的祸

墨子像

墨子是中国思想史上第一位为劳动阶级呐喊的思想家。他并不停留在对下层人民的同情上，而是见义勇为，身体力行，以致不论他的追随者，还是他的论敌，都佩服他苦志劳身以救天下的献身精神，就连激烈批评他的孟子，也承认他是"摩顶放踵，利天下而为之"的利他主义者。

害，可是统治者们为了各自的利益争夺却乐于战争，不惜发动战争而置万民的生死于不顾。墨子所生活的时代正是诸侯之间的兼并战争愈演愈烈之际，战火所过之处，生灵涂炭，乐土化作废墟，墨子对战争给社会与民生所带来的巨大的破坏性有着极其强烈的心灵触动，因而痛心疾首地倡导"非攻"。这是一种和平主义的理想，但在当时的历史情境下却是不可能实现的。

尚贤与尚同

　　"尚贤"与"尚同"，是墨子提出的政治主张。"尚贤"，说的是取用人选的时候当以贤能为准。墨子指出："官无常贵，而民无终贱，有能则举之，无能则下之。"又说："不辨贫富、贵贱、远近、亲疏，贤者举而上之，不肖者抑而废之。"墨子关于"尚贤"的论说突破了宗法等级制度的约缚，显示出彻底的平等色彩，可以说是后来任人唯贤之主张的滥觞。"尚同"，说的是统一人们的思想之意，墨子认为天下之乱是因为人们的思想不同而起的，"一人一义，十人十义，百人百义"，每个人行事都有不同的准则，而彼此的思想相互冲突，这就导致了天下的混乱。墨子提出的解决办法是："选择天下贤良、圣知、辨慧之人，立为天子，使从事乎一同天下之义。"由最贤明的人做天子，用最为高尚和智慧的思想来统一天下人的思想，由此人人心理相同不二，社会的运行也就会井井有条。墨子的"尚同"的愿望是一种不可能实现的空想。

非命论

　　"非命论"是墨子的重要思想，表达的是这样的观念：人自身的祸福是由自己的行为而导致的，并非是由天命所决定的。墨子说："存乎桀纣而天下乱，存乎汤武而天下治。天下之治也，汤武之力也；天下之乱也，桀纣之罪也。若以此观之，夫安危治乱存乎上之为政也，则夫岂可谓有命哉！"墨子进而指出，有一些人不能好好地对待亲戚和君长，嫌恶恭敬俭朴而喜好简慢粗陋，贪于饮食而懒于劳作，所以衣食财物不足，导致自身有饥寒冻馁的忧患，可是他们却不说："因为我疲沓无能，不能努力地劳作，所以才成了现在这样凄惨的景象。"而是说："我命里本来就穷的，这不是我的问题，是命的问题啊。"墨子的表述将"固命"者的荒谬披露无遗，指出其为自己的恶劣习性进行辩解的虚伪本质，指出人要对自身的遭遇进行负责的正确性和必要性。

不战而屈人之兵

　　"不战而屈人之兵"，语出《孙子兵法·谋攻第三》："是故百战百胜，非善之善者也；不战而屈人之兵，善之善者也。"屈，指的是使人屈服的意思。"不战而屈人之兵"讲的就是不通过兵戎相见的战争而使对方的军队屈服，这才是战争的最高境界。在战争中，迫使对方屈服的直接手段和基本途径就是作战，然而作战则必然要给自己造成损失，虽然可制服对方，也对自身有所伤害，这样的胜利就不能称之为完善的结果。而不通过直接的交手，令对

孙五（武）子演阵教美人战 版画
图中孙武作道士装束，举旗于城上教宫女演习战术，吴王坐于对面的台上，俯视两队演武的阵容。

方在投入战争之前就先放弃了作战的意志，从而屈服于己，既达到了作战的目的，又没有令自

己的力量受到损伤，如此才是最好的选择，是所谓善之善者也。一般而言，欲做到不战而屈人之兵，是要以己方强大的实力为基础的，当双方的实力对比达到了相当程度的反差时，才会有不战而胜的效果。当然，这种强大的实力不一定是完全体现在军事方面，而还有着更为广阔的内涵。

离坚白

"离坚白"是公孙龙的另一个重要的辩题。所谓"离坚白"，说的是一块白色的坚硬的石头放在人的面前，人知道到这块石头是又白又硬的，但是人用手只能感觉到其"坚"，而不能感觉到其"白"；人用眼只能感觉到其"白"，却不能感觉到其"坚"，这也就是说，"坚"与"白"并非同时存在于石头之中，两者是相分离的。"离坚白"也被称为"坚白石二"。"坚白石二"说的是"坚"、"白"与"石"这三者之间不能够同时存在，而只能是"坚"与"石"或者"白"与"石"两者一同存在。公孙龙的这一论题显示了单凭感性无法察知事物内部所具有的实质关系的哲学意涵，但"离坚白"的思想基础是将事物的不同方面的属性相割裂，以人的直接感官认知为事物存在的标准，不仅片面，而且具有唯心主义的色彩。

合纵与连横

"合纵"与"连横"，指的是战国时期列国之间为了配合自己的军事行动和捍卫自身的国家利益而根据随时变化的政治形势所采取的两种不同的外交策略。《韩非子·五蠹》言："纵者，合众弱以攻一强；横者，事一强以攻众弱也。"到了战国后期，由于秦国独强，实力远远超过其他各国，"合纵"就主要指的是东方六国相联合以共同抵御西方强大的秦国，而"连横"则基本上是秦国所采取的外交方略，是对东方各国"合纵"策略的瓦解，令六国之间分崩离析，从而将六国各个击破。这两种策略驰骋匹敌，相互颉颃，造就了一批叱咤风云的纵横家，张仪和苏秦是其中最为杰出的代表。东方各国之间因为有着明显的利益分歧，面对日益强大的秦国，只图取眼前的一时利益，而缺乏长远的筹算，并不能够真正地联合一心，这使得"合纵"政策始终没有得到良好的执行，结果是秦国的"连横"策略占据上风，最终六国相继覆灭，秦国结束了长达数百年的诸侯纷争，实现了天下的统一。

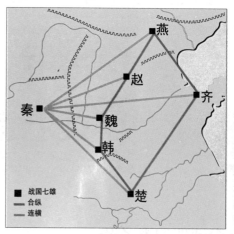

合纵连横示意图

战国末年，各国都展开积极外交，以争取盟友、削弱敌国。"合纵"即合众弱攻一强，攻击对象或楚或齐，以秦为主。"连横"指事一强而攻众弱，主要以秦国为中心。"合纵""连横"为秦强众弱格局下所出现的政治局面。

华夷之辨

"华夷之辨"，又称为"夷夏之辨"，指的是对华夏与四夷的区辨。古代华夏族群居于中原，是文明的中心，而周边则较落后，因此逐渐产生了以文明礼义为标准进行人群分辨的观念，合于华夏礼俗文明者为华，或称夏，不合者则为夷，或称蛮、戎、狄等。《春秋左传·正义》云："有服章之美谓之华，有礼仪之大故称夏。"华夷之辨，不以民族为标准，而以文化礼义作量度，体现的是一种"文化民族主义"。

第三篇

天人之学

天文历算

观象授时

观象授时，即通过观察天象来确定时间和创制历法。因为节令的测定与农业生产直接相关，所以制定准确的历法是农业社会的一件大事，而考察时序的基本途径就是观测天象，因此古人对其极为重视。《尚书·尧典》在叙述尧治理天下的具体活动时，所记载的首要一项就是派人观测天象，制定历法："乃命羲、和，钦若昊天，历象日月星辰，敬授民时……期三百有六旬有六日，以闰月定四时成岁。"这段话还表明，在尧的时期，观象授时的方法已经成熟，原始的历法在那个时期也已经形成，人们在从事农业生产的时候可以不再依凭直觉，或者随机行事，而是有了可靠的指导，这意味着农业生产已经进入了一个相对发达的阶段。

浑天仪

浑天仪以铜铸成，呈球形，球面上标出黄道、赤道、南极、北极，刻有二十八宿及其他星座，每天有规律地回转一周。

受天命，改正朔

正，指的是一年之首；朔，指的是一月之首。"正朔"合称，代指历法。"受天命，改正朔"，说的是每当改朝换代的时候要取用新的历法，而这种改变是秉承天意的。《礼记·大传》记载："立权度量，考文章，改正朔，易服色，殊徽号，异器械，别衣服，此其所得与民变革者也。"讲的是立朝之初新王所要进行的一系列改革内容，改正朔是其中之一。孔颖达注疏说："改正朔者，正谓年始，朔谓月初，言王者得政，示从我始，改故用新，随寅、丑、子所建也。周子，殷丑，夏寅，是改正也；周夜半，殷鸡鸣，夏平旦，是易朔也。"之所以要进行这些改革，是因为这意味着新王朝的建立是一个新的开始，也就是所谓的"革故鼎新"。夏代是以寅月为正的，也就是当今所讲的正月；而商代是以丑月为正的，即夏历的十二月；周代又以子月为正，就是夏历的十一月；到了秦代，又改为以夏历的十月为正。汉初袭用秦代的正朔，汉武帝元封六年（公元前104年），改用太初历，取夏正，此后历代都沿用夏正，仅在武则天称帝时取用周正。

日、气、朔

日、气、朔，是中国古代历法的三种基本元素。"日"，就是一个太阳日，为24小时。"气"，指的是二十四节气，也就是从冬至开始，到下一个冬至，是一个回归年，一个回归年划为24份，称为二十四节气。其中，冬至和其后依次相隔一位的节气，如大寒、雨水、春分等叫做"中气"，相应地，小寒、立春、惊蛰等则叫做"节气"（有时为了简洁，也将中气称为"气"，而将节气称为"节"）。"气"又分作两种，按时间等分的叫"平气"，按一年中太阳所走的路程等分的叫"定气"。"气"体现着历法中阳历的成分，而"朔"则体现着历法中阴历的成分。"朔"指的是日、月的黄道经度相同的时刻，也就是阴历每月初一的时候日、月之间的位置关系所体现出来的月相。月亮绕地球运动的速度是不均匀的，太阳周年视运动的速度也是不均匀的，因此，朔出现的时间也是不相等的，但是凭借长期的观测统计，可以求得一个相对稳定的平均值，这个平均值就称为一个朔望月。根据朔望月推算出来的朔，叫"平朔"；对平朔由日、月不均匀运动所造成的偏差进行修正而得到的真实的朔，称为"定朔"。中国古代历法自有"气"、"朔"以来，从春秋、战国时代到唐初，使用的是平气和平朔；从唐初到明末，使用的是平气和定朔；清代以后，使用的就是定气和定朔。

干支计时纪年

干是指天干，支是指地支。天干共10个，所以又称为"十干"，顺序为：甲、乙、丙、丁、戊、己、庚、辛、壬、癸；地支共12个，顺序为：子、丑、寅、卯、辰、巳、午、未、申、酉、戌、亥。其中甲、丙、戊、庚、壬是阳干，乙、丁、己、辛、癸是阴干。子、寅、辰、午、申、戌是阳支，丑、卯、巳、未、酉、亥是阴支。

在夏历中，干支用来编排年号和日期。具体方法为以一个天干和一个地支相配，天干在前，地支在后，天干从甲开始，地支从子开始，阳干对阳支，阴干对阴支（阳干不配阴支，阴干不配阳支），60年一周期，称为"六十甲子"或"花甲子"。天干表示年、月、日、时的次序，地支用来纪月、纪时。地支纪月就是把冬至所在的月称为子月，以下依次排列。地支纪时就是把一日分为12个时段，分别以十二地支表示，称十二时辰。

古人就是以六十甲子循环来纪年、纪月、纪日、纪时。

"天文志"与"五行志"

"天文志"和"五行志"为正史之中志类的两种，开创于《汉书》，为后代史书所继承。

"天文志"是对包括星运、日食、月食等各种天文现象的记录，而在《汉书》之前，《史记》中就已经有了《天官书》，系统地总结了汉代以前的天文知识和天文事件。《汉书》中的"天文志"秉承而来，保存了上古至汉哀帝元寿年间的丰富的天文资料，具有极高的史学和科学价值。此后的史家也保持了这一优秀的传统，使得历代的"天文志"一脉相承，使中国成为世界上古代天文学文献最为丰富的国家。

"五行志"记载的是各种自然灾害和奇异现象，配以五行学说进行论述，具有浓厚的迷信色彩，因而遭致了猛烈的批评，可是这并不能掩盖"五行志"的宝贵价值，虽然其中的论说有相当大的一部分是虚妄的，但是这些论说都是以事实为依托的，也就是说，"五行志"保存了大量的自然科技史的原始材料，其中涉及到地震、水灾、旱灾、雹灾、蝗灾、怪雨、日食、彗星、太阳黑子、陨石、奇异的生命现象、冶炼事故等十分广泛的内容，许多为后世所重视的科学现象最初都是记载于"五行志"中的。另一方面，"五行志"还具有重要的思想史价值，从一个特别的角度为人们研究各个时期的社会思想提供了宝贵的文献资料。

三垣与四象

"三垣"，即紫微垣、太微垣和天市垣，是中国古代划分星空的星官，每垣都是一个比较大的天区，内含若干小的星官（或称为星座）。紫微垣是三垣的中垣，包括北天极附近的天区，在北斗东北，居于北天中央，所以又称中宫，或紫微宫，即皇宫的意思；以北极星为中枢，有星15颗，东西排列，成屏藩形状，各星多数以官名命名。它的天区大致相当于现今国际通用的小熊、大熊、天龙、猎犬、牧夫、武仙、仙王、仙后、英仙、鹿豹等星座。太微垣是三垣的上垣，位居于紫微垣之下的东北方，在北斗之南，轸宿和翼宿之北，有星10颗，以五帝座为中枢，成屏藩形状。太微即政府的意思，星名亦多用官名命名，它的天区包含室女、后发、狮子等星座。天市垣是三垣的下垣，位居紫微垣之下的东南方向，在房宿和心宿东北，有星22颗，以帝座为中枢，成屏藩形状，它的天区包括蛇夫、武仙、巨蛇、天鹰等星座。"四象"，即青龙（又称苍龙）、白虎、朱雀、玄武，分别代表东、西、南、北四个方向，用来划分天上的星区。这是古人把二十八宿中每一个方位的七个星宿联系起来加以想象而成的四种动物的形象而得来的。

二十八宿铜镜 唐
此铜镜约铸于 8 世纪，中心是蛙钮，自内往外由五个圈饰组成，边饰为朵云图案。无论作为古铜镜艺术品，还是古天文学的文物，这都是一件难得的珍品。

星野

星野指的是与天上的星象相对应的地面的区域。《史记·天官书》说："天则有列宿，地则有州域。"人们用天上二十八宿的方位来对照地面的区域，某个星宿对着地面的某个区域，叫做某地在某星的分野。王勃在《滕王阁序》中说："豫章故郡，洪都新府。星分翼轸，地接衡庐。""翼"和"轸"分别是南方朱雀七宿中的第六宿和第七宿，"星分翼轸"的意思就是洪州属于翼、轸二宿所对应的地面区域。李白的《蜀道难》中有"扪参历井仰胁息"的句子，其中的"参"和"井"指的是星宿，参宿是秦的分野，井宿是蜀的分野，李白由秦入蜀，所以说"扪参历井"。二十八宿是人们对于天空星区的划分，东西南北四个方向各有七宿，而又将其更为具体地分成九野。即中央钧天：角宿、亢宿、氐宿，东方苍天：房宿、心宿、尾宿，东北变天：箕宿、斗宿、牛宿，北方玄天：女宿、虚宿、危宿、室宿，西北幽天：壁宿、奎宿、娄宿，西方颢天：胃宿、昴宿、毕宿，西南朱天：觜宿、参宿、井宿，南方炎天：鬼宿、柳宿、星宿，东南阳天：张宿、翼宿、轸宿。这九野的方位分别对应于地上的方位，就构成了星野的划分，如前面提到的翼、轸二宿，属于东南阳天，洪州位于中国的东南，正与翼、轸二宿相对应，而参、井二宿则属于西南朱天，与秦、蜀地区相对应。

古代的星图

星图是观测恒星的一种形象记录，是天文学上用来认星和指示位置的一种重要工具。我国古代天文学非常先进，有绘制星图的传统。

世界上最早的星图是唐中宗时期（公元705～710年）绘制的敦煌星图，上面绘有1350多颗星。1907年被斯坦因盗走，现藏于英国伦敦博物馆。

最早的石刻星图是从五代（公元907～960年）吴越王钱元瓘的墓中出土的。石刻星象图刻有二十八宿和拱极星等星宿。1247年，南宋天文学家根据北宋年间的观测结果，刻制了一幅比较齐全的石刻星图，图中共有1440颗星，以及银河和二十八宿距星的经线28条，现藏于江苏苏州市博物馆。

现在发现的最早的彗星图是1973年从湖南长沙马王堆三号汉墓中出土的一部帛书。在这部帛书中，绘制了29幅不同形状的彗星图。每幅彗星图下面都写有占卜的文字，每条占卜文字的开头都写着彗星的名称。这部帛书距今已有2200多年，是世界上最早的彗星图。

彗星、行星的运行记载

彗星，在中国古代称为星孛、蓬星、长星等，据《春秋》记载，鲁文公十四年（公元前613年）"秋七月，有星孛入于北斗"。这是世界上最早的关于彗星的记载，此星孛即哈雷彗星。哈雷彗星的运行周期为76年，从秦王嬴政七年到清宣统二年（公元前240～1910年）的两千多年间，哈雷彗星共回归过29次，每一次中国都进行了记录，并且记录得很详切。例如《汉书·五行志》对出现于汉成帝元延元年（公元前12年）的彗星做了这样的记载："元延元年七月辛未，有星孛于东井，践五诸侯，出河戍北，行轩辕、太微，后日六度有余，晨出东方。十三日，夕见西方……南游度犯大角、摄提，至天市而按节徐行，炎入市中，旬而2后西去；五十六日与苍龙俱伏。"据统计，中国古代对彗星的记载多达五百次以上，是世界上古代彗星记录资料最为完备的国家。

在古代，行星指的就是金星、木星、水星、火星和土星。中国对行星的观测也有着久远的历史，在甲骨文中就有了关于木星的记载，而到了秦汉时期，人们已经观测和推算出五大行星的运行周期。马王堆汉墓出土的帛书《五星占》中详细地记载着从秦王嬴政元年（公元前246年）至汉吕后元年（公元前187年）这60年间木星的位置和从秦王嬴政元年至汉文帝三年（公元前177年）这70年中土星与金星的位置，还记录了五大行星的回合周期。例如，土星"日行八分，卅日而行一度……卅岁一周于天"，意思是说，土星的会合周期为377日，这比当今的测量值378.09日小1.09日；再如，帛书上记载的金星的会合期折算之后为584.4日，这比现在的精确数据只多了0.48日。总之，史籍中关于彗星和行星的记载标志着中国古代天文学卓越的成就。

黄道与黄道吉日

黄道，指的是一年当中太阳在天球（即一个假想的与地球同心的无限大半径的圆球）中的视路径，或者说是太阳在天空中穿行的视觉轨迹的大圆，从另一个角度来说，也就是地球公转轨道面在地球上的投影。平常所说的12星座，指的就是黄道十二宫，即位于黄道带上的十二个星座，人们可以根据太阳处于黄道上的何种位置来判断季节和日期。古时，星象不仅用来推算历法，还用来预测吉凶，人们把日辰的十二地支分别与十二星宿天神相配，称之为某神值日。即子日青龙、丑日明堂、寅日天刑、卯日朱雀、辰日金匮、巳日天德、午日白虎、未日玉堂、申日天牢、酉日玄武、戌日司命、亥日勾陈，其中青龙、明堂、金匮、天德、玉堂、司命这六个星宿是吉神，称其为"六黄道"，其余的则为"六黑道"。当"六黄道"值日之时，诸事皆宜，不避凶忌，也就是所谓的"黄道吉日"。黄道吉日后来又泛指宜于办事的好日子。

二十八宿

二十八宿是中国古人认识星辰和观测天象对天上恒星的划分，类似西方的星座，又称为二十八星或二十八舍。"宿"表示日月五星所在的位置。古时候的人们根据它们的出没和中天时间定四时，安排农事活动。

二十八宿分成四组，与东、北、西、南四宫和动物命名的四象相配。它们是东宫青龙，包括角、亢、氐、房、心、尾、箕七宿；西宫白虎，包括奎、娄、胃、昴、毕、觜、参七宿；南宫朱雀，包括井、鬼、柳、星、张、翼、轸七宿。北宫玄武，包括斗、牛、女、虚、危、室、壁七宿。与它们关系密切的一些星官（意为一组星），如坟墓、离宫、附耳、伐、钺、积尸、右辖、左辖、长沙、神宫等，分别附属于房、危、室、毕、参、井、鬼、轸、尾等宿，称辅官或辅座。唐朝时，包括二十八宿和辅官在内的星共有183颗。

最早记录二十八宿的是春秋时期的《尚书·尧典》。现存对二十八宿最完整的记录发现于湖北随县战国古墓（葬于公元前433年）的漆箱盖上，它记录了二十八宿的全部名称。

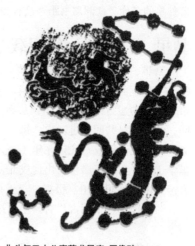

北斗与二十八宿苍龙星座 画像砖

二十四节气

古人根据季节更替和气候变化的规律，把一年天分为24个节气。

立春：即春季的开始。雨水：降雨开始。惊蛰：指春雷惊醒了蛰伏在土中冬眠的动物。春分：表示昼夜平分。清明：天气晴朗。谷雨：雨生百谷。立夏：夏季开始。小满：麦类等作物籽粒开始饱满。芒种：麦类等有芒作物成熟。夏至：夏天来临。小暑：气候开始炎热。大暑：一年中最热的时候。立秋：秋季开始。处暑：暑天结束。白露：天气转凉，露凝而白。秋分：昼夜平分。寒露：露水以寒，将要结冰。霜降：开始有霜。立冬：冬季开始。小雪：开始下雪。大雪：降雪增多。冬至：冬天来临。小寒：气候开始寒冷。大寒：一年中最冷的时候。

为了便于记忆，人们编了二十四节气歌诀：春雨惊春清谷天，夏满芒夏暑相连。秋处露秋寒霜降，冬雪雪冬小大寒。

二十四节气最早出现在商朝，是中国历法的独创，几千年来对中国农业发展起了重要作用。

黄历

黄历，即黄帝历，相传为黄帝创制，为中国最早的历法。因为黄历的使用范围很广，在上古时期通行时间又很长，所以人们以后也把其他历书习称为"黄历"，并且这一称呼一直沿用下来。黄历的制定以天象观测和农时经验为基础，是一种阴阳合历，将一年分为春、夏、秋、冬四季，以子建月，也就是以阴历十一月为岁首。黄历对于指导人们的农业生产有着重要的作用，也奠定了后世历书的基础，但是在流传过程中也加入了诸如吉凶、宜忌、冲煞、方位、流年、太岁等迷信的内容，尽管在历史上曾被禁止，然而这些内容在当今的历书中依然流行。在历法中还有一个"皇历"的概念，经常与"黄历"相混淆，"皇历"指的是官方颁布的历书。唐文宗大和（又作"太和"）九年（公元835年），皇帝下令编制了中国最早雕版印刷的历书宣明历，并且规定今后历书必须由皇帝亲自审定，同时由官方印刷。从此，历书就被称为"皇历"。"黄历"与"皇历"的原本含义截然不同，但是由于都用作历书的代称，两者读音又相同，所以后来就被混同起来，当今提起传统历书的时候，有时写作"黄历"，有时又写为"皇历"，但是都脱离了原来的含义，变得不相区分了。

阴历与阳历

按月相周期来排定的历法，叫做太阴历，简称为阴历；以太阳视运动为依据而设置的历法，叫做太阳历，简称为阳历。阴历定月的依据是月球的运动规律：月球运行的轨道，叫做白道；太阳在地球上的周年视运动轨迹，叫做黄道。白道与黄道以五度九分而斜交，月球绕地球一周，出没于黄道两次，用时二十七日七小时四十三分十一秒半，这是月球公转一周所需的时间，天文学上称为"恒星月"。而当月球环绕地球运动的时候，地球的位置因公转也发生变动，因此，月球从朔到望，实际所需的时间是二十九日十二时四十四分二秒八，这一时间称为"朔望月"，也就是阴历的一个月。现在通常所说的阴历指的是夏历，因与农时密切相关，所以又叫农历，但是夏历有闰月的设置，并不是一种纯粹的阴历。阳历是根据太阳直射点的运行周期而制定的，其平均历年为一个回归年，分为平年和闰年两种，闰年比平年多出一天。通常所说的阳历，即格里历，是现代国际通行的历法，因而又称之为公历。阳历的一年实际上并非刚好是365日，而是365.242199174日，因此每四年设置一次闰年，这样就将年度的平均时间修正为365.25日，但仍有一定的误差，因此每一百年再减少一个闰年，而每四百年再加回一个闰年，最后修正为365.2425日，这样出现一天时间的误差大约需要3000年，可以说是已经相当精确的了。

夏历、周历和秦历

夏历，即夏朝制定和应用的历法，习惯上也称为农历、阴历，但实际上属于一种阴阳合历，因为夏历在朔望月这一方面取用的是阴历的原则，而在设置闰月以使平均历年为一个回归年这一方面则显示出阳历的成分。当今仍在使用的阴历常常被认为是夏历，而实际上取用的只是夏正，也就是一年的开始一天与夏历是一致的，至于每月的设置情况与夏历是有着一定差异的，即使称之为夏历，也并非是4000年前夏朝时候历法的原初面貌的，而是经过修正和改订过的夏历。周历和秦历与夏历基本上是一致的，区别在于岁首的不同，周历以夏历的十一月为岁首，而秦历则以夏历的十月为岁首。先秦时期，几种历法并用，所以在古籍中常常会见到因所依历法不同而产生的记月的差异，这是值得注意之处。

太初历

太初历创制于西汉，中国第一部完整的历法，也是当时世界上最先进的历法。元封六年（公元前104年），经司马迁等人提议，汉武帝下令改定历法，将先前沿用的误差较大的颛顼历改为太初历。太初历由天文学家落下闳、邓平等人制订，这部历法规定，一年为365.2502日，一月为29.53086日，将原来的以十月为岁首改为以正月为岁首，开始采用有利于农业生产的二十四节气，以没有中气（即雨水、春分、谷雨等二十四节气中偶数位的节气）的月份为闰月，由此调整了太阳周天与阴历纪月不相合的矛盾，并且根据天象实测和多年来史官的记录，推算出135个月的日食周期。太初历在刚刚行用时，受到一些人的反对，为了验证太初历是否符合实际的天象，朝廷组织了一次为期3年的天文观测，同时校验太初历和古六历（即黄帝历、颛顼历、夏历、殷历、周历和鲁历）的数据，结果表明，太初历更具优越性，于是得以长期沿用，直至汉章帝元和二年（公元85年），前后应用了189年。

授时历

元世祖至元十七年（1280年），郭守敬（1231～1281年）与王恂、杨恭懿、许衡等人于编写完成授时历。

授时历通过对前代40多部天文历法著作的细致研究，推算出一年有365.2425天，与地球绕太阳一圈的时间仅差26秒，与现在实行的公历所采用的平均年的长度是一样的。书中还废除了前代采用的上元积年以及采用复杂分数表示天文资料的办法，而是精简了计算方法，大大提高了准确度。计算方法上，授时历采用3次差分的内插法来计算太阳、月亮的不均匀运动；同时，还运用了类似球面三角法的数学方法计算黄道和赤道宿度之间的转化以及太阳视赤纬的转化。

授时历是我国古代最优秀也是实际实施时间最长的一部天文历法，从元末颁布实行开始直到清朝中期，共实施了364年。

浑天仪

浑天仪是浑仪和浑象二者合一的总称，东汉张衡所创。浑仪是测量天体球面坐标的一种仪器，它模仿肉眼所见的天球形状，把仪器制成多个同心圆环，整体看犹如一个圆球，然后通过可绕中心旋转的窥管观测天体。浑象是古代用来演示天象的仪表，最早为西汉耿寿昌所创制，张衡对其进行了改进，它的构造是一个大圆球，上面刻画或镶嵌星宿、赤道、黄道、恒稳圈、恒显圈等天象标志，类似于现今的天球仪。张衡制造的浑天仪，几乎囊括了当时所有先进的天文学知识，能够把天象变化形象地演示出来，人们可以从浑天仪上面观察到日月星辰运行的现象，代表着中国古代天文学发展的卓越成就。

北斗

北斗在我国是家喻户晓的七星，北斗七星是：天枢、天璇、天玑、天权、玉衡、开阳和摇光，因为这七星连在一起的形状，像是一个舀酒的斗形，所以古人就形象地称它为北斗。天枢、天璇、天玑、天权四星组成斗身，古代叫魁；玉衡、开阳、摇光三星组成斗柄，古代叫杓。北斗七星属于大熊星座的一部分。

北斗最大的作用，是可以辨别方向，确定季节。可见北斗的重要性。北斗是怎么辨别方向的呢？我们只要把天璇、天枢连成一条

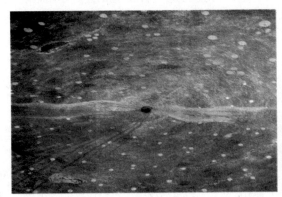
天象图

直线，并顺势把这条直线延长大约五倍的长度，就是北极星，而北极星是北方的标志，这样北方就找到了。北斗又是怎么确定季节的呢？当季节、夜晚的时段不同时，北斗星出现在天空中的位置也不同，看起来是在围绕着北极星运转，所以初昏时北斗斗柄所指的方向，就成了古人决定季节的依据：斗柄指向东，就是春天；斗柄指向南，就是夏天；斗柄指向西，就是秋天；斗柄指向北，就是冬天。

季节与十二次

十二次是为了方便说明日月和水金木火土五星的运行、节气的变换而产生的。古人按照由西向东的顺序，把黄道附近一周天，平均分成星纪、玄枵、诹訾等十二个等分，这十二个等分，就叫十二次。

由于十二次和二十八宿都是划分黄道附近一周天的，所以十二次中的每一次，都能有二十八宿中的某些宿和它对应，成为它的标志，例如星纪的标志是斗宿和牛宿二宿，玄枵的标志是女宿、虚宿和危宿三宿。不过，由于十二次是等分的，而二十八宿各宿的大小不一，所以十二次各次起始和终止的界限，和二十八宿中宿与宿的分界，就不是完全重合的，某些宿可以跨属相邻两个次。

古人发明十二次，有什么作用呢？主要有两个方面。首先，可以用来指示四季太阳所在的位置，根据太阳的位置，说明节气的变换。其次，可以用来说明岁星每年所在的位置，根据岁星的位置，进行纪年，例如说某年"岁在星纪"，下一年"岁在玄枵"，等等。

分野

古人观察天象，俯察地理，常会把天上和地上的事理联系起来。所谓分野，是古人把地上的州域和天上的星宿联系起来而形成的一个概念。根据资料可知，早在春秋战国时期，人们就已经开始根据地上的州域来划分天上的星宿了。古人把天上的星宿分别指配到地上的州国上，这样，星宿和州国就有了对应关系，古人再根据这种对应关系，说某星是某国的分星，某星宿是某州国的分野。这就是分野的基本内涵。

星宿分野的依据，通常是列国，或者是各州，有时也以十二次作为纲领，把列国逐个相应分配上去。

古代作家常常提到某些星宿，这些星宿，往往是在分野的意义上说的，如王勃《滕王阁序》中的"星分翼轸"，李白《蜀道难》中的"扪参历井"，这里所谓"翼轸"、"参井"，就都是。

闰月

阴历是以朔望月作为单位的历法，阳历是以太阳年作为单位的历法。古人的历法，既非纯阴历，更非纯阳历，而是阴阳合历。在古人的历法里，年分为平年和闰年。平年共有十二个月，有六个小月、六个大月，每个小月二十九天，每个大月三十天，这样全年算下来，是354天。而一个太阳年大约是365天，两者比较，前者一年大概要少掉11天，这样累积经过三年，就会相差一个月余的时间，所以古人每三年，就要配置一个闰月，使历年的平均长度能够大致和一个太阳年相当，这样，也方便和自然时令相配合。

三年一闰，那么按理来说，六年两闰，但六年两闰，又少了些，于是古人有时就来个五年两闰，但五年两闰，又多了些，所以后来就规定，十九年里共闰七个月。

早在殷周时代，古人就已经置闰了，当时的闰月一般放在年末，叫做"十三月"，但当时置闰，并没有定制，有时一年再闰，所以甚至会有"十四月"。春秋时，一年再闰的状况就没有再发生了。汉初沿用秦制，把十月作为一年的开头，把九月作为一年的结束，所以汉初置闰，是在九月之后，叫做"后九月"。

纪日法

古人纪日，用的是干支。干指天干，支指地支。天干有十个：甲、乙、丙、丁、戊、己、庚、辛、壬、癸。地支有十二个：子、丑、寅、卯、辰、巳、午、未、申、酉、戌、亥。十干和十二支一共可以排列组合成六十个单位，叫做六十甲子：

甲子	乙丑	丙寅	丁卯	戊辰	己巳	庚午	辛未	壬申	癸酉
甲戌	乙亥	丙子	丁丑	戊寅	己卯	庚辰	辛巳	壬午	癸未
甲申	乙酉	丙戌	丁亥	戊子	己丑	庚寅	辛卯	壬辰	癸巳
甲午	乙未	丙申	丁酉	戊戌	己亥	庚子	辛丑	壬寅	癸卯
甲辰	乙巳	丙午	丁未	戊申	己酉	庚戌	辛亥	壬子	癸丑
甲寅	乙卯	丙辰	丁巳	戊午	己未	庚申	辛酉	壬戌	癸亥

以上六十个单位，每个单位表示一日。有了这六十个单位，日子就可以记录了。例如昨日是甲子日，那么今日就是乙丑日，明日就是丙寅日，往后的日子依次顺推；甲子日的前一日，就是癸亥日，往前的日子依次逆推。六十个单位轮完一圈后，再周而复始。

古代有些日子，有特定的称呼。例如，每个月的第一天称为朔，最后一天称为晦，小月的十五日、大月的十六日称为望，望后紧挨着的日子称为既望。鲍照《玩月城西门廨中诗》说："三五二八时，千里与君同。"这里的"三五"和"二八"就是指望日，三五等于十五，"三五"指小月的望日，二八等于十六，"二八"指大月的望日。苏轼《前赤壁赋》说："壬戌之秋，七月既望。"这里则说到了"既望"。

一天之内的时间，又是怎么记录的呢？

从大的方面来说，古人是依据天色，以昼夜为单位，分成若干个时段。例如日出时称为旦、早、朝、晨等，日落时称为夕、暮、昏等。太阳升到天空正中时称为日中，将近日中的时辰称为隅中，太阳西斜时称为昃。古人一天两餐，前面的一餐，是在日出之后隅中之前，这一节时间，称为食时；后面的一餐，是在日昃之后日入之前，这一节时间，称为晡时。日入之后，就是黄昏了，黄昏之后，就是人定了，人定之后呢，就是夜半了。夜半以后，就是黎明。天将亮的时间，称为昧旦，昧旦又称昧爽。此外表示天亮的时间的，还有平旦、平明等。至于鸡鸣，是指昧旦前的一段时间。鸡鸣和昧旦先后相继出现。《诗经》说："女曰鸡鸣，士曰昧旦。"这里就说到了鸡鸣和昧旦。

从小的方面来说，随着时辰概念的形成，古人把一天分为十二个时辰，十二个时辰用十二地支表示。每个时辰正好和我们现代的两小时相等。这是能一一对照上的，例如夜半十二点（即二十四点）是子时，所以古人说夜半是子夜；凌晨两点是丑时，四点是寅时，上午六点是卯时，其他依次顺推。

近代时，近人又把古人的十二个时辰中每个时辰细分为初、正。例如原来晚上十一点和十二点都是子时，分出初、正之后，晚上十一点就是子初，夜半十二点就是子正，等等。这样，也就等于用古代的概念，把一昼夜分成和现代相等的二十四小时了。

纪月法

古人纪月，一般用的是序数，从一月开始，一直记到十一月、十二月。一年开始的第一个月份，称为正月。每个月在先秦时代，大约都是有特定的称呼的，例如《楚辞》把正月称为孟陬，《诗经》把四月称为除，十月称为阳，《国语》把九月称为玄，等等。

"月建"是古人的另一种纪月方法。所谓"月建"，就是把十二个月份配上十二地支，一般是把冬至日所在的夏历十一月，配上十二地支中的子，叫作建子之月，由建子之月顺推，就可以记录月份了。

漏刻、日晷和圭表

漏刻、日晷和圭表，都是古代用于计量时间的工具。漏刻，"漏"指漏壶，"刻"指刻箭。人们专门制造出一种有小孔的漏壶，把水注入漏壶内，水便从壶孔中流出来，再用一个容器收集漏下来的水，在其中放置一根刻有标记的箭杆，也就是刻箭，相当于现代钟表上显示时刻的钟面。刻箭被一个竹片或木块托着浮在水面上，从容器盖中心的小孔中穿出，随着容器内收集的水逐渐增多，刻箭也逐渐地往上浮，从盖孔处看刻箭上的标记就能知道具体的时刻。后来人们发现漏壶内的水多时，流水较快，水少时则较慢，这显然会影响计量时间的精度，于是在漏壶上再加一只漏壶，水从下面漏壶流出去的同时，上面漏壶的水又同步地补充进来，使下面漏壶内的水均匀地流入箭壶，从而取得比较精确的时刻。

日晷，又称日规，原理是利用太阳投射的影子来测定和划分时刻。日晷通常由铜制的晷针和石制的圆盘状晷面组成。晷针垂直穿过晷面中心，而晷面安放在石台上，南高北低，平行于天赤道面，这样，晷针的上端正好指向北天极，下端正好指向南天极。在晷面的正反两面刻出12个大格，每个大格代表一个时辰。当太阳光照在日晷上时，晷针的影子就会投向晷面，太阳由东向西移动，投向晷面的晷针影子也慢慢地由西向东移动，移动着的晷针影子和晷面就分别相当于现代钟表的指针和表面。

圭表，由"圭"和"表"两个部件组成，正南正北方向平放的测定表影长度的刻板，叫作"圭"，直立于平地上测日影的标杆和石柱，叫作"表"。圭表的发明是由人们对事物在太阳光下影子的变化规律的感知而得来的。正午时的表影总是投向正北方向，而且此时的表影最短，对于一年之中各日中午的表影，又以夏至日最短，而冬至日最长，通过这种观察，人们就可以确定节气的日期和一年的长度。

一行测算子午线

一行（约公元673～727年），唐代僧人，俗名张遂，魏州昌乐（今河南南乐）人，一说河北巨鹿人，是著名的天文学家、数学家和佛学家。开元五年（公元717年），唐玄宗召一行入京制定新历法。一行与机械制造师梁令瓒合作，创制出了黄道游仪和水运浑象仪，改进了观测仪器，掌握了大量的天文实测资料。一行由此发现古籍上记载的有些恒星的位置与实际不符，于是重新测定了150多颗恒星的位置，这大大提高了新历法的精度。为了使新历法适用于全国各地，一行还组织领导了规模宏大的天文地理测量，开展了实地测算子午线的工作。所谓"子午线"，指的就是人们假设的一条通过地球南北两极的经线，测定出子午线的长度，就可以测知地球的大小。一行在全国选了13个观测地点，其中最北端的观测点在今天蒙古国的乌兰巴托西南，最南端的观测点则在今天的越南中部。通过艰巨而严谨的实测工作，一行推翻了过去一直沿用的"日影千里差一寸"的错误结论，得出"三百五十一里八十步，而极差一度"的新结果，指出子午线一弧度的距离为123.7公里，而现代用精密仪器测量的结果是111.2公里，虽然两者差异是比较大的，但是作为世界上对子午线长度的第一次实地测量，一行的这一成就在中国以及世界天文学发展史上都有着重大的意义。

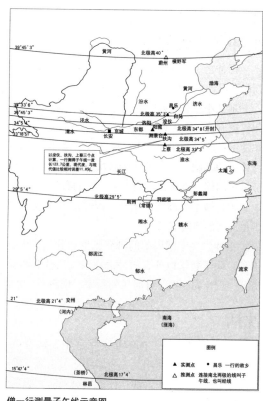

僧一行测量子午线示意图

公元724年，一行命人在河南地区测量日影长度和北极高度，并根据实测结果得知子午线1°的长度为351.27唐里，即现在的123.7公里。这是世界上第一次地面实测子午线的记录。

张衡

张衡（公元78～139年）字平子，南阳西鄂（今河南南阳县石桥镇）人，东汉科学家、文学家。他早年发奋苦读，17岁去长安和洛阳一带游历。永元十二年（公元100年）出任南阳太守的主簿。永初五年（公元111年）任郎中和尚书侍郎，后任太史令。晚年曾任河间相、尚书等职。

张衡是一个全才，他在天文学、地震学、机械制造、数学、文学、绘画等方面都取得了极高的成就。在天文学方面，他主张浑天说，提出天犹如一个鸡蛋，地犹如蛋黄那样居于中心，认为天外有天，宇宙无限。他提出具有朴素辩证法思想的天地起源说，并且正确解释了月食现象，认为中国地区肉眼能看到的星星有2500颗，还制成了浑天仪。他在天文学方面代表作是《浑天仪图注》和《灵宪》。

在地震学方面，他制造了世界上第一台地震仪——地动仪，能准确地侦测到地震。在数学上，他的代表作是《算罔论》，算出了圆周率 $\pi \approx 3.1466$ 和 $\pi \approx 3.1623$ 两个近似值。在思想领域，他坚决反对封建迷信思想。在文学上，他创作了《东京赋》、《西京赋》等。他还擅长绘画，被认为是当时六大名画家之一。

祖冲之与圆周率

祖冲之（公元429～500年），字文远，祖籍范阳郡遒县（在今河北涞水县），生于南京，南北朝时著名的数学家、天文学家和机械制造家。

他从小就聪明好学，青年时期就赢得了博学多才的名声。祖冲之的主要成就在数学、天文历法和机械制造三个领域。在数学方面，他取得的最大成就是圆周率。求算圆周率的值是数学界中一个非常困难的研究课题，古代许多数学家都为研究这个课题付出了大量心血。祖冲之在吸收了前人研究成果的基础上，经过1000多次的计算，将圆周率推算到3.1415926和3.1415927之间，成为世界上最早把圆周率推算到小数点后七位的数学家。这在当时世界上非常先进，直到一千年以后，西方数学家才打破了祖冲之的纪录。因此，日本数学史家三上义夫建议将3.1415926称为"祖率"，以纪念祖冲之的研究成果。

祖冲之关于圆周率的研究成果和其他重大贡献写成《缀术》一书，可惜这部数学专著现在失传了。除了数学以外，祖冲之在天文历法和机械制造方面也取得了很大成就。他曾编制了《大明历》，设计和制造了计时用的漏壶、指南车、水推磨和千里船等。

沈括

沈括（约1033～1097年）字存中，钱塘（今浙江杭州）人，北宋科学家。至和元年（1054年），沈括任海州沭阳县（今属江苏）主簿，颇有政绩。熙宁年间，王安石变法，沈括积极参与。熙宁五年（1072年），沈括任提举司天监，职掌观测天象，推算历书。王安石变法失败后，沈括被贬，晚年定居润州（今江苏镇江东）梦溪园。

沈括资质聪颖，勤于思考，在物理学、数学、天文学、地学、医学、化学、工程学等方面都作出了重要的成就和贡献。沈括研究并改革了浑仪、浮漏和影表等旧式的天文观测仪器，还制造了测日影的圭表，改进了测影方法。在《浑仪议》、《浮漏议》和《景表议》等3篇论文中，沈括介绍了他的研究成果，阐发了自己的天文学见解，这3篇论文在我国天文学史上具有重要地位。晚年，沈括总结自己一生的经历和科学活动，写出了科学巨著《梦溪笔谈》和《忘怀录》等。

郭守敬

郭守敬（1231~1316年）字若思，顺德邢台（今河北邢台）人，元代天文学家、水利专家。他自幼在祖父郭荣的指导下，刻苦学习天文、数学、水利学等方面的知识。中统三年（1262年），郭守敬受到元世祖忽必烈的召见和赏识。至元十五年（1278年），郭守敬恩同知太史院事，负责建造天文台。郭守敬参与制定了新历法，负责制仪和观测。经过三年努力，在至元十七年（1280年）终于编出新历，忽必烈定名为授时历。另外，郭守敬设计和监制的新天文仪器有简仪、高表、候极仪、浑天象、玲珑仪、仰仪、立运仪、证理仪、景符、窥几、日月食仪以及星晷定时仪12种，大大提高了观测精度，对我国天文研究有很大帮助。

晚年，郭守敬致力于河工水利，兼任都水监。至元二十八年（1291年），郭守敬领导开辟汇集大都附近水源的白浮堰，主持了大运河最北一段——由通州到大都积水潭的通惠河的修建工程。他根据地形地貌解决了通惠河的水源问题，而且在运河中设闸坝、斗门，解决了河水的水量和水位问题。

独特的中医

中医

中医作为国粹已有几千年的历史，它是一个以朴素的唯物主义和自发的辩证法为指导思想，以阴阳五行学说为说理工具，以脏腑经络学说为理论核心，以辨证论治为临床特色的独特、完整的医学体系。

中医的最大特点是整体观念，也就是说，中医将人本身看做一个整体，人与自然相统一，人天相应，天人合一。中医始终将人作为一个整体看待，无论是病机、病理，还是诊断、治疗，时时处处着眼体现出这一观点。中医认为人与自然界息息相通，具有不可分割的密切联系，自然界对人体的影响无时无刻无处不在，人与自然气候、地理、环境、饮食、起居、习俗等有千丝万缕的联系，许多疾病与季节、时间、生活条件、环境、心情等有关。中医的另一特点是辨证施治。辨证是在整体观念指导下，将四诊收集的资料，根据阴阳、五行生克制化、经络、脏腑、多种辩证的规律全面分析，辨别疾病的证候，从而判断疾病的病因、部位、性质、邪正盛衰有病变趋势；施治就是根据辨证的结果，确定治疗的手段和方法。另外，中医还具有恒动观念，认为人体以及宇宙万物都是连续不断、无限永恒地运动和变化着，将物质的运动形式概括为升降出入，即认为生理活动每时每刻都在人体内部和内外交换两方面进行，人体各部分组织、器官、脏腑、气血津液通过经络周而复始地维系在一起，相互依存、相互联络；在病理过程中相互影响、互为因果，一旦这种活动停止则生命即告终结。

中医的起源

中医起源于华夏先民长期的劳动实践，到原始社会末期，中医已具雏形，但由于缺乏文字的记载，只留下了一些传说，其中最为著名的就是神农尝百草和伏羲制九针，根据这种说法，神农和伏羲分别是中药学和针灸学的开创者。灸熨、针刺和汤药是中医的三大基本治疗方法，灸熨源自于人们对火的应用，针刺出自于对石器的使用，而汤药则产生于对食物的寻找过程，这些在初始阶段都是不自觉的偶然发现，后来则逐渐发展为一种确定的知识，形成了中医发展的源头。上古时期，人们对自然的认识还处于蒙昧阶段，因此巫术盛行，而疾病的治疗更是与巫术密切地结合在一起，所以当时巫、医为一职，而最初的中医知识也于此时形成，在甲骨文中已经有了对确定病名的记载。进入周代，就出现了专业的医师，并且医学开始分科，也建立了医政制度。到春秋战国及至秦汉时期，随着一批医学大家和医学经典著作的出现，中医就已经进入全面成熟的阶段了。

神农采药图

中医的理论基础

精气学说、阴阳学说和五行学说是中医的理论基础。精气学说认为气是生命的本源，人体机制的正常运行需要精气的调和，故凡为疾病，都是由人体之气的升降出入失调所致。在阴阳学说中，阴和阳分别代表着两种对立的事物或者事物对立的两面，阴阳之间对立而又统一，相互间存在着交感、制约、消长、转化等彼此依存而又斗争的关系。五行学说则认为世界上一切事物都可按其基本属性分为五类，分别以金、木、水、火、土命名，五者之间存在着相生相克的关系。这三种学说涵盖了中医学中关于人体的组织结构、生理功能、病理变化的基本观点，并且构成了对疾病的诊断和防治的最终的理论依据。例如，在中医学理论中，表证、热证、实证可归属于阳证的范畴；里证、寒证、虚证可归属于阴证的范畴。再如，中医认为，金、木、水、火、土在人体中分别对应着肺、肝、肾、心、脾五脏，五行平衡、五脏调和，人体才能维持健康和气血旺盛。

四诊八纲

四诊八纲指的是中医诊断疾病的手段。四诊即望、闻、问、切四种诊察疾病的方法，是搜集临床资料的主要方法。

四诊即望、闻、问、切。"望"就是观察病人的精神状态、体质情况、皮肤或其他部分的色泽，以及五官、舌苔等。"闻"一是听病人发出的声音（言语、呼吸、咳嗽等），一是闻病人的气味（呼吸、口腔、分泌物，排泄物等）。"问"就是询问病人发病经过和症状。"切"就是号脉和触诊。脉诊虽然排在最后，但它是中医诊断学中最重要、起决定性作用的一环。八纲即表、里、寒、热、虚、实、阴和阳。它是在四诊的结果的基础上概括出来的，用来明确疾病的主要矛盾或矛盾的主要方面。中医认为，人之所以得病是因为六因，即风、寒、暑、湿、燥、火，但这些都是属于外因，是致病的条件，至于是否发病与否，主要取决于内因，即人的身体状况。

辨证施治

辨证施治就是从病人的整体进行考虑进行治疗，而不是头痛医头、脚痛医脚。它既不同于对症治疗，也不同于西医的辨病治疗，它把人体的状况和疾病的发展变化规律联系起来，综合考虑进行治疗，可以说是病因疗法。

辨证的辨包括辨别与分析两方面内容。证就是对一组症状的综合与归类。辨证就是运用四诊所获得的客观资料（即证候），用中医的方法（三因、四诊、六经、八纲、脏腑、气血等等）进行辨证分析，得出人生病的原因，同时注意病情的发展趋势。施治就是在辨证的基础上，根据不同症状，采用与之相应的治疗方法和用药。辨证是施治的依据，施治是治疗的目的。辨证的主要方法有：辨病位、辨病因、辨病机。

邪从外来，病由内起

邪从外来，病由内起，这是中医的病因学理论。在中医看来，风、寒、暑、湿、燥、火等都是外界的致病因素，人无时无刻不在进行着与外界的物质交换，由此而引发体内的各种运动变化，即所谓的"升降出入"。正常的情况下，这种过程是平衡的，如果相关因素发生了某种反常的变化，例如气温的骤降，就会造成人体升降出入的失衡，从而导致疾病。这就是所谓的"邪从外来"。在这种失衡的情况下，并不是所有的人都会生病，可见疾病的发生还受到另外因素的影响，这就是人体自身的状况，即人体对外界致病因素的抵抗能力，只有当人体内部的防御机制遭到破坏的情况下，疾病才会发生，也就是说，病发与否最终取决于人体内部的状况，即所谓的"病由内起"。

望闻问切

望闻问切，是中医传统的四种基本诊察方法，合称"四诊"，相传最早为扁鹊总结发明。成书于汉代、托名为扁鹊所著的《难经》记载："望而知之谓之神，闻而知之谓之圣，问而知之谓之工，切脉而知之谓之巧。"又解释说："望而知之者，望见其五色，以知其病；闻而知之者，闻其五音，以别其病；问而知之者，问其所欲五味，以知其病所起所在也；切脉而知之者，诊其寸口，视其虚实，以知其病，病在何脏腑也。经言，以外知之曰圣，以内知之曰神，此之谓也。"望、闻、问、切的诊察方法在中医学中具有统领性的地位，明代徐春甫在《古今医统大全》中说："望闻问切四字，诚为医之纲领。"

明切脉罗汉塑像

四川新津观音寺明代重修大雄宝殿中，有一对切脉诊病罗汉十分生动传神。病僧平伸左手微笑待诊，医僧凝神定气，圆睁双眼，全神贯注地沉浸在诊脉之中。表现中医诊脉的古代艺术品不多，遗存今日实属罕见。

辨证与辨病

辨证与辨病都是以病人的临床表现为依据来认识疾病的过程，区别在于，辨病是对疾病的辨析，以确定疾病的诊断为目的，从而为治疗提供依据；辨证则是对证候的辨析，以确定证候的原因、性质和病位为目的，据此来确立治疗方法。辨病的重点在于疾病的判断，而辨证的重点在于证候的掌握。辨证论治是传统中医的一个基本特点，主要体现于同病异治和异病同治。同病异治，就是说同一种病，发病的时间、地域不同，或所处的疾病阶段、类型不同，或病人的体质不同，导致反映出的病证不同，因而治疗也就有差异。异病同治，是说几种不同的疾病在其产生过程中，有着大致相同的病机，表现出相类似的病证，就可以采用大致相同的方法和药物来治疗。但是辨证方法只考虑疾病的阶段性和类型性，不考虑疾病的全过程，在对病情的总体认识上是有着偏颇之处的，所以现代中医强调辨证与辨病相结合。

未病先防，有病防变

未病先防和有病防变体现的是中医强调的防重于治的观念。《素问·四气调神大论》中说："圣人不治已病治未病；不治已乱治未乱……夫病已成而后药之，乱已成而后治之，譬如渴而穿井，斗而铸锥，不亦晚乎。"未病先防是指在人体未发生疾病之前，应当在生活中的各个方面予以注意，养成良好的生活习惯，增强体质，提高免疫力，远离致病因素，杜绝疾病的发生。有病防变是说在疾病既已发生的情况下，当及时治疗，防止出现进一步的病变，也指疾病初愈的时候要注意调养，避免病症的复发。

扶正祛邪

"扶正祛邪"是中医的重要治疗方法。"扶正"，即扶助正气，也就是提升人体对疾病的抵抗力和对环境的适应力；"祛邪"，即祛除邪气，也就是除掉致病的因素。依照中医理论，疾病的发生酝酿于人体中正气与邪气相斗争的过程，正气增长，病情就向好的方面发展，邪气增长，病情就向坏的方面发展，所以治疗就要从扶正和祛邪下手，促使正气战胜邪气，从而消除疾病，令人体变得健康。

中药与方剂

中药，即中医用药，大体可分为植物药、动物药和矿物药三类，又可依据加工程度而分为中成药和中药材。中药学是中华民族经过长期的精心探索而总结出来的宝贵成果，经过数千年的发展历程而不断得到丰富和完善。现存的最早的中药学著作为成书于汉代之前的《神农本草经》，书中记载了中药365种（植物药252种，动物药67种，矿物药46种），同时对每一味药的产地、性质、采集时间、入药部位和主治病症都进行了详细介绍，并且对各种药物的配合应用以及服药方法和药物的制剂类型也都做了概述。及至明代，李时珍撰写的《本草纲目》载药1892种，附方一万多个，成为古代中药学的一部集大成之作。方剂是中药学的具体应用，指的是按照中医用药规则经过适宜的选择、酌量而制成的包含药物加工与服用方法在内的药方，简称为"方"。最早记载方剂的医书是汉初的《五十二病方》。东汉张仲景的《伤寒杂病论》将理法方药融于一体，共载方剂314种，被后世誉为"经方"，这表明方剂学此时已发展成熟。

人体的经络网

经络是经脉和络脉的总称，人体运行气血的纵行的干线称为经脉，而遍及全身各个部位的经脉的分支称为络脉，经脉与络脉共同构成了人体的经络网，将人体内外、脏腑和肢节联结成为一个有机的整体。经络系统以阴、阳来命名，分布于肢体内侧面的经脉为阴经，分布于肢体外侧面的经脉为阳经，一阴一阳衍化为三阴三阳，相互之间具有相对应的表里相合关系，即肢体内侧面的前、中、后，分别称为太阴、厥阴、少阴，肢体外侧面的前、中、后分别称为阳明、少阳、太阳。在人体经络网中，十二经脉和十五络脉尤为重要。十二经脉发挥着主体性的作用，其名称分别是：手太阴肺经、手厥阴心包经、手少阴心经、手阳明大肠经、手少阳三焦经、手太阳小肠经、足太阴脾经、足厥阴肝经、足少阴肾经、足阳明胃经、足少阳胆经和足太阳膀胱经。十二经脉和任、督二脉各自别出一络，加上脾之大络，共计十五条，称为十五络脉，分别以十五络所发出的腧穴命名，如手太阴之别络、足太阳之别络、任脉之别络、脾之大络等。十五络脉加强了十二经脉中表里两经的联系，补充了十二经脉循行的不足。经络理论在中医学中占有着基础性的地位，对指导中医的各种诊疗实践有着决定性的作用。

穴位

穴位，学名为腧穴，通常也称为穴、穴道，在中医学上指人体上可以针灸的部位，多为神经末梢密集或较粗的神经纤维经过的地方。中国古人很早就发现了穴位，成书于西汉之前的《黄帝内经》就指出"气穴所发，各有处名"，并且记载了160个穴位名称。魏晋时期的皇甫谧在《针灸甲乙经》中对人体340个穴位的名称、位置及其主治功能都一一进行了详切的论述。按照中医学理论，人体穴位是经络之气输注于体表的部位，又是疾病反映于体表的部位，还是针灸、推拿、气功等疗法的施术部位。长期的实践证明，穴位具有"按之快然"、"驱病迅速"的神奇功效，但是穴位的实质究竟如何，人们尽管采用了种种现代的技术和理论去测定与分析，依然没有得出确论。

针灸疗法

针灸是针法和灸法的合称。针法是把毫针按一定穴位刺入患者体内，灸法是把燃烧着的艾绒、艾条等按一定穴位熏灼皮肤。针灸是中医学中重要的治疗方法，而且起源极为久远。远古时期，人们偶然发现身体表面的某个部位碰撞到一些尖硬物体的时候会有意外的疼痛减轻的现象，于是逐渐开始有意识地用一些尖利的石块来刺激身体的某些部位，以期减轻疼痛。这就是针法的由来。最初使用的针是石制的，称为"砭石"，后来则发展为金属针，针的形制也有多个种类。灸法的发现则是人们在用火的过程中发现身体某部位的病痛经过火的

针灸画像石拓片（局部） 东汉

画像石于山东微山市出土，为墓室内装饰图案。图左面有一个人面鸟身的神医，手执砭石正为病人做针刺治疗。把医者比作成鸟像，正是为了象征战国名医扁鹊。

烧灼、烘烤会得到缓解，于是取用兽皮或树皮来包裹烧热的石块或沙土对身体进行热熨，用点燃的树枝或干草来烘烤以治疗疾病，后来艾叶则成为灸治的主要材料，因为艾叶具有易于燃烧、气味芳香、资源丰富、易于加工贮藏等优点。针灸疗法的原理是中医特有的人体经络理论，在治疗过程中，经过诊断，确定病变属于哪一经脉、哪一脏腑，然后制定相应的配穴处方，进行针灸，以达到通经脉、调气血的目的，从而使人体阴阳归于相对平衡，脏腑功能也趋于调和，也就获得了防治疾病的效果。

中医推拿术

中医推拿，又称"按摩"、"按跷"、"导引"、"案"、"摩消"等，是依据中医理论对体表特定部位施以各种手法，有时也配合某些肢体活动以恢复或改善身体机能的方法。推拿按摩属

中医学的重要组成部分，也是人类最古老的疗法之一。据《汉书·艺文志》记载，秦汉时期已经有了关于推拿按摩的专著《黄帝岐伯按摩经》十卷，虽然该书已经失传，但是在同一时期完成的《黄帝内经》一书中记录了许多关于推拿的内容。东汉张仲景在《伤寒杂病论》中最先提出"膏摩"疗法，即将配制好的膏药涂抹在患者体表，然后运用特定手法进行抚摩擦揉。这就将推拿按摩与药剂应用结合在了一起，在提高治疗效果的同时也使推拿方法的应用变得更为广泛。魏晋南北朝时期，推拿疗法进一步发展，葛洪在《肘后备急方》中首次对膏摩的理论和应用进行了系统的总结，而陶弘景则在《养性延命录》中阐发了啄齿、熨眼、按目、牵耳、梳头、摩面、擦身等成套的推拿按摩动作。隋唐时期，宫廷太医署正式设立按摩专科，此时的按摩基础理论、诊断技术和治疗方面都已发展到相当水平。至明代，按摩成为13个医学科目之一，尤为引人注目的是，这一时期形成了独有的小儿推拿体系，产生了《小儿按摩经》、《小儿推拿方脉活婴秘旨全书》、《小儿推拿秘诀》等专著。"推拿"这一名称也是得于此时。清代虽然未在太医院设按摩或推拿科，但没有影响这一疗法的进一步发展和更为广泛的应用。乾隆年间由太医吴谦负责编修的《医宗金鉴》中对运用推拿手法治疗骨伤疾病做了系统的总结，将摸、接、端、提、按、摩、推、拿列为"伤科八法"，确立了正骨推拿的分科。这标志着古代中医推拿术发展的最后成就。

药膳

药膳就是将某些具有药用价值的食物经过特定的烹调方法制作而成的一类特别的食品。药膳寓医于食，既将药物作为佳肴，又将食物赋以药用，从而在享用美味的同时又获得了医疗的效果。药膳营养价值和药用价值兼备，相比较服用单纯的药剂而具有明显的优点，因此有"药补不如食补"之说。远古时期，人们寻找各种可利用的植物和动物，有些动植物可供人们果腹，有些动植物可供人们治疗疾病，对于大多数动植物来说这两种作用是分开的，人们发现其中有一部分兼具食用和药用两种价值，这就是最初的药膳。"药膳"一词在史籍中最早见于《后汉书·列女传》，其中有"母亲调药膳思情笃密"的句子，早在东汉之前药膳作为一种实际应用就已经长期存在了。到汉代，则形成了非常丰富的药膳知识，东汉末年成书的《神农本草经》中记载了大枣、人参、枸杞、茯苓、生姜、杏仁、乌梅、鹿茸、蜂蜜、龙眼等多种具有药性的食物，这些食物已经成为配制药膳的原料。东汉名医张仲景在《伤寒杂病论》、《金匮要略方论》中更是提出了大量的饮食调养方法配合药剂的治疗。至唐代，"药王"孙思邈在《备急千金要方》中设立了《食治》专篇，这标志着药膳已发展成为一个专门的学科。而后药膳的理论知识得到持续的完善，药膳的应用也从宫廷到民间，遍及千家万户。

中医十大流派

中医历史源远流长，在长期的发展过程中形成了多种流派，其中主要有10个派别。

医经学派：以研究古代医学经典的基础理论为主，古代记载的医经有七家，但是仅有《黄帝内经》流传下来，对《黄帝内经》的研究也就奠定了中医学理论的基础。医经学派的著名人物和代表作品有扁鹊和《难经》、华佗和《中藏经》、皇甫谧和《针灸甲乙经》、全元起和《内经训解》、杨上善和《太素》、王冰和《素问注释》、吴琨和《素问吴注》、张介宾和《类经》等。

经方学派："经方"即经验方，宋代以后因为张仲景的《伤寒杂病论》被尊为经典著作，所以"经方"就用来专指《伤寒杂病论》中记载的"经典方"。经方学派明清最盛，代表人物有方有执、柯琴、徐大椿、喻嘉言、张锡驹等。

伤寒学派：专门研究张仲景的《伤寒论》和《伤寒杂病论》中有关伤寒论的一部分，形成于晋代，绵延至清代，著名人物有王叔和、孙思邈、巢元方、王焘、庞安时、常器之、郭雍等。

河间学派：由金代河间人刘完素开创，以阐发火热病机为中心内容，擅长运用寒凉的治疗手法。河间学派在发展的过程中又衍生出攻邪学派和丹溪学派。

攻邪学派：以金代张从正为代表，强调"病由邪生，攻邪已病"的学术思想，在继承了河间学派善用寒凉的特点之外，又发展出了用汗、吐、下来驱邪的方法，这种方法也影响到后来的温病学派。

丹溪学派：以元代朱震亨为代表，因其家乡有一条溪流叫做丹溪，所以人们称之为丹溪先生。朱震亨是河间学派刘完素的第三代弟子，继承河间学派的同时，在医学理论上把外感火热引向内伤火热，主在阐发滋阴降火。朱震亨之后，丹溪学派中最有成就的人物为戴思恭、王履、王纶和徐彦纯。

易水学派：创始人为金代易州人张元素，以研究脏腑病机为中心，在诊断和治疗脏腑病症方面建立了较为系统的理论和方法，也为温补学派的建立奠定了基础。张元素的弟子李杲和王好古继之成为易水学派的中坚人物。

温补学派：形成于明代，薛己是此派的先导，主要人物有孙一奎、赵献可、张介宾、李中梓等。这一学派以研究脾肾及命门水火的生理特性及其病理变化为中心内容，进一步发展了易水学派的脏腑病机学说。

温病学派：由伤寒学派与河间学派所派生，以研究和治疗温热病而著称，又称为"瘟疫学派"。清代中晚期，叶天士、吴鞠通、薛生白、王孟英等温热学派的代表人物创建了卫气营血辨证和三焦辨证的理论，为中医学理论的丰富作出了重要贡献。

汇通学派：明末清初开始出现，持中西医汇合融通的观点，代表者有汪昂、金正希、王学权、朱沛文、唐宗海、张锡纯等，这一学派开启了现代中西医结合的先声。

扁鹊

扁鹊，生卒年不详，约生于春秋晚期和战国早期，齐国渤海郡人（今河北任丘）。又说为齐国卢邑人（今山东长清），姓秦，名越人，"扁鹊"本是黄帝时代的名医，因为秦越人医术高明，所以人们称誉其为"扁鹊"。扁鹊是中国历史上第一位有确切记载的名医，被认为是中医学的鼻祖。扁鹊最大的贡献是创造了望、闻、问、切的诊断方法，还广泛地应用砭刺、针灸、按摩、汤液、热熨等多种方法治疗疾病，奠定了中医临床诊断和治疗方法的基础。《史记·扁鹊仓公列传》记载："扁鹊名闻天下。过邯郸，闻贵妇人，即为带下医；过洛阳，闻周人爱老人，即为耳目痹医；来入咸阳，闻秦人爱小儿，即为小儿医，随俗为变。"扁鹊遍游各地行医，擅长各科，在邯郸为妇科医生，到洛阳为五官科医生，入咸阳则又为儿科医生。但是到秦国后，秦太医令李醯因为自己的医术不如扁鹊，而将扁鹊刺杀。扁鹊著有《内经》和《外经》，都已失佚。

张仲景

张仲景（约公元150～219年），名机，东汉南阳（今河南南阳市）人，著名医学家，史称"医圣"。东汉末年，军阀混战，瘟疫流行，张仲景家族200多人因伤寒病死了100多人。张仲景非常难过，立志"勤求古训，博采众方"，为人民治病。他在前人的医书《素问》、《九卷》、《八十一难》、《阴阳大论》、《胎胪药录》的基础上，结合自己的医疗经验，写成了《伤寒杂病论》（伤寒指的是急性传染病，杂病指的是外科、妇科等方面的疾病）。全书除病理论证外，系统地分析了伤寒的原因、症状和处理方法，奠定了理、法、方、药的理论基础。书中还精选了300多种方剂，为中医方剂学提供了发展的依据，后世很多药方都是从它发展变化而来的。这部书还传到了日本、朝鲜、越南、蒙古等国。经后人整理校勘，《伤寒杂病论》被编为《伤寒论》和《金匮要略》。张仲景创造的六经分证、中医诊断病情的八纲（阴阳、表里、虚实、寒热）和辨证施治的原则，为中医治疗学奠定了基础。

华佗

华佗（公元145～208年），字元化，沛国谯（今安徽亳州）人，东汉著名医学家。《后汉书·华佗传》说他"兼通数经，晓养性之术""精于方药"，医术高超，被人们称为"神医"。他精通内、外、妇、儿、针灸各科，尤以外科著称，他一生主要在今安徽、江苏、山东、河南一带行医。曹操患头风病，华佗以针刺法治疗，很快治愈。曹操想留他做侍医，遭到华佗的拒绝，因而被曹操杀害。

《三国志》上载有华佗治疗的20多个病例，如传染病、寄生虫病、妇产科病、小儿科病、皮肤病、内科病等。华佗首创了中药全身麻醉剂——麻沸散，并应用于腹部外科手术，这在全世界是第一例，对后世影响极大。后世的中药麻醉都是在麻沸散启发下发展起来的，在世界麻醉学和外科手术史上，也有很大影响。华佗长于养生，模仿动物动作发明了"五禽戏"，进行医疗体育锻炼。他曾把自己医疗经验写成一部医学著作，即《青囊经》，可惜失传。

刮骨疗毒图

孙思邈

孙思邈（公元581～682年）京兆华原（今陕西耀县孙家塬）人，隋唐时期著名医药学家，被后人尊为"药王"。孙思邈自幼体弱多病，家人为给他看病几乎耗尽家财。因此，他从小就立志要从事医学研究。他认真阅读了《黄帝内经》、《伤寒杂病论》、《神农本草经》等古代医书，钻研民间方药，向经验丰富的医生学习。到二十多岁时，孙思邈已经成为一个有名的医生了。隋文帝、唐太宗、唐高宗都请他出来做官，但都遭到了他的拒绝。

孙思邈长期生活在民间，广泛搜集民间药方，积累了丰富的医疗经验。孙思邈不但精通内科，而且擅长外科、妇产科、儿科、五官科等，还掌握了针灸技术和渊博的药物学知识。他最早描述了下颌骨脱臼的手法复位，一直沿用到现在。在长期的医疗实践中，孙思邈深切感到过去的方药医书浩博庞杂，分类也不科学。因此他一方面阅读医书，一方面广泛搜集民间方药，编成《备急千金要方》和《千金翼方》，这两本是供家庭备用的医药卫生手册。之所以用"千金"命名，是因为孙思邈认为人命比千金还要贵重。

金元四大家

金元四大家是指刘完素、张从正、李杲和朱震亨四位医学家，他们开创了四大医学流派，对后世影响很大。

刘完素（约1110～1200年），字守真，号通元处士，河间人。在医学上，他大力提倡运气说，宣扬五运六气盛衰之理。刘完素的学说流派称"寒凉派"。著有《图解素问要旨》等。

张从正（约1156～1228年），字子和，睢州考城（今河南民权西南）人。他非常推崇刘完素，用药也多寒凉，创制了"张子和汗下吐法"。张从正的学说称"攻下法"。

李杲（约1180～1251年），字明之，号东垣先生。镇州（今河北正定）人。少时好医药，师从名医刘完素。李杲用药与张元素相同，主张以脾土为主，认为土为万物之母。他的学说流派称"补土派"。著有《伤寒会要》、《脾胃论》等。

朱震亨（1281～1358年），字彦修，婺州义乌人。拜刘完素徒弟罗知悌为师，他主张"因病以制方"，反对拘泥于"局方"，主张重在滋阴。他的学说流派称"养阴派"。著有《格致余论》、《局方发挥》、《伤寒辨题》、《本草衍义补遗》、《外科精要》等。

李时珍

李时珍（约1518～1593年），字东璧，蕲州（今湖北蕲春）人，明代医药学家。出身于世医家庭，受家庭的熏陶，李时珍从小就喜爱医药，立志悬壶济世。经过刻苦学习和实践，在30岁时李时珍已经成为当地名医。后楚王聘李时珍到王府掌管良医所事务，3年后，又推荐他上京任太医院判后经举荐补太医院之阙，一年后辞职回家。在此期间，李时珍阅读了王府和太医院里大量的医书，医学水平大增。

在李时珍之前，中国医学书上记载的药物有1558种，这些药物不仅品种繁杂，而且名称混乱。医生们在行医时非常不方便，有时候还会开错药。李时珍决心把这些药物整理出来，重新编定一本药典。他深入民间，向农民、渔民、樵民、药农请教，查阅医书800多部，对药物一一鉴别和考证，纠正了古书中的许多错误，还搜集许多新药物，历时30多年，写成了《本草纲目》一书。《本草纲目》对药物进行了分类，首先为纲，其次为目，再次是药名、产地、形色、药用等。《本草纲目》对后世医学影响很大，还传至日本、朝鲜、越南等国。

《灵枢经》

又称《灵枢》、《针经》、《九针》，是我国现存最早、最系统的中医理论著作。约成书于战国时期，共九卷八十一篇。自汉魏后，由于长期抄传，《灵枢》出现不同名称的多种传本。直至南宋医学家史崧，于绍兴二十五年（公元1155年），将《灵枢》九卷八十一篇参照诸古书，重编为二十四卷，重新校正，并在书后附加校译及音译，镂版刊行。《灵枢》传本基本定型，取代各种传本，一再刊印，流传至今。

《灵枢经》涵盖内容十分丰富，此书以整体观念为指导，分别从阴阳五行、天人相应、五运六气、脏腑经络、病机、诊法、治则、针灸等方面，结合当时哲学和自然科学的成就，对人体生理、病理、诊断、治疗和养生的有关问题，作出了比较系统的理论概括。全面阐述了五脏六腑、精神气血津液、人体气质类型等内容，成为中医基本理论的渊薮，迄今在诊疗学上仍具有指导意义。此书对经络腧穴理论和针刺方法有更为翔实的记载，例如对针法的论述，不仅强调说明了守神、候气的重要性，而且提出了数十种针刺方法，详细介绍了针具使用、针刺部位、深浅、禁忌、针刺与四时的关系等实用内容，为后世针灸学的发展奠定了坚实的理论基础。

《黄帝内经·素问》

简称《素问》。原九卷，早散失，后经修订补编为二十四卷，共计八十一篇。大约成书于战国时期，历代医学家对其不断进行一些补充、修改，到西汉才逐渐完成，所以也有人认为成书于西汉。关于本书的作者，说法不一。书名中冠有"黄帝"字样，但由于黄帝时还没有文字，所以后世猜测它可能是由当时一些不知名的医家集体完成。

《素问》涵盖内容丰富、论证科学，以人与自然统一观，阴阳学说、五行学说、脏腑经络学说为主，论述脏腑、经络、病因、病机、治则、药物及摄生、养生防病等各方面的关系，甚至已涉及到现代医学中关于人体发育、生理、解剖、治病原则、时间医学和预防医学等内容，集医理、医论、医方于一体，强调人体内外统一的整体观念，是中医基本理论的渊源。其中，书中提出的人体血液是在脉管内不停地流动，而且是"如环无端"的循环状态，这被世界科技史学界公认为是血液循环概念的萌芽。其他如体内各脏器的解剖结构，以及放腹水术、灌肠法、物理疗法等内容，在世界医学史上，都属于首次记载。《素问》问世后，成为当时乃至后世中医学中影响最大的经典著作。

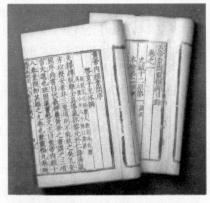

《黄帝内经·素问》明刊本

该书在实践基础上总结出脏腑学说和病因学说，奠定了中医的理论基础，是中国历史上第一部系统的医学著作。

《神农本草经》

又称《神农本草》，是我国现存最早的药物学专著，是对我国早期临床用药经验的第一次系统总结，被誉为中药理论的经典著作。全书分三卷，载药365种，其中植物药252种，动物药67种，矿物药46种，分上、中、下三品，文字精练古朴。书中对每味药的产地、性质、采集时间、入药部位和主治病都有详细记载。每味药的药物性味也有详尽的描述。对各种药物怎样相互配合应用，以及简单的制剂，都作了概括。更可贵的是早在两千年前，我们的祖先通过大量的治疗实践，已经发现了许多特效药物。如麻黄可治疗哮喘，大黄可泻火，常山可以治疗疟疾，等等，这些都已被现代科学分析方法所证实。

此书作者不详。因为在我国古代，大部分药物都是植物药，所以"本草"成了它们的代名词，这部书也以"本草经"命名。汉代托古之风盛行，人们尊古薄今，为了增强人们的信任感，它借用"神农遍尝百草"的传说，定名为《神农本草经》。其成书年代有多种说法，原书早佚，现行本为后世从历代本草书中集辑而成，又因其中大部分内容反映先秦时期我国药物学的水平，所以一般均认为成书于汉代。

《肘后备急方》

《肘后备急方》，我国第一部临床急救手册。中医治疗学专著。作者东晋葛洪，将其原著《玉函方》，摘录其中可供急救医疗、实用有效的单验方及灸法汇编而成。经南朝梁陶弘景、金代杨用道补录，即现存《肘后备急方》，简称《肘后方》。今本存八卷，分五十一类。

该书主要记述各种急性病症或某些慢性病急性发作的治疗方药、针灸、外治等法。并略记个别病的病因、症状等。书中对于恙虫病、疥虫病之类的寄生虫病的描述，是世界医学史上出现时间最早，叙述最准确的，尤其是倡用狂犬脑组织治疗狂犬病，被认为是中国免疫思想的萌芽。

《肘后备急方》中收载了多种疾病，其中很多成为珍贵的医学资料。例如，这部书上描写的天花症状，以及对天花的危险性、传染性的描述，都十分精确，是世界上最早的记载。书中还对结核病的主要症状做了描述，并提出了结核病"死后复传及旁人"的特性，还涉及到了肠结核、骨关节结核等多种疾病，其论述的完备性可以说并不亚于现代医学。另外，对于流行病、传染病，书中更是提出了"疠气"的概念，否认了以往鬼神作祟的说法，这种科学的认识方法在当今来讲，也是十分有见地的。

《千金方》

全称《备急千金要方》，简称《千金要方》或《金方》，三十卷。我国古代综合性临床医学著作，唐代医学家"药王"孙思邈根据自己数十年的临床实践经验编著而成，集唐代以前诊治经验之大成，对后世医家影响极大。

该书第一卷为总论，内容包括医德、本草、制药等；再后则以临床各科辨证施治为主，计妇科二卷，儿科一卷，五官科一卷，内科十五卷（内中十卷按脏腑分述），外科三卷，解毒急救二卷，食治养生二卷，脉学一卷及针灸二卷，共二百三十三门，方论五千三百首。

《千金要方》总结了唐代以前医学成就，书中首篇所列的《大医精诚》、《大医习业》，是中医学伦理学的基础；其妇、儿科专卷的论述，奠定了宋代妇、儿科独立的基础；其治内科病提倡以脏腑寒热虚实为纲，与现代医学按系统分类有相似之处；其中将飞尸鬼疰（类似肺结核病）归入肺脏证治疗，提出霍乱因饮食而起，以及对附疽（骨关节结核）好发部位的描述、消渴（糖尿病）与痈疽关系的记载，均显示了相当高的认识水平；针灸孔穴主治的论述，为针灸治疗提供了准绳，"阿是穴"的选用、"同身寸"的提倡，对针灸取穴的准确性颇有帮助。因此，素为后世医学家所重视，并流传到国外，产生了一定的影响。

《本草纲目》

中国古代重要的药物学著作，《本草纲目》是明代伟大的医药学家李时珍为修改古代医书的错误而编。全书共52卷，190余万字，载有药物1892种，收集医方11096个，绘制精美插图1160幅。是作者在继承和总结以前本草学成就的基础上，结合作者长期学习、采访所积累的大量药学知识、经过实践和钻研，历时数十年而编成的一部巨著。分为十六部六十类。每种药物分列释名（确定名称）、集解（叙述产地）、正误（更正过去文献的错误）、修治（炮制方法）、气味、主治、发明（前三项指分析药物的功能）、附方（收集民间流传的药方）等项。全书收录植物药881种，附录61种，另有具名未用植物153种，共计达1000多种。占全部药物总数的百分之五十八。

作者李时珍（1518~1593年），字东璧，号濒湖，湖北蕲州人。他出生于中医世家，其父为当地名医，从小受到家庭熏染，对医学特别是本草学十分热爱。他以毕生精力，亲历实践，广收博采，实地考察，向有实践经验的农夫、渔人、猎户、手工业者了解，亲自解剖动物、观察动物生活习性，分析各种药用植物的形态和培植方法。经过数十年孜孜不倦的努力，终于著成不朽的本草学巨著《本草纲目》。

《本草纲目》不仅考证了过去本草学的若干错误，提出了较为科学的药物分类方法，而且溶入了先进的生物进化思想，并丰富了临床实践经验。是对几千年来祖国药物学的总结，也是我国医药宝库中的一份珍贵遗产，被誉为"东方药物巨典"，对近代科学以及医学影响甚大。

《黄帝八十一难经》

《黄帝八十一难经》简称《难经》，相传是秦越人（扁鹊）所著，成书年代大约在秦汉之际，至少也在东汉之前。这部著作以基础理论为主，又以脉诊、经络、脏腑为重点，全书以设问答疑的形式解释了81个难题，其中第一至第二十二难论脉，第二十三至第二十九难论经络，第三十至四十七难论脏腑，第四十八至第六十一难论病证，第六十二至六十八难论穴位，第六十九至第八十一难论针法，其阐述简要，辨析精微，不但推演了《内经》的微言奥旨，发挥至理，剖析疑义，垂范后学，而且有不少独到见地，如首创独取寸口和分寸关尺的三部按脉法，此法一直沿用至今，成为中医一大特色；还系统阐述了奇经八脉的循行线路和功能，弥补了《内经》中经络学说的不足；又提出了与《内经》不同的三焦、命门学说。在临床方面明确提出"伤寒有五"（伤寒、中风、湿温、热病、温病），并对五脏之积泄多有阐发，这些都对中医学的发展产生了深远的影响。宋代大诗人苏轼曾称颂此书："句句皆理，字字皆法，后世达者，神而明之"。因此，《难经》像《内经》一样被置于至尊和绝无异论的位置，至今仍被奉为中医重要的古籍之一。

《伤寒杂病论》

《伤寒杂病论》是东汉末张仲景所撰，它确立了中医学重要的理论支柱之一——辨证论治的思想。后来几经战乱散轶、编次，该书被一分为二，成为《伤寒论》和《金匮要略》二书。

《伤寒论》全书10卷，以六经辨证为纲，以方剂辨证为法，是一部论治外感热病的专著。它将外感疾病所表现出的各种规律性病证归纳为太阳、太阴、少阳、少阴、阳明、厥阴六经病症，三阳经病多属实热，三阴经病多属虚寒；每经贯串运用四诊八纲，对伤寒各阶段的辨脉、审证、治则、立方、用药规律以条文形式进行了全面的阐述，论析主次分明、条理清晰，在认识和处理疾病的方式方法上，强调运用多种诊法，综合分析；还制定出了许多简要实用的药方，如对六经病各立主证治法（"太阳伤寒"用麻黄汤，"太阳中风"用桂枝汤，阳明经证用白虎汤，阳明腑证用承气汤，少阳病用小柴胡汤），是第一部理论与实践并重，理、法、方、药有机结合的临床医学用书。

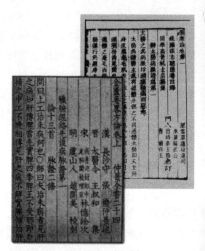

《伤寒论》与《金匮要略》内页

《金匮要略》是奠定中国临床医学基础的重要古籍之一，全书共25篇，以内科为主，涉及外科和妇科，对各种杂病的因、证、脉、治均有介绍。该书诊断重视四诊合参，辨证上以脏腑、经络为重点，结合卫气营血、阴阳五行理论，看重预防和早期治疗，论述精要，治法灵活，制方严谨，颇有实用价值，尤其是该书强调了整体观念，也提醒注意治病的轻重缓急；书中述及的急救人工呼吸法，方法合理，注意事项也颇周全。

作为在临床医学方面有重大贡献的一代宗师，张仲景提倡"精究方术"，他在《伤寒论》中实际立方112首，《金匮要略》立方262首，这些方剂具有药味精炼、配伍严密、主治明确、疗效确凿的特点，被后世誉为"众方之祖"或"经方"，其中大部分是后世方剂学发展和变化的重要依据，至今仍被广泛用于临床。

《温病条辨》

《温病条辨》系温病学著作，全书6卷，清代吴瑭（鞠通）受吴又可、叶天士影响，在多年临证实践基础上撰于1798年。与汉代张仲景感于宗族数百人死于伤寒而奋力钻研极其相似，吴鞠通也是因多个家人死于温病而发奋读书，精究医术，终成温病大家，创造了温病学派最高成就的。他认为温病有9种，吴又可所说的瘟疫只是其中最具传染性的一种，另外还有8种温病，可以从季节及疾病表现上加以区分，这是对于温病很完整的一种分类方法。该书建立的温热学说体系，其特点是以三焦来区分温病整个发展过程的三个阶段，以此归纳病机转变，以分辨阴阳、水火的理论为主导思想，采用三焦辨证纲领，倡导养阴保液。在温热病的病机、辨证、论治、方药等方面，均有精辟论述。这种新的归类方法，十分适用于温热病体系的辨证和治疗，并确立了由上而下的正常三焦"顺传"途径，由此决定了治则："治上焦如羽，非轻不举；治中焦如衡，非降不安；治下焦如沤，非重不沉。""三焦辨证"是在中医理论和辨证方法上的又一创举。与张仲景的六经辨证、叶天士的卫气营血辨证虽名称不同，但实际应用时相辅相成，互为羽翼。书中还列出了清络、清营、育阴的各种治法，仅上中下三焦就载入治法238个，含方201首，如将银翘散辛凉平剂，将桑菊饮辛凉轻剂，将白虎汤辛凉重剂等，对温病用方卓有贡献。《温病条辨》的另一重大贡献，就是经精心化裁，为后人留下了许多优秀的实用方剂，像银翘散、桑菊饮、藿香正气散、清营汤、清宫汤、犀角地黄汤等等，现在临床使用的方剂，十之八九出自该书。

十二段锦

　　"十二段锦"又称"文八段锦"，实际内容与一般所说的"八段锦"差别很大，曾被少林寺僧作为主要练功内容之一，此后逐渐被广大练功者采用。十二段锦是由十二节动作组合而成，其全部动作进行时均取坐势。"十二段锦"功法虽然简单，但健身益寿、抗老防衰的功效显著，适合于患慢性、虚弱性疾病者的调摄，有助于神经衰弱、慢性气管炎、食管炎、慢性胃炎、冠心病、肺气肿、溃疡病、胃下垂、腰肌劳损、慢性肾炎、肾虚腰痛等患者的康复。

文八段锦图谱
文八段锦又称"十二段锦"，全套为坐式，与立式八段相对。包括摇天柱、舌搅漱咽、摩肾堂、单关辘轳、托天按顶、钩攀第八节的导引求式。

陶弘景

　　陶弘景（公元456　536年），是丹阳秣陵（今江苏镇江市）人，字通明，晚年号华阳隐居。陶弘景经历了南朝宋、齐、梁三个朝代，曾长期隐居在永嘉楠溪和瑞安陶山，因此又被称为"山中宰相"。陶弘景兴趣广泛，不仅对天文历算、地理、兵学、铸剑有浓厚的兴趣，而且在医药、炼丹、经学、文学艺术、道教仪典等方面都研究出大量的成果，如他的著作《肘后百一方》，就是谈论中医治疗学。而在本草医学方面，他的贡献更加突出。

　　早在汉代，我国的第一部本草学著作《神农本草经》就已经出版。随后的几百年里，人们逐渐积累了很多用药的丰富经验，这些有用的成果都被汇集在《名医别录》中。在很多年里，《神农本草经》和《名医别录》成为医生治病救人的重要参考，但是这两本书的体例迥然不同，导致有些医疗内容啰嗦重复，有些又泛泛而谈不够系统、详细。长久地潜心研究两书后，陶弘景结合自己行医的丰富经验，把这两本书汇编成一部，这部书就是《本草经集注》。

　　《本草经集注》内容丰富，体例清晰，成为一部优秀的本草学著作。这本书一共记载了药物

730种，按照药材的来源和它本身独有的属性，被划分成玉石、草、木、虫兽、果菜、米食和有名未用等七类。如此庞杂的内容，促使陶弘景发明了一种新型的药物分类法。这种分类法把治疗某种疾病的药物放在一起，当医生治疗某种疾病时，能迅速地找到许多相关的药物，这就是"诸病通用药"分类法。

《本草经集注》对药物的产地、采集、炮制、鉴别和贮存等有记载，这本书扩大了中医本草学的内容，直接影响了我国古代的第一部药典——唐代的《新修本草》。以后各朝代医生不断丰富发展，到了明代的《本草纲目》，终于到达本草学的一个高峰。

奇经八脉

奇经八脉是除人体十二经脉以外，人体经络走向的一个类别。它包括任、督、冲、带、阴跷、阳跷、阴维、阳维八条经脉。它们与十二正经不同，既不直属脏腑，又无表里配合关系，"别道奇行"，故称奇经。

奇经八脉与十二经脉纵横交互，八脉中的督、任、冲脉皆起于小腹中，同出于会阴，其中督脉行于背正中线，任脉行于前正中线，冲脉行于腹部会于足少阴经。奇经中的带脉横行于腰部，阳跷脉行于下肢外侧及肩、头部，阴跷脉行于下肢内侧及眼，阳维脉行于下肢外侧、肩和头项，阴维脉行于下肢内侧、腹和颈部。

奇经八脉交错地循行分布于十二经之间，它的作用有两方面：其一，沟通了十二经脉之间的联系。奇经八脉将部位相近、功能相似的经脉联系起来，达到统摄有关经脉气血、协调阴阳的作用；其二，奇经八脉对十二经气血有蓄积和渗灌的调节作用。当十二经脉及脏腑气血旺盛时，奇经八脉能加以蓄积，当人体功能活动需要时，奇经八脉又能渗灌供应。

拔罐

拔罐法又名"火罐气"、"吸筒疗法"，古称"角法"。这是一种以杯罐作工具，借热力排去其中的空气产生负压，使吸着于皮肤，造成郁血现象的一种疗法。拔火罐与针灸一样，也是一种物理疗法，而且是物理疗法中最优秀的疗法之一。古代医家在治疗疮疡脓肿时常用它来吸血排脓，后来又扩大应用于肺痨、风湿等内科疾病。

拔罐法，是我国医学遗产之一，最早在晋、唐时代就已在民间广泛流行。在晋朝葛洪的《肘后备急方》中就有角法记载。所谓角法，是把挖空的兽角角内烧热后，吸附在皮肤上，拔除脓疮的方法。后来，角法所用的动物角，逐渐由竹筒、陶瓷所代替，并演化为近代的玻璃罐、抽气罐。

由于它简便，便于操作，不需特殊训练；并且具有行气活血、祛风散寒、消肿止痛的功效，对腰部肌肉劳损、头痛、咳嗽、气喘、腹痛等许多疾病颇具疗效，所以在民间极受欢迎。新中国成立以后，经过不断改进，拔罐疗法有了新的发展，治疗范围进一步扩大，逐渐成为现代中医治疗中的一种重要疗法。

导引

导引是古代一种养生术和健身方法，相当于现在的气功。它通过调整呼吸和活动肢体达到保健的目的。导引术起源于上古，原为古代的一种养生术，春秋战国时期就已非常流行，为当时神仙家与医家所重视。后为道教将其继承和发展，使之更为精密，将"真气"按照一定的循行途径和次序进行周流，作为炼身的重要方法，以达到调营卫、消水谷、除风邪血气、疗百病以至延年益寿的功效。1972 1974年在长沙马王堆汉墓（西汉初期诸侯家族墓地）出土的帛画，是世界现存最早的导

《导引图》帛画复原图

《导引图》长 100 厘米、宽 50 厘米。1973 年在长沙市马王堆三号墓出土。在这幅棕色绢上，用红、蓝、褐、黑色绘有 44 个不同姿式的男女，他们正在做导引术式，旁边写有该术式名称。这幅导引图形象反映了古人与衰老、疾病作斗争的情景。

引图谱。每图式为一人像，男、女、老、幼均有，或着衣，或裸背，均为工笔彩绘。其术式除个别人像做器械运动外，多为徒手操练。其中涉及动物姿态与华佗的五禽戏相近。导引法作为我国古代医学上一种重要的治疗方法，从医疗意义上来说，它充分发挥、调动内在因素，积极地防病治病；从保健意义上来看，它则可以锻炼身体，增强体质，保持朝气，焕发精神。

子午流注

　　子午流注是传统中医针灸法的一种操作规程。这种理论是说，人体内气血的周流出入，具有一定的时间规律，用针灸治疗时，要注意所刺激穴位的气血流行盛衰的情况，按照这个时间规律来取穴，则会起到显著的治疗效果；如果取穴不得法，则会对治疗起到反作用。

　　子午流注在我国历史悠久，其理论基础早在两千多年前的中医经典《黄帝内经》中就已奠定。在中华民族传统医学宝库中，是最具特色的宝贵理论之一。具体方法则形成于金元时期。该法是按照日时干支推算人体气血流注盛衰的时间，选取相应的五输穴和原穴进行针灸治疗的方法，为中医时辰治疗学的内容。现代子午流注抗癌疗法也来源于此理论基础，因时、因病、因人、因地准确地调整患者气血，调理脏腑气血阴阳，在特定的时间内杀灭癌细胞，恢复患者血气运行的正常时间规律，以达到治疗疾病的目的。

正骨

　　正骨是古代医学诊治损伤的专科，是古代医学"十三科"之一，也称为伤科或骨伤科。所谓正骨是指用摸、接、端、提、按、摩、推、拿等手法治疗骨折、脱臼等损伤，也包括同类原因导致的内脏器损伤。

　　元代的《世医得效方》最早提到"正骨"这个名称，在官方医疗制度中还设有"正骨兼金镞科"。到唐代就有了关于开放性骨折和关节脱位的治疗方法。清代的《医宗金鉴》一书中，对正骨这门学问作了系统总结，写成"正骨八法"，包括：手摸心会、拔伸牵引、旋转屈伸、提按端挤、摇摆触碰、夹挤分骨、折顶回旋、按摩推拿。这些手法各具特点，比国外的同类方法要早六百年，是我国中医学上宝贵的文化遗产。

悬丝诊脉

悬丝诊脉是指一种诊脉方法，医生将一根丝线栓在病人手臂上，藉此推断病人脉象，然后根据诊断的情况看病抓药。相传中国唐代名医孙思邈就曾用悬丝诊脉的方法替当时的长孙皇后治好了难产。那么一个细小的丝线真能探知脉象吗？它究竟是事实还是传说？

据说唐太宗时期，长孙皇后怀胎十月而不见临盆，卧床不起，虽然经很多名医治疗，但都不见好转。唐太宗心神不宁，就找来大臣徐茂功商议。徐茂功听说后，便向太宗推荐当时的名医孙思邈。他说："华原县有位民间医生孙思邈，常到各地采药为群众治病，对妇儿科尤其擅长，经他诊治的病人无不药到病除。"

太宗听说，就赶紧派人去请。孙思邈来到宫中认真问询了皇后的饮食起居和病症特点，并拿出太医们做的病历查看。很快，他就对皇后的病情有了大概了解。当时封建礼教甚严，讲究"男女授受不亲"，皇后的凤体不是一般人可以触碰的。孙思邈只好在她手上系上红丝，自帘后拉出，算是"引线诊脉"了。

孙思邈再次见到太宗，就说："万岁，皇后的病是胎位不顺，民间又叫小儿扳心。只须在中指上扎一针就可治愈。"于是，侍女将皇后左手扶出，孙思邈看准穴位猛扎了一针，皇后疼痛，浑身一阵颤抖。不一会儿，就顺利产下皇子。唐太宗非常高兴，要留孙思邈在太医院任职，但孙思邈心在百姓，婉言拒绝了。

这便是悬丝诊脉的故事。有人认为悬丝诊脉纯属子虚乌有，因为丝线无法传递脉搏的振动，那么悬丝诊脉法根本无从谈起。还有人认为之前孙思邈已经问过宫女，看过病历了，所以悬丝诊脉不过是走个形式。诚然，单凭悬丝诊脉的确难以判断病情，还需要其他手段。

第四篇

文 学

古代文体

神话传说

神话传说是在人类探索世界以及人类来源的过程中形成的一种文学式样。它题材广泛、内容丰富、形式多样，是人类关于文学最早的艺术创作。最初，人类将很多没有办法解释的现象归结为神灵掌控。一些笃信神话传说的人便将神话传说演变为一种信仰，并在此基础上，形成了一种特殊的文化形式。神话故事大都采取真实与虚构相结合的手法，以神、鬼、仙、妖、龙、凤等形象为故事主角，结合客观存在的人、事、物，加以丰富绮丽的想象，看似荒诞离奇，却或多或少与客观存在有着千丝万缕的联系。

对中国文明影响较为深远的神话传说有盘古开天、女娲造人等天地神创、人类神造神话传说式样，这类神话传说体现了人类对未知奥秘探索与自由幻想。在民间，较流行的神话传说有八仙过海、牛郎织女等人修炼成仙的神话式样，这种神话是以社会现实为底本，借助人仙角色的转变，寄予人类渴望摆脱现实枷锁的愿望。神话传说是人类在不自觉的过程中，加工创作出来的，具有很高的美学价值以及历史文化价值，对于后世研究早期的人类社会具有重要的意义。这种文学式样的存在，直接推动了文化创作的产生，其虚构的艺术手法、浪漫主义的创作方法都对后世的文学创作有深远的影响。

伏羲女娲图 唐

伏羲与女娲是中国古代神话中人类的始祖，传说人类是由这对兄妹结合产生的。这件出土于新疆吐鲁番的墓幡由绢制成，悬挂在墓室的顶部。图中伏羲女娲人首蛇身，以手相抱，伏羲执矩，女娲擎规，以示天地方圆。画面满布圆点代表天宇星辰，上部绘有内有三足乌的太阳，下部绘着内有玉兔、桂树、蟾蜍的月亮，表现了人类始祖遨游于日月苍穹间的情景。早期人们认为，文学起源于人类对自然和社会生活的模仿。

诗

诗是我国古代文学的大宗，也是正统。最早的诗歌是与音乐舞蹈一体的，所以《尚书·舜典》说"诗言志，歌永言"。《国语》也说"诗所以合意，歌所以咏诗也"。

作为一种有韵律的文体，诗会随着节奏韵律的变化而生成不同的诗体，而诗体通常会与诗句的字数和句式相关，所以，就有了四言诗、五言诗、七言诗以及包含各种句式的杂言诗。先秦时期，我国主要的诗歌形式是以《诗经》为代表的四言诗。两汉时期，五言诗和七言诗发展起来，并成为魏晋以后的主要流行体式。南朝时期，人们发现了四声，诗歌创作开始按照音调来遣词造句，以求读来铿锵悦耳。于是，格式严整的近体诗发展起来，到隋唐时期逐渐成熟，并推动诗歌创作进入黄金时代。

作为独特的文学样式，诗歌其主要特征有4个，一是饱含丰富的想象力和情感，这是诗歌最基本、最显著的特征；二是集中反映社会生活；三是节奏鲜明、语言凝练、音调和谐，这是诗歌形式上最大的特征；四是不以句子为单位，而以行为单位。

楚辞

楚辞和《诗经》一样构成了中国诗歌的源头，出现于战国时期的楚国，具有浓郁的地域文化色彩，是继《诗经》之后出现的另一种韵文形式，古称南风、南音。

它是在楚国民歌的基础上经过加工、提炼而发展起来的，既是楚文化自身发展的产物，又是楚文化与中原文化融合的产物。由于楚国地处南方，所以楚文化始终保持着强烈的自身特征，充满了奇异瑰丽的浪漫色彩。楚辞多用长短句，章法多变，充满了奇异的想象，常常取材于楚国的神话、传说、鬼神、山水等，充满了浪漫色彩。楚辞是用楚国方言来吟唱的，隋唐以后楚音失传。楚辞的代表诗人是屈原，他的代表作是《离骚》，同时也是我国古代最长的一首抒情诗，所以楚辞又被称为"骚"或"骚体"。除了屈原外，楚辞的代表人物还有宋玉、景差等。楚辞在中国诗史上占有重要的地位，开创了我国诗歌的浪漫主义流派。它打破了《诗经》以后两三个世纪的沉寂，因此后人将《诗经》与楚辞并称为风、骚。

乐府诗

乐府诗是指汉朝的音乐管理部门——乐府搜集整理的汉朝诗歌。汉武帝时，乐府除了组织文人创作朝廷所用的诗歌外，还广泛搜集各地的民歌。据《汉书·艺文志》记载，西汉时乐府采集的民歌共有138篇，但流传至今的只有三四十篇，加上东汉民歌和文人的作品，现存汉乐府有100多篇。当时没有一部专门收集乐府的书籍，乐府诗散见于《汉书》、《后汉书》、《文选》和南朝《玉台新咏》等书。宋朝时，郭茂倩编的《乐府诗集》将其全部收录。

汉代的乐府诗，最大的特色是可以配乐演唱。后来，由于乐府音乐失传，乐府诗便演化为一种独立的诗体。魏晋以后的乐府诗，除了题名之外，已经和汉代乐府没有什么关系了。另外，乐府诗的句式杂乱，四言、五言、六言、七言、八言乃至杂言，种类繁多。有时，即便是同一题目，句式也不相同。

《乐府诗集》是根据音乐类别将汉乐府分为四类，其中《郊庙歌辞》是西汉文人为宗庙祭祀作的乐歌；《鼓吹曲辞》、《相和歌辞》和《杂曲歌辞》基本上都是西汉民歌。《杂曲歌辞》收录的文人作

《孔雀东南飞》图
《孔雀东南飞》是汉乐府中最杰出的篇章。

品中有一些出自东汉。从内容上看，乐府诗包罗万象，有的反映富贵人家奢侈豪华的生活，如《鸡鸣》、《相逢行》、《长安有狭斜行》等；也有反映底层人民饥寒交迫的悲惨生活，如《东门行》、《妇病行》、《孤儿行》等；以爱情为题材的乐府诗占很大比重，代表作有《孔雀东南

飞》、《上邪》、《有所思》等。乐府诗受《诗经》和《楚辞》的影响很深，并对后世的诗歌创作有深刻影响，在文学史上占有重要地位。

古体诗

古体诗也叫古风，是区别于唐代以后兴起的格律诗的一种古典诗体。古体诗从形式上分，有四言古体、五言古体、六言古体、七言古体、乐府体（也叫杂体）等。四言古体的特点是通篇以四言为主（一句4个字），五言古体通篇以五言为主（一句5个字）、六言古体和七言古体以此类推，乐府体则每一句的字数不限。

与格律诗比起来，古体诗不讲究平仄，对押韵的要求也很宽松。在一首古体诗中，作者可以根据自己的需要随意转韵，因此通常在一首古体诗中可能会有不同的韵脚，很少出现一个韵脚贯穿到底的情况。此外，古体诗不但每一句字数没有限定，就是整篇的句数也不限定。古体诗不像格律诗那样对仗工整、句式新颖，但更讲求立意。

虽然古体诗对押韵没有限制，但还是有一些规律可循：在意思转折处转韵。当叙述的内容有所变化时，往往会转为其他韵部来押韵，这样一来便使得整篇诗的层次更加分明，语气也得到了加强。作者在叙述中要表示令人兴奋的感情时，往往会使用平声韵；当要表达悲怨、愤怒的感情时，往往使用仄声韵。与格律诗（格律诗除了首句入韵以外，奇数句是不能押韵的）比起来，古体诗不但偶数句可以押韵，奇数句也可以押韵。

近体诗

隋唐时期，人们将周、秦、汉、魏形式比较自由，不受格律束缚的诗体称为"古体诗"。近体诗是与古体诗相对，流行于齐梁以后的一种诗体，又称今体诗或格律诗。它根据汉语一字一音，音讲声调的特点和诗歌对音乐美、形式美、精炼美的特殊要求而产生，分为绝句（五言四句、七言四句）和律诗（五言八句、七言八句）。其中律诗还包括排律，即十句以上的律诗。它以律诗的格律为基准，讲究平仄、对仗和押韵。其基本要求主要包含有3点：除首尾两联外，中间两联一定要对仗，一般绝句不受这个要求束缚；必须讲究平仄，其平仄分布规律可以总结为"句内相间，联内相对，联间相粘"；律诗是平起还是仄起，是平收还是仄收，都要看第一句第二字和该句末一字，其特点通常是一韵到底。近体诗在中国诗歌史上有着重要的地位，是唐代以后最主要的一种诗体。

唐代是近体诗发展的黄金时代，唐代以诗歌成就彪炳千古。其发展可以分为几个阶段：初唐是唐诗繁荣的准备阶段，诗歌的内容从宫廷台阁开始转向关山大漠，诗人也从帝王贵族的文学侍从扩大到一般的文人。初唐的代表诗人是"初唐四杰"——王勃、杨炯、卢照邻和骆宾王。盛唐时期，诗歌出现了全盛局面，出现了以王维、孟浩然为代表的山水田园派诗人，以高适、岑参、王昌龄、王之涣为代表的边塞诗人，其中最著名的是李白。中唐时期，社会矛盾激化，盛唐气象不再，这一时期的代表诗人是杜甫和大历十大才子。杜甫的诗表现了战乱给人民带来的苦难，被称为"诗史"。大历十大才子的诗歌华美雅丽，偏重技巧，风格柔靡。晚唐时期，人们的生活走向平庸，感情趋于细腻，诗歌创作又出现了一个新高潮。代表人物有李商隐和杜牧。宋朝以后，近体诗继续发展，但成就已经无法与唐朝相比。

南北朝民歌

民歌是一种活泼自由的诗体。我国南北朝时期，不论是南方还是北方，民歌都走向繁荣，并对后世的诗歌创作产生深远影响。

　　南朝的民歌大部分保存在宋朝郭茂倩所编的《乐府诗集·清商曲辞》里，主要分为吴歌与西曲两类。吴歌共326首，产生的地点以建业（今江苏南京）一带为中心，时间是东晋与刘宋两代。西曲共142首，产生于荆州（今湖北江陵）一带，时代约为宋、齐、梁三代。

　　南朝民歌绝大部分都是情歌，反映南方青年男女之间坚贞的爱情，倾诉了婚姻不自由、男女不平等所造成的不幸。它的主要特点是：形式短小，大多是五言四句；抒怀深情宛曲，多用双关隐语；语言清新、自然、朴素，词语不雕琢；多采用对歌形式。代表作有《子夜歌》、《拔蒲》、《西洲曲》等。

　　北朝民歌主要保存在《乐府诗集·横吹曲辞》和《梁鼓角横吹曲》中，大约有70首。北方民歌原来大部分是北方少数民族的歌曲，后来翻译成汉语，也有一部分是直接用汉语创作的。北方民歌反映了北方社会生活的各个方面，或书写混战给人民带来的沉重灾难，或反映了残酷的阶级剥削和贫富悬殊，或赞美北方民族的尚武精神和壮丽的北国风光，也有一些反映羁旅之思和爱情婚姻的作品。北方民歌五言四句的形式较多，但也有七言四句。语言平实，质朴无华，粗犷率直，直抒胸臆，刚健豪放。代表作有《木兰诗》。

词

　　词是曲子词的简称，也称"长短句"、"填词"等，是承袭汉、魏乐府遗风，并受少数民族音乐影响而形成的一种文学体裁，盛行于北宋和南宋。

《木兰诗》图
《木兰诗》是北朝民歌中最杰出的代表。

　　按字数分，词可以分为3类：58字以下的（包括58字）为小令，91字以上（包括91字）的为长调，介于两者之间的为中调。按阕分类，词可以分为单调（一阕），如李清照《如梦令》；双调（二阕）；三叠（三阕），如《兰陵王》；四叠（四阕），如吴文英《莺啼序》。最初的词都是配合音乐来歌唱的，有的按照词来制定曲调，有的依照旧有的曲调来填词，每个曲调都有一个名称叫调牌，调牌一般按照词的内容而定。后来人们依据固有的曲调来填词，这些用来填词的曲调叫做词牌，词的内容和曲调、词牌并没有必然的联系。现存词牌共有400多种，有的词牌有好几个不同的称谓，用得较多的词牌名如"西江月"、"菩萨蛮"、"浣溪沙"、"沁园春"、"水调歌头"等。

　　和诗不同，词在句式和声韵上有许多突破和特点。首先在句式上有如下特点：第一，词的句式从一字句到十一字句不等，所以又称"长短句"，使用频率最高的是四、五、六、七字句。第二，词的开头一般都有领字，一字领的有"任、待、乍、莫、怕……"，二字领的有"恰似、谁料、只今、那堪、试问……"，三字领的有"最无端、君莫问、君不见……"。第三，词句中常常有叠字和叠句，叠字如"错错错，莫莫莫"、"寻寻觅觅、冷冷清清"等，叠句如"归去，归去"、"罗衣宽一半，罗衣宽一半"等。第四，词句中常用到虚词，如"耳、矣、也……"。其次，除了只在文中最紧要处（如转折和结尾处等）比较讲究押韵外，一般情况下，词对平仄押韵没有严格的要求。此外，词虽然也有对仗，但没有具体的规定，相连两个句子只要字数相同就可以构成对仗，而且对仗不讲究平仄，也不避同字。

曲

金朝和元朝时期，中国产生一种带有曲调、可以演唱的抒情诗体，叫做曲。其中，在北方地区流行的叫北曲，在南方流行的叫南曲。曲是南曲和北曲的统称，我们这里所说的曲，主要是指散曲。

散曲包括小令和套数两种基本类型：小令又叫"叶儿"，主要是指独立的一支曲子，字数比较少。除了单只曲子这种形式外，散曲还包括重头小令。重头小令是一种联章体（即组曲），通常由同题同调的数支小令组成，最多可达百支，用来合咏同一个事物或分别吟咏数件联系紧密的事物，以此来加强艺术感染力。例如，张可久的〔中吕·卖花声〕《四时乐兴》，以四支同题同调的小令分别吟咏春、夏、秋、冬，构成一支内容相联的组曲。联章体中的小令虽然都同题同调，首尾句法相同，内容相联，但每首小令可以单独成韵，仍然是完整独立的小令形态。

套数又叫"散套"、"套曲"、"大令"，它由同一宫调的若干支曲子相联而成，每个曲子同押一部韵，在结尾处还有尾声。套曲的字数比较多，篇幅较长，适合表达比较复杂的内容，表现手法既可以叙事，也可以抒情，还可以叙事和抒情兼而有之。

散曲虽然是继诗、词之后出现的新诗体，但作为一种独立的体裁，它具有不同于传统诗、词的独特的艺术个性和表现手法，主要表现在三个方面。1.它大量运用衬字，使得句式更加灵活多变，艺术感染力更强。例如，关汉卿的套数《不伏老》中，"我是一粒铜豌豆"一句，因增加了衬字而变成了"我是个蒸不烂煮不熟捶不扁炒不爆响当当的一粒铜豌豆"，这样一来，就将"铜豌豆"泼辣豪放的性格表现得淋漓尽致。2.大量运用口语，使语言俗化。散曲中虽然也不乏典雅的一面，但更倾向于以俗为美。它大量运用俗语、少数民族的语言、戏谑调侃的语言、唠叨琐屑的语言、方言、谜语等，生活气息非常浓厚。3.感情表达更加酣畅淋漓，含义更加坦率直白。

文

诗与文是中国古代文学中的两大基本类别，都是文学之正宗。南北朝时期，《文选》和《文心雕龙》中，把一切文体都视为"文"，这里的"文"是广义的概念。但是后来，人们逐步将诗歌类文体从"文"中独立出来，形成"诗文"并立的分类方法，这里的"文"便是狭义的概念。故而，除去诗、词、曲之外的所有文章形式，都是"文"，其中最有价值的是先秦诸子之文，以及隋唐以后的"古文"。

从最早的《尚书》、《周易》等书可知，文可以有韵，也可以无韵；可以讲平仄，也可以不讲平仄。隋唐以后，文学界通常把有韵的叫做"骈文"，无韵的叫做"古文"。古文另一种分类方法是按功能划分，其中最具代表性的是清代文学家姚鼐在《古文辞类纂》中的划分，其中说："其类十三，曰：论辨类，序跋类，奏议类，书说类，赠序类，诏令类，传状类，碑志类，杂记类，箴铭类，颂赞类，辞赋类，哀祭类。"显然，这种文体划分标准便是古人所说的"为用"，即按文章的功能划分。

赋

赋是在汉代兴盛的一种兼有韵文和散文的重要文体，有大赋和小赋之分。大赋多写宫廷的盛况和帝王的生活，小赋多数是抒情作品。

赋这种文体出现在战国时期，儒学大师荀子曾作《赋篇》，这意味着"赋"作为独立文体开始出现。此后，屈原、宋玉等人以这样的文体进行文学创作，后人把他们的作品称之为"屈原赋"或"宋玉赋"。

赋的繁荣是在汉朝。汉赋的发展经历了四个时期。一是创始期，这时期枚乘的《七发》既奠定了汉代大赋的基础，也开创了辞赋中的"七"体，基本上形成了汉赋的体制。二是全盛期，重要的代表作家是司马相如，其主要代表作有《子虚赋》、《上林赋》，此外，东方朔、枚皋等人的成就也突出，这时期汉赋的基本形式和格调已经确立。三是摹拟期，重要的代表作家有班固，其代表作《京都赋》，此外还有扬雄等，这一时期的体制和风格有所变化，反映社会黑暗、讥讽时事、抒情咏物的短篇小赋开始兴起。四是转变期，小赋盛行，内容已由描写宫殿和游猎盛况转为抒发个人情怀，表现手法以由叙述转为议论说理为主，篇幅上由长篇巨制转为短篇。这一时期最重要的代表作家是张衡，其代表作《二京赋》成为汉代散体大赋的绝响。

汉赋的特点是：内容多写京都的繁华和帝王的游乐，以此来粉饰太平，歌功颂德；文章前有序言，正文韵、散结合，其中散文用于记叙，韵文用于描写，韵脚根据需要经常转换，语言多用四六字句，且极力铺陈，喜欢堆砌生僻字词和形容词，篇幅较长，情节通常由假设的两个人以一问一答的方式来展开。汉赋，尤其是大赋，尽管在内容和艺术有着许多缺点，但仍然在文学史上有着一定的地位。它丰富了文学词汇，在锤炼辞句和描写技巧等方面也都取得了一定的成就，此外，它促进了文学观念的形成。

骈文

骈文是魏晋以后产生的一种文体，又称"骈体文"、"骈俪文"、"骈偶文"。因常用四字、六字句，也称"四六文"或"骈四俪六"。

它是与散文相对而言的，特点是以四六句式为主，讲究对仗，句式两两相对，好像两匹马并驾齐驱，所以被称为骈体。在声韵上，讲究对仗的工整和声律的铿锵；在修辞上，注重形式，喜欢用华丽的辞藻和用典。骈文因为形式，常常束缚内容的表达，但如果运用得好，能增强文章的艺术效果。

南北朝是骈文发展的全盛时期，其中有很多骈文内容深刻。如鲍照的《芜城赋》，通过广陵昔盛今衰的对比，揭露和谴责了统治阶级的骄奢淫逸，抒发了世间万物和人生变化无常的感慨。孔稚珪的《北山移文》辛辣地讽刺了人在江湖、心在庙堂的假隐士们的表面清高内心功利的心理。流亡北方的庾信在《哀江南赋》中描写了自己的身世，谴责了梁朝君臣的昏庸无能给人民带来的沉重灾难，表达了对故国的怀念。

《徐孝穆集》书影
此书是六朝骈文的集大成者徐陵的作品集。

唐朝以后，骈文的形式日益完善，出现了通篇四、六句式的骈文。直至清末，骈文仍很流行。

古文

古文是与骈文相对而言的一种文体，其奇句单行、不讲对偶声律，是一种散体文。先秦两汉的散文，以散行单句为主，不受格式拘束，质朴自由，有利于反映现实生活、表达思想。而魏晋南北朝以来，骈文盛行，堆砌词藻，言之无物，从而流于浮华。早在北朝时期，苏绰便站出来反对骈文，倡导学习先秦文章，仿《尚书》文体作《大诰》，被当时的人称为"古文"。到中唐时期，这种变革文风的努力经韩愈、柳宗元等人的大力提倡，形成一场声势浩大的古文运动。这场漫长的古文运动，结束了骈文的统治，使古文成为唐朝以后各朝的主流文体。韩愈、柳宗元主张恢复先秦散文内容充实、长短自由、朴质流畅的传统，提倡"文以载道"，反对六朝空洞浮荡的文风。他们既是理论的倡导者，也是实践者，韩柳二人创作出大量清新流畅、形式自由、思想充实的散文，引领时代风潮，吸引了大批追随者。这种名为复古，实际包含革新精神的变革，为宋朝的大文学家欧阳修、苏轼、王安石等人继承和发扬，并最终扭转了古文的发展方向，对后世产生了深远的影响。

八股文

八股文又叫制艺、制义、时艺、时文（相对于古文而言）、八比文等，是明清科举考试所采用的一种专门文体。它要求文章必须有四段对偶排比的文字，共有八股，所以称为八股文。"股"是对偶的意思。

它的特点主要有：1.题目必须用"五经"、"四书"中的原文。2.内容必须以程朱学派的注释为准。3.体裁结构有固定的格式，全文分为破题、承题、起讲、入手、起股、中股、后股、束股（大结）八部分。另外，八股文的字数也有规定。明初制度：乡试、会试，要求用"五经"义一道，字数500，"四书"义一道，字数300。清朝康熙时要求550字，乾隆要求700字。八股文通常禁用诗赋中夸张华丽的词语，不许引证古史，不许比喻。在明清两代，八股文成为所有官私学校的必修课。不会写八股文，就无法通过科举考试，也就无法做官。明清时期许多有识之士对八股文深恶痛绝，所以八股文最终被废弃，也是历史的必然。

明代小品文

小品文是一种寓有抒情意味和讽刺性的短小散文。它起源于秦汉，盛行于晚明。明朝万历年间，以三袁为首的"公安派"反对当时文坛上的复古运动，提倡"性灵说"，主张书写身边事，心中情，短小隽奇，活泼自由的散文，这类散文被称为小品文。小品文题材广泛，有的描写风景，有的杂记琐事，"并非全是吟风弄月。其中有不平，有讽刺，有攻击，有破坏"（鲁迅《南腔北调集·小品文的危机》）。小品文的兴盛，不仅是散文发展的结果，也是"公安"、"竟陵"等文学流派进行文学革新的产物。它的主要作家有三袁、张岱、徐宏祖、王思任、祁彪佳等。

晚明小品文作家中取得成就最高的是张岱。他的作品吸取了"公安"和"竟陵"两派之长，语言清新简洁，形象生动，描写细致，风格自然清丽，题材广泛，内容包括风景名胜、戏曲杂技、世情风俗等，堪称晚明社会生活的画卷。他的散文集有《陶庵梦忆》、《琅环文集》、《西湖梦寻》等。明朝小品文和唐诗、宋词、元曲一样，成为一代文学成就的标志。

小说

小说是一种文体名称，追溯小说的历史渊源，应该是先秦的"说"。战国时期的"说"，具有一定的故事性，而西汉刘向所辑的《说苑》，可以视为中国最早的小说集。

在汉代，小说作为一种文体得到社会认可，并且也存在"小说家"这一职业。汉代著名学者桓谭说："若其小说家，合丛残小语，近取譬论，以作短书，治身理家有可观之辞。"班固不仅把"小说家"列为九流十家之一，还认为小说是"盖出于稗官，街谈巷语、道听途说者之所造"，认为小说乃是小知、小道，也就是说，小说的形式短小，内容贴近生活。与现代人的小说观念不同，古代的小说作者和读者，都把小说当成实录，而非虚构的故事。即便是荒诞不经的志怪小说，古人也是把其中内容当真的。

古代的小说，种类驳杂，很难用现在的小说概念来概括。关于小说的归类，古人有把它列为史部的，也有把它列入子部的，但基本上都把它视为"稗官为史之支流"，把它看做历史的附庸。明代胡应麟在《少室山房笔丛》中将小说分为"志怪、传奇、杂录、丛谈、辨订、箴规"六大类。前三类勉强可以称得上小说，后3类则乖离甚远。

总之，古代的小说重在记述故事，这些故事有虚构的，也有真实的；篇幅或长或短，结构不甚讲究；目的在于传奇、感化或警世。

变文

变文是把佛教经文转变为通俗易懂的故事的一种文体，盛行于唐代。变文的特点是韵文和散文相结合，韵文用来吟唱，散文用来说白，说白和吟唱转换时，通常有一个常用的过渡语作提示，如"……处若为陈说"，"……时有言语"等。

变文的内容按照题材分，主要有四大类。一是宣传佛教故事的变文，如《八相变》、《破魔变文》、《降魔变文》等。这类变文是通过一边讲一边唱以故事的形式来宣传佛教的基本教义，它与讲经文不同，不是直接对着经文照本宣科，而是选取佛经故事中最精彩的部分加以渲染发挥，较少受经文的限制。二是讲历史故事的变文，如《伍子胥变文》、《李陵变文》、《王昭君变文》等。这类变文大多选取一个历史人物，再撷取逸闻趣事和民间传说加以铺陈，多寄托了对故国眷恋和乡土思念之情，所以在内忧外患的晚唐非常盛行。三是讲民间传说的变文，如《刘家太子变文》、《舜子至孝变文》等。这类变文虽假托了某位历史人物，但所讲的故事并没有任何历史依据。四是取材于当时社会上的重大事件和人物的变文，如《张淮深变文》、《张议潮变文》等。这类变文大多是民间艺人通过说唱的形式，热情讴歌了英雄人物英勇抵御异族侵扰的英雄事迹。

唐传奇

唐传奇指的是唐代流行的文言小说，唐传奇的出现标志着中国文言小说进入成熟阶段。唐传奇的发展经历了三个阶段：

第一阶段是初唐、盛唐时期的发展期。这一时期还处于从六朝志怪小说向传奇转变时期，不仅数量少，而且艺术成就也不高，但已经有了一些新的发展迹象。这一时期的代表作是《梁四公记》和《游仙窟》。

第二阶段是中唐兴盛期。这一时期许多文人都投身于传奇的创作，借用诗歌、散文、辞赋等其他文学题材的艺术表现技巧，极大提高了传奇的地位，扩大了传奇的影响。这一时期曾参与创作传奇的有元稹、白居易、白行简、陈鸿、李绅、韩愈、柳宗元，代表作家有元稹、白行简、蒋防，代表作分别为《莺莺传》、《李娃传》、《霍小玉传》。现存的中唐时期的传奇有近40种，涉及爱情、历史、政治、神仙、豪侠等方面，历史题材的有《长恨歌传》，还有一些借梦幻、寓言讽刺社会的作品，如《枕中记》、《南柯太守传》等。其中以爱情为题材的作品成就最高，代表作有《离魂记》、《任氏传》、《柳毅传》等。

第三阶段是晚唐衰退期。这一时期传奇虽然衰退，但仍出现了很多优秀的作家和作品，如袁郊的《甘泽谣》、皇甫枚的

风尘三侠图　清　任颐

《虬髯客传》是唐代传奇中的名篇，也是中国武侠小说的开山之作。此图绘有《虬髯客传》中的三个主要人物：红拂、李靖、虬髯客。

《三水小牍》、薛用弱的《集异记》、李复言的《续玄怪录》等。这一时期传奇最主要的特点就是以豪侠为内容的作品大量涌现，代表作有《聂隐娘传》、《昆仑奴》、《虬髯客传》等。

唐传奇的篇幅一般都不长，短的只有几百字，长的也不超过一万字，大部分保存在宋朝所编的《太平广记》中。

六朝志怪和志人小说

六朝时期的小说主要分为志怪和志人两大类。志怪写的是神仙方术、妖魔鬼怪等，志人则记录的是一些名人的闲闻逸事。

志怪小说盛行的根本原因是当时各类宗教思想盛行，由此产生了许多神仙方术、佛法灵异的故事，成为志怪小说的素材，甚至有些志怪小说的作者就是佛教徒。志怪小说主要可以分为三类：1.地理博物，如《神异经》、《博物志》。2.鬼神怪异，如《列异传》、《搜神记》。3.佛法灵异，如《冥祥记》、《冤魂志》。

魏晋南北朝志怪小说的代表作是干宝的《搜神记》、张华的《博物志》、王嘉的《拾遗记》、吴均的《续齐谐记》等，其中名篇有《三王墓》、《韩凭妻》、《弘氏》、《董永》等。

志人小说的兴盛和当时士人之间崇尚清谈和品评人物的风气有很大关系。志人小说也可以分为三类：1.笑话。代表作有邯郸淳的《笑林》。2.野史。东晋的道士葛洪委托刘歆所著的《西京杂记》，记述西汉的人物逸事，带有怪异色彩。3.逸闻逸事。这是志人小说的主要部分，作品最多，有裴启《语林》、郭澄子《郭子》、沈约《俗说》、殷芸《小说》、刘义庆《世说新语》等，其中刘义庆的《世说新语》成就最大，影响最广，是志人小说的代表作。

六朝小说的篇幅都非常短小，叙事也很简单，一般只有故事梗概，没有想象、描写等艺术加工，还不是成熟的小说。但它为后世的小说提供了丰富的写作经验和素材，是中国小说史上不可缺少的一环。

笔记小说

笔记小说是一种带有散文化倾向的小说创作形式，它兼有"笔记"和"小说"特征。它起源很早，在先秦时期就已经出现了一些片段，中间又经过汉晋唐宋，到了明清时期开始繁荣。魏晋时期的笔记小说有干宝的《搜神记》、刘义庆的《世说新语》，唐宋时期的笔记小说有李昉的《太平广记》，明清时期的笔记小说有蒲松龄的《聊斋志异》和纪晓岚的《阅微草堂笔记》。最早提到"笔记小说"之名的是宋朝史绳祖的《学斋占毕》。

从内容上分，笔记小说可以分为志怪小说和逸事小说两大类型。志怪小说有《搜神记》、《聊斋志异》、《阅微草堂笔

干莫炼剑图轴 清 任颐 纸本
干莫即干将、莫邪夫妇。据《搜神记》记载，楚王命干将造宝剑，3年铸成雌雄双剑，雄名干将，雌名莫邪。干将自知剑成必死，故藏雌剑，后二人果被楚王所杀。其子赤鼻后为父母雪仇。图绘干将夫妇精心炼剑的情景。

记》；逸事小说有《世说新语》等。

笔记小说吸取了民间文学的丰富营养，故事情节、人物都是虚构、夸张、变形的，但却从整体和宏观上高度反映了生活的本质。今保存下来的笔记小说大约有3000种，是我国一笔巨大的文化遗产。

神魔小说

神魔小说是明清之际的一种小说体裁，又称志怪小说。明代中期以后，通俗小说主要分作两类，一类讲述现实世情，一类讲神怪斗争，鲁迅先生在《中国小说史略》中将后者命名为神魔小说。神魔小说同样起源于宋元之际的平话，第一本神魔小说《西游记》便是吴承恩在宋元平话的基础上加工整理而成的。因此书风行一时，获巨大成功，其后作家纷纷效仿，产生了《封神演义》、《东游记》、《三宝太监西洋记》、《镜花缘》等众多神魔小说。这类小说一般是依托历史事件，或依托流行的神怪故事，也有少数是文人纯粹凭想象写出来的，如《镜花缘》。神魔小说大多没有复杂的思想和严肃的主题，主要着力讲述神魔鬼怪之间的斗争，有很强的娱乐性，即使有一些讽喻现实的意图，普通读者也因为被故事所吸引而很难领会。总体上，除《西游记》、《镜花缘》等少数经典，大多神魔小说写得比较粗糙，缺乏艺术创造。

世情小说

明清时期的一种小说。世情小说因写世态人情，也称"人情小说"。世情小说的出现，是我国小说史上的重大转变，关于此，也可以借助中国第一本世情小说《金瓶梅》来说明。首先，《金瓶梅》乃是第一本不再依托于以前的民间艺人的集体创作，而是由文人独立构思并创作的一本小说，这标志着小说真正成为一门独立的艺术。其次，《金瓶梅》乃是第一本将目光从帝王将相、才子佳人身上转移到普通人身上来的小说，其开创了中国小说的现实主义传统，使得小说艺术的思想性得到大大提高。《金瓶梅》的这两个特征基本代表了世情小说的特征。《金瓶梅》之后，世情小说得到迅速发展，成为通俗小说的一大主潮。明清两代的世情小说，或主要写情爱婚姻，或主要叙家庭纠纷，或广阔地描绘社会生活，或专注于讥刺儒林、官场、青楼，内容丰富，色彩斑斓。世情小说产生了一大批经典之作，如《三言二拍》、《儒林外史》、《官场现形记》、《红楼梦》等。

才子佳人小说

流行于明末清初的一类小说。因中国自古流行"文人政治"，不同于西方女性眼中理想的男人是尚武的"白马王子"，中国女性理想的男人在很长时间里一直都是尚文的"才子"。直到现代产生"郎才女貌"的说法后，这个"才"才不再局限于文学才能。因此，中国古人拥有浓厚的"才子佳人"情结。元杂剧《西厢记》和《牡丹亭》之所以千古流行，一些批评家认为是因为其"反封建"，而实际上恐怕与人们的"才子佳人"情结有关。明末清初，历史演义和神魔小说流行风刮过之后，才子佳人小说开始登上流行舞台。《双美奇缘》、《好逑传》、《玉娇梨》、《平山冷燕》等大批才子佳人小说相继诞生。这种小说基本上都有一个固定的套路，先是一个落魄才子巧遇一个家境优裕的佳人，这佳人慧眼识珠，与之一见倾心，两人彼此赠诗，并私订终身。其间也总有一个"坏人"从中作梗，几经曲折，最终才子金榜题名，皇帝赐婚，有情人终成眷属。对于这种死板的套路，曹雪芹曾在《红楼梦》中借那块"补天石"之口讽刺其"千人一面，千部一腔"。并且这类小说的语言也往往比较蹩脚。尽管如此，可能因人们天性对美好爱情的向往，对这类书却十分青睐。清代人曾评选过"十才子书"，其中一半都属于才子佳人小说。

公案小说

公案小说的主要内容就是狱讼，它是中国近代小说的一个流派。清末，产生了大量的公案小说，风靡一时，比较著名的有《施公案》、《彭公案》等。后来公案小说又与侠义小说合流，形成侠义公案小说。

先秦两汉法律文献中的案例与史书中的清官循吏的传记以及魏晋南北朝志怪小说中的神鬼与狱讼故事，可以看作是公案小说的萌芽。晚唐五代的笔记（传奇）小说中的公案故事，表明公案小说已经成形。宋朝时期，公案作品便大量产生，艺术上也日趋完美，标志着公案小说已经成熟。在众多的公案小说中，最为脍炙人口的，首推《龙图公案》（《包公案》），其次是《施公案》、《彭公案》。《龙图公案》主要讲的是清官包拯，辅以众侠士；《施公案》以施仕纶为主，辅以黄天霸；《彭公案》以彭鹏（彭玉麟）为主，辅以黄三泰、欧阳德。

公案小说的主要思想倾向是：赞扬忠臣清官，铲除奸恶，匡扶社稷，宣扬"尽忠"思想，鼓吹"奴才"哲学和变节行为。

谴责小说

谴责小说是中国旧小说的一个流派。晚清时期，经过中日甲午战争失败、戊戌变法失败、八国联军入侵等一系列巨大的变故，内忧外患日益严重，社会更加黑暗，政治更加腐败，一些小说家们对社会现状深为不满，口诛笔伐，写了大量讽刺社会黑暗面和抨击时政的小说。鲁迅在《中国小说史略》中将这类小说的特点概括为"揭发伏藏，显其弊恶，而于时政，严加纠弹，或更扩充，并及风俗"，将它们称之为"谴责小说"。

比较著名的谴责小说有李宝嘉的《官场现形记》、吴趼人的《二十年目睹之怪现状》、刘鹗的《老残游记》和曾朴的《孽海花》。这类小说的题材和内容，涉及社会生活的各个方面，如官场、商界、华工、女界、战争等，其中写官场最为普遍。

为了适应报刊连载的需要，谴责小说缺乏完整的构思和写作时间，因此结构不够严密，没有贯串始终的中心人物，多是许多短篇联缀成的长篇。在表现手法上，作者有时为了迎合读者求一时之快的心理，往往描写得言过其实，缺乏含蓄，它所反映出的只是一种变形的社会形态。

话本小说

宋元话本小说是在说唱文学的基础上发展起来的。宋代都市繁荣，经济发达，市民阶层不断发展壮大，市井文化兴旺。其中有一种叫"说话"（即说书）的伎艺，深受人们喜爱。说话人讲故事的底本就叫"话本"，下层文人将话本润色加工，刻印出版，就成了话本小说。

话本小说的内容主要有"小说"、"讲史"、"合生"和"讲经"四种，在这四种中又以"小说"和"讲史"最受欢迎。"小说"就是短篇白话小说，其中爱情故事和公案故事最受欢迎。爱情故事又往往突出女性对爱情的主动追求，如《碾玉观音》、《闹樊楼多情周胜仙》。在礼法森严的封建社会，男女之间自由恋爱是一种对礼法的挑战、追求自由的大胆行动，这些故事有反封建的积极意义。宋元时代，政治黑暗，官吏腐败，产生了大量的公案故事，表现了人民对现状的强烈不满、对保护自身生存权利的深切渴望和对清明政治的期盼。其中的代表作有《错斩崔宁》、《简帖和尚》、《三现身包龙图断冤》等。讲史又称评话，主要讲的是前朝的盛衰灭亡。代表作有《三国志平话》、《武王伐纣平话》、《五代史平话》等。

宋元话本小说有一定的体制，大体由入话（头回）、正话、结尾三部分构成。入话常以一首或几首诗词"起兴"，与故事的发生地点或故事的主人公相联系，以吸引听众。正话，是话本的主体，故事情节曲折，人物形象鲜明，细节丰富。正话之后，常常以一首诗或以"话本说彻，权做散场"之类套话作结。

宋元话本小说的语言是口语化的语言，与文言文形成了显著区别，中间夹杂着大量的俚语和市井口语，生动明快，深受人民欢迎。

宋元话本小说对后代的通俗小说、戏剧、曲艺等都产生了很大的影响。《水浒》、《金瓶梅》、《西游记》等都是沿着这个方向演进的。

章回小说

章回小说是中国古典小说的重要形式，它是在宋元话本的基础上发展起来的。从话本到章回小说，这个过程经历了从萌芽到成熟的漫长时期。话本中有一类讲述历代兴亡和战争的故事，由于历史故事通常篇幅很长，说书人不能从头到尾一次讲完，必须连续讲许多次，每讲一次就相当于章回小说中的"一回"。每次讲之前，说书人必须要用一个概括性的题目向听众揭示主要内容，这就是章回小说中"回目"的起源。

元末明初时，出现了一批章回小说，如《三国志通俗演义》、《水浒传》等。这些小说比起话本中的讲史故事有了很大的发展，其中的人物和故事的核心虽然还是历史的，但内容更多是由后人虚构的。而且篇幅更长，分成若干卷，每卷又分成若干节，每节前面还有一个目录。明代中叶以后，章回小说的发展已经趋于成熟，出现了《西游记》、《金瓶梅》等伟大著作。其故事情节更加复杂，描写更加细腻，内容已经脱离了"讲史"，只是体裁上还保留着"讲史"的痕迹。这时章回小说已经不分节了，而是分成许多回。进入清朝以来，章回小说达于繁盛，题材除了明朝的讲史、神魔、人情三大类以外，又加入了讽刺、武侠、谴责、狭邪等多种题材。此时最著名的章回力作有：《红楼梦》、《儒林外史》、《三侠五义》、《儿女英雄传》、《官场现形记》、《二十年目睹之怪现状》、《老残游记》、《镜花缘》等。

比起现代的小说来，章回小说具有独特的形式和特点。1.它继承了话本的形式：正文前面都有一个"楔子"来引入正文；文中经常使用"话说"、"且说"、"看官"等字眼；文中经常穿插一些诗词和韵文。2.分回目。章回小说根据故事情节的发展分割成若干回，每回有一个标题，每回的正文只围绕一个中心内容讲述。3.制造悬念气氛。每回开头以及故事之间的衔接处，总是使用"话说"、"且说"作过渡，每回结尾处，往往以"欲知后事如何，且听后回分解"作结语，以此勾起读者的阅读欲望。

诗话与词话

诗话和词话指的是对诗词的评论，是一种文学理论。我国古代对文学的评论出现得很早。如《西京杂记》中记载的关于司马相如论作赋，扬雄评论司马相如的赋，《世说新语·文学》中关于谢安评论《诗经》的市局，《南齐书·文学传论》中对王粲、曹植、鲍照等人的诗歌的评论，都可以看做是早期的文学评论和诗话。

唐朝时期的诗人写了大量的论诗诗，如杜甫的《戏为六绝句》等，李白、白居易等人的论诗诗，以及当时的《诗式》、《诗格》，都是诗话的雏形。诗话正式出现是在宋朝，第一部诗话是欧阳修的《六一诗话》。现存的宋人诗话共有130多种。早期诗话的内容多为谈论诗人诗作的一些琐事，很少触及诗歌的创作或理论问题。直到张戒的《岁寒堂诗话》等，才开始讨论诗歌创作和理论问题，对后世产生了重大影响。明清时期，诗话数量更多，成就更高。

在诗话出现的同时，词话也随之出现，并逐渐发展起来。比较著名的词话有况周颐的《蕙风词话》、陈廷焯的《白雨斋词话》、王国维的《人间词话》等。

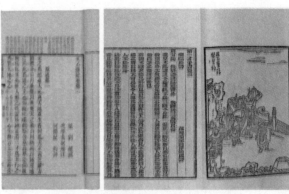

纪昀评点《文心雕龙》、毛宗岗评点的《三国志演义》书影

评点

评点是古人研读文章的一种重要方法，也是中国古代文学批评的常用形式。评点时，评论者在阅读文本，把握文本整体与局部关系的基础上，对文章的内容以及写作方法等方面，进行评论分析。作为阅读者的阅读笔录，评点通常具有一定的对话性，这种对话是读者与文本、与作者、与文本的其他读者之间的对话。评点被标注在不同的位置，其称呼也不同。一般，标注在书眉上的评点被称为"眉批"；在内文中下评语的叫"行批"；在文末下评语的叫"总批"。

文学流派

建安风骨

建安是东汉汉献帝的年号。建安时期的文学作品以风骨遒劲、刚健有力、鲜明爽朗著称，被称为"建安风骨"。建安文学的作家有三曹（曹操、曹丕、曹植）和"建安七子"（王粲、孔融、陈琳、徐幹、应玚、阮瑀、刘桢）等。三曹是当时的文坛领袖，成就最高。

建安诗人经过汉末的大动乱，他们的诗歌的特点是因事而发，具有鲜明的时代特征，悲壮慷慨，或感伤离乱，或悲悯人民，或慨叹人生，或强烈希望建功立业。曹植是曹操的第三子，建安文学的集大成者。他的诗将抒情和叙事有机结合起来，既描写了复杂的事件，又描写了曲折的心理变化，代表作有《白马篇》、《赠白马王彪》、《洛神赋》等。王粲是"建安七子"中成就最高的诗人，他的《七哀诗》以亲身体验的事实为题材，具体描写了汉末战乱给国家、人民造成的深重苦难。

建安文学是文学史上的一个辉煌的时代，它独特的文学风格成为后世文学所推崇和效法的典范。

玄言诗

玄言诗是一种以玄学为旨趣的诗歌。魏晋之际，因政治黑暗，名士动辄遭戮，文人多脱儒入道，寄情于老庄玄学。流风所及，在诗坛也形成了玄言诗派，其特点便是以诗的形式来演绎老庄的人生哲理。如竹林七贤之一的嵇康的"……目送归鸿，手挥五弦。俯仰自得，游心太玄。"这可以说是玄言诗的雏形。典型的玄言诗形成于西晋末年，并盛行于东晋，其代表诗人为孙绰、许询、谢安、王羲之等人。其中孙绰的《秋月》乃是玄言诗中的佳作："疏林积凉风，虚岫结凝霄。湛露洒庭林，密叶辞荣条。抚叶悲先落，攀松羡后凋。"当年王羲之等人在兰亭举行一次千古盛会，除了留下那篇千古传诵的《兰亭序》外，还留下了一组典型的玄言诗。如王羲之的次子王凝之诗曰：

"庄浪濠津，巢步颖湄。冥心真寄，千载同归。"另外谢安、许询等也当场作有玄言诗作。总体上，除少数玄言诗能够融情景于一炉，别有一番玄趣之外，大部分玄言诗往往"理过其辞，淡乎寡味"（《诗品序》），艺术成就不高。东晋后期，玄言诗便逐渐消失，不过在其后的山水、田园诗中仍留有余韵。

田园诗

以描绘田园风光，反映农村生活，展示隐逸情怀为风格的诗歌流派。中国田园诗派的鼻祖是东晋诗人陶渊明。

陶渊明出身贵族，但到他这一代，已经家道中落。出身高贵的他，再加上当时道家玄学的熏陶，不能容忍官场黑暗与庸俗，辞官归隐。归隐之时，他创作《归去来辞》，后又创作了《归园田居》、《移居》、《怀古田舍》等一批田园诗。诸如"采菊东篱下，悠然见南山"之类的诗句，充分表现了诗人对功名利禄的鄙视，对黑暗官场的极端憎恶和与之彻底决裂的决心，表达了诗人对淳朴的田园生活的热爱，对劳动人民的友好感情和对理想世界的追求与向往，从而开创田园诗派。

陶渊明的诗，诗风平淡自然，备受后人推崇，影响深远。到了唐朝，陶渊明的诗风为孟浩然、王维等人继承，并形成田园诗派。比如，孟浩然《过故人庄》中，"绿树村边合，青山郭外斜。开轩面场圃，把酒话桑麻。"质朴无华，浑然天成，清淡优美，清晰地体现了陶诗风格。由于士大夫与农民的天然疏离，反映隐逸志趣的诗作不少，但像陶诗那么亲切的并不多。发展到宋代，范成大成为田园诗的旗帜，把田园诗推向又一个高峰。

归去来兮辞诗意图　明　李在
此图描述的是晋代文学家陶渊明的名篇《归去来兮辞》中"云无心以出岫"这一句子。画面中陶渊明独坐在山峰上，仰望归鸿和远山，沉醉在大自然中，如有所思，超然物外。李在（？～1431年），字以政，明代福建莆田人，画史称其"自戴文进以下，一人而已"。

山水诗

在《诗经》和《楚辞》中就已经出现了许多描写山水景物的诗句，但那只是作为衬托或比兴的媒介，不是一种独立的题材。中国文学史上第一首山水诗是曹操的《观沧海》。到了魏晋南北朝时期，山水诗开始繁荣起来。

魏晋时期，尤其是南渡之后，社会动荡，政治黑暗，玄学盛行。很多士大夫逃避现实，以山水为乐土，在山水间过着优哉游哉的生活，从中寻找人生的哲理与乐趣。在山水诗产生和发展的过程中，谢灵运对当时和后世影响最大。谢灵运出身南朝士族，才华横溢，但仕途坎坷。为了摆脱烦恼，谢灵运常常四处游览，寄情于山水。他的山水诗一般先写出游，再写见闻，最后谈玄或发感慨，犹如一篇游记。他的诗句工整精练，意境清新自然，其中不少佳句都经过一番苦心琢磨和精心雕琢，每首诗犹如一幅赏心悦目的山水画。谢灵运的山水诗极大开拓了诗的境界，确立了山水诗的地位，从此山水诗成为中国诗歌的一个重要流派。南北朝时期的谢朓、何逊也是有名的山水诗人，他们与谢灵运一道，把山水诗推向成熟。到了唐朝，山水诗蔚为大观，李白、王维、孟浩然、杜甫等都是山水诗高手，他们以卓越的诗才，为后人留下大量的山水诗佳作。

宫体诗

　　宫体诗产生于南朝梁陈之际，影响直到初唐。这种以描写女性美和宫廷生活为主要内容的诗歌，是当时统治阶级荒淫腐朽生活在文学上的反映，情调流于轻艳，诗风比较柔靡。

　　自古以来，中国不乏描绘女性美的诗歌，但是，到了齐梁时候，部分作家对男女之情开始进行露骨的描绘，出现了"艳情诗"。梁简文帝萧纲酷爱文学，做太子的时候，在东宫聚集一大批文士诗人，专写男女之情，极力吟咏女人的体态、睡态、肌肤或女人的衣着用具等，还有假托女子的口吻写伤春、杜撰思妇对塞外征人的相思之情。这些诗作刻画精细，韵律流畅，缠绵婉转，形成一个鲜明的诗歌流派。不仅如此，萧纲更是命文士徐陵收集古今艳诗，汇编成《玉台新咏》，引导宫体诗的创作。他本人更是宣称，"立身先须谨慎，文章且须放荡"，公然鼓吹"轻靡绮艳"的诗风，极大促进了宫体诗的发展。宫体诗虽然还有一些咏物诗，但都有宫廷、宫女的影子，无法跳出宫廷范围。

　　宫体诗的主要诗人有萧纲、萧绎，以及他们的侍从文人徐摛、庾肩吾、徐陵等，另外还有陈后主及其侍从文人。代表作有萧纲的《咏内人昼眠》、《美人晨妆》等。

　　在宫体诗中，五言八句和四句的形式逐渐得到确认，对仗日益工稳，声韵更加和谐，它在艺术形式方面的积累，对于唐诗的发展起到了很大的推动作用。

边塞诗

　　边塞诗指的是唐代以描绘边塞风光、反映戍边将士生活的诗歌。它起源于汉魏六朝，到盛唐全面成熟，形成了边塞诗派。该派代表诗人有高适、岑参、王昌龄、李颀等。比较著名的边塞诗有高适的《燕歌行》、岑参的《走马川行奉送出师西征》、王昌龄的《出塞》等。唐代的边塞诗可以分为初、盛、中、晚四个时期。由于国力强弱和对外战争中的胜负不同，初、盛唐边塞诗中多抒发昂扬奋发、立功边塞的情怀，中唐前期尚有盛唐余响，中唐后期和晚唐只有对昔日盛况的追慕和对现实凄凉的哀叹。边塞诗不仅描绘了壮阔苍凉、绚丽多彩的边塞风光，而且抒写了投笔从戎的豪情壮志以及征人离妇的思想感情。对战争的态度，有歌颂、有批评，也有诅咒和谴责，思想上往往达到一定高度。边塞诗情辞慷慨、意境雄浑，多采用七言歌行和七言绝句的形式。

　　边塞诗人主要分为两类：有边塞生活经历和军旅生活体验的诗人和利用间接的材料，翻新一些乐府旧题进行新创作的诗人。前者的诗作中更贴近边塞生活，艺术特色也更鲜明，成就也较高。

新乐府运动

　　新乐府运动是出现于中唐时期的新诗潮。西汉设置乐府，掌宫廷和朝会音乐。由乐府采集和创作的诗歌称作"乐府"。起初乐府诗大部分采自民间，具有通俗易懂、反映现实和可以入乐几个特点。不过六朝之际及唐初，乐府诗基本上成了文人"嘲风雪，弄花草"的诗体。鉴于此，杜甫参照乐府诗的格式，写了《兵车行》、《哀江头》等针砭现实的名篇，此为新乐府诗的发端。其后，元结、韦应物、戴叔伦等人也有新乐府题作。到唐宪宗时期，张籍、王建、元稹、白居易等人彼此唱和,将新乐府运动推向了高潮。尤其元稹、白居易作为当时的才子,有大量新乐府诗作,影响巨大。白居易还提出了"文章合为时而著,歌诗合为事而作"的一整套理论,并首次使用了"新乐府"一词,故被视为新乐府运动的代表人物。新乐府诗作不再像前人那样借助乐府旧题,而是自创新题,按照乐府诗格式创作反映现实的诗作,所以又称"新题乐府"。如李绅的《悯农》诗:"春种一粒粟,秋收万颗子。四海无闲田,农夫犹饿死。"便是典型的新乐府诗作。新乐府对当时政治及后世诗歌艺术均产生重大影响。

简单地说,新乐府诗使文学担负起了新闻媒介的作用,某种程度上也是对文学本身的损伤,但在当时来说意义是积极的。

西昆体

中国北宋初年一个追求辞藻华美、对仗工整的诗歌流派。宋真宗景德二年(1055年),杨亿、刘筠、钱惟演等人奉诏在宫廷藏书的秘阁内编纂《册府元龟》。他们于修书之余,往来唱和,最后杨亿将这些诗编成一集,定名为《西昆酬唱集》。该集子出来后,在当时产生很大影响,学子纷纷效仿,称之为西昆体。

西昆体主要是宗法晚唐李商隐的艺术风格,崇尚精巧繁缛的诗风,追求巧妙的用典、对仗的工整、音节的和婉,以及像李商隐无题诗那样的隐约朦胧感。西昆体的出现,应该说是对宋初几十年乃至晚唐白体诗流于浅近、粗鄙化的一种反动,重新重视起诗的格律、修辞、寓意,增强了诗歌语言的凝练和诗意的深幽,具有一定的艺术价值。不过,因西昆体作家大多社会地位较高,生活优越,多是宫廷宴游之作,内容狭窄,且脱离真情实感,过于着力于模仿,故而遭人非

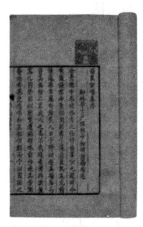

《西昆酬唱集》书影 杨亿

议。欧阳修、梅尧臣等开创新诗风后,西昆体乃告衰歇。总体上,其对宋代诗歌有着深刻的影响,是宋诗形成自身特色的第一步。

江西诗派

江西诗派是基本代表宋诗艺术特征的诗派。北宋后期,"苏门四学士"之一的黄庭坚在诗坛上独树一帜,追随与效法者颇多,逐渐形成了一个以黄庭坚为中心的诗歌流派。宋徽宗时,吕本中撰《江西诗社宗派图》,中列陈师道、潘大临、杨符等25人,认为这些人的诗风与黄庭坚一脉相承。因黄庭坚为江西人,故称之为江西诗派。虽然这些人的诗各有风格,但在创作方法和诗歌见解方面有共同之处。黄庭坚因推崇杜诗韩文"无一字无来处"的创作方法,提倡化用前人词语、典故的"点铁成金"法和师承前人构思和意境的"脱胎换骨"法。他不仅提出理论,并且写有大量优秀作品。这种诗作,对文化功底要求很高,才学便成了写诗的基础。这也是有宋一代诗歌的基本特点,比如黄庭坚、欧阳修、王安石、苏轼等诗坛领袖均为大学者。到南宋时期,江西诗派影响更大,杨万里、姜夔、陆游等大诗人都深受其影响。又因此派诗人多学习杜甫,故宋末方回又提出了"一祖三宗"的说法,即尊杜甫为"祖",黄庭坚、陈师道和陈与义为"宗"。

不过这种将诗歌学问化的做法,导致许多记忆力不佳的诗人往往靠翻书来拼凑典故,而过多的典故也使读者读起来异常费神。因此有不少人对此表示不满,南宋的严羽曾言:"诗有别材,非关书也;诗有别趣,非关理也。"虽如此,这种写者费劲、读者费神的诗歌在古代文人中一直都比较盛行,尤其以博学相矜的清代诗人,更是推崇这种"无一字无来处"的作诗法。

永嘉四灵

"永嘉四灵"指南宋中叶浙江永嘉（今温州）的四个诗人，分别是徐照（字灵晖）、赵师秀（号灵秀）、翁卷（字灵舒）、徐玑（号灵渊）。因字或号中均有一"灵"字，诗风又相近，故名。他们的诗风，主要学习晚唐贾岛、姚合，标榜野逸清瘦。并融入了山水、田园诗的韵致，表现出归隐田园、寄情泉石的淡泊境界。另外，其在语言上则刻意求工，忌用典，尚白描。如翁卷的《乡村四月》："绿遍山原白满州，子规声里雨如烟。乡村四月闲人少，才了蚕桑又插田。"便是"四灵"诗的典型。"永嘉四灵"因为打破了江西诗派过于倚重学问的藩篱而在南宋诗坛上独树一帜，加上其迎合了南宋中叶大量无由入仕的民间文人的心境，在当时引起广泛共鸣，但其有境界狭小、寄情偏狭之弊。

台阁体

台阁体是明朝永乐至成化间的一个文学流派。其代表人物号称"三杨"，即杨士奇、杨荣、杨溥。三人均为"台阁重臣"，故其诗文（主要为诗歌，也包括散文）被称作"台阁体"。台阁体的出现，被后人认为是诗文创作的一种倒退，其在内容上要么是粉饰太平、歌功颂德献媚皇帝之作，要么是宴乐唱和之作，毫无生气；而在艺术上，其立意平庸，既没有对自我情感的精致剖析，又没有对社会的关怀。不过因其风格雍容典雅，加上"三杨"官位显赫，作品又时时流露出一种富贵气度，故追慕效仿者颇多，竟致形成一个流派。

另外，台阁体的形成也与程朱理学所要求的"雅正平和"地表达情感及明前期（尤其永乐后）平静的政治环境下官员们心态悠然、志得意满的心理有关。台阁体文人多追慕宋人，成就却去宋甚远。台阁体在明前期统治文坛几十年后，在饱受抨击之下退出文坛。

江左三大家

江左三大家指的是明末清初的三个著名诗人，分别是钱谦益、吴伟业、龚鼎孳。因三人机关都属江左地区，故称。三人均为明朝旧臣而又仕清。其中，龚鼎孳（1615~1673年）成就和影响均不如钱、吴。钱氏崇宋诗，吴氏尊唐诗，两人各立门户，影响深远。

钱谦益（1582~1664年）字受之，号牧斋，晚号蒙叟、东涧老人，常熟（今属江苏）人。其学问渊博，在史学、诗文方面均负盛名，传说名妓柳如是因慕其才而嫁于他。在诗作上，其初学盛唐，后广泛学习唐宋各家，最终融唐宋诗于一炉。其诗沉郁炫丽，才华雄健。其诗作有《初学集》、《有学集》、《投笔集》等，因其晚年诗歌多抒发反清复国之愿，乾隆时，其诗文集遭到禁毁。

吴伟业（1609~1672年），字骏公，号梅村，江南太仓（今属江苏）人。其诗歌多以哀时伤事为题材，富有时代感。风格上则华丽藻饰，缠绵凄恻。明亡后则更显得婉转苍凉，感人至深。其于明亡后所做的七言歌行深受白居易影响，所做讽刺吴三桂降清的《圆圆曲》，讲述田妃、公主遭遇的《永和宫词》、《萧史青门曲》，写艺人的飘零沦落的《楚两生行》、《听女道士卞玉京弹琴歌》内容深婉，语言华丽，气势磅礴，有"诗史"之称。

唐诗派

这是对于明清时代推崇唐诗的诗派的称谓。中国古典诗歌至唐代达到极盛，至宋，风格一变，成另一番韵致。南宋末年的严羽在其诗歌品评著作《沧浪诗话》中推崇唐诗，认为唐诗妙处在于"气象"和"情趣"，而宋"以文字为诗，以议论为诗，以才学为诗"，去唐诗甚远。宋元人虽然推崇唐诗，但唐诗真正被奉为典范，则是在明代。明中期，以李梦阳、何景明、王世贞、李攀龙为首的"前后七子"，提出"诗必盛唐"的说法，认为"诗自中唐以后，皆不足观"。"前后七子"

皆是当时负有盛名的文人，尤其李、何、王、李四人作为当时的文坛领袖，其影响非比寻常。清代时，又有以王士禛、沈德潜为代表的唐诗派。不过，虽然唐诗派崇拜唐诗，其作品也有不少佳作，但总体上还是与唐诗有一定距离。其主要的贡献在于通过对唐诗进行分析、鉴赏和宣扬，使得唐诗不再局限于文坛，而是家喻户晓、妇孺皆知。

宋诗派

此为清代一个推崇宋诗的诗派。鲁迅曾言："一切好诗，到唐已经作完。"但宋人却将诗风一转，又开辟出一个崭新的天地。南宋后期尊崇唐诗的严羽在《沧浪诗话》中对比唐诗优越于宋诗之时，曾分析："本朝人尚理，唐人尚意兴。"他认为宋朝人利用诗歌议论，乃是呈露才学，为诗作的末路。其后便形成了一个以唐诗为尊的唐诗派，清代的唐诗派人物著名代表沈德潜甚至认为"宋诗近腐"。在唐诗派将宋诗的特点作为一种缺点进行评点的同时，有读者，尤其是那些饱学之士却认为宋诗的特点并非缺点，而是一种风格。认为唐诗胜在意趣，而宋诗则自有一种理趣。尤其到清代时，因崇尚博学，延及诗坛，形成了推崇宋诗的宋诗派。直至近代，宋诗派仍然在诗坛占有优势地位，著名的"同光体"诗人便是宋诗派的中坚。另外，钱锺书认为，虽然"诗分唐宋"，但并非严格以朝代为界限，而是指两种风格。如唐人也有做讲究理趣的宋诗，宋人也做讲究情趣的唐诗。

诗界革命

诗界革命是清朝戊戌变法前后资产阶级倡导的诗歌改良运动。早期的倡导者是夏曾佑、谭嗣同、梁启超3人。他们力图开辟诗歌语言的新源泉，目的是表现资产阶级新思想。戊戌维新运动失败后，梁启超逃亡国外，把主要精力用在文化宣传和推进文学改良上。1899年，梁启超正式提出"诗界革命"的口号，倡导"新意境"、"新语句"和"以古人风格入之"的新诗写作风格。

在"诗界革命"中，黄遵宪取得的成就最大，被称为"诗界革命"的一面旗帜。黄遵宪（1848～1905年），字公度，号人境庐主人，广东嘉应州（今梅县）人。他曾在日本和欧美做过20多年的外交官，是戊戌维新运动的积极参加者。在诗歌创作方面，他提出"我手写我口"的创作原则，强调写诗要反映现实生活，能表达自己的真情实感。黄遵宪的诗作题材非常广泛，包括政治、战争、异乡风俗等，用艺术手段生动地展现了中国近代社会的变迁。他的代表作有《冯将军歌》、《台湾行》、《哀旅顺》等。

"诗界革命"冲击了长期统治诗坛的拟古主义、形式主义倾向，反映了当时的诗人咏唱新时代和新思想的强烈要求。

花间派

晚唐五代时期的一个词派。五代十国时期，中原成了群雄逐鹿的猎场，而蜀中地区却相对稳定，经济繁荣，许多文人纷纷避难于此。前后偏安于西蜀的两个小政权自度无力量统一天下，便干脆沉湎于独立王国的安闲之中，歌舞升平，自得其乐。在这种背景下，以娱乐为主的词便流行起来。后蜀宫廷文人赵崇祚选录唐末五代词人18家作品500首编成《花间集》，其中除温庭筠、皇甫松、和凝、孙光宪外，其余全部是蜀中文人。这些人的词风大体相近，多写男女艳情、离愁别恨，婉转低回，香艳柔软，类似于六朝时期的"艳诗"。后世将集中所选词人及其他有类似词风

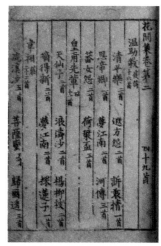

《花间集》（五代后蜀赵崇祚辑）书影

的词人称为"花间派"。

花间派的代表作家是温庭筠和韦庄，其中，温词香艳华美，韦词则疏淡明秀，两人也代表了花间派的两种主要风格。总体上，花间派词作的文字富艳精工，艺术成就较高，但在思想上格调不高，尤其是一些笔触描写男女燕私时十分露骨，极不符合孔老夫子的"诗言志"的诗教，被后世骂作是"桑间濮上之音"（黄色歌曲）。正因为此，对于北宋的欧阳修、晏殊等正统文人偶有的一些花间词作，后世读者竟不相信是出于他们之手，而猜测是别人的伪作。

婉约派

婉约派为宋词风格流派之一。婉约一词最早见于《国语·吴语》："故婉约其词，以从逸王之志。"先秦、魏晋六朝时期，婉约常被人们用来形容文学辞章。词，本是合乐演唱的，最初是为了达到娱宾遣兴的目的，其内容不外乎离别愁绪、闺情绮怨等内容。因而，词逐渐形成了香软、柔媚等婉转柔美的风调。而婉约派作为词的一种风格流派，被明确提出来，一般认为始于明人张綖。清人王士禛在《花草蒙拾》中写道："张南湖论词派有二：一曰婉约，二曰豪放。"婉约词的主要特点是：内容注重儿女风情，结构深思缜密，韵律婉转和谐，语言清丽圆润。婉约派的代表人物有李煜、柳永、晏殊、欧阳修、秦观、周邦彦、李清照等人，其中，李煜、柳永、晏殊、李清照被并称为婉约派四大旗帜，他们的词分别以愁宗、情长、别恨、闺语见长。

豪放派

豪放派与婉约派并称为宋词两大流派。它是与婉约派文风相对的一个文学流派，代表人物有苏轼、辛弃疾。豪放派词题材广泛、视角鲜明、语言旷达、气势雄浑，思想豪放不羁，词文不拘音律格调。豪放派从形成到鼎盛共经历了3个阶段：初步形成，以范仲淹的《渔家傲·塞下秋来风景异》为开端。它引导了豪放派词风的主体方向；发展成形，是以苏轼词的豪壮为基调，逐渐在词坛形成一股劲风；鼎盛，继苏轼之后，辛弃疾等爱国词人将鸿鹄之志以及边塞慨叹融入词中，雄浑激荡的词风统霸文坛。在此之后，豪放派继承者因慨叹国衰、情难却等原因，词中渐渐融合了沉郁、典雅等古朴诗风，逐渐形成了豪放、清秀隽永的温婉手法相结合的刚柔相济的词风，其代表人物主要有刘克庄、黄机、戴复古、刘辰翁等。

常州词派

清代最有影响的词派之一，因其创立者为常州人张惠言，故名。词作为诗的一种变体，发端于唐代，两宋时达到极盛，元明时期，跌入低谷。直到明末清初，词坛再度热闹，出现了推崇姜夔、张炎清空淳雅的浙西派和推崇辛弃疾、苏轼奔放豪迈的阳羡派。不过因清初文网严密，文人噤若寒蝉，豪放不起来，浙西派称霸词坛。后浙西派逐渐枯寂，沦为专务雕琢章句、恪守声律的"小道"。嘉庆后，文网渐开，继承豪放一脉的常州词派崛起。张惠言作为常州词派的发起者，其首先致力于在理论上给予词以与诗并列的尊崇地位，而非仅仅是"诗余"。其次，他则强调词并非仅仅是文人"言情"的小玩意，而是与诗同样具有"言志"功能的"大道"。为证明此，他还特地编撰了一本《词选》，以证明自己的观点。在《词选》中，张对诸多词作进行挖掘，其微言大义的解读，有些说得通，有些则牵强附会。如他曾将温庭筠的著名"艳词"《菩萨蛮》解释为"感士不遇"之意。后来的王国维曾对此类穿凿附会表示了自己的讥讽。不过在当时，响应者却甚多，并形成常州词派。稍晚的常州词派的另一位代表人物周济进一步发挥张惠言的观点，并提出了"词史"一说，以与"诗史"并尊。常州词派对清词发展影响甚大，近代谭献、王鹏运、朱孝臧、况周颐这四大词家，也是常州词派的后劲。

公安派和竟陵派

公安派和竟陵派是一前一后出现于明末的两个反传统的诗文流派。其中，公安派因其代表人物袁宗道、袁宏道和袁中道三兄弟籍贯为湖北公安而得名。明代自弘治以来，文坛为"前后七子"所把持，他们倡言"文必秦汉，诗必盛唐"、"大历以后书勿读"的复古论调。万历时，"异端"思想家李贽质疑复古论调，提出"童心"说，震动极大，但其最后被迫害致死。与李贽有过交往的袁氏三兄弟则变"童心"说为"独抒性灵，不拘格套"，推行类似的文学主张。并写下了不少随性而灵巧的诗作，不过许多诗作也流于浅俚。值得称道的是其所作的一系列短小、轻灵、隽永的小品文，开创了我国散文写作的新领域。但在复古主义占上风的清代，公安派作品未受到青睐。直到近代，因周作人、林语堂的提倡，公安派作品才在读书界热起来。

竟陵派的出现稍晚于公安派，因其代表人物钟惺、谭元春为竟陵人而得名。竟陵派同样抨击"前后七子"的复古论调，并继承了公安派的"性灵"说，但同时鉴于公安派诗作俚俗、浮浅的缺陷，而倡导"幽深孤峭"，刻意追求字意深奥，求新求奇，最终形成了艰涩隐晦的风格。竟陵派较有成就的代表人物是刘侗，他的《帝京景物略》成为竟陵体语言风格代表作品之一。

桐城派

桐城派是清代影响最大的古文流派，因其代表人物方苞、刘大櫆、姚鼐均系安徽桐城人而得名。明中期以后，因反对复古论调的公安派、竟陵派的出现，"文以载道"的文学传统遭到极大挑战。清初，先是名满天下的朝廷重臣方苞，对古文写作进行了新的思考，提出将"文"、"道"统一的"义法"说，被认为是桐城派的始祖。此后，刘大櫆又提出"神气"、"音节"、"字句"理论，进一步补充了方苞的"义法"说。乾隆时的姚鼐则提出"义理、考据、词章"合一的完整理论，乃是桐城派的集大成者。方、刘、姚三人被尊为"桐城三祖"。桐城派文章以文学的眼光看，没什么文采，其特点在于辞句精练，简明达意，条理清晰，只求"清真雅正"，不求文采飞扬，偏重于文章的实用性。其代表作有方苞的《狱中杂记》，姚鼐的《登泰山记》等。桐城派影响极其深远，在地域上早就超出桐城，遍及全国。身为湖南人的曾国藩便是桐城派领袖，西方小说翻译家林纾也曾是桐城派中坚。时间上则自康熙直延至清末，甚至在新文化运动前夕，北京大学国文系还为桐城派所称霸。直到新文化运动开始，白话文兴起，桐城派才宣告消亡。其作家之多、播布地域之广、绵延时间之久，文学史所罕见。

文论

诗言志

诗言志是中国传统诗学的基本观念。最早在《尚书·尧典》中有："诗言志，歌永言。"上古时代，诗、歌一体，"诗言志"的意思便是歌词传达意义，这是其本义。后来孔子将上古时代的诗歌汇编成《诗经》，认为"诗三百，一言以蔽之，思无邪"。这使得诗歌"纯洁"化。又言：

《诗经·周颂·昊天有成命》 南宋 马和之

"《诗》三百篇，大抵圣贤发愤之所为作也。"这又使得诗歌"崇高"化。如此，便在道德方向、写作目的上为诗歌做了一个模糊的界定。汉代，随着儒家思想正统地位的确立，孔子的观点被进一步发挥而具体化，如汉儒所做的《诗大化》言："诗者，志之所在也，在心为志，发言为诗。"又说："先王以是经夫妇，成孝敬，厚人伦，美教化，移风俗。"如此，诗歌的政治和伦理内涵便进一步明确了，即诗应该用于表达政治抱负和道德情怀，这也成为了历代诗论"开山的纲领"。魏晋时代，陆机又提出了"诗缘情"的主张，认为诗歌同时还应该表达个人情感，虽然也得到不少人的认同，并且许多诗歌事实上也是表达情感的，但在人们心目中，"诗言志"一直是处于一种正统地位的。

诗缘情

诗缘情是传统诗学的基本观念。自孔子以下，"诗言志"的诗论被不断发挥，成为诗歌写作的基本命题。魏晋时，陆机在《文赋》言："诗缘情而绮靡，赋体物而浏亮。"其本义在于对比诗与赋的区别，认为诗重在抒情，而赋重在状物。但后来却有人将陆机的"诗缘情"单独提出来，作为对抗"诗言志"的另一种诗论，认为诗歌的重点不在"言志"，而在表达个人情感。"诗缘情"提出后，成为中国诗学的重要理论之一。不过，现代学者周作人等人则认为"言志"与"缘情"本是一回事，只是有人错误地将其割裂了，他还举《毛诗序》中的"在心为志，发言为诗，情动于中而发于言"为例。事实上，不管"缘情"是包含在了"诗言志"之内，还是在其外独立存在，都不是问题的关键。关键是，诗歌作为一种文学样式，必然是既能表达治国平天下的远大抱负，又可表达诗人个人的七情六欲。历史上众多的诗人的写作实践都证明了这一点。

诗可以观

此是儒家关于诗歌功能的一种表述。此语最早是孔子在《论语·阳货》中所言："小子何莫学夫诗，诗可以兴，可以观，可以群，可以怨。"这里，孔子就诗的功能作了一系列的表述。其中，"诗可以观"意为"观风俗之盛衰"，即王者通过诗歌来了解民间情况与政治得失，其强调的是诗反映社会现实的功能。事实上，上古时代的诗歌与后来的诗歌有所不同，后世的诗歌更强调"美"，而上古时代的诗歌更强调"真"，因此诗人创作时，常常是纪实，而非虚构。其类似于现在的"报告文学"，新闻性很强，《诗经》中的许多作品都证明了这一点。为了使诗更好地起到"观"的目的，早期设置有专门的"采诗之官"，平时在民间走街串巷地"采风"，目的便是供"王者所以观风俗，知得失，自考正也"。孔子的这种诗观得到了后来的儒家人士的继承，不过随着社会的发展，诗歌的艺术性逐渐增强，其"可以观"的功能受到一定削弱，但仍然是诗歌的一个大的传统。如杜甫的"三吏"、"三别"便是这种传统的反映，而白居易还专门发起过恢复诗歌"可以观"功能的"新乐府运动"。

美刺

这是汉代经学家关于诗歌社会功能的一种说法。"美"意为歌颂，"刺"意为讽刺。最典型持这种观点的是《毛诗序》，其认为"美"即"美盛德之形容，以其成功告于神明者也"；"刺"即"下以风刺上"。汉儒对于《诗经》的解释基本上以此为标准，清人程廷祚曾在《诗论》中指出："汉儒言诗，不过美刺二端。"如《诗经·大雅·云汉》则是"美周宣王也"；《诗经·卫风·木瓜》被认为是"美齐桓公也"；《诗经·小雅·鸳鸯》是"刺幽王也"；《诗经·邶风·雄雉》是"刺卫宣公也"。其中，一些明明是男女之间的情歌的诗篇也被汉儒们牵强附会地认为是暗含了"美刺"。汉儒将《诗经》解释为赞美和讽刺的两大主题的做法，有利于统治者控制言论，故在相当长的时间里，"美刺"都被认为是诗歌创作的正统原则。直到南宋，朱熹才首次在理论上明确反对将《诗经》简单化为"美刺"的观点，认为古人作诗与今人一样，也是出于抒发性情的需要而已。不过，在实践上，诗人们早已摆脱了"美刺"的镣铐，不然，光彩夺目的唐诗也就不会出现了。

赋、比、兴

赋、比、兴是《诗经》中的三种主要表现手法。关于赋、比、兴的意思，主要有两种解释。一种是以汉代郑玄为代表，其将赋、比、兴与政治教化、美刺讽谏联系起来，该种解释因脱离艺术形象本身而去刻意寻求诗歌的微言大义而追随者甚少。另一种解释则是将赋、比、兴释为单纯的艺术手法，其中以朱熹的解释流传度最广，其认为："赋者，敷陈其事而直言之也"；"比者，以彼物比此物也"；"兴者，先言他物以引起所咏之词也"。通过"赋"，往往能够通过语言的铺陈造成一种气势，起到强调、渲染的作用；而"比"，则是将本体事物比做更生动具体的物体而便于人们想象和理解；"兴"，则强调的是一种隐喻和象征，其因为能够增强诗文的深刻性而成为我国诗歌表现手法的基本准则，对后代的诗歌发展影响深远。总体上，赋、比、兴手法是我国诗歌创作过程中基本的艺术思维与表现手法。对其的研究则是我国诗歌理论的一个重要命题。

八月剥枣　清　吴求　绢本
此图选自《诗经图册》。图绘村野一隅，众人剥枣的情景。一老妪于旁边指点，面露喜色，另外几人或执竿打枣，或以衣摆接枣，或往篮、篓里装枣，这热火朝天的场景甚至感染了小孩子，他趴在地上亦加入了大人们的行列。

诗教

诗教是中国古代诗歌理论用语，本指《诗经》使人"温柔敦厚"的教育作用，后来也泛指诗歌的教育宗旨和功能。孔子是"诗教"的最早提出者和积极倡导者，其在《礼记·经解》中言："入其国，其教可知也。其为人也，温柔敦厚，《诗》教也。"意思是，到了一个国家，其教化便可以知道了，如果那里的人温柔敦厚，这便是《诗经》教化的结果。相传正是为通过《诗经》施教，孔子"去其重，取可施于礼义"，编纂了《诗经》。汉代时，汉儒为弘扬孔子的诗教传统，将《诗经》列为儒家五经之一，并对其进行了进一步的详细解析，使之蕴含了道德和礼义的内涵，并延展出一个人的社会、政治、人生等方面的意义。此后，诗教也便成了中国一种源远流长的教育传统。古代读书人不仅熟读《诗经》，而且作诗也成了其基本技能。没有深厚的诗教传统，唐诗宋词的繁荣是不可想象的。

温柔敦厚

此本为儒家的传统诗教，语出《礼记·经解》："入其国，其教可知也。其为人也，温柔敦厚，《诗》教也。"这本来说的是《诗经》对人的教化作用。据汉儒分析，之所以能有此教化作用，正是因为《诗经》本身的风格乃是"哀而不伤，怨而不怒"，即使讽刺君王，也是"发乎情，止乎礼仪"，故而不失其温柔敦厚，后来被引申为诗歌创作的一个原则。如白居易发起的"新乐府运动"所提倡的诗歌创作便是以这样一种"怨而不怒"的风格。白居易本人所写的讽喻诗，正是"本之于温柔敦厚"，"上以补察时政，下以泄导人情"，虽然直刺统治者，却得到统治者的认可。在封建时代，因温柔敦厚的风格既能为统治者起到"谏言"的作用，同时又不过于尖锐，这种折中主义的做法因使统治者和文人之间找到了一个妥协点，所以长期影响着古代诗人的创作。同时，温柔敦厚也被用来指一种含蓄、委婉的艺术风格。

知人论世

此为中国古代文学批评的一种观念。《孟子·万章下》言："颂其诗，读其书，不知其人，可乎？是以论其世也，是尚友也。"对于孟子这句话的解释有两种，现代学者朱自清将其解释为孟子将"颂（诵）诗"、"读书"、"知人论世"作为三种并列使自己得到提高的方法。而另一种解释则认为是孟子将了解"其人"与"其世"作为理解其诗文的前提，即要理解一个人的诗文，首先要了解作者的生平和其时代背景。清代章学诚在《文史通义·文德》中言："不知古人之世，不可妄论古人之辞也。知其世矣，不知古人之身处，亦不可以遽论其文也。"进一步将"论世"与"知人"的重要性进行了排列，即"论世"第一，"知人"第二。这种以"知人论世"为理解诗文前提的观点对后世批评学家影响很大，已经成了文学批评的一个基本模式，历代学者都以考证作者生平和时代背景为文学批评的前提。

文以载道

中国古典文学创作的基本观念之一。最早提出这种说法的乃是北宋理学家周敦颐，其在《通书·文辞》中称："文所有载道也，轮辕饰而人弗庸，徒饰也，况虚车乎？"这里将作文而不承载一定的道，比做没有任何目的的空车。其字面意思是写文章应该表达一定的思想，而实质的意思则是写文章应该表达儒家之道，即儒家的传统伦理道德。事实上，周敦颐并非最早提出这种观点的人，在宋代之前，便有人提出了"明道"、"宗经"、"征圣"等主张，只是周敦颐提出了"文以载道"这个更明确而响亮的口号。此后，随着理学成为宋代官学，"文以载道"便成了文章写作的普遍原则。人们认为，写文章时，"道"才是目的，文只是手段，作文的目的便是"载道"。人们一度将这个"道"理解得很狭隘，甚至排斥文章的艺术追求，视之为"玩文丧志"。不过多数时候，人们对于"道"的理解还是比较宽泛的，并非一定要局限于孔孟之道。总体上，"文以载道"与"诗言志"共同构成了古代文人诗文创作的基本观念。

文质

中国传统文论的基本概念和术语。最早使用这个概念的是孔子，其在《论语·雍也》中言："质胜文则野，文胜质则史，文质彬彬，然后君子。"孔子在这里论述的是人，而非文章。"文"指的是一个人的外在举止言谈，"质"指的是一个人的内在涵养。孔子认为一个人应该外在举止和内在涵养相统一才能称得上是君子。魏晋之际，"文质"的概念被文人们运用到文论中，一种说法以其形容语言风格的华美或质朴，并在此基础上形成了"尚文"、"尚质"观点间的对立；另一种说法则以"文"、"质"分别指代文章的形式和内容。

在古代，"质"一直居于主导地位，而"文"则居于从属地位。《文心雕龙》言："文附质，质待文。"唐宋以后，人们普遍以"文"、"道"替代了"文"、"质"的概念。而其观点基本上没变，虽然一度有人提出"文道合一"的概念，但总体上，主流的观点仍将"道"视为本，而将"文"视为末，甚至北宋的程颐提出了"玩文丧志"、"作文害道"的极端说法。

文气

传统文论的基本概念和术语。此概念来自于先秦哲学概念"气"，当时人们认为，宇宙之间存在一种构成万物的本源的"自然之气"。这种"气"是生命活力的原动力，是一种体现精神的抽象物，其无形而无所不在。曹丕后来首次运用这种"气"论来论述文章。他在《典论·论文》中说："文以气为主，气之清浊有体，不可力强而致。"曹丕所说的"文气"实际上指的是作假的天赋个性和才能，其不可强求，且不能传授。此后，"文气"便成了传统文论的一个常见术语，并进一步派生"逸气"、"骨气"、"灵气"、"神气"等说法。历代作家对"文气"都十分重视，唐代韩愈言："气盛，则言之短长与声之高下皆宜。"北宋苏辙言："文者，气之所形。"明代归有光言："文章，天地之元气。得之者，其气直与天地同流。"清曾国藩则言："为文全在气盛。"正是因为"文气"的重要作用，古代还普遍存在一种"养气"说，刘勰在《文心雕龙》中专门写有《养气》一篇，认为作者应该"调畅其气"。苏辙认为"文不可以学而能，气可以养而致"。至于其具体培养方法，韩愈、"三苏"、公安派文人等均有独特见解。

风骨

传统文论的基本概念和术语。"风骨"一词最早出现于汉末，流行于魏晋，本是用来品评人物。如《宋书·武帝纪》称刘裕"风骨奇特"，《南史·蔡撙传》称蔡撙"风骨鲠正"等。后来南朝文人将"风骨"引入文论

建安七子图
最早提出"七子"之说的是曹丕（见《典论·论文》）。"建安七子"之文都具有梗概多气的建安风格，后被誉为"建安风骨"。

中用以指文章的风力劲骨，刘勰在《文心雕龙》中作《风骨》一篇，对其进行了专门的论述。刘勰认为，所谓"风"，指文章的情志，要有感动人的力量，写得鲜明而有生气，骏快爽朗；"骨"，则指文章要文辞精练，辞义相称，有条理，挺拔有力。"风骨"便是整体上要求文章有气有劲，气韵生动，风格俊朗。而与刘勰同一时代的谢赫则将"风骨"引入画论，其在《古画品录》中认为"风骨"在画作具体体现为"气韵生动"与"骨法用笔"，认为画得生动而有气韵，笔力雄健，线条挺拔，便可谓有"风骨"。另外，对于"风骨"还存在其他一些不同的解释，总体上，"风骨"指的是一种鲜明、生动、凝练、雄健有力的艺术风格。

意境

传统诗学的基本概念与术语。"意"指诗人的主观意志，"境"则指自然景物，"意境"指抒情性诗作中呈现的那种情景交融、虚实相生、活跃着生命律动的韵味无穷的诗意空间。"意境"作为诗论术语，最早出现于唐代王昌龄所写的诗论《诗格》中。王昌龄在文中提出"诗有三境"，分别为物境、情境、意境。这里的意境事实上偏重于"意"，意思是"意"的境界，而非强调"意"、"境"之间的关系。中唐以后，"意境"则开始强调"意"、"境"之间的契合关系。如权德舆所说的"意与境合"，司空图提出的"思与境偕"均指的是诗人的主观之"意"与自然之"境"之间的某种契合。经南宋的姜夔，明清之际的朱存爵、叶燮、王夫之等人的进一步发挥，到近代学者王国维，对"意境"提出了更为系统的说法。其在《人间词话》中更提出"境界"一说，将"意"与"境"一元化为一种"情景合一"的艺术"境界"。其认为"一切景语皆情语"，将"意境"表述为情景浑然一体的一种美学意蕴。王国维在《宋元戏曲史》中言："文章之妙，亦一言以蔽之，曰：有意境而已。"对于何为意境，其进一步解释："写情则沁人心脾，写景则在人耳目，述事则如其口出。"

选学

选学是指研究《昭明文选》的学问。《昭明文选》简称《文选》，是中国现存的最早的诗文总集，由南朝梁武帝的长子萧统组织文人编选。萧统死后谥"昭明"，故名。《文选》共有60卷，分为赋、诗、骚、诏、册、令、碑文、序等总38类。所选内容注重文学性，讲究辞藻，多为历代大家作品。《文选》自问世后，受到文人重视，先是萧统的侄子萧该作《文选音》，对《文选》语词作了音义解释，隋唐时期的曹宪、许淹、李善、公孙罗等人又撰《文选音义》，并批注《文选》，逐渐形成了"选学"。唐朝时，选学一度与"五经"并驾齐驱，士子大多精读《文选》。北宋时，民间尚传言曰：文选烂、秀才半。直至元、明、清，有关《文选》的研究亦未尝中辍。时至今天，"选学"所研究的内容主要是《昭明文选》包含的文学观念及文体分类思想，梳理《文选》成学的文献依据，并进而研究其在文学史、学术史、文化史等方面的价值。

红学

红学指研究与《红楼梦》相关问题的学问。《红楼梦》作为一本中国古典小说的集大成之作，一经问世，便有人产生了对其进行更深层次解读的好奇，红学随之诞生。事实上，小说在写作的过程中出现的"脂砚斋评"便属于红学。而红学作为一门正式学问则始于民国时期，与之相随的是小说摆脱"末流"的地位以及西方文艺理论的传入。

红学研究的内容，大体可分为几个方面，一是对《红楼梦》本身主题、人物、艺术手法及其在文学史上的影响等的研究；二是对《红楼梦》作者生平、思想的研究；三是对《红楼梦》版本、章回等的研究，等等。就红学研究者而言，可分为旧红学与新红学两拨。其中旧红学，指的是五四时期以前，有关《红楼梦》的评点、评论、题咏、索引、考证等。旧红学主要采用圈点、加评语等形式评点《红楼梦》，或者以历史上或传闻中的人和事，去比附《红楼梦》中的人物和故事。而新红学则以胡适、周汝昌等为代表的考证派，主要是通过考证作者家世、生平史料和各种版本等进行研究。另外王国维写了《红楼梦评论》一书，运用西方哲学对《红楼梦》进行全面评论，在红学界独树一帜，影响颇大。

杰出文学家

屈原

　　屈原生于公元前约340年，是中国文学史上第一位爱国主义诗人，楚辞文体的开创者，也是浪漫主义诗人的杰出代表。刘勰在《文心雕龙·辨骚》中，曾给予屈原"衣被词人，非一代也"的评价，旨在说明屈原在中国文学史上的突出贡献。其流传下来的作品共有23篇，其中《九歌》11篇，《九章》9篇，《离骚》、《天问》、《招魂》各一篇。屈原是战国末期著名的政治家、文学家。他一生深思高举，却换来潦倒流放，投汨罗江殉国而死的悲剧命运。在其代表作《离骚》中，屈原将自己为国尽忠、流放潦倒、品质高洁、亡国苦痛等情感融洒在字里行间，不仅创造了"香草美人"的文学传统，还彰显了屈原文学创作中的个性光辉。屈原是个注重现实的诗人，但是他的很多作品又和神话有密切联系，在现实与神话相结合的形式中，通过自由奔放的语

屈原卜居图卷 清 黄应谌 绢本
本画描绘屈原被放逐后，心怀国事而不能为，因而心思迷乱，遂拜访太卜郑詹尹，询问自处之道的情景。图中山势高峻，树木葱郁，奚水潺潺，近处殿堂折落，堂内桌案之上日晷、龟策等卜器整齐排放，一白发苍苍的老者拱手迎接来客。屈原头戴纶巾，身披广袖长袍，腰系丝绦，长可及地，二人隔门相揖。旁边童子执杖侍立，树下奚官牵马等候。

言，将现实社会中的种种矛盾凸显出来，从而揭露当时楚国政治上的黑暗面。在政治上，他是爱国爱民、坚持真理的；在精神人格上，他是宁死不屈、品质高尚的；在文学上，他是不拘一格、开拓创新的。就屈原的文学影响来说，他的很多作品都是后世作家汲取养料、提高水平的参考范本。尤其是楚辞文体的创立，直接影响了汉赋的形成，它与《诗经》被称为浪漫主义与现实主义两大优良流派的源头。

贾谊

贾谊（公元前200~前168年），西汉初年著名政论家、文学家。洛阳人，世称贾生。贾谊自小博览群书，18岁即名闻郡里。21岁时被汉文帝召为博士，乃当时最年轻的博士。汉文帝对其十分赏识，欲拜其为公卿，但因大臣们的嫉妒和反对而作罢。后贾谊因遭朝臣诋毁，被贬为长沙王太傅。后被召回长安，任文帝子梁怀王太傅。梁怀王坠马而死后，贾谊深感歉疚，忧伤而死，年仅33岁。

贾谊的思想以儒家为主，也杂有法家及黄老成分。早年曾为《左传》作过注释，但失传。另外，其对道家思想也有一定研究，青年时写过《道德论》、《道术》等论著。贾谊见诸后世的成就主要在文学方面，散文和辞赋非常有名。众所周知的便是政论文《过秦论》，以高度概括的笔墨铺陈史实，并以夸张的手法进行渲染，文章雄辩滔滔，极富气势，具有战国纵横家的遗风。另外，其政论文《论积贮疏》、《陈政事疏》及辞赋《吊屈原赋》、《鹏鸟赋》都非常著名。贾谊的作品被刘向辑为《新书》，又名《贾子》。

司马相如

司马相如（约公元前179~前127年），西汉大辞赋家。字长卿，蜀郡成都人，本名司马长卿，因崇敬战国蔺相如，改名相如。少好读书、击剑，曾为景帝武骑常侍，因景帝不好辞赋，辞官，游于梁会王门下。后回蜀，期间与才女卓文君私奔，留下千古美谈。汉武帝后来看到司马相如的《子虚赋》，大为赞赏，召其入宫，司马相如由此成为宫廷辞赋家。

汉代，赋这种文体大盛，涌现出了枚乘、扬雄等一批善于写赋的作家，而司马相如则是最典型的代表。除《子虚赋》外，司马相如还作有《上林赋》、《美人赋》、《长门赋》等。其中，《子虚赋》、《上林赋》内容相连，以子虚和乌有先生争相夸耀本国的故事为基本构架，极尽铺叙、夸张、想象、排比之能事，气势恢弘，典故堆砌，文字华彩，从各个方面体现了散体大赋特点，奠定了散体大赋的体制，在我国文学史上占有重要地位。以《长门赋》为代表的骚体赋对我国宫怨文学有不小的影响。因其文学影响，司马相如被认为是与司马迁齐名的重要作家。鲁迅在《汉文学史纲要》中言："武帝时文人，赋莫若司马相如，文莫若司马迁。"

扬雄

扬雄（公元前53~公元18年），汉赋代表作家，与司马相如并称"扬马"。字子云，西汉蜀郡成都人。扬雄少时口吃，

文君听琴图

司马相如早年任武骑常侍，结识卓文君。卓文君慕其才，私奔相如，同至成都，以卖酒为生。

不善言谈，默而好深湛之思。其家贫而好学，博览群书，不慕富贵。扬雄早年酷爱辞赋，尤其仰慕同乡作家司马相如，曾模仿其作品著有《甘泉赋》、《羽猎赋》等。40多岁时，扬雄被推荐成为汉成帝的文学侍从，期间写了一系描写天子祭祀、田猎的赋作。扬雄的辞赋在当时颇负盛名，但其后来却认为这是"童子雕虫篆刻"，"壮夫不为"，并不再写赋，而埋头于撰写时人并不懂的学术著作，以求传之后世。扬雄仿《易经》写《太玄》一书，阐发了自己的哲学思想；仿《论语》写《法言》一书，在书中他主张文学应当宗经、征圣，以儒家著作为典范，这对刘勰的《文心雕龙》颇有影响。扬雄还著有语言学著作《方言》，是研究西汉语言的重要资料。因扬雄的重要影响，《三字经》中将其与老子、庄子、荀子、文中子（王通）并列为"五子"。

曹操

曹操（公元155~220年），东汉末年政治家、文学家。字孟德，沛国谯（今安徽亳州）人。曹操出身汉官宦世家，在镇压汉末农民起义黄巾军的过程中崭露头角，并一步步扫灭北方群雄，建立起了魏国立国的基础，曹操死后，其子曹丕称帝，追谥曹操为魏武帝。

曹操不仅是杰出的政治军事家，而且在文学上卓有成绩。其"外定武功，内兴文学"，延揽天下文士，对建安文学的繁荣起了重要作用。曹操与其子曹丕、曹植被称为"三曹"，乃是建安文学的代表人物，史称"建安风骨"。曹操的文学成就主要体现在诗歌方面。相传曹操"登高必赋"，诗作现存20多首，都是以乐府歌辞形式写成。其虽用乐府旧体，却不袭用古人辞意，而是自己缘事因性而作，一类是反映汉末动乱和民生疾苦，如《苦寒行》、《蒿里行》等。这类诗因摹写现实真切而有"汉末史诗"的美誉。一类是抒发其政治抱负与进取精神的，如《短歌行》、《观沧海》等。这类诗慷慨激越，深沉雄浑，也是诗中佳作。另有一类乃是游仙诗，艺术成就不高。除诗歌外，曹操的散文也一改汉儒文章迂阔空泛的习气，真率自然，文笔简约，颇有特色，鲁迅称之为"改造文章的祖师"。

曹植

曹植（公元192~232年），三国时魏国诗人，文学家。曹植是曹操第三子，因曾被封为陈王，谥号"思"，世称陈思王。曹植自幼聪慧，才思敏捷，被曹操所器重，曾一度考虑废曹丕的太子位而传王位于曹植，但因群臣强调"立长"原则而作罢。也正因为此，曹操死后，曹植为继位的曹丕所恨，差点将其杀害，终生被排斥在主流政治之外。

曹植的文学成就乃是"建安文学"中最高的，《诗品》称之为"建安之杰"。总体上，曹植的创作可以曹丕称帝为界分作两个阶段。第一个阶段，其作为优游宴乐生活的贵族王子，所写诗作大多是意气风发、文采绚丽的风格，代表作有《白马篇》、《箜篌引》等。而第二个阶段，随着曹丕称帝后，其在政治上处处受到排挤与打击，对社会与人生有了新的认识，作品数量增多，且思想更加深刻，艺术上也更给成熟，代表作有《杂诗》6首、《七哀诗》、《赠白马王彪》等。钟嵘在《诗品》中称赞曹植的诗"骨气奇高，词彩华茂"。曹植的诗歌在文学史上具有深远影响，尤其其作为第一个大力写五言诗的人，对五言诗的发展起到重要作用。

阮籍

阮籍（公元210~263年），三国魏诗人。字嗣宗，陈留尉氏（今属河南）人，是"建安七子"之一阮瑀的儿子。阮籍生在司马氏与曹氏政治角力的黑暗时代，采取的是疏离政治、放浪形骸的姿态，因与嵇康、刘伶等七人整天聚在一起喝酒，世称他们为"竹林七贤"。阮籍思想上崇尚老庄之学，对政治失望的同时转而寻求人生的终极关怀。据说其经常驾车出游，不由路径，直到无路处，则痛哭而返。阮籍在文学上的成就主要体现在诗作《咏怀》82首。这些诗作中最突出的思想便是表现诗人内心的孤独和苦闷，寄托了作者希望超越黑暗的现实走向理想的自由世界的愿望。另一个重要方面便是揭露了政治黑暗、世道衰败的现实以及世俗之人的虚伪。在艺术风格上多用比兴手法，形成了含蓄蕴藉，隐约曲折的风格。钟嵘在《诗品》中称阮诗"厥旨渊放，归趣难求"。除诗歌外，阮籍还长于散文和辞赋，其中以《大人先生传》最为有名。阮籍对于后世文学家影响相当大，陶渊明、李白、陈子昂、曹雪芹等著名作家均受其影响。

陶渊明

陶渊明（约公元365～427年），我国第一个田园诗人。生于东晋浔阳柴桑（今江西九江），字元亮，号五柳先生，入刘宋后改名潜。陶渊明出身没落名门，其曾祖父陶侃乃是东晋开国元勋，至陶渊明而没落。陶渊明喜欢读书，性嗜酒，却因家贫不能常得。思想上，陶渊明深受道家人生观影响，生性洒脱，以逍遥自在为乐。30岁时，为生活所迫，陶渊明出仕做了几年小官，后因不肯"为五斗米，折腰向乡里小儿"辞官隐去。在文学成就上，陶渊明被认为是魏晋南北朝最负盛名的作家，而且是屈原之后李白之前对中国文学影响最大的诗人。其所做诗歌现存120首，辞赋3篇，散文8篇，其中以诗歌成就最高。陶渊明的诗歌题材较丰富，其中最能代表其创作成就的，是田园诗。在诗中，陶渊明将田园自然生活描写成一个与现实黑暗世界对立的理想世界，寄寓了作者美好的人生理想。另外，其散文《桃花源记》更鲜明地寄托了作者的这种理想。陶渊明的这种"世外桃源"思想为文人们在政治官场之外，营造出了一个虽

渊明嗅菊图 清 张风
东晋文学家陶渊明，一生崇尚自然，远离尘嚣隐居深山，后世人对他的"自然养生法"大加赞赏。

不存在却令人神往的精神乌托邦，对后世文人产生了深远影响。

谢灵运

谢灵运（公元385～433年），我国第一个山水诗人。其祖籍陈郡阳夏（今河南太康），乃东晋名将谢玄之孙，18岁袭爵康乐公，世称谢康公、谢康乐。谢灵运聪颖博学，热衷政治。入宋后，降爵为康乐侯，本欲参与时政机要，但宋文帝对他"唯以文义见接，每侍上宴，谈赏而已"。在朝不得志，一度隐居会稽始宁（今浙江上虞），宋文帝时，出任临川内史，后被诬谋反遭杀。

谢灵运在文学上的成就在于开创了中国山水诗流派。其诗作大部分为山水诗，多作于其任永嘉太守以后。利用细腻的笔调、敏锐的审美直觉及精巧的语言对其所到的永嘉、会稽、彭蠡等地的自然景物和山水名胜进行了描绘，辞章绚丽，意境新奇，给人清新之感。在文学史上，谢灵运第一个将自然景物作为独立客观的审美和描写对象，写作了大量的山水诗，故被尊为山水诗的鼻祖。谢灵运的山水诗很大程度上扭转了魏晋以来的玄言诗风，对永明新诗体及后世山水诗的发展，均产生了深远影响。

陈子昂

　　陈子昂（约公元661～702年），唐代文学家，初唐诗文革新人物之一。字伯玉，梓州射洪（今属四川）人。陈子昂出身富裕家庭，轻财好施，慷慨任侠。同时博览群书，24岁时举进士，一度得武则天赏识。官至右拾遗，直言敢谏，后曾两次从军出征西北边塞和燕京一带，但均不受重用。因在朝廷10多年的政治生涯不得志，陈子昂38岁辞官回乡，被权臣武三思指使射洪县令予以加害，冤死狱中。

　　陈子昂在政治上提倡改革，在文学上具有强烈的革新精神。针对六朝乃至唐初以来浮艳而形式主义的诗风，其力主恢复汉魏风骨，认为诗歌应该像建安时代那样，既要有针砭现实的"兴寄"，又要有充实的思想和刚健的"风骨"，以实现形式与内容的完美统一。而他自己的诗作也正体现了这种主张，其代表作《感遇》诗38首，《蓟丘览古赠卢居士藏用》7首和《登幽州台歌》，风格朴质而明朗，格调苍凉激越，标志着初唐诗风的转变。尤其《登幽州台歌》以其辽阔苍茫的时空境界，慨然独立的主体形象，孤高悲凉的情感格调，堪称震惊千古的佳作。

初唐四杰

　　初唐时期文学家代表是"初唐四杰"：王勃、杨炯、卢照邻和骆宾王。

　　王勃（公元650～676年），字子安，绛州龙门（今山西河津）人。当时流行以风花雪月为题材的宫体诗，注重形式主义。王勃首先反对诗坛上的这种不正之风，得到了卢照邻等人的支持。王勃现存诗80多首，多为五言律诗和绝句，代表作有《送杜少府之任蜀州》，著有《王子安集》。

　　杨炯（公元653～693年），华阴（今属陕西）人，武后时为盈川令，所以世称杨盈川。他以边塞诗著名，代表作有《从军行》、《出塞》、《战城南》等，气势轩昂，风格豪迈，感情饱满，意象醒目。今存诗33首，其中以五律居多，有《杨盈川集》。

　　卢照邻（公元634～689年），字升之，自号幽忧子，幽州范阳（今河北涿州）人。他的诗意境清迥，以韵致取胜。代表作《长安古意》词句清丽，委婉顿挫，借古讽今，意味悠长，是初唐长篇歌行的名篇。今存《卢升之集》、《幽忧子集》。

　　骆宾王（公元619～684年），字观光，义乌（今浙江义乌）人。早年有神童之称，他的诗题材较为广泛，擅长七言歌行，笔力雄健，代表作《帝京篇》，当时的人们认为是"绝唱"。徐敬业发兵反对武后时，他曾作檄文《代徐敬业传檄天下文》，义正词严，气势磅礴，连武后都夸他的文采。有《骆宾王集》存世。

王勃　　　　　　　杨炯　　　　　　　卢照邻　　　　　　骆宾王

孟浩然

孟浩然（公元689~740年），唐代著名山水田园诗人。字浩然，湖北襄阳人，故世称孟襄阳。孟浩然是古代归隐得比较彻底的一个文人，40岁之前一直在家种菜养竹，闭门读书。开元十六年（公元728年），到长安应进士，但未能登第。后张九龄任宰相时，孟浩然曾入其幕府，不久即归隐鹿门。不过，虽归隐山林，孟浩然名声却在外，李白、王维、杜甫、王昌龄等人都与其关系甚好。

在文学上，孟浩然的主要成就在山水田园诗方面。其中，以山水诗数量最多。内容一则是孟浩然游历南北各地时对于当地山水的描写，一则是隐居期间对于襄阳的自然风光所做的描绘。在艺术特色上，其山水诗着力追求一个"清"字，往往以清淡平和的语言描绘清幽绝俗的意境，语言洒脱，风格平易，韵致高远。而田园诗数量相对少一些，但因特色鲜明而颇受称道，最脍炙人口的便是《过故人庄》。总体上，孟浩然继承了陶渊明、谢灵运的山水田园诗传统，乃是唐代的第一个山水田园诗人，被誉为"盛唐之音"的第一声。孟浩然与略晚的王维乃是唐代山水田园诗人的代表，因其一生经历简单，其诗不如王诗境界广阔，故虽年长却排王后，世称"王孟"。

王维

王维（公元701~761年），盛唐时期著名诗人。字摩诘，祖籍山西祁县，因崇敬并精通佛学，有"诗佛"的外号。王维少有才名，15岁至京城应试，即受到王公贵族青睐，21岁即中进士，官至尚书右丞，故世称"王右丞"。张九龄任宰相时，王维受到器重，后张九龄遭贬，李林甫出任宰相，唐朝进入由盛而衰的转折点，王维在京城南蓝田山麓的别墅里，过起了半官半隐的生活。

在诗歌成就上，在唐朝的诗人排行榜中，除李白、杜甫稳占前两把交椅外，第三名的人选人们往往是在王维与白居易间争论，无有定论。王维在诗歌上的成就是多方面的，无论边塞、山水诗、律诗还是绝句等都有脍炙人口的佳篇，而其成就最高的乃是山水田园诗。陶渊明、谢灵运开创山水田园诗派后，唐代诗人多有继承此派的，而以王维和孟浩然成就最高，并称"王孟"。王维继承和发展了谢灵运的山水诗传统，并对陶渊明田园诗的清新自然也有所借鉴，使山水田园诗的成就达到了一个高峰，在中国诗歌史上占有重要的位置。另外，王维还擅长音律与绘画，享有"诗中有画，画中有诗"的美誉。

李白

李白（公元701~762年），字太白，号青莲居士，绵州昌隆（今四川江油）人，祖籍陇西成纪（今甘肃天水市秦安县），出生于唐朝安西都护府碎叶城（今吉尔吉斯斯坦托克马克城），5岁时随父亲迁到四川绵州青莲乡。

李白"一生好入名山游"，20岁时游遍了巴蜀的名山胜水，25岁时开始漫游全国，足迹遍及山东、山西、河南、河北、湖南、江苏、浙江、安徽等地，写下了大量的优秀诗篇。公元742年，受唐玄宗的赏识被召入宫，供奉翰林。但李白不愿向权贵低头，两年后辞官离京，又开始了长达十多年的漫游生活。"安史之乱"爆发后，李白应邀进入永王璘李幕府。后被流放到夜郎，中途遇赦。公元762年，病逝于安徽当涂。

李白是继屈原之后我国古代最杰出的浪漫主义诗人，被誉为"诗仙"，与杜甫并称"李杜"，今存诗900多首。李白一生关心国事，不满黑暗现实，希望能建功立业，同时他又受老庄和道教的影响，又有"出世"、"求仙"的思想。他的诗歌豪迈瑰丽，既有丰富奇特的想象，又有对当时政治黑暗的抨击，还有对民生疾苦的反映和同情。

李白的诗受屈原和汉魏六朝的乐府民歌影响最深，擅长形式自由的古诗和绝句。他的诗语言浑然天成，不屑雕饰，清新隽永。写景则气势磅礴，想象奇特，抒情则感情奔放，变化多端。代表作有《黄鹤楼送孟浩然之广陵》、《望庐山瀑布》、《望天门山》、《早发白帝城》等。著有《李太白全集》。

王昌龄与岑参

唐代疆域辽阔，经济繁荣，军事强盛，人民尤其是文人的民族自尊心和自豪感空前高涨，世人多具有积极乐观的情调和浪漫的气质，对从军边塞、建功立业充满向往，因此一种讴歌边塞生活的边塞诗派逐渐兴盛起来。王昌龄和岑参便是边塞诗人的杰出代表。

王昌龄（公元698～756年），字少伯，京兆长安（今陕西西安）人。开元十五年（公元727年）中进士，曾任江宁丞，后贬为龙标尉，世称王江宁、王龙标。"安史之乱"后在北返途中为亳州刺史闾丘晓所杀。王昌龄的诗作在内容上以边塞、闺情宫怨和送别三类体裁最多。其边塞诗以他多年的边塞游历为基础，气势雄浑，格调高昂，乃边塞诗中的上品。王昌龄的闺情宫怨诗或格调哀怨，或清新优美，颇受推崇。一度获"诗家天子王江宁"的美誉，尤其对七绝用力最深，被后世称为"七绝圣手"。

岑参（约公元715～770年），南阳（今属河南）人，出身官僚家庭，曾祖父、伯祖父、伯父都官至宰相，至岑参时家道中落。岑参30岁中进士，授兵曹参军，曾两度在边关任职。后由杜甫等推荐任右补阙，最后官至嘉州（今四川乐山市）刺史，世称岑嘉州。以后罢官，客死成都旅舍。6年的边塞生涯为他的边塞诗打下牢固的现实基础，其边塞诗气势雄伟，想象丰富，色彩瑰丽，热情奔放，乃是边塞诗中的上乘之作。岑参与另一位著名边塞诗人高适并称"高岑"。

杜甫

杜甫（公元712～770年），字子美，襄阳（今属湖北）人，生于河南巩县（今巩义市）。因在长安城南少陵居住过，曾任检校工部员外郎，后世称之为杜少陵、杜工部。

杜甫出生于官宦世家，祖父是诗人杜审言。他从小受过良好的教育，深受儒家思想的影响，渴望报效国家，建功立业。公元731～745年，杜甫开始在全国漫游，北到燕赵，南到吴越，期间曾与李白相遇，两人结为好友。杜甫曾两次考科举，但均不第，困居长安10年。后经过多次奔走，才得到右卫率府参军的小官。"安史之乱"后，杜甫只身投奔唐肃宗，被任命为左拾遗、工部员外郎，后被贬为华州司功参军。不久他弃官而去，全家定居成都。晚年漂泊在四川、湖南、湖北一带。公元770年，病死于一条破船上。

杜甫草堂
草堂位于四川省成都市，杜甫曾在此生活三年。

杜甫的诗现存1400多首，他的诗被称为"诗史"，很多重大的历史事件在他的诗中都有反映。另外他的诗还可弥补史书记载的不足。由于杜甫多年的游历和长期生活在社会底层，再加上仕途坎坷，所以他对社会的黑暗、政治的腐朽、人民的困苦生活有着深刻的了解，对人民深切同情，大胆地揭露了当时尖锐的社会矛盾。杜甫的诗歌沉郁顿挫、忧思悲慨，语言精练，形象生动，抒情诗多寄情于景，情景交融。杜甫的代表作有《兵车行》、《丽人行》、《前出塞》、《后出塞》、《自京赴奉先县咏怀五百字》、《三吏》、《三别》等。他的《忆昔》一诗，常被史学家用来说明开元盛世的社会风貌。有《杜工部集》。

韩愈

　　韩愈（公元768～824年），中唐著名文学家。字退之，邓州南阳（今河南孟县）人，因祖籍在昌黎（今属河北），世称"韩昌黎"。其年少时孤贫而发愤，25岁中进士，29岁正式登上仕途。早年仕途比较坎坷，屡遭贬黜，晚年历任吏部侍郎等高职，政治上较有作为。韩愈在文学上的成就主要是在散文方面，苏轼称其"文起八代之衰"。

　　韩愈与自己的政敌柳宗元一起倡导"古文"，形成了声势浩大的古文运动。最后"古文"逐渐替代了"今文"（骈文），并流传千年之久。在提出理论的同时，韩愈本人用古文写了大量的哲学、政治、文学论文和一些杂文。在语言上，韩愈"惟陈言之务去"，善于活用前人成语，创造了一种适时通用的文学语言。在风格上，其文雄健豪放，波澜壮阔，读来令人酣畅淋漓。

　　韩愈的散文对后世产生了深远影响，后人将其列为"唐宋八大家"之首，又将他与杜甫并提，有"杜诗韩文"之称。除散文外，韩愈作为诗人也被认为是中唐诗人中的翘楚，他还开创了"说理诗派"的诗风，对宋代诗歌风格的转变起到了先导作用。

白居易

　　白居易（公元772～846年），字乐天，号香山居士、醉吟先生，生于郑州新郑，出身官宦家庭。29岁中进士及第，与元稹同时考中，又在诗坛上齐名，并称"元白"。公元810年，任京兆府户曹参军，负责草拟诏书，后遭排挤，被贬为江州司马。公元822年后，先后任杭州刺史、苏州刺史。在职期间，为官清廉，关心人民疾苦，深得民心。58岁时定居洛阳，常与刘禹锡唱和，时称"刘白"。葬于龙门香山琵琶峰。

　　白居易是中唐最杰出的现实主义诗人之一，现存近3000首诗歌，主要可以分成讽谕、闲适、感伤和杂律四大类，其中讽谕诗成就最高，主要有《新乐府》50首，《秦中吟》10首。这些诗叙事完整，情节生动，人物传神，广泛反映了中唐时期社会生活的各个方面，着重描写了社会的黑暗、政治的腐败和人民的苦难，言辞激烈，毫无顾忌。如《卖炭翁》中揭露了宦官对人民巧取豪夺的罪恶行径——"宫市"；《买花》揭示了当时巨大的贫富差距。

　　白居易的感伤诗以《长恨歌》和《琵琶行》最具代表性。《长恨歌》写的是唐玄宗和杨贵妃的婚姻爱情故事，诗中既有对唐玄宗重色误国的讽刺，又有对他和杨贵妃之间的爱情的感伤和同情。《琵琶行》则借琵琶女的不幸身世来抒发自己怀才不遇和"同是天涯沦落人"的遭际之感。这两首诗叙事曲折，写情入微，声韵流畅，流传很广。

　　另外，白居易和元稹、张籍、李绅等人一起，掀起了"新乐府运动"，在中国文学史上影响很大。有《白乐天集》。

刘禹锡

　　刘禹锡（公元772～842年），中唐著名诗人。字梦得，洛阳人，出身书香门第，自称是中山靖王之后。其少有才学，21岁即擢进士第，官至监察御史。刘禹锡在政治上提倡革新，曾是王叔文派政治革新活动的中心人物之一。后来永贞革新失败，被贬，之后政治上一直不怎么得志，以诗作自娱。现存800余首，其中以咏史怀古的作品成就最高。其咏史怀古诗往往语言平易简洁，意象精当新颖，并恰切自然地注入诗人阅尽沧桑变化之后的沉思与感慨，具有一种深远的历史与人生沧桑感，耐人回味。如《石头城》："山围故国周遭在，潮打空城寂寞回。淮水东边旧时月，夜深还过女墙来。"另外，《西塞山怀古》、《乌衣巷》、《蜀先主庙》等都是千古名篇。刘禹锡的诗既不同于元、白的平易浅俗，也异于韩、孟的深刻奇崛，而是在两大诗派之外别开新局。其诗格意奇高，风情俊爽，骨力刚劲，往往溢出一股豪迈之气，故作者有"诗豪"之誉。

柳宗元

柳宗元（公元773～819年），中唐著名文学家。字子厚，祖籍河东解县（今山西永济），故称柳河东。其出身官宦家庭，少有才名，20岁中进士，入仕后积极参与王叔文集团进行政治革新。后革新派被宦官和藩镇势力所挫败，柳宗元被贬南方边远地区，最后死于柳州（今属广西）刺史任上。柳宗元在文学上是个多面手，在诗歌、辞赋、散文、游记、寓言、小说、杂文以及文学理论诸方面，都作出了突出的贡献。尤其在散文方面成就最高，其与韩愈共同发起"古文运动"，并身体力行用古文写作。《封建论》等政论文，论说性强，笔锋犀利，讽刺辛辣；《永州八记》、《小石潭记》等山水游记独具一格，是我国古代山水游记名作；另外，《黔之驴》、《永某氏之鼠》等寓言小说，立意奇特，现已成成语。柳宗元凭其散文成就与韩愈并称"韩柳"。而在诗作上，柳宗元也以简淡深远的风格受到推崇，苏轼称其诗"外枯而中膏，似淡而实美"。柳宗元在诗文上与刘禹锡并称"刘柳"，与王维、孟浩然、韦应物并称"王孟韦柳"。

柳宗元《江雪》诗意图

郊寒岛瘦

郊寒岛瘦指中唐两位著名诗人孟郊和贾岛。二人同以苦吟著称，平生遭际大体相当，诗风也相似，先是苏轼评其二人为"郊寒岛瘦"，后人遂沿用此说。另外，"郊寒岛瘦"也指二人诗作中所体现出来的狭隘的格局，穷愁的情绪和苦吟的精神。

孟郊（公元751～814年），字东野，湖州武康（今浙江德清）人。其屡试不第，直到46岁方才得中进士，50岁始做官。虽一生穷困潦倒，但生性孤傲，不同流合污，张籍私谥其为贞曜先生。孟郊的诗作不管在内容上还是在艺术态度上，均以"苦吟"著称。他的作品多为"瘦坐形欲折，腹饥心将崩"（《秋怀》）、"借车载家具，家具少于车"（《借车》）等表现生活穷困和不幸遭遇以及自己从中所获得的体验的类型。而在艺术上，刻意追求奇险超俗的字句，乃至强令自己不出门以求好的字句，故有"诗囚"之称。

贾岛（公元779～843年），字浪（阆）仙，幽州范阳（今北京附近）人。早年因科举落第而出家，法名无本，后在韩愈的劝说下，还俗并考中进士。其在政治上没有什么作为，在诗歌上颇有成就。贾岛与孟郊一样是个喜欢"苦吟"的诗人，喜欢刻意锤炼字句，曾自言"两句三年得，一吟双泪流"。故多有佳句，如"秋风生渭水，落叶满长安"、"长江人钓月，狂野火烧风"等。其诗作与韩愈、孟郊注重故地不同，而是致力于创作近体，多以五律抒写清苦生活和荒凉冷僻的景物，并以瘦硬苦涩的风格取胜。其诗在晚唐形成流派，影响颇大。

李贺

李贺（公元790～816年），中唐著名诗人。字长吉，福昌（今河南宜阳）人，世称李长吉。李贺为唐宗室郑王李亮后裔，虽家道中落，但志向远大，勤奋苦读，得到韩愈赏识。其进士第时，遭小人毁谤，说他父名晋肃，当避父讳，不得举进士，结果竟导致其一生无缘仕途。入仕不成，将精力用于写诗，外出背一破囊，得句即写投囊中，暮归足成诗篇。27岁因病早逝。

李贺在艺术创造上对屈原的奇诡变幻、鲍照的险峻夸饰及李白的想落天外均有所借鉴吸收，同时又着力于锤炼字句，苦心孤诣，最终在唐朝诗坛别开生面，自成一家。

李贺的诗最大的特点便是想象丰富奇特、语言瑰丽奇峭，善于以出人意表的构思、奇异瑰丽的意境、新颖华美的语言创造出别具一格的诗歌形式，人称"长吉体"。如"女娲炼石补天处，石破天惊逗秋雨"（《李凭箜篌引》）、"黑云压城城欲摧，甲光向日金鳞开"（《雁门太守行》）等。另外，李贺经常借助荒坟野草、牛鬼蛇神等奇异的形象，表达怨恨悲愁情绪和荒诞虚幻的意境。如"嗷嗷鬼母哭秋郊"、"秋坟鬼唱鲍家诗"等，故有"诗鬼"之称。

杜牧

杜牧（公元803～约852年），晚唐杰出诗人。字牧之，号樊川居士，京兆万年（今陕西西安）人。因晚年居长安南樊川别墅，故后世称"杜樊川"。杜牧出身名门，其祖父杜佑乃唐三朝宰相兼大学问家。借助深厚家学，杜牧23岁时便以《阿房宫赋》才名在外，26岁考中进士，历任多地刺史，最后官至中书舍人（掌诏书起草，参与机密）。因身处唐朝内忧外患不断的时期，杜牧渴望济世安国，重视军事，写有不少军事论文，还曾注释《孙子兵法》，终因诸帝才庸，宦官专政等原因，抱负未酬。

在文学上，杜牧诗、赋、古文都堪称名家，尤其作为诗人乃是晚唐诗人中之翘楚，与李商隐并称与李白、杜甫相应的"小李杜"。其诗作在风格上给人以高华俊爽之感，语言上则以文词清丽、情韵跌宕见长，尤以奇绝著称。如著名咏史诗《过华清宫绝句》："长安回望绣成堆，山顶千门次第开。一骑红尘妃子笑，无人知是荔枝来。"以典型事例加以形象化描绘，深切历史要害。其《赤壁》、《乌江亭》等则以精到独特的见解评论史事，达到文学与历史的高度统一。后人对杜牧多有模仿，但均未能达到其高度。另外其纪行咏物、写景抒情之作也以意象生动、寄寓悠远广受赞誉。

李商隐

李商隐（约公元812～858年），晚唐杰出诗人。字义山，号玉溪生、樊南生，原籍怀州河内（今河南沁阳），自祖父起迁居郑州荥阳。李商隐远祖乃是唐开国功臣，并被赐姓李，至李商隐已经没落。李商隐18岁时已具才名，被郑州节度使令狐楚所赏识，召为幕僚。26岁时中进士，因令狐楚已病逝，又为在今甘肃任节度使的王茂元所看重，召为幕僚兼女婿。无奈令狐楚与王茂元乃是唐末"牛李党争"中的政敌，宣宗时，令狐绹楚子令狐任宰相，李商隐遭其排挤，辗转于各藩镇充当幕僚，潦倒终生。

在文学上，李商隐被视为晚唐最杰出的诗人之一。晚唐时，诗歌在前辈的光芒照耀下有大不如前的趋势，而李商隐却将唐诗推向了又一次高峰，与杜牧齐名，两人并称"小李杜"。李商隐的诗歌对杜甫七律的沉郁顿挫、齐梁诗的华丽浓艳及李贺诗的诡异幻想均有所借鉴，并融会贯通，形成了深情、缠绵、绮丽、精巧的风格。在其留下的近600首诗作中，最有特色也最受后人推崇的是凄迷朦胧难以理解却又充满美感的无题诗。如著名的《锦瑟》："锦瑟无端五十弦，一弦一柱思华年。庄生晓梦迷蝴蝶，望帝春心托杜鹃。沧海月明珠有泪，蓝田日暖玉生烟。此情可待成追忆，只是当时已惘然。"后人或猜以爱情，或猜以友情，或认为别有寄托，千百年众说纷纭。而这巨大的想象空间也正是其魅力所在，充满古典主义之美。另外其诗还有多用典故的特点，有人赞赏的同时，也有人认为未免失之晦涩，如鲁迅曾言："玉溪生清词丽句，何敢比肩，而用典太多，则为我所不满。"

李煜

李煜（公元937~978年），初字重光，号钟隐，徐州人，南唐后主。北宋建隆二年（公元961年）在金陵（今南京）即位，在位15年，在政治上无所作为。北宋开宝八年（公元975年），宋兵攻克攻金陵，李煜成为亡国之君，被押到汴京，过了3年屈辱的囚徒生活。北宋太平兴国三年（公元978年），宋太宗恼恨他写"故国不堪回首月明中"之句，将他毒死，葬在洛阳邙山。

李煜虽然政治无能，但却多才多艺，工书法，善绘画，精音律，今存词30多首，是晚唐五代词人中成就最高的词人之一。李煜的词的主要艺术风格是多用口语和白描，不加修饰和辞藻，感情纯真而缺少节制，艺术感染力很强。他的词可以分为前后两种风格。前期的词描写了自己沉醉于纸醉金迷的宫廷享乐生活和男女之间的情爱之中，题材狭窄，主要是南朝宫体诗和花间词的继续，但已显示出了他的非凡才华。这一时期的代表作有《玉楼春》、《喜迁莺》、《一斛珠》、《长相思》、《清平乐》等。后期的词写于亡国之后，地位的巨大落差，给他带来了无穷的屈辱和痛苦，使李煜的思想产生了巨大的震撼。他的词开始写亡国之痛和对故国的深切怀念，以及对昔日帝王生活的眷恋，感情至深，充满了伤感和绝望，凄凉悲惨，意境深远，格调低沉。这一时期的代表作有《虞美人》、《浪淘沙》、《乌夜啼》。

唐宋八大家

唐宋八大家指的是唐代和北宋的八位著名散文作家：唐代的韩愈、柳宗元，北宋的欧阳修、苏洵、苏轼、苏辙、王安石和曾巩。唐宋八大家的文章不但震撼了当时的文坛，而且成为后世散文的楷模。明代古文家茅坤将他们8个人的作品合编为《唐宋八大家文钞》。由于这8位作家文学观点接近，而且都在散文创作上取得了很高的成就，因而"唐宋八大家"一提出，就被人们普遍接受，成为文学史上的专有名词。

南北朝以后，对仗工整，辞藻华丽，但内容空洞的骈文开始流行。有许多有识之士呼吁改革文风，但成效不大。到了唐朝中期，韩愈、柳宗元等人发起了声势浩大的"古文运动"。所谓"古文"，是针对骈文说的，指的是先秦两汉的散文。韩愈和柳宗元提出了一整套的古文写作理论，并创作了很多优秀的文章，如韩愈的《师说》、《进学解》、《杂说》等，柳宗元的《捕蛇者说》、《小石潭记》等。韩柳二人的古文运动直接影响了他们的朋友和

唐宋八大家

学生，得到了他们的响应和追随，散文创作被推到了一个新的高度，沉重打击了骈文。

但到了北宋初期，骈文又开始泛滥。欧阳修继承韩愈、柳宗元古文运动的精神，联合同辈的苏洵，学生苏辙、苏轼、王安石、曾巩，再次大力倡导古文运动。他们也创作了一大批优秀的散文，如欧阳修的《五代史伶官传序》、《醉翁亭记》，王安石的《答司马谏议书》、《读孟尝君传》、《游褒禅山记》，苏洵的《六国论》，苏轼的《石钟山记》、《赤壁赋》，曾巩的《墨池记》等。唐宋八大家发起的古文运动，是中国古代散文发展史上的一座重要的里程碑。

柳永

柳永（约公元987～约1053年），北宋婉约派代表词作家。字耆卿，原名三变，崇安（今属福建）人。其出身仕宦世家，幼时聪慧，擅长音律歌词。青年时到京城参加科举，却迷恋于烟花之地，因未被录取，愤而做《鹤冲天》，称"忍把浮名，换了浅斟低唱"，认为自己为青楼写词，也不失为"白衣卿相"。本来只是一时气话，谁知被宋仁宗得知，第二年科举时文章本已过关，宋仁宗却将他黜落，并批示："且去浅斟低唱，何要浮名？"柳永听说，愤而自称"奉旨填词柳三变"，辗转于各地青楼，靠给妓女写词过活。51岁上，柳永得中进士，做了2年官，又干起老行当，死后妓女凑钱将其安葬，并每年上坟，成为千古佳话。

柳永凭其词作在文学史上占有一席之地。今存词200多首，其对于都市繁华、男女艳情、羁旅之怀等体裁均有涉及。风格上，柳词清新婉约，细腻独到，与李清照、晏殊、李煜共同被称为婉约派四大旗帜。代表作有《雨霖铃》。柳永作为我国第一位专力于写词的作家，对于词的发展起到了重要作用。其改制、创作了许多新词调，并极大地扩大了词的题材范围，突破了晚唐至宋初以来词的狭隘，为苏轼词的"无意不可入，无事不可言"奠定了基础。另外，柳永对于词的表现手法也多有贡献，并且开创了宋词中的俚俗派。

晏殊、晏几道

北宋初年，抚州临川（今属江西）人，晏殊（公元991～1055年）、晏几道（1030～1106年）父子二人，其词作相映成辉，闻名于当世，后世词话家称之为"二晏"，或"大小晏"。二人词作，均承南唐传统，但在"赡丽"之中有沉着的内容，并不流于轻倩、浮浅。

晏殊字同叔，是北宋前期婉约派词人之一。自幼以神童闻名，14岁时就因才华横溢而被朝廷赐为进士，仕途顺畅，官至宰相，故其词作多表达出一种悠闲雍容的气度，于平静之中给人留下余韵。如《浣溪沙》："一曲新词酒一杯，去年天气旧亭台。夕阳西下几时回？无可奈何花落去，似曾相识燕归来。小园香径独徘徊。"

晏几道，字叔原，号小山。其父亲去世后，家道中落，故他的词一改父亲的雍容闲适，而是形成哀感缠绵的风格，多怀往事，抒写哀愁，笔调饱含感伤，伤情深沉真挚，词风接近李煜。如《菩萨蛮》："相逢欲话相思苦，浅情肯信相思否，还恐漫相思，浅情人不知。忆曾携手处，月满窗前路，长到月来时，不眠犹待伊。"甚至有人认为其成就超过其父，现存其词集《小山词》。

欧阳修

欧阳修（1007～1072年），北宋中期文坛领袖。字永叔，自号醉翁，晚年号六一居士，吉安永丰（今属江西）人。欧阳修幼年丧父，由寡母亲自课读。家贫，但读书刻苦，23岁即中进士，30岁已以文章名闻天下。早年欧阳修因支持范仲淹的"庆历新政"被两次贬到地方上做官，47岁方奉诏回京，官至宰相。神宗时，王安石任宰相，推行变法，欧阳修与其政见不和，辞官还乡。

欧阳修在经学、史学、诗文等方面均有突出成就。曾参与《新唐书》的撰写工作，并独自撰写《新五代史》。其诗歌对李白、杜甫均有借鉴，成就斐然，并写有我国第一本正规的诗话《六一诗话》。欧阳修最大的成就在于散文方面。宋初文坛沿五代余风，崇尚片偶雕琢之文。欧阳修力主古文，并通过嘉祐二年（1057年）主持科举的机会，录取以古文写作的苏轼、苏辙、曾巩等人，一举扭转北宋文风，成为领导文坛新潮流的盟主。其一生写散文500余篇，政论、史论、记事、抒情文等各题兼备，大都内容充实，气势旺盛，深入浅出，精练流畅。后人论文，多以韩、柳、欧、苏为典范，其中的"欧"，就是欧阳修。"论大道似韩愈，论事似陆贽，记事似司马迁，诗赋似李白"，这是苏轼对欧阳修的评价。

王安石

王安石（1021～1086年），北宋文学家。字介甫，号半山，封荆国公，世称王荆公。王安石生于江西临川一个地方官家庭，自幼聪慧，据说对书籍过目不忘。22岁中进士，在江南各地任地方官。神宗继位后，面对宋王朝积贫积弱的烂摊子，任用王安石为宰相，进行变法。王安石主要在增加政府财政与整顿军事方面进行了变革，但因变法宣传力度不够，推行不彻底，利弊兼有，在当时乃至后世一直褒贬不一。神宗去世后，王安石隐居江宁，司马光为相，尽废新法，王安石在复杂的心情中逝世。

在文学上，王安石在诗文方面均有卓越成就。其文学创作多和政治活动密切联系起来，所作文多为书、表、记、序等体式的论说文，以阐述政治见解与主张。其文结构严谨，条理清晰，说理透彻，语言朴素精练，具有较强的概括性。这对于巩固由欧阳修等人发起的北宋诗文革新运动的成果起了积极的作用。王安石也因此被列为"唐宋八大家"之一。另外，在诗歌创作上，王安石诗作情感充沛，想象丰富，用字工稳，对当代和后世都有影响，被称作"王荆公体"。

苏轼

苏轼（1037～1101年），字子瞻，一字和仲，号东坡居士，北宋眉州眉山（今属四川）人，文学家苏洵之子。

苏轼受父亲的影响，自幼勤奋好学，21岁中进士，曾担任主簿、通判等地方官。在政治上，他属于旧党，反对王安石变法，结果遭到贬斥。旧党上台后，他被召回京任职，但他又反对旧党全盘否定变法内容，自请外调，先后担任过杭州等地的地方官。在担任地方官期间，苏轼勤政爱民，为人民做了不少好事。1101年，苏轼病死在常州，追谥文忠。

在苏轼以前，词的题材非常狭窄，主要是描写男女情爱和离愁别绪之类。苏轼对词进行了全

苏轼回翰林院图 明 张路
此图表现这样的情节：苏轼因与王安石政见不和，被贬外官，不久被皇帝诏回任命于翰林院。一日，皇后诏见苏轼，重申对他的信任，论及往事，不觉潸然泪下。之后，皇后派人摘下座椅上的金莲灯为其照明，送其回翰林院。

面改革，扩大了词的表现功能，开拓了词的意境，将传统上表现女性化的柔情之词、爱情之词表现为男性化的豪情之词、性情之词。他的词里，既有对"故垒西边，人道是、三国周郎赤壁"的古战场的描写，又有"雄姿英发"、"羽扇纶巾"等对古代英雄的描写，还有"会挽雕弓如满月，西北望，射天狼"的壮志豪情，有"笔头千字，胸中万卷，致君尧舜"的书生意气，也有"不知天上宫阙，今昔是何年"的神思异想。苏轼开创了词的豪放一派，他的词意境深远，豪迈奔放，与辛弃疾并称"苏辛"，对后世影响很大。

苏轼的散文与欧阳修并称"欧苏"，他的诗与黄庭坚并称"苏黄"。他还开创了湖州画派，并且是北宋四大书法家之一。苏轼是中国文化史上罕见的全才，有《东坡七集》、《东坡乐府》等。

周邦彦

周邦彦（1056～1121年），北宋婉约派词作集大成作家。字美成，号清真居士，钱塘（今浙江杭州）人。少年时期个性比较疏散，但喜欢读书，读太学时因写文称赞新法而被神宗提拔为太学正，徽宗时担任宫廷音乐机构主管官员等官职。周邦彦被认为是"负一代词名"的词人，在宋代影响甚大。其词承继并融合柳永、秦观等人特点，在艺术上善于铺叙，形成曲折回环、开阖动荡、抑扬顿挫之势。加之妙于剪裁，精巧工丽的语言特色，形成了浑厚、典雅、缜密的艺术风格，被认为是婉约词派的集大成者。因其词音律严整，格调精工，多创新调，又被认为是格律派的创始人，开南宋姜夔、吴文英格律词派先河，影响极大。不过其词题材多为男女恋情、咏物怀古、羁旅行役，内容比较窄，境界不高。王国维在《人间词话》言："美成深远之致，不及欧、秦，唯言情体物，穷极工巧，故不失为第一流之作者，但恨创调之才多，创意之才少耳。"

李清照

李清照（1084～约1155年），自号易安居士，齐州章丘（今山东章丘）人，出身官僚学者家庭。18岁时，与情投意合的赵明诚结婚。婚后夫妇二人经常诗词酬唱，收集金石古玩，生活美满幸福。金兵南侵后，李清照南渡，经历了国破、家亡、夫死等一系列悲惨遭遇，孤独一人在南方过着颠沛流离的生活。

李清照多才多艺，尤其擅长写词。她的词以南渡为界限，可以分为两个阶段。在前期，闺房绣户和对丈夫的思念是李清照生活的全部，美满的婚姻是李清照的人生理想。她这一时期的词主要描写的是少女少妇的悠闲生活和对丈夫的爱，还有一些对自然风光的描写。这一时期的代表作有《如梦令·昨夜雨疏风骤》、《凤凰台上忆吹箫》、《一剪梅》、《醉花阴》。语言活泼清新，格调明快，情思悠长，情感真切，言辞浅显但意味悠长。后期的词比前期更加愁思深重，多是一些哀叹身世、孤苦无依之作，同时也流露出对中原的思念之情。语言低沉忧伤，词境灰冷凝重。这一时期的代表作有《武陵春》、《声声慢》等。

除了词，李清照还写了一些感时的咏史诗，如《浯溪中兴颂诗和张文潜》，借古讽今，主张吸取唐朝"安史之乱"的教训。《夏日绝句》中的"至今思项羽，不肯过江东"，表达了李清照对南宋君臣苟安东南，不思收复中原表示强烈的愤慨。

陆游

陆游（1125～1210年），南宋诗人。字务观，号放翁，越州山阴（今浙江绍兴）人。陆游自幼好学，青年时代曾向曾几学诗，他的诗受屈原、陶渊明、李白、杜甫等人的影响很大。29岁时，赴南宋都城临安（今杭州）考试，名列第一。但因为他"喜论恢复"，结果被除名。直到秦桧死后，才被起用。先后任夔州、蜀州、嘉州、荣州通判、知州等小官。因上书谏劝朝廷减轻赋税而被罢免，此后长期居住在农村。1210年病逝。

他的诗现存约9000多首，内容非常丰富，几乎涵盖了当时社会生活的各个方面，其中写的最多的是爱国和日常生活。他的诗歌创作可以分为三个时期：1.中年入蜀以前。这一时期存诗最少，约200首左右。2.入蜀以后到罢官东归，将近20年。这一时期存诗2400多首，是他诗歌创作的成熟期，奠定了他在中国文学史上的地位。3.东归以后到去世，时间为20年，存诗约6500多首。在陆游诗歌创作的三个时期中，爱国主义精神贯穿始终，第二时期尤为强烈，他的爱国诗或抒发收复失地的壮志豪情，或深切同情沦于异族统治的中原父老，或表示对南宋朝廷投降主义政策的强烈不满和壮志难酬的悲哀。直到临死前，他还留下了一首《示儿》诗，表达自己因山河破碎，国土沦陷而死不瞑目，感人至深。陆游的代表作有《关山月》、《书愤》、《金错刀》、《农家叹》、《黄州》、《长歌行》等。陆游的词纤丽、雄快，代表作有《诉衷情·当年万里觅封侯》、《卜算子·驿外断桥边》等。

辛弃疾

辛弃疾（1140～1207年），字幼安，号稼轩，历城（今山东济南）人。1161年，金海陵王完颜亮发动侵宋战争，金统治区的人民纷纷起义，辛弃疾加入耿京起义军。次年，耿京被害，辛弃疾俘获凶手后，率大军归宋，任江阴军签判。辛弃疾在担任地方官期间，重视农业生产，积极训练军队，表现了非凡的政治才能和军事才能。他屡次上书要求南宋政府北伐抗金，结果遭到了南宋统治阶级投降派的排斥和忌恨，辛弃疾为此被罢职闲居20年之久。晚年时曾被短暂起用，但不久又遭贬斥，最后含恨而终。

辛弃疾是南宋伟大的爱国词人，他把满腔爱国激情和南渡以来的无限义愤，全部融入词中。他继承和发展了苏轼豪放词风，他的词慷慨激昂，纵横驰骋，既善于用典，也善于白描，提高了词的表现力，开拓了词的意境，成为南宋最杰出词人之一。人称他的词"色笑如花，肝肠如火"。辛词多方面反映了当时尖锐的民族矛盾和南宋统治阶级的内部矛盾，描写了错综复杂、动荡不安的社会现实，表现了非凡的英雄气概和积极主张抗金，收复失地，统一全国的爱国热忱。除此以外，辛弃疾还写了很多描写农村田园生活和隐逸情趣的词，如《西江月·夜行黄沙道中》、《浣溪沙·常山道中即事》等，语言平常清新。他的代表作有《永遇乐·京口北固亭怀古》、《水龙吟·登建康赏心亭》、《破阵子·为陈同甫赋壮词以寄至》、《菩萨蛮·书江西造口壁》等。今存词600多首，有《稼轩长短句》。

姜夔

姜夔（1155～1221年），南宋婉约派词作家。字尧章，号白石道人，又号石帚，饶州鄱阳（今江西鄱阳）人。出身书宦门第，自小谙熟诗词音乐，但其父早亡，后陷入孤贫。成年后屡试不第，终生未

小红低唱我吹箫 清 任颐
在松荫掩映下，轻船上，小红低唱，姜夔吹箫。

仕，漂泊于江湖之间，以诗词、音乐及书法与人交往，借此谋取生计。

姜夔的词作今存80多首，多为记游、咏物、抒写个人身世或表现离别相思之作，也有少量感慨时事之作。其词感情饱满，语言工妙，格律严密，风格清幽冷隽，有以瘦硬清刚之笔调矫婉约词柔媚无力之意，代表作《扬州慢》、《疏影》等。姜夔的词另一个重要特点是注重音乐性，这一点上承周邦彦，下开吴文英、张炎一派，是格律派的代表作家，对后世影响较大。晚年受辛弃疾影响，词风有所转变，写有《永遇乐》、《汉宫春》等豪放风格的词作。

元好问

元好问（1190～1257年），金末元初的北方文坛盟主。字裕之，号遗山，世称遗山先生，山西秀容（今山西忻州）人。出身于一个世代书香的官宦人家，据说祖先原为北魏皇室鲜卑族拓跋氏。自小聪慧，有神童之称，青年时得中进士，历任金朝内乡令、南阳令、行尚书省左司员外郎等官职，后金为元所灭，不仕。

元好问是宋金对峙时期北方文学的主要代表、文坛盟主，又是金元之际承前启后的重要作家。元好问在诗、词、文等诸方面均有突出成就，今存其诗1000多首，词300余首。其诗奇崛而绝雕琢，巧缛而不绮丽，主要成就在于丧乱诗的思想价值和山水诗的审美价值；其词以苏、辛为典范，兼有豪放、婉约诸种风格，被称为金代词坛第一人；其文则继承唐宋大家传统，清新雄健，长短随意，众体悉备；其还著有笔记小说集《续夷坚志》，艺术上成就也颇为可观。另外，元好问还是一位高明的文艺理论家，著有《论诗三首》、《论诗三十首》等诗论。

元曲四大家

元曲四大家包括关汉卿、马致远、郑光祖和白朴。

关汉卿，生卒年不详。号已斋叟，大都（今北京）人，或说祁州（在今河北）、解州（在今山西）人。关汉卿一生编写了67部杂剧，现存18部，代表作有《窦娥冤》、《救风尘》、《望江亭》、《拜月亭》、《鲁斋郎》、《单刀会》、《调风月》等。关汉卿的杂剧充满着浓郁的时代气息，具有强烈的现实性和昂扬的战斗精神，反映的生活面十分广阔，被后人列为四大家之首。

马致远（约1250～约1324年），号东篱，一说千里，大都（今北京）人。曾任江浙行省官吏，后归隐山林。一生著有杂剧15部，今仅存《破幽梦孤雁汉宫秋》、《江州司马青衫泪》、《西华山陈抟高卧》、《吕洞宾三醉岳阳楼》、《马丹阳三度任风子》、《半夜雷轰荐福碑》和《邯郸道省悟黄粱梦》（合著）7部。代表作《汉宫秋》。

郑光祖，生卒年不详，字德辉，平阳襄陵（今山西临汾附近）人。曾任杭州路吏。他的杂剧著作很多，但流传至今的只有8部，代表作为《倩女离魂》。他的剧作词曲优美，贴切自然，备受后世剧作家的推崇。

白朴（1226～1306年以后），字太素，号兰谷，隩州（今山西河曲）人。一生作杂剧16部，今仅存《唐明皇秋夜梧桐雨》、《裴少俊墙头马上》和《董月英花月东墙记》3部，代表作为《梧桐雨》。

前后七子

明朝中叶的诗文流派。"前七子"指李梦阳、何景明、王九思、徐祯卿、康海、边贡、王廷相七人，其中以李、何为首，活跃于弘治、正德间。该说法最早见于《明史·李梦阳传》，为区别后来出现的"后七子"，故名。七人皆为进士，多负气节，不满明中叶腐败的政治和庸弱的士气，强烈反对当时流行的台阁体诗文和"缓冗沓，千篇一律"的八股习气。其文学主张是"文必秦汉、诗必盛唐"，旨在通过复古拯救委靡不振的诗风。"前七子"在文坛崛起后，其复古主张迅速流行，成为文学思想的主流。"后七子"指李攀龙、王世贞、谢榛、宗臣、梁有誉、徐中行、吴国伦，其中以李、王为首，活跃于嘉靖、隆庆间。"后七子"继承了"前七子"的复古主张，并且更加绝对，"谓文自西京、诗自天宝而下，俱无足观"，"无一语作汉以后，亦无一字不出汉以前"。"后七子"称霸文坛的时间更长，影响也更大，将复古运动推向了高潮。总体而言，"前后七子"称霸了自弘治以后的明朝文坛，甚至影响直抵清代。其作品对改变明朝过于委靡的文风起到了重要作用，但创造性显得不足，不过也有少数好作品，如李梦阳的《秋望》、宗臣的《报刘一丈书》等。

徐渭

徐渭（1521～1593年），明代文坛的怪杰。初字文清，后改字文长，号天池山人等。徐渭出生于浙江绍兴一个没落官僚世家，少有才名，但科举却屡试不售。37岁时，应浙江总督胡宗宪之邀，入为幕僚，在抗倭战斗中曾奇计破倭寇。后权相严嵩倒台，胡宗宪因与其结交而下狱，徐渭的政治生涯结束。徐渭生性狂放不羁，又深受王阳明的心学影响，故心高气傲，不拘礼法，常有惊世骇俗之举。曾因精神失常杀死妻子，下狱7年。晚年拒绝结交上门的权贵，借酒浇愁，酒醉后又多次自残。

在艺术上，徐渭才气横溢，在诗文、戏剧、书画方面均卓然成家。与其同时代的公安派领袖袁宏道称其诗文"一扫近代芜秽之习"，"无往而不奇"，并尊之为明代第一。徐渭的戏剧则受到汤显祖的赞誉，称其为"词坛飞将"，杂剧《四声猿》、《歌代啸》等都是上乘之作。另外，徐渭的书法、绘画也受到当时及后人的推崇。对于自己的各种才能，徐渭曾自言："吾书第一，诗次之，文次之，画又次之。"

汤显祖

汤显祖（1550～1616年），明末戏曲家。字义仍，号海若、清远道人，江西临川人。其出身书香门第，少有才名，14岁中秀才，21岁中举，却因拒绝权相张居正的延揽而屡次举进士不第。直到张居正死后，他才得中进士，其时已34岁。汤显祖在政治上一直不得志，历任南京教育和祭祀的主管官员。明朝以北京为京师，以南京为留都，虽然两京机构设置相同，但南京官员实际上没什么权力。后汤显祖因上书弹劾先后执政的张居正和申时行而被贬，成了从九品的小官，后又当了几年知县。48岁时，对政治倦怠的汤显祖辞官回家进行创作。

汤显祖在明代文坛名声并不显赫，《明史·文苑传》中并没有他的名字。其主要才气都用在了传奇（南曲）的创作上，传世之作有《牡丹亭》、《邯郸记》、《紫钗记》、《南柯记》。因4部戏剧都与"梦"有关，故世称"临川四梦"。其中，以《牡丹亭》最负盛名，据说其一问世，"家传户诵，几令《西厢》减价"。汤显祖在中国和世界文学史上都有着重要的地位。

汤显祖像

南洪北孔

南洪指的是洪昇，北孔指的是孔尚任。洪昇（1645～1704年），中国清代戏曲作家、诗人。字昉思，号稗畦、稗村，又号南屏樵者。浙江杭州人，生于官宦家庭。从小聪明好学，18岁时开始创作《沉香亭》，后改名《舞霓裳》，23岁时又将《舞霓裳》改为《长生殿》。27岁时《长生殿》问世，上演后引起轰动。后因违禁演出《长生殿》，被捕下狱，后被逐出北京。从此洪昇过着郁郁寡欢的生活，终因酒后溺水而死。洪昇一生创作了《长生殿》、《回文锦》等9部传奇和杂剧《四婵娟》。诗集有《啸月楼集》、《稗畦集》、《稗畦续集》。词集有《思词》和《啸月词》。

孔尚任（1648～1718年），清代著名戏曲家。字聘之，又字季重，号东塘，别号岸堂，自署云亭山人。兖州曲阜（今山东曲阜）人，孔子六十四代孙。青年时在石门山隐居读书。康熙二十三年（1684年），康熙经过曲阜，孔尚任被荐去讲《论语》，受到康熙的赏识，被任命国子监博士。他曾先后到过扬州等地治河。在此期间，他凭吊南明的历史遗迹，结识明朝遗民。回到北京后，孔尚任用了十年时间写成了反映南明亡国的戏剧《桃花扇》，上演后大受欢迎。但由于戏剧的内容触犯了清廷的忌讳，结果被罢官回乡。孔尚任除了代表作《桃花扇》之外，还有《石门山集》、《湖海集》、《岸堂集》、《出山异数记》等。

李渔与《闲情偶寄》

清代杰出的戏曲理论家李渔的贡献，就在于他以自己多年写剧和率家庭戏班从事实际演出的经验为基础，参照前人的成果，建立了一套完整的戏曲理论体系——《闲情偶寄》，其深度和广度都达到了中国古典戏曲理论的高峰，为戏曲理论批评史乃至中国文学批评史树立了一块里程碑。

《闲情偶寄》在康熙十年（1671年）刊刻，全书包括词曲、演习、声容、居室、器玩、饮馔、种植、颐养八部，但涉及戏曲理论的只有《词曲部》、《演习部》、《声容部》，故后人裁篇别出，辑为《李笠翁曲话》。这些内容全面广泛地论述了戏曲创作中的结构、语言、题材等问题，并且论述极为精辟。比如，他提出的"结构第一"命题，就含有命意、构思和布局几方面的论述。他把结构放在首位，依次为"词采第二"，"音律第三"，"宾白第四"，"科诨第五"，"格局第六"。李渔还针对当时戏曲舞台上的弊病，提出"立主脑"、"减头绪"、"密针线"等一整套理论。"立主脑"，也就是现在说的主题。他说："古人作文一篇，定有一篇之主脑。主脑非他，即作者立言之本意也。"从而他又提出一部戏要有一主脑人物，一主脑事件，以中心线索为戏剧矛盾的基础。

李渔的戏曲理论的可贵之处在于他结合舞台实际经验要求，而且着眼比较全面，从而系统地总结了填词和演习等主要方面的理论。李渔是元、明以来戏曲理论的集大成者，为中国戏曲理论批评的发展作出了巨大的贡献。

蒲松龄

蒲松龄（1640～1715年），清代小说家。字留仙，又字剑臣，号柳泉居士，世称聊斋先生。出身于山东淄博一个中小地主兼商人家庭，19岁应童子试，接连考取县、府、道三个第一，名震一时。但之后再也未能"晋级"，直到71岁才获荣誉性的岁贡生头衔。一生除做过几年幕僚外，大部分时间设帐教书。

蒲松龄的不朽名声主要来自于其短篇小说集《聊斋志异》。据说蒲松龄曾设茶烟于道旁，"见行者过，必强与语，搜奇说异"。他在《聊斋志异》自序中言："才非干宝，雅好搜神；情类黄州，喜人谈鬼。闻则命笔，遂以成篇。"中国本来有记录怪异的传统，如晋人干宝的《搜神记》，宋代又有《太平广记》等。但多只记录故事的梗概，蒲松龄则首次以写传奇的方式记录志怪，极尽渲染之能事，将那些鬼怪狐仙的故事讲得细微曲折，引人入胜，故《聊斋志异》被当做一本千古

"奇书"。被称为"作家们的作家"的阿根廷作家博尔赫斯就对《聊斋志异》赞赏不已。蒲松龄可能不会想到，其生前一生不得志，死后却获得如此显赫名声。

吴敬梓

吴敬梓（1701～1754年），字敏轩，号粒民，因曾移居南京秦淮河畔，故又自称"秦淮寓客"，安徽全椒人。出身官僚家庭，曾祖父曾是顺治年间探花，至其父吴霖起，家道开始衰落。吴霖起为人正直，不慕名利，吴敬梓深受其影响，并在少年时期跟随其宦游大江南北，对社会有所了解。吴霖起死后，族人为争夺财产而发生了激烈的争夺。经历此变故，吴敬梓看清了世人的真面目，对虚伪的人际关系深感厌恶。因其生性豪爽，"遇贫即施"，不到10年，产业荡尽。族人骂他为败类，他更体会到世态炎凉。此前，他曾参加过几次科举，一直未能中举，至此，他更进一步厌倦功名，鄙弃世俗。33岁时，举家迁往南京，以卖文为生。因其有一定才名，加之前曾经富贵，在与社会各色人物的广泛接触过程中，其对于世间尤其是儒林的虚伪有了清晰的认识，费20年心血著成《儒林外史》。该小说对儒林和科举制度进行了尖锐的讽刺，并旁及封建人伦关系、官僚制度，奠定了我国古典讽刺小说的基础。另外，吴敬梓还创作了大量的诗歌、散文和史学研究著作，有《文木山房诗文集》12卷，今存4卷。

曹雪芹

曹雪芹（1715～1763年），名霑，字梦阮，号雪芹、芹圃、芹溪。祖籍辽宁，先祖乃是汉族，后被编入满族正白旗。其高祖曹振彦因"从龙入关"，立下军功，成为内务府官员，曹家发达起来。后曹雪芹的曾祖母又当了康熙的奶妈，祖父曹寅则做了康熙的伴读。康熙登基后，曹雪芹的曾祖父曹玺被任命为江宁织造，父死传子。江宁织造虽官职不高，实际上却是皇帝派驻江南的特使，康熙六次南巡，四次住在曹府，其恩宠可见一斑。《红楼梦》中的所说的"江南的甄家"四次接驾便映射此事。后来康熙一死，新继位的雍正皇帝便以"亏空甚多"等理由将曹雪芹的父亲曹頫革职，并抄没家产，曹家搬回北京。曹雪芹的后半生居住在北京西郊，过着"举家食粥"的艰难日子。正是在这种前半生的富贵与后半生的凄凉的巨大反差之中，曹雪芹看破人间炎凉，

曹雪芹像

产生了创作冲动。其"披阅十载，增删五次"，创作出优秀的古典小说《红楼梦》。

《红楼梦》一问世便受到广泛关注，并且后来还非常罕见地发展出了一门专门研究《红楼梦》的"红学"。但在古代，小说是不入流的，故《红楼梦》虽然有名，但曹雪芹在生前和死后相当长时间内都是寂寞的，《清史稿·文苑传》中并没有他的名字。故此，曹雪芹的身世相当程度上是一个谜。据说曹雪芹生性豪放不羁，崇拜阮籍，故取字梦阮（籍）。曹雪芹还是一位诗人，其诗立意新奇，风格近于唐代诗人李贺。另因自胡适以来，"红学界"已经达成共识，《红楼梦》乃是曹雪芹的"自序传"，故读《红楼梦》，或许才是了解曹雪芹的最佳途径。

刘鹗

晚清文学家、金石专家，原名孟鹏，字云博，后更名为鹗，字铁云，笔名洪都百炼生，江

苏丹徒人。自幼聪颖，对数学、医学等都有研究。在金石方面，他搜罗龟甲，著有《铁云藏龟》一书，是研究甲骨文的重要文献。就目前所见的资料来看，《老残游记》是他唯一的一部小说创作。这部作品在中国的小说史上占有重要的地位，为清末四大谴责小说之一。此外，《〈老残游记〉初编自序》、《〈老残游记〉二编自序》以及《老残游记》初编卷一至卷十七的评语，是重要的小说理论资料。就作品来看，《老残游记》以江湖医生老残的游历为线索，反映了晚清的某些社会现实。"棋局已残，吾人将老，欲不哭泣也得乎？"《老残游记》的世界可以说是中国近代社会的缩影。

吴趼人

晚清小说家，名沃尧，又名宝震，字小允，号茧人，后改为趼人，广东南海人。出生于官僚地主家庭，一生致力于小说创作和报刊编辑。在理论上重视小说的趣味性和移情作用，提倡"寓教育于闲谈"，反对枯燥呆板的说教。他还认为既是小说，也是正史的"辅翼"具有重要的社会作用。在小说技巧上，他强调作品立意与摹绘的传神。其作品主要有长篇小说《二十年目睹之怪现状》、《痛史》、《九命奇冤》等12种，还有短篇小说5种。其中《二十年目睹之怪现状》是清末四大谴责小说之一，也是作者的代表作品。这是一部带有自传性质的小说，通过九死一生（作者的影子）在20年中所见的无数怪现状，描绘了一幅晚清社会的百相图，在我国的文学史上占有重要的地位。

第五篇

史学

史书的体裁

正史

正史，就是被官方认定为正宗和正统的史书，最早将正史作为史籍类名的是《隋书·经籍志》。正史有确定的范畴，宋代时有十七史，就是《史记》、《汉书》、《后汉书》、《三国志》、《晋书》、《宋书》、《南齐书》、《梁书》、《陈书》、《魏书》、《北齐书》、《周书》、《隋书》、《南史》、《北史》、《新唐书》、《新五代史》；到明代，增加了《宋史》、《辽史》、《金史》和《元史》，成为二十一史；清代又增加《旧唐书》、《旧五代史》和《明史》，遂成二十四史，二十四史是正史最为通行的说法；民国时，增列《新元史》，而有的地方则是将《清史稿》列入，于是又有二十五史之称，如果将这两部书都加进去，就是二十六史。在唐代以前，正史一般为私人撰写，如《史记》为司马迁所著，《汉书》为班固所著，《后汉书》为范晔所著，《三国志》为陈寿所著。自唐代以后，正史就开始由官方组织编写，如《晋书》，由房玄龄、褚遂良、许敬宗监修，编者共有21人；再如《隋书》，先由魏徵监修，后由长孙无忌接续，编写者则有孔颖达、许敬宗、于志宁、颜师古等一大批知名的学者；唐代以后的正史中，私修的仅有欧阳修的《新五代史》等很少数的几部。官修的正史往往由当朝宰相担任主编，因为其中涉及到的一些敏感的政治问题宰相依凭自己的身份可以进行裁夺。虽然正史中难免存有部分曲笔和隐讳，但是它的权威性仍是其他史书所无法比拟的。正史的撰写所依据的资料是最原始的，也是最全面的，而且正史的编撰者一般是当时第一流的学者和史学家，所以在历史研究中，正史占有基本性的地位。

杂史

杂史的提法，最早见于《隋书·经籍志》。杂史之杂，体现于两个方面，在形式上，杂史的体例不像正史和别史那么严谨，往往不同于正史和别史常用的纪传、编年、典志等体例；在内容上，杂史不限于以一朝一代或者某一历史阶段的政治大事为主，而是涉及得非常广泛，包括学术史、科技史、方域史、地理志等多种具有专属领域的史著。杂史或者因为在体例上和内容上都较为随便，有着更大的灵活性，从而记录了许多不见于正史和别史的珍贵资料，或者因为有着专攻的对象，而比正史和别史中相关方面的内容记载、讲述得更加细致，由此体现出自身独特的价值。《国语》、《战国策》、《竹书纪年》、《逸周书》、《越绝书》、《吴越春秋》、《列女传》、《大唐西域记》、《明儒学案》、《大清一统志》等都是非常著名的杂史。

别史

别史，指的是官定的正史之外有体例、有系统、有组织的史书。“别史”之称最早由南宋的陈振孙在《直斋书录解题》中提出，别史与正史区分的标志就是是否经过官方的命定，例如，在清朝乾隆皇帝钦定二十四史之前，《旧唐书》和《旧五代史》只能算别史，而经过乾隆的谕旨，这两部书则跻身于正史之列。至于别史与杂史的区别，张之洞在《书目答问》中说：“关系一朝大政者入别史，私家记录中多碎事者入杂史。”正史的体裁均为纪传体，而别史的题材则较为多样，如《续汉书》为纪传体，《资治通鉴》为编年体，《通典》为典志体，《宋史纪事本末》为纪事本末体，《明实录》为实录体，《唐会要》为会要体等。

野史

　　野史是一种习惯的称谓，并非史籍中正式的分类，一般指私家所撰的涉及史实记录的笔记、史传、杂录等。野史的内容，大多为作者耳闻目睹或者道听途说的逸闻趣事，往往不见于正宗的史籍，虽然野史的记载充斥着相当多的讹误和谬传，但是这并不能掩盖其所反映出的历史真实的一面，其中蕴藏着的大量正规史书中难以见到的方方面面的社会生活的细节，可以为后人了解历史提供另一种角度的观照，因而自有其不凡的价值。鲁迅先生就非常看重野史，甚至认为若要正确地了解中国历史的真相，是非得读一读历代的野史不可的。

纪传体

　　纪传体，是以人物传记为中心来反映历史情景的史书体裁，首创于司马迁的《史记》。司马迁将先秦时期的史书所具的各种体裁融于一书，分作"本纪"、"表"、"书"、"世家"、"列传"五个部分，其中"本纪"、"世家"和"列传"构成书的主体，"本纪"以历代帝王为中心，是全书的总纲，"世家"记载的是诸侯和一部分虽然不是诸侯但在历史上有着特殊地位和特殊影响的人物（如孔子、陈胜），"列传"又分为专传和类传，记载历

《史记》书影

代名人、三教九流的事迹，并且涉及到民族关系和中外关系方面的内容。班固作《汉书》，沿用了《史记》的体例，而又有所改造，将"本纪"改称为"纪"，取消"世家"，将"列传"改称为"传"，将"书"改称为"志"，于是形成了"纪"、"传"、"表"、"志"为历代正史所遵循的史书体例。

编年体

　　编年体，是一种以时间为线索的史书体裁。相传为孔子编写的《春秋》就是鲁国的一部编年史。编年体可谓起源很早，而且历代延续，是许多重要的别史所采用的体例，如最为著名的《资治通鉴》。编年体具有时间连续的优点，给人一种清晰的历史时序感，但是也容易造成对一些具有前后相续性质的历史事件的分割，并且因此对相关事件的原委也难以叙述得较为完整，而这方面正是纪传体的长处所在，所以历代正史采用的不是编年体，而是纪传体。当然，纪传体也有缺点，可以说编年体与纪传体在优缺方面恰为互补。

纪事本末体

　　纪事本末体，是一种以历史事件为纲的史书体例，首创于南宋袁枢的《通鉴纪事本末》。《通鉴纪事本末》，就是将《资治通鉴》中分年记载的一个体系的事迹集中在一起，自成一个单元，以显事情的本末。这样一来，就消除了《资治通鉴》原书中记事不连贯的缺点，而体现出鲜明的条理性，这也就是纪事本末体的优长之处。袁枢撰写《通鉴纪事本末》，在内容上并没有进行增改和修订，可是他所创造的这种新的史书体裁问世之后却备受欢迎，此后，纪事本末体的史书蔚为大观，基本上各代的历史都有与其相对应的纪事本末体的史书出现。

典志体

典志体，是以典章制度为中心的史书体裁。司马迁创作的《史记》中有"八书"，其中就有典章制度方面的记录；班固著的《汉书》中有"十志"，记载的内容与《史记》中的八书基本上是相对应的。东汉以后，出现了典章制度的专史，如应劭的《汉官仪》、丘仲孚的《皇典》、何胤的《政礼》等。唐代前期出现了很多典志方面的书籍，如李林甫的《唐六典》、王彦威的《唐典》、刘秩的《政典》等。但这些都是关于某一朝代的典章制度的记叙，从单独的某部书中并不能窥知历代典章制度的发展和演变的情况。中唐时期杜佑在刘秩《政典》的基础上进行扩展，编成了一部上起黄帝、下至唐代宗的典章制度的通史——《通典》，这是典志体正式创立的标志。南宋郑樵又编纂了一部纪传体的《通史》，后改名为《通志》。尽管《通志》并非典章制度的专史，但是其中作者用力最多也是最受人看重的精华部分是反映历代典章制度的"二十略"，因而史学家们将其与《通典》和《文献通考》这两部专史合称为"三通"。《文献通考》是元代马端临所撰写的又一部通史式的典章制度的专史，其创新之处在于采取了"文"（历史资料）、"献"（史家评论）、"注"（编者注解）三结合的方法。清朝乾隆年间组织学者续编"三通"，纂成"续三通"，而后又有《清通典》、《清通志》和《清文献通考》这"清三通"，共成为"九通"，再加上民国时刘锦藻编写的《清朝续文献通考》，就是学界习惯称谓的"十通"。

会要体

会要体是典志史书的一种题材，"会要"就是会聚朝廷典章制度之要的意思。会要体创始于唐德宗年间苏冕编纂的《会要》，《会要》记载了唐高宗到唐代宗这一段历史时期的典章制度。唐宣宗时，崔铉等人又奉诏编写《续会要》，续增了唐德宗到唐宣宗时期的相关内容。北宋初年，王溥在这两部会要的基础上，编成《唐会要》，后来又编写了《五代会要》，使得会要体史书趋于完善。宋代以后，官方都要组织学者编纂当朝的会要，如《宋会要》（原本已佚，清代学者徐松从《永乐大典》中辑录出《宋会要辑稿》）、《元经世大典》、《明会典》、《清会典》等。另外，一些学者又私自编写了此前历代的会要，如南宋徐天麟的《西汉会要》和《东汉会要》、明代董说的《七国考》、清代姚彦渠的《春秋会要》、孙楷的《秦会要》，等等。会要体史书，基本上是以15个左右的门类再具分为300余个子目，记载政治、经济、军事、外交、法律、教育、礼乐、文化等各方面的制度及其沿革情况，兼有工具书和资料汇编的功能。

学案体

学案体，是一种记述学术源流的史书体裁，是继编年体、纪传体、纪事本末体、典志体等主要史书体裁之后出现的又一新的史书体例，始创于明末清初，黄宗羲撰写的《明儒学案》即为学案体的代表作品。学案体例大致为：每学案前先设一表，详细地列举该学派的师友弟子，标明学派的渊源及其传授系统；每一案主均立小传，叙述其生平概况及学术宗旨；对案主的学术论著，均一一注明出处，并且材料的采选非常广泛；案主小传后，另有附录，记载其趣闻逸事；还附有时人及后学的相关评论，备录其短长得失，以供后来的学者自行做出判断。学案体史书是学术思想史的专著，为学者研究学术思想的沿革提供了详实可靠的文献资料。

《明儒学案》书影

起居注

起居注，是由史官撰写的关于皇帝的日常言行与生活的记录。《汉书·艺文志》记载："古之王者，世有史官，君举必书，所以慎言行，昭法式也。左史记言，右史记事，事为《春秋》，言为《尚书》。"这段话可以看做是对起居注的说明。完善的起居注始于汉武帝时期，到北魏时，正式设立专官，称"起居注令史"，专门负责撰写皇帝的起居注，后代沿袭了这一制度。起居注并不是严格意义上的史著，但却是最原始的历史资料。皇帝驾崩之后，就由史官根据起居注来撰写实录，实录写成，起居注就被焚毁，也即是说起居注是不予保存和流传的，在当时，起居注是绝密的，甚至连皇帝也见不到，这是为了保证起居注的真实性。可是宋代以后，皇帝本人开始过目起居注，相应地，史官的笔讳也就多了起来，从而影响到起居注的本真价值。

实录

实录，是历朝皇帝的编年大事记。史官在皇帝死后，会根据起居注、时政记等资料，按时间顺序编写这位皇帝的"实录"。实录出现于南北朝时期，《隋书·经籍志》著录有《梁武帝实录》、《梁元帝实录》等，现存最早的一部完整的实录是唐代韩愈编纂的《顺宗实录》。唐代开始，为前君纂写实录成为定制，但是明代以前的历代皇帝的实录大多都已佚失。因为实录只有抄本存于宫中，并不刊刻，也不公布，现在流传下来的较为完整的只有《明实录》和《清实录》。但是由于皇帝的顾忌较多，故所谓的实录也有诸多的不实之处，例如，永乐时期就曾多次修改《明太祖实录》，以为朱棣的篡位进行讳饰。当然，尽管如此，实录中所记载的历史资料仍是相当宝贵的，而且一些正史中的很多内容就是依照实录写成的。

方志

方志，又称地方志，是记载地方情况的史书，因为内容专对地方，所以记叙详备，是深入了解地方历史的重要资料。先秦时期的《尚书·禹贡》和《山海经》就具有方志的特点。汉代以后，方志开始大量出现，既有官修，也有私修的。方志依记载范围的不同，可以分为记述全国各地的总志、省志、府志、州志、县志等，另外也有专门记载一处山川，或名胜，或寺庙等更为专一的方志。

类书

类书是分类编排各种资料以供检索的工具书，类似于后来的"百科全书"。魏文帝曹丕使诸儒撰集的《皇览》被认作是类书之祖，但是此书早已佚失。南北朝时期，编纂类书开始风行，出现了《古今注》、《集林》、《四部要略》、《类苑》、《北堂书钞》等一批类书，这些类书大多也都没有流传下来。唐代开始，官方组织编写类书成为一种惯例，如唐代有《艺文类聚》、《初学记》，宋代有《太平御览》、《太平广记》、《册府元龟》，明代有《永乐大典》，清代有《古今图书集成》。这些官修的类书大多编纂于一个朝代立国之初并逐渐走向兴盛的时期。《永乐大典》是历史上规模最大的一部类书，可惜的是在清末八国联军入侵的时候被洗劫焚毁，仅余下少量残卷，另有部分残卷散

《永乐大典》书影

初名《文献大成》。全书按韵目分列单字，依次辑入用该字起名的文史资料，宋元以来的佚文秘典收集颇多。正本藏于文渊阁，副本藏于皇史宬。

佚于多个国家。现存的最大的一部类书是清代康熙年间编成的《古今图书集成》。类书与丛书不同，并不是对书籍的全部内容的辑录，而是分门别类地选取其中相关的部分内容辑入，但是有的资料在类书中体现得较为完整，使得从中提取已经佚失的书籍成为一种可能。乾隆年间编纂《四库全书》时就从《永乐大典》中辑录了多部佚书，后《永乐大典》被毁劫，这次辑录工作算是意义重大。

丛书

丛书，就是各种书籍的汇集和丛编。编刻丛书始于南宋后期，现在已知最早的丛书是宋宁宗嘉泰元年（1201年）俞鼎孙及其兄俞经编辑的《儒学警悟》，收有宋代的著作六种，但是此丛书在当时并没有刻本，宋度宗咸淳九年（1273年）左圭辑刊的《百川学海》是中国最早刻印的丛书。明代的时候，"丛书"的名称正式出现，而编刻丛书的高峰是清代，乾隆年间官修的《四库全书》是一部规模最大的丛书，同一时期私家汇刻的丛书也非常之多。丛书的编辑，一方面给学者的学习和研究提供了方便，一方面也使许多古籍得以保存和流传，不至佚失。1959年，上海图书馆编写的《中国丛书综录》，成为读者使用丛书的得力助手。

史论

属辞比事

属辞比事，直接的含义就是连缀文辞，排比史事，后来也泛指撰义记事，出处为《礼记·经解》："属辞比事，《春秋》教也。""属辞比事"是春秋学中一个非常重要的概念，但是早期对此的理解并不复杂，宋代以后，"属辞比事"的提法被人们重视起来，这一概念也被赋予了多重含义，基本上分为写作方法和史学研究两个方面。在写作方法上，指仅仅列叙历史事实而不表述自己的意见，以此为指导来进行史书的写作；在史学研究上，指运用分析与综合的方法，通过详审《春秋》所记之事，从而探明史实以求大义的史学观念。

春秋笔法

春秋笔法，又称"春秋笔削"，指寓褒贬于曲折的文笔之中而不直接表明自己态度的写作方法，出自《史记·孔子世家》："孔子在位听讼，文辞有可与人共者，弗独有也。至于为《春秋》，笔则笔，削则削，子夏之徒不能赞一词。弟子受春秋，孔子曰：'后世知丘者以《春秋》，而罪丘者亦以《春秋》。'"这段话的意思是，孔子在司寇职位上审理诉讼案件时，判词若有可以和别人相同的地方，就不独自决断。至于撰作《春秋》，他认为应当写的就写，应当删的就删，即使是子夏之流的高足弟子也不能改动一字一句。弟子们听受《春秋》时，孔子说："后代了解我的凭这部《春秋》，而怪罪我的也凭这部《春秋》。"《左传·成公四十年》讲述春秋笔法时说："《春秋》之称，微而显，志而晦，婉而成章，尽而不污，惩恶而劝善，非圣人谁能修之。"就是说，《春秋》的记述，用词细密而意思显明，记载史实而含蓄深远，婉转而顺理成章，穷尽而无所歪曲，警诫邪恶而褒奖良善。其中"惩恶而劝善"是孔子采取春秋笔法的一个基本意图，出于这种目的，在行笔之中也就难免有所避讳，有些事情并非采用直录的方式，这被称作曲笔，至于那种不直接表现作者自己的态度而将其寓于简洁的叙述之中的手法又被称作微言大义。

董狐笔和太史简

　　"董狐笔"就是董狐所采用的尊重历史本然而不迫从曲改地撰写史书的方法和态度。董狐是春秋时晋国的史官，当时晋灵公昏庸无道，权臣赵盾屡谏而无效，反而引起晋灵公的杀心。赵盾为躲避祸患而潜逃，还未出国境就接到消息说晋灵公被其族弟赵穿所杀，于是迅即返回。他对董狐所记的"赵盾弑其君"表示异议，但是董狐认为赵盾身为正卿，在还没有走出国境的时候就依然是晋灵公的臣下，就应当起兵讨伐弑君者，而赵盾却没有这样做，因此是应当承担弑君之名的。

　　董狐这种不屈从于威权而信笔直录的著史精神深为后人称道，与此相类的还有齐国太史兄弟的事迹。春秋时齐庄公与大臣崔杼的妻子私通，崔杼知道后设计杀死了齐庄公，自己由此专断朝政，但是对弑君之事却很有顾虑，担心被著于史籍而留下骂名。于是威诱掌管记史的太史伯，但是太史伯固而不易，秉笔直书"齐崔杼弑其君"，崔杼怒而杀掉太史伯；太史伯之弟太史仲继为此职，不改原书，崔杼将太史仲也杀掉；仲之弟太史叔继之如故，崔杼再杀之；叔之弟太史季仍然坚持直书崔杼之罪，崔杼知道史官不可强迫，终于没有再行杀戮。齐国的另一个史官南史氏听说太史兄弟相继被杀害，就抱着竹简匆忙赶来，要前赴后继，接替太史兄弟将崔杼的罪状载于史册，见太史季已经据实记载，方才返回。南宋文天祥在《正气歌》中写道："在齐太史简，在晋董狐笔。""太史简"与"董狐笔"，并称为秉笔直书的良史之楷模。

成一家之言

　　"成一家之言"意为开创独成一家的学术思想，语出司马迁《报任安书》："亦欲以究天人之际，通古今之变，成一家之言。"这代表了司马迁的学术理想，同时也是他的人生理想之所在。《左传·襄公二十四年》曰："太上有立德，其次有立功，其次有立言。虽久不废，此之谓不朽。""立言"作为"三不朽"之一，是中国古代的知识分子所最为看重的人生内容。曹丕在《典论·论文》中说："盖文章，经国之大业，不朽之盛事。年寿有时而尽，荣乐止乎其身，二者必至之常期，未若文章之无穷。"司马迁自谓"所以隐忍苟活，幽于粪土之中而不辞者，恨私心有所不尽，鄙陋没世而文采不表于后世也"，其意也正在于此。秉持着这种理想，司马迁忍辱负重，付出巨大的艰辛，做了前所未有的开创性工作，撰写了中国第一部纪传体通史——被鲁迅称誉为"史家之绝唱，无韵之离骚"的《史记》。

司马迁像

六家二体

　　"六家二体"是刘知几在《史通》中对史籍的源流及其体裁所做的归纳，"六家"和"二体"两篇在该书中居于统领性的地位，是刘知几史学理论的基础组成部分。关于"六家"，刘知几说：

"古往今来，质文递变，诸史之作，不恒厥体。榷而为论，其流有六：一曰《尚书》家，二曰《春秋》家，三曰《左传》家，四曰《国语》家，五曰《史记》家，六曰《汉书》家。"就这"六家"的代表意义而言，《尚书》旨在"疏通知远"，《春秋》要在"属辞比事"，《左传》和《国语》旨在述说经义，《国语》又在《左传》之外"稽其逸文，纂其别说"，《史记》"鸠集国史，采访家人，上起黄帝，下穷汉武，纪、传以统君臣，书、表以谱年爵"，创立了纪传体，《汉书》的特点是言简意赅，包举一代，成为后世正史的范本。关于"二体"，刘知几说："考兹六家，商榷千载，盖史之流品，亦穷之于此矣。而朴散淳销，时移世异，《尚书》等四家，其体旧废，所可祖述者，唯左氏及《汉书》二家而已。"这就是说，"六家"当中，真正流传于后世者，只有《左传》和《汉书》这两家，指的也就是《左传》的编年体和《汉书》的纪传体，"六家"重在史籍的内容和旨意，"二体"则是纯粹就史书的体裁而言的。

五志三科

"五志三科"是刘知几在《史通》中所阐述的关于史书的选材原则的观点。"五志"是由创作《汉纪》的东汉史学家荀悦提出的，所谓"五志"，就是"达道义"、"彰法式"、"通古今"、"著功勋"和"表贤能"。东晋的干宝将"五志"进一步阐释为"体国经野之言则书之，用兵征伐之权则书之，忠臣烈士孝子贞妇之节则书之，文诰专对之辞则书之，才力技艺殊异则书之"。刘知几对史书写作内容取舍的态度是"采二家之所议，征五志之所取"，而又提出"三科"：即"叙沿革"、"明罪恶"和"旌怪异"。他对"三科"的解释是："礼仪用舍、节文升降则书之，君臣邪僻、国家丧乱则书之，幽明感应、祸福萌兆则书之。""五志三科"的意义在于突出史书写作中道义和伦理成分的含量，从而强调史书彰善惩恶的作用。

直书与曲笔

直书和曲笔是撰写史书的两种笔法，直书就是忠于事实，依照真实情况直接记录；曲笔说的是对历史事实有所取舍，或者进行曲意修饰的写作方法。直书被认为是良史所应当坚持的基本精神，刘知几在《史通》中强调直书的重要意义时说："况史之为务，申以劝诫，树之风声。其有贼臣逆子，淫君乱主，苟直书其事，不掩其瑕，则秽迹彰于一朝，恶名被于千载。言之若是，吁可畏乎！"虽然如此，但是出于各种主动或被动的原因，实际上史籍从总体上来看是不可能完全采取直书方式的，曲笔的情况是大量存在的。当然，也不能一概而论，认为曲笔的做法一无是处，其实在某些时候史家采取曲笔不仅是可以理解的，甚至也是值得称道的，刘知几虽然强调直书的精神，但对于曲笔也是没有给予完全否定的，只是这种笔法切记不可滥用。

博采与善择

博采与善择，是指在撰写史书的过程中对文献资料进行处理的两个基本的方面，博采说的是搜集资料要广泛，善择说的是选用资料要审慎。长期以来，人们撰史所依据的文献资料的基本范畴是古代经典、正史、官方案牍等，唐代刘知几打破了这一传统观念，将资料的搜集范围大大地扩展了，凡逸事、琐言、郡书、家史、别传、杂记等各种野史、杂史资料几乎无所不及，乃至对于当时刚刚兴起的金石文献也进行采猎。有了博采的基础，善择就是关键的一步，因为广泛搜罗来的资料相当驳杂，质量优劣不一，真伪亦相混淆，这就需要非常精湛的甄选功夫才可以令这些资料最佳地为己所用，同时在最大程度上免除资料过于繁杂的负面影响。

彰善瘅恶

　　彰善瘅恶，语出《尚书·毕命》："彰善瘅恶，树之风声。"就是说表扬好的一面，斥责恶的一面，从而建树起良好的风气。彰善瘅恶被认为是史书所具有的一项重要功用，《周书卷三十八·列传第三十》说："古者人君立史官，非但记事而已，盖所为鉴诫也。彰善瘅恶，以树风声。故南史抗节，表崔杼之罪；董狐书法，明赵盾之愆，是知执笔于朝，其来久矣。"这里举出南史和董狐的例子，用意就在表明史书应当发挥鉴诫作用的观点是自古皆然的。

《尚书》内页
"彰善瘅恶"的史论观点出自《尚书》。

史才三长

　　"史才三长"即学、才、识，这是刘知几在《史通》中所提出的史家应当具备的三种基本素质。"学"，是指史家应该掌握广博的知识，特别是要占有丰富的文献资料；"才"，是指史家驾驭文献资料的能力和进行文字表述的能力；"识"，是指史家应当具有对历史独立的见解与观点和秉笔直书、忠于史实的坚贞品质与献身精神。

史学三要

　　"史学三要"指的是义、事和文，为清代学者章学诚在《文史通义·史德》中提出："史所贵者义也，而所具者事也，所凭者文也。""义"指历史观点，"事"指历史事实，"文"指著史的文笔。在章学诚看来，具备"义、事、文"方可称为"史学"，三者之中以"义"为主，而"事"与"文"则是求"义"的根据和技巧。"义"是史家主观的见解，而撰写史籍是一定要以客观事实为遵照的，关于二者如何得到统一，章学诚说："能具史识者，必知史德。德者何？谓著书者之心术也。"所谓心术，就是史家应当不以主观的偏见代替客观的史实，这是"欲为良史"的基本条件。

六经皆史

　　"六经皆史"是章学诚所提出的史学命题，他在《文史通义》中说："古人未尝离事而言理，六经皆先王之政典也。"并进一步指出："三代学术，知有史而不知有经，切人事也；后人贵经术，以其即三代之史耳；近儒谈经，似于人事之外别有所谓义理矣。"章学诚认为，六经都是先王的政典，记述古代的典章制度，具有史籍的性质，也正因为这一点六经才为后人所重视。"六经皆史"观点的起因是章学诚意欲令学术切合于当时人事的经世致用的思想。这个命题的提出，不仅将史学的产生上溯到六经之前，而且扩大了古史的范围，对先秦史学的研究产生了积极的影响。

史法与史意

　　史法与史意，是章学诚史学理论中两个重要的概念，他在《文史通义》中说："吾于史学，盖有天授，自信发起例，多为后世开山，而人拟吾于刘知几，不知刘言史法，吾言史意；刘议馆局纂修，吾议一家著述，截然两途，不相入也。"章学诚用史法和史意之分来表述自己与刘知几的区别所在，简要地说，"史法"是指史书撰写的形式和内容，"史意"则是针对史籍撰述中的思想，代表着章学诚所强调的史学之"义意所归"。具体而言包括这样几个要点：一是明大道，二是主通变，三是贵独创，四是重家学。章学诚还说："郑樵有史识而未有史学，曾巩具史学而不具史法，刘知几得史法而不得史意，此予《文史通义》所为作也。"从史识到史学，再到史法，最后到史意，可以看出几个具有代表性的史学家前后之间继承与发展的线索和脉络。

著名史学家

董狐

董狐，春秋时晋国史官，是秉笔直书的典范。《左传·宣公二年》记载，晋灵公无道，赵盾屡次劝谏，不但没有结果，反而给自己招来杀身之害，于是被迫出逃。他的族弟赵穿带兵杀掉了灵公，这时赵盾尚未走出国境，听到消息后返回。任太史的董狐这样记载此事："赵盾弑其君。"赵盾认为不应当这样记。可是董狐坚持这种史录，因为赵盾身为正卿，在还没有越出国境之前，原有的君臣关系就依然存在，而赵盾却不起兵讨伐弑君的人，就是没有尽到忠君的职责，那就应当承担这弑君的责任。后来，这种不阿权贵、敢于直录的史家精神被称为"董狐直笔"。

司马迁

司马迁（约公元前145～前87年后），字子长，夏阳（今陕西韩城南）人，家学渊源深厚，曾师从著名学者孔安国和董仲舒，青年时期曾游历四方，这些都为他日后修史的工作打下了良好的基础。据司马迁自叙，其祖先早在西周时期就世任史官，到汉武帝时，司马谈出任太史令，又恢复了先祖的职业。太史令是掌管文史星历等皇家档案的官职，有机会接触到大量的珍贵文献资料。司马谈有志编撰一部古今通史，但是这一愿望未曾实现，于是在临终的时候教谕儿子司马迁若可继任太史令，当牢记此事于心中。不久后，司马迁继承了太史令的职位，开始着手编写这部史书。

天汉二年（公元前99年），汉武帝派李广利率军三万攻打匈奴，结果惨败而归，几乎全军覆没，李广利仓促逃回。李陵当时任骑都尉，率兵五千与匈奴单于亲自带领的三万人作战，李陵指挥这五千步兵杀掉了匈奴的五六千骑兵，单于增调更多的人马过来，但仍未能制伏李陵，于是准备撤军。这时汉营有一个士兵叛变，将汉军的内部情况告知匈奴，并且说李陵没有援军，于是单于继续围困，李陵终因寡不敌众，被擒而投降。消息传到朝廷，汉武帝非常震怒，众多大臣也落井下石，谴责李陵。司马迁虽然与李陵没有深交，但是因据李陵素有"国士之风"、常奋不顾身以殉国家之急的表现而推断李陵的投降实是出于无奈，将来必定伺机报答汉朝，并且说李陵在战场上的出色表现是十分难能可贵的。汉武帝以为司马迁的这

司马迁祠

番辩护是有意贬低其宠妃的哥哥李广利，因而勃然大怒，将司马迁投入狱中。不久有传闻说李陵率匈奴军队攻打汉朝，汉武帝信以为真，将李陵的全家处死，司马迁也因此被施以腐刑。不仅如此，在狱中司马迁还遭受了百般折磨，"交手足，受木索，暴肌肤，受榜箠，幽于圜墙之中，当此之时，见狱吏则头抢地，视徒隶则心惕息"（《报任安书》）。肉体的摧残和精神的羞辱，使得司马迁痛不欲生，但是想到父亲的遗志还没有完成，自己此前做的那些著史的准备工作还没有结果，遂忍辱负重，坚强地活了下来。

太始元年（公元前96年），汉武帝改元大赦天下，司马迁因而得以出狱，此后，发愤著书，直到征和二年（公元前91年）全书完成，共得130篇，52万余言，这就是后来享有盛誉、彪炳千秋的《史记》。

刘向

刘向（公元前77～前6年），原名更生，字子政，中年后改名向，沛县（今属江苏）人。刘向是汉代皇族，但不是嫡系，12岁时入宫为辇郎，20岁时任谏大夫，后累官至给事中。汉元帝时，宦官专权，外戚乱政，刘向数次上书弹劾，遭致两度入狱，并被贬为庶人。汉成帝即位后，刘向被重新起用，任光禄大夫，是皇帝的近臣。这时，太后王家已经权倾朝野，而赵皇后、卫婕妤两家也争宠弄权，汉王朝潜伏着严重的危机。刘向多次进言，汉成帝虽然懂得其中道理，但是自己已经奈何不得业已控制了朝政的外戚王家。刘向死后15年，刘姓汉室终于为王家所取代。刘向是西汉时期重要的经学家、文学家和目录学家，编写了中国最早的目录学著作《别录》，并且编纂有《列女传》、《说苑》、《新序》等多种文史著作，为整理古代典籍作出了非常大的贡献。

班固

班固（公元32～92年），字孟坚，右扶风安陵（今陕西咸阳）人，出身于官宦世家，家境丰裕，并且有着良好的文化氛围，父亲班彪是著名的史学家，曾致力于续写《史记》，班固在父亲的影响下自幼就喜欢文史，博览群书，精晓百家之言，在13岁的时候被王充叹誉为奇才。然而班彪并未实现自己的志愿，去世时仅留下半部《史记后传》，这没有完成的任务也就交给了班固。班固在家中专心著述的时候被人告发"私修国史"，不仅人被逮捕，书稿也被抄没。其弟班超闻讯后急忙赶到洛阳上书辩白，汉明帝召见了班超，亲自审读了班固撰写的史稿，大为赞赏，并且任命班固为兰台史令，参与编撰国史《东观汉纪》，这为班固创作《汉书》提供了非常好的条件。除长于撰史之外，班固的辞赋也写得相当出色，其《两都赋》是东汉成就最高的大赋作品之一。汉章帝建初四年（公元79年）召开的著名研讨经学的白虎观会议也由班固将结果纂录为《白虎通义》。汉和帝永元元年（公元89年），班固随大将军窦宪出征匈奴，参与谋略，并于途中创作了著名的表述军功的《封燕然山铭》。永元四年（公元92年），窦宪在政治斗争中失败自杀，而班固与窦宪交情深厚，于是与班固有宿怨的洛阳令借机编造罪名，将其逮捕入狱，不久，班固死于狱中。和帝知晓后，严厉斥责了逮捕班固的洛阳令，并令负主要责任的官吏抵罪。班固此时还没有完成《汉书》的全部，于是和帝诏请班固之妹班昭来续写尚未完成的"八表"和《天文志》。班固的《汉书》取得了十分杰出的成就。

刘知几

刘知几（公元661～721年），字子玄，彭城（今江苏徐州）人，生于官僚世家，幼时受到正统的文史教育，20岁中进士，长期担任史官，参与编修国史和撰写实录，曾因为主张信笔直录、善恶必书，与把持史馆的武三思等人发生冲突而退出史馆。刘知几将自己对史学的深入体会撰写成中国的第一部史学理论著作《史通》。在《史通》一书中，刘知几详细讨论了史籍的编纂体例与方法，精到地论述了史官沿革、史籍流传以及古史中的一些具体问题，道出史家必须具备才、学、识三长的重要观点，创立了"六家二体"、"五志三科"等史学基本理论，提出了许多精辟而大胆的见解，对史学家的著史具有重要的指导意义，因此时人徐坚称赞《史通》："为史氏者宜置此坐右也。"

杜佑

杜佑（公元735～812年），字君卿，京兆万年（今陕西西安附近）人，生于世宦之家，长期为官，及至宰相，政绩颇丰。杜佑历经玄宗到宪宗的六朝，所处的时代正是唐王朝由盛转衰的时期，他亲眼目睹了"安史之乱"后唐朝国势的衰颓，密切关心着唐朝的命运，对朝政的弊端怀有清醒的认识。杜佑以"富国安人之术为己任"，针对时弊，提出节省开支、裁减冗员等一系列积极的政治主张，同时在政治实践上也很有作为，得到朝野上下的普遍敬重。出于"征诸人事，将施有政"的目的和理想，杜佑博览古今典籍和历代名贤论议，考溯各种典章制度的源流，以36年的功力撰成200卷的史学巨著《通典》。《通典》是中国第一部典章制度专史，不仅开创了后世编著典章制度史的先河，而且也是同类史书中成就最高的一部。

司马光

司马光（1019～1086年），字君实，陕州夏县（今山西运城）人，生于官宦家庭，幼时聪慧而嗜学，喜好《左氏春秋》，而破瓮救友的事迹更是广为流传，家喻户晓。司马光20岁中进士，在朝廷以敢于直谏而闻名，秉持保守稳健的政治态度，反对王安石的新法，在变法之初，曾恳切地指出新法的种种弊端，而这些不妥之处在新法实际执行的过程中也大多表现出来，验证了司马光政治上的远见。宋哲宗即位后，司马光被任为宰相，迅速废除了全部新法，受到朝野普遍的拥护。年轻的时候司马光就有编撰一部通史的想法，治平三年（1066年）撰成从战国到秦代的《通志》8卷上进宋英宗，英宗诏令将此书续修，并为司马光提供费用，同时增补人员。后来宋神宗以其书"有鉴于往事，以资于治道"，于是钦赐书名为《资治通鉴》，并亲为写序。至神宗元

司马光像

丰七年（1084年），《资治通鉴》得以完成，前后历时19年。司马光在《进<资治通鉴>表》中说，"日力不足，继之以夜"，"精力尽于此书"，可见费心之多和用力之甚。《资治通鉴》全书294卷，共300多万字，记载了上起周威烈王二十三年（公元前403年），下迄后周显德六年（公元959年），前后1300余年，跨越了16个朝代的史实，是中国的第一部编年体通史，在史学上占有极为重要的地位。司马光不仅以其杰出的史学成就为人称道，更以其磊落正直堪称典范的人格为民众所敬仰和爱戴，在他去世的时候，汴京曾发动罢市来对他进行缅怀和吊唁。

马端临

马端临（1254～1323年），字贵与，一字贵舆，号竹洲，饶州乐平（今属江西）人。其父马廷鸾曾为南宋右丞相，并出任南宋国史院编修官与实录院检讨官，在父亲的影响下，马端临自幼博览群籍，才学卓异。宋朝灭亡后，马端临隐居不仕，对元朝进行消极的抵抗，后来迫于政治压力，出任慈湖书院和柯山书院院长，晚年时担任台州儒学教授。马端临出于考察历代统治者盛衰兴亡的原

因以为当政者提供经验和鉴戒的目的，在唐代杜佑《通典》的基础上，广泛搜集史料，详细而深入地考订了历代的典章制度，撰成了又一部典章制度的专著《文献通考》。《文献通考》共348卷，上起三代，下至南宋宁宗嘉定年间，分为田赋、户口、征榷、选举、职官、乐、兵、刑、学校、钱币等24个门类，按时代先后排列比较，同时在各条后面加注前人和当时学者名家的相关议论，最后再用按语的形式来阐述自己的见解。马端临的按语，贯通古今，折中恰当，力求从史实出发，做出审慎的结论，许多见解为前人所未有，颇具可赏之处。《文献通考》与《资治通鉴》相辅相成，交相辉映，一同代表着宋元之际史学领域的高度成就。

顾炎武

　　顾炎武（1613～1682年），苏州府昆山县（今属江苏）人，原名绛，字忠清，清兵破南京后改名炎武，字宁人，号亭林，后世尊称为亭林先生。顾炎武生当江山易代之际，明亡后，曾两次参加武装抗清斗争，力图恢复明朝。复明无望后，顾炎武即致心于学术，矢志不与清廷合作，曾以死相拒。顾炎武将"博学于文"和"行己有耻"视作为人的准则，反对空疏玄虚的宋明理学，并痛斥当时"饱食终日，无所用心"和"群居终日，言不及义"的恶劣士风，积极倡导"书足以匡时，言足以救世"的实学，提出"保天下者，匹夫之贱，与有责焉耳矣"的著名号召，也就是后来人们常说的"天下兴亡，匹夫有责"。顾炎武勤奋治学，将日常心得随手记录，长时积累而著成《日知录》一书。《日知录》考辨精深，会通古今，涉及经义、史学、吏治、财赋、舆地、艺文等多个领域，不仅见解独到，而且言必有据，开创了清朝考据之学的先河，更是引领了一代学风。然而，与后世学者不同的是，顾炎武绝非一味浸淫于故纸堆中的学者，不仅读万卷书，而且行万里路，广泛进行实地考察，将书中所得与社会实际进行比勘和辨证，体现出强烈的经世致用的精神。顾炎武还是非常知名的语言学家，著有《音学五书》，不仅有着理论上的杰出建树，而且有着大量的实证分析，他也因此被看做是汉语古音学研究的重要奠基者。

赵翼

　　赵翼（1727～1814年），字云崧，一字耘崧，号瓯北，阳湖（今江苏常州）人。35岁中进士，历任广西镇安知府、广东广州知府、贵州贵西兵备道，46岁时以母病为由辞官归乡，过起悠游闲适的生活，同时潜心读书，曾主讲扬州安定书院。赵翼将自己长期读书所作的笔记汇集成书，就是著名的《廿二史记》。《廿二史记》是赵翼对二十四史精心研读的成果，称之为"廿二史"，是因为赵翼将新旧唐书和新旧五代史分别合称为一史的缘故。这部书以笔记的形式，对二十四史的编撰人员、编著年代、史料来源、编纂体例以及各史的得失之处等做了全方面而又详致入微的介绍和评论，可以看做是一部二十四史的阅读指南。赵翼在书中还将某些史实进行归纳分析，总结出某些有趣的历史现象，如言"北齐百官无妾"、"宋皇后所生太子皆不吉"、"元初用兵多有天助"等，这些独特的发现不仅令人亲切地感受到读史的趣味，同时也可以让人从这些历史表面情景中窥度出史实。赵翼不仅是一个杰出的史学家，还是一个著名的诗人，诗歌语言浅近流畅，尤以五言古诗最为出色，与袁枚和蒋士铨并称"乾隆三大家"。

钱大昕

　　钱大昕（1728～1804年），江苏嘉定（今属上海）人，字晓徵，一字及之，号辛楣，又号竹汀居士，晚年自称潜研老人。27岁中进士，累任山东、湖南、浙江、河南等省乡试的主考官，后为詹事府少詹事、提督广东学政，48岁时居丧回乡，此后引疾不仕，转而潜心治学，教授生徒。钱大昕对当时几乎所有的学术领域，诸如经学、史学、文学、天文、地理、历算、音韵、训诂、金石等皆有所学，而且颇为精晓，博闻强识，冠绝一时。《廿二史考异》是钱大昕集平生读史之所学，积数十年考证之功所成的一部史学名著，在清代与赵翼的《廿二史记》和王鸣盛的《十七史商榷》并称，但是比另两部书更为精细、严谨，出色地体现了乾嘉学派深湛绝伦的考据成就。钱大昕还著有《十驾斋养新录》、《三统术衍》、《四史朔闰考》等为人称道的学术著作，并且曾参与撰修《续文献通考》、《大清一统志》等大型史书，在学术领域可谓功勋卓著。

章学诚

章学诚（1738～1801年），字实斋，号少岩，会稽（今浙江绍兴）人。25岁时第二次应乡试未举后就学于当时的最高学府北京国子监，28岁时再次落榜，而后拜投翰林院编修朱筠为师，章学诚由此得以接触众多的学界名流，开阔了学术视野。41岁时章学诚始中进士，但是仕途坎坷，为了维持家口而辗转奔波，任教于各地书院，也曾投入幕府。章学诚不仅遭受着生活上的微贫，而且他的学术成就也不为当时的学界所知晓，他的一些重要著作都是在过世之后才刊刻的。直到清末和民国年间，章学诚的杰出成就才被人发现，他的《文史通义》被称誉是一部"为千古史学辟其榛芜"的杰作，也被认为是继唐代刘知几之后最为重要的史学理论著作之一。章学诚在书中开篇即提出"六经皆史"的著名命题，主张"史学所以经世"、"作史贵知其意"，提出"辨章学术，考镜源流"的目录学思想，建立了较为系统的历史学和目录学理论，并且指出"家有谱，州县有志，国有史"，出色地撰写方志的理论和实践，将方志学提升为一门正宗的学术。

崔述

崔述（1740～1816年），字武承，号东壁，直隶大名府魏县（今属河北）人。23岁中举，曾被任命为福建罗源县知县，为政勤谨，品行清廉，涤除敝俗，变革乡风，颇受人民爱戴。崔述是一位杰出的史学家，"考据详明如汉儒，而未尝墨守旧说而不求其心之安；辨析精微如宋儒，而未尝空谈虚理而不核乎事之实"，生平著述30余种，以《考信录》一书最为知名。这部书包括《考古提要》、《上古考信录》、《唐虞考信录》、《夏考信录》、《商考信录》、《丰镐考信录》、《洙泗考信录》、《孟子事实录》等内容，其中《洙泗考信录》是专门考证孔子生平事迹真伪的，是研究孔子的一种极为重要的参考资料。《考信录》集中体现了崔述的辨伪成就，表现出鲜明的疑古精神和实证精神，开启了近代史学的新途径，受到蔡元培、胡适、顾颉刚等著名学者的大力推崇，在日本也曾产生很大影响。

第六篇

文化艺术

乐舞

古琴

琴又称瑶琴、玉琴、绿绮，现代一般称为古琴、七弦琴。琴历来被认为是高雅的艺术，古人常以"琴、棋、书、画"并称，把它看做是君子必备的文化修养，因此我国文人多擅弹琴，如孔子、嵇康、欧阳修等。

琴在我国至少已有3000多年的历史，现在考古发现的最早实物，是湖北随县出土的战国初期的十弦古琴和湖南长沙马王堆出土的7弦汉琴。琴的全身为扁长共鸣箱，面板多用梧桐木制作。琴头有承弦的岳山，琴尾有承弦的龙龈和护琴的焦尾，整个显得宽头窄尾。在面板的外侧有13个圆点状的徽，它是音位和泛音的标志，一般由贝壳制成。琴上有七弦，古代用丝弦制成。琴的声音清脆悦耳，表现力强。传说伯牙志在山水的时候琴声能"峨峨兮若泰山，洋洋兮若江河"，遇雨心悲的时候还能"为霖雨之操，更造崩山之音"，琴的表现力可见一斑。琴有独奏、琴箫合奏、琴歌、雅乐合奏4种传统的演奏形式。著名的琴曲有《流水》、《酒狂》、《广陵散》等。

编钟

编钟又叫歌钟，是中国古代一种重要的打击乐器，是钟的一种，由若干个大小不一的钟按照音阶有序地排列悬挂在木架上而构成的，每个钟的音高各不相同。编钟的历史能够上溯到3500年前的商代，但当时编钟较为简单，多见的是三枚一套。后来整套编钟的数量开始不断增加，形成较大的规模。

古代的编钟是帝王和贵族专用的乐器，是等级与地位的象征，多用于宫廷演奏。每逢

编钟 战国

重大事件如征战、朝见或祭祀等活动时进行演奏。在1978年从湖北随州市西郊曾侯乙墓出土了一套曾侯乙编钟。这套编钟的音域可以达到5个八度，音阶结构基本上与现代的C大调七声音阶接近。它规模宏大，制作精美，整套共65件，其中有19件钮钟，45件甬钟以及一件钟，总重达2500多千克。全套钟保存完好，可随意拆卸。钟上有大量关于音乐知识的篆体铭文，这些铭文是研究先秦音乐史的珍贵文字资料。经专家演奏测试，曾侯乙编钟的音响已构成倍低、低、中、高4个色彩区，能演奏任何音阶的乐曲，同时能够胜任采用和声、复调以及转调手法的乐曲，称得上是音乐奇迹。编钟是中国古代音乐艺术和青铜铸造工艺的完美结合，令世人无法不为中国古代音乐辉煌的成就而惊叹。

磬

磬是一种我国古代的石制打击乐器，通常悬挂在架子上，演奏时用木锤敲击，可发出悦耳动听的鸣响。磬的历史非常悠久，出现年代可追溯到母系氏族社会，也叫做"石"、"鸣球"等。当时的人们常常会在猎取劳动成果后，敲击石头，以其清脆悦耳的声音来烘托气氛。这就是磬最初的原型。磬出现以后，被广泛用于历代统治者的各种宫廷场合的音乐中。

磬拥有非常古朴的造型和精美的外观，制作精美。按照它的使用场所和演奏方式，可分为特磬和编磬两种。特磬专门用于皇帝祭祀时演奏，编磬由若干个磬编成一组而成，挂在木架上进行演奏，主要在宫廷音乐中使用。寺庙中也使用磬。在出土曾侯乙编钟的曾侯乙墓中，出土了有古代楚文化特点的编磬32枚。这套完整的编磬是用石灰石、青石和玉石制成的，悬挂在青铜磬架上，共分两层，具有清脆响亮的音色。相关部门曾经制作出曾侯乙编磬的复制品，严格按照原件的规格和形制进行制作，验证了编磬动听的音色。磬是中国音乐史上独特的一种乐器，古老而优美。

箜篌

箜篌历史悠久，是中国古老的弹拨乐器，又称"坎侯"。早在春秋战国时期，就已经出现了箜篌的雏形。盛唐时期，箜篌的演奏技艺随着经济文化的飞速发展达到了相当高的水平。古代的箜篌既是宫廷乐队使用的乐器，也是深受民间喜爱的乐器，一度广为流传。箜篌还曾经传入日本、朝鲜等邻国，并受到人们的喜爱。在日本奈良东大寺的寺院中，至今还保存着两架我国唐代的箜篌残品。中国古代流传的箜篌主要分为卧式箜篌和立式竖箜篌两种，后来又出现了雁柱箜篌。竖箜篌的形状像半截弓背，在向上弯曲的曲木上设曲形共鸣槽，整体结构中还有脚柱和肋木支撑着二十多条弦。演奏时演奏者将箜篌竖抱于怀，从两面用双手的拇指和食指同时弹奏，这个弹奏姿势，唐人称之为"擘箜篌"。新型的雁柱箜篌是仿照古代立式竖箜篌的基本造型，在其基础上改进研制而成。其外形近似于西洋竖琴，不同的是它有两排琴弦，每排有36根弦，每根弦都是由人字形的弦柱支撑，看上去，这种箜篌的形态比较像天空中飞翔的雁阵队形，所以得名为"雁柱箜篌"。箜篌拥有宽广的音域和柔美的音色，表现力丰富，既能演奏旋律，也能很好地演奏和弦。

古筝

古筝是中国一种具有优美音色和丰富表现力的民族拨弦乐器。它有着悠久的历史，早在战国时期，古筝就在秦国流行，所以它又被称为"秦筝"。古筝的流传甚广，从岭南至内蒙古，几乎遍及整个中国。最初的古筝是从战国时期一种竹制的五弦乐器演变而来，秦汉时期，五弦发展为十二弦，隋唐时期为十三弦，元明时期为十四弦，清代时期为十六弦。后经改良，由十七、十九弦不等而发展到二十一至二十五弦，筝弦也由原来的丝弦改为钢丝弦等。这样，古筝的音域和表现力得到很大提高，深受人们欢迎。它既可用作独奏、重奏、合奏，也可用作戏曲、曲艺和舞蹈等的伴奏。古筝的音色清越、高洁、典雅、委婉动听，具有一种幽远的独特神韵。轻拂宛如行云流水，重扫势若山崩海啸。它既能细致微妙地刻画人们的内心感情，也能描绘激动人心的壮观场面；无论是如泣如诉，还是慷慨激昂，或是激越高歌与浅声吟唱它都可以表现得淋漓尽致。左手的揉、按、点等手法尤能体现古筝的音韵特色。

古筝在长期的流传过程中，与当地戏曲、说唱和民间音乐相融汇，形成了各种具有浓郁地方风格的流派。传统的筝乐被分成南北两派，其中以陕西、山东、河南和客家筝曲最为著名。《渔舟唱晚》和《汉宫秋月》是古筝中的名曲。

琵琶

琵琶是我国历史悠久的一种常用弹拨乐器。秦朝时，在民间流传着一种圆形的、带有长柄的乐器。弹奏这种乐器主要有两种方法：向前弹叫"批"，向后挑起叫"把"，当时人们就把它叫作"批把"，后来改称为琵琶。当时的琵琶形状为直颈，圆形音箱，音位和弦数不固定。南北朝时，从西域地区传入一种曲项琵琶，其形状为曲颈，梨形音箱，有四柱四弦。人们就把它和我国的琵琶结合起来，制成了一种新式曲颈琵琶。到了唐代，琵琶从制作到演奏上都得到了很大的发展。琵琶构造方面的改变是把原来的4个音位增至16个，同时把琵琶颈部加宽，下部共鸣箱变窄。在演奏方法上改横抱演奏为竖抱演奏，改拨子演奏为手指直接演奏。此后，琵琶的制作和演奏技法不断得到改进，最后形成如今的四相十三品和六相二十四品两种琵琶。

琵琶音域广阔、演奏技巧丰富繁多，具有丰富的音乐表现力。适合琵琶演奏的曲风有多种，基本上有文曲、武曲、大曲三种。文曲以抒情为主，曲调柔美，代表曲目如《春江花月夜》、《汉宫秋月》等。武曲则风格豪放，《十面埋伏》、《霸王卸甲》等都是其代表作。大曲的曲调以活跃、欢畅为主。

笛子

笛是中国最古老的乐器之一，早在8000年前的远古时期，我国就已经出现了用鸟禽肢骨制成的竖吹骨笛。横笛大概在汉朝时出现，相传是在汉武帝时张骞从西域传入，当时叫作"横吹"，是鼓吹乐的重要乐器，以竹制成。秦汉后，笛子成为竖吹的箫和横吹的笛的共同名称，这种状况一直延续到唐代。宋元时期，笛成为词曲和曲艺伴奏的重要乐器。

笛子的声音具有悠扬、婉转的特点，容易给人以一种缠绵思乡的感觉。唐代诗人李白曾经写过这样的诗句："谁家玉笛暗飞声，散入春风满洛城。此夜曲中闻折柳，何人不起故园情。"李益也有诗云："回乐峰前沙似雪，受降城外月如霜。不知何处吹芦管（芦笛），一夜征人尽望乡。"充分显示了笛声动人的艺术魅力。

笛的品种有很多，其中使用最为普遍的是曲笛和梆笛。曲笛又叫苏笛，以伴奏昆曲和盛产于苏州而得名。曲笛管身粗长，音色柔和，善于表现江南的柔婉情致。梆笛以伴奏梆子类戏曲得名，管身细短，音色明亮，善于表现北方的刚健气质。

箫

"黄河远上白云间，一片孤城万仞山。羌笛何须怨杨柳，春风不度玉门关。"这是著名诗人王之涣的《出塞》，也是唐代七绝的压卷之作。诗中幽怨的羌笛，就是现在人们所说的箫。箫原称"洞箫"，是我国古老的吹奏乐器之一。箫和笛一样，都是源于远古时期的骨哨。因此很长一段时间人们把箫称作笛，直到唐代，两者才开始分离，横吹为笛，竖吹为箫。箫的音量较小、音色轻柔，比笛声更有一股缠绵

吹箫图轴 明 唐寅
图中女子高挽发髻，复戴以碧冠，面容白皙却现愁容。其双手捏箫，唇未启而意先生，二目凝视前方，忧郁神情甚浓，令人如闻箫声，随之更容。

不尽的幽怨之意，因此箫比较适于独奏和重奏。著名的独奏曲目有《鹧鸪飞》、《妆台秋思》、《柳摇金》等，另有琴箫合奏曲《梅花三弄》、《平沙落雁》等。

二胡

二胡是唐代由西域胡人传过来的弦乐器，来自北方的奚部落，因此又称"胡琴"。后来，胡琴发展出了二胡、中胡、京胡、坠胡、板胡等十几个品种，二胡就是其中比较重要的一种。二胡基本上都是木质的，整体由琴杆、琴筒、琴轴等基本部件构成。二胡的琴筒有圆形、六角形等多种形状，琴筒的一端蒙有蛇皮或蟒皮，另一端则设置雕花的音窗。在乐队中，二胡作用很大，它既能独奏，也适合合奏。既能演奏风格细腻深沉、柔美抒情的乐曲，也能够演奏风格欢快活泼的乐曲，有非常丰富的表现力和艺术感染力。无锡民间艺人阿炳创作的《二泉映月》，是我国著名的二胡曲，这首乐曲饱含着作者悲伤的命运和内心的疾苦和希望，具有强烈的艺术感染力。

六代乐舞

宫廷雅乐在周朝的代表作品当数"六代之乐"：《云门》、《咸池》、《大韶》、《大夏》、《大濩》、《大武》。由于它们都是歌舞乐三位一体，又称为"六舞"。

第一代乐舞：《云门》，歌颂黄帝的丰功伟绩，以黄帝所在氏族的图腾为云彩而得名。第二代乐舞：《咸池》，亦称《大咸》，表现了祭奠祖先和祈求祖先保佑的内容。之所以叫《咸池》，是因为在神话传说中，咸池是日落之地，也是祖先亡灵栖息的地方。第三代乐舞：《大韶》，简称《韶》，因以排箫为主要伴奏乐器，又名《箫韶》，传说是舜时代的宗教性乐舞，该乐舞有九次变化，歌也有九段，在后世又被称为《九歌》。它是远古时期最为著名的乐舞，孔子在齐国听《韶》乐之后"三月不知肉味"，并赞叹道，"韶尽美矣，又尽善也"，尽善尽美的成语由此得来。

第四代乐舞：夏时的《大夏》，主要歌颂大禹治水的功绩。这个乐舞也有九段，用伴奏，又称作"夏九成。"第五代乐舞：《大濩》是赞颂商代君王成汤伐桀的功绩。"濩"在殷墟甲骨文卜辞中本是指用音乐舞蹈形式祭祀祖先的巫术活动，后来将这类巫术活动中表演的音乐舞蹈专称为"乐"。《大濩》表演时场面壮观、气势宏大，集商朝乐舞之大成。第六代乐舞：周朝的《大武》，歌颂周武王讨伐商纣的胜利。《大武》是这一时期宫廷歌舞的最高典范，在表演时，舞分六场，乐也分六章。这些歌曲的唱词，被收集在《诗经》的《周颂》中。

六代之乐是当时宫廷最具权威性的祭祀礼乐，也是"乐教"的经典教材。周朝的"大司乐"，就是专门设立的音乐教育机构的总长官。下面有高、中、下三级乐官和乐工，等级分明，职责明确，构成了一个系统地管理和排演礼乐、教习礼乐的机构。

雅乐

"雅乐"就是"优雅的音乐"的意思，是中国古代的宫廷音乐，用于祭祀天地、祭祀祖先、朝贺、宴享等各种仪式典礼中。西周建立后，周公制礼作乐，其中一部分就是雅乐。周朝把礼、乐、刑、政并列，政权、法律、礼仪和雅乐构成了西周奴隶主贵族统治的支柱。《周礼》所记载的周朝的各种贵族礼仪中与雅乐有关的有：郊社（祭天地神明的祭典）、尝（贵族祭其祖先的祭典）、食飨（政治上外交上的宴会等，包括大飨、燕礼、大射、养老等）、乡射（乡里中官僚和奴隶主们比射的集会）、王师大献（战争胜利时举行的凯旋庆典）、行军田役（用于军事演习性质的狩猎）。它的主要目的是使参加典礼的贵族受到教育和感化。雅乐的歌词大都载于《诗经》中的"大雅"、"小雅"和"颂"中。雅乐的主要乐器是编钟和编磬，其他乐器还有特钟、特磬、柷、敔、古琴、搏拊、埙等。随着周朝的衰落和社会的发展，民间的俗乐逐渐取代了雅乐。

诗乐

诗乐就是《诗经》所用的音乐。《诗经》不仅奠定了中国古代文学现实主义的基础，而且在当时都是歌曲，是中国古代最珍贵的艺术遗产之一。

《诗经》中"风"（国风）是"民俗歌谣之诗"；"大雅"是"会朝之乐，受厘陈戒之辞"；"小雅"是"燕飨之乐"；"颂"是"宗庙之乐歌"。风有十五国风，是各地的民歌，文学成就最高。雅分大雅、小雅，多为贵族祭祀、朝会、燕飨之诗歌，小雅中也有部分民歌。颂是宗庙祭祀时用的诗歌。《诗经》中的歌曲，在周朝非常流行。这些歌曲有歌唱的、合奏的，也有单项乐器演奏的。有些用乐器所奏曲目（"笙诗"）没有歌词，所以在《诗经》中只有篇名，称为"佚诗"。《诗经》中的歌曲是周朝贵族教育的主要科目，称诗、书、礼、乐"四术"。它在当时的社会生活中，占有很重要的地位。可惜的是由于时代久远，《诗经》的乐曲没有传留下来。后来，《诗经》被儒家奉为经典，成为《六经》之一。

楚声

楚声又称"楚调"或"南音"，指的是春秋战国秦汉时期楚地的音乐，也泛指长江中游、汉水流域至徐、淮间的音乐。南音一词始见于《左传》及《吕氏春秋》。现存的记载楚声歌词的有《接舆歌》、《沧浪歌》、《子文歌》、《楚人歌》等。

楚声的音乐形式，是楚词中的"少歌"、"倡"等歌曲结构用语，即插入歌曲中间部分的小段或单句。战国和两汉时期是楚声的极盛时期。当时楚国的流行歌曲有《下里巴人》、《阳阿》、《薤露》等。以屈原的《九歌》为代表的楚辞作品都是模仿楚国民间乐舞歌唱的形式而作的。汉高祖刘邦和他手下的许多大臣都是楚国人，非常喜欢楚声，在全国范围内大力提倡。刘邦的《大风歌》就是楚声。当时楚声不仅在汉朝宫廷，在民间也十分流行。六朝时，楚声还保存在琴曲中。唐朝以后，楚声失传。

燕乐

燕乐起初只是一种宴请宾客时专用的宫廷音乐，在周朝不受重视，一直到隋唐时期，它的地位才逐渐变得显要，并且最终取代雅乐，成为盛行一时的宫廷音乐。

燕乐主要是供人欣赏的，强调娱乐性和艺术性，因此隋唐燕乐大力吸收民间音乐，融合少数民族以及外来俗乐，形成了一种多元的宫廷新音乐。在隋朝初年，燕乐按音乐来源和乐队编制分为七种，即"七部乐"，到隋炀帝的时候又增加为九部。唐太宗时改为十部乐，包括燕乐（杂用中外音乐）、清商伎（传统音乐）、西凉伎、天竺伎、高（句）丽伎、龟兹伎、安国伎、疏勒伎、康国伎、高昌伎。到唐玄宗时，又根据表演形式将十部乐改为坐部伎、立部伎两大类。坐部伎在室内坐奏，人数较少，音响清雅细腻，注重个人技巧；立部伎在室外立奏，人数较多，场面宏大、气氛热烈，有时还加入百戏等。在当时的宫廷音乐中，坐部伎地位最高，立部伎次之，雅乐地位最低。著名诗人白居易曾在《立部伎》中说："笙歌一声众侧耳，鼓笛万曲无人听。立部贱，坐部贵，坐部退为立部伎，击鼓吹笙和杂戏。立部又退何所任，始就乐悬操雅音。"可见在中唐时期，燕乐已经完全取代了雅乐的地位，成为宫廷音乐中绝对的主角。

唐代燕乐最突出的艺术成就是歌舞大曲。它是一种综合器乐、歌唱和舞蹈的多段结构的大型乐舞，由"散序"、"中序"和"破"三部分组成。其中散序由器乐演奏，无拍无歌，节奏自由；中序入拍歌唱，多为抒情慢板，由器乐伴奏；破是乐舞的高潮，以舞蹈为主，节奏逐步加快，最后在热烈的气氛中结束。著名的大曲有《绿腰》、《凉州》、《玉树后庭花》、《霓裳羽衣曲》、《破阵乐》、《水调》等。

尽善尽美

尽善尽美是孔子的音乐观。孔子的思想核心是"仁"，提倡"仁"的音乐。孔子认为，尽善尽美的音乐就是"仁"的音乐。这个标准来自于孔子对《韶》乐的评价："《韶》尽美矣，又尽善也；谓《武》尽美矣，未尽善也。"孔安国注言道："《韶》，舜乐名也，谓以圣德受禅，故尽善也。《武》，武王乐也，以征伐取天下，故曰未尽善也。"意思是舜因为具有美德

孔子闻《韶》图

而受禅即位，故歌颂他的《韶》乐尽美也尽善。周武王则是征伐商纣，以武力夺天下，故歌颂他武功的《武》尽美却未尽善。可见孔子评价音乐的标准有两个，一个是音乐表现内容的"善"，一个是音乐艺术形式的"美"。而"善"在两者之间又居于主要地位，这充分体现了儒家的音乐为政治服务的思想。此外，从孔子的这句话我们还可以看出儒家重视音乐内容与形式的统一，也就是要和谐。

乐与政通

我国古代的音乐理论丰富多彩，如孔子的"尽善尽美"，师旷的"乐与政通"，以及墨子的"非乐"等。但这些音乐理论十分零碎，没有形成各自成熟的体系。直到西汉《礼记·乐记》的出现，我国才开始有了比较系统的音乐理论和比较完善的音乐论著。

《乐记》开首就说："凡音之起，由人心生也。人心之动，物使之然也。"指出音乐的形成是"物动心感"，认为音乐是主观受到客观影响的结果，并突出了音乐是表现人们内心感情的，具有唯物论因素。《乐记》还指出音乐表达的是人们的真情实感，"夫乐者乐也，人情之所不免也"、"乐也者，情之不可变者也"、"唯乐不可以为伪"，强调音乐是真情的流露。在《乐本篇》中对"物动心感"的这一观点又作了进一步论述："乐者，音之所由生也，其本在人心之感于物也。是故其哀心感者，其声噍以杀；其乐心感者，其声啴以缓；其喜心感者，其声发以散；其怒心感者，其声粗以厉"，指出喜怒哀乐几种心情在音乐上具有不同的表现。正因为音乐这种情感化的特征，音乐可以反映民风民情。"是故治世之音安以乐，其政和；乱世之音怨以怒，其政乖；亡国之音哀以思，其民困。声音之道，与政通矣。"这就是贯穿全文的重要思想"乐与政通"。

《乐记》作为儒家音乐思想的总结，继承和发扬了孔子等人的观点，认为音乐"可以善民心，其感人深，其移风易俗易"，具有教化人民的作用，因此《乐记》竭力提倡雅颂之声（雅乐），而反对郑卫之音（俗乐）。这种突出音乐教化作用的音乐观对后世影响很大。

声无哀乐

《礼记·乐记》之后，我国出现了一部独树一帜的音乐论著，它的观点与正统的儒家音乐思想背道而驰，反映了道家对音乐的影响。这就是著名的《声无哀乐论》，作者是三国魏晋时著名文学家、音乐家嵇康。

嵇康是魏晋名士，政治上他不与当权者合作，常常抨击时政；思想上他受老庄影响，提出了著名的"越名教而任自然"，反对儒家礼教的虚伪，崇尚自然之道，思想十分叛逆。这篇《声无哀乐论》就是他的叛逆思想在音乐理论上的表现。文章约七千字，作者假设一位论敌"秦客"（儒家）和"东野主人"（作者）就"声无哀乐"的命题进行八次辩难，有针对性地批驳儒家传统乐论，进而阐述自己的音乐思想。

文章开首秦客就提出正统的儒家音乐观点，认为音乐和社会风气有着密切的联系，音乐能表现人的哀乐。但嵇康却说："心之与声，明为二物。"即音乐是外界的客观事物，哀乐是人内心的主观感情，两者没有因果关系。嵇康认为音乐的本体是"和"，是"大小、单复、高埤、善恶（美丑）"的总和，并且"声音自当以善恶为主，则无关于哀乐；哀乐自当以情感而后发，则无系于声音"。意思是音乐只有美与不美，与人的哀乐无关；人的哀乐是有所感而后表露，与声音无关。

但是嵇康也没有否认音乐对人的情感起着诱导的作用。他认为人的哀乐是由于受到客观世界的影响才产生的，而音乐可以使之表现出来，使人感觉兴奋或安静，精神集中或分散。嵇康还指出人心所存在的感情不同，对音乐的理解也会相异，被音乐激发的情绪也不同。基于上述观点，嵇康认为音乐并不能起到移风易俗的作用，驳斥了儒家将音乐与政治等同，无视音乐艺术性的观点，在当时确实具有振聋发聩的作用，并由此开启了中国音乐除儒家音乐观念之外的另一股潮流。

二十四况

《溪山琴况》是《乐记》、《声无哀乐论》之后的我国又一部重要音乐美学论著。一般认为，《乐记》是儒家音乐思想的代表，重音乐的社会作用；《声无哀乐论》是老庄道家思想的代表，注重音乐的审美特征；而作于明末清初的《溪山琴况》，则吸收和融合了儒道释三家思想，是古代音乐美学的集大成之作。

《溪山琴况》是一部全面系统的琴学论著，作者是著名琴家徐上瀛。徐上瀛名珙，别号青山，是著名的古琴流派虞山派的传人。他不仅琴艺精湛，而且善于总结前人琴学理论。他在《溪山琴况》中提出了琴乐审美的二十四况，即"和、静、清、远、古、澹、恬、逸、雅、丽、亮、采、洁、润、圆、坚、宏、细、溜、健、轻、重、迟、速"。这24个字，不仅是对古琴审美特征的概括，而且几乎适用于所有的中国音乐。这二十四况大致可分为两类，前九况主要表示一种风格，后十五况则是对琴音音质音色的特定要求。

二十四况中，"和"最重要，《琴况》开首就说琴："其所首重者，和也。""和"就是中和，讲节制，有分寸。这之后的"静"、"清"、"澹"等诸况都与之联系，体现了儒道释三家思想在音乐上的融合。

五声和七音

东汉学者郑玄在《史记·乐书·集解》中指出："宫、商、角、徵、羽，杂比曰音，单出曰声。""宫""商""角""徵""羽"，这几个字相当于今天简谱中的"12356"。中国传统采用的音阶，就是用这5个字表示的五声音阶，以及以此为基础的七声音阶。这5个音叫做正音，七声音阶中，除了这5个音外，再加上2个偏音。传统的七声音阶有3种，最常见的叫做正声音阶，也叫做"雅乐音阶"或"古音阶"，是由五个正音和"变徵"、"变宫"两声组成。"变徵"相当于简谱中的4，"变宫"相当于简谱中的7。"变"在中国传统音乐理论中的意思是"低"。"变徵"、"变宫"就是比"徵"、"宫"低半个音的音。另外两种如下：一种是五个正音和"清角"、"变宫"的"下徵音阶"，也叫"清乐音阶"或"新音阶"；还有一种叫"清商音阶"或"燕乐音阶"，由五个正音加"清角"与"清羽"构成。"清"在中国传统音乐理论中表示"高"，"清角"比"角"高半个音，"清羽"比"羽"高半个音。

"宫商角徵羽"来源于何时，现在还没有定论，但在春秋时各种典籍已记载了，所以可以推断它们的出现不迟于春秋，甚至可推到西周或者商代。

三分损益法

三分损益法，是中国古代制定音律时所用的生律法，最早见于《管子》："凡将起五音，凡首，先主一而三之，四开以合九九，以是生黄钟小素之首以成宫；三分而益之以一，为百有八，为徵；不无有三分而去其乘，适足以生商；有三分而复于其所，以是生羽；有三分去其乘，适足以是成角。"这段话的意思是：凡是要起奏五音声调，先确立一弦而对其进行三等分，经过四次三等分的推演以合九九八十一之数（即三的四次方），由此产生黄钟小素的音调，这个作为基准音的声调就是宫声；三除八十一而将其一份加在八十一上，得一百零八，就是徵声；不再用三除而令一百零八减去其三分之一，得数七十二，由此而成为商声；再用三除七十二，并加在它的原数上，得到九十六，就是羽声；对九十六进行三分再减去其三分之一，得数六十四，就产生角声。简单地说，三分损益法就是根据某一标准音的管长或弦长，依照三分之一的长度比例进行加减，从而推算出其余一系列音律的管长或弦长。三分损益包

管仲像

含"三分损一"和"三分益一"两层含义。三分损一是指将原有长度作三等分而减去一份，而三分益一则是指将原有长度作三等分而增添一份。两种方法交替、连续运用，各音律就相应而生。

六律

古代五音、六律并称，律和音概念不同。什么是律呢？

所谓律，本来是指用来定音的竹管子。据说古人确定乐音的高低，是通过用十二个长度不等的律管，吹出十二个高度不同的标准音，这十二个高度不同的标准音，就称为十二律。十二律的名称是黄钟、大吕、太簇、夹钟、姑洗、仲吕、蕤宾、林钟、夷则、南吕、无射、应钟。十二律中的每一律，都有自己固定的音高，现在都可以和现代西方音乐对照。

古人在十二律的基础上，又有阳律、阴律的概念。奇数的六律是阳律，叫做六律，即黄钟、太簇、姑洗、蕤宾、夷则、无射；偶数的六律是阴律，叫做六吕，即大吕、夹钟、仲吕、林钟、南吕、应钟。六吕和六律合起来，叫做律吕。古人所说的"六律"，通常是指包括了阴律和阳律的十二律。

乐调

一般而言，古人以宫作为音阶的第一级音。但其他各音，实际上也可以作为音阶的第一级音，音阶的第一级音不同，调式自然也就不同了。如果以宫作为音阶的第一级音，乐调就是宫调式；以商作为音阶的第一级音，乐调就是商调式；以角作为音阶的第一级音，乐调就是角调式，其他依此类推。有五音，便有五种不同的调式，有七音，便有七种不同的调式，这就是乐调。

八音

古人还有八音的概念。所谓八音，实际是指上古时的八类乐器，这八类乐器是金、石、土、革、丝、木、匏、竹。根据古人的说法，金指钟镈，石指磬，土指埙，革指鼓鼗，丝指琴瑟，木指柷敔，匏指笙，竹指管箫。

钟　古代青铜制乐器，属八音之一，悬挂在架上，用槌击而鸣。单一的钟称为"特钟"，西周中期开始有用十几个大小不等的钟组成的编钟。

磬　古代石制乐器，属八音之一石类。用美石或玉雕成，悬挂在架子上，以槌物击之而鸣。单一的特磬见之于商代，周代出现由十几个大小不等的磬依次组成的编磬。

琴瑟　两种拨弦乐器，古属八音之一丝类。琴，亦称"七弦琴"，俗称"古琴"，周代已有。瑟，形似古琴，春秋时已流行，常与古琴合奏。《史记·司马相如列传》："是时卓王孙有女文君新寡，好音，故相如缪与令相重，而以琴心挑之。""琴心"，以琴声传达心意，用以指爱情的表达。《诗经·秦风·东邻》："既见君子，并坐鼓瑟。""琴瑟"并用比喻夫妇间感情和谐。《诗经·周南·关雎》："窈窕淑女，琴瑟友之。"

工尺谱

工尺谱是中国古代的一种记谱形式，以"工、尺"等字来对不同的音高符号命名是我国古代特有的记谱方法，是在管乐器的指法记号基础上演变而成的，大约诞生于隋唐。随着时代与音乐的变化和发展，也随着地区和乐种的不同，其记谱符号以及记写方式也不尽相同。明代中期以后，昆腔的流行带动了记谱法的推广和统一，工尺谱就在此过程中逐渐成为应用最广的一种谱式。

工尺谱的音高分别以上、尺、工、凡、六、五、乙代表现在音阶的

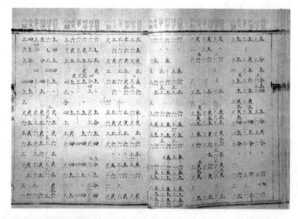

清人编的器乐合奏曲谱

1234567。其节奏符号，古代将其称为"板眼"。一般而言，板代表的是强拍，眼代表的是弱拍，板和眼基本上可以分为散板、流水板、一板一眼、一板三眼等多种形式。

清代乾嘉年间，出现了用工尺谱记写的管弦乐合奏总谱，这就是《弦索备考》。这部谱集共收入13首乐曲，又叫做"弦索十三套"。每首曲子都能用萧、笛、提琴等乐器进行演奏，它们各部工尺谱的音高、调号、节奏符号基本相同于常用工尺谱。这部乐谱的出现对全面记录民间音乐有很重要的意义，它是古代音乐人的心血结晶，更是中华民族音乐宝库中的珍贵财富。

十二平均律

十二平均律，也叫做"十二等程律"，是一种目前世界上通用的音乐律制，它把一组音分成12个半音音程，相邻两律之间的振动数之比完全相等。它是我国明代著名音乐理论家和数学家朱载堉创造出来的，他在乐理著作《律学新说》中，首次对十二平均律的理论进行了详细阐述，并在他的数学著作《嘉量算经》中，对十二平均律的数学演算进行了详细记述，这是他留给我们的珍贵文化遗产。

十二平均律用发音体的长度计算音高，假定黄钟的正律是1尺，通过计算得知低八度的音高弦长为2尺，然后对2开12次方，能够得到频率公比数，这个公比自乘12次后，就能够得到十二律中各律的音高，黄钟正好是各律的还原起点。通过这种方法，人们首次解决了十二律自由旋宫转调的难题，可谓是对世界音乐理论的重大贡献。

十二平均律还包括对乐音标准音高的阐述和相关法则和规律，借由这个原理，才能更为方便顺利地制造键盘乐器。钢琴键盘上的88个黑白键，就利用了这个原理。该理论的出现早于西方音乐家大约1个世纪。

李延年

李延年（？～前90年）是汉朝著名的宫廷乐师。年轻时曾因触犯刑律而被处以腐刑，在宫中当管狗的太监，但后来却由于"性知音，善歌舞"，而受武帝的器重。李延年歌声动人，曾经在汉武帝面前赞美他的妹妹："北方有佳人，绝世而独立，一顾倾人城，再顾倾人国，宁不知倾城与倾国，佳人难再得。"结果他的妹妹因此而受宠，被封为夫人，李延年也被封为掌管乐府的协律都尉，成为当时炙手可热的人物。不幸李夫人早逝，李家逐渐失宠，李延年也由于家人连累被杀。

李延年具有多方面的才能，除唱歌外，他还善于编曲创作，史称他"每为新声变曲，闻者莫不感动"。他曾经为司马相如等著名文人所写的19首郊祀歌词作曲，用于宫廷祭祀乐舞。他还对外来音乐进行加工创作，将张骞从西域带回的《摩柯兜勒》一曲改编为"新声二十八解"，用作仪仗队的军乐，为我国音乐的发展作出了卓越贡献。

赵飞燕

赵飞燕（？～前1年），原名宜主，本为长安宫人，家庭贫困，出生后父母将其遗弃，三天后见她还没有死去，才将其抚养起来。长大一些后，她被送到阳阿公主家做歌舞伎，逐渐显示出惊人的才艺，又因身轻如燕，而得号"飞燕"。一次，汉成帝造访阳阿公主，见到赵飞燕，十分欣赏，遂纳入宫中，先封为婕妤，再立为皇后，极其宠幸。赵飞燕姿容秀丽，身材轻盈，舞技出众，是中国古代最为知名的舞蹈家之一。传说她表演的一种舞蹈，手如拈花颤动，身形似风轻移，曼妙之极，堪称绝世而独立。对此，李白在赞美杨贵妃的《清平调》中曾写道："借问汉宫

赵飞燕歌舞图
史传赵飞燕体态轻盈、舞步曼妙，能作掌上之舞。

245

谁得似,可怜飞燕倚新妆。"绥和二年(公元前7年),汉成帝暴卒。太子刘欣即位,是为汉哀帝,赵飞燕被尊为皇太后。虽然赵飞燕曾经为祸后宫的恶劣行径备受群臣指斥,但是哀帝念及赵飞燕有恩于己,遂没有追究。六年后,哀帝驾崩,平帝即位。是时外戚王莽专权,下诏废其为庶人,赵飞燕随即自尽。

万宝常

隋唐时期由于音乐的全面繁荣,著名的音乐家多不胜数。其中著名的宫廷乐工万宝常(?~595年),是当时不能不提的重要音乐家。万宝常原是南朝人,后因父亲触犯北齐法规,不满10岁的万宝常被"配为乐户",一辈子只能当地位低下的乐工。后来他师从音乐家祖珽,成为一个"妙达钟律,遍工八音"的音乐大家。万宝常曾撰写过《乐谱》64卷,并提出了有名的八十四调理论,即一个音律有7个音阶,每个音阶上建立一个调,所以成为7个调。那么"十二律"即可得"八十四个音阶调式"。这一理论在隋朝并不受重视,直到唐朝,才被音乐界关注研究。万宝常的学说,为我国的音乐理论作出了突出贡献。此外,万宝常还使用水尺定音律,以代替传统的"管口校律"来调整乐器声音。

可惜万宝常生于乱世,一生经历四朝,并由于才能出众受到忌恨,终生未得重用。晚年他贫病交加,临死前将自己的著作付之一炬,这真是我国音乐界的一大损失。

李龟年

唐朝宫廷人才济济,李龟年是唐玄宗最为赏识的乐人之一。他和他的兄弟李彭年、李鹤年都以音乐闻名,其中又以李龟年最为有才。他能歌善舞,精通多种乐器,还善于作曲。王公贵族经常请他到府上表演,动辄以千金相赠。结果李氏兄弟在洛阳建造的宅第,规模甚至超过了公侯府第。"安史之乱"后,李龟年流落到江南,境遇十分凄惨。一次诗人杜甫偶然听到他的歌声,感叹不已,于是写下了著名的《江南逢李龟年》:"岐王宅里寻常见,崔九堂前几度闻。正值江南好风景,落花时节又逢君。"

唐玄宗

唐玄宗(公元685~762年)是一位具有卓越政治才干的君主,著名的"开元盛世"就是由他开创的。更难得的是,他还多才多艺。《新唐书·礼乐志》中说他通晓音律,酷爱法曲,在坐部伎中挑选300人,组成了一个新的音乐机构——梨园。如果有人在演奏时发生错误,他必能察觉,并亲自纠正。唐玄宗精通多种乐器,尤擅羯鼓,曾被大臣宋璟誉为"头如青山峰,手如白雨点"。此外,唐玄宗还能创作乐曲,如《紫云回》、《龙池乐》、《凌波仙》、《得宝子》等。他根据印度《婆罗门曲》改编的歌舞大曲《霓裳羽衣曲》,被誉为中国歌舞音乐一颗璀璨的明珠。作为一位帝王音乐家,唐玄宗对唐代音乐的影响不可估量。正是由于他的积极倡导,唐代音乐才得以与各民族音乐文化进行融合。应该说唐代音乐的繁荣,唐玄宗功不可没。

杨贵妃

杨贵妃(公元719~756年),名玉环,出家时道号为"太真",祖籍弘农华阴(今属陕西),后迁居蒲州永乐(今山西永济)。父杨玄琰任蜀州司户,故出生于成都。开元二十二年(公元734年),杨玉环成为唐玄宗之子李瑁的王妃,即寿王妃。5年之后,玄宗初次见到杨玉环,深为她的美艳所迷,于是以为窦太后荐福的名义令杨玉环出家为道,5年之后守戒期满,诏令还俗,接入宫中，而后玄宗又将杨玉环册封为贵妃。

杨贵妃不仅具有倾国之姿，尚有绝人之艺，是唐代十分出色的宫廷音乐家和歌舞家，艺术才华在后宫之中实属罕见。《旧唐书·杨贵妃传》记载："太真姿质丰艳，善歌舞，通音律，智算过人，每倩盼承迎，动如上意。"

作为才华卓著的舞蹈家，她最擅长表演《霓裳羽衣舞》。据说，唐玄宗创作《霓裳羽衣曲》后，杨贵妃略略一看，便依韵而舞，舞姿翩迁，宛如天女散花，表现了一种缥缈神奇的意境，令玄宗兴奋不已。在对《霓裳羽衣曲》的配舞中，杨玉环既吸收了传统舞蹈的表现手法，又融合了西域舞艺的回旋动作，使整个舞蹈绰约多姿，飘忽轻柔，与乐曲达到了完美契合，成为唐代乐舞中的精品。杨贵妃起舞，唐玄宗曾亲自为其伴奏，观毕赞叹说，"方知回雪流风，可以回天转地"，可见杨玉环的舞艺之精湛。

杨玉环还精通胡旋舞，身段飘摇，翻跃如风，令人眼花缭乱。白居易的诗中说"中有太真外禄山，二人最道能胡旋"。安禄山是当时的胡旋舞高手，虽然身材肥胖，可是跳起胡旋舞，却可以飞快地旋转，令人目不暇接。后来安禄山发动叛乱，杨玉环命丧马嵬坡。

杨贵妃像

杨贵妃（公元719～756年），蒲州永乐（今山西永济）人，小名玉环。据说杨玉环是宫中舞蹈大家，她表演的《霓裳羽衣舞》颇受玄宗喜爱。

《乐律全书》

明朝著名的音乐家朱载堉是明代开国皇帝朱元璋的九世孙，明宗室郑恭王朱厚烷的儿子。他早年学习天文、算术，后来在历学和数学方面取得了很大的成就。同时，朱载堉还具有非凡的音乐才华。嘉靖年间，朱载堉由于家庭遭遇变故，被迫离开王府，在一间土屋里独居了19年，一心钻研音乐、数学和历学，并写成了集乐律、乐谱、乐经、舞谱、数学和历学为一身的综合性巨著《乐律全书》。

《乐律全书》中的《律吕精义》内外两篇，详细地阐述了他所创造的新法密率。新法密率也叫"十二平均律"， 是一种将音乐中的八度音程均分为12个半音的中国古代律制。它在理论上解决了历代在旋宫问题上存在的矛盾，是音乐史上最早用等比级数音律系统阐明十二平均律的科学巨著。直到100多年后，德国音乐家威尔克迈斯特才提出相同的理论。

朱载堉在音乐上的另一成就是发明了校正律管（即用于定律的标准器）管口的方法——"异径管律"，它对解决管乐器的"管口校正"具有重要的意义。此外，朱载堉还改编了不少戏曲史料和民间曲调，在乐器的制作上也取得了一定的成就。

《高山流水》

《高山流水》大概是我国起源最早、影响最大的一首琴曲，取材于"伯牙鼓琴遇知音"的故事。文献如《列子·汤问》、《吕氏春秋·本味》中对此事都有记载，且经常为世人引用。故事说的是春秋战国时期的俞伯牙善于弹琴，而钟子期善听。伯牙弹琴志在高山，子期就说："妙啊，就像雄伟的泰山一样！"伯牙志在流水，钟子期就说："妙啊，就像烟波浩渺的江河一样！"每次伯牙弹奏，子期必能洞悉其心意，因此被伯牙视为知音。后钟子期不幸去世，俞伯牙非常悲痛，于是破琴绝弦，不再弹琴。

这个故事对后世的知音观念影响很大，更重要的是，它直接孕育了《高山流水》这首不朽的千古绝唱。不过现存的《高山流水》已经一分为二，变为《高山》和《流水》。在明清以后多种琴谱中，以清代唐彝铭所编《天闻阁琴谱》中所收川派琴家张孔山改编的《流水》最有名。他增加了以"滚、拂、绰、注"手法作流水声的第六段，成为最流行的谱本，后琴家多据此演奏。除琴曲外，《高山流水》还有筝曲。它同样取材于"伯牙鼓琴遇知音"的故事，只是风格与琴曲迥然不同。

《梅花三弄》

《梅花三弄》，又名《梅花引》、《玉妃引》，我国著名的古琴曲。明代朱权的《神奇秘谱》中记载，《梅花三弄》最早是东晋桓伊所奏的笛曲《梅花落》："桓伊出笛吹三弄梅花之调，高妙绝伦，后人入于琴。"在唐诗中也有对笛曲《梅花落》的描述，后改为琴曲。《梅花三弄》表现的主题因时代而有所不同。南朝至唐的笛曲《梅花落》大都表现离愁别绪，明清时的琴曲《梅花三弄》表现的是梅花傲雪凌霜、坚贞不屈的节操与品质。"梅为花之最清，

小学生表演古琴曲《梅花三弄》

琴为声之最清，以最清之声写最清之物，宜其有凌霜音韵也""三弄之意，则取泛音三段，同弦异征云尔。"后一句的意思是《梅花三弄》的结构采用循环再现的手法，重复整段主题三次，每次重复都采用泛音奏法，故称为"三弄"。

《阳关三叠》

《阳关三叠》是唐代著名的歌曲，又称《阳关曲》、《渭城曲》。歌词根据唐代著名诗人王维诗《送元二使安西》谱写而来："渭城朝雨浥轻尘，客舍青青柳色新；劝君更尽一杯酒，西出阳关无故人"。因为歌词要反复咏唱三遍，所以又称作《阳关三叠》。

《阳关三叠》传至后代，有多种曲谱和唱法，现存最早的谱本是明代初年龚稽古所编《浙音释字琴谱》（1491年）。另有其他琴歌谱共30多种，它们在曲式结构上有些差别，曲调则大同小异，都是简单纯朴，带着一丝挥之不去的淡淡离愁，并用反复的咏叹深化对友人的依依惜别之情，因此成为历来送别友人的经典曲目，而"阳关"也因此曲成为送友酬唱的代名词。流传至今的《阳关三叠》琴歌，出自清末张鹤所编《琴学入门》，全曲3大段，即3次叠唱。每次叠唱除原诗外，加入若干词句。《阳关三叠》除作为歌曲演唱外，亦经常作器乐演奏，其中以琴曲、筝曲、二胡曲较有影响。

《秦王破阵乐》

《秦王破阵乐》，属武舞类，由唐初乐歌《破阵乐》发展而来，为唐朝宫廷乐舞，是最著名的歌舞大曲之一，最初用于宴享，后来用于祭祀。据《旧唐书·音乐志》记载，唐高祖武德三年（公元620年），秦王李世民击破叛将刘武周，解除了唐朝的危局，河东（今山西永济）

士庶歌舞于道，军人利用军中旧曲填唱新词，欢庆胜利，遂有"秦王破阵"之曲流传于世。李世民即位后，诏魏征等增撰歌词7首，令吕才协律度曲，订为《秦王破阵乐》。贞观七年（公元633年），李世民又亲制《破阵舞图》，对舞蹈进行加工：左圆、右方、先偏、后伍、鱼丽、鹅贯、箕张、翼舒、交错屈伸、首尾回互、往来刺击，以象战阵之形，舞凡三变，每变为四阵，计十二阵，与歌节相应，共用乐工120（又说为128）人，戎装演习，擂鼓呐喊，声震百里，气壮山河，而后又调用马军两千人入场，景象极为壮观。后来，唐高宗时的《神功破阵乐》和唐玄宗时的《小破阵乐》，都是在《秦王破阵乐》的基础上改编而成的。《秦王破阵乐》不仅在国内流行了300年之久，而且还传播到了印度和日本。这支乐谱后来在国内失传，但却在日本保存下了琵琶谱、五弦琵琶谱、筝谱、竽篥谱、笛谱等多种谱本。

敦煌莫高窟217窟北壁"未生怨"壁画中有一习武的画面，共10人，一方5人执矛，一方5人执盾，作搏斗姿态，似为《破阵乐》或与此相类似的舞蹈。

《霓裳羽衣曲》

　　《霓裳羽衣曲》是唐代最负盛名的歌舞大曲之一，对于它的创作来历，众说纷纭。比较可信的是《霓裳羽衣曲》是由唐玄宗吸收西凉都督杨敬述所献的印度《婆罗门曲》创作而成。但是在歌舞的结构方面则遵循中原传统的相和大曲、清商大曲的三段式，分为散序、中序、曲破三个部分。因此《霓裳羽衣曲》是中外音乐相交融的结晶。

　　此曲的音乐以古老的《长安鼓乐》为素材，舞蹈则以敦煌壁画飞天的舞姿为借鉴，采用唐大曲结构形式精心排演而成。《霓裳羽衣曲》是女子舞蹈，表演者穿着孔雀毛的翠衣和淡彩色或者月白色的纱裙，肩着霞帔，头戴着"步摇冠"，身上佩戴许多珠翠，宛如美丽典雅的仙子。在表演舞蹈之前，先是一段"散序"，乐队的金、石、丝、弦等乐器次序发音，以独奏、轮奏等方式，演一段悠扬动听的旋律。在接着的"中序"的慢拍子中，装饰华美的舞者才开始上场。中序的节奏舒缓，舞姿主要是轻盈的旋转、流畅的行进和突然的回身，尤其是柔软清婉的"小垂手"舞姿，行动轻灵又迅急，衣裙像浮云般飘起，宛若仙子踏云而来。到"曲破"之后，节奏就加快了，急剧的舞蹈动作使身上环佩璎络叮当碰撞，这时，还有整齐的合唱，富有表情的说白，极富感染力。最后是"尾声"，节拍又慢下来，最后在一个拖长的音阶中终结。《霓裳羽衣曲》的演出方式并不完全固定，杨玉环表演过独舞形式的，也有双人舞形式的，后来也有用百名宫女组成的大型舞队表演成群舞。

《春江花月夜》

　　《春江花月夜》又名《夕阳箫鼓》、《浔阳琵琶》、《浔阳夜月》。它主要描绘的是月夜春江的迷人景色，赞颂了江南水乡的优美风姿。

　　它原是一首著名的琵琶传统大套文曲，明清时广为流传。乐谱最早见于鞠士林的手抄本，1895年李芳园在编辑《南北派十三套大曲琵琶新谱》时收入此曲，曲名《浔阳琵琶》。后人将此曲改为丝竹合奏，并根据《琵琶记》中的"春江花朝秋月夜"改名为《春江花月夜》。改编后的乐曲用二胡、琵琶、古筝、洞箫、钟、鼓等乐器演奏。全曲中没有一件乐器是从头演奏到底，但又一气呵成，毫无断线之感。全曲分为10段，按照中国古典标题音乐的传统，每段都有一个小标题。它们是江楼钟鼓、月上东山、风回曲水、花影层叠、水深云际、渔歌唱晚、回澜拍岸、桡鸣远濑、乃归舟和尾声。《春江花月夜》旋律古朴、典雅，节奏平稳、舒展，意境深远，具有很强的艺术感染力。

《汉宫秋月》

《汉宫秋月》是中国十大古曲之一，原为清代崇明派的琵琶曲，后来被改编为多种版本，现在流传的演奏形式在琵琶曲之外还有二胡曲、筝曲、江南丝竹等。乐曲得名于元代马致远的杂剧《汉宫秋》，《汉宫秋》讲述的是王昭君出塞和亲的事迹，《后汉书·南匈奴传》记载："昭君入宫数岁，不得见御，积悲怨，乃请掖庭令求行。"这支乐曲表达的就是古代宫女所怀有的那种深居宫中寂寞清冷而又无可奈何的哀怨悲愁的情绪，曲调细腻、幽雅、隽永、悲咽，一咏三叹，情景兼备，具有很深的艺术感染力。

《渔樵问答》

《渔樵问答》是一首古琴曲，为中国十大古曲之一，曲谱最早见于明代萧鸾撰写的《杏庄太音续谱》，其中记有这样的评语："古今兴废有若反掌，青山绿水则固无

春江花月夜图 现当代 任率英

恙。千载得失是非，尽付渔樵一话而已。"这支琴曲表达的是隐逸之士对不为凡尘俗事所羁绊的渔樵生活的向往。清代陈世骥在《琴学初津》中说："《渔樵问答》曲意深长，神情洒脱，而山之巍巍，水之洋洋，斧伐之丁丁，橹歌之矣乃，隐隐现于指下。迨至问答之段，令人有山林之想。"乐曲正是采用渔者和樵者问答的方式，以上升的曲调表示问句，下降的曲调表示答句，通过飘逸而优美的旋律，精确而形象地渲染出渔夫樵夫在青山绿水间怡然自乐的情趣和悠然自得的神态。

《胡笳十八拍》

《胡笳十八拍》原是一首琴歌，相传为汉魏时期著名的女诗人蔡文姬所作，是由18首歌曲组合的声乐套曲，由琴伴唱。"拍"在突厥语中即为"首"。"笳"则是中国古代北方民族的一种吹奏乐器，有点像笛子。起"胡笳"之名，想必是由于琴音融入了胡笳哀声的缘故。

今存曲谱有两种：一是明代《琴适》中与歌词配合的琴歌；二是清初《澄鉴堂琴谱》及其后各谱所载的独奏曲。后者影响尤大，全曲共18段，运用宫、徵、羽三种调式，音乐的对比与发展层次分明，前十来拍主要倾述作者对故乡的思念；后几拍则抒发作者惜别稚子的隐

痛与悲怨。全曲始终萦绕着一种缠绵悱恻、凄
婉哀怨的思念之情，让人听了不禁肝肠寸断。李
颀的《听董大弹胡笳》诗中云："蔡女昔造胡笳
声，一弹一十有八拍，胡人落泪沾边草，汉使断
肠对客归。"形象地说明了此曲非同一般的艺术
感染力。

《广陵散》

　　《广陵散》又名《广陵止息》，东汉末至
三国时已流行。"散"有散乐之意，是指有别于
宫廷雅乐的民间音乐。对于它的内容取材，一直
有两种说法。一是战国时聂政刺韩相的史实，见
于《战国策》和《史记·刺客列传》，说的是韩
国大臣严仲子与宰相侠累有仇。严仲子认为聂政
是个勇士，遂请其刺杀韩相侠累。于是聂政只身
前往韩国，刺杀了韩相侠累，然后自毁容貌，屠
肠身亡，体现了一种"士为知己者死"的高尚情

蔡文姬胡笳十八拍图　南宋　李唐

操。另外一种说法就是《广陵散》是《聂政刺韩
王曲》的异名。东汉蔡邕的《琴操》中是这样说的：聂政的父亲奉命为韩王铸剑，因为误了期
限，结果被韩王所杀。聂政为父报仇行刺失败，但他知道韩王好乐后，遂自毁容貌潜入深山，苦
心学艺10余年。在学成之后，他进宫为韩王弹琴，然后趁机从琴腹内抽出匕首，刺死韩王，然后
自杀。

　　这两种说法虽然略有不同，但都说明了《广陵散》讲的是一个有关刺客的悲壮故事，因此
全曲始终贯注着一股慷慨不平的激烈之气。现存的曲谱主要有三种：明朱权《神奇秘谱》本；明
汪芝《西麓堂琴统》甲、乙两种谱本。其中以《神奇秘谱》本最为完整。全曲共分45段，每段都
有与之相应的小标题，如取韩、发怒、冲冠、投剑等。全曲反复表现沉郁悲愤和慷慨激昂两种情
感，具有震撼人心的力量。在追求中和之美的古典音乐作品中，富有战斗精神的《广陵散》显得
独树一帜。

《平沙落雁》

　　著名古琴曲，又名《雁落平沙》，作者不详。这首琴曲最早的记载是明代《古音正宗》
（1634年），后有多种琴谱流传。对于本曲的曲意，各种琴谱的解题不尽相同。《古音正宗》
中说此曲："盖取其秋高气爽，风静沙平，云程万里，天际飞鸣。借鸿鹄之远志，写逸士之心胸
也……通体节奏凡三起三落。初弹似鸿雁来宾，极云霄之缥缈，序雁行以和鸣，倏隐倏显，若
往若来。其欲落也，回环顾盼，空际盘旋；其将落也，息声斜掠，绕洲三匝；其既落也，此呼彼
应，三五成群，飞鸣宿食，得所适情；子母随而雌雄让，亦能品焉。"全曲委婉流畅，隽永清
新，至今深受人们喜爱。

《十面埋伏》

　　《十面埋伏》是中国古代琵琶曲，作者不详。这是一首历史题材的大型琵琶曲，描写了公元

前202年楚汉两军在垓下最后决战的情景。汉军用十面埋伏的阵法击败楚军，最终迫使项羽霸王别姬、乌江自刎，汉军大获全胜。

关于《十面埋伏》产生的时间，至今没有定论。唐代白居易曾写过《琵琶行》，诗中有："银瓶乍破水浆迸，铁骑突出刀枪鸣。曲终收拨当心划，四弦一声如裂帛。"的诗句，可以看出当时白居易曾听到过表现激烈战斗场面的琵琶曲。明末清初人王猷定所著《四照堂集·汤琵琶传》中曾记载了当时著名音乐家汤琵琶演奏《楚汉》的情景，与《十面埋伏》在情节及主题上是一致的。可见早在16世纪以前，此曲已在民间流传。但是，它的曲谱最早见于1818年华秋苹所编《琵琶谱》，分13段：开门放炮、吹打、点将、排阵、埋伏、小战、呐喊、大战、败阵、乌江、争功、凯歌、回营。这首著名的琵琶古曲，描绘了战前的准备、激烈的战斗场面，以及悲壮惨烈的结局。整首乐曲具有壮丽辉煌的风格，气势雄伟，曲风激昂，使人心潮澎湃。

戏曲

戏曲

戏曲是中国传统戏剧的名称，包含了文学、音乐、舞蹈、美术、武术、杂技等各种因素。戏曲一词最早出现在元人陶宗仪的《南村辍耕录》中，当时指的是宋元杂剧。近代学者王国维扩大了戏曲的范围，使之成为包括宋元南戏、元明清杂剧、明清传奇以及京剧和所有地方戏在内的传统戏剧的统称。它们虽然名目各异，但有共同特色，即说唱结合，既有"戏"，又有"曲"，以曲为主。

早在原始社会歌舞已有萌芽，经过漫长的发展，不断地丰富革新，逐渐形成了完整的戏曲艺术体系。戏曲的渊源来自民间歌舞、说唱和滑稽戏三种不同艺术形式。发展成熟的中国戏曲，形成自己的特点，那就是集歌舞唱为一体，有较为固定的结构形式，角色逐渐脸谱化，情节相对简单化。这种高度艺术化的音乐歌舞形式能给欣赏者带来巨大的审美享受，但同时也制造了传播与接受的机遇。

戏曲的发展经历了先是下层民间艺人、书会才人的创作，再经文人作家的加工和由剧作家独立创作。历史上著名的戏剧家有关汉卿、王实甫、徐渭、汤显祖、李玉、李渔、洪昇、孔尚任等。这些作家，创作出许多优秀剧目，久演不衰，成为中国文化中的宝贵财富。

诸宫调

诸宫调是中国宋元时期盛行的一种大型说唱艺术。它的特点是有说有唱，以唱为主。歌唱部分是用多种宫调的多种不同曲调组成，所以称为"诸宫调"，又称"诸般宫调"。由于其曲调丰富，能说唱长篇故事，表现复杂的故事情节，所以广受人民喜爱，流传时间很长。

据北宋王灼的《碧鸡漫志》记载，诸宫调是北宋神宗（1068～1085年）年间孔三传首创。他把唐、宋词调，唐、宋大曲，宋代唱赚的缠令和当时北方流行的地方俗曲，按声律高低归入不同的宫调，来进行说唱。北宋末年是诸宫调的鼎盛时期。南宋建立后，诸宫调也随之传到了南方，逐渐演变成了南诸宫调，伴奏乐器主要是笛子；而传入金国燕京等地的诸宫调则演变成了北诸宫调，伴奏乐器主要是琵琶和筝。诸宫调由杂剧艺人来演唱，诸宫调与戏剧关系密切，但不是戏剧，只是一种类似大鼓书的说唱艺术。

宋末元初，到处都是四处流动的诸宫调戏班。但到了元朝末年，诸宫调逐渐衰落。明清时期，诸宫调演变为弹唱词。保存到现在的诸宫调作品有：《双渐苏卿诸宫调》、《西厢记诸宫调》、《刘知远诸宫调》等。

南戏

南戏大约诞生于北宋末年，是我国历史上最早出现的戏剧，也叫做"南曲戏文"，在当时的杂剧、唱赚、宋词等基础上发展而成的，曾经在南方民间广为流传。

早期南戏的戏剧结构比较简单，没有"折"、"出"之分，一个完整的剧本就是从头一直演到最后。舞台上最初也没有幕布，时间和空间的转换，完全靠唱、念、舞以及表演者的情态和观众的想象等来体现。南戏的创作者大多是爱好艺术创作的民间艺人，作品语言非常通俗，具有浓厚的民间色彩。我国现存的南戏早期剧本《张协状元》已完全具备戏剧的基本特征。该剧对剧中主人公的不幸遭遇进行交错对比描写，将生、旦与净、丑互相穿插，围绕故事和谐而综合地运用了独唱、宾白、科介等多种表现手段，清楚地体现了早期南戏戏剧结构、音乐形式和演出情况，是戏曲史上难得的资料。元末明初时期的南戏创作达到了高峰，当时出现了一系列的经典剧目，比如"五大南戏"《荆钗记》、《白兔记》、《拜月亭记》、《杀狗记》、《琵琶记》。

杂剧

唱、云、科是元杂剧表演艺术的核心，唱即演唱，主要由一个角色从头唱到尾；云又叫宾白，有诗对宾白、教语宾白和类似顺口溜的宾白等几种形式；科大体上来说包括身段、武术、歌舞等。在表演形式上，元杂剧继承了宋金杂剧的特色，由上、下门出入，确立了中国戏曲独有的上下场的连场形式；在角色分行上，元杂剧扩充了宋金杂剧的基础，形成了旦、末、净、外、杂等各行；在面部化妆和表演服饰上，元杂剧在宋金杂剧的基础上也有所发展。

元杂剧的形成是中国戏曲发展到成熟阶段的重要标志，它的代表剧目有：关汉卿的《窦娥冤》、《救风尘》，王实甫的《西厢记》，马致远的《汉宫秋》，白朴的《梧桐雨》等。

昆曲

昆曲是我国传统文化艺术中的珍品，是我国传统戏曲中最古老的剧种之一，已经有六七百年历史。它起源于元朝末年的昆山地区，又叫做"昆剧"，是由元代末年的顾坚创立的，最初叫昆山腔。

明朝嘉靖年间，戏曲音乐家魏良辅对昆山

洪洞明应王殿元杂剧壁画（摹本）

画高 411 厘米，宽 311 厘米。画上横额为"大行散乐忠都秀在此作场"，并注明是泰定元年（1324 年）。画面是演出的舞台，靠后有大幅台幔，上有绘画两幅。左面是一壮士执剑，作砍杀状；右面是青龙张牙舞爪，作抗拒状。其用途是隔开前后排。台上十人，前后各五人，其中七人为化装的剧中人物，其余三人是鼓、笛、拍板的伴奏者。可见当时时兴演奏者同台的风气。

腔进行改进，立足南曲，吸取北曲长处，促成了集南北曲优点于一体的"水磨调"的形成，这就是昆曲。后来，昆曲不断传播，成为传奇剧本的标准唱腔，并最终发展成为全国性剧种。到清朝乾隆年间，昆曲达到鼎盛。原本以苏州的吴语语音演唱的昆曲因广泛传播，难免带上流传地的特色，故而流派众多。

昆曲音乐的结构属于联曲体结构，也可以称之为"曲牌体"。昆曲常用的曲牌有上千种，包括唐宋时期的词调、词牌、民歌等在内，可谓是采众家之长。昆曲的创作是以南曲为基础的，同时也使用北曲的套数，常常使用"犯调"、"借宫"、"集曲"等方法。昆曲主要以笛子为伴奏乐器，以笙箫、唢呐、琵琶等作为辅助。昆曲字正、腔清、板纯，唱腔极富韵律感，抒情性强，表演优美细腻，歌舞结合巧妙。

在长期的演出实践中，昆曲积累了大量优秀演唱剧目。其中脍炙人口的有王世贞所写的《鸣凤记》、汤显祖所写的《牡丹亭》、《紫钗记》等。

京剧

京剧是发源于19世纪中期的北京的一种综合性的戏曲表演艺术，是在继承昆曲、京调、弋阳腔等剧种的语言、音乐、舞蹈等艺术元素的基础上，又吸收各地民间艺术逐渐发展起来的。所以说，京剧是戏曲艺术的集大成者。

在唱腔方面，京剧的曲调极其丰富，除西皮、二黄以外，还有昆曲、吹腔、四平调、高拨子、南梆子、民间小调、小曲等，以西皮、二黄为主。一般来说，西皮善于表现活泼、欢乐，而二黄则以表现悲哀咏叹为主。两种唱腔都有很多板式，构成优美的唱腔。

在表演方面，京剧更具戏剧化，形成了不同于其他艺术门类的表演艺术风格。京剧表演艺术中程式化的东西，塑造人物形象上的行当分类，诸如生、旦、净、末、丑各类型人物的唱、念、坐、打以及喜、怒、哀、乐各种不同的表演模式，都是继承发展传统的戏剧艺术表现手法的基础上产生的。

京剧乐队由弦乐、管乐、弹拨乐和打击乐组成。京剧的乐器非常丰富，大约有二十几种之多，如单皮鼓（小鼓）、板（檀板、拍板）、堂鼓（同鼓）、大堂鼓（南堂鼓）、大锣、小锣、钹、汤锣、京胡、二胡、小三弦、月琴、笛、笙、唢呐等。

京剧产生之后，曾经在清廷内得到空前发展。清末民初，京剧艺术达到鼎盛，产生了一批不朽的艺术家和杰出作品，名扬海内外，被誉为中国的国粹艺术。

四大徽班进京

徽班进京是京剧发展的标志性事件。清朝乾隆五十五年（1790年），为了庆祝乾隆80岁的寿辰，当时在扬州的三庆班在高朗亭的带领下赴北京演出，开启徽班进京的历程。嘉庆年间，扬州的四喜、和春、春台三个徽班陆续进京，与早先进京的三庆班被合称为"四大徽班"。四大徽班进京后，不断吸收各地方剧种从剧目到表演方法等各种优点，对自己的戏曲艺术进行充实和改进，艺术表现力因而不断增强。徽班中的三庆班的声腔和剧目极为丰富，但主要唱"二簧"声腔，其戏曲水平和吸引力远远超过在当时盛行一时的秦腔，致使很多原本服务于秦腔的演员转入徽班，秦腔和徽班从此有了融合。其他三大徽班进京的结果是击垮了多年来盛行的昆剧，昆剧演员也因为失业而逐渐转入徽班。清代道光年间，湖北戏曲班子也有很多较为优秀的成员进京，他们将汉调和西皮调带到京城，就此形成了与徽班的二簧相融合的"皮簧戏"。"皮簧戏"具有"京音"特色，北京味浓郁，后来这种形式的戏曲传到上海，被上海人叫做"京戏"或"京剧"。这就是京剧的正式得名。

徽班进京 清

清代乾隆年间（1736～1795年）活跃于北京剧坛的四个著名安徽戏班（三庆、四喜、和春、春台）同时适应北京观众多方面的需要和发挥各班演员的特长，逐渐形成了四大徽班各自不同的艺术风格，表现为三庆的轴子（指三庆班以连演整本大戏见长）、四喜的曲子（指四喜班以演唱昆曲戏著称）、和春的把子（指以擅演武戏取胜）、春台的孩子（指以童伶出色），出现了"四徽班各擅胜场"的局面。嘉庆、道光年间（1796～1850年），汉调（又称楚调）艺人进京，参加徽班演出。徽班又兼习楚调之长，为汇合二黄、西皮、昆、秦诸腔向京剧演变奠定了基础。因此"四大徽班"进京，被视为京剧诞生的前奏，在京剧发展史上具有重要意义。清末宣统二年（1910年），"四大徽班"已相继散落。

同光十三绝

　　"同光十三绝"指的是清同治、光绪年间，京剧舞台上享有盛名的十三位演员。画师沈蓉圃绘制他们的剧装画像，这幅画传世以后，他们被称为"同光十三绝"。这十三位京剧演员分别是程长庚（老生，饰《群英会》之鲁肃）、张胜奎（老生，饰《一捧雪》之莫成）、卢胜奎（老生，饰《战北原》之诸葛亮）、杨月楼（武生，饰《四郎探母》之杨延辉）、谭鑫培（老生，饰《恶虎村》之黄天霸）、徐小香（小生，饰《群英会》之周瑜）、梅巧玲（花旦，饰《雁门关》之萧太后，梅兰芳的祖父）、时小福（青衣，饰《桑园会》之罗敷）、余紫云（青衣花旦，饰《彩楼配》之王宝钏）、朱莲芬（旦，饰《玉簪记》之陈妙常）、郝兰田（老旦，饰《行路训子》之康氏）、刘赶三（丑角，饰《探亲家》之乡下妈妈）和杨鸣玉（丑角，饰《思志诚》之闵天亮）。

　　"同光十三绝"所饰演的角色包括老生、武老生、武生、小生、青衣、花旦、老旦、丑角，他们以自己杰出的艺术成就，对京剧艺术的进步作出卓越贡献。

生旦净末丑

　　生旦净末丑是京剧里的五个主要行当，又称角色。生行，简称"生"。生行分为须生（老生）、红生、小生、武生等。须生（老生）：扮演中年以上的剧中人，因口戴胡子故名。红生：扮演勾红脸的须生。小生：扮演翎子生（带雉翎的大将、王侯等），纱帽生（官生）、扇子生（书生）、穷生（穷酸文人）等。武生：指戏中的武打角色。

　　旦行简称"旦"，分青衣、花旦、老旦、武旦、刀马旦等。旦角全为女性。青衣：扮演贤妻良母型角色。花旦：扮演皇后、公主、贵夫人等角色。武旦、刀马旦：扮演武功见长的女性。老旦：扮演中老年妇女。

　　净行，简称"净"，亦叫花脸。净行又分为以唱为主的铜锤花脸与黑头花脸、以工架为主的架子花脸（如大将、和尚、绿林好汉等）及武花脸与摔打花脸等。

　　末行，简称"末"，多为中年以上的男性，专司引戏职能，如打头出场者，反其义而称为"末"。

丑行简称"丑"，主要饰演丑角，又分文丑、武丑。文丑又分为方巾丑（文人、儒生）；武丑，专演跌、打、翻、扑等武技角色。

唱念做打

京剧表演艺术是一种高度程式化、戏剧化的综合的歌舞表演形式，唱、念、做、打是其中最为基本的四种艺术手段。唱念做打是京剧演员，以及所有戏曲演员所必备的四种基本功。

唱包括咬字、归韵、喷口、润腔等各种发音技巧以及吐字发声的规律，演员学习唱功必须学会喊嗓、吊嗓，以扩大音域和音量，提高演唱技巧，以及根据人物特点用唱来表现人物的精神和内心。

念白基本上有韵白和散白两类之分，是一种经过艺术提炼的语言，节奏感和音乐性很强。念白常常用来作为唱的辅助手段，以表达戏剧中人物的性格和内心，是京剧艺术很重要的表演手段。

做功是一种经过规范的、舞蹈化的包括手、眼、身、步在内的形体动作，演员必须灵活运用以突出剧中人物的性格等各方面的特点，从而更好地塑造艺术形象。

打是将传统的武术经过艺术加工变为舞蹈化的动作，是生活中格斗动作经艺术化提炼的结果。基本分为把子功和毯子功两种。这对演员的武打功底要求很高，常常出现高难度动作，有利于深刻展示人物内心，以及提高舞台魅力。

民国《四进士》戏画

做是对戏曲演员的身段、表情、气派、风度等表演的总称，是戏曲表演的主要组成部分，也是舞台行动的主要组成部分。戏曲的做，多为程式性的动作，大都写意。《四进士》故事见于鼓词《紫金镯》，讲述明代嘉靖年间，新科进士毛朋、顾读、田伦、刘题四人沉浮官场的故事。图画中为杨素贞在公堂受审的情形。她痛诉冤情，不禁泪湿衣襟，为表现这种冤悲的心情，她用长袖作拭泪状。堂上大人前倾身子，右手指向杨，表明他在询问和倾听。

脸谱

脸谱是中国戏曲艺术的重要组成部分，也是最重要的特征之一，它又称"花脸"，主要用于净、丑角色所扮演的各种人物，生、旦角色很少采用。

戏曲脸谱分为净角脸谱和丑角脸谱两类，从历史上来看，丑角脸谱出现得较早，而净角脸谱是在戏曲成熟以后，由民间艺人逐步创作出来的。最早的净角脸谱出现于元代，当时元杂剧中出现了一些性格豪放、粗犷、严正的正面角色，但是当时没有适合于表现他们性格和精神的化妆形式，于是戏曲艺术家们就根据剧本的描写，创作出了净角脸谱的雏形。后来，随着戏曲的不断发展，戏剧角色的不断增多，为更好地突出角色的性格特点，戏曲脸谱也随之精致、多样起来。戏曲脸谱有各种谱式名目，谱式是对构图相近的一类脸谱的概括性称谓，早先的戏曲脸谱的形式比较单一，整个面部基本都涂一种颜色，只是在眉眼的位置上作重点化妆，直到清朝初期才开始出现多种样式的谱式。以京剧为例，基本谱式有以下几种：

整脸：脸上只涂一种颜色，或红或黑或白。红脸用白笔或者黑笔画眉，用黑笔画眼及表情纹；黑脸则用白笔画眉；白脸用黑笔画眼、鼻及表情纹。红脸和黑脸主要用于正面角色，如包拯、关公、赵匡胤等，白脸则用于那些外表光鲜、内心险恶的奸臣角色，如严嵩、潘洪等。

三块瓦脸：也称三块窝脸，脸即用黑笔把眉、眼、鼻"三窝"高度夸张地勾画出来，给人一种浓眉大眼、竖眉立目的感觉，包括老三块窝脸和花三块窝脸。

十字门脸：脑门涂白，两腮涂粉红，有小灰色小圆眉子，特点是自脑门到鼻子尖画有黑色立柱纹，同两个黑眼窝合起来像一个"十"字。主要用于老年正面角色，如高旺、姚期等。

花十字脸：是在保持十字门脸基本形式的前提下，在细部进行细致的刻画，主要用于牛皋、项羽、张飞等粗鲁豪放的角色。

六分脸：即脑门涂白，眼窝以下涂一种颜色，黑色、红色或者紫色，上下比例为四比六。主要用于老年正面角色，黑色六分脸也可以用于壮年角色。

元宝脸：即眉眼以下部分画脸，脑门不涂或者涂淡红色，主要用于社会下层的人物。

碎花脸，与整脸恰恰相反，是所有谱式中色彩、构图最复杂的一种，主要用于凶猛、怪异的角色。

歪脸：特点是颜色、构图不对称，用于表现相貌反常、丑陋的角色。

梨园行

唐朝是音乐最为繁荣的时代，与此相称的是音乐机构的高度成熟。当时最著名的音乐机构当数梨园。

熟悉戏曲的人都知道，梨园其实就是戏曲界的别称，著名诗人白居易在《长恨歌》中就曾写过这样的诗句："椒房青娥红颜老，梨园子弟白发新。"可见这个名称从唐朝起就已经存在了，那时它是一种宫廷设立的音乐机构，意义远没有现在宽泛。不过由于梨园的巨大影响力，它的意义逐渐扩大，人们把从事歌舞表演的行业叫做"梨园行"，从事歌舞、戏曲、曲艺表演的演员叫"梨园弟子"。

说起梨园，不能不提起唐玄宗。《新唐书·礼乐志》载："玄宗既知音律，又酷爱法曲，选坐部伎子弟三百，教于梨园。声有误者，帝必觉而正之，号皇帝梨园弟子。"从这可知，梨园是唐玄宗为了培养优秀的宫廷乐工演奏法曲所设，因设于宫廷禁苑果木园圃"梨园"而得名。梨园的主要职责是教习法曲和训练乐器演奏人员，由于皇帝经常亲自参与教习，这些乐人也被称为"皇帝梨园弟子"。除宫中梨园，在长安和洛阳的太常寺内还分别设有"太常梨园别教院"和"梨园新院"，前者主要演奏新创作的歌舞大曲，后者演奏民间音乐。

秦腔

秦腔是发源于古代陕西、甘肃等地的民间小曲，成长壮大于历史文化名城西安，历经各朝各代的艺术家反复锤炼、创造，而逐渐形成。古时陕西、甘肃一带属秦国，所以称之为"秦腔"。因为早期秦腔演出时，常用枣木梆子敲击伴奏，故又

秦腔《三滴血》场景雕塑

《三滴血》为秦腔"易俗社"作家范紫东所写，叙述了五台县令晋信书，不查实情，以滴血之法判嗣，拆散父子，造成冤案的故事，嘲讽了迷信教条和封建道学的虚伪。

名"梆子腔"。秦腔成形后，流传全国各地，因其一整套成熟、完整的表演体系，对各地的剧种产生了不同程度的影响，并直接影响了梆子腔剧种的发展，成为梆子腔剧种的始祖。

秦腔的表演技艺朴实、粗犷、豪放，富有夸张性，生活气息浓厚，技巧丰富。其身段和特技有：趟马、吐火、喷火、担子功、翎子功、水袖功、扇子功、鞭扫灯花、顶灯、咬牙、耍火棍、跌扑、髯口、蹻工、獠牙、帽翅功等。秦腔的唱腔分为欢音和苦音两类，欢音善于表现轻快活泼、喜悦的感情，而苦音则长于表现悲愤、凄凉的感情，丰富多彩的唱腔能够很好地表现各种感情。秦腔的主要伴奏乐器为板胡。秦腔的角色分类有"十三门二十八类"之说，即角色分为四生、六净、二旦、一丑等十三门，而这十三门又可细分为二十八类。各门各类都有其特色，都有著名的演员、著名的戏剧段落。

秦腔的传统剧目数以万计，其中以取材于"三国"、"杨家将"、"说岳"等英雄传奇或者悲剧故事的剧目居多，剧目无论在数量还是题材的广度都居全国300余种戏剧之首。其中经常演出的曲目有《春秋笔》、《八义图》、《紫霞宫》、《玉虎坠》、《和氏璧》、《麟骨床》等。

川剧

川剧是起源于四川，长期流行于四川、云南、贵州等几个西南省份，是人们喜闻乐见的一种地方戏剧。

明末清初，陆续有大批各地移民进入四川，以及各省在四川的会馆纷纷建立，全国各地的南腔北调也相继被移植到四川各地，这些剧种在长期的发展过程中，相互融合、相互借鉴，又结合当地的风俗、方言以及各种民间戏曲，逐步形成了一种具有四川特色的剧种，就是川剧。

川剧的声腔主要由昆曲、高腔、胡琴、弹戏以及灯腔等五种声腔组成，其中除灯腔发源于四川本地以外，其他四种腔调都来自外地。这五种声腔再加上为这五种声腔伴奏的各种乐器，形成了形式多样、曲牌丰富而又风格迥异的川剧音乐形式。

高腔，是川剧中最重要的一种腔调。川剧高腔拥有众多的曲牌数量，剧目广、题材多、适应性强，兼有南曲和北曲中高亢激越、婉转抒情的特点。川剧中的昆曲来源于江苏的昆曲，川剧艺术家利用昆曲长于歌舞的特点，往往将昆曲中的单个曲牌融入到其他唱腔中演出，形成独具特色的川剧昆腔，简称"川昆"。胡琴是西皮和二簧的统称，因为二者的主要伴奏乐器都为"小胡琴"，所以这样统称。川剧胡琴来源于湖北汉调和安徽徽调，吸收了陕西汉中二簧和四川扬琴唱腔中的优秀部分发展而成，其中川剧西皮腔善于表现激昂、高亢或者欢快的感情，而川剧二簧则长于表现沉郁、悲凉的感情。川剧的弹戏来源于陕西的秦腔，属于梆子系统，故俗称"川梆子"。川剧弹戏以盖板胡琴为主要伴奏乐器，用梆子敲击节奏。曲调有善于表现喜感情的"甜平"和善于表现悲感情的"苦平"两种。灯腔，来源于四川本地，是川剧唱腔中最具本地特色的一种。灯腔是由四川传统的灯会歌舞演化过来的，乐曲短小、节奏明快、轻松活泼，所演的多数是民间小戏，唱的也都是民间小曲，具有浓厚的生活气息。另外，川剧中还有许多具有浪漫主义色彩的表演特技，如吐火、藏刀、顶油灯等，其中影响最大、最具特色和最常见的是变脸，演员往往能在极短的时间内变换出十多张面孔，表现角色情绪和心理的突然变化，极具观赏性。

豫剧

豫剧，原名"河南梆子"、"河南高调"等，流行于河南、陕西、甘肃、山西等地，是我国最重要的地方剧种之一。豫剧发源于陕西的梆子腔，即所谓的秦腔。清朝初期，秦腔传入河南，入乡随俗，开始用河南口音演唱，吸收了河南本地的民间小调等民间艺术形式的精华，并受到了昆曲、弋阳腔、皮黄腔等外省剧种的影响，在乾隆年间正式形成具有河南特色的剧种。乾隆嘉庆年间，豫剧迅速发展壮大，成为河南省重要的剧种。

豫剧的音乐分为四大流派，分别是：以开封为中心的"祥福调"，以商丘为中心的"豫东调"，流传于洛阳的唱法"豫西调"，流传于河南东南部沙河流域的唱法"沙河调"等。其中影响最大的是豫东调和豫西调。豫剧的各种流派虽然有诸多不同，但是共性大于个性，作为统一的一个剧种，豫剧具有以下特点：首先，豫剧注重唱功，演出中常有大段的唱词，相对来说动作少一些；其次，豫剧具有较大的自由性，唱词、说白、动作等都没有固定的模式，演员可以根据自己的理解，做一些创造；再次，豫剧与民间艺术结合紧密，常常把杂技、武术等技艺的动作融合到舞台表演中来，显得粗犷火暴；最后，豫剧的唱词通俗易懂，好学好唱。

豫剧的角色行当分为"四生四旦四花脸"，即老生、红生（大、小红脸）、小生等四生；老旦、小旦、正旦、帅旦等四旦；黑脸、大花脸、二花脸、三花脸等四花脸。豫剧的伴奏乐器分文武戏，文戏用三弦、板胡、月琴伴奏，武戏用板鼓、堂鼓、大锣、小锣、手镲、梆子、手板等伴奏。

豫剧的传统剧目有600多个，其中经典曲目有《对花枪》、《三上轿》、《提寇》、《铡美案》、《十二寡妇征西》、《花木兰从军》等。

粤剧

粤剧是中国南方的重要剧种，流行于广东、广西以及港澳台地区。东南亚、北美、大洋洲等有广东籍华人聚集的地区，也常有粤剧演出。

明末清初，江浙地区的昆曲班子，江西的弋阳腔班子陆续到广东地区演出，引起了广东人民的关注，受到他们的影响，广东本地人创建了自己的戏剧班子，称为"本地班"。本地班的唱腔吸收昆曲及弋阳腔的部分优点，融合本地歌舞戏曲的特点，念白全用本地方言，形成了独具一格的广腔。清朝嘉庆、道光年间，随着弋阳腔、昆腔的衰落和梆子戏的传入，本地班开始以梆子为主要唱腔，后来安徽徽班的影响日益扩大，本地班又吸取了徽班的部分特点，发展成为以"梆簧"（即梆子、二簧）为基本唱腔，同时又保留了昆腔、弋阳腔部分曲目的"粤剧"。清朝咸丰年间，本地班响应太平天国起义，组织武装与清兵搏斗，被清朝残酷镇压，使粤剧遭封杀长达15年之久。粤剧中的精品剧目有《平贵别窑》、《赵子龙催归》、《凤仪亭》、《罗成写书》、《西河会》、《山乡风云》等。

古典十大悲剧

中国古典十大悲剧是：《窦娥冤》（杂剧，元朝关汉卿）、《汉宫秋》（杂剧，元朝马致远）、《赵氏孤儿》（杂剧，元朝纪君祥）、《琵琶记》（南戏，明朝高则诚）、《精忠旗》（传奇，明朝冯梦龙）、《娇红记》（杂剧，明朝孟称舜）、《清忠谱》（传奇，清朝李玉）、《长生殿》（传奇，清朝洪昇）、《桃花扇》（传奇，清朝孔尚任）和《雷峰塔》（传奇，清朝方成培）。

千百年来，这些悲剧一直在舞台上上演，经久不衰，深受广大人民喜爱。鲜明的人物形象、感天动地的故事情节，打动了一代又一代人。在文化普及率很低的时代，人们从这些故事中得到了教育和熏陶，深化了对现实生活的认识，鼓舞自己的生活热情，提高了道德情操。中国古典十大悲剧是中国戏剧的代表，是中国文化艺术珍品。

古典十大喜剧

中国古典十大喜剧是：《救风尘》（杂剧，元朝关汉卿）、《西厢记》（杂剧，元朝王实甫）、《看钱奴》（杂剧，元朝郑廷玉）、《墙头马上》（杂剧，元朝白朴）、《李逵负荆》（杂剧，元朝康进元）、《幽闺记》（传奇，元朝施君美）、《中山狼》（杂剧，明朝康海）、《绿牡丹》（传奇，明朝吴炳）、《玉簪记》（传奇，明朝高廉）和《风筝误》（传奇，清朝李渔）。

这些喜剧深受人们喜爱，它们那深邃的思想、纷繁复杂的主题和扑朔迷离的情节倾倒了无数观众。剧中人物敢爱敢恨，幽默机智，同腐朽势力斗智斗勇的故事，使人们认清了封建统治者的虚伪本质，鼓舞了人们同封建统治者斗争的勇气和信心。十大喜剧因其优美的文辞和精湛的音乐，具有极高的艺术价值，成为中国文学艺术库藏中的璀璨瑰宝，彪炳百代。

《西厢记·长亭送别》瓷板画

《西厢记》的剧情虽然没有脱离传统的"私定终身后花园，落难公子中状元"的模式，但其语言却纯熟优美。作者善于运用古典诗词酝酿气氛，炼字造句，创造了诗一般的意境，形成剧本优雅的风格。此幅绘《西厢记》故事长亭送别一幕，用工笔勾描更宜表现绵长细腻的感情。

《窦娥冤》

元代关汉卿作。关汉卿（约1220 1300年），号已斋（一作一斋）、已斋叟，汉族，解州（今山西运城）人。一生创作的杂剧有六十多种，是我国戏剧的创始人，与马致远、郑光祖、白朴并称为"元曲四大家"。《窦娥冤》是关汉卿的代表作，也是我国古代悲剧的代表作。全名《感天动地窦娥冤》，全剧为四折一楔子，它的故事渊源于《列女传》中的《东海孝妇》。剧情说楚州贫儒窦天章因无钱进京赶考，无奈之下将幼女窦娥卖给蔡婆家为童养媳。窦娥婚后丈夫去世，婆媳相依为命。蔡婆外出讨债时遇到流氓张驴儿父子，被其胁迫。张驴儿企图霸占窦娥，见她不从便想毒死蔡婆以要挟窦娥，不料误毙其父。张驴儿诬告窦娥杀人，官府严刑逼讯婆媳二人，窦娥为救蔡婆自认杀人，被判斩刑。窦娥在临刑之时指天为誓，死后将血溅白绫、六月降雪、大旱三年，以明己冤，后来果然都一一应验。三年后窦天章任廉访使至楚州，窦娥鬼魂诉冤，于是重审此案，为窦娥申冤。作品成功地塑造了"窦娥"这个被压迫、被剥削、被损害、善良、坚强、反抗的妇女形象。戏曲语言既本色又当行，具有"入耳消融"的特点，没有艰深晦涩的毛病。关剧在词曲念白的安排上也恰到好处，曲白相生，自然熨贴，不愧是当时戏曲家中一位"总编修师首"的人物。

《琵琶记》

元末南戏，高明撰。高明，字则诚，号菜根道人，今浙江瑞安人。全剧四十二出。《琵琶记》是根据早期的宋元南戏《赵贞女蔡二郎》改编的。原剧写蔡二郎（即汉代著名文士蔡邕）考中状元后抛弃双亲和妻子，入赘相府，最终被雷劈死的故事。《琵琶记》把人物形象和故事的结局进行重大改造，把蔡伯喈变为一个"全忠全孝"的书生，强调了封建伦理的重要性，希望通过戏曲起到教化作用。《琵琶记》的人物很有个性，其主要人物已成为艺术典型。赵五娘是全剧中最为光辉的人物，贤孝妇形象光彩照人。丈夫进京赶考，她独自一人在家侍奉公婆，承担起家庭的全部重担。饥荒年间，她把少得可怜的粮食留给公婆，自己却在背后偷偷吃糠。公婆死了，无钱买棺材，她剪下头发，沿街叫卖。无钱请人埋葬公婆，她就用麻裙包土筑坟坟。然后描容上路，进京寻夫。在极度艰难的环境中，她含辛茹苦，任劳任怨，自我牺牲，尽心尽力承担起生活重担。全剧典雅、完整、生动、浓郁，显示了文人的细腻目光和酣畅手法。它是高度发达的中国抒情文学与戏剧艺术的结合。《琵琶记》被誉为传奇之祖，是我国古代戏曲中一部经典名著。

《西厢记》

全名《崔莺莺待月西厢记》。作者王实甫，元代著名杂剧作家。故事最早起源于唐代元稹的传奇小说《莺莺传》，董解元的《西厢记诸宫调》是王实甫创作的《西厢记》的直接蓝本。全剧五本二十一折，突破了杂剧创作一剧四折的体例。此剧一上舞台就惊倒四座，博得男女青年的喜爱，被誉为"《西厢记》天下夺魁"。剧中叙述了书生张珙游于蒲州，寄宿普救寺。适逢崔相国夫人携女莺莺扶相国灵柩回家乡安葬，途经普救寺，借宿于此。张生游殿，与莺莺相遇，两人一见倾心。在婢女红娘的帮助下，两人在西厢约会，莺莺以身相许。后两人来往之事被老夫人发现，出于无奈，只得答应了张生与莺莺的婚事。但老夫人又以崔家三代不招白衣秀士为由，逼张生赴京应试，待张生应试及第后，才允许他与莺莺成亲。后张生高中皇榜，归来求亲，有情人终成眷属。剧本歌颂了以爱情为基础的结合，否定封建社会传统的联姻方式，正面提出了"愿天下有情的都成了眷属"的主张，具有鲜明的反封建礼教和封建婚姻制度的主题。几百年来，它曾深深地激励过无数青年男女的心。对后来以爱情为题材的小说、戏剧创作影响很大，《牡丹亭》、《红楼梦》都不同程度地从它那里吸取了反封建的民主精神。

听琴　今人王叔晖绘《西厢记》剧情
《西厢记》因为其曲文的无比优美和抒情性被视为一部诗剧，其"愿天下有情的都成了眷属"更寄托了人们的美好愿望。

《牡丹亭》

全名《牡丹亭还魂记》，也称《还魂梦》或《牡丹亭梦》。作者汤显祖（1550 1616年），字义仍，号若士，江西临川人。《牡丹亭》是他创作的"玉茗堂四梦"（或称"临川四梦"）（其他为《紫钗记》、《邯郸记》和《南柯记》）中最得意之作。全剧五十五出，据明人小说《杜丽娘慕色还魂》改编而成。戏剧写了南安太守杜宝的女儿杜丽娘，冲破约束，私自游园，触景生情，梦中与书生柳梦梅幽会，从此一病不起，怀春而死。杜宝升官离任，在女儿的墓地建造了梅花观。柳生进京赴试，借住观中。他在园内拾得杜丽娘的自画像，情有所钟，百般呼唤，终于和画中人的阴灵幽会。柳生掘墓开棺，杜丽娘起死回生，两人结成夫妇，同往临安。杜丽娘的教师陈最良往临安向杜宝告发柳生盗墓之罪。柳生在临安应试后，恰逢金兵南侵，延迟放榜。安抚使杜宝在淮安被围。柳生受杜丽娘嘱托，送家信传报还魂的喜讯，反被囚禁。金兵退却后，柳生高中状元。杜宝升任同平章军国大事，拒不承认婚事，强迫女儿离异。纠纷闹到皇帝面前，杜丽娘和柳梦梅二人终成眷属。杜丽娘这一人物形象，为中国文学人物画廊提供了一个光辉的形象，她性格中最大的特点是在追求爱情过程中表现出来的坚定执着。她为情而死，为情而生。《牡丹亭》是我国戏曲史上浪漫主义的杰作，特别突出了情（欲）与理（礼）的冲突，强调了情的客观性与合理性；洋溢着追求个人幸福、呼唤个性解放、反对封建制度的浪漫主义理想。沈德符《顾曲杂言》说："《牡丹亭梦》一出，家传户诵，几令《西厢》减价。" 其艺术成就也是非常卓越的。

《长生殿》

清初洪昇作。初名《沉香亭》，继称《舞霓裳》，最后定名为《长生殿》。取材自唐代诗人白居易的长诗《长恨歌》和元代剧作家白朴的剧作《梧桐雨》。全剧共五十出。剧本写唐明皇宠爱贵妃杨玉环，终日与杨贵妃游宴玩乐，不理朝政，朝中大权由杨贵妃的哥哥杨国忠把持。七月七日，杨贵妃与唐明皇在长生殿上情意绵绵，盟誓世世代代结为夫妻。不久，安禄山因与杨国忠争权，发兵叛乱。唐明皇带杨贵妃逃离长安，官军将杨国忠杀死，又逼唐明皇将杨贵妃缢死。安禄山叛乱平息后，唐明皇日夜思念杨贵妃。后来，道士杨通幽运用法术架起一座仙桥，让明皇飞升到月宫，与杨贵妃相会，实现了他们在长生殿上立下的"生生死死共为夫妻"的盟誓。剧本从多方面反映社会矛盾，将百姓的困苦和宫廷的奢华生活作了对比，爱憎分明。同时又表现出对唐玄宗和杨玉环之间爱情的同情。清宫内廷尝演此剧，北京的聚和班、内聚班等班社都以演此剧而闻名。其中片段被各种戏剧剧种改编，梅兰芳的京剧《贵妃醉酒》也是改编自《长生殿》。

《桃花扇》

清初孔尚任作。《桃花扇》是孔尚任十多年苦心经营，三易其稿写出的一部传奇剧本。全剧共有四十出。剧本写明代末年曾经是明朝改革派的"东林党人"逃难到南京，重新组织"复社"，和曾经专权的太监魏忠贤余党阮大铖进行斗争。其中复社中坚侯方域邂逅秦淮歌妓李香君，两人陷入爱河。阮大铖匿名托人赠送丰厚妆奁以拉拢侯方域，被李香君知晓坚决退回。阮大铖怀恨在心。弘光皇帝即位后，起用阮大铖，他趁机陷害侯方域，迫使其投奔史可法，并强将李香君许配他人。李香君坚决不从，欲自尽未遂，血溅诗扇。侯方域的朋友杨龙友，利用血点在扇中画出一树桃花。南明灭亡后，李香君出家。扬州陷落后，侯方域逃回寻找李香君，最后也出家学道。全剧穿插当时的历史事件，如南明君臣花天酒地，四镇带兵打内战，史可法守扬州，城破后投河自尽等。《桃花扇》是一部最接近历史真实的历史剧，重大事件均属真实，只在一些细节上作了艺术加工。以男女情事来写国家兴亡，是此剧的一大特色。《桃花扇》形象地刻画出明朝灭亡前统治阶层腐化堕落的状态，康熙皇帝专门派内侍向孔尚任索要剧本，看到其中描述南明皇帝耽于声色的情节，常皱眉顿足说："弘光弘光，虽欲不亡，其可得乎！"

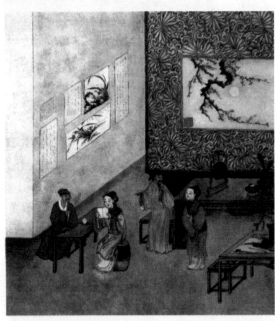

《桃花扇》插图 同治年间彩绘本

《桃花扇》借明末复社文人侯方域与秦淮名妓李香君的爱情故事来反映南明弘光王朝覆亡的历史。侯方域与李香君的爱情故事中，穿插了许多明末的历史故事，如左良玉等四镇的跋扈，马士英与阮大铖迎立福王，李自成攻陷北京，清兵南下，史可法沉江等。

绘画与雕塑

传神论

中国画和西方绘画最大的区别就在于，后者努力的目标，是精心细致地再现事物的原貌（其现代派的"变形"只是变形而已），前者则力图传达出事物的内在神韵。比如画人物，西洋画讲究在三维空间（上下、左右、前后）中描绘出人物的真实影像，其创作往往凭借科学的人体解剖，以具体深入的形象刻画为胜，有时甚至毛发毕现。中国画呢，它不是忽视人物的外形描绘，但相比起外貌写真来，它更强调表现人物内在的精神风貌，就是所谓"传神"，这是中国画的画家们一直坚守的艺术表现原则。

早在4世纪，东晋大画家顾恺之就提出了"以形写神"说。他曾讲到，楼台亭榭等建筑静物画起来费时间，但画好比较容易；而画人物最难了，难就难在要"迁想妙得"，就是要用思想去捕捉表现对象的心理活动，以巧妙地传达出人物的精神风貌。据记载，顾恺之画成人物后，常常几年都不点眼睛。有人问原因，他回答说："四体妍蚩，本无关于妙处。传神写照，正在阿堵中。""阿堵"为六朝人口语，相当于现代汉语里的"这个"，此处指眼睛。顾恺之的意思是说，表现人物时，身体四肢的美好与丑陋都无关紧要，只有画好这眼睛才能传达出人物的内在神韵。可见，中国画的画家对人物传神是多么重视！

到了现代，有了照相技术，摄什么是什么，可是要传达对象的内在之美与独特神韵，还是要靠绘画艺术，中国绘画尤其讲究神韵。

气韵说

南北朝时期，我国古典文艺批评空前繁荣，此时生活在南齐的谢赫，全面系统地总结了古代绘画的创作实践，提出了品评画作优劣的"六法"。这"六法"最大的贡献，就是将"气韵生动"创立为观赏、衡量中国画好坏的首要标准。

所谓"气韵生动"，是讲绘画作品要有生气、有神气而不呆板，要能表现出描写对象的精神特质。这好比是看一个人，从中国画的审美标准出发，就要先看她的气质风韵，而不只是看形体。

"气韵生动"是作品精神的自然流露。"气"是思想观念、感情和想象，"韵"是个性与情调。它要求艺术家无论画人物、山水、花鸟，都要表现出它们的精神之美。

一幅画只有气韵生动，才能焕发出感人的生命力量。比如齐白石老人笔下的一头牛，就绝不是动物的简单再现，而是他心里能与之对话且充满个性活力的牛。据廖静文先生回忆，徐悲鸿先生有一次给白石老人送去新鲜的桃子，老人十分高兴，一定要让捧桃人走前面，并恭敬地说："桃子先走！"老先生礼待桃子如一令人尊敬的生命，他笔下的桃子自然就有了鲜活的生命力，让人十分喜爱。

看一幅画作，首先看它的整体气韵，这就是懂画了。懂画，就是会欣赏；会欣赏，学画才能成为高手。

"外师造化，中得心源"

中国画的名画家，往往要刻一方印印在画作上，内书"师造化"几个字。这里的"造化"是指大自然。"师造化"不是简单地描绘大自然，而是以大自然为师，领悟大自然的气质与内在精神；

然后艺术家再以心中最美好、最真实、最感动的激情，对这大自然加以重新创造。这样的作品才能感动万古千秋的世人。

上述创作过程，唐代画家张璪曾以"外师造化，中得心源"来概括。这八个字言简意赅，向我们阐明了在中国画的艺术实践中，创作主体与被表现客体、画家主观创造与自然物象之间的辩证关系。

这一点，在一些艺术大师的创作中体现得非常典型。如黄宾虹画山水画时，一般都要仔细体会所表现山水的精神，以深入领悟其神韵，揣摩其内在结构。这就是"外师造化"。因为大自然千变万化，画作就是要表现其变化的形态与永恒的内在美。但这表现又离不开画家丰富的心灵。画家内心越丰富，画作就越有美的内涵。这就是"中得心源"。

所以，我们欣赏黄宾虹的画作，那些高山大泽远远看去可谓浑厚华滋，气象万千；可贴近画作审视，眼前却只是一些笔墨点线，似乎"什么都没有"（李可染语）。这就是国画大师实践"外师造化，中得心源"这一辩证艺术观得到的艺术境界——他抓住的不是山水的简单外形，而是其神气精髓。在西方，塞尚的油画创作也有同此相似的情况，即表面不求形似，却更为逼近艺术的本质。

诗中有画，画中有诗

北宋大文豪苏轼，在评论唐朝著名诗人与画家王维（字摩诘）的作品时，曾说过这样一段名言："味摩诘之诗，诗中有画；观摩诘之画，画中有诗。"这句话点出了诗歌与绘画创作互相渗透、彼此融合、相得益彰的内在联系。事实上，中国的诗歌也好，绘画也好，其创作都是相通的——它们均以抒情寄兴为主，其过程均须品察万物，然后再通过思维活动把作者的感情色彩"形象化"，把物象"意象化"。北宋的张舜民讲"诗是无形画，画是有形诗"。后来经过苏东坡的提倡，"诗情画意"便成了品评中国画意境美的一个重要美学原则。

所谓"诗情画意"，就是要融诗心、诗境于画境，做到画有诗意。只有做到这一点，画作才具有意境美，才达到了比较高的艺术境界。除此以外，中国画还很讲究绘画与诗文、书法、篆刻的完美结合，这在元代以后的文人画中非常普遍。

在这些艺术追求的带动下，历代画家都十分注重自己的文化修养。他们讲究"宏道"、"人品"，追求"古意"、"士气"、"逸气"，将自己的艺术之根深深植于中华文化的丰厚土壤之中。因为只有做到这一点，其画作才会既有艺术美又有文化美。

在绘画史上，思想有深度、学问渊博、修养高的人往往更容易达到中国画创作的高水平。赵孟頫、董其昌都是如此。"扬州八怪"之一的金农，五十多岁才学画，可是由于他在学问、书法、金石等方面的修养极高，出手即不凡，绘画创作很快就达到了高超境界。

需要一提的是，欣赏画作的能力也直接来源于文化艺术修养。苏东坡曾说，观马要看其神骏之气。中国画的上品佳作一般都具有很深的文化内涵，我们要想真正欣赏它，读懂它，既要明白其文化背景，又要知道其艺术源流。

中国画

中国画这个概念，广义上指运用中国的传统绘画工具（笔、墨、纸、砚、颜料等）所绘的画，简称"国画"。中国画按题材又可分为人物画、山水画、花鸟画、动物画等；按使用材料和表现方法，主要分为工笔、写意和兼工带写三种；按照画幅大小和形状及折叠方式，可以分为横向的长卷、横批，纵向展开的条幅、中堂，仅有一尺左右见方的册页、斗方，画在折扇、团扇等扇子上的扇面。

中国画在创作上重在传达出物象的神态情韵和画家的主观感受，造型上讲求"妙在似与不似间"和"不似之似"，对那些能体现出神情特征的部分往往会采取夸张甚至变形的手法加以刻画，而不是追求实际的"相像"。在构图上，中国画讲求经营，重视虚与实、疏与密的配合与平衡，力求打破时空的限制，构造出一种画家心目中的景象。中国画善用水墨，创造出极为丰富的笔法和墨法，同时墨还可以与色相互结合，形成墨色互补的多样性。以这些独特的笔墨技巧，如点、线、面作为状物传情的表现手段，描绘对象的形貌、骨法、质地、光暗及情态神韵，传情达意，具有独立的审美价值。中国画，特别是中国文人画，讲求诗、书、画、印的有机结合。画面上题写的诗文跋语，既是画面的有机组成部分，同时还能表达画家对社会、人生及艺术的思考和认识，在深化主题的同时，提升画作的文化品位。

中国画在观察认识、形象塑造和表现手法上，与西方绘画相比，有着迥异风格和独特的艺术趣味。中国画对客观事物的观察、体认、再现，以及借物传情的艺术构想，渗透着画家的社会意识，使绘画具有相应的认识作用、教育作用和高度的审美价值，体现出中国人独特的思维方式、哲学观念和审美情趣。

人物画

人物画是以人物活动为主要描写对象的绘画，它是中国画的三大画科之一。早在周代，就已经出现了以劝善戒恶为目的的历史人物壁画。

按题材分类，人物画可分为历史人物画、宗教人物画和现实人物画三种。按艺术手法可分为有工笔重彩、写意、白描、泼墨等多种。按画面人物的多少，一般分为群像画和肖像画。群像画以突出人物活动为主，肖像画以描绘人物形象的酷肖为主。各种人物画所表现的侧重点虽有所不同，但都要求形神兼备，人物形象要符合人物的形体、比例、场景透视原理等，更重要的是传达人物的性格、气质和神态。人物画通常要求人物显得逼真传神，气韵生动，常常把人物安排在一定的场景中。描绘重点是人物的面部，同时处理好人物之间、人物与环境之间的关系，以求画面整体的统一。战国楚墓出土的《人物龙凤图》与《人物驭龙图》帛画，是表现战国时期神话人物的经典作品，也是目前最早的独幅人物画作品。我们公认的著名古代人物画有东晋顾恺之的《洛神赋图》、《女史箴图》，五代周文矩的《文苑图》，五代南唐顾闳中的《韩熙载夜宴图》，北宋李公麟的《维摩诘像》等。

山水画

山水画是中国三大画种之一。它所表达的是古人对自然的崇拜和热爱，表达了天人合一的境界和追求，一定程度上反映作者对自然的思考以及对人生社会的认识，在用写实或艺术的手法表现自然之美的同时，也间接反映当时的社会生活状态。在技法上，山水画有水墨山水、青绿山水、金碧山水、浅绛山水、淡彩山水、没骨山水等形式。在题材和内容上，名山大川、田野村居、城市园林、寺观舟桥、历史名胜等皆可入画。

晋代，山水画从人物画中分离出来，成为独立的画科；隋唐的李思训、王维等人完善了山水画的画理、画法、章法，中国山水画的传统就此形成。五代以及北宋时期，山水画大兴，荆浩、关仝、李成、董源、巨然、范宽、米芾等人以水墨山水闻名，王希孟、赵伯驹等人以青绿山水闻名，山水画在这时发展到高峰。山水画的技法基本上有"勾"、"皴"、"染"、"点"四个步骤，首先用墨线勾出山石的大致轮廓，再用各种皴法画出山石明暗向背，然后用淡墨渲染，加强山石的立体感，最后用浓墨或鲜明的颜色，点出石上青苔或远山的树木。

现存最早的山水画名作是隋代展子虔所作的卷轴画《游春图》，此画绢本设色，现为北京故宫博物院藏品。

花鸟画

花鸟画是中国绘画的三大画种之一，它的描绘对象包括花卉、竹石、虫鸟、游鱼等。早在原始时代的陶器上，就出现了简单的鸟鱼图案，这算是我国最早的花鸟画。东晋、南朝宋时，花鸟画成为独立的画种，唐代趋于成熟。经过长期发展，花鸟画总体上形成了写实为基础，寄托情感和寓意为归依的传统。画家通常以花鸟来表现人的精神和气节韵致，以及对现实的种种寄托，具有强烈的抒情性。同时也间接表现社会生活，反映时代精神。按艺术手法，花鸟画可分为工笔和写意等多种；按照用墨和用色的不同，可分为水墨花鸟画、泼墨花鸟画、设色花鸟画、白描花鸟画及没骨花鸟画等。

在构图上，花鸟画突出主体，善于剪裁，常常通过枝叶来进行对画作整体的布局安排和调整，讲究虚实相对，相互呼应。此外，配合对画作内容进行解说或烘托的诗文，也是花鸟画的一大特点。五代到宋朝，中国花鸟画达于繁盛。南宋及元代相继出现了水墨写意"四君子画"（梅、兰、菊、竹），与此同时兴起了以线描为主要手段

芙蓉锦鸡图 宋 赵佶

的白描花卉。明朝后期，徐渭以草书入画，开创了强烈抒写个性的先河。到清初朱耷，这种表达个性的花鸟画达到高峰水平。数千年的积淀，使得花鸟画成为世界美术史上独特而优雅的存在。

文人画

文人画，也称"士大夫甲意画"。是我国传统绘画的风格流派之一，画中带有浓烈的文人情趣，流露着浓烈的文人思想。早在魏晋南北朝时期，文人画的某些创作思想和艺术实践就出现了，但"文人画"作为一个正式的名称，是由明末画家董其昌提出来的。

书卷气或称"诗卷气"是文人画评画的一个标准，也就是说，文人画讲究在画作中体现出诗意。文人画的作品大都以山水、古木、竹石、花鸟等作为题材，以水墨或淡设色写意为表现手法。在墨和色彩的选择和使用上，文人画比较重视水墨的表现力，讲究墨分五色，善于通过墨浓淡干湿的不同变化，描绘不同的物象，抒发不同的情感，寄寓作者的情怀。文人画独特的创作思想和绘画风格是中国画的宝贵经验和传统，以特有的"雅"而独树一帜。

文人画的代表人物有唐代王维，元朝倪云林，明代董其昌，清代八大山人、吴昌硕等。文人画讲究诗情画意，"画中有诗，诗中有画"是文人画一致的追求，画中往往还有题诗，诗画合璧，体现出浓郁的画家雅趣与文人才情，具有极高的审美价值。

笔法

笔墨是中国画的最大特色，从广义上讲，笔墨指利用笔墨达到的效果，诸如色彩、章法、意境、品位等都要通过笔墨来实现；从狭义上讲，笔墨专指用笔用墨的技巧。这里我们先说说笔法。

中国画用笔分为中锋、侧锋、逆锋、拖笔等。中锋也叫正锋，方法是将笔管垂直，用笔时笔尖在墨线中间，中锋的线没有明显粗细变化，显得连贯一致；侧锋是指行笔时笔尖不垂直于纸，笔尖在墨线一边，侧锋笔墨容易产生飞白效果，线条有切削感；顺锋是指笔按照由左向右、由上

向下的走势运行；逆峰是将笔向笔锋方向逆行，适于画树干山石时使用，线条显得苍老滞涩；拖笔是指执笔时稍稍放松，引着笔管拖行，线条显得轻柔飘逸。笔锋的运用还有："提按"、"转折"、"滑涩"、"虚实"、"顿"、"戳"、"揉"等方法。中国画的笔法主要体现在对线的运用上。"以线造型"是中国画的基本原则。经常利用毛笔线条的粗细、长短、浓淡、刚柔、疏密等变化，来表现物体的形态和画面的节奏韵律。关于运笔方法，黄宾虹曾提出"五笔"之说，"五笔"即"平、圆、留、重、变"。要求用笔画线时注意粗、细、曲、直、刚、柔、轻、重的变化和对比，从而做到画人物"传神写照"；画山水刚柔相济，有质有韵。中国画的笔法必须服从客观形象造型的要求，笔法不同，画作的风格就不同；对象不同，使用的笔法也应该不同。同时，笔法必须接受画家思想感情的指挥，画家个性感情的不同，自然会运用不同的笔法，产生不同的艺术效果。

墨法

中国画的墨法，主要是运用墨色变化的技巧。中国画素有"五墨六彩"的说法，五墨是指墨的浓度，即焦、浓、重、淡、清。六彩是指墨的变化，即黑白、干湿、浓淡。用墨是中国画的基本技法，处理好笔与墨、墨与色的关系，是技法中的关键问题。还可以通过笔中墨与水的比例、含墨水的多少、蘸墨方法以及行笔速度等，变换出各种不同的笔墨效果。中国画用墨，主要在于运用墨色变化的技巧，以墨代色，让不同的墨色在纸面上体现出来，更巧妙的是让一支笔中产生各种墨色的变化。

中国画用墨的技巧随着时代的不断发展和历代画家的总结而日趋成熟，逐渐产生了泼墨法、积墨法和破墨法等多种表现手法。积墨法是先画一遍或浓或淡的墨，干了之后，再画一层，让墨色积叠起来，画面苍润浑厚，如龚贤的《山水图》。泼墨法是用笔蘸满墨色，大片涂抹，像泼出去一样，不重复，画面淋漓湿润，多用于作大写意画时使用。破墨法又分为浓破淡、以淡破浓、干破湿、湿破干四种。具体操作是先画出墨色，在墨未干的时候，再在上面施加墨、色，可使墨色呈现出湿润、丰富、浓厚而变化莫测的效果。画家作画的时候，往往将三种方法融合在一起。此外，还有焦墨法、宿墨法、用矾法等。

水墨写意

写意俗称"粗笔"，是与"工笔"相对的一种绘画技法，可分为"大写意"和"小写意"两种。通过简练概括、放纵恣肆的笔墨，着重表现描绘对象的意态神韵。它出现于工笔人物画成熟之后，是由宋代的梁楷创造的。明代中期，水墨写意画迅速发展，泼墨大写意画非常流行，出现了很多名家，如人称"青藤白阳"的徐渭和陈淳，就是当时成就突出的两位画家。

徐渭是明代著名的书画家，是当时最有成就的写意画大师。

墨梅图 元 王冕
王冕追求笔墨趣味，崇尚水墨写意。王冕笔下的梅花是他个人精神世界的体现。

他的写意花鸟，用笔豪放，笔墨淋漓，注重内心情绪的抒发，如《墨葡萄图》等。他独创的水墨写意画的新风，对后世产生了极大的影响。陈淳擅长泼墨大写意的花鸟画，他的作品不讲究描画对象外表的形象，而是追求画面的生动，在淡墨运用方面有一种特殊效果，如《红梨诗画图》等，其人物画寥寥数笔，令人回味，山水画水墨淋漓。

工笔

工笔，又称"细笔"，与写意相对，为细致写实的中国画技法，特点是注重线条美，造型严谨，一丝不苟。工笔的技法又可分为描、分、染、罩。描，即白描，就是先分别用浓墨、淡墨描出底稿；分，即用墨色上色，用清水分蕴开来，以表现出画面的层次；染和分的程序一样，但用的不是墨色，而是用彩色来分蕴画面；罩，指的是整体上色。

中国的工笔画起于战国，到两宋走向成熟。工笔画是中国画中追求"形似"的画种，关注"细节"，注重写实，图人状物"尽其精微"，力求"取神得形，以线立形，以形达意"，获取神态与形体的完美统一。历代工笔画名家有唐代的周昉、张萱，五代宋朝的黄筌、赵佶，明代的仇英等人。著名作品有《簪花仕女图》、《虢国夫人游春图》等。

白描

白描，指中国画中单用墨色线条勾描形象而不施彩色的画法。白描可分为单勾和复勾两种。单勾即用线一次勾成，或用一色墨，或根据不同对象用浓淡两种墨；复勾则仅以淡墨勾成，再根据情况进行复勾，其线条并非是依原路刻板地复迭，要求流畅自然，以达到加强画面质感和浓淡变化的效果，使得物象更具神采。由于物象的形、神、光、色等都要通过线条来表现，所以白描画法有着较高的难度，但是其具有朴素简洁、概括明确的特点，因而常用于人物画和花鸟画，顾恺之、李公麟等都是中国古代著名的白描大师。

题款与印章

自元代以后，多数中国画都形成了画面、题款、印章并举的形式，成为中国画的传统形式。题款，也称落款、款识、题画、题字，等等。凡在书画上标上姓名、年月、诗文等都称为题款。它对构图起着稳定平衡作用，能弥补绘画构图的不足，是整幅作品的重要组成部分，同时还能增添诗情画意，补充画者想要表达的内容。

具体而言，在画面上题写诗文，叫"题"，题画文字，有题画赞、题画记、题画跋、题画诗（词）等。在画上标志年月、签署名号、盖章等，叫做"款"。款文也可以记写籍贯、年龄等，若为他人作画，往往要写上受赠者的称谓。题款对款文的文采和书法的水平都有很高要求，字体不

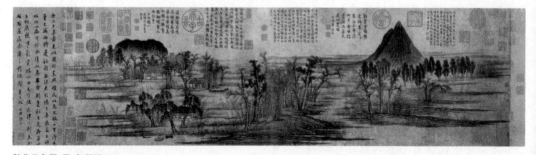

鹊华秋色图 元 赵孟頫
画上有题款，有印章，其中印章包括"古希天子""御书房鉴藏家""乾隆鉴赏"等50余款。

限，但是必须和画的内容、风格和意境相配合。

中国画的印章有姓氏章、姓名章、名章、字号章、年代章、收藏章、闲章之分，印章的书体有大篆、小篆、隶书、草书、行书之分，印章的字体与形式也必须和画相偕。所有形式的章，其位置和内容都有相应的要求，不能随便，但唯独闲章的位置可以较为灵活，内容也可以活泼，警句、诗词、成语、短句等都可以，但正所谓"闲章不闲"，它并非可有可无。在一些古画名画上，我们常能见到繁多的收藏章，有的甚至在空白处盖满了收藏章，元代钱选的《浮玉山居图》流传到清末时，画上已经有300余方印章，作为鉴别真伪的依据，它们起了巨大的作用。

十八描

"十八描"，指中国画中衣服褶纹的18种描法，分别为：1.高古游丝描：为工笔画法，线条细而均匀，多为圆转曲线，顿笔为小圆头状。2.琴弦描：比高古游丝描略粗，用颤笔中锋，线中有停停顿顿的变化，多为直线，有写意味道。3.铁线描：比琴弦描粗些，用笔中锋，转折处方硬似铁丝弄弯的形态，顿笔也是圆头。4.混描：基本上是一种写意画法，先用浓墨皴衣纹，墨未干时，间以浓墨，讲求"浓破淡"的墨法变化。5.曹衣出水描：来自西域画家曹仲达，其画佛像衣纹下垂、繁密、贴身如出水状，故称"曹衣出水"，受印度陀罗艺术的影响，用笔细而下垂，成圆弧状，讲求线条之间的疏密变化。6.钉头鼠尾描：行笔方折多，转笔时线条加粗，收笔尖而细。7.橛头钉描：是一种写意笔法，用秃笔，侧锋入笔，线条粗而有力，顿头大而方。8.马蝗描：顿头大，行笔曲折柔软，但很有力。9.折芦描：多为直线，用笔粗，而转折多为直角，折笔时顿头方而大。10.橄榄描：顿头大如同橄榄，行笔稍细，粗细变化大。11.枣核描：顿头如同枣核状，线条行笔中亦有枣核状的用笔变化。12.柳叶描：用笔两头细，中间粗。13.竹叶描：与柳叶描类似，有时不相区分。14.战笔水纹描：如山水画水纹之画法，表现薄而褶多的衣纹。15.减笔描：大写意笔法，极为简练，用笔粗而一气呵成，一笔中有墨色变化。16.枯柴描：水墨画笔法，用笔粗，水分少，类似皴法，笔势往往逆锋横卧。17.蚯蚓描：用篆书笔法，线条圆转有力，粗细均匀，曲折多而柔软。18.行云流水描：表现软而弯转的衣纹。

用色

中国画历来十分讲究色彩的运用。早在南齐谢赫的《画品》中，就把"随类赋彩"作为"六法"之一。这种以区分物象种类并赋予不同色彩的理论，即是中国画用色的基础。此外，用色还十分重视环境对物象的影响，随着环境的不断改变，物象的色彩也相应发生变化。南朝萧绎是中国画论中提出色调冷暖、色与光关系的先驱者之一。他在《山水松石格》中说"炎绯寒碧、暖日凉星……高墨犹绿、下墨犹赭"，意思是说绯红色看来让人感到炎热，碧绿则使人感到寒意。高处的墨色犹如翠绿的颜色，下面的墨色则与赭石色的土地颜色近似。他用简单的句子概括了冷暖色调使人产生的感觉不同和景物高下、远近对色彩的影响。

中国画用色有勾线重彩填色、水墨淡彩、淡彩与重彩结合三种方法，设色的具体方法包括干染、湿染、平染、分染、罩染、碰染、衬染、用水、用胶、用矾等。

色学原理中，红、黄、蓝为三原色。中国画调色也是在原色与原色之间互相调配，可调成间色，间色与间色相调配成为复色。曙红、藤黄、花青是中国画色彩中的基本三原色。由于中国画讲究用墨，而赭石能在墨与色之间起到调节作用，所以赭石是应用最多的颜料之一。此外，其色彩丰富性还体现在基色的配比不同所产生的相应变化上。如用三分花青与七分藤黄，就可调配成嫩绿，当改变配比时，还可以产生草绿、新绿、老绿等多种绿色。加入墨色后，又能产生不同色调的墨绿等。总体而言，中国画的色彩要求是体现出大气、典雅、稳重的特色，表现干净而和谐的美。

构图与透视

中国画的构图，又称章法，即合理安排景物所在位置，画面形象不能任意罗列、填塞，必须按照事物的客观规律加以安排。同时需要注意景物的大小、深浅、虚实等多种对立统一的关系，不能过分拘泥于章法，按照客观事物的自然形态，结合主观意识自由创作。

中国画的作画要领，通常是作画之前，首先要确定好表现的内容和作品的主题，考虑主宾远近的取势，然后根据画面需要，进一步考虑留白、气势、色彩、题词、用印等细节安排。同时还要注意自身所处的位置和视点移动，将所得视觉形象巧妙地取舍、综合，使之形成一种意境，达到突出主题、表达情感的最佳效果。书法中有计白当黑的说法，中国画上很注意对空白的利用和表现。每一处空白，都是精心布置，看似无意，其实有意。在中国画上，我们常常能见到不同的留白，这些空白有的是严守真实的画面空间和布白，有的是打破真实，依据画家的构图需要而平列的空间和布白，这样做的结果就是能够让描画对象按照艺术的需要拉长或缩短形象，或者变换位置，从而呈现出最佳视觉效果。

在透视方面，中国画焦点透视法和散点透视法都有，但最常用和常见的还是散点透视法，多视点的散点透视法在中国画中最为主流，又称"移步换影"。如《清明上河图》的长卷，既有俯视的图景，又不乏仰视和平视的图景，它把街市、人物、桥梁、船只等都合理地安排和表现在一个画面上。中国画透视的方法还有一种是"以大观小"，也就是把辽阔的景物缩到极小的空间内，让人能够一目了然地看到景物或人物群体的全貌，同时尽量缩小作画对象透视上的大小差别，使物象超越空间的约束。

虎头三绝顾恺之

顾恺之（约公元345～406年），东晋著名画家，字长康，小字虎头，晋陵无锡（今江苏无锡）人。顾恺之多才多艺，工诗赋、书法，尤擅绘画，尝有"才绝、画绝、痴绝"之称。他的画多是人物肖像及神仙、佛像、禽兽、山水等。顾恺之人物画的特色是"传神"，也就是能画出人物的精神，使画中的人物看起来栩栩如生。

顾恺之的代表作有《洛神赋图》、《女史箴图》等，皆为后代摹本。《洛神赋图》取材于曹植的名篇《洛神赋》。画卷从曹子建和他的随从在洛水看到洛神起，到洛神离去为止，全卷交织着欢

洛神赋图 东晋 顾恺之

乐、哀怨、怅惘的感情。图中，曹子建依依难舍，怅然沉思，而宓妃回眸顾盼，含情脉脉，可以说达到了"悟通神化"的地步。《女史箴图》线条非常纤细，若"春蚕吐丝"。

顾恺之的画对后世影响深远，其笔法如春蚕吐丝，线条似行云流水，轻盈流畅，遒劲爽利，称为"铁线描"。顾恺之与南朝陆探微、梁代张僧繇，并称"六朝三杰"。世人曾这样评价3人的作品："像人之美，张得其肉，陆得其骨，顾得其神，神妙无方，以顾为最。"顾恺之还著有《论画》、《魏晋胜流画赞》等绘画理论作品，提出并阐发了"以形写神"、"迁想妙得"的理论观点，对中国画的发展产生重大影响。由于他在绘画方面的卓越成就，国画界尊崇他为画祖。

阎立本兄弟

提到唐代书画，不能不提阎立本兄弟。唐代的评论家张彦远曾说："阎则六法该备，万象不失。"他所说的阎实际上是指阎立本、阎立德兄弟，在这弟兄二人中，阎立本得到的评价更高。

阎立本（约公元601～673年）是唐朝著名的画家和书法大家，无论书画，均得美名。他的画的特点是极其形似，取材甚广，宗教人物、山水、动物无不涉足，他最为擅长的是人物画。著名代表作有《步辇图》、《历代帝王图》等，其中《历代帝王图》是中国古典绘画中最重要的作品之一。这幅画描绘了自汉到隋的13位帝王形象，画中用精细的笔法表现出了各位帝王各自的性格特征，其中寓含着作者或褒或贬的强烈的感情色彩。阎立本所画的宫女，形象多曲眉丰颊，线条优美而且神采如生。阎立本的画作描法富于变化，有粗有细，有松有紧，极富表现力。

阎立德（约公元596～656年）不仅是画家，还是当时优秀的建筑师。他曾受命营造唐高祖陵，负责监督建造翠微、玉华两宫，此外还参与营建昭陵，也曾主持修筑唐长安城外郭和城楼等。阎立德在工艺美术和绘画方面都造诣颇深，曾担任御用服装设计师，主持设计帝后所用服饰。他的绘画才能方面，以人物、树石、禽兽见长。

画圣吴道子

吴道子（约公元685～758年），原名吴道玄，画史尊称吴生，阳翟（今河南禹县）人。幼年家境贫寒，起初为民间画工，年轻时就已经小有名气了。后来漫游洛阳，开始从事壁画创作，名声更显。当时人将张旭草书、裴旻舞剑、吴道子作画称为"三绝"。开元年间被唐玄宗召入宫中，以后一直为宫廷服务。

吴道子擅长画佛道、神鬼、人物、山水、鸟兽、草木、楼阁等，尤其是佛道、人物。吴道子的一生，主要从事宗教壁画的创作。他曾于长安、洛阳两地寺观中绘制了300多幅壁画，而且没有雷同，其中以《地狱变相》最为著名。他的山水画也很著名。唐玄宗曾派他去画四川的山水，他没有打一张草稿，回来一气呵成。他的画具有独特风格，所画人物衣褶飘飞，潇洒秀逸，被人们称为"吴带当风"。《天王送子图》是吴道子的代表作。这幅画描写的是佛祖释迦牟尼降生以后，他的父亲净饭王和母亲摩耶夫人抱着他去大自在天神庙朝拜，诸神向他行礼的故事。现存的是宋人李公麟的临摹本。

唐代仕女画

仕女画是人物画的一种，指古典绘画中表现妇女生活题材的作品。现在泛指用古典仕女画手法描绘妇女形象的绘画形式。仕女画最早始于战国。仕女画的特点，大都以工笔重彩为主要表现形式，并富于浓烈的装饰性。唐朝仕女画的内容主要是表现贵族妇女的游乐生活场景以及宫廷女性的

簪花仕女图 唐 周昉

美丽容颜，在艺术手法上，唐朝仕女画比前朝有了很大进步，不仅色彩搭配和谐，用笔也更趋精细，而且画中人物形象更加生动，并能表现出人物的不同气质。唐朝仕女画对我国人物画的发展、完善起了很大的推动作用。

张萱是唐朝初期杰出的仕女画画家，他的作品多以贵族女性游乐生活为题材。他画仕女喜欢以朱色晕染女性耳根，线条精细劲健，色彩富丽匀净。他作品中的女性形象代表着唐代仕女画的典型风貌，是周昉仕女画的先导。张萱仕女画的代表作是《捣练图》与《虢国夫人游春图》。

周昉是继张萱后以描绘贵族妇女形象著称的画家。他的仕女画有"画仕女，为古今之绝冠"的美誉。他开始多摹拟张萱的创作手法，后来走上了自我创作的道路，形成了自己的风格特色。他的仕女画色彩柔丽，线条秀美均细，人物体态多追求丰腴之形，这也正和唐朝以胖为美的社会潮流相符。由于周昉身处唐朝由盛而衰的转折时代，因而其笔下的女性形象仿佛沉湎在一种百无聊赖的心态之中，怅然若失，动作迟缓。他的代表作是《簪花仕女图》，该作品以精细的笔法刻画了几个贵族妇女的生活情节，她们虽然步履从容，但在眉宇之间却流露出淡淡的、莫名的哀思。

张萱

每当我们说到"盛唐气象"，就是在说唐代社会的极度繁荣、唐代文化的极其辉煌，那不是梦，那是我们曾经有过的长达一百多年的历史。盛唐崇创新，"唐尚新题"成为风气，在绘画领域，突破前代画列女道德教式的画法，出现了专门画妇女日常生活的画家——称为"绮罗人物"的画家，这是绘画史上的一个进步，绮罗人物画家中最杰出的代表人物就是张萱。他是京兆（今陕西西安）人，玄宗时的宫廷画家，以善画贵公子、鞍马，尤其是妇女儿童名重于时。《捣练图》与《虢国夫人游春图》，相传是宋徽宗所摹的张萱的作品。

妇女、儿童的生活状态是一个时代繁荣度的标志之一。而且，社会越富足，妇婴的日常生活就越会受到关注。

唐朝的青绿山水

中国的山水画，有青绿、浅绛、水墨等基本表现形式。所谓青绿山水，是指在绘画材料上以细致的线条勾勒出树木、山石等物的结构，然后用颜料加以渲染，最后再以石绿、石青敷添，形成一种富丽堂皇的艺术效果。

唐朝的青绿山水是由李思训、李昭道父子在隋朝青绿山水画的基础上开创的。唐朝青绿山水主要有三个特点：1.青绿勾填技法的大量运用。山石树林有勾有皴，整个画面图案多填以青绿色为主的厚重色彩。2.构图上，摆脱了魏晋时期作为人物画背景的"人大于山"的处理方式，而以山水为主，人物只作点景出现，从而收到了"远近山水,咫尺千里"的画面效果。3.笔法精细，画面较为华丽工整。

李思训作画多用大青绿着色，并用螺青苦绿皴染，所画山水，有用夹笔，以石绿添缀。在设色方面，金碧辉煌是他独到的手法。其代表作是《江帆楼阁图》。李思训的儿子李昭道在继承其父画技的基础上，将青绿山水的画法又推进了一步。其代表作是《明皇幸蜀图》，此画为青绿设色，细笔勾染，山间树木苍郁，一队骑旅自右侧山间穿出，向远处的栈道行进,前方有一骑者身着红衣正待过桥，可能为唐明皇，他的嫔妃则身着胡装，头戴帷帽。画中山势突兀，白云萦绕，山石有勾勒无皴法，设色全为青绿。这幅画是反映唐代山水画面貌的重要传世作品。

唐初的青绿山水是初唐时期最有影响的山水画派，在我国绘画史上被多数人认为是北派山水的一种。

展子虔和《游春图》

展子虔（约公元550～604年），隋朝著名画家，渤海（今属山东）人，人物、车马、楼阁、山水等，都是他的长项，但最擅长的还是人像。据说他画的人物描法细致，生动逼真；画马则站立者有走动之势，伏卧者呈起跃之状；画山水，则有方寸中尽显天地的气概。《游春图》解决了以往山水画"人比山大，水不容泛"的问题，准确地把握住了山、水、人物、舟车的比例关系，大大促进了山水画的发展。

在中国美术史上，展子虔影响最大的是他的山水画。他尤其善于表现自然山水的深远空间感，能充分表现出山水的美和气势。在我国目前存世的山水卷轴画中，展子虔的《游春图》是人们迄今发现的年代最早、保存最完整的一幅。展子虔的《游春图》，描绘的是贵族们游春时的情景。图中展现了水天相接的情形，上有青山叠翠，湖水融融，也有士人策马山径或驻足湖边，还有美丽的仕女泛舟水上，令人感到熏风和煦，水面上微波粼粼，岸上桃杏绽开，绿草如茵，美不胜收。整个画面显得场景阔大、视野辽远，这就是画史中所说的"咫尺千里"。展子虔在山水画上所达到的成就及绘画方法在当时无人能及，开创了青绿山水派，被唐代李思训、李昭道所仿效学习。展子虔被后世誉为"唐画之祖"。

游春图　隋　展子虔

荆关北派山水

荆关是五代时期北方两位著名山水画家荆浩和关全的简称。五代时期，中原地区虽然战乱不断，但这并没有使绘画创作陷入停顿。山水画在此间发生了很大变化，从选材到技法，都有了一个飞跃，山水被作为环境艺术加以描绘。荆浩和关全开创了北方山水画派，这在中国山水画发展史上具有里程碑的意义。此派善于描写雄伟壮美的全景式山水，作品气势雄伟，风格峻拔。作为中国山水画重要技法之一的"皴法"，在"荆关"时期也得到了很大发展。水墨和水墨着色的山水画自此已发展成熟。

荆浩，生卒年不详，字浩然，河南沁水（今济源）人。唐末隐居太行山洪谷，自号洪谷子。他通晓经史，能诗善文，对中国山水画的发展贡献非常大。他将"水晕墨章"的画法进一步发展，使之趋向成熟。他在前朝山水画的基础上，通过"远取其势，近取其质"的表现手法，创造出了气势磅礴的山水画，这为全景式北方山水画的形成奠定了基础。荆浩的代表作是《匡庐图》，这幅作品是我国北宋以前具有山水全景模式的典型作品。

关全，生卒年不详，长安（今陕西西安）人。工画山水，曾拜荆浩为师，后自成一家，他的作品，被称为"关家山水"。他与荆浩同为北方山水画派创始者，并称为荆关。关全的山水作品笔画简单，气势雄伟，富有生活气息，布境兼"高远"与"平远"两法。关全作品画出了山川的雄奇，表现出大石耸立，屹然万仞的峭拔气势。他画树，往往是树木有枝无干，用笔简劲老辣，极富于墨韵。《关山行旅图》是他的代表作。

荆关开创的北方山水画派对山水画的发展产生了重大影响。自他们后，我国山水画有了南北之分。

江南画派

江南画派，指的是以中国五代南唐画家董源和他的学生巨然和尚为代表的南方山水流派。董源，字叔达，江南钟陵（今江西进贤西北）人，曾任南唐后苑副使，后苑在宫廷的北面，因此称董北苑。他的山水水墨取法王维，着色则学李思训，善用明暗透视画法，画江南风景。他的《潇湘图》展现的是远山茂林，江水行船，沙滩平坡，是有代表性的江南风光。而他的《龙宿骄民图》，描绘的是草木茂盛的丘陵，给人以空气湿润，山水空蒙之感。他的《落照图》，用笔很少，近视看不真切，远看却山川、村落俱佳，显出一派逼真的夕照景象，这种明暗透视化的方法比西洋要早了将近千年。董源创"披麻皴"画法，对后世画家产生了巨大的影响。

巨然和尚是董源的学生，江宁（今南京）人，开元寺僧，擅长山水，师法董源的水墨风格，但又有所发展，擅画江南山水的"淡墨轻岚"之景。他的名作《烟岚晓景》壁画，为当时民众所称赏，《秋山问道图》更是为世人所推崇。巨然以杰出绘画成就，得以与董源并称"董巨"。董源和巨然，是南方山水画派的始祖。

黄家富贵

"黄家"指的是五代后蜀画家黄筌及其两个儿子，他们都曾是宫廷画师，擅画珍禽异兽，以富贵华丽的绘画风格著称。

黄筌，四川成都人，擅画花鸟，自成一派。黄筌最擅长所谓的"钩填法"，也就是用勾勒法作画，以细淡的墨线勾画出轮廓，然后填色。画面显得富丽工巧。黄筌的画作多富有富贵吉祥的寓意，题材多来自宫廷中的异卉珍禽，动物往往表现得羽毛丰满，形象生动。其长子黄居宝也以画闻名，由于他们的风格特别迎合宫廷喜好，因此形成一种特别的风格，人称"黄家富贵"。黄筌作品多，但传世甚少。他的《写生珍禽图》虽只是提供描摹的样稿，却也法度严谨，尽显技巧。

黄居寀（公元933～？），字伯鸾，是黄筌的次子。曾为宋朝画院的"待诏"，他的画法巩固和发扬了黄体的画风。总的来说，黄家画法是先用极细的墨线勾出轮廓，然后填彩，最大的特点就是墨线不露在画面上。这种"勾勒填彩，旨趣浓艳"的画风，成为宋代初期画院的标准，因此可以说，黄筌父子对宋代院体画产生了权威性的影响。"黄氏体制"在宫廷的统领地位一直持续到熙宁时代才逐渐被新的画风所改变。黄居寀的传世作品《山鹧棘雀图》，富贵华丽，现珍藏于中国台湾。

徐熙野逸

徐熙，钟陵（今江西南昌）人，五代南唐画家。他出身名门，爱好闲散游荡，自称"江南布衣"。善画花鸟，尤其是山野平常花鸟，竹子、蔬果、水鸟、野鱼等，皆是他作画的对象。他特别喜欢观察，每遇到景物，必定停留细看，因此其作品极富活泼生动的意味。他的作品具有平淡而文雅、朴素而洁净的野趣，再加上他的画主要以墨色为主，杂彩为辅，因此被人称为"野逸"。

徐熙的画法和唐代以来流行的晕淡赋色大不相同，他创造了一种崭新的落墨表现方法，也就是先用墨描写花卉的枝叶蕊萼，再为其着色。无论是从题材上说，还是从画法技巧上说，他的画都表现出他作为江南处士的审美趣味和超凡的异样情怀，风格独特，因而有"徐熙野逸"之说。一般说来，他所引导的是民间流行的野逸画风。徐熙与黄筌被后人并号"黄徐"，同时成为历代花鸟画的宗师，并分别引领了五代、两宋花鸟画的两大流派，他们的作品总体上代表了五代花鸟画的新水平，在中国画史上具有重要的历史地位。徐熙的作品已佚，而今人们能见到的《玉堂富贵图》、《雪竹图》、《雏鸽药苗图》都是仿作，我们只能从中领略他的绘画风格和画法。他淡雅俊逸，具有清新之气的画风在北宋后期影响较大，在很大程度上对画院花鸟画风的改革起到积极的推动作用。

《韩熙载夜宴图》

风华绝代的词人南唐后主李煜，从他父亲李璟手中接过来的就是一个无可奈何的帝位，当时北宋对南唐已经形成了强敌压境之势，南唐皇帝已经在北宋的威慑之下生活了。生于深宫之中，长于妇人之手的李后主，多才多情，有一颗赤子之心。他天真浪漫，有极高的文学修养与天赋，作为词人，堪称绝代。他的传世词作不多，篇篇都是流传千古的绝唱。但是作为君主，他确实无力也无奈，亡国后他写的词道出了他的心声："问君能有几多愁？恰似一江春水向东流。"

这种无可奈何的忧愁，在他在位时就日益加深。他想到了颇有政治抱负的中书侍郎韩熙载，能不能有办法抵御北宋？听说韩熙载沉溺于声色之中，夜夜笙歌，就派大画家顾闳中夜间前去观察韩熙载。顾闳中以其大画家惊人的目识心记的能力，默记下了韩熙载在郁闷中征歌逐舞过夜生活的实况，

韩熙载夜宴图 五代 顾闳中

创作了这卷传世杰作《韩熙载夜宴图》。看图中韩熙载的心情非常忧郁，愁如春水，只能任其东流！

此图以情节的进展分段，画的每段中心人物都是韩熙载，全卷宛如一首纪事诗，叙述夜宴的全过程。第一段是听琵琶。长髯、戴高巾、坐在床上的人，就是韩熙载，身边穿绯袍的是状元郎粲。

这幅五代名作的绘画技巧在表现范围和表现力上比唐代又有发展。画中的韩熙载等人，更换了几次衣服，一认便能识出，画中没有画夜色，而有夜里的气氛。画面色彩浓郁，与五代时《花间词》靡丽哀婉的格调可以并读。

米氏云山

米派是我国古代山水画流派之一。由宋代著名书法家米芾所创，他的儿子米友仁加以发展，形成在当时影响很大的特色画派。米芾父子在绘画界被称为"大米"、"小米"，或合称"二米"。他们在中国书画史上占有非常重要的地位。

米芾打破了传统的山水画用笔多以线条为主的常规，以卧笔横点成块面，被叫做"落茄法"。这种画法的特点是用水墨点染的方法，描绘烟云掩映的山川景色，米芾称其为"墨戏"，体现一种烟雨云雾、迷茫奇幻的景趣，显得亦真亦幻，美妙独特，世人将这种风格称为"米氏云山"。米友仁的山水画传承了父亲的画法，更可喜的是青出于蓝而胜于蓝。他的作品云烟缭绕，林泉点缀，看似草草，实含法度。米派的大写意风格，对后世影响很大，南宋的牧溪、元代的高克恭、方林义等人都是米派弟子。如今珍藏在故宫博物院的米友仁的《潇湘奇观图》，为纸本，墨笔，纵19.7厘米，横285.7厘米。所描绘的是瑰丽的潇湘景色，山峦连绵，烟云渺茫；画中一改青绿山水画的"线勾填彩"画法，而是点画水墨，纵横落点，虚实结合，尽情渲染；连山头的点子皴，也改为"淡墨细点"。米氏云山是中国绘画史上独特而亮丽的存在，是父子画家的代表和典范。

书画皇帝

书画皇帝指的是宋徽宗赵佶。宋徽宗（1082～1135年），宋神宗之子。他是北宋最昏庸无道的皇帝，在位期间重用"六贼"，最终导致大规模农民起义和金兵入侵。他被金兵俘虏，后死于五国城（今黑龙江依兰）。

宋徽宗虽然治国无能，但多才多艺，爱好书画。他擅长画山水、人物、花鸟等，不蹈前人之辙，自具风韵。尤其是花鸟描绘工细入微，富丽典雅，造型生动，形神兼备。他还精于书法，创造了瘦金书体，笔画劲挺秀丽，笔势劲逸，风格独特，非常富有艺术魅力。传世画作有《芙蓉锦鸡图》、《池塘晚秋》等，书法有墨迹《夏日帖》等。除了自己创作外，他还非常重视画院，大力扩

充画院，提高画家的待遇和地位。宋徽宗时代的画院在组织形式上是最完备的，为历代画院的典范。他还下令将宫中收藏的历代书画进行评比，编成《宣和睿览集》，并编纂《宣和书谱》和《宣和画谱》，对后世颇有影响。

张择端和《清明上河图》

《清明上河图》是北宋画家张择端的传世名作。张择端，字正道，东武（今山东诸城）人，生卒年月不详，北宋末年画家。他自幼好学，宋徽宗时供职翰林图画院，专事绘画。

《清明上河图》是进献给宋徽宗的贡品，长525厘米，宽25.5厘米，其中共有人物1643个，牲畜208头，房舍122座，轿子8顶，舟船25只，树木124棵。它主要描绘了北宋都城东京（今开封）的繁华景象。全图分为三个段落：首段描绘的是汴京郊野的风光，中段描绘的是繁忙的汴河码头，后段描绘的是汴梁城市区繁华的街道。画中汴河两岸店铺林立，市民熙来攘往，运载东南粮米财货的漕船通过汴河桥洞，一队远道而来的骆驼商队穿过城门。市区城楼高耸，街巷纵横，店铺鳞次栉比，行人摩肩接踵。茶坊、酒肆、脚店、肉铺、寺观、公廨等人头攒动，热闹非凡。《清明上河图》是一幅描绘北宋汴京社会经济生活风俗的不朽画卷。另外需要特别指出的是，"清明"并非指清明节，而是太平盛世的意思。画作描绘的是秋天。现收藏于北京故宫博物院。

马一角、夏半边

马一角是马远（1190～1279年）的外号，字遥父，号钦山。原籍河中（今山西永济）人。他擅长山水，取法李唐但有个人风格，下笔遒劲却不失严谨，设色清润，山石枝叶楼阁都有特色，画阁楼时常常使用界尺，而加衬染，《踏歌图》、《水图》等是其代表作。

夏半边是夏圭的外号，字禹玉，钱塘（今浙江杭州）人。是宁宗朝的画院待诏，长于山水人物，山水尤其出色，取法李唐，善用个性十足的"拖泥带水皴"，画作显得简劲苍老而墨气明润，他画台阁时不用界尺，而是随手为之。他的《西湖柳艇图》、《长江万里图》、《江城图》、《风雨图》等画作，均显出他精练概括的本领。

马远、夏圭并称"马夏"。他们两人的山水画各有自己的独特风格，却又不乏共性，那就是他们的画面上往往留下很大的空白，但这些空白绝对不是画面的缺失，而是为了表达一些意境，以及为构图需要而留的。他们的构图方法，被称为"边角之景"，"马一角"和"夏半边"就是由此得名的。他们的画作在表现内容上，追求高度的完整与单纯，在表现手法上，又追求绝对的简洁，这

清明上河图 北宋 张择端

种艺术表现手法为后世不断效仿。

赵孟頫

赵孟頫（1254～1322年）字子昂，号松雪，吴兴（今浙江湖州）人，宋朝宗室，元朝著名文学家、画家、书法家。宋亡后，入仕元廷，封魏国公。赵孟頫博学多才，精通音律、书画。在绘画上，他山水、人物、花鸟、竹石、鞍马无所不能，工笔、写意、青绿、水墨无所不精。赵孟頫的山水画取法董源、李成，人物、鞍马画师法唐人和李公麟。在绘画理论上，他提倡复古，主张崇尚唐人，"画贵有古意，若无古意，虽工无益"，反对南宋院体中柔媚纤巧画风。倡导"书画同源"，强调以书法用笔入画，并主张师法自然，提出"到处云山是吾帅"的口号。他的理论和创作对元、明、清三代都有极大影响。他的画作被当时的人称为"有唐人之致去其纤，有北宋人之雄去其犷"，从而开创了元代新画风，被称为"元人冠冕"。赵孟頫一生创作了大量的各种题材的绘画，传世画作有《鹊华秋色图》、《红衣罗汉图》、《秋郊饮马图》、《江村渔乐图》。

元四家

"元四家"是黄公望（1269～1354年）、王蒙（1308～1385年）、倪瓒（1301～1374年）和吴镇（1280～1354年）四位元代山水画家的合称。他们都生活在元末，虽然每个人社会地位不尽相同，但不得意的遭遇是相似的。他们四人都是江浙一带人，在艺术上受到赵孟頫的影响，擅长水墨山水竹石等，并结合书法诗文，是典型的文人画风格。他们的画作使中国山水画的笔墨技巧达到了一个新的高峰，成为元代山水画的主流，对明清山水画产生了巨大的影响。"元四家"的作品非常注重笔墨技巧，讲究意境神韵，使山水画的美学价值得到很大提高。在作品中，他们都流露出对没落王朝的怀恋情结，同时也受到当时文人消极避世思想的影响，他们的作品大多偏于淡远、萧疏、幽深，比较脱离现实。黄公望的画作山川深厚，草木华滋；王蒙的画作千岩万壑，连环重迭；吴镇的山水苍茫沉郁；倪瓒的山水具有一种荒凉空寂、疏简消沉的趣味。他们的代表作分别有：黄公望的《富春山居图》，王蒙的《青卞隐居图》、《夏日山居图》，倪瓒的《渔庄秋霁图》、《紫芝山房图》，吴镇的《江岸望山图》。

《富春山居图》

黄公望画《富春山居图》的时候已近八十岁，用了三四年的时间才将这幅画作完成。《富春山居图》表现了秋初之时富春江两岸的景色。画面上层峦叠嶂，松石挺秀，在云木掩映的山间，有江流、村落、亭台、渔舟、小桥、飞泉，使人恍若置身其间，特别是赋予了连绵浩渺的江南山水以

富春山居图 元 黄公望

一种富有韵律感的深远意境。笔简而意豪，神采烂漫。明代著名画家董其昌称赞道："展之得三丈许，应接不暇。"还曾说他在长安看这画时，顿时觉得"心脾俱畅"。无怪乎后人喻此图为"画中兰亭"。

《富春山居图》流传到现在是有过一番不平凡的经历的，这幅画题款是送给无用上人的，后来多次易主，清顺治年间为收藏家吴鸿裕所得，他专门筑造了"富春轩"秘藏之。这个人临死的时候，嘱咐家人将《富春山居图》等书画烧掉，作为他的殉葬物。幸好他的侄儿吴静庵不忍名画成灰，从火中救出此画，但前段已经烧坏数处。吴静庵将画截为前后两段，画的后段为清朝皇室收藏，现收藏于台北故宫博物院；画的前段辗转于民间藏家之手，现存于浙江省博物馆。

浙派

浙派是中国山水画的风格流派之一，形成于明代前期，流行于明代中期。浙派山水画的风格，综合借鉴了南宋李唐、刘松年、马远等人的绘画风格，行笔奔放，墨色淋漓酣畅，画面的动感强烈，自成一派，影响巨大。浙派画家中的杰出代表是浙派的创始人戴进。

戴进（1388～1462年），字文进，号静庵，是明代影响深远的一位画家。他精通山水、人物、走兽，风格独特，用笔流畅，气势壮阔，常用铁线描和兰叶描的手法作画。戴进的画风曾经风靡一时，作品被人们认为是经典的艺术，很多人都对他的风格进行学习和模仿。他的代表作品有《春山积翠图》、《风雨归舟图》等。此外，浙派盟主吴伟也是一个令人称道的画家，他的画作特色是用笔雄健豪放，潇洒自如，代表作品有《溪山渔艇图》、《长江万里图》等。在戴进和吴伟之后的张路、蒋嵩、汪肇等浙派画家，在吴伟的基础上，风格也逐渐趋向简约豪放。浙派以其精湛的功力和创新的面貌，兴盛于明初，并影响了之后中国画坛100多年。

吴门画派

在吴门画派中，最著名的有沈周（1427～1509年）、文徵明（1470～1559年）、唐寅（1470～1523年）、仇英（1498～1552年），后人称他们为"吴门四家"。

沈周和文徵明的作品都具有传统的文人画风格，其作品题材丰富，尤以山水画为胜，大都描写江南秀丽的风景和文人生活，注重笔墨，讲究诗书画的结合。文徵明的作品有《绿荫清话图》、《松下高士图》等。唐寅和仇英均为职业画家，创作内容丰富，技法全面，功底深厚，他们的作品都有很高的趣味性，深受人们喜爱。他们所描绘物象细致真实，强调意境，雅俗共赏。唐寅的山水画笔墨细秀，风格清逸，如《骑驴思归图》、《山路松声图》等。人物画多为仕女和历史故事，造型准确，色彩艳丽。仇英擅长青绿山水和工笔人物画，传世作品有《桃源仙境图》、《观榜图》、《松溪横笛图》等。

吴门四家在山水画方面的成就对南宋院体绘画是新的突破，他们在人物画和花卉画方面各自有特点和成就。除仇英之外，吴门四家的另外三人非常重视将诗、书、画有机结合，这一做法促使了文人画更臻完美、更加普及，对明代后期直至清初画坛产生了非常有力的影响。

唐寅

唐寅（1470～1523年），字伯虎，后改子畏，号六如居士，明代画家，吴县（今江苏苏州）人。他是吴门画派的代表人物，与沈周、文徵明、仇英并称明代四大家（吴门四家）。他出生于一个商人家庭，从小聪明好学，诗文书画，无一不精。29岁时，他考中应天府（今南京）乡试第一名解元，名声大振，自诩为"江南第一才子"。但在第二年的会试中，因好友科举舞弊案的牵连，被捕入狱，从此功名断绝。出狱后，唐伯虎性情大变，从此绝意仕途，潜心书画，终成一代大家。唐伯虎擅长画山水、人物、花鸟等。他的山水画师法周臣、李唐、刘松年，风格秀逸清俊，笔墨细秀，布局疏朗。人物画师承唐代传统，多以仕女和历史故事为题材，色彩或艳丽或清雅，线条清细，体态优美。花鸟画洒脱随意，格调秀逸，长于水墨写意。传世画作有《骑驴思归图》、《山路松声图》、《事茗图》、《王蜀宫妓图》、《秋风纨扇图》等。

《王蜀宫妓图》

《王蜀宫妓图》取材于五代前蜀后主王衍的宫廷生活，精心描绘了四个盛装宫妓的神情状貌，并题诗云："莲花冠子道人在，日侍君王宴紫微。花柳不知人已去，年年斗绿与争绯。"

此图属工笔重彩，图中绘宫妓四人，皆柳眼樱唇，下巴尖俏，衣着华贵，云髻高耸，青丝如墨，头饰花冠，互相对语。人物衣饰线条流畅，服饰上的花纹都刻画得十分精细。宫妓的服饰在颜色上对比强烈，产生了生动的艺术效果。人物面部描绘用传统的"三白法"，既表现出宫妓施朱粉"盛妆"的化妆效果，又烘托出她们弱不禁风的娇媚情态，晕染细腻，生动传神。作者描绘孟蜀宫廷的富贵生活，借以讽喻富贵表象下糜烂荒颓的实质，画上题跋云："蜀后主每于宫中裹小巾，命宫妓衣道衣，冠莲花冠，日寻花柳以侍酣宴，蜀之谣已溢耳矣。而主之不挹注之，竟至滥觞，俾后想摇头之，令不无扼腕。"

在明代开国以来人物画不振的情势下，唐寅的人物画成绩不俗，这幅画尤其表现了他上追唐宋又自创新风的高超水平。

王蜀宫妓图 明 唐寅

此图取材于五代前蜀后主王衍的宫廷生活，描绘宫中四位宫妓的形象。图中人物均盛妆打扮，在设色上妍丽明洁，富于变幻和节奏感，如画面正中一正一背两女子，一着淡黄衣衫，一穿花青大褂，色彩对比强烈，产生了醒目的艺术效果。同时，作者采用"三白"法，即以白粉烘染人物额、鼻、颊，突出了宫妓们弱不禁风的情态。全图线条如春蚕吐丝，精秀细劲，流转自然，是唐寅仕女画的代表作之一。

青藤白阳

徐渭与陈道复并称"青藤白阳"。徐渭（1521～1593年），明代著名剧作家、文学家、画家。字文清，号天池山人，别号田丹水、天池渔隐、天池生、金回山人、青藤老人、白鹇山人、山阴布衣等。晚年号青藤道士，有时署名田水月。徐渭最擅花鸟，山水、人物、水墨写意成就次之。徐渭的写意花卉惊世骇俗，用笔狂放而不重形似，自成一家。传世名作《杂花院》，画面气势豪放，非常漂亮，展示了他高度的绘画技巧。正所谓"无法中有法"，"乱而不乱"。此外，徐渭在戏曲创作方面也留下了美名，其杂剧《四声猿》是中国戏曲史上的一颗明珠。总而言之，他的诗文书画处处弥漫着一股郁勃的不平之气和苍茫之感。

陈道复（1483～1544年），明代著名的花鸟画家。初名淳，后改字复甫，号白阳山人。他长于山水，仿效米友仁和高克恭，在花鸟画方面，学习沈周和文徵明。他的淡色或水墨大写意，对明清以来的画家影响很大。陈道复的画风非常清雅，笔法自然而细腻，无论是笔墨的运用还是线条的运用，都有很好的节奏感，给人以灵动之感。他的花卉画使得沈周所开创的意笔写生体系更为完善，开拓了花卉画的新境。中年以后，陈道复的笔墨变得放纵，书、画都显出鲜明的个性。他的传世作品有《葵石图》、《花卉》和《罨画山图》等。

南陈北崔

"南陈北崔"指的是明朝后期两位以人物画著称于世的画家陈洪绶和崔子忠。陈洪绶（1599~1652年），字章侯，号老莲、悔迟、老迟。诸暨（今浙江诸暨）人。崇祯朝为监生，清军入关后出家为僧。他是一位全面型画家，人物、山水、花鸟及梅竹四大类都有涉足，尤其擅长人物画。他的人物画包括故事画、宗教画、高士画、仕女画及肖像画（木刻插画）等，经常为文学作品创作插图。陈洪绶不拘守成法，大胆突破前人成规，有独创精神，自成一家，艺术效果具有奇傲古拙气势，被人们称为"高古奇骇"。有《荷花鸳鸯图》、《升庵簪花图》、《婴戏图》、《西厢记》传世。

崔子忠，生卒年不详，初名丹，字开予，更名后，字道田，号北海、青蚓，山东莱阳人。他曾拜董其昌为师，擅长画人物、仕女、肖像，师法顾恺之、陆探微、阎立本、吴道子等。崔子忠所画的人物面目奇古，线条细劲，格调高古，境界奇异。传世名画有《云中玉女图》等。

松江派

松江派是明末的山水画流派之一，以顾正谊为创始人，董其昌为其最著名的代表。松江派有三个支派：以顾正谊为首的称"华亭派"，以赵左为首的称"苏松派"，以沈士充为首的称"云间派"。因为他们都是松江府人（今上海松江，古称华亭），画风亦互有影响，所以概称之为"松江派"。松江派山水画的典型风格是逸润苍郁，骨气灵秀，其中成就最高的董其昌（1555~1636年）是晚明最为杰出、也是影响最大的书画家，他的画作追求平淡天真的格调，讲究笔致墨韵，用笔洗练，墨色清淡，层次分明，古雅秀润。明末朱谋垔编著的《画史绘要》评价说："董其昌山水树石，烟云流润，神气俱足，而出于儒雅之笔，风流蕴藉，为本朝第一。"

四僧

"四僧"是指清初的四位画家：石涛、朱耷、弘仁、髡残。他们都出生于明朝末年。清初，他们和当时的一些知识分子一样，誓不仕清。于是，他们削发为僧，避世山野林间，以绘画抒发愤慨和忧愁，因而被人称为在野"四僧"。他们虽然在野，但他们在绘画上所取得的成就，对清初画坛仍产生了重大影响。

"四僧"在创作上都崇尚自然，反对泥古不化；豪放、磊落是他们共有的画风；多利用传统艺术形式，面向自然、面对人生，强调抒发情感，表达真实感受；他们也重视笔墨情趣，并寻找自己的绘画空间，抚慰受到伤害的心灵。

石涛是扬州画派的先驱，善画山水，兼工人物、兰竹。他绘画讲求独创，构图新奇，尤擅长截取法。运笔恣肆，粗细刚柔并用，泼墨挥洒，不拘小节，作品意境多苍莽新奇。石涛在绘画艺术上的独特成就，对清一代画家影响很大。朱耷以画花鸟画闻名，继承徐渭的传统，发展了泼墨写意画法。作品往往借物抒情，以象征、寓意和夸张的手法，塑造奇特的形象，抒发厌恶世俗生活和国亡家破的痛苦内心。他的画对后来的"扬州八怪"和近现代大写意花鸟画影响很大。弘仁擅长山水，喜欢模仿倪云林。他的作品笔墨秀逸，布局奇兀，近景大岩壁立，远山缥缈朦胧，掩映生姿，当时极有声誉。他的设色山水和墨笔山水长卷，均为精绝之作。髡残擅绘人物、花卉，尤其精于山水。他的山水画，笔法厚重、苍劲有力；善用雄健的秃笔和泼墨，层层皴擦勾染，笔墨交融，厚重而不呆板，秃笔而不干枯；山石多用解索皴和披麻皴，并以浓墨点苔，显得山川湿厚，草木华郁。

八大山人

八大山人（1626～1705年），姓朱，名统鋆，明宁献王朱权九世孙，弋阳王孙，世居江西南昌。清初曾参加抗清斗争，失败后，隐姓埋名，为避祸，于23岁落发为僧，法名传綮，字刃庵，中年又用过雪个、个山、驴、驴屋、人屋等号。他取名"朱耷"，"耷"乃"大耳为驴"的意思。晚年还俗结婚，靠笔砚养家糊口，从59岁用"八大山人"号，一直到去世。

八大山人有深厚的家学渊源，又受明末流行的董其昌画风的影响。笔墨精微、气韵醇厚，笔法得董其昌、黄公望、倪瓒之妙，把他们的秀逸优雅化成了奇逸苍茫。在花鸟画上，他创造性地发展了大写意花鸟画法。他精研明代前期的林良、吕纪，明中期的沈周、文徵明、陈淳，明后期的徐渭等各家画法，以他高超的眼界、高深的学养，融各家精华为一炉，以自己极其鲜明的艺术风貌，把水墨写意花鸟画的抒情能力，发挥到空前的高度，他把花鸟画"缘物抒情"的传统推到极致。

八大山人毕生推崇董其昌，这是非常有意思的现象。生活优越的董其昌努力集合文人画中优雅的笔墨趣味，终身都在做书画贵族化的事情，而身为旧王孙的真正的贵族八大山人，在落入国破家亡的危难境地之后，悲愤无声，却呈现了凝练蕴藉、博大精深的艺术风格。高深的学养，高贵的真情，汇聚一起，如深埋高山峻岭的浑金朴玉，琢成面世，便发出惊人的光芒。

八大山人不但善于画大写意花鸟，他的山水画也萧散淡泊、气韵高古，经常把我们带到宇宙八荒的空间和终古无尽的时间里边去。像他这样深植于历史和文明的人，面对大自然的美景，自会有不同寻常的感动。

《荷花翠鸟图》呈现的是一种平和清静的气氛，构图疏密有致，有开合，能平衡，下面是清爽通透的空间，上面丰富的墨色写出了茂盛荷叶的苍绿，双鸟，上有呼、下回首相应，留下了无穷韵味与想象空间。

在画法上，八大山人学习了宋、元、明一些大家的笔意，在师法前人时注重创造。例如对董其昌，取其秀逸之长，避其柔媚之短，从而形成自己笔墨苍劲古拙而又超逸华滋的独特风格。

历来多有论者往往过多强调了八大山人的冷、倔、怪，实则八大山人的高深不可企及之处是他的作品温润、蕴藉、冲和，没有丝毫躁气。

八大山人喜欢荷花，也画得最好，长卷一展，如一片荷塘尽收眼底，他画的荷，叶叶生动，有擎天作盖的、有临风而立的、有横逸斜出的。笔墨出神入化，浓墨活、淡墨更活。叶子画得如此之好，花则更妙。正如宗白华先生评八大山人说，他的画是最超越自然而又最切近自然，是最心灵化的艺术，而同时又是自然本身。

扬州八怪

扬州八怪是指清康乾年间活跃在扬州的一批大艺术家，他们有大致相同的画风、趣味以及文艺思想和命运。八怪究竟是哪几位画家，历来说法不一，现在一般是指汪士慎（1686～1759年）、黄慎（1687～1768年）、金农（1687～1764年）、高翔（1688～1753年）、李鱓（1686～1762年）、郑燮（1693～1765年）、李方膺（1695～1755年）和罗聘（1733～1799年）等八人。扬州八怪对官场的黑暗、富商的巧取豪夺深感痛恨，对劳动人民的疾苦抱以深切的同情，在生活上大都历经坎坷，最后走上了以卖画为生的道路。他们虽然卖画，却是以画寄情，在书画艺术上有更高的追求，不愿流入一般画工的行列。

扬州八怪在艺术观上，最突出的一点是重视个性表现，建立自己的"门户"；在题材选择和内容含意上大胆创新，将百姓日常生活用品纳入绘画题材之中，同时扩大花鸟画的范围，多以梅、兰、竹、松、石为描写对象。在绘画风格上，扬州八怪主要继承了徐渭、石涛等人的水墨写意画技巧，他们学习前人，但又不拘泥于那些前辈的技艺，进一步发挥了水墨特长，以简练的手法塑造物象，不拘于某些具体环节的形似。笔墨上，纵横驰骋，随意挥洒，力求神似，直抒胸臆。在内容含意上，他们除了表现一般的孤高、绝俗等思想外，还运用象征、联想、隐喻、夸张等手法，并通过在画上题写诗文，赋予作品深刻的社会内容和独特的表现形式。如郑燮的《墨竹》，看此画，读竹旁之诗，使人不由得联想到当时的灾荒、饥馑，充分体现了画家那颗仁慈、爱民之心。再如李鱓的《鸡》，此画以象征、隐喻手法劝人行善。扬州八怪的绘画技艺和风格特色虽然只流行于扬州及相邻地区，但它在继承和发展水墨写意画上，产生了巨大的推动作用。

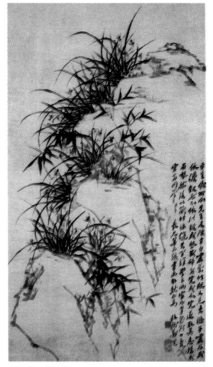

兰竹图 清 郑燮

赵之谦

赵之谦（1829~1884年），会稽人（今浙江绍兴），初字益甫，号冷君，后改字叔，号铁三，又号憨寮、悲庵、无闷、梅庵等，所居曰"二金蝶堂"、"苦兼室"，清咸丰年间举人，三次参加会试皆未中，后来曾担任江西鄱阳、奉新和南城知县。赵之谦自幼博闻强识，工于诗文，尤其擅长书法，初时效法颜真卿，后取法北朝碑刻，所作楷书笔致婉转圆通，人称"魏底颜面"，篆书则在邓石如的基础上赋予魏碑笔意，亦能以魏碑体势作行草书，融真、草、隶、篆于一体，奇倔雄强，超然脱俗，自成一格；亦善绘画，人物、山水俱佳，花卉写意笔墨独标；篆刻方面也卓然成家，博取秦诏、汉镜、汉铭文、钱币文、瓦当文和碑版文字等入印，一扫旧习，章法多变而意境清新，风格苍秀雄浑，显示出独特的风貌。赵之谦还将诗、书、画、篆有机地融合起来，并且做到推陈出新，成就斐然，精神风骨尤其为人所重，堪称独步一代的艺术大师。

吴昌硕

吴昌硕（1844~1927年），浙江安吉人。我国近代金石、书、画大师，"海派"代表人物。写意花卉最为擅长，深受徐渭和朱耷影响，在绘画中融入书法、篆刻的运刀和章法，画风独特。善用篆笔画梅、兰，笔墨酣畅，富有情趣；喜用狂草画葡萄，笔力老辣，气势雄强。在构图格局上他喜欢用"之"和"女"型；在用色方面，爱用浓色，尤爱西洋红。到了晚年，吴昌硕尤爱画牡丹。他笔下的牡丹花开烂漫，色彩多用鲜艳的胭脂红，再配以茂密的枝叶，显得生气蓬勃。吴昌硕的篆刻先从浙派入手，后受到吴让之、邓石如、钱松等人的影响。31岁以后往来江浙，阅历大量金石碑版、玺印、字画。定居上海后，诗、书、画、印并进，晚年形成独特风格，终成一代宗师。代表作有《紫藤图》、《墨荷图》、《松石图》、《牡丹图》、《桃实图》等。

岭南画派

　　岭南绘画是现代中国画的流派之一，指清末民初的广东画派，以岭南三杰为代表，主张吸取古今中外特别是西方绘画艺术之长以改造传统国画，使之发展为现代化、民族化、大众化的艺术，目的是改变中国人民的心灵，在国内外都有影响。

　　岭南画派的创始人高剑父，与高奇峰、陈树人并称为"岭南三杰"，他们师出同源，信奉相同的艺术原则，但风格不同，各有千秋。高剑父要求学生"青出于蓝而胜于蓝"。岭南画派的第二代的画家关山月、黎雄才、赵少昂等，也都有各不相同的风格。再后来，杨之光、陈金章、梁世雄、林墉、王玉珏等画家，也各有长处。岭南画派倡导美学教育，特地在广州、上海等地创建了《时事画报》、《真相画报》及审美书馆。

　　岭南画派的绘画题材多选木棉、奔马、雄鹰、苍松，其中南方风物较多。通过画面形象反映时代精神，在技法上则追求师法自然，吸取西欧水彩画的光影特色的同时又追求东方古画拙朴的神韵，因而作品赋色和谐，清新明快，晕染柔净，具有浓厚馥郁的岭南风情。

　　岭南画派的最大艺术特点在于创新，主张写实，博取诸家之长，发扬国画的优良传统，在中国画史上是鲜亮的一笔。

海上画派

　　海上画派，通常是指19世纪中叶至20世纪初期，一群活跃于上海地区的画家。海派画家集中在清末民初的上海，因为地域之便，他们有机会不断接触外界的新鲜事物，这为艺术的发展提供了丰厚的土壤。海派画家以传统文化为基础开拓了新的画风。这些画家性格迥异，画风多样，代表人物有"海上三任"、虚谷、吴昌硕等。

　　"海上三任"指的是名扬中外的晚清上海著名画家任熊、任薰和任颐。其中任颐在艺术上成就最高、影响最大。任熊（1823～1857年），海上画派早期的领袖人物之一，人物、花卉、山水无不擅长，特别以肖像画著称。他的笔法清新活泼，画作很有装饰趣味，深受当时人们喜爱。代表作品有《自画像》等。任薰是任熊的弟弟，特别善画花鸟，用笔风格劲挺，他的人物画画风与任熊非常相近。任颐（1840～1896年），浙江萧山人。专工人物、花鸟，常以风土人情和民间传说入画，画中融汇了艺术与现实。他的人物画题材广泛，具有非常独特的风韵，很注重写生。山水也是他所擅长的题材。他的通景屏《群仙祝寿图》是近代绘画中少见的佳作，特点是构思奇妙，人物形象生动，精美之程度令人惊叹。任颐以他自身中西贯通的极高绘画素养，最终成为晚清画坛上最杰出的画家之一。画僧虚谷的山水画《观潮图》、《日长山静图》等作品，

桃实图　清　吴昌硕

笔法冷隽，风格洒脱清秀；吴昌硕作为海派的中坚人物，将书法、篆刻融入绘画创作当中，韵味独特。

　　总而言之，海上画派艺术特点是题材以花鸟画为多，其次人物，再次山水，在笔法墨法的应用

上，简逸明快，追求意境。习惯于借古喻今，借物寓意，讲究内涵充实。他们的画作兼有商业价值和欣赏收藏价值。

最早的中国绘画

我们今天所能见到的最早的绘画，不是纸上的，也不是布上的，而是岩石上的。那时候还没有发明纸，也没有布，那是在几万年以前，我们的先民们主要靠狩猎和采集食物生活。他们对于风雨、水土、鸟兽、植物等自然景物的直接知识日益丰富，但是无法解释，因而在面临生死或遭遇洪水、地震或捕获不到动物时，往往陷入困惑和恐惧，无法用自然力去对付自然力，就只好求助超自然的神力——他们有表达的冲动，他们希望通过一场集体的祈求来获得神的保佑，让自己生得富足，死得心安。先民们相信，通过把一种令人敬畏的动物或植物作为本群体的图腾能让大家都得到护佑。有很多岩画表现的就是这种图腾崇拜。被认为是能和自然之神沟通的专管祈神、祭祀的巫师就是我们现在说的魔法师。在原始绘画中他们往往是面目奇特、常常没有耳朵的神秘形象。面对茫茫的宇宙，无所不在的自然的力量，身处原野和山谷的洪荒，先民们用自己的劳作和想象创造生活的幸福。岩画中表现狩猎、采集食物，是为了祈祷生存；男女交媾、夸大的性器官是祈求生息繁衍、种族延续。

在5世纪，北魏地理学家郦道元写出了传世地理学名著《水经注》，他在书里告诉人们，在北方山中，"山石之上，自然有文，尽若虎马之状，粲然成著，类似图焉"。那时候，他只是发现了山上一种好像自然形成的图像花纹，像虎的、像马的，煌煌然十分可观。他虽然没有说清楚这是什么，但是他却是全世界最早记载岩画的人。以后直到20世纪初，才有一位黄仲琴教授研究这种现代考古学称为"岩画"的象形图像。

现在著名的岩画点广西宁明县的"花山"，其实就是取"画山"的意思。

20世纪50年代以后，中国开始大量发现岩画，主要有内蒙古阴山岩画、新疆阿尔泰岩画、天山岩画、甘肃黑山岩画等。专家们展开研究，不断取得新的成果。阴山岩画内容丰富、形象生动，画出了北方狩猎民族的社会生活。西南地区以沧源岩画、左江岩画和花江岩画等为代表。东南岩画以江苏连云港将军崖岩画、福建仙字潭石刻等为代表。从总体上看，北方多画动物，表现狩猎与游牧生活，西南、东南方多画人物，表现农耕生活。

全世界都有岩画的遗迹。有人生存过的地方，大多都有岩画的留存。岩画可以说是整个人类最原始的艺术语言，虽然在创作时不是为了艺术，只是为了实用。在我国，一直到了近代，一些少数民族还保持着刻绘岩画的传统，先民的文化生活方式在那些地方保留了下来。

流丽的彩陶

历史上谈到中华文明的起源，有人文始祖黄帝创造中华文明之说：制衣冠、造舟车、养蚕桑、创文字、定算数……也包括了图形，描画出人物和五岳，创造了绘画。这个时期是距现在5000到10000年的新石器时代。

这时候，先民们已经定居下来，由食物的采集者变成了食物的生产者。过去的几十万、上百万年，过着流浪生活的狩猎者随身携带的东西有限，得以聚族而居的人们发明了制作陶器的方法。陶器可以贮存谷物，煮熟食物，存放水，甚至还用来安葬人。

先民们聚集生活的黄河上、中游地区是彩陶最繁盛的地区，1921年在河南省渑池县仰韶村首先发现6000年以前的文化遗存，考古学上称之为仰韶文化，仰韶文化中的彩陶见证了当时中国绘画的艺术水平。

仰韶文化分为两种类型，一种称为半坡型，一种称为庙底沟型，都是以出土地点命名的。半坡型彩陶以动物的形象和纹样居多，尤其是鱼最多，这可以想见当时渔猎经济中人与鱼的亲密程度。专家们说鱼纹的含义是图腾，是祈求捕鱼多多，是希望生殖繁盛，此言不虚，在以后几千年中，鱼确实也被中国人视为是子孙绵绵，富富有余的象征。

人面纹也属半坡型彩陶的特色，而且经常是和鱼纹画在一起，这可能表示这个民族和鱼的亲密关系。人面有神秘的变形，像是在施一种魔法。当年主持发掘半坡文化的考古学家石兴邦先生就说这含有巫觋意义。

我们来看马家窑文化中这一著名的"舞蹈彩盆"。盆内画有手拉手跳舞的人们，每组五个人，一共画了三组。遥想那远古的黄河边上，在一个喜庆的夜晚，围绕着篝火，人们载歌载舞。透过篝火，一排舞动的身影生动活泼、纯朴而天真。他们跳的是简单而热烈的图腾歌舞，有节奏的歌舞声随着黄河水一波一波传来。千万年过去了，直到现在，有些少数民族部落还保留着这种类型的原始歌舞。

公元前3000年至公元前2000年（距今5000　4000年），仰韶文化的中心逐渐往西北转移，到了今天的甘肃、青海一带，在那里又产生了马家窑文化。这是上古游牧民族羌人生活的地方，所以马家窑文化的创造者应该是羌人。

青铜器之美

自公元前21世纪（约公元前2070年）起到公元前221年秦统一六国，这将近20个世纪的时间里，中国经历了夏、商、周三个朝代，历史上称作"三代"，连同与周朝相交织的春秋战国时期，也称"先秦"。"三代"是中国的青铜器时代，青铜文明极其辉煌。这个时代的中国，创造出了世界上最精美的青铜器。商周青铜器纹饰精严威重，造型、纹饰形变到有一种惊肃瑰丽之美，这让人们联想到当时以天命构建的礼制的神圣与威严。周代自春秋中期以后周王室衰弱下去，各诸侯国互相争霸，天下礼崩乐坏，青铜器的礼器大为减少，日用的器皿多了起来。战国的青铜器错彩镂金、精巧繁富，纹饰图形生动有神，有一种华丽之美。天命的威严让位给了人世的精彩。著名的四川成都百花潭出土的射礼采桑宴乐攻战纹壶更是呈现了当时社会的生活气息。顺艺术之流看去，这正是开了汉代画像石艺术的先河。

商周青铜器上最主要的纹饰是饕餮纹。《吕氏春秋》里这样说："周鼎著饕餮，有首无身，食人未咽，害及其身，以言报更也。"这种奇异狞厉的神兽纹饰大量用于国家礼器，可能是先人借助神话，让人间的政教权力获得合法的威严。

青铜器的整体美，可以用威重、精美、瑰丽来形容。直到今天，如果我们要在一个厅堂，一个广场营造威重、壮丽的气氛，复制一件青铜器是个好办法，它是重器，压得住大场面，至今仍不失其礼器的尊严。

从青铜器也可以看出中国绘画的意象特点。就青铜器常见的纹饰夔龙来说：对比一下，龙，西方是根据恐龙化石和巨型爬行怪兽的形象，努力复原恐龙的原形画出来的，是那样的凶恶、丑怪、恐怖！而中国的龙是集众兽之美，表现出的是威严、壮丽、神圣。

青铜器作为国家贵重的礼器，是中华文明进程中一个时代的美术（包含了绘画）的代表之一，表明了中国绘画不以具象的美为最高标准，而以内含的善为最高境界，所以，有学者也称青铜器为中国艺术之源。

秦汉帛画

帛画，是画在丝织的帛上的。我们现在考古发掘出来的帛画都是古代丧礼用的"铭旌"，是为死者的灵魂升天引路用的，入葬时覆盖在灵柩之上。帛画起源于战国中期的楚国，到东汉就消失了。因它源于楚国，所以帛画充满着楚文化"琦玮谲诡"的浪漫主义色彩。

1972年从湖南长沙马王堆一号汉墓出土了汉文帝时期（公元前179—前157年）的帛画，使我们看到了汉代帛画描绘精妙华美的艺术特点。这幅"非衣"帛画，构图严谨，纵横一体，大体中轴对称，局部不对称，主次分明，疏密繁简错落有致。线描细劲如游丝，着色厚重而典雅。以朱砂、青绿、银粉等石色的精妙使用，使得帛画至今还鲜艳夺目，而且代表了汉代艺术总体色调热烈而沉着、华丽而厚重的特点。从这幅帛画我们看到了非常瑰丽的艺术想象，天上、人间，过去、未来，神与人，灵与兽，传说与现实，浑然一体，贯通三界，跨越时空，天人合一，人神和谐，构建成一个井然有序的想象中的世界。我们从这里看到了帛画作者高超的艺术组织能力。

这幅帛画呈"T"字形，从上而下分三级描绘了天上、人间、地下的景象。上部分是天界，右角是经日与金乌，左角是新月、玉兔与蟾蜍，正中是人首蛇身的天国主宰烛龙（一说是人类始祖女娲）。新月下有一女子飞升，一说是"嫦娥奔月"，一说是"死者灵魂升天"。下面有双龙相对腾起，两位兽首人身的司铎骑在异兽上振铎作响，鸿雁飞、群鹤舞，天界里万灵欢悦、祥云缥缈、气象万千。

帛画中部，是人间世界，只见衣着华丽的墓主——一位老年贵妇，拄杖前行，前有仙吏跪迎，后有侍女随侍，这里还原墓主在世的生活，可谓是栩栩如生。她将这样升

长沙马王堆一号汉墓帛画

入天界。玉璧有巨龙交缠，帐幔、流苏、悬磬下有列鼎，这是祭飨的场面。

最下部为地下部分：描绘了一个赤身裸体的地神，他正托举着大地，脚下踩踏着两条巨大的鳌鱼。

汉代画像石与画像砖

画像石指的是在石料上雕刻图像的石刻艺术。它盛行于西汉至唐，多见于墓室、祠堂、石碑、石阙、门楣、棺椁上。画像石的内容十分丰富，有历史故事、乐舞杂技、车骑出行、建筑、生产劳动等，具有很高的历史和艺术价值。山东嘉祥武翟山下的东汉武氏祠内的画像石上有历史故事、烈女故事、孝义故事、神话传说等，多达25种。其中一幅刻画了荆轲刺秦王的故事，柱子右侧是惊慌逃跑的秦王，左侧是怒发冲冠、奋力投出匕首的荆轲，秦王脚下是早已吓瘫的秦舞阳，让人看了有一种惊心动魄之感。

画像砖起源于战国时期，盛行于两汉，多在墓室中构成壁画，有的也装饰在宫殿中。画像砖的画面内容非常丰富，有表现劳动生产内容的，如播种、收割、舂米、酿造、放牧等；有表现社会风

俗的,如宴乐、杂技、舞蹈、驯兽等;有神话故事,如西王母、月宫等;还有达官贵人乘车马出行和狩猎的。所以画像砖不仅是美术作品,也是记录当时生产生活的资料。

永乐宫壁画

　　永乐宫壁画坐落于山西平陆县黄河北岸的永乐镇,属于元代道教宫观壁画。根据壁画上留存的题记,我们可以知道此壁画由洛阳马君祥父子等人绘制,于元泰定二年(1325年)完成。永乐宫壁画总体面积共约873平方米,规模宏伟,画面壮丽而又灿烂辉煌,是世界罕见的艺术瑰宝。永乐宫壁画历经风雨却依然保持着清晰的面貌,这在我国古代壁画中是非常难得的。

　　永乐宫的主殿是三清殿,殿内四壁描绘的都是道教神仙朝元的盛况,画面叫做《朝元图》。在这幅画上,会聚了众多人物,场面壮阔,群像的神态刻画严谨工致,极其细致,画师的线条简练严谨、流畅刚劲,整幅壁画上除主神的衣服色彩采用绯红和堆金沥粉外,其他人物的衣服色彩均以青绿为主,生动表现了人们理想中神仙人物的庄严和清静。除三清殿主殿以外,其他的大殿如无极门、纯阳殿、重阳殿的殿内也绘有大量壁画,创作的时间晚于三清殿壁画,这些画中的主题内容全部以当时的现实生活为背景,包罗万象。永乐宫壁画的规模宏大,描绘人物众多,画面上所表现的神话故事想象力丰富,表现出画师的功力和高超的艺术欣赏力,令人肃然起敬。永乐宫壁画,称得上是现存古代道教壁画的最佳作品之一。

中国三大石窟

　　龙门石窟、云冈石窟、敦煌莫高窟被誉为中国三大石窟。龙门石窟位于河南洛阳南面伊水两岸的东、西山上,属于佛教石窟,它南北长约1000米,现存2100多个窟龛,共有3600多品碑刻题记,还有40多座佛塔。龙门石窟始建于北魏时期,历经东魏、西魏、北齐、隋、唐、北宋几朝,通过连续的大规模营建,内容不断增添。龙门北魏窟龛早期的诸多造像,人物衣褶样式都为云冈旧式,造像面容显得非常柔和。唐代的龙门石窟中的造像特点是时间长、规模大、题材丰富,早期的洞窟内的造像体态圆肥丰满;中期的造像成就最高,造像特点是肌肉丰腴,体态婀娜多姿,极富曲线美;晚期的石窟造像规模明显减小,数量也减少。

　　云冈石窟在山西大同市西郊武周山北崖,石窟依山开凿,东西绵延大约1000米,甚是壮观,现存45个主要洞窟,51000余尊雕造像,其中的大佛最高达17米。云冈石窟中的昙曜五窟也就是现在的云冈第16窟至20窟,开凿最早,最具宏伟气魄。而第五、六窟和五华洞中,所有的内容最为丰富多彩,极为富丽瑰奇,所有的造像都具有其内在的气魄和力量,是云冈艺术的精华所在。从石窟中的种种纪年铭刻和艺术风格上看,云冈石窟基本上都是北魏的遗物,距今已有1500多年。

　　敦煌石窟是我国甘肃敦煌一带石窟的总称,位于如今的甘肃敦煌的鸣沙山与三危山之间的断崖上,所在崖面全长1618米,南端长约1000米的地段内分布了洞窟的绝大部分,北端崖壁上洞窟数量很少。莫高窟现存的大小洞窟有491座,塑像有2400多尊,壁画45000余平方米。莫高窟开凿于十六国时期的前秦,北凉、西魏、北周、隋、唐、五代、宋、西夏、元、清等朝代依次修建维护。莫高窟艺术最大的特点是建筑、塑像和壁画三者有机结合。莫高窟的窟形建制有禅窟、影窟、殿堂窟、穹隆顶窟、塔庙窟等;彩塑形式则有影塑、圆塑、浮塑、善业塑等分别;壁画的类别有故事画、佛教史迹画、经变画、供养画、动物画、尊像画、建筑画、山水画、装饰画等。敦煌莫高窟的人物壁画画面精美绚丽、色调明净,充分体现了隋唐宗教绘画的现实主义思想。敦煌莫高窟壁画直观地反映了十多个朝代的社会形态及当时涉外交流的状况,堪称是全人类的文化宝藏。

大足石刻

　　大足石刻位于重庆大足县、潼南县、铜梁县、壁山县境内，是摩崖造像的石窟艺术的总称。其中佛、儒、道教造像并陈，主要是佛教造像。大足石刻的规模和艺术造诣，以及历史文化蕴涵，都可以和敦煌莫高窟、云冈石窟、龙门石窟媲美。大足石刻始建于唐永徽年间，历经晚唐、五代，至两宋时最为兴盛，绵延修建增补至明清。大足石刻现存石刻造像70多处，总计约有10万多躯，最为著名的是宝顶山和北山摩崖石刻。由于地处偏远，大足石刻幸免遭到战争与人为毁坏，保存较为完好，极具文物研究和欣赏价值。

　　大足石刻北山石刻有"转轮经藏窟"，此处的石刻造像整体布局协调，造型优雅，雕刻刀法精细，特别是窟中的普贤菩萨，有"东方维纳斯"的美誉，令人难忘。宝顶山的石刻气势磅礴，带有佛教的世俗化、民族化、生活化特征。南山石刻集中展示了中国道教造像的特色，三清古洞聚集了中国宋代最为精美的雕刻。大足石刻，还伴随造像出土大量的经文、傍题、颂词、记事等石刻铭文15万余字，不仅是宝贵的研究资料，同时也是金石佳品。大足石刻可以看成是佛教、道教和儒家艺术的教科书，"凡佛典所载，无不备列"，"神的人化与人的神化"在大足石刻中达到高度统一。

秦始皇陵兵马俑

　　秦始皇兵马俑是秦始皇陵墓里随葬的陶塑作品。1974年，当地打井的农民先是发现了最大的一号坑，后经考古学家钻探又先后发现二、三号坑。3个坑内共发掘出陶俑7000多件，战车100多乘，兵器10万多件。其中一号坑面积最大，达14260平方米，坑内有各类人俑6000多件，列队而立；二号坑内总有1000多件兵、马俑，是以战车、骑兵为主要组成的混列兵种阵列；三号坑乃是作为指挥场所的小坑，仅有60多个兵马俑。所有兵马俑均仿照真人真马的尺寸，其中的兵俑身高在1.75～1.85米之间，根据装束、发式的不同可以分为将军俑、武士俑、车士俑等。这些兵马俑形象

秦始皇陵兵马俑群
兵马俑制成后都用鲜艳的颜色彩绘过，由于出土时经验不足，导致这些彩绘很快风化褪色，从出土的兵马俑群可以想象，当年这样一个衣着鲜艳的庞大军阵下葬时是何等气势磅礴！

逼真，神态生动，排成方队之后，气势恢弘，让人强烈地感受到当年吞并六国、逐匈奴七百里的大秦帝国军队的威武之势。

秦兵马俑不是由单一的模具脱制而成的，而是模拟真人真马制成的群塑，整体气势雄壮。兵马俑的脸形、发型、体态乃至神态都不相同，比如将军俑身着铠甲，形体高大健壮，体态勇武；跪射俑的神态丰富而复杂，形神兼备。兵马俑的工艺之精湛令人叹为观止，再加上车马上的装饰都是和当时真实生活相同，给人以身临其境之感，也成为研究秦史的绝佳实物资料。秦兵马俑的出现，展示了我国秦代雕塑的高超水平，同时为我们研究秦代军事和文化等各方面提供了借鉴。

书法与篆刻

中国书法

书法是指文字的书写艺术，特指以毛笔表现汉字而形成的艺术形式。经过长达数千年的发展，书法艺术形成了篆书、隶书、草书、楷书、行书等书体。

书法包括用笔、结构、章法、墨法等艺术表现手段。用笔包括书写时的笔法、笔力、笔势、笔意等艺术技巧。笔法是指起笔、收笔、圆笔、方笔、中锋、侧锋、露锋、藏锋、提按、转折等用笔的方法；笔力指笔画所蕴涵的内在力量；笔势指用笔时所形成的气势；笔意指笔画线条所表现的情感、意趣。书法的结构又称结字、结体或间架，是从美观角度对字的笔画进行组合的艺术技巧，它受文字的结构规律和作者的审美情趣影响，表现形式有虚实、疏密、欹侧、匀称、和谐、聚散、呼应等。章法是通过字与字、行与行之间的合理安排使作品看上去完美和谐的艺术技巧，在各种书法中最注重章法的是草书和行书。用墨是指用不同笔、墨、纸组合产生不同的效果的技法，方法有：浓墨、淡墨、干墨、渴墨、湿墨、枯墨、涨墨等。

书法是中国独特的艺术形式，是世界艺术史上独树一帜的巨大创造，体现着中国人独特的哲学思想和审美情趣。它源远流长，在几千年的发展史上，形成许多著名的书法流派，产生了灿若群星的书法家，留下了难以尽数的书法珍品，这些珍贵的文化艺术遗产，不仅有巨大的审美价值，也有着巨大的文化和历史价值。

书体

书体是指书法的基本字体，主要有篆书、隶书、草书、楷书、行书等。篆书包括商代甲骨文、周代金文、战国篆书和秦代小篆，秦代小篆是其代表。小篆是在大篆（籀文）的基础上发展简化而成，特点是结体圆长，笔画粗细匀称，不露锋芒，线条美观。代表作有秦李斯所书《泰山刻石》、《琅琊台刻石》等。隶书又名佐书、史书，盛行于汉代。隶书的特点是左右舒展，笔画波碟，是一种具有装饰趣味的字体。代表作是汉朝的一些碑刻，如《张迁碑》、《史晨碑》和一些简牍作品。历代隶书名家有唐代史惟则、韩择木，清代金农、邓石如等。楷书又称正书、真书，是隶书的变体，盛行于唐代。它的特点是形体方正，笔画有严格的法度。代表作有《颜勤礼碑》、《神策军碑》等。楷书名家有曹魏的钟繇，唐代欧阳询、颜真卿、柳公权等。草书的特点是狂放，用笔大起大落、连绵不断、一气呵成。名家有唐代张旭和怀素，代表作《肚痛帖》、《自叙帖》等。行书又称行押书，特点是简易、流畅，活泼自然。名家有晋代王羲之，宋朝的苏轼、米芾，元朝的赵孟頫等，代表作是《兰亭序》、《祭侄文稿》和《黄州寒食帖》。

隶书与分书

隶书相传为秦末程邈在狱中所整理。隶书是把小篆删繁就简，笔画由圆转变为方折，线条出现波磔的字体。出现于先秦，成熟于东汉。我们现在学习的汉隶著名碑刻大都是东汉晚期的，如《孔宙碑》、《华山庙碑》、《礼器碑》、《张迁碑》、《乙瑛碑》等。

分书又称"八分书"，历来解释纷纭，比较公认的说法是，隶书的字形像"八"字分布，所以称隶书为"八分书"，又称分书。

隶书继承了篆书的曲线美，创新出了隶书特有的"波磔"笔画的线条美。

隶书是与汉代其他文化艺术同步的，它的最主要特点是：大气，厚重，生动，而且不乏精致。汉代是隶书艺术的高峰，已形成了丰富多彩的风格，大致可分为遒劲凝炼、飘逸秀丽、工整精严、端庄博雅、古朴厚重、奇逸恣肆等。

草书

草书有章草、今草、狂草之分。章草最早形成于汉代。当时通行的是草隶，即草率的隶书，又名"隶草"、"古草"，其后发展成为"章草"。正如刘熙载《艺概·书概》所说："解散隶体，简略书之，此犹未离乎隶也。""章则劲骨天纵，草则变化无方。"至汉末，张伯英（芝）把章草里面的隶书笔意省去，将上下字体之间的笔势连带、偏旁连接，从而创造出了"今草"。唐代的张旭、怀素在"今草"的基础上，写得更加狂放不羁，称之"狂草"。欣赏草书时要注意：

肚痛帖 唐 张旭

1.观气象，草书是最能体现人的气质、情感及精神风貌的书体，以有高情逸韵为上，潦草粗俗为下。宋代米芾曰："草书不入晋人格，辄结成下品。"可为参考。

2.观笔墨，草书是典型的线条艺术。不论中锋、侧锋，方笔、圆笔，都要内含情致，外具形质。墨法则要浓淡润枯，五色焕发，俱见神采。

历来人们形容草书佳作都说是"笔走龙蛇"，美术上称为蛇形线，那么蛇形线有什么样的艺术魅力呢？英国画家荷加斯通过各种线条类型的美学研究，认为：蛇形线赋予美以最大的魔力……蛇形线是一种弯曲的并朝着不同方向盘绕的线条，能使眼睛得到满足，引导眼睛去追逐其无限多样的变化……这不仅使想象得以自由，从而使眼睛看着舒服……它是动人心目的线条。

章草

章草是一种隶书的草写。它是从秦代的草隶中演化出来的新书体。西汉元帝时史游整理后编写了《急就章》，使这一新书体规律化，这就有了章草书体的范本。它的笔画特点圆转如篆，点捺如隶。一字之内笔画间有牵丝萦带，但是字各各独立。

历史上草书名家都精通章草，章草上通隶书、简牍，下开今草，学习它可以两通。

"目不窥章草，落笔多荒唐。"

这是《章草草诀》中的话，说的是实情。章草奠定了草书的基本规范，如果不经过章草学习，很容易把规范草书写成潦草之书。

章草书法特点：章草省掉隶书的蚕头却保留了雁尾，这雁尾用重笔挑出。

魏碑

魏碑，狭义地说是北魏时期的书体，其实一般指的是广义，即指北朝碑刻，包括了魏、齐、周三朝，直至隋统一南北之前。这是一种隶书过渡到楷书时的书体，属于楷书范畴。它出现于当时的北方，多民族融合、汉文化与少数民族文化交流、佛教盛行，造像记发达，从体裁上还包括碑碣、摩崖、墓志。

魏碑书法质朴雄强，粗犷自然，存隶书的雄厚之气，比唐楷多质朴之姿，有鲜明的艺术特色，康有为对之推崇备至："魏碑有'十美'：'古今之中，唯南碑与魏碑为可宗。可宗为何？曰有十美：一曰魄力雄强，二曰气象浑穆，三曰笔法跳越，四曰点画峻厚，五曰意态奇逸，六曰精神飞动，七曰兴趣酣足，八曰骨法洞达，九曰结构天成，十曰血肉丰美，是十美者，唯魏碑南碑有之。'"（康有为《广艺舟双楫》）

楷书

楷书又称正书，或称真书，是在减省隶书的基础上发展而成的，是隶书的变体，其特点是：形体方正，笔画平直，可作楷模，故名。始于东汉，盛行于东晋并一直沿用至今。

魏晋之间，凡工楷书者，都称之为善于隶书。《晋书·王羲之传》："（王）善隶书，为古今之冠。"《晋书·李充传》："充善楷书，妙参钟（繇）索（靖），世咸重之。"初期"楷书"，仍残留极少的隶笔，结体略宽，横画长而直画短。魏晋钟繇的《宣示表》、《荐季直表》仍存隶书的遗意，然已备尽楷法，公认为正书之祖，其书可为楷书的代表作。

王羲之与《兰亭序》

王羲之（公元303～361年），字逸少，琅琊临沂（今山东临沂）人，著名书法家，被后代尊为"书圣"。王羲之出身声威显赫的东晋士族，曾经官至右军将军和会稽内史，所以又常被人们称作王右军、王会稽。王羲之是个书法的多面手，行草楷隶等各种书体都写得很好，他的楷书学习的是钟繇的笔法，草书学的是张芝，也曾学习过李斯、蔡邕等人的书法，可谓是博采众长。王羲之的书法圆转凝重，创立出有婉媚风格的今体书风，突破了隶书笔意，有"龙跳天门，虎卧凤阙"的美誉，给人以安静优雅的美感。《晋书·王羲之传》评价他说："尤善隶书，为古今之冠，论者称其笔势，以为飘若浮云，矫若惊龙。"据史料记载，他的书法作品有楷书《乐毅帖》、《黄庭经》，草书作品有《十七

《兰亭集序》帖 东晋 王羲之

帖》，行书作品有《姨母帖》、《快雪时晴帖》、《丧乱帖》等。其中他的行书《兰亭序》最具有代表性，被赞誉为"天下第一行书"。

东晋穆帝永和九年（公元353年）三月三日，阳光明媚，王羲之与谢安、孙绰等41人在山阴（今浙江绍兴）兰亭饮酒唱歌，赋诗唱和。最后，有人提议将众人当日所做的37首诗，汇编成集，这便是《兰亭集》。之后，大家又推举王羲之写一篇《兰亭集序》。王羲之酒意正浓，于是提笔在纸上畅意挥毫，一气呵成，这就是名噪天下的《兰亭序》。序中记叙了兰亭周围山水之美和聚会时的欢乐之情，同时抒发了王羲之对好景不长，生死无常的感慨。此贴共28行，342字，章法、结构、笔法都很完美。《兰亭序》用笔以中锋为主，从而使其字形有骨气奇高之彩，侧笔优美，曲折有致，有时蕴藉含蓄，有时锋芒毕露。尤其是章法，从头至尾，俯仰开合，疏朗多姿，笔迹似断实连，气韵生动。结体欹侧变幻，错落有致，曲尽其态，尤其是帖中20个"之"字，每字各具情态，无一雷同。《兰亭序》充分体现了王羲之作品飘若浮云、游若惊龙的风格特征。同时他的气度、风神、襟怀、情愫，在这件作品中也得到了充分表现。王羲之的《兰亭序》不仅在当时名冠天下，也是后来众多书法家临摹、学习时最常用的版本。

《平安三帖》

《平安帖》是向对方报告平安的消息，且对对方不能参加朋友聚会而表遗憾。《何如帖》是向对方问好的信函。《奉橘帖》是因奉送对方柑橘300枚而致函。

此三帖风格较近，因系家常信件，心平气和，书法温文尔雅。用笔中锋，或逆锋而入，或凌空而下，提笔如小舟沂急流，按笔如凌空坠巨石，结体雍容典雅、遒劲秀逸，布局疏密得宜，富于节奏感。虽然笔势雄强但是不激不厉，有平和庄静之美。全帖结字严谨，富于变化，虚实相间，骨力内涵。转折处方圆兼用，变化多端，如"当、赖、百、得"几个字的转折，个个不同，耐人寻味。

《伯远帖》

清乾隆帝将《伯远帖》列入"三希"之一。王珣（350年 401年），字元琳，琅琊临沂（今山东临沂）人，小名法护，王洽之子，王导之孙，而王导是西晋豪门士族之首，执政时号为"仲父"，晋元帝曾经邀请他同升御座。当时人称："王与马，共天下。"马是司马氏。官至尚书令。王珣出身于这样的名门望族，三世均以书法著称，王献之是其族兄弟。

王珣所书《伯远帖》，用笔洒脱自然，峭劲秀丽，潇洒古淡，转折处变化多端；结字近扁方，略带横势。全篇随其本字之形，顺其自然之态，而又通篇和悦，自然一体，有如天成。看笔画，处处平中见奇；章法是"字里金生，行间玉润"。每个字都有动态表情，或顾、或盼、或瞻望、或俯视、或回望。字里行间有金子般的精美，宝玉一样玉的温润。每行字距有远有近，有疏有密，行间素地黑白相间得宜，气脉贯通。一切优秀的书法作品，都少不了气脉，正因为它们有连续不断的气脉，一字字、一行行，才能累累如贯珠，圆润流转而又璀璨夺目。

明董其昌跋此帖云："珣书潇洒古淡，长安所见墨迹，此为尤物。"王肯堂亦跋此帖："笔法遒逸，古色照人。"

颠张醉素

"颠张"指唐朝书法家张旭，他的草书特点是激情勃发，如狂如颠。"醉素"指张旭的学生怀素和尚，他的草书特点是：圆转飞动，空灵剔透。张旭、怀素是唐代草书书法家中最具创新意识和成就的，他们对传统书法既有继承又有创新，将传统的草书进行了一定程度的创新，两人的书法都臻于化境。他们在书法上的创造，使其完全摆脱了实用性而成为一种纯粹艺术。

张旭，字伯高，生卒年不详，吴郡吴（今江苏苏州）人。曾担任过长史的职务，因此有"张长史"之名。张旭为人风流狂放，据说他写字前必先喝酒，醉后挥毫，有时甚至用头发蘸墨书写，书法连绵回绕，起伏跌宕，变化无穷，因此被人叫做"张颠"。张旭的草书灵感多来自生活与自然，比如他曾经从公孙大娘的舞剑过程中领悟到书法的新途径，这种擅长触类旁通的学习精神使得他最终在草书上取得了很高的成就，被后人尊称为"草圣"。他的传世草书有《肚痛帖》、《古诗四帖》等。

怀素（公元737~799年），俗姓钱，字藏真，永州零陵（今湖南永州）人，自幼出家为僧，是张旭的学生。他擅长草书，喜好饮酒，人称醉僧。每次喝醉后，就挥笔狂书，"运笔迅速，如骤雨旋风，飞动圆转，随手万变，而法度具备"。他的草书在张旭的基础上又有新的发展，灵动飘逸，变化多端，具有创造性风格。怀素与张旭合称"颠张醉素"，对后世草书影响很大。有《自叙帖》、《藏真帖》、《苦笋帖》、《论书帖》、《食鱼帖》、《律公帖》、《小草千字文》等传世。

玄秘塔碑 唐 柳公权

此碑刻于唐会昌元年（公元841年），蟠首方座，高386厘米，宽120厘米。28行，每行54字。现藏于陕西碑林博物馆。

《玄秘塔碑》

此碑用笔吸取北碑方笔雄强之势和颜真卿圆笔遒润之法。笔法利落，引筋入骨，寓圆厚于清刚，是此碑最大特色。其书结体严谨，恪守法度，用笔劲健，点画方整，结体谨严而疏朗，章法上行间茂密，为唐楷代表作之一。柳体用笔是"方圆并用"的，如"玄"字的首头用"圆笔"，"字"字的首点用"方笔"。圆笔：起笔裹锋，不使笔锋散形，收笔一回锋即可，点画呈圆形。方笔：起笔要逆锋，比圆笔多一个转折，就是有两个转折，点画外形呈现出棱角，清刚的风格就形成了。

颜筋柳骨

"颜筋"，指的是唐朝颜真卿的书法，特点是筋力丰满，气派雍容堂正；"柳骨"指的是唐朝柳公权的书法，其特点是骨力劲健。

颜真卿（公元709~785年），字清臣，琅琊临沂（今山东临沂）人。曾任监察御史、殿中侍御史、平原太守、御史大夫。颜真卿自幼学书，曾得到张旭亲授，并集众家之长，融会贯通，形成独特风格。他行楷书俱佳，但以楷书最佳，他的楷书端庄雄伟，气势开张，结体方正茂密，笔力雄强圆厚，笔画横轻竖重；行书则气韵舒和。总的来说，他的书法蕴涵古法，却又不被古法拘束，在唐朝的书法上独树一帜，称为"颜体"。颜真卿创造出极具大唐风度的书体，是盛唐书法创新的代表人物，是书法史上继二王之后成就最高、影响最大的书法家，同时也以高尚出众的人格名垂千古。他的代表作有《多宝塔碑》、《颜勤礼碑》、《麻姑仙坛记》、《祭侄文稿》、《湖州帖》等。《多宝塔碑》是颜真卿的成名作，它是由岑勋撰文，徐浩题额和史华刻字，现收藏于西安碑林，书写风格颇有二王、欧、虞、褚的遗风，整篇结构严密，点画圆整，端庄秀丽。

柳公权（公元778~865年），字诚悬，京兆华原（今陕西耀县）人，是唐代与颜真卿齐名的大书法家，并称"颜柳"。曾任翰林院书诏学士、太子太保。他擅长楷书，先学王羲之，后学颜真卿，博众家之长。最终，他在晋人劲媚的书法特点和颜书的雍容雄浑风格之间独辟蹊径，自成一体。他的书法结体紧密，笔画锋棱分明，偏重骨力，书风遒媚劲健，在书法史上影响很大。世人常将其书法与颜真卿相对比，称之为"颜筋柳骨"。他的代表作有《玄秘塔碑》、《神策军碑》、《金刚经》等。《神策军碑》整体布局平稳匀整，特点是左紧右舒，历来被作为最好的临写范本之一；《玄秘塔碑》的原碑现存陕西西安碑林，这是柳公权传世书法中最为著名的一篇，在楷书中堪称模范。

孙过庭与《书谱》

孙过庭（公元646～691年），字虔礼，富阳人，唐朝书法家、书学理论家。他是唐高宗、武则天时人，不过官职低微。孙过庭博学多才，既是书法大家，也是文章名家。他擅长各种书体，行书学习"二王"，得其精妙，俊拔刚断，笔势坚劲；草书更为有名，以善于用笔著名，隽拔刚折，尚异好奇。他善于临摹古帖，仿写王羲之、王献之墨迹，足以以假乱真。唐代大诗人陈子昂对孙氏的书法造诣推崇备至，在《祭率府孙录事文》中说："元常既殁，墨妙不传，君之遗翰，旷代同仙。"

孙过庭还是一位杰出的书法理论家，他著有《书谱》一书，对书法艺术的"笔墨利病""推阐几尽"。认为古今书法在审美趣味上是不断变化的，具体而言便是"古质今妍"，主张学书要"趋变适时"，顺应时代。孙过庭特别重视书法的抒情性，主张书法要"达其情性，形其哀乐"。他反对当时把书法当做秘诀的保守态度，提倡切磋与交流。另外，孙过庭还在《书谱》中对运笔之法进行阐述，所以，唐宋书家也称《书谱》为《运笔论》。《书谱》既是文字宏丽、见解精辟、议论精绝的书法理论；也是姿态横生，妙趣无穷的手书真迹，被后人视为书论双璧。《书谱》通篇以圆笔为基础，方圆兼备，开合有度，既含蓄蕴藉，令人回味，又妍美达情，神采飞扬；运笔不乏珠圆玉润，兼有生辣险绝，真可谓"穷变态于毫端，合情调于纸上"。宋高宗说："《书谱》匪特文词华美，且草法兼备。"今人评曰："文茂、形美、韵胜、力遒、穷变。"实为不可多得的珍品。

宋四家

"宋四家"指的是苏轼、黄庭坚、米芾和蔡襄四个最能代表宋代书法成就的书法家。

苏轼（1037～1101年），著名文学家、书画家。他的书法继承"二王"传统，但又注意创新。他擅长行书和楷书，其字初看平淡无奇，细看却有浩荡之风，笔法有风骨，变化灵活，代表作品有《前赤壁赋》、《后赤壁赋》以及《黄州寒食诗帖》等。

黄庭坚（1045～1105年），北宋诗人、书法家。他兼擅行书和草书。以侧险的笔法取势，字形瘦劲，其代表作有《松风阁诗》、《黄州寒食诗跋》、《花气熏人帖》等。

米芾（1051～1107年），是一位独具个性的书法家，其作品遵循法度，但又有潇洒奔放的态势，作品呈现出淋漓痛快的风格，传世作品包括《苕溪诗卷》、《蜀素帖》等。其中《蜀素帖》是米芾的著名佳作，此书用笔纵横挥洒，方圆兼备，刚柔相济，藏锋处微露锋芒，露锋处亦显含蓄，长短粗细，体态万千，充分体现了他"刷字"的独特风格。章法上，紧凑的点画与大片的空白强烈对比，粗重的笔画与细柔的线条交互出现，流畅的笔势与涩滞的笔触相生相济，动静达到了完美结合。结字也俯仰斜正，变化极大，并以侧欹为主，表现了动态的美感。另外，由于丝绸织品不易受墨而出现了较多的枯笔，这恰使得通篇墨色有浓有淡，更精彩动人。

蔡襄（1012～1067年），在宋代书法发展史上起到过关键性作用。浑厚端庄、淳淡婉美、气息温雅是他书法的最大特点。他的传世代表作有《自书诗帖》、《谢赐御书诗》、《蒙惠帖》等，此外还有碑刻珍品《万安桥记》、《昼锦堂记》等。

《黄州寒食诗帖》

《黄州寒食诗帖》的内容为作者自作诗，诗作是苏轼罹难文字狱后被贬黄州，生活困顿潦倒的真实写照。该帖为手卷形式，其用笔如行云流水，一气呵成。可谓"端庄杂流丽，刚健复婀娜"，故有"苏书第一"之称。

诗文全篇洋溢着起伏的情绪。诗写得苍凉惆怅，书法也正是在这种心情和境况下，有感而出的。通篇起伏跌宕，迅疾而稳健，痛快淋漓，苏轼将诗句中的心境情感变化，寓于点画线条的变化中，或正锋，或侧锋，转换多变，顺手断连，浑然天成。其结字亦奇，或大或小，或疏或密，有轻有重，有宽有窄，参差错落，恣肆奇崛，变化万千。难怪黄庭坚为之折服，叹曰："东坡此诗似李太白，犹恐太白有未到处。此书兼颜鲁公、杨少师、李西台笔意，试使东坡复为之，未必及此。"（《黄州寒食诗跋》）董其昌也有跋语赞云："余生平见东坡先生真迹不下三十余卷，必以此为甲观"。《黄州寒食诗帖》是苏轼书法作品中的上品，在书法史上影响很大，元朝鲜于枢把它称为继王羲之《兰亭序》、颜真卿《祭侄稿》之后的"天下第三行书"。

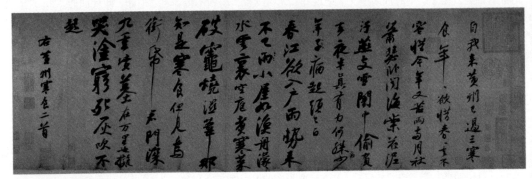

黄州寒食诗卷 北宋 苏轼

董其昌

董其昌（1555～1636年），晚明杰出书画家、书画理论家和收藏家，"华亭派"的主要代表，人称董华亭。字玄宰，号思白、香光居士，上海松江人，曾经官至南京礼部尚书。

董其昌的书法成就中，行草的造诣最高。董其昌的书法融晋、唐、宋、元名家风格为一体，用墨讲究，用笔精到。其书力追古法，笔画显得非常古朴，自成风格，飘逸潇洒，大气空灵。董其昌的书法，精于"六体"和"八法"，可谓集大成于一身，在当时声名远播。清代中期，康熙、乾隆都推崇董其昌的书法，将其视为正宗而常常临摹欣赏，引得当时出现了满朝皆学董书的疯狂热潮。作为一位书画理论家，他虽然没有留下书论专著，但我们能从他众多题跋中看到他的书法主张。他以韵、法、意的概念对晋、唐、宋三代书法的审美取向进行评论，这是书法理论史上的创见。董其昌的传世书画作品很多，代表作有《白居易琵琶行》、《三世诰命》、《草书诗册》、《烟江叠嶂图跋》、《倪宽赞》、《前后赤壁赋册》等。

石鼓文

石鼓文，也称猎碣，是中国最早的石刻文字。唐朝时候，人们在陕西凤翔发现了战国时代石刻文，冠之以"石刻之祖"的名号。石鼓文所记录的是描述秦国国君游猎的10首四言诗，分别刻在10个鼓形的石头上，所以人们将它们叫做石鼓文。

具体而言，石鼓文的字体基本上为大篆，这种字体比甲骨文、金文的笔画更为简化，但比起小篆来，它的笔画和结体要复杂一些，可以说它是由大篆向小篆演变而又尚未定型的过渡性字体。从书法上看，石鼓文横竖折笔之处的特点是圆中寓方，转折处竖画内收，下行则逐步向下舒展开来。细看石鼓文的用笔起止，均为藏锋，笔画圆融浑劲，字体结体严谨，用笔匀称而适中。石鼓文书法具有较高的艺术水平，不愧为"篆法之祖"。石鼓文名声远播，是我国书法史上承前启后的宝典，和历代书法家研习篆书的重要范本。比如，我国清代著名的篆书家杨沂孙、吴昌硕就曾经研习石鼓文，并深受影响，他们在石鼓文的基础上不断发展，逐渐形成了自家特有的风格。

石鼓文现藏于故宫博物院，但由于年代久远，损毁严重，许多字迹已漫漶不可识辨。目前流传下来的石鼓文最著名的拓本是明代安国藏的《先锋》、《中权》、《后劲》等，这些均为北宋拓本，现存于日本。

汉魏碑刻

碑刻是一种石刻艺术品，它是古代人们用于记事、铭记、造像、装饰等的物凭。它不仅包括石碑、石棺，还包括石制的门柱、门楣、画像石等。它们记录了古代社会政治、经济、社会生活、文化、艺术、民族往来、宗教活动等方面的情况。汉魏碑刻主要以墓碑为主，书体几乎都是隶书，其内容主要有记录逝者的生平事迹，描绘生活中的一些琐事，纪念一些有重大意义的事件或节日。汉魏碑刻风格多种多样，既有结体方正，转折整齐，用笔沉郁雄厚，古朴豪强的风格；也有细腻清秀，结体内敛，端庄秀丽的风格；还有点画俯仰，错落有致，典雅华美的风格。

西汉时期较为有名的碑刻有北陛石、五凤刻石、王陵塞石等。其中五凤刻石尤为著名，它是鲁孝王修建宫室完毕时而做的具有纪念性质的碑刻，所以又名

上尊号碑 三国
此系魏国的官体碑文。魏始受禅于汉时，相国华歆率领群臣为曹丕呈上尊号，立此碑以记。

"鲁孝王刻石"。此碑体式方整，笔画丰富，风格端正。东汉时期碑刻较多，著名的有朴厚劲媚、方劲沉着、力气雄健的《张迁碑》；法度森严、瘦劲刚健、气韵静穆、典雅秀丽的《礼器碑》；娟秀清丽、结体匀称、舒展超逸、风致翩翩的《曹全碑》；丰美多姿、神采飞逸、疏密匀适、气韵灵动的《史晨碑》；结体宽阔、笔画肥厚的《衡方碑》，等等。曹魏时期著名碑刻有《孔羡碑》、《上尊号碑》、《范式碑》等，它们大多书写方整，气度庄严。此外，曹魏时期还有一些风格端庄秀丽，具有自然意趣的碑刻，如《黄初残碑》、《鲍捐神坐》等。汉魏碑刻既是一种风格独特的书法作品，同时它也展现了我国书法演变的历史。

大盂鼎

大盂鼎，又称"盂鼎"，它是现存西周青铜器中的重器之一，也是西周康王时期著名的青铜器之一。它是在清道光年间从陕西岐山县出土的，曾经数度流离，几经辗转，解放后，被收藏者捐献给国家，如今珍藏于中国历史博物馆。大盂鼎为西周大型鼎器，立耳、圆腹、三柱足、腹下略鼓，高101.9厘米，口径77.8厘米，有153.3公斤重。鼎身的口沿下有饕餮纹带的装饰，底下的三足上，则有兽面纹的装饰，此外还有扉棱纹饰。大鼎体现出精良高超的制作工艺，整体造型流露出雄伟凝重的万端威仪，堪为世间珍宝。大盂鼎的内壁有长达291字的铭文，记述的内容是康王向盂叙述周

文王和周武王的立国经验，任命盂来管理兵戎，并赐美酒、命服、车马和奴隶的事情。这段铭文是珍贵的历史资料，为史学家研究周朝的奴隶制度提供了依据。铭文整体布局严谨，用笔方圆兼备，有端庄凝重的风格，艺术味道浓厚，是西周青铜器中非常罕见的艺术精品。

大盂鼎是西周早期金文书法的代表作品，也是中国珍贵的文物。所谓大盂鼎，是与小盂鼎相对而言的，它们同时出土，但遗憾的是小盂鼎原器已失，仅存铭文拓本。

《墙盘铭》

这是西周中期青铜器铭文比较长的。铭文为史官墙的手笔，有史料价值。史墙用近三百字的篇幅记述了西周文、武、成、康、昭、穆六王的重要史迹以及自己的家世。其书笔画圆润遒美，结体均衡，通篇风格端庄静穆，在端庄中又有活泼灵动之感，章法齐整，行气贯通，显得婉丽和谐，是共王时代金文的佳作。

一篇书法艺术，不仅有每个字的美，还要有整体的感人气象，如果通篇气象体现了一个时代的精神，那就可称之为经典，《墙盘铭》就是这样的经典。

《散氏盘铭》

《散氏盘铭》厚重质朴，结字寓奇于正，蕴巧于拙，字里行间洋溢着壮实豪迈的气象。全篇气韵生机勃勃，体势错落摇曳如珊瑚碧树交相辉映。章法潇潇洒洒，在自然而然中达到浑然天成的艺术境界。其风格雄奇健美，而又给人一种自由活泼的艺术感受。在众多金文中，此铭文书法极富个性，能体现出书写者的情趣。线条浑圆有力且有稚拙之趣。结体开阔却更显出茂密蓬勃的生机。

在周代金文中，《散氏盘铭》得到书法界的高度重视。近世很多大书画家都坚持临写它，如刘海粟先生在九十多岁的时候还在写《散氏盘铭》，他的书画浑厚朴茂的风格明显得益于此。

《毛公鼎铭》

《毛公鼎铭》是西周宣王（公元前827—前782年）时金文，498字，是先秦青铜器中铭文最长的鸿篇巨制。内容记天下四方动乱，周王命毛公忠心辅佐国事，并赐予他大量物品，毛公为感谢周王，特铸鼎记其事。铭文书法精严细密，圆劲遒美，结体劲健，井然有序，通篇布局有若群鹤游天，蛟龙戏海，气势流贯磅礴，神采绚丽飞动。正如郭沫若所赞："铭全体气势颇为宏大，泱泱然存周宗主之风烈。"全文笔画圆匀均衡，首尾如一，不露锋芒，是为金文书法的经典。

清李瑞清说："毛公鼎为周庙堂文字，其文则尚书也。学书不学毛公鼎，犹儒生不读《尚书》也。"

秦书八体

书法史上所谓"秦书八体"是：1.大篆，即籀书，是西周时期一种文体；2.小篆；3.刻符，是官方常用于军事调度的符信，刻于金银、铜、玉上，剖分为两半，彼此各持一半；4.虫书，是在书写幡旗和刻在青铜器上的象征性的虫、鱼、鸟图画文字，其实是装饰性的金文美术字；5.摹印，是制印的一种书体；6.署书，是题写门上匾额用的书体，亦称"榜书"；7.殳书，殳为兵器，这类书体是刻在干戈上的字体；8.隶书，是在秦篆的基础上，为书写公文方便，人们创造的一种今文。

《泰山刻石》

《泰山刻石》现在仅存29个字，对于它的真伪，近世以来颇有争论，多数学者认为它虽然历经辗转，但历史清楚，当系真品。

这是秦始皇东巡时为"颂秦德而立"，据说是李斯所书，文字显示出秦统一天下以后，"书同文"所产生的极为规范的风格，字体平正，笔线均匀流畅，字呈长方形，端庄有致，字形的结构与黄金律暗合。而且它直接继承了石鼓文的雄浑朴厚的艺术特点，用笔劲健，风格大气，这是标准的小篆书法，为后世留下了极为珍贵的典范。

《琅邪台刻石》

《琅邪台刻石》刻于秦始皇二十八年（公元前219年），经历两千多年的风雨，此石已经风化剥蚀严重；唯西面13行86字清晰。文为小篆，系秦代原石，极为珍贵。作为体现出秦王朝大一统风范的典型的小篆石刻，其书刻严谨，气魄宏大，有雄视天下的气概，书风庄严，这是最经典的传世小篆作品，真正的秦代石刻，传为李斯所书。

在肃穆神秘而又多姿多彩的金文之后，小篆以一种全新的庄严面貌走上了历史舞台。

泰山刻石 秦

相传为秦丞相李斯手书，书体是标准的小篆，结构特点直接继承了石鼓文，又比之更加简化和方整。

《峄山刻石》

《峄山刻石》传说被魏太武帝所推倒，又被烈火烧毁，唐代时有木刻翻版。杜甫有"峄山之碑野火焚，枣木传刻肥失真"的诗句，可惜唐木刻本也失传了，我们也不知道肥成什么样。宋淳化四年（公元993年）郑文宝据南唐徐铉摹本重刻于长安，世称《长安本》。清杨守敬跋《长安本》说："笔画圆劲，古意毕臻，以《泰山》29字及《琅邪台碑》校之，形神俱肖，所谓下真迹一等。"《峄山刻石》用笔婉转流畅，均匀端正，实为李阳冰、徐铉篆书的先导。

如果说《峄山刻石》毁于野火真是遗憾，那么，战国烽火所毁的各国文物更可痛惜，看着这整齐如一的秦风小篆，想想那周代金文的郁郁文彩，楚文化的瑰丽雄奇，丰富多彩的先秦文化更值得我们追寻！

秦诏版

秦始皇兼并六国，统一天下以后，诏令全国统一度量衡制度，在统一制造的度量衡器上都刻上相关诏书，或者镶嵌上刻有诏书的铜诏版，这就是秦诏版。

这组书法，是凿刻出来的，所以笔线刚劲方折；竖有行，横无列，每行多弯曲，其书法字体大小不一，或二字仅占一字之格，或一字独占二字之格，极富情趣。其结字亦奇正间出，不拘成法，用笔长短疏密，任意安排，有"如水在方圆之妙"（虞世南《笔髓论·契妙》），具有一种自然适意的朴素质实之美。

与庄严肃穆的纪念碑式的刻石小篆不同，这些刻在诏版、铜量和权上的小篆完全是用于公示的应用文，所以通篇字写得质朴大方，不拘泥于形式，从这里我们似乎可以看出秦代行政风格中务实的一面。

礼器碑

礼器碑，全称汉鲁相韩敕造孔庙礼器碑，也叫韩敕碑，刻制于东汉永寿二年（公元156年），现被山东曲阜孔庙所保存。这块碑四面都有刻字且均为隶书。碑阳面有16行字，每行36字，碑后、碑阴及碑的两侧都有题名。从书法艺术上讲，这是一件非常具有艺术性和专业性的作品，是公认的隶书的规范。

礼器碑上所刻的书法显得端庄工整，字体大小匀称、符合规矩、严谨端正、风格肃穆。笔法以方笔为主，然而方中寓圆，横向笔画显得绵延不绝，中部显得略高，整体呈现出雍容宽厚的特点。在细节上，字的点画提按幅度较大，细画看起来坚如钢丝。笔道瘦劲而不失刚健，显得非常富丽典雅，体现出汉隶鲜明的厚重风格。其中，碑的后半部以及碑阴所刻的内容是最精彩的部分，艺术价值极高，被认为是汉碑中的经典之作。礼器碑的书法艺术和刻工可以说是已经达到了登峰造极的艺术境界。虽是刻写，但纯化了书写的意味，尽现出汉代墨迹自信爽快的韵味。此碑的文字书法对唐代楷书的形成产生了巨大的影响，在中国书法史上占有重要地位，具有深远的影响。

史晨碑

"史晨碑"现存于山东曲阜孔庙，全称"鲁相史晨祀飨孔子庙碑"。由于该碑前后两面都刻有碑文，前面的叫"史晨前碑"，后面的叫"史晨后碑"，因此又称"史晨前后碑"。

"史晨前碑"刻于东汉建宁二年（公元169年）三月，碑高七尺，宽三尺四寸，碑文用隶书写成，共有17行文字，每行36字。"史晨后碑"于汉建宁元年（公元168年）四月刻成，高宽尺寸同前碑一样。碑文也是由隶书写成，共有14行，每行36字。前后碑字体如出一人之手，相传为蔡邕所刻写。前碑记载鲁相史晨祭祀孔子的情况，后碑记载孔庙祀孔之事。"史晨碑"为著名汉碑之一。碑字结体方整秀润，紧密有序；线条圆融，有曲有直，劲健有力，点画匀称整齐，圆中有方，变化极为自然；笔势中敛，波挑左右开张，神采飞逸；行笔圆浑淳厚，有端庄肃穆的美感，其挑脚虽已流入汉末方棱的风气，但仍有姿致而不板滞。整体章法疏密匀适，行伍整齐，和谐统一，给人以一丝不苟、端庄典雅的美感。"史晨碑"上的隶书为汉隶成熟期方整平正一路书法的典型，深得后人赞扬。明代郭宗昌称其"可为百代模楷，亦非后世可及"。清代的万经在他的《分隶偶存》中说"史晨碑"："修饬紧密，矩度森然，步伍整齐，凛不可犯。"方朔也说"史晨碑"书法具有宏深、沉古而遒厚的风格特点，是八分（即隶书）正宗。

《曹全碑》

《曹全碑》全称《汉郃阳令曹全碑》。东汉中平二年（公元185年）刻，碑在陕西西安碑林。此碑书法风格属秀丽一格，平和简静，内清刚而外俊美，有人说它如少女簪花，十分文静秀雅可爱，又有人说它如雅人高士，潇洒自如，风流自赏。其笔画圆润而精气内含，从容飘逸如行云流水，风神颇为俊逸。其结构匀整，秀美多姿，间有狭长之笔，变动灵活，饶有篆意。所有的线条都是中锋用笔，显得十分精美，在美学上属于优美的范畴。此碑在众多以厚重雄强为特点的汉隶中显得分外引人注目，历来极负盛名，被人们视为临习汉隶的上乘范本。

张迁碑

"张迁碑"，全称为"汉故谷城长荡阴令张君表颂"，亦称"张迁表颂"，汉灵帝中平三年（公元186年）立碑于山东东平县，现陈列于山东泰山岱庙碑廊。此碑高2.7米、宽1.15米。碑文记载了张迁的政绩，是张迁旧部韦荫等人为追念他的功德而立，碑文用隶书写成。碑正面15行，满行

42字，共567字，刻有捐钱人姓名和钱数。碑背面3列，上2列各19行，下列3行，共323字，刻立碑官吏41人名及出资钱数。碑额为篆书2行12字："汉故谷城长荡阴令张君表颂"。

"张迁碑"是东汉隶书成熟时期的作品，书法造诣极高。此碑自出土以来，为历代金石、书法家所推崇。在众多的汉代碑刻中，此碑以古朴、厚重、典雅取胜，字里行间流露出率真之意，具有民间朴质之风，格调峻实稳重，堪称神品。它起笔方折宽厚，转角方圆兼备，运笔遒劲而曲折有力，落笔稳健。与东汉其他碑刻相比另具一番气象。它的线条粗细相间，对比鲜明，且能随结构的变化而变化。粗线条粗犷有力，厚实奔放；细线条含蓄深沉，内敛雄浑。其字体结构扁平匀称，端庄大方。每个字的各个组成部分相互之间非常和谐，讲究相互交错穿插，变化极为丰富。结体上已显露其对空间构筑的关注，如"兴"字的左右对称，"铭"字的左疏右密，等等。在隶书的形成过程中，笔法由圆变方，"张迁碑"可谓是汉隶方笔系统的代表作。同时，"张迁碑"在结构、笔画、结体上的一些特色，孕育和开启了后世楷行、草书新书体之先河。

《淳化阁帖》

《淳化阁帖》编刻于淳化三年（公元992年），宋太宗下令编纂而成，是中国历史上首部大型名家书法集帖，又叫作《淳化秘阁法帖》，简称《阁帖》。这个书帖总共10卷，作为我国最早的一部丛帖，它被誉为"法帖之祖"。历来备受人们喜爱，并深深影响了后世的书法。《淳化阁帖》收录的书法墨迹、作品，代表了中国先秦至隋唐1000多年书法的最高成就。这部法帖中，共收103位作者的420篇作品，包括帝王、臣子和著名书法家等。集帖的第一卷收录了先秦到唐朝共19位帝王的书法作品，其中有东晋明帝司马绍的《墓次帖》，还有康帝司马岳的《陆女郎帖》，还有哀帝司马丕的《中书帖》等。本帖的第二、三、四卷收录的是历代名臣书法作品；第五卷则收录的是古代诸家法帖；第六、七、八卷，收录的是王羲之的书法作品墨迹；第九、十卷，收录的是王献之的书法墨迹。据说，此贴在宋代是木版刻印。由于收录者的鉴赏能力有限，因此所收录的作品真假优劣版本杂陈，而且错乱失序。

流传下来的摹本中，都以摹刻、翻刻居多，在这其中，较为著名的版本是顾从义本、潘允亮本等，因为这个集帖，先人的书法作品才得以流传千古。

《三希堂法帖》

《三希堂法帖》，全名《三希堂石渠宝笈法帖》。它始刻于清乾隆十二年（1747年），完成于乾隆十五年（1750年）。乾隆十七年（1752年），宫廷再次组织人员，精心挑选出历代的名人法书，集合成为五卷，将其摹刻在石上，使这本法帖最终完成。

这部法帖总共收集了从魏晋钟繇开始，直到明代董其昌等在内的130多位书法名家的书法真迹，总篇目有340多种，这已经成为书法爱好者学习书法和练习的"圣经"，它代表的是中国书法艺术的最高成就，同时具有很高的书法艺术价值和历史研究价值。《三希堂法帖》在历代官私所刻丛帖中是规模最大的一种。它卷帙宏大，卷数多达37卷。选编者都是重量级人物，由乾隆皇帝亲自编选并挑选编刻者，入选作品都是各个时代当时最著名的书画家的墨宝，有梁师正、蒋溥、嵇璜、汪由敦、董邦达等人的作品。是中国书法艺术宝库中的珍宝。

"永字八法"

"永字八法"是前人总结书法书写规范和用笔的一种方法。据说是张旭提出的，也有人说是蔡邕或王羲之提出的。"永字八法"就是"永"字的8个笔画，它包含了中国汉字最基本的几种笔画。相传东晋大书法家王羲之曾经花费了几年的时间，专门写"永"字，认为写好它，就能写好所有的字。

"永字八法"的第一画是点，称为"侧"，意思是以侧锋落笔，势足收锋；第二画是横，称为"勒"，要逆锋落纸，缓行争勒；第三画是直，称为"努"，须中锋落笔，直中有曲；第四画是钩，称为"趯"，要顿笔停锋，突然提笔，力集于笔尖；第五画是仰横，称为"策"，发笔舒展，结笔有力，需轻抬而进；第六画是长撇，称为"掠"，起笔有力，必须快而准，出锋干净利落；第七画是短撇，称为"啄"，左撇用力，如同鸟啄食般的力道和气势；第八画是捺，称为"磔"，落笔要轻，徐徐而有力。"永字八法"是中国书法笔画的根基，初学者练好这些基本笔画后，便可以掌握汉字书写的精要。因此，"永字八法"经常被人们当成"书法"的代名词。

中国印章

中国印章，又称"图章"。随着时代的推移和使用者的不同，中国印章也有不同的称呼。秦以前印章被称为"玺"。秦统一六国后，皇帝所用的专称"玺"，多以玉做成，故后世有"玉玺"之称，而一般人所用的印章称为"印"。至汉代，皇帝、皇后等人所用印章仍称为"玺"，民间所用的印章则称为"现章"、"印信"等。唐代称印章为"宝"。宋元以来先后把印章称为"记"、"未记"、"关防"、"图章"、"花押"等。

古代印章主要分为两类：官印和私印。此外还有殉葬用印、辟邪印等。印章的形制主要有一面印、两面印、多面印，等等。印章的制作方法主要包括拔蜡、翻砂、凿印（用刀凿刻的）、铸印（用铜浇筑的）四种方法。印章的制作材料，古代多用铜、银、金、玉、琉璃等为印材，后有牙、角、木、水晶等，元代以后盛行石章。刻印印章的文字主要用篆书，秦汉多用大篆，宋元以来多用小篆，近代以来也有用楷书、行书、隶书入印的。印章上镌刻成凸状的印文，称为"阳文"或"朱文"；刻成凹状的印文，称"阴文"或"白文"。刻在印章顶端的文字称为"顶款"。印章文字的布局遵循"分朱布白"的规则，讲求虚实疏密适度、和谐。印章上除了镌刻文字外，还有刻图案的。印章的产生和使用虽然有很长的历史，但把印章作为一种书法艺术品来欣赏和创作却是从宋元开始的。宋元以前的印章主要以实用为主，明清以来印章艺术逐渐演化成为篆刻艺术。

私印 西晋
西晋时，玄学成为主流，这些私印体现了当时嗜爱清奇的风尚，字体修长潇洒，如玉树临风。

篆刻

篆刻又称为"玺印"、"印"或"印章"等，是用篆书刻成的印章，是一种特有的传统艺术和实用艺术品。篆刻艺术是书法、章法、刀法三者完美的结合。在一方印中，既有书法笔意，又有绘画构图，还有刀法雕刻，可谓"方寸之间，气象万千"。篆刻在两千多年中出现了两个高度发展的阶段。一是战国、秦汉、魏晋六朝时期，被称为"古代篆刻艺术时期"，其用料主要为玉石、金、牙、角等。这一时期尤以汉代玺印为代表。汉印结体简化，笔画平整方直，并以鸟虫书入印，装饰性很强。汉代铸印庄重雄浑，凿印健拔奇肆，成为后世篆刻艺术的重要渊源。

　　二是明清时期，这一时期篆刻艺术大放异彩。明代中叶，印章由实用品，或书画艺术的附属品，发展为一门独立的篆刻艺术。自从明篆刻家文彭之后，篆刻艺术繁荣起来，形成了徽派、浙派、皖派等很多篆刻流派，出现了何震、程邃、丁敬、邓石如、黄牧甫、赵之谦、吴昌硕等篆刻艺术家。

篆刻家文彭

　　文彭（1498～1573年），字寿承，号三桥，别号渔阳子或三桥居士，著名书画家文徵明的长子。文彭曾经担任南京国子监博士之职，因此也被世人称作文国博。他是一个艺术上的全才，能书擅画，尤其善写墨竹，其风骨直追宋代文同。他的山水画也别有韵味，比如《桐阴壁暑图》，很有他父亲的画风。但是，作为一个彪炳千古的杰出艺术家，文彭最大的贡献在篆刻。

　　早期，中国篆刻主要在于实用，宋元时期，虽有了艺术化的苗头，但并未发展起来，到了明中叶，文彭提出一系列的篆刻理论，并积极实践，引导时风，从而使篆刻成为一门与书法、绘画并立的独立艺术。

　　文彭在篆刻艺术史上的贡献主要在下几个方面：第一，他主张改革时弊，提出"复古出新"的理论，追求高雅古朴，力主恢复秦汉古印简括、空灵、平正、端庄的自然古朴的风格。第二，在具体的方法上，又提出以"六书为准则"的主张，把印章中的"刀"与书法中的"笔"结合起来，意义重大。第三，实践上，文彭继承汉印传统，"直接秦汉之脉"，结字秀丽典雅，简洁圆润，古朴自然；刀法明快自如，既体现笔意，又颇见刀味；章法安排也颇具匠心，并开创了在印侧用双刀法刻边款的先例。第四，治印运用新材。文彭首创以青田冻石为印材进行刻印，使石质印材被广泛使用。总之，文彭的理论和实践，丰富了篆刻艺术的观赏内容和审美标准。由于文彭的影响，篆刻艺术"一时靡漫，畅开风气"，文人治印，风气大盛。文彭也以精湛的技艺和独特风格，开创了印学史上第一个流派"吴门派"。故而，他被奉为文人篆刻流派的开山鼻祖。

徽派篆刻

　　明代初期，徽州印坛充斥着极为庸俗怪异的风气，经常有篆刻者擅自杜撰篡改篆字形义，使得篆刻艺术和作品极为混乱，作品芜杂。到了明中叶，著名篆刻家何震认为，作篆治印的关键在于用笔运刀的方法，建议篆刻章法要整齐、活泼。他本人能娴熟地把握刀与石的性能，做到刀随意动，意指刀达。他的篆刻作品刀法猛利，气势宽宏，具有汉印的雄健风貌。此外他还注重刀法与书法、内容与风格的和谐统一，一改当时的怪异风格，使人耳目一新。何震的创新很快得到社会认可，人们开始追捧研习。由此，何震开创徽派篆刻。

　　何震的篆刻风格流风甚远，后世徽派篆刻名家辈出，其中苏宣的典雅雄健、金光先的浑朴静穆、汪关的平和清丽、朱简的生涩刚劲、江臣的秀劲苍润、胡正言的端重工稳，但都不失徽派的崇古思想，注重学养并追求雅逸平和的审美意趣。清代中期，徽州人程邃、汪肇龙、巴慰祖、胡唐，继承了前辈篆刻家的诸多优点，并在掌握众家之长的基础上，不断创新，自成一体，人称"歙四子"。晚清时期，黟县黄士陵崛起，并以其深厚的金石学修养，再创新意。

浙派篆刻

　　浙派篆刻又叫做"浙江印派"，是中国历史上著名的篆刻流派之一。清代乾隆年间，浙派篆刻崛起于中国印坛，与徽派一起成为清代时期主要的两大流派。它有深厚的传统基础和完整精湛的技法，蕴含着巨大的艺术能量。

丁敬是浙派篆刻的创始人，著有《武林金石录》。他最为擅长篆隶，创造了"古拗峭折"的篆刻风格。他的篆刻艺术在广泛撷取秦汉印章、元明诸家精华的基础上，去除了明人书坛上的不良习气，是入古出新的创举。此外，他在运用篆法、刀法等方面作出了重要的贡献。他的作品篆法去繁就简，参以隶法；在印文体势方面，则体现出平方正直和方圆互参的风格，颇显出简古平淡的韵味，高古含蓄，最得汉印精神。这种苍劲质朴、古拙浑厚的风格引领了浙派篆刻的形成，也成为浙派篆刻的主要面目。丁敬稍后，蒋仁、黄易、奚冈、陈豫钟、陈鸿寿、赵之琛、钱松等篆刻名家崛起，因他们与丁敬都是杭州人，篆刻风格相近，所以人们把他们合称为"西泠八家"。再后来，凡是在篆刻艺术上继承这种风格的篆刻家都被称为"浙派"。浙派在篆刻史上传承200多年，影响深远。

文房四宝

中国书法的材料和工具是由笔、墨、纸、砚构成的，因而人们通常把它们称为"文房四宝"，意思就是说它们是文人书房中必备的四件宝贝。

笔，主要是指毛笔。毛笔的最早使用者是秦代的蒙恬。毛笔的种类甚多，现在所使用的主要有紫毫、狼毫、羊毫及兼毫四种。"紫毫笔"，就是取野兔脊背之毫制成，因色呈黑紫而得名。"狼毫"，就字面意思而言，是指以狼毫制成的笔。古代也确实有用狼毫制成的毛笔，但今天所称的狼毫，是用黄鼠之毫做成的。"羊毫"，是指以青羊或黄羊之须或尾毫制成的毛笔。"兼毫"，是指合两种以上之毫制成，依其混合比例命名，如三紫七羊、五紫五羊等。

墨，分为天然墨、半天然墨和人工墨。天然墨、半天然墨主要是指石墨，多在汉代以前使用；人工墨主要是指松烟墨和油烟墨，它们出现在汉代，至今仍在使用。松烟墨是用松枝烧烟加工制成，其特点是颜色乌黑，无光泽；油烟墨是用桐油或添烧烟加工制成，其特点是色泽黑亮，有光泽。在墨锭当中，泛出青紫光的最好，黑色的次之，泛出红黄光或有白色的为最劣。

纸，是我国古代四大发明之一。根据造纸的材料和吸墨功能的强弱，纸可以分为两大类。以木头为材料制成的纸，吸墨较强，以宣纸类为代表，如彷宣、玉版宣。由于宣纸较为昂贵，后来又出现了毛边纸、元书纸与棉纸等。用竹子制成的纸吸墨性较弱，以笺纸类为主，如澄心堂纸、泥金笺，还有今天的洋纸。

砚，是磨墨用的工具。根据制砚材料的不同，砚可以分为石砚、陶砚、砖砚、铜砚、玉砚等种类，最常用的还是石砚。从古至今，最负盛名的砚是广东产的端砚和安徽产的歙砚。

中华建筑

"房"和"屋"的区别

房，是古代宫室中供人居住的房间，位于堂之后，室之两侧，专指东房、西房，在室之东者为东房，室之西者为西房，又叫右房。东房、西房都有门与堂相通，东房后部还有阶通往后庭。到了后世，住宅内凡是居室皆可称房。

屋，本义是幄，就是指带有木架的帐幕。《说文·木部》："幄，木帐也。"《释名·释床帐》："幄，屋也。以帛、衣、板施之，形如屋也。"由于四面用帐幕围合起来像屋宇，所以称为"幄"。后来"屋"指房屋，另造"幄"字专指帐幄。屋即人来到这里居住之意。因此，房屋一般指上有屋顶，周围有墙，能防风避雨，御寒保温，供人们在其中生活的建筑物。

门当户对

古代宫室的双扇大门称为"门"，内部堂、室、房之间的单扇门称为"户"。《礼记·礼器》中"未有入室而不由户者"，即指室户。布局上，门户是指正门、入口。

"门当"，原本是指在大门前左右两侧相对而置的一对石墩或石鼓，"户对"则是指位于门楣上方或门楣两侧的圆柱形木雕或砖雕。中国建筑学讲究对称的和谐审美原理，大门前有门当的宅院必有户对，而且门当、户对上要雕刻有适合主人身份的图案，"门当"和"户对"可以反映出宅第主人的身份、地位和家境，所以，"门当户对"逐渐演变成社会观念中衡量男婚女嫁条件的成语。

堂

古代的住宅，方位一般向南。住宅的内部，可以分为堂、室、房三部分。前部分是堂，堂一般不住人，是用来行吉凶大礼的处所。堂的后面是室，室是专门住人的。室的东侧和西侧，是东房和西房。

整所住宅，常常建筑在一个高出地面的台基上，台基太高，这样一来，堂前就要有台阶，人进入堂房，必须先登上台阶，古人常说的"升堂"，就是指登上台阶进入堂房的意思。

上古的堂前，是没有门的。堂上的东边和西边，有两根楹柱，东西两壁的墙，叫做序，堂内靠近序的地方，分别叫做东序、西序。堂的后面有墙和室、房隔开，室、房都有户，户和堂是相通的。古人所说的户，通常指的是室的户。室户偏东，在户的西边相应的位置上，有一个窗口，叫做牖。室还有一个朝北的窗口，叫做向。东房的后部，有阶通往后庭。

古人在堂上坐的时候，通常尊贵的坐向，是室的户牖之间朝向南面的方向，所以古人常说"南面"。不过在室内的座位，跟在堂上的座位，又不一样，室内尊贵的坐向，是朝向东面的方向。

阁、厢、殿

古代还有阁和厢的概念。

汉代的阁、厢，指的是堂东西两侧的房子，这些房子和堂毗连平行。堂的东边和西边有墙，叫序，序外东边和西边，分别设置有一个小夹室，东边的小夹室叫做东夹，西边的小夹室叫做西夹，东夹和西夹，这就是所谓的阁了。在东夹、西夹前面的空间地带，叫东堂、西堂，这就是所谓的厢了。阁和厢之间设置有户，阁厢是相通的。在厢的前面，也设置有阶。

汉代的殿又指什么呢？乐府诗《鸡鸣》中说："鸣声何啾啾，闻我殿东厢。"诗中所说的东厢，指的就是东堂，诗中所说的殿，就是上面所说的堂屋。秦汉以前，古人叫堂不叫殿，后来汉代开始叫殿，但汉代的殿，实际上也可以指宫廷和庙宇之外的其他建筑，和后来专指宫廷和庙宇里的主要建筑不同。

台、榭、观、阙

台、榭、观、阙的概念是什么呢？

所谓台，是指高大而平坦的建筑物，一般的用途是瞭望。在台的上面有木构建筑，这个木构建筑就是榭。榭的特点，是只有楹柱没有墙壁。

林榭煎茶图 明 文微明

　　在宗庙或宫廷大门外两旁，有比较高大的建筑物，这就是观。两个观之间，有一个豁口，所以叫做阙。但观也可以指独立的建筑物，如汉代宫中的白虎观。后来，观的意义进一步扩展，道教的庙宇，也开始叫做观了。

版筑

　　《孟子》中说："傅说举于版筑之间。"可见很早，古人筑墙就已经使用版筑技术了。所谓版筑，就是筑土墙时，把两块木板并列排在一起，左右相夹，使木板中间的宽度，等于墙的厚度，然后再在板外，用木柱把两块木板衬住，往里倒进泥土，用杵捣实，泥土凝固后，把木板、木柱拆除，一座土墙就筑好了。

　　版筑技术在古代应用很广，甚至流传至今。

斗拱

　　斗拱是我国木结构建筑特有的一种结构，也是中国传统建筑中主要的造型特征之一。在立柱和横梁的交接处，从柱顶上加的一层层探出成弓形的承重结构叫拱，拱与拱之间垫的方形木块叫斗。

　　斗拱的产生和发展有着非常悠久的历史。两千多年前战国时代采桑猎壶上的建筑花纹图案，以及汉代保存下墓阙、壁画上，都可以看到早期斗拱的形象。

　　斗拱最初孤立地置于柱上或挑梁外端，起到传递梁的荷载和支撑屋檐重量的作用。唐宋时，它同梁、枋结合为一体，除上述功能外，成为保持木构架整体性的结构层的一部分。明清以后，斗拱的作用蜕化，成为主要起装饰作用的构件。它构造精巧、造型美观，如盆景，似兰花，越高贵的建筑，斗拱越复杂、华贵。逐渐成为区别建筑等级的标志。重要建筑物上有斗拱的安置，可以使人产生一种神秘莫测的感觉。无论从艺术或技术的角度来看，斗拱都足以象征和代表我国古典建筑的精神和气质。

样式雷

　　"样式雷"是对清代二百多年间主持皇家建筑设计的雷姓世家的誉称。主要的皇室建筑，如宫殿、皇陵、圆明园、颐和园等，都是雷氏世袭建筑师家族负责的。

　　祖籍江西永修的样式雷，从第一代样式雷雷发达于康熙年间由江宁来到北京，到第七代样式雷雷廷昌在光绪末年逝世，前后七代为皇家进行宫殿、园囿、陵寝以及衙署、庙宇等设计和修建工程。因为雷家几代都是清廷样式房掌案头目人，即被世人尊为"样式雷"，也有口语"样子雷"的叫法。雷发达被认为是样式雷的鼻祖，但声誉最好、名气最大、最受朝廷赏识的应是第二代的雷金玉。他因修建圆明园而开始执掌样式房的工作，是雷家第一位任此职务的人。康熙在《畅春园记》里曾提到过一位他非常牵挂的杰出匠师，即指雷金玉。

雷氏家族的每个建筑设计方案，都按1/100或1/200比例先制作模型小样进呈内廷，以供审定。模型用草纸板热压制成，故名烫样。其台基、瓦顶、柱枋、门窗以及床榻桌椅、屏风纱橱等均按比例制成。雷氏家族烫样独树一帜，是了解清代建筑和设计程序的重要资料。留存于世的部分烫样现存于北京故宫。

三孔

山东省曲阜市境内的孔府、孔庙、孔林，统称"三孔"。三孔是中国历代纪念孔子，推崇儒学的表征，以丰厚的文化积淀、悠久历史、宏大的规模、丰富的文物珍藏，以及科学艺术价值著称于世。是世界三大圣城之一。

孔府又称"衍圣公府"，位于孔庙东侧，是孔子嫡系子孙居住的地方，也是我国仅次于明、清皇帝宫室的最大府第。现在的孔府基本上是明、清两代的建筑，包括厅、堂、楼、轩等463间，共九进院落，占地240多亩。分为前厅、中居和后院。前厅为官衙，是处理公务的场所，中居即内宅和后花园，是衍圣公及其眷属居住的地方，最后一进是花园，园内假山、鱼池、花坞、竹林及各种花卉盆景一应俱全，其中"五柏抱槐"的奇树，为世罕见。

孔庙，坐落在曲阜城内，其建筑规模宏大、雄伟壮丽、金碧辉煌，为我国最大祭孔要地。全庙南北长1公里多，占地327亩，共有厅堂殿庑400多间，包括三殿、一阁、一坛、三祠、两庑、两堂、两斋、十七庭、五十四门坊，前后共九进庭院，布局严谨、气势雄伟，是我国古代仅次于故宫的古建筑群。

孔林是孔子及其后裔的墓地，坐落于曲阜城北，占地3000余亩。是我国规模最大、持续年代最长、保存最完整的一处氏族墓葬群和人工园林。孔子去世后，其后代从冢而葬，形成今天的孔林。孔林对于研究中国历代政治、经济、文化的发展以及丧葬风俗的演变都有十分重要的意义。

中国古代建筑

中国是世界四大文明古国之一，在悠久的历史进程中创造了辉煌的中国建筑体系。

中国古代建筑的发展大体可以分为六个阶段：远古至秦朝是第一个阶段，这一时期古代建筑初具雏形；两汉兴作不断，各种类型的建筑都得到了较大的发展，是古代建筑的发育时期；魏晋、南北朝时期，宫殿和佛教建筑兴盛起来，雕刻等装饰手法也有较大的发展；隋、唐时期，宫殿、寺观，乃至桥梁等建筑不断有精品出现，是古代建筑全盛和成熟的时期；五代、宋、辽、金时期，古代建筑开始华丽、细致，及到南宋时期更显得纤靡，不及隋唐时期的雄伟壮阔；元、明、清时期，宫殿建筑的规模和气势达到了顶峰，清朝后期国外的一些建筑形式和手法逐渐传入，中国传统建筑中逐渐融入异域建筑特点。

中国古代建筑有诸多特征，如多选用木材做主要建筑材料，砖石常被当做辅料来使用；外部轮廓特异，给人以飘逸优美的感觉，极富吸引力；以斗拱为结构的关键。在横梁及立柱间过渡处，施横材方木相互叠叠，前后伸出叫做"斗拱"，其功用在于以伸出的斗拱承受上部结构的重量，并将其转移到立柱上面，四周的墙壁对屋顶重量不起主要的支撑作用，所以有"墙倒而屋不塌"的现象。宫殿、庙宇等庄严的建筑群常采用左右匀称、绝对整齐对称的布局形式。园林等休闲游乐场所，布局则没有固定的模式，结构自由随意。

六大古都

我国古代的都城通常是政治中心和经济中心的结合体，同时还是文化中心。我们通常所说的"六大古都"，分别是西安、开封、洛阳、北京、南京、杭州。从实际情况看，西安、北京和南京对古城风貌保持得较好，存留了大量古代文物和各种建筑遗迹，比较能体现古都的各方面特点。

西安位居六大古都之首，它在中国古代历史上建都最早、时间最长、定都朝代最多。在西安建立都城的朝代包括西周、秦、西汉、前秦、隋、唐等。而明清时期的西安，已成为军事指挥中心和西北区域的政治

唐长安城
位于今陕西西安。这段城墙为明代修建，南城墙部分建在唐长安皇城墙基上。

军事中心。西安的城市布局是北方平原地带城市的典型代表，特色是方整规则，道路宽敞笔直。我们今天见到的钟楼和鼓楼，是明代的遗留。

洛阳乃天下之中，西周初年，周公营建东都洛邑，就在此地。西周灭后，周平王迁都于此，开始了它作为首都的序幕，此后，东汉、曹魏、西晋、北魏，都在这里定都，隋朝和唐朝把这里称为东都，以掌控天下。后来，后梁和后唐也曾于此建都，所以洛阳有"九朝古都"之称。

开封乃是七朝古都，最早在此定都的是战国时期的魏国，当时称大梁，魏灭后衰落；隋代大运河开凿后，开封再次繁荣，后梁、后晋、后汉、后周和北宋都在此定都，称为东京。特别是在北宋时期，开封城达到鼎盛，当时它是大运河的中枢，城内交通方便，舟桥林立，非常繁华。宋亡后金朝曾迁都于此。

南京最初为三国时期东吴都城。后成为东晋及南朝宋、齐、梁、陈的国都，五代的南唐、明代早期、太平天国、中华民国均建都于此。南京城虎踞龙盘，但却饱受磨难，战争的破坏尤其严重，数度繁华的东南大都会，并没有留下太多的古迹。

北京位于华北平原北部，战国时为燕国国都，金时正式建都，称"中都"。元大都坐北朝南，分为大城、皇城和宫城部分，城墙为夯土筑造，共有11座城门，东西南各3门，元大都划定南北中轴，布局围绕这个中轴展开，显示出与前代不同的特点。明清时期的北京，在元大都的基础上加以改建而建都，其布局近乎完整地保存到现代。

在六大古都中，杭州资历最浅，但以风光秀丽驰名天下，正所谓"上有天堂，下有苏杭"。杭州始建于秦朝，到唐朝才繁荣起来。唐末，吴越王钱镠在此建都。金兵灭掉北宋后，赵构南渡定都于此。虽然作为都城的历史不长，但杭州却拥有大批名闻世界的名胜古迹，引得天下游客流连忘返。

古城墙

城市是人类文明发展到一个重要历史阶段的标志，而城墙则是一座城市的重要标志。我国古代的城市从尊贵的京都到一般府、县乃至一些乡、镇都建有城墙来防御外敌的入侵。

城墙上一般有城门、城楼、角楼、墙台、敌楼、宇墙、垛口等防御工事，构成了一整套坚固的城防体系。此外有些城墙还起着防洪的作用。我国现存有不少著名的古城墙，如安徽寿县、江西赣

州、湖北荆州、浙江衢州等城墙，都有重要的防洪功能，其中一个突出的例子是浙江临海（台州）的城墙，其瓮城、马道等结构与形式都是为防洪而专门设计的。我国古代的城墙建筑，不仅固若金汤，在建筑艺术上也有突出的成就。现存北京的前门城楼、箭楼、德胜门箭楼、东南角楼，西安城墙的城楼、箭楼等，莫不以其坚固的城墙、高耸的城楼、宽广的护城河显示出雄伟壮观的气势；北京故宫紫禁城的城角楼，飞檐折角，重檐金顶，倒映护城河中，确是一幅优美的画图。现在保存较为完整的城墙有陕西西安城墙、湖北江陵县的荆州城墙、湖北襄阳县的古城墙、辽宁兴城的宁远卫城墙、山西平遥县的古城墙、福建惠安县的崇武城墙等，其中，尤以陕西西安城墙规模最大且最完整，它平面呈长方形，周长11.9千米，高12米，顶宽12～14米。城墙外有宽20米、深10米的护城河。墙面用青砖包砌，厚重坚实，东西南北四面均开设城门。城门上建有城楼、箭楼、闸楼，巍峨凌空，气势宏伟。城楼与箭楼之间有瓮城，城四角各有一座角楼，显示出我国古代京城的雄姿。它是我国现存唯一完整的古代大型城垣。

此外我国还有一些特殊的古城墙，如山东蓬莱戚继光备倭水城，是用来操练水军和停泊战舰以防御倭寇入侵的；北京卢沟桥的宛平城，是专门防守卢沟桥的桥头军事堡，等等。

万里长城

早在春秋时期，为抵御北方游牧民族的侵略，楚国修建了一段长城。到了战国，燕、赵、秦等诸侯国更是大规模修建。秦统一六国后，秦始皇派人把北方各诸侯国所筑长城连结起来，西起临洮，东到辽东，绵延一万多里，这就是"万里长城"名称的由来。之后，各朝各代都曾对万里长城进行过修缮，现今我们所看到的，主要是明代修建的长城。

长城依地形而建，就地取材。在有山的地方，长城就建在陡峭的山脊上，并开采山石，凿成巨大的条形，堆砌城墙，内填灰土，非常坚固；在黄土地上，长城主要用土夯筑；在沙漠里，则用沙砾作主要材料，层层铺设红柳和芦苇以使城墙更加稳固。长城是一个军事防御建筑，城墙顶上铺有方砖，非常平整，宽的地方可以并行五六匹马，可供兵马顺畅通行；城墙的外沿则排列着两米多高的垛子，垛子上部有方形的望口和射口，用来望敌情和射击敌人;城墙顶上每隔300余米设有一个屯兵的堡垒，打仗的时候，各堡垒之间可以互相接应；另外，长城的两边还有烽火台，有的紧靠长城两侧，有的则在长城以外，一旦有紧急情况，白天放烟，晚上点火，以提供警报和请求救援。长城规模宏大、气魄雄伟、建筑艺术精妙，是世界上最伟大的奇迹之一，它凝聚着先人的血汗和智慧，是中华民族的骄傲和象征。

中国宫殿建筑

宫殿是皇帝处理国家大事和居住的地方，其规模宏大、气势磅礴、结构严谨给人以庄严肃穆的感觉和强烈的精神感染，从中凸现出皇帝无上的权威。在我国，宫殿是古代最重要的建筑形式。殷商时期就已经有宫殿建筑，秦统一六国后，更是建立了大批的宫殿建筑，自此以后宫殿建筑进入繁荣发展的时期，在几千年的封建历史上，著名的宫殿建筑有：秦朝的阿房宫，西汉的长乐宫、未央宫，唐朝的大明宫等，我国现存的最宏伟壮丽的、保存最完整的宫殿建筑是明清时期的紫禁城宫殿。

我国的宫殿建筑主要有三个特点：第一，宫殿一般是一个庞大的建筑群，包含许多不同功能的建筑；第二，在布局上，强调"中正无邪"，最重要的建筑都建在中轴线上，其他辅助性的建筑则建在两侧；第三，都城和宫殿二者的关系非常紧密，宫殿的布局往往扩大到整个都城，从而进一步凸显出宫殿的重要地位。

纵观宫殿建筑发展的历史，大体上可以分为两个阶段。春秋至唐代是第一个阶段，这一时期，宫殿一般建在都城内，宫殿的一边或者两边靠着城墙，或者宫殿傍着城墙的一边或者一角建在都城外，也有分建两座城的。这一类型的宫殿有：春秋战国时期齐国的都城临淄、西汉的长安城、东汉和北魏的洛阳城、隋唐的长安城和洛阳城等。第二个阶段自北宋起，这一阶段的宫殿建于都城中，四面被都城包围，如北宋的开封城、元大都、明清北京城等。

阿房宫

阿房宫号称"秦川第一宫"。"阿房"是"近旁"的意思。秦始皇在统一六国后，绘制了六国王宫宝图，在秦国咸阳的渭水南岸进行仿造，称为"六国宫殿"。相传共有宫室145处，其中著名的有信宫、甘泉宫、兴乐宫等。公元前212年，秦始皇又下令在渭河以南兴建更大的宫殿——朝宫，朝宫就是阿房宫。

西汉史学家司马迁在《史记·始皇本纪》中记载：阿房宫前殿，东西五百步，南北五十丈，殿中能坐1万人。宫殿四周为阁道，从殿下直抵南山。在南山的峰巅建宫阙，又修复道，通过阿房宫渡过渭水直达咸阳。《汉书·贾山传》记载阿房宫的规模"东西五里，南北千步"。秦朝末年，项羽火烧秦宫室，大火3个月不熄。现在在陕西西安西郊三桥镇以南，东起巨家庄，西到古城村，还保存着约60万平方米的阿房宫遗址。但在近年来的考古发掘中，史学界却得出了新的结论，即当年秦始皇虽然大力兴建阿房宫，但因工程规模浩大，加之秦末乱世人力匮乏，直至秦亡阿房宫也未竣工，它只是个半拉子工程。至于项羽火烧阿房宫，也是误传。

史书上记载项羽入咸阳曾"烧其宫室，虏其子女，收其珍宝货财"，但并未指出所烧的是阿房宫。

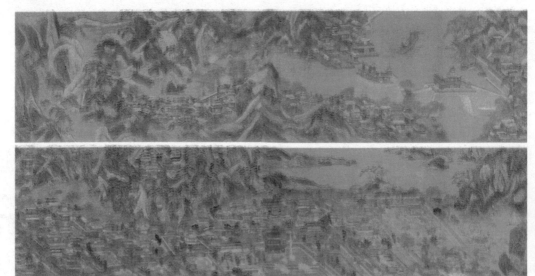

阿房宫图卷 清 袁江
此图所绘依山殿阁，傍水楼台，山水相连，花木并茂，并有龙舟、游艇、宫人等点缀。

故宫

故宫旧称紫禁城，是明清两代皇宫，中国现存最大最完整的古建筑群，也是现存的最大宫殿群，现为故宫博物院。

兴建于明朝永乐年间（1406～1420年），设计者是蒯祥。故宫是一个长方形城池，墙外有护城河环绕，占地72万平方米,建筑面积约15万平方米,拥有殿宇9999间半。故宫严格按照《周礼·考工记》中"前朝后市，左祖右社"的帝都营建原则建造。故宫有四个大门，正门（南门）名为午门，俗称五凤楼，午门后有五座汉白玉拱桥通往太和门。东门名东华门，西门名西华门，北门名神武门。故宫宫殿的建筑布局有外朝内廷之分。外朝是明清皇帝行使权力、举行盛典的地方，以太和、中和、保和三大殿为中心，文华、武英两殿为两翼。太和殿（又称金銮殿）是皇帝即位、举行节日庆典和出兵征伐等大典的地方。中和殿是皇帝休息和接受大典中执事官员参拜的地方。保和殿是科举考试举行殿试的地方。内廷是封建帝王和后妃居住的地方，以乾清宫、交泰殿、坤宁宫为中心，东西六宫为两翼。

坛庙建筑

坛庙建筑主要用于祭祀天地、日月、社稷山川、帝王先贤、名人祖宗，在我国古代建筑中占有重要的地位。

我国坛庙建筑的历史比宗教建筑更为悠久，在内蒙古、辽宁、浙江等地发现的一批坛庙建筑，距今约有五六千年。在不断发展的历史进程中，坛庙逐渐由原先的宗教信仰范畴的建筑发展成为封建国家具有政治作用的设施，成为都城、府县建设中必不可少的工程项目。

坛庙建筑按其祭祀对象可以分为两类：一类是祭祀自然神的坛庙，如天帝庙、日月星辰风云雷电之神的神庙、社稷庙、先农庙、岳镇庙、城隍庙、土地庙等；一类是祭祀鬼神的庙，鬼神即人死之后的神灵，如关公庙、孔庙、亚圣庙、文昌庙、诸葛武侯祠以及人们供奉历代祖宗的神庙等。在都城中必须建设的坛庙建筑有：太庙、社稷坛、天坛等，而地方府县必然建造的坛庙建筑有：山川坛、社稷坛、城隍庙、孔庙等。此外，各地还根据本地的历史文化修建各种具有地方特色的神庙，如苏州一带有祭祀早期开拓者的"泰伯庙"，有祭祀春秋战国时期辅助吴王兴国的功臣伍子胥的神庙；沿海各地有祭祀海上女神天妃的"妈祖庙"等，而历代官员及其后代建造的家庙更是遍布全国各地。现存的著名坛庙建筑有：北京天坛、地坛、社稷坛、太庙，山东曲阜的孔庙，四川成都的诸葛武侯祠，山东邹城的亚圣殿等。

天坛

天坛是明清皇帝祭天和祈谷的地方,位于今北京崇文区，是世界上现存最大的古代祭祀性建筑群，始建于明永乐十八年（1420年），占地约270万平方米。天坛建筑布局呈"回"字形，有两层垣墙，形成内外坛。坛墙南方北圆，象征天圆地方。主要建筑有斋宫、圜丘坛、祈年殿、长廊、万寿亭、回音壁、三音石、七星石等。天坛的代表建筑是圜丘和祈年殿等。圜丘和祈年殿间由一条长359米，宽28米，高2.5米的丹陛桥连接。圜丘位于丹陛桥南端，由3层圆形露天石坛构成，每层都围有汉白玉石围栏。祈年殿位于丹陛桥北端，正月上辛日在这里合祀天地。大殿建在高6米，底层直径90.9米的3层汉白玉圆形的祈谷坛上。祈年殿呈圆形，高38米，直径32.72米，是三重檐亭式圆殿。殿内中央的四根龙井柱高19.2米，象征一年的四季；中层12根金漆柱，象征一年12个月；外层12根檐柱，象征一天12个时辰。中外层共24根柱象征二十四节气。

天坛成功地将中国人对"天人关系"的认识以及对上天的敬畏与期望体现出来；处处展示着中国人传统的哲学观念和象征的艺术手法；集古代科技成就如数学、力学、美学、生态学于一炉，是中国古代具代表性的建筑精品。

陵墓建筑

陵墓是我国古代埋葬帝王或后妃的坟墓和祭祀建筑群，是我国古代建筑中规模最大的建筑形式之一。古人有灵魂的观念，认为人死之后，还有所谓的阴间，死人要在阴间继续生活。所以，上至帝王将相、达官贵人，下至黎民百姓无不重视丧葬、精心为死者构筑坟墓。在漫长的历史时期，陵墓在不断的发展过程中，逐步融合了绘画、雕塑、书法的艺术形式，出现了众多规模巨大、布局合理、结构精美的陵墓群。其中，最有代表性的是帝王陵。

帝王陵墓一般靠山建筑，也有少数建在平原上。陵园的布局一般以山为主体，四面建筑城墙、城门，城墙的四角建有角楼，在陵墓的前面建有甬道，甬道的两侧立着石人、石兽的雕像，陵区内遍植松、柏，树木森森，给人以庄严肃穆的感觉。陵墓之内建有殿堂，用来放置已故帝王的衣冠和用具，并设置宫人服侍，就像帝王生前一样。如秦始皇的陵墓内，还用水银造成江河湖海的样子，用金银雕刻出山林和鸟兽，另有规模庞大、气势不凡的兵马俑；而唐朝懿德太子的陵墓内部，由墓道、过洞、天井、甬道、前室、后室等部分组成，四周墓壁上则绘有城墙、阙楼、宫城、宫门、殿堂等内容，完全是生前生活环境的写照。陵墓的墓室主要用木、砖、石3种材料筑成，殷商至西汉早期的墓室结构是井椁式结构，即用大块木材纵横交错建成墓室，后来又出现了用大木枋紧密排列构成的"黄肠题凑式"墓室。西汉中期出现砖结构的墓室，南北朝和隋唐时期，逐渐得到推广。石筑墓室在五代及宋朝时期已经广泛运用，但这一时期的墓室是石料和木料并用，直到明清时期，墓室全部采用高级石料修建，形成一组华丽的地下宫殿。

现存比较著名的陵墓建筑有：陕西临潼县的秦始皇陵、陕西乾县的唐乾陵、河南巩县的宋陵、北京昌平区的明十三陵、河北遵化县和易县的清东陵和西陵等。

古塔

我国的古塔是我国古代的高层建筑，源于印度。在印度梵语中称为"浮屠"，据说是有人出于向佛祖表达敬意而建造的，也有说是为了供奉佛祖的舍利而建造的。古塔是我国古代建筑中最为多样、数量极大的建筑类型。我国现存的佛塔有2000余座，大江南北无处不有，其中比较著名的有：山西应县木塔、山西普救寺莺莺塔、河北承德普乐寺都城上琉璃小塔。

山西应县木塔，位于山西忻州市应县县城内西北角的佛宫寺院内，它是我国现存最古老、最高大的纯木结构的高层古建筑，在世界上也是独一无二的。塔有9层，高达67.31米，底层直径30.27米，整体重量约有7400吨，整个建筑由第一层开始向上逐渐变小，轮廓优美，有"远看擎天柱，近似百尺莲"的说法。整个建筑全用木材建成，没用一根铁钉，让人叹为观止。

山西普救寺莺莺塔，塔平面呈四方形，底层每边长8.05米，门开在南面，门宽1.28米。塔基呈正方形，塔平面为四方形，全塔共13层，高36.76米。塔的内部是多层空心的，最为奇妙的是塔有神奇的声学效果，站在塔底，楼上人的说话声听起来像是从地下传来一样。它与北京天坛回音壁、四川大佛寺石琴、河南蛤蟆塔被称为四大回音建筑。

河北承德普乐寺琉璃小塔，普乐寺是雄伟的皇家寺庙，普乐寺的东部有一座巨大的经坛，这是藏传佛教修炼、传经的地方。在经坛的四角和四面的中间建有八座宝塔，塔分为黄、白、青、紫、黑五色。这些塔的下面有四角形、六角形、八角形的台基，台基上饰有精美的花纹，整个塔看起来色调明快，雍容华贵。

卢沟桥

卢沟桥位于北京丰台区宛平县城西门外的永定河上，是北京现存最古老的石造联拱桥。始建于金大定二十九年（1189年）、明昌三年（1192年）建成，后世曾多次重修。卢沟桥全长266.5米，宽7.5米，有10座桥墩，共11涵孔，是华北最长的古代石桥。整个桥体都是石结构，桥面用石板铺砌，两旁造有石栏扶手，各用石柱140个，高1.4米，柱头上共刻有大小石狮497个，雕刻精美，姿态各异。桥两端各有华表、御碑亭、碑刻等。桥东的碑亭内立有清朝乾隆题"卢沟晓月"汉白玉碑（卢沟晓月是燕京八景之一）。意大利旅行家马可·波罗称赞卢沟桥："它是世界上最好的、独一无二的桥。"

赵州桥

赵州桥又名安济桥，俗称大石桥。位于河北石家庄市赵县的交河之上，建于隋代大业元年至十一年（公元605～615年），距今已有1400多年，是由工匠李春设计建造的。它是世界上现存最早、保存最好的石拱桥，被誉为"华北四宝之一"。

赵州桥是一座弧形单孔石拱桥，全长64.4米，券高7.23米，单孔跨度37米，桥面宽10米，用厚约30厘米的条石铺成。它的大石拱由28券（窄拱）并列组成，大石拱上两端各建有两个小拱（净跨分别是2.85米和3.81米），它们不但节省了石料，而且还能减轻桥身自重和增大泄洪面积。赵州桥结构坚固，雄伟壮观，设计合乎科学原理，施工技术巧妙绝伦。唐代中书令张嘉贞在《赵州大石桥铭》中称赞它"制造奇特，人不知其所为"。由于桥位良好、基底应力适宜，1400多年来赵州桥经历了10次水灾、8次战乱和多次地震，但桥身基本完好，至今仍在发挥作用。

赵州桥

石窟建筑艺术

石窟是在山崖陡壁上开凿的一种洞窟形的佛教建筑，又叫石窟寺，起源于印度，同佛教一起传入中国。我国从南北朝时期开始盛行开凿石窟，元、明以后，开凿石窟的风气消退下来。现存的石窟分布非常广泛，西至西藏西部，东至沿海地区，北至辽宁，南达云南，所在地点多是风景秀丽的山川，借助于壮美的山河来凸现出佛教的庄严。

石窟多建于悬崖峭壁上，但天然的适合建造石窟的陡壁并不多见，所以古人建造石窟之前，往往先要开辟陡壁，称之为"斩山"。在技术落后的古代，斩山的工程量十分巨大，如龙门石窟宾阳三洞所在的陡壁，光斩山花费了20多年的时间、82000多名劳力。石窟的开凿通常依照自上而下、由外到内的顺序，先从门洞向上开辟一条施工道，到达一定高度后，再从上到下大面积开凿。另外，开凿石窟还要注意岩石的质地，硬度要适中，既要容易雕刻，又要耐风化，一般都开凿在石灰岩、砂岩和砾岩上。我国的著名石窟有：云冈石窟、龙门石窟、麦积山石窟、敦煌莫高窟等。

皇家园林

殷商时期的"囿"是皇家园林的原始形式，据史料记载，当时"囿"是指开辟一块地方，在里面种植树木、放养动物、挖掘池塘、筑造楼台，供皇家打猎、游玩、供奉神明及生产所用。当时最为著名的"囿"是周文王的灵囿。

秦汉时期，皇家园林发展成为山水宫苑的形式，就是在皇帝的离宫别苑周围圈一块地，形成一个自然的园林，其规模常达数百公里。如秦始皇所建的信宫、阿房宫，把宫阙建在终南山的顶峰，让樊川成为宫内的池塘，气势多么雄壮。汉朝时期，汉武帝修建完成了规模宏大、功能多样的上林苑，园内不仅有观赏景物的去处，有动物园、植物园、狩猎区，甚至还有赛狗场，在上林苑建章宫的太液池中，建有蓬莱、瀛洲、方丈3座仙山，"一池三山"的做法一直延续到了清代，上林苑标志着古代皇家园林建设的第一个高潮。

从魏晋南北朝开始，皇家园林更趋于华丽精致，虽然在规模上达不到秦汉时期的山水宫苑，但是在内容上则丰富得多，如北齐的高纬在仙都苑中建造"贫儿村"、"买卖街"来体验民间生活；宋徽宗建造的艮岳，在平地上大兴土木，用仿造的人工假山来代替全国各地的名山大川，这一时期，假山的仿制已经达到了很高的水平。

元明清时期，皇家园林的建造日趋成熟，这一时期出现的名园，如颐和园、圆明园、避暑山庄、北海等，既继承了古代园林的优良传统，又有进一步突破和创新，无论在选址、立意、山水的构造乃至小路的铺设上，都表现出了令人叹服的高超技巧。如颐和园在仿制无锡寄畅园的基础上，把南方的西湖、江南水乡的风貌与北方的广袤和雄奇的大山融合起来，更建有众多的精美佛香阁，使人游了这一个园林，便好像见识了全国各地的美景。

避暑山庄

避暑山庄又名承德离宫、热河行宫，是清朝皇帝的夏宫，也是中国现存最大的古代离宫和皇家园林，位于河北承德市北部。

始建于清朝康熙四十二年（1703年），后多次改扩建，乾隆五十五年（1790年）建成。清朝前期，每年夏天，清朝皇帝都会到这里避暑并处理政务，避暑山庄成了清朝第二政治中心。避暑山庄占地560万平方米，分宫殿区和苑景区两大部分。苑景区又分湖区、平原、山峦三部分。这些风景都是仿照中国各地风景园林艺术风格而建，所以避暑山庄成为中国各地胜迹的缩影。宫殿区在山庄南端，主要建筑澹泊敬诚殿（正宫）是节日举行大典的地方。后面的依清旷殿是皇帝召见朝臣的地方。另外还有烟波致爽殿和云山胜地殿。正宫东侧的松鹤斋是后妃们居住的地方。避暑山庄周围是博仁寺、博善寺、普乐寺、安远庙、普宁寺、普佑寺、广缘寺、须弥福寿之庙、普陀宗乘之庙、广安寺、罗汉堂和殊像寺12座藏传佛教寺庙群。

圆明园九州清晏图 清

圆明园

圆明园位于北京海淀区，原为清代的一座大型皇家园林，与附园长春、绮春（万春）合称圆明三园。1860

年，被英法联军焚毁。

圆明园始建于清朝康熙四十八年（1709年），乾隆九年（1744年）完工。附园长春和绮春两园分别建成于乾隆十六年（1751年）和乾隆三十七年（1772年），时间长达150多年。圆明园不仅是清朝皇帝休息的地方，也是他们会见大臣、接见外国使节、处理政务的地方，与紫禁城同为当时的全国政治中心，有"御园"之称。全园占地347万平方米，有建筑150多处，其中凿湖造山，遍植奇花异草，集中外园林建筑之精华，构筑有圆明园四十景。三园的平面布局呈一个"品"字形，有园门相通。全园以福海为中心，海中有"蓬岛瑶台"等三个小岛，象征道家"一池三仙山"之说。另外，长春园还有海晏堂、远瀛观等西洋风格的建筑。它还是一座大型的皇家博物馆，藏着许多珍宝、图书等，被誉为万园之园。1860年，英法联军攻入北京，抢劫了园中珍宝，并纵火焚毁，现仅有遗址存在。

颐和园

颐和园位于北京市西北郊，原为清朝皇帝的行宫御苑，原名清漪园，是保存最完整的一座行宫御苑，始建于清乾隆十五年（1750年），咸丰十年（1860年）被英法侵略军焚毁，光绪十二年至二十一年（1886～1895年），慈禧挪用海军经费进行了重建，光绪十四年（1888年）改名颐和园。

颐和园以杭州西湖为蓝本，吸取了江南园林的设计手法和意境建造而成。全园占地面积约290万平方米，分为宫廷区和苑林区。宫廷区以仁寿殿为主，是政务活动区。苑林区以万寿山、昆明湖为主体。万寿山东西长约1000米，高60米，山上建有排云殿、德辉殿、佛香阁、智慧海等。昆明湖约占全园面积的78%，湖中有一模仿杭州西湖的苏堤而建的西堤。湖中有南湖岛，又称龙王庙，与东岸一座长150米的十七孔桥相连。湖北岸有一条东西走向的"长廊"，全长728米，共273间，是中国园林中最长的长廊。万寿山东麓的谐趣园原名惠山园，是一座园中园，是模仿无锡寄畅园而建的。

苏州园林

私家园林是古代官僚、文人、富商、地主所拥有的私人宅院。我国的私家园林以江南的私家园林数量最多、艺术价值最高，其中又以苏州园林最具代表性。

与皇家园林相比，江南私家园林的规模较小，一般只有几亩至几十亩，最小的仅一亩半亩，但造园家却能在这有限的空间内，运用多种艺术技巧，造成一种好像深邃不尽的景象，给人一种空间很大的感觉。院子以水面为中心，四周散布着精美的建筑，构成一个个小的景点，几个小景点又围合成大的景区。院子的主人一般都具有较高的文化素养，能诗善画，善于品评，园林追求超凡脱俗、清高淡雅的风格。院子主要供主人修身养性、闲适时自娱自乐所用。苏州的古典园林极具特色，建筑布局、结构、造型、风格，都运用了巧妙的衬托、对景、借景、尺度变换、层次配合、小中见大等种种造园艺术技巧和手法，将亭、台、楼、阁、泉、石、花、木有机地融合为一体，浑然天成，毫无斧凿的痕迹。

苏州拙政园是私家园林中的经典之作，它始建于明朝正德四年（1509年），之后几经雕琢，现存的园貌主要形成于清朝末期。全园分为西、中、东三部分，以中部为主。中部的园子呈矩形，水面较多，也呈横长的矩形，水池内建有东、西两座假山，又有几条小桥和堤坝把水面分成几个部分。水池的南岸有较大面积的平地，建筑物多集中在此，由宅入园的小门就开在南岸的院墙上。入园以后，迎面有一座假山挡住视线，使园内景物不至一览无余，这种手法称之为"障景"。岸西有一座名叫"别有洞天"的凉亭，透过清澈的水面，东岸有一座方亭与之遥相呼应，水中的荷香四面亭和曲折的小桥更增加了景观的层次感，这种手法称之为"隔景"。北岸以土为主，遍植柳树、芦苇，别有一番风趣。东岸有梧竹幽居亭，由此西望，透过水池亭阁，在树梢上可遥见远处的苏州报恩寺塔，将塔影引入园内，称为"借景"。院内粉墙、绿水、几处怪石、数竿细竹，不尽的美景组合成一幅完美的画卷。

拙政园与沧浪亭、狮子林、留园分别代表着宋元明清四个朝代的艺术风格，被称为苏州"四大名园"。其他名园还有网师园、环秀山庄、艺圃、耦园、退思园等。

江南三大名楼

江南三大名楼指的是黄鹤楼、岳阳楼和滕王阁。黄鹤楼位于湖北武汉长江边的蛇山上，始建于公元223年，传费文伟在此驾黄鹤成仙而得名。现楼为1986年重建，高51.4米，共5层，黄瓦红柱，层层飞檐。咏黄鹤楼的诗文以崔颢的《黄鹤楼》和李白的《黄鹤楼送孟浩然之广陵》最为著名。

岳阳楼位于湖南岳阳的洞庭湖畔，原是三国时期吴国的阅兵台，唐开元四年（公元716年）建岳阳楼，现在的岳阳楼为1984年重修。主楼平面呈长方形，宽17.24米，深14.57米，高19.72米，楼顶为黄色琉璃瓦，金碧辉煌。主楼右有"三醉亭"，左有"仙梅亭"。楼内陈列着杜甫的《登岳阳楼》诗、范仲淹的《岳阳楼记》和历代名人的对联。

滕王阁

滕王阁是多层单檐歇山顶式阁楼建筑。现存的阁是1989年重建的，它是一钢筋混凝土仿宋阁楼式建筑。

滕王阁在江西南昌赣江边，是唐太宗之弟滕王李元婴于公元675年所建，故名，为三大名楼之首。现楼为1989年重建，楼高57.5米，共9层，主体建筑面积为1.3万平方米，是一座仿宋建筑。咏滕王阁的诗文以王勃的《滕王阁序》和《滕王阁》诗最著名。

平遥古城

平遥位于山西省中部，是一座具有2700多年历史的古城，现在的城墙建于明洪武三年（1370年），是我国现存最完整的明清县城，是中国汉民族中原地区古县城的典型代表。

平遥古城基本上还是明初的形制和构造。城池为方形，面积2.25平方公里，城墙高12米，周长6157.7米，外表全部砖砌。墙上垛口，墙外有护城河，深宽各4米。城池有6座城门，东西各二，南北各一。城门上原建城楼，四角各建有一座角楼，大多已残坏。城内的街道、铺面、市楼保留明清形制。城内主要街道是十字形，商店沿街而立，住宅位于小街巷内。其中大型建筑有：古城北门有镇国寺和古城西南的双林寺。镇国寺建于五代时期，是全国排名第三位的古老木结构建筑。双林寺建于北齐武平二年（公元571年），寺内10多座大殿内保存有元代至明代的彩塑造像2000余尊，被誉为"彩塑艺术的宝库"。古城内现保存着3997处传统四合院民居，其中有400处保存相当完好。

北京四合院

"梨花院落溶溶月，柳絮池塘淡淡风"，四合院指的是四座单体房屋分别在东、南、西、北四面，中间围合成一个露天庭院的建筑组合。在历史发展过程中，四合院得到了中国人的钟爱，宫殿、庙宇、官府包括各地的民居都广泛使用这种形式。

在诸多类型的四合院中，北京四合院卓尔不群，经过数百年的营建，北京四合院从材料选择、平面布局到内部结构、细部装修都形成了特有的京味风格。

四合院属砖木结构建筑，门窗栋梁等均为木制，周围以砖砌墙。门窗及檐口椽头的油漆彩画，虽没有宫廷的华丽辉煌，但也颇有意趣。习惯用磨砖、碎砖垒墙，变废为宝，所谓"北京城有三宝——烂砖头垒墙墙不倒"。屋瓦大多用青板瓦，正反互扣，或者不用铺瓦，直接青灰抹顶，称为"灰棚"。

除了一些小规模的单院形式外，北京四合院多数分为前（外）后（内）二院。外院横长，从东南角的大门进入，迎面就是一座筑砖影壁，与大门组成一个小小的过渡空间。由此西转进入外院。大门之西正对民居中轴的南房，称"倒座"，用来供客人休息，外院还有男仆室及厨房、厕所；由外院通过垂花门式的中门，便进入宽阔的庭院，这就是全宅主院。

主院中，北面正房称"堂"，大多为三间，遵守着"庶民庐舍不过三间五架，不许用斗拱，饰彩色"的明清规定。正房的开间和进深要比厢房为大，左右两边各接出耳房，由尊者长辈居住。耳房前有小小的角院，十分安静，所以也常用作书房。这种一正房两耳房的布局称作"纱帽翅"。正房前面，院子两侧有厢房陪衬，作为后生晚辈的居室，营造了良好的空间感觉。

正房、厢房朝向院子都有前廊，用"抄手游廊"把垂花门与这三座房屋的前廊连接起来，沿着游廊穿行，不必经过露天场地。廊边还有栏杆和凳子，可在廊内欣赏风景。这是四合院的一大风情。

四合院的房屋都采用青瓦硬山顶。正房之后有时有一长排"后照房"，或作居室，或为杂屋。也有的民居在房后或者一侧再接出一座四合院，以居内眷，也有的在一侧接出宅园。

四合院的每一处都很讲究，开在前左角的民居大门称"青龙门"，根据后天八卦，北为坎，东南为巽，故此种布局称坎宅巽门，象征吉祥平安。（王府的宅门则放在中轴线上，人们认为以王侯之尊不需要坎宅巽门也可以免除外邪侵害）而从实际效果来看，宅门不设在中轴线上，使得进入四合院必先通过一个小小过院，有利于保持民居的私密性，营造"曲径通幽"的氛围。在全国各地的民居中，坎宅巽门也十分流行。

门的大小和规格也很讲究，等级最高的是广亮门，它和再小一些的金柱大门都用于官宦人家。虽非官宦而相当殷富的人家用如意门。最小的是墙门，没有进深，门上有小屋顶，有的砌通天柱，颇有西洋气息。

作为民居，北京四合院最直接的感觉是浓厚的生活气息，庭院方阔，大小合宜。院中还栽花置石，一树海棠花配以石榴盆景，大缸养的金鱼寓意吉利，自然亲切，把天地拉近人心。可在院内临时搭建大棚，举办婚丧大事，以待宾客。尤其是抄手游廊，把庭院分成几个自然的空间，但分而不隔，虚虚实实，家庭成员在这里进行亲切的交流，其乐融融。

北京四合院内环境优雅，花木扶疏，丁香、海棠、山桃花争奇斗艳，枣树、槐树则是孩子玩耍的好去处。盆栽花木最常见的是石榴树、夹竹桃、金桂、杜鹃、栀子等。阶前花圃中的草茉莉、凤仙花、牵牛花、扁豆花，更是四合院的日常点缀。清代有句俗语形容四合院："天棚、鱼缸、石榴树，老爷、肥狗、胖丫头"，可以说是四合院生活比较典型的写照。

四合院历史悠久，自元代正式建都北京时就出现了，至明清逐渐完善，最终成为北京城的象征。

四合院的结构，在中国传统住宅建筑中非常典型。院落宽绰疏朗，四面房屋彼此独立却又有游廊连接，起居方便。对外只有一个街门，关起门来是封闭式的住宅，自成天地，具有很强的私密性，非常适合家居。院落宽敞，植树栽花，饲鸟养鱼，叠石造景。这里不仅是舒适的住房，更是大自然赐予的一处美好天地。

牌坊、阙、华表、影壁

牌坊又名牌楼，来源于古代用以表彰人或事的坊门，常建在离宫别苑、寺观、陵墓等重要建筑的入口处，当作这些建筑的前奏，形成庄严、肃穆、深邃的气氛；也有建于城镇街道重要位置的，如桥的两段、十字路口、大路的起点、商店的门前等，叫冲天牌坊，起到丰富街景、标志位置的作用；在山林风景区的山路上，也常立有牌坊，有标记路程的作用。南方一些城镇，一条街道上常建有多座牌坊，主要用来"旌表功名"或"表彰节孝"。牌坊的建筑材料主要有木、石、琉璃等，木牌坊多流行于古代，石牌坊则以明代的最为有名，琉璃牌坊以清代的最有代表性。

阙，常用于城池、宫殿、陵墓、祠庙等重要建筑群之前，是入口的标志。最早的阙是供显示威严、守望用的，后来逐渐演变成为一种区别尊卑、显示礼仪的装饰性建筑。阙有两种类型：一种是独立的双阙，双阙之间不设门，这种阙在唐宋时期主要应用于墓地，以后就很少用了；另一种是双阙之间设门的阙。现存最早的阙是建造于汉代的，主要是庙阙和幕阙，分布于四川、河南、山东等省。

华表是成对的立柱，有标志和纪念的意义。元代以前，华表多为木制，之后多用石制，下有须弥座，石柱身上刻有精美浮雕，上端横着一块云状石板，顶部原立着石鹤后改为蹲兽，俗称"朝天吼"。明清时期，华表多树立在宫殿、陵墓前，也有少数立在桥头的，如卢沟桥头的华表。现存的华表，以北京天安门前和明十三陵四周的华表最为典型。

影壁又叫照壁、照墙，立在院落的大门内或者大门外，起到屏障的作用。影壁的历史久远，唐朝的史料上已经有相关记载，明清时期，无论是宫殿、寺庙、衙门还是普通人家的宅第都建有影壁，北方人家的影壁常建在门内，而南方人家多建在门外。历史上著名的影壁有：明太祖朱元璋之子朱桂的代王府内的九龙琉璃影壁、北京北海和紫禁城内的九龙影壁等。

北京茶园演戏图
戏台上有多人表演，伴奏者4人，所用乐器有拍板、板鼓、二胡、唢呐、锣等。清乾隆年间（1736～1795年）以来，茶园即是剧场。清代包世臣《都剧赋序》说："其开座卖剧者名'茶园'……其地度中建台，台前平地名'池'，对台为厅，三面皆环以楼。"当时春台、三庆、四喜、和春四大徽班在茶园演戏。因为清代每逢国丧期间，各娱乐场所都不能化装演戏，演员们无以为生，只能在茶楼清唱。以后，戏园便附售客茶，遂称戏园为茶园了。

戏楼

戏楼又叫戏台，是我国传统戏曲演出的场所。我国古代的演戏场所在不同的历史时期有不同的名称和形态，最原始的演出场所是广场、厅堂、露台，宋代时期出现了三面观戏，隔出一面充当后台的勾栏，金朝把演出场所称为舞厅或舞亭，元朝时期则有了戏台的叫法，及至明清时期则发展成了戏楼、戏园。

清朝宫廷中的戏楼，是我国古代戏楼建筑的集大成者，它不仅面积大，而且变原先的单层为两层或三层，坐南朝北，和三面的观众席组成一个四合院。三层大戏楼的舞台，由上到下分别称为福台、禄台、寿台，底层的寿台是主要舞台，它长3间、宽3间，相当于民间普通舞台的9倍，第二层的禄台只有长宽1间大小，第三层的福台就更小了。寿台的后面建有一座阁楼，称作仙楼，仙楼有两座木梯通向福台，有两座木梯通往禄台，供戏中的神鬼角色上下场所用。寿台的地板下为地下室，里面有4口旱井和1口水井，据说这些井能起到共鸣作用，增强演出的音效。寿台的顶部有3个天井，各个井口都设有辘轳设备，供演员表演上天入地的场面。清朝时期最著名的大戏楼有：紫禁城的宁寿宫畅音阁、避暑山庄的福寿园清音阁、圆明园的同乐园清音阁、颐和园的德和大戏楼等，现存的仅有宁寿宫畅音阁和颐和园的德和大戏楼两座。

我国的戏楼分布得非常广泛，从农村到城市，从平原到山区，只要是有人聚居的地方，几乎都有或简或繁的戏楼建筑，可以说戏楼就是具有中国特色的剧场，中国戏曲也可以称之为"戏楼文化"。

会馆

会馆是指"同籍贯或同行业的人在京城及各大城市所设立的机构，建有馆所，供同乡同行集会、寄寓之用"。是一种拥有宴饮、居住、剧场、集会和办公等多种功能的一种公共建筑。会馆分行业会馆和同乡会馆两类。同乡会馆，顾名思义是为旅居外地的同乡提供集会、联络和居住的处所，它的形式近似于大型的住宅建筑，为凸现同乡的渊源，常在正厅或者专辟的一厅内设置祠堂，供奉一乡的前辈贤人。正厅是同乡聚会餐饮的场所，其他各厅则供借宿所用。一些大的会馆，还专门设有学塾，以方便同乡子弟就学，清朝时期，一些省级的大会馆内还有戏楼，如山西会馆、四川会馆、湖广会馆等。行业会馆，多是商业、手工业行会会商的场所，馆内通常设有本行业祖师爷的牌位，有演戏酬神用的戏台。为了炫耀本行业的繁荣，行业会馆的装饰都很精细华贵。

会馆多在所在地的文化发展中扮演重要的角色，拿会馆最为众多的北京来说，各地会馆为北京带来了丰富多样的饮食文化，并在竞相展示各自美食的过程中，发挥自己的特色，弥补不足，形成了川、鲁、粤、淮等菜系；另外，会馆所带来的地方语言，也给北京话以影响，促进了以北方语音为基础的普通话的形成。其他的，如建筑、楹联、园艺等方方面面，会馆都大大促进了北京文化的发展，并为后人留下了宝贵的遗产。到了现代，结合西方建筑的特点，会馆逐渐演变成为酒店、宾馆等现代建筑。

中国民居

先秦时期，"帝居"、"民舍"等都称"宫室"；汉代规定食禄不满万户的称"舍"。直至近代，才把除宫殿、官署以外的居住建筑统称为"民居"。

早在新石器时代后期，我国木构架体系的房屋已经萌芽。西周及春秋时期，瓦的出现使民居变得更为结实。战国时期，出现了砖和彩画，民居变得较为美观。秦汉时期，石材在民居中的使用开始增多。魏晋南北朝时期砖瓦应用更为广泛。隋唐以后，民居开始注重根据社会等级来设计房屋形制。明清时期，民间建筑的类型与数量也有增加，形制已经较为固定。各民族的建筑也有发展，地方特色更加突出。私家园林开始广泛出现。在汉族民居中，最有代表性的是北京四合院和南方"四水归堂"式的天井式民居。

与砖瓦结构不同的建筑是一些少数民族的民居，使用干阑式住宅，用竹、木等构成的单栋独立的楼，底层架空饲养牲畜、存放东西，上层住人。在云南、贵州、广东等地的傣族、景颇族、壮族等聚集区常见。河南、山西、陕西、甘肃等黄土层较厚的地区则有窑洞式住宅，施工简单，还有冬暖夏凉的效果，非常经济适用。一般可分为靠山窑、平地窑、砖窑等。碉房是青藏高原特有的住宅形式，一般是用土或石砌筑，形似碉堡，大多为2～3层。底层通常是用来养牲畜，楼上住人。

李诚与《营造法式》

李诚（1035～1110年），字明仲，北宋著名建筑师，郑州管城县（今河南新郑）人。他出生于一个官宦家庭。宋哲宗元祐七年（1092年），李诚开始在将作监（主管土木建筑工程的机构）供职，主持建造了龙德宫、棣华宅、朱雀门、景龙门、九成殿、开封府廨和太庙等，历任将作监主簿、监丞、少监和将作监，长达十三年。绍圣四年（1097年），李诚受命重新编修《营造法式》，元符三年（1110年）完成，使之成为北宋官方颁布的一部建筑设计、施工的规范书，也是中国古籍中最完整的一部建筑技术专书。《营造法式》主要分为5个主要部分，即释名、制度、功限、料例和图样共34卷，另外还有"看样"和目录各1卷。《营造法式》的内容有四大特点：1.制定和采用模数制。2.设计的灵活性。3.总结了大量技术经验。4.装饰与结构的统一。《营造法式》全面、准确地反映了北宋时期整个建筑行业的科学技术水平和管理经验，是我国古代建筑行业的权威性巨著。该书的出现，标志着中国古代建筑艺术走向成熟。

第七篇

民俗文化

节日

春节

春节是中国的传统节日，又叫阴历年，俗称"过年"、"新年"，时间是农历正月初一。它是中国所有节日中最隆重的节日。春节的历史很悠久，它起源于商朝时年头岁尾的祭神祭祖活动。正月初一古称元日、元辰、元正、元朔、元旦等，俗称年初一。民国时期改用公历，公历的1月1日称为元旦，农历的正月初一叫春节。

据《史记》、《汉书》记载，正月初一为四始（岁之始，时之始，日之始，月之始）和三朝（岁之朝，月之朝，日之朝）。在古代，人们在这一天迎神祭祖，举行各种娱乐活动，占卜气候，祈求丰收。春节的各种活动各地略有不同，其内容大致都有：除夕，俗称大年，这时家人团聚，吃团年饭，进行守岁；贴门神和春联（汉代的习俗是在门户上画鸡、悬苇，或画神荼、郁垒二神像于桃板上，意在驱逐瘟疫恶鬼，后演变为门神和年画）；正月初一，人们走亲访友，俗称走喜神方，互致祝贺，称为拜年。另外，各地还要放爆竹，以驱祟迎祥。

人日

人日节又称人胜节、人庆节、七元节。此节今天虽已消亡，但在古代却是一个大节。人日节最早的记载是汉东方朔的《占书》："岁后八日，一日鸡，二日犬，三日豕，四日羊，五日牛，六日马，七日人，八日谷。其日清明，则所生物育，阴则灾。"这是以天气的阴晴来预测一年的物产与人事：那一天晴，则相应的人畜两旺，阴则有灾。但岁后八日为什么与这些家禽家畜相联系呢，并且还与人相联系呢？这可能与中国远古神话的女娲造人说有关。

《风俗通义》载："俗说天地开辟，未有人民，女娲抟黄土作人，剧务，力不暇供，乃引绳泥中，举以为人。"中国的神话认为，人是女娲娘娘用黄土所造，因捏泥捏不过来，于是用绳子甩泥浆以为人。《太平御览》转引《谈薮》注云："一说，天地初开，以一日作鸡，七日作人。"从古籍的记载中可以看出，中国古人的确相信女娲造人说，并且在岁后的第一天至第八天，分别造出了鸡、狗、猪、羊、牛、马、人与谷。从神话的角度来说，人日就是人的生日，也是家庭的生日。正月初七正式成为人日节可能在晋代。《荆楚岁时记》记载："正月七日为人日，以七种菜为羹，剪彩为人，或镂金箔为人，以贴屏风，亦戴之头鬓。又造华胜相遗，登高赋诗。"当时，人日的各种习俗已经形成，如吃七菜羹、剪彩人、互相赠送华胜（妇女的头饰）、登高踏青等，这标志着古人已经把人日当成了节日。

立春

立春是二十四节气的第一个节气，时间大约在农历正月上旬，公历2月3日至5日之间。这时严冬已尽，春天开始，应是温阳和煦、吹面不寒杨柳风的时节，不过偶尔也会有春寒料峭的时候。立春在古代就是今天的春节，从汉代开始，所谓春节就专指立春节，并且这种以立春为迎春之节的传统一直到清代都在持续。现在正月初一的春节古代称之为元旦，是一年的岁首。将春节固定到正月初一，是辛亥革命以后的事。中华民国采取了公历，以公历的1月1日为元旦，为区别起见，这才将旧历正月初一专称为"春节"。这样的命名，也是因为春节常在立春前后的缘故。

再从迎春的主题来看，立春和春节是一致的，是古已有之的传统。自古以来，中国人就十分重视立春节，旧《农历》云："斗指东北维立春，时春气始至，四时之卒始，故名立春。"就节气而言，一年的岁首是立春。民间有谚云，"一年之计在于春"，可见立春此日之重要。中国以农业立国，农业收成关系到国计民生，因此，古代的帝王为了表示对立春的重视，常常率领群臣举行隆重的迎春大典。

元宵节

元宵节又叫上元节、元夕节、灯节，是汉族传统节日，时间是农历正月十五日。正月是农历的元月，古人称夜为"宵"，正月十五是一年中第一个月圆之夜，所以称正月十五为元宵节。早在西汉汉文帝时，就已经下令将正月十五定为元宵节。汉武帝时，"太一神"的祭祀活动定在正月十五（太一：主宰宇宙一切之神）。东汉明帝提倡佛教，他因听说佛教有正月十五僧人观佛舍利、点灯敬佛的做法，就下令在正月十五这一天夜晚在皇宫和寺庙里点灯敬佛，并下令民间也都挂灯。后来这种佛教节日逐渐形成民间的节日。元宵节经历了由宫廷到民间，由中原到全国的发展过程。

卖元宵 清 选自《太平欢乐图册》

后随着时间推移，元宵节的内容不断变化。唐玄宗时规定观灯为3夜，元宵夜出现杂耍技艺，北宋延长到5夜，出现了猜灯谜活动。明朝时规定正月初八张灯，正月十五落灯，又增加了戏剧表演。元宵节的一个重要的活动就是吃元宵（又称汤圆），有团团圆圆之意。一般认为元宵节是春节活动的结束。

二月二

"二月二"，指的是农历二月初二，是我国农村的一个传统节日。有关"二月二"的习俗很多，其中俗语"二月二，龙抬头"可谓家喻户晓。"龙抬头"一说，最早见于明人刘侗《帝京景物略》："二月二，龙抬头，蒸元旦祭馀饼……"至于抬头的为何是龙，又为何只与"二月二"有关，说法和故事就多了。在民间认为，龙是一种吉祥物，主管天上的云雨，"龙抬头"，意味着风调雨顺，是人们心中美好愿望的充分体现。由于我国大部分地区受季风气候影响，所以在农历二月初，气温便开始回升，日照时数也逐渐增加，气候已经适宜进行田间农事活动。所以，会有这样的农谚："二月二，龙抬头，大家小户使耕牛。"但也有一些地方或某些年份，因为春旱较严重而导致春雨贵如油。倘春雨充沛，则预示着一年的丰收。所以又有农谚说："二月二，（若）龙抬头，大仓满，小仓流。"

"二月二"敬土地神这一习俗，盛行于我国台湾地区。每逢"二月二"，人们把纸钱系在竹枝上，然后插立田间，以奉献给土地神。鄂西鹤峰一带的土家族人在敬土地神时，还要点香烛，摆上酒菜，然后磕头请愿。

这一天，其他习俗也有很多，比如有的地方在起床前，先念："二月二，龙抬头，龙不抬头我抬头。"起床后还要打着灯笼照房梁，边照边念："二月二照房梁，蝎子蜈蚣无处藏。"有的地方在这一天妇女不动针线，说是怕伤了龙的眼睛；还有的地方这一天禁止洗衣服，怕伤了龙皮，等等。

上巳节

上巳，是指农历三月的第一个巳日，故又称元巳（一月中有3个巳日，还有中巳、下巳）。三月上巳的风俗最早可能起源于周朝。《周礼·春官·女巫》载："女巫掌岁时被除衅浴。"郑玄注："岁时被除，如今三月上巳，如水上之类；衅浴谓以香薰草药沐浴。"可见周朝已经有上巳日被、沐浴的风俗，作用是驱疫避邪，除去旧年的不祥。但上巳的名称最早见于南朝古籍中汉代的事迹。

农历三月上巳每年都不固定，为了方便和统一，魏晋后将上巳节定在了三月初三，又称重三或三月三。节日固定以后，节日的仪式和活动就有了更大的规模且更为规范，从宫廷到民间，上巳日出城踏青、祭祀宴饮、于水边沐浴已是普遍的活动。此外，上巳节在上古还有在河边解神的活动。解神即还愿谢神，这大概是一种巫术仪式。随着时代的发展，人们在水边不仅仅举行沐浴被除的仪式，还把它当成宴饮游玩的好时光，于是，魏晋以后又普遍流行曲水流觞、列坐赋诗等文人的雅事，其巫术意义的祭祀则越来越淡化了。

社日

社日节是祭祀社神的日子。关于社神的由来，《礼记·祭法》载："共工氏之霸九州也，其子曰后土，能平九州，故祀以为社。"以后土为社神还有一个神话：后土原名叫勾龙，是水神共工的儿子。共工长得人脸蛇身，满头红发，脾气暴烈。有一天，他和天神打仗，一怒之下竟把撑天的柱子撞折了，这一下天崩地裂，洪水泛滥。于是，女娲只好炼五色石才把破了的天补好。勾龙见父亲闯了大祸，心里非常难过。当女娲将天补好之后，他就把九州的大裂缝填平了。黄帝见勾龙贤明，便封他一个官叫后土，让他拿着丈量土地的绳子，专门管理四面八方的土地，也就成了人们所称的社神。

社日分为春社和秋社。春社一般为立春后第五个戊日，约春分前后。古人在秋天祭祀社神，则是报答社神给人间带来的好收成。秋社在立秋后第五个戊日，约在秋分前后。社日的主题是为春祈而秋报，其活动除了祭社神以外兼有乡邻会聚宴饮的性质。在古代，社日颇受人们重视。每逢春秋二社，朝廷与各级政府要举行正规的社祭仪式，民间则要举行社祭聚会，进行各式各样的社祭表演，并集体欢宴，非常热闹。

清明节

清明节是我国传统节日，也是最重要的祭祀节日，大概在每年的4月4日至6日之间。同时，清明又是二十四节气之一。

清明节大约始于周朝，已有2500多年的历史。因清明与寒食（民间禁火扫墓的日子）的日子接近，后两者合二为一，寒食成为清明的别称，也成为清明的一个习俗。清明那天不动烟火，只吃凉的食品，并且去给祖先扫墓（俗称上坟）。北方和南方在清明节的活动侧重不同。北方重视扫墓，人们带着酒食果品、纸钱等物品到墓地，将食物摆在亲人墓前，焚烧纸钱，给坟墓培上新土，插上几枝嫩绿的新枝插，叩头祭拜，最后吃掉酒食回家。南方则侧重踏青，借此出去郊游。另外，清明节时还有插戴柳枝、放风筝、取新火、画蛋、斗鸡、荡秋千等活动。直到今天，清明节仍是祭拜祖先，悼念亲人的重要节日。

端午节

端午节又称端阳节、重午节、端五节等，俗称五月节，中国民间的传统节日，时间是农历五月初五。

关于端午节的起源，流传最广的是纪念爱国诗人屈原。楚国大臣屈原遭奸臣陷害，被流放到汨罗江一带。他听说楚国首都郢被秦军攻破，悲痛万分，投汨罗江而死。江边的人民为了怕鱼吃屈原的尸体，就向江中投米，并划龙舟驱散江中的鱼，后来演化为吃粽子和赛龙舟活动。除了吃粽子和赛龙舟外，端午节的习俗还有佩香囊（避邪驱瘟），悬挂菖蒲、艾草，喝雄黄酒，挂荷包和拴五色丝线，挂钟馗像等习俗。

七夕

七夕节又称"乞巧节"或"女儿节"，时间是农历七月初七，这是中国传统节日中最具浪漫色彩的一个节日，也是过去女子最重视的一个节日。乞巧节起源于汉代。东晋葛洪的《西京杂记》有"汉彩女常以七月七日穿七孔针于开襟楼，人俱习之"的记载，这是古代文献最早的关于乞巧的记载。乞巧节来源于牛郎织女的故事：织女是天帝之女，后下凡与牛郎结婚，生下一男一女。后王母娘娘派人抓走织女，并在两人之间划了一道天河，只允许两人每年七月七在鹊桥相会一次。传说织女是一个心灵手巧的仙女，所以每逢七月七，凡间女子就会在这一天晚上向她乞求智慧和巧艺，并求她赐给美满姻缘，这就是乞巧节的由来。传说在七夕的夜晚，人们抬头可以看到牛郎织女在银河相会，在瓜果架下还能偷听到两人的情话。它与孟姜女传、白蛇传、梁祝并称中国四大传说。

乞巧图卷　清　丁观鹏
每年阴历七月七晚上，妇女们在院子里陈设瓜果，向织女星祈祷，请求帮助她们提高刺绣缝纫的技巧。

中元

中元节又称鬼节、盂兰盆会，是汉传佛教于每年农历七月十五日举行的施斋供僧超度先灵的法会。

盂兰盆是梵文的音译，意为"救倒悬"，它源于目连救母的传说。据《盂兰盆经》记载，释迦弟子目连在母亲死后非常痛苦，如处倒悬。因此求佛祖为其母亲超度，佛祖让他在僧众夏季安居终了之日（七月十五日）供养十方僧众，终使其母解脱。从此，佛教徒开始兴办盂兰盆会。佛教传到中国后，南朝梁大同四年（公元538年），梁武帝首次设盂兰盆斋。到了唐朝，盂兰盆会更加盛行，除了设斋供僧外，还增加了拜忏、放焰口、放灯等活动。中元节一般是7天，到了晚上，各家都要备下酒菜、纸钱祭奠死去的亲人。死去的亲人又有新亡人和老亡人之分。3年内死的称新亡人，3年前死的称老亡人。新老亡人会在中元节回家看看，新亡人先回，老亡人后回，因此要分别祭奠。在中元节最后一天，各家都要做一餐好饭菜敬亡人，这叫"送亡人"。

中秋节

中国传统节日，又称团圆节、八月节。时间在农历八月十五日，这正是一年秋季的中期，所以称为中秋节。中秋节与元宵节、端午节并称三大传统佳节。农历把一年分为四季，每季又分孟、仲、季三部分，所以中秋也称仲秋。八月十五的月亮是一年满月中最圆、最亮的，所以中秋节又叫做"月夕"、"八月节"。中秋节在两汉时已经出现，但时间是立秋日。唐朝时，中秋季的活动日益增多，出现了观月、赏月、饮酒对月等活动。北宋宋太宗把八月十五日定为中秋节。中国一直是一个农业社会，而八月正是农作物的收获季节，庆祝丰收、祝贺团圆便成了中秋节的主题。每当夜幕降临，明月东升，人们献月饼、瓜果以祭月，这种风俗一直延续到今天。八月十五，人们仰望夜空中的明月，期盼家人团聚。他乡的游子，也会寄托自己对故乡和亲人的思念，所以中秋节又称"团圆节"。

重阳节

重阳节又称重九节、茱萸节，是中国传统节日，时间在农历九月初九。《易经》认为九为阳数，两九为"重九"，两阳为"重阳"，古人认为这是个值得庆贺的吉利日子。九九重阳，因为与"久久"同音，九在中国古人的观念里是最大的数字，所以有长久长寿的含意，而且秋季也是一年收获的黄金季节，所以人们对重阳节有着特殊的感情。历代文人也有不少祝贺重阳的诗词佳作。

重阳食栗糕 清 选自《太平欢乐图》
浙江一带在重阳节做粉糕，又名栗糕。

重阳节起源很早，在战国时的《楚辞》中就已经提到。屈原的《远游》里写道："集重阳入帝宫兮，造旬始而观清都。"三国魏文帝曹丕在《九日与钟繇书》中，描写了重阳节的饮宴："岁往月来，忽复九月九日。九为阳数，而日月并应，俗嘉其名，以为宜于长久，故以享宴高会。"到了唐代，重阳节被正式定为民间节日。明朝重阳节时，皇帝要亲自到万岁山登高，皇宫里要一起吃花糕以庆贺。在重阳节这天，人们登高、赏菊、插茱萸、放风筝、饮菊花酒、吃重阳糕等。

冬至

冬至是我国的一个传统节日，也是农历中一个非常重要的节气，现在我国不少地方仍有过冬至节的习俗。冬至俗称"冬节"、"长至节"、"亚岁"等。早在2500多年前的春秋时代，冬至已经在我国用土圭观测太阳而测定，它是二十四节气中最早被制定的一个，时间在每年阳历的12月22日或23日。

我国古代对冬至相当重视，曾有"冬至大如年"的说法，而且有庆贺冬至的习俗。冬至过节源于汉代，盛于唐宋，相沿至今。经过数千年的发展，冬至形成了它独特的节令食文化。很多地方都把馄饨、饺子、汤圆、赤豆粥、黍米糕等作为过节时的食品，在北方的一些地区还流传着冬至不吃饺子会被冻掉耳朵的传说。以前较为时兴的"冬至亚岁宴"的名目也有很多，如吃冬至肉、献冬至盘、供冬至团、馄饨拜冬等。

冬至较为普遍的一种风俗是吃馄饨。南宋时，临安人就在冬至吃馄饨，开始是为了祭祀祖先，后逐渐盛行开来。民间还有"冬至馄饨夏至面"之说，意思是在冬至时要吃馄饨。馄饨的名号繁多，北方以及江浙等大多数地方称馄饨，广东称云吞，湖北称包面，江西称清汤，四川称抄手，新疆称曲曲，等等。冬至的另一传统习俗是吃汤圆，这种风俗在江南尤为盛行。"汤圆"在江南是过冬至必备的食品，冬至吃汤圆又叫"冬至团"，民间有"吃了汤圆大一岁"之说。在北方的不少地方，在冬至这一天有吃狗肉和羊肉的习俗。因为冬至过后天气进入一年当中最冷的时期，中医认为狗肉羊肉都有壮阳补体之功效，所以民间至今有冬至进补的习俗。在我国台湾地区，则流传着冬至用九层糕祭祖的传统，人们用糯米粉捏成鸡、鸭、龟、牛、羊等象征吉祥如意福禄寿的动物，然后用蒸笼分层蒸成，用来祭祖，以示对老祖宗的怀念。

腊八

腊八节是中国传统节日，又称腊八。因时间在农历十二月（腊月）初八日，故名。腊八节起源很早，早在先秦时，人们就在腊八这天祭祀祖先和神灵，祈祷来年丰收和吉祥。这天也是佛教创始人释迦牟尼的成道之日，因此腊八也是佛教徒的节日，称为"佛成道节"。在腊八这天，僧人们在寺庙里诵经礼佛，并效法释迦牟尼得道前，牧羊女为他献乳粥的传说，用香谷和干果熬成粥，供奉佛祖，称腊八粥，又称七宝五味粥。随着佛教传入中国，这一佛教节日也逐渐世俗化，成为民俗。

在这一天最重要的活动就是吃腊八粥。我国吃腊八粥的时间很早，大概在1000多年前的宋朝就开始了。南宋人周密著《武林旧事》言："用胡桃、松子、乳蕈、柿蕈、柿栗之类做粥，谓之'腊八粥'"。《燕京岁时记》云："腊八粥者，用黄米、白米、江米、小米、菱角米、栗子、红豇豆、去皮枣泥等，合水煮熟，外用染红桃仁、杏仁、瓜子、花生、榛穰、松子及白糖、红糖、琐琐葡萄，以作点染。"腊八节这天，家家户户都要熬腊八粥，先祭祀祖先，然后合家团聚一齐食用，还馈赠亲朋好友。

小年

小年又称小年下、小年节，时间是腊月二十三日。这天主要是送灶神上天言事，称送灶、辞灶、醉司命。灶神称东厨司命定福灶君，俗称灶君、灶王、灶王爷，它主管人间的饮食，是一家之主。中国在秦汉时期就开始祭祀灶神。魏晋以后，灶神有了姓名。隋朝杜台卿《玉烛宝典》称，"灶神，姓苏，名利，妇名博颊"。唐李贤注引《杂五行书》又称，"灶神名禅，字子郭，衣黄衣，披发，从灶中出"。清代的《敬灶全书》称，灶君姓张，名单，字子郭，男神。现在民间供奉的灶神，是一对老夫妇并坐，或是一男两女并坐，这就是灶君和灶君夫人的画像。一般贴在锅灶墙上，有"上天言好事，回宫降吉祥"之类的对联，横批是"一家之主"。

祭祀灶神在晚上进行。祭祀时，摆上果品甜点，先磕头烧香，然后揭掉旧灶神烧掉，这就是送灶神上天。祭祀灶神时，应多摆设甜和黏的食品或把糖粘在灶神嘴上，传说这样可以黏住灶神的嘴，使他嘴甜，只能说好话。有的还在灶神上抹酒，称"醉司命"。

除夕

除夕，又称"除日"、"除夜"、"岁除"、"岁暮"、"岁尽"、"暮岁"，俗称大年夜（除夕的前一天为小除，称小年夜。除夕为大除），旧称"年关"，是农历岁末的最后一晚，即大年三十，是中国的传统节日。除夕的"除"是"去、易、交替"的意思，除夕就是"月穷岁尽"的意思。

相传古时候有一个猛兽叫"年"，每到岁末就出来吃人。一次偶然的机会，人们发现年害怕红色的东西、火光和巨响。于是每到岁末，人们都穿上红色的衣服，燃放鞭炮，吓得年再也不敢出来了。人们互相祝贺道喜，张灯结彩，饮酒摆宴，庆祝胜利。后来人们逐渐把穿红色衣服演变成贴红色春联。过除夕，各地的风俗略有不同，北方人包饺子，南方人做年糕。水饺状似"元宝"，年糕音似"年高"（一年比一年高），都是吉祥如意的好兆头。除夕之夜，全家人都要吃"团年饭"。吃团年饭时，桌上一定要有"鱼"，象征"富裕"和"年年有余"。饭后，长辈要给晚辈发"压岁钱"，接下来就是全家人守岁到凌晨，到了大年初一去拜亲访友。

礼俗

做满月

婴儿出生一个月叫满月，在民间，庆贺满月的仪式和活动多种多样，丰富多彩。其中，喝满月酒和剃满月头是延续至今最为重要的习俗。

婴儿满月的礼俗流行于唐朝。到了南宋，几乎所有官宦和富有的人家要为婴儿举办"洗儿会"，这是一种很隆重的风俗。主人家要在婴儿出生满一个月的日子发请帖宴请亲友，亲朋好友会在这一天携带各种礼品前来向婴儿表达祝福。到了近代，婴儿满月时的庆祝方式有了不同，满月时外婆要为婴儿准备一份丰盛的礼物，包括面条、粽子、馒头和一只活鸡，有的还会送婴儿用的帽、鞋、袜、衣服等，俗称"拿满月"。中午时分，亲朋好友聚在一起，觥筹交错，祝福声此起彼伏。这种情景就是历代相沿的"满月酒"。

"剃满月头"是婴儿满月的另外一项重要仪式，在民间也叫落胎毛。在我国，不同的地方剃满月头的习俗是不一样的，有不同的说法和讲究，但其中有一个共同点是胎毛不能剃光。一般情况下是在头顶心或近脑门处留下一撮，俗称桃子头、桶盖头、米囤头等。另外，还有一些地区的习俗是把落胎毛的仪式放在婴儿出生满百天时举行，称为剃百日头，留一撮毛和郑重处理落发的习俗与剃满月头基本一致。

关于珍藏剃下胎毛的意义，也有众多讲法。有些地方的风俗是将其搓成一个圆球挂在床檐正中，意在孩子长大离家后，胎发还挂在母亲的床上，可以永远受到母亲的护佑；有些地区的习俗是用线绳将胎发吊在窗台上牢牢系住，说这样就可以使小孩经受风吹雨打，有利于小孩的成长；有的地方则是将胎发盛入金银小盒，或用彩色的线结成绦络，认为这样做可以起到辟邪的作用；还有的地方是将胎发用红布包起来，缝进小孩儿的背心或夹袄中，认为如此便能使小孩儿顺利成长。

抓周

　　婴儿出生满一年，古称"周"，现称周岁。周岁这天，全家人不仅要庆贺，而且还要举行隆重的抓周仪式。抓周，也叫试儿、试周、揸生日。它是周岁礼中一项很重要的仪式，最早见于南北朝时期的古俗，在民间流传至今。

　　在我们熟悉的古典名著《红楼梦》里，也曾写到过"抓周"这个礼仪。贾宝玉在周岁那天抓了胭脂钗环，因为这些都是妇女用品，所以父亲很不高兴，还说他将来一定不会好好读书，是一个酒色之徒。

　　民间的"抓周"仪式一般都在中午吃"长寿面"之前进行。在古代，讲究一些的富户都要在床（炕）前陈设大案，摆上一些代表各种职业的器具，比如笔、墨、纸、砚、印章、算盘、账册、首饰、花朵、吃食、玩具等，如果过生日的是女孩，则还要加摆勺子（炊具）、剪子、尺子（缝纫用具）、绣线、等等。然后在没有任何诱导的情况下，小孩由大人抱着来选这些东西，家长根据小孩先抓什么，后抓什么，来测卜孩子的志趣、前途以及未来要从事的职业。比如小孩先抓了文具，则意味着长大以后必定是个文人；先抓了印章，则意味着长大以后可以官运亨通；如果小孩抓到的是算盘，则说明他长大后善于理财，是个生意人。如果女孩先抓剪、尺之类的缝纫用具或勺子之类的炊事用具，则说明她长大后心灵手巧，善于料理家务。反之，假如小孩先抓了吃食、玩具，众人千万不能当场斥之为"好吃"、"贪玩"，而是把它圆成一个美好的祝愿，比如说成"孩子长大之后，必有口福，善于享受生活"，等等。总之，长辈们对小孩的前途寄予厚望，在一周岁之际，对小孩祝愿一番而已。

长命锁

　　长命锁又名"寄名锁"。它是一种挂在儿童脖子上的装饰物，在明清时尤为流行。按照传统的说法，只要佩挂上这种饰物，就能帮小孩辟灾去邪，"锁"住生命。所以许多小孩从出生不久就挂上了这种饰物，一直挂到成年。

　　长命锁是由"长命缕"演变而来的。佩戴长命缕的习俗最早可追溯到汉代。在汉代，每逢五月初五端午佳节，家家户户都在门楣上悬挂五色丝绳，取辟邪纳福之意。到了魏晋南北朝时，这种丝绳被许多妇女戴到手臂上，逐渐成为妇女和儿童的一种臂饰。当时由于战争频繁，瘟疫、灾荒不断，广大人民渴望平安，所以就采用这种佩戴五色彩丝的方式来辟邪去灾、祛病延年。这种彩色丝绳，就是我们所说的"长命缕"。到了宋代，这种风俗不仅流行在民间，还传入宫廷，除妇女儿童之外，男子也可佩戴。"长命缕"的制作也渐渐变得复杂，除丝绳、彩线外，有的还会穿上珍珠等物。到了明代，由于风俗变迁，成年男女佩戴"长命缕"的风俗渐弱，通常只有儿童佩戴，于是"长命缕"渐渐演变成为一种只为儿童佩戴的颈饰——长命锁。

　　长命锁一般多用金银宝玉制成，它的造型多被做成锁状，锁面上常镂有"长命富贵"、"长命百岁"、"玉堂富贵"等吉利的祝福，另一面则雕有"麒麟送子"、"五子登科"等我国的传统图案。按老规矩，小孩佩戴的长命锁，要等到结婚时才能取下来。

做寿

　　做寿也叫"祝寿"，是我国一种庆贺老人生日的活动。中国民间以50岁以下为"做生日"，50岁以上为"做寿"。民间做寿的形式大同小异，一般根据家境贫富而酌情定之。在家中做寿时，正厅要设寿堂、贴寿字、结寿彩、燃寿烛，重要的一项就是宴请宾客，大家欢聚一堂，共同庆贺。宴请酒食中的面条，称为"寿面"，是必不可少的，取其福寿绵长之意。亲戚前来祝贺，所执贺品多为寿桃、寿幛、寿联。受贺者穿着新衣端坐堂中，接受贺者的两揖之拜及贺礼；如遇平辈拜寿，受贺者应起身请对方免礼；若遇晚辈中小儿叩拜，受贺者须给些赏钱。如果是父母的寿日，出嫁的女儿要回来祝贺。在一些地区，出嫁的女儿会为做寿的长辈送上自己亲手做的鞋，还有衣料、寿面、寿酒，等等。如果父母都在，不论他们是否同庚，皆为双寿，所以送礼该送双份。

在我国民间，祝寿多重"九"和"十"。"九"是数中之极，意味着至极；"九"又与"久"谐音，取其"天长地久"之意，因此，岁数逢九或九的倍数，就要举行大典，称为之"庆九"。其中"花甲寿"和"八十寿"是最重要的。我国以60岁为一个花甲子，所以有些地方认为人只有至60岁才能称"寿"，因此60岁的生日一定会办得很隆重；80岁就可被誉为"老寿星"了，所以"八十寿"又称为"做大寿"，要比60岁时的更为隆重。

饮酒祝寿图轴 明 陈洪绶
图中做寿之人居中，头裹软巾，方面大耳，神情轩昂，两侧侍女抱匜捧罐而立，身后一仆从拄杖侍立，石案对面二人或卧于芭蕉叶上，举杯对饮，或坐于石凳上以杖撑身，另一手伸入水中。三人皆面红耳赤，呈现醉意，然各具姿态。

取名

姓名学是我国的国粹，渊源于我国古代诸多先贤的哲学思想。孔子曾说，"名不正则言不顺"，苏东坡也说，"世间唯名实不可欺"，都道出了姓名对人的重要性。因此，取名之事实乃人生之大事，轻视不得。所以，在民间流传着多种多样的关于取名的传统习俗。

主要的取名习俗有以下几种：

节令法：根据孩子出生时的节令与花卉取名。如春花、夏雨、兰贞、雪梅等，常见于女性。

地名法：比如沈申（上海）、袁晋（山西）、黄云生（云南）等。也有从祖籍及出生地中各取一字，缀联成名，主要是以纪念为主。

盼子法：父母连连产下女婴，盼子心切，便会在为女儿取名时用一些谐音字，如根（跟）弟、玲（领）弟、招弟、盼弟等。

抱子法：夫妇膝下无子，从外地或外姓抱养一个孩子。此类孩子的名字中，常有一个"来"字，如来宝、来娇等。

体重法：鲁迅的小说《风波》中描绘："这村庄的习惯有点特别，女人生下孩子，多喜欢用秤称了轻重，便用斤数当做小名。"如"九斤老太"，这是流行于浙东民间的一种特殊取名风习。

排行法：兄弟双名，其上字或下一个字相同，叫排行。如我们熟悉的《水浒传》中的阮氏三兄弟：阮小二、阮小五、阮小七。

五行法：根据五行缺行取名。旧时民间取名，要请算命卜卦者推算小孩的"五行"和"八字"。假如某人命中五行缺少某一行或二行，那就得用缺行之字，或用缺行作偏旁的字取名补救，否则孩子会命运多舛。如鲁迅小说《故乡》中闰土名字的由来：因为他是"闰月生的，五行缺土，所以他的父亲叫他闰土"。

百日礼

"百日礼"，又称"百岁礼"、"过百天"，指的是在婴儿出生100天的时候所举行的一种纪念仪式。100天是孩子出生后的一个非常重要的日子，在这一天父母会邀请亲朋好友会聚，一同为小儿祝福，而婴儿在这天则要穿"百家衣"、戴"百岁锁"。百家衣是由各种色彩的小布块缀成的，样子仿佛僧人所穿的一拼一块的百衲衣，而用来做衣服的布块、布条则是由多个亲戚朋友凑成的。在众多的颜色中以紫色最为贵重，也最难寻，因为"紫"与"子"同音，人们一般不愿把"子"送给别人。孩子穿百家衣有着两种蕴意：一是象征长命百岁，一是象征先苦后甜。百岁锁，又叫"长命锁"、"百岁链"，常常是姥姥家或舅舅家送的，也有的是父母购置的，一般是用银做成的，外面镶金，少数有钱人家会用纯金的，锁的两面分别刻有"长命百岁"、"富贵平安"等吉祥语。戴长命锁的寓意是把婴儿的生命给"锁"住，这样妖魔就抢不走了，孩子就会平安。有时百岁锁并不是姥姥家送的或自己家买的，而是要"凑份子"，也就是孩子的父母将白米、茶叶、枣、栗子等含有吉祥蕴意的食品取少许包在红纸包里，要包很多包，最好是能够达到一百包，然后将这些红纸包分送至亲戚朋友家，而对方在接受后则在红纸里放上若干钱返还回来，父母再用这些凑起来的零钱到金银匠那里铸制"长命锁"，人们认为这样得来的锁是最吉祥的。

成年礼

成年礼是为承认年轻人具有进入社会的能力和资格而举行的人生仪礼。我国传统成年礼称为冠礼、笄礼，早在周朝就有了。

男子行加冠礼，即在男子20岁时，由主持仪式者为男子戴三次帽子，称为"三加"，分别为"缁布冠"、"皮弁"、"爵弁"，象征冠者从此有了治人的权力、服兵役的义务和参加祭祀活动的资格。传统冠礼中还有"命字"，即由嘉宾为冠者取新的字号，冠者从此有了新的名字。女子在15岁时要行笄礼，但是规模比冠礼要小得多。主要是由女性家长为行笄礼者改变发式，表示从此结束少女时代，可以嫁人。

举行成年礼，地点选在宗庙神圣之地，日子需经卜筮而定。行礼当天，主人须邀请亲朋好友来观礼才算正式。秦汉以后的成年礼仪，大多遵守《仪礼》的规范进行，唐宋以后，成年礼已逐渐式微，部分成年礼仪式举办大多依附着民间信仰。

在世界上许多原始民族中，成年礼是一个人由个体走向社会的一道必不可少的程序，有的过程十分隆重而且带有考验的性质。

三书六礼

三书六礼指的是中国古代婚嫁礼仪的程序。三书指的是聘书、礼书和迎亲书。聘书就是定亲书，即男女双方正式缔结婚约，纳吉（过文定）时用。礼书就是过礼之书，即礼物清单，书中详列礼物种类和数量，纳征（过大礼）时用。迎亲书指迎娶新娘之书，用于结婚当日（亲迎）接新娘过门时。

六礼指的是纳采、问名、纳吉、纳征、请期和亲迎。纳采，男方家请媒人去女方家提亲，女方家答应议婚后，男方家备礼（通常以活雁作礼，表示忠贞不贰）前去求婚。问名，俗称"合八字"。即男方家请媒人问女方的名字和出生年月日，并将女方的生辰八字放在祖先灵案上观察。如果家中平安无事，就把男方生辰八字送给女方。女方家把男方的生辰八字放置在佛像前。如果三日家中无事，就同意缔结婚姻。纳吉，又称小定或文定，也就是订婚。男女双方家平安无事后，男方备礼通知女方家，告知决定缔结婚姻，送女方金戒指。纳征，又称纳币，大聘或完聘，即男方家送聘礼给女方家。请期，又称择日。即男家择定婚期，并征得女方家同意。亲迎，即新郎到女家迎娶新娘。

说媒

"说媒"是自古代流传下来的一种民俗，到今天依然在一些地方存在。封建社会曾有这样的俗语：男女授受不亲，它所强调的就是"天上无云不下雨，地上无媒不成亲"。男女双方若要"结丝罗"、"谐秦晋"、"通二姓之好"，一般都要经人从中说合。这种说合，就叫"说媒"。新中国成立之后，"说媒"曾一度改称为"做介绍"，做这种工作的人，通常被人们雅称为"月老"，俗称"媒人"，后来改称为"介绍人"。

"月老"是"月下老人"的简称。关于月下老人，流传着这样一个故事：古代有个叫韦固的读书人夜行经过宋城，碰上一位老人靠着一个大口袋坐在路边休息，在月光下翻看一本大书。韦固很好奇，就问老人看的是什么书。老人回答说，这本书是天下人的婚姻簿。韦固又问老人那大口袋里装的是什么，老人告诉他："口袋里装着红绳，是用来系男女的脚的，只要把一男一女的脚系在一根红绳上，他们会结成夫妇，即使远隔千里之外。"这就是我们常说的"千里姻缘一线牵"的来由。

"红娘"是媒人的另一个雅称。在唐代元稹的《莺莺传》中，塑造了一个聪明活泼的婢女红娘的形象。她巧设机谋，最终撮合成了张生与莺莺小姐的婚事。在元代王实甫根据这个故事写成的《西厢记》中，我们发现其中的红娘被塑造得更加聪明可爱。后来，人们便以"红娘"代称媒人，这一称呼明显能够感受到人们对媒人的重视和友好。

媒人在说成一桩媒后是可以得到一些钱财的，这些钱财被称为"谢媒礼"，通常用红包包好，称为"红包"或"包封"，这笔钱一般由男方支付。在成亲的前一天，这笔钱连同送给媒人的谢礼，比如鞋袜、布料、鸡、肘子、物品等，一起送到媒人家。媒人在第二天就要去引导接亲，这就是我们通常所说的"圆媒"或"启媒"、"发媒"。

在旧式婚礼中，媒人还被称为"伐柯人"，说媒则叫做"执柯"。在男女两家对婚事取得基本一致的意见之后，媒人要引导男方去相亲，代双方送换庚贴，带领男方过礼订婚，选择成亲吉日，引导男方接亲，协办拜堂成亲事宜，直到"新人进了房"，才把"媒人抛过墙"。

相亲

"相亲"俗称"看亲情"。指的是男方正式向女方提亲之后，男方父母亲就要到女方家登门"看厝相亲"。以前，男女结婚首先要经过"相亲"这一道程序。虽然现在提倡自由恋爱，但"相亲"还是作为一种民俗流传了下来，并且在不同的地方、不同的民族有着不同的特点和风格。

相亲的仪式，在较偏僻的乡间较为简单。男方选择个吉祥之日，由媒人告知女方父母，在相亲的吉日，让女儿多加打扮，并进行家务之事，如洒扫庭院，或在田间耕作，或做女红，或躲在门后探头侧面观看客人的言笑容貌，男子及其父亲只观察其外貌而已。如认为容貌不丑，体态确为少女的风姿，其他方面则单凭媒人说项，男方认为满意即可。

男方按所选择的吉祥之日，到女方"看厝相亲"。女方家要给每一位客人准备一碗煮熟的鸡蛋，俗称"月老蛋"。一则表示对客人的欢迎和尊重，再则也有借此观察对方的用意。"月老蛋"是由女子亲自敬送，如果男子或男方尊长对女子感到满意，便可以吃下"月老蛋"；如果不中意，就不动这碗"蛋"。以这种曲折委婉的方式表达当事人的心意，避免因为言语而造成不愉快，比较有人情味。

在一些地方也有女家往男家"相亲"的习俗。招待的点心可以是长寿面，象征将要永结长久的美意。女方亲友如果对男子感到比较满意，便吃下长寿面，否则不吃。但无论如何，在收面碗时，务必要记得在碗底放一个较厚的红包，敬"月老蛋"的也要如此。经过了"看亲情"，男女双方以至双方家长都无反对意见，这门婚姻基本上就不成问题了。

过礼

过礼是指"看亲"之后，要履行订婚手续。第一步，由媒人把男方的生辰八字送到女方，女方的生辰八字送到男方。然后双方把生辰八字放到祖先牌位或佛像前，如果3天内双方家里没有发生盗窃、生病之类的事，就同意婚事。有些迷信的父母，会拿着双方的生辰八字请算命先生推算，看看是否冲突。如果不冲突，就同意婚事，如果冲突，就立即回绝。

过礼图

"换帖"、"合八字"之后，媒人要选个吉日，带男方去"过礼"订婚。"过礼"是大事，男方要给女方送一笔重礼，礼物至少包括猪肘子一个，酒一对，鸡鸭各一只，对方父母的衣料各一套，鞋袜各一双，包封一个，给女方的东西若干等。至于包封里钱数的多少、给女方的订婚礼物，都要在事先由媒人同双方协商好，不能由男方单独决定。同时，女方父母也应替对方着想，力求节俭，少收聘礼。过礼之后，双方就开始正式商议结婚事宜了。

择吉

择吉就是选择吉日。按照传统婚姻的程序，过礼之后，男方及其父母会选择迎娶的良辰吉日，由媒人通知女方家，准备迎娶。这被称为"择吉"和"送日子"。择吉一般是请教算命先生办理，也可以自己根据《通书》（雅称"历书"、俗称"家家历"、"皇历"）择吉日。一般只要"六合"相应，就是好日子。吉日选定后，双方确定了结婚日期，就会向亲戚朋友发出婚宴请柬，请他们来参加婚礼。

请柬一般由男方或其父母亲自送到亲友手中。亲友们接到请柬后，除特殊情况只送礼不参加以外，都要亲自参加、道贺。道贺时，亲朋好友送礼物。礼物的多少和贵重程度视各人与男方关系的亲疏、交谊的深浅、本人的经济条件而定。一般都付现金、用红纸打"包封"。包封签子上要写上表示祝贺的话。送给女方的礼物大多是实物，也有用红包替代的，称为"助嫁"。送女方礼物的亲友们并不等请柬来了再送，而是闻讯主动送去，因为女方父母要以送礼人的多少决定"出嫁酒"的规模。

迎娶

结婚佳期在即，男女两家都会杀鸡宰猪，准备喜宴，请好厨师、傧相、伴娘、轿夫、账房以及勤杂人员。按照传统婚礼，在婚礼那天，一般是女家早晨摆"出嫁酒"，男家中午摆喜筵。早晨，男家鸣炮奏乐，发轿迎亲。媒人、新郎、伴娘、花轿、乐队、礼盒队等一齐前往女方家。女家在花轿到来之前，要准备好喜筵。女方要由母亲或姐姐梳好头，化好妆，用丝线绞去脸上的绒毛，称之为"开脸"，然后戴上凤冠霞帔，蒙上红布盖头，等待花轿。

花轿一到，女家奏乐鸣炮相迎。新郎叩拜岳父岳母，并呈上写好的大红迎亲简贴。随后女家动乐开筵。早宴之后，新郎新娘向新娘的祖宗牌位和长辈行过礼后，伴娘就搀着新娘上花轿了。上轿时，新娘应放声大哭，以示对父母家人的依恋。新娘上轿后，奏乐鸣炮，迎亲队伍回新郎家。乐队在前，乐队后面是骑马的新郎，接着是花轿和送亲的人员。迎亲队伍快到新郎家门口时，要鸣炮动乐相迎。花轿停在新郎家的堂屋门前，伴娘上前掀起轿帘，将新娘搀下轿来，宾客向新郎、新娘身上散花。

哭嫁

古时候，新娘在出嫁前几天要"哭嫁"，母亲、姐妹、亲属要陪着一起哭，而且哭得越伤心越好，以示不忘父母的养育之恩。如果出现嫁而不哭，新娘就会被四邻认为没有教养，传为笑柄。有些地区甚至会把哭嫁当做衡量女子才智和贤德的标准，要是新娘在出嫁时不哭，就会被认为是才德低劣，被人瞧不起。有的出嫁姑娘不哭还会遭到母亲的责打。哭嫁风俗不知起源于何时。据古籍记载，战国时期赵国公主嫁到燕国去作王后。临别时，公主的母亲赵太后"持其踵，为之泣，祝曰，必勿使返"。

哭嫁的形式有一人哭、二人对哭、多人一起哭。哭唱的内容大多是感谢爹妈的养育之恩，兄嫂、姐妹的离别之情。

拜堂

拜堂又称拜高堂、拜花堂、拜天地，是古代婚礼仪式之一，婚礼的高潮阶段。迎娶之日，男家发轿之后，男家堂屋布置好拜堂的场所。家堂上燃放香烛，陈列祖先牌位，摆上粮斗，里面装着五谷杂粮、花生、红枣等，上面贴双喜字。当接新娘的花轿停在堂屋门前，伴娘站到花轿前时，仪式就已经开始。喜轿进入院子，要从火盆上抬过，寓意为烧去不吉利之物，今后的日子红红火火。新娘从轿中出来，脚不着地，踏着"传席"进入男方堂屋。之后，傧相二人分别以"引赞"和"通赞"的身份出现，新郎新娘在引赞和通赞的赞礼中开始拜堂。拜堂前，燃烛焚香、鸣爆竹奏乐。拜堂的"三拜"分别是："一拜天地，二拜高堂（双亲），夫妻对拜"，最后"新郎新娘入洞房"。拜堂仪式至此结束。

拜堂风俗始于唐朝。唐朝时，新娘见舅姑（公婆），俗称拜堂。北宋时，新婚夫妇先拜家庙，行合卺礼。第二天五更，新娘把镜台镜子摆在一张桌子上，进行下拜，称为拜堂。南宋时，拜堂改在新婚当天。新婚夫妇到中堂先揭开新娘的盖头，然后"参拜堂，次诸家神及家庙，行参诸亲之礼"。后世沿用南宋风俗，一般在迎娶当天先拜天地，然后拜堂。清代和民国时期都将拜天地和拜祖先统称为拜堂。

喜宴

旧时拜堂之后，新娘在新房中不再出来。而新郎要走出新房去招待宾客。喜宴要按宾客的尊卑长幼排座位，称为"请客"或"清客"。排座位的原则是上尊下卑，右尊左卑，客人按长幼尊卑、身份、地位从高到低入席。

主席要摆在堂屋正中，男方请"上亲"坐上首右边席位，由新郎的父亲或舅父坐上首左边席位作陪，其余宾客按尊卑长幼对号入座。除正席外，次尊贵的一席摆在新房中，新娘的母亲坐在首位，新郎的母亲或舅母作陪，其余宾客也按长幼尊卑次序排定。宾客入席后，傧相便宣布动乐鸣炮开宴。新郎要先到首席敬酒，说表示感谢的话祝酒。然后，厨房开始上菜，喜宴开始进入高潮，各席的酒菜都一样，只有"男上亲"和"女上亲"的酒席略有差别，而且新郎要守候在桌边，为"上亲"斟酒等，以示尊敬。喜宴结束后，"上亲"先到堂屋休息，吃点心，由男方尊长陪着说些客套话。过一会儿，上亲起身告辞。临走时，男家要送红包、衣料、鞋袜之类。"送上亲"时，男家所有体面的人都要送到门口，鸣炮动乐，以示敬重。

婚宴 清 选自《清人嫁娶图》

入洞房

拜堂之后，新娘新郎要入洞房了。首先，新郎手持"合欢梁"，也就是一根彩绸，牵着新娘，与新娘面对面，倒行着把新娘引入洞房。随后的礼俗是"坐帐"，即新娘坐在床沿上，新郎用自己的左衣襟压住新娘的右衣襟，表示男人压住女人，这是古代男尊女卑的体现。这个仪式后，新郎要揭去新娘的红盖头，而首次面对婆家众人的新娘子，则会羞涩地以伞遮面，此谓"遮伞"。此时的新娘娇羞不已，便会引来阵阵欢声笑语。之后，入洞房进入最重要的一个仪式——合卺。合卺就是新婚夫妻共同饮酒。古时候，卺是由一个葫芦或瓠剖开的瓢，合卺则是喝完酒后把两个剖开的瓢用线拴在一起，象征着夫妻本是一体二分，如今合二为一。唐宋以后，合卺演变成喝交杯酒的形式。交杯酒就是用彩线把两个杯子连起来，新婚夫妇对饮，或各饮半杯，然后交换饮尽。喝完酒后，还要把杯子扔到地上，最好成一仰一俯，象征阴阳和谐。

合卺之后，新婚夫妻还有结发仪式，也就是新郎把新娘的头发解开，然后把两人的头发象征性地扎在一起。人们之所以把元配夫妻呼为结发夫妻，其源盖出于此。

接下来还有闹洞房。传统闹洞房最精彩的是撒喜床，这个活动具体是，在闹洞房的时候，由新郎的嫂嫂手托盘子，盘内放上栗子、枣、花生、桂圆等物（寓意为早生贵子，多子多福），抓起这些果物，撒向坐在床上的新娘，且边撒边唱。众人随声附和，洞房中嬉笑打闹，欢声笑语彻夜不断。这个游戏人人参与，而嫂嫂则是主角。所以，嫂嫂的人选必须是个"吉祥人"，首要的条件是儿女双全；其次还要能唱能跳，口齿伶俐，擅长逗乐搞笑。据唐宋时古书记载，闹洞房实为陋俗。但是，由于闹洞房不仅能增加婚礼的喜庆热闹气氛，还可以让新娘与男方亲朋好友熟络，所以一直为民间传承。

回门

回门是旧时汉族婚姻风俗。婚后三、六、七、九、十日或满月，新郎新娘携礼品，随新娘返回娘家，拜新娘的父母及亲属，称"回门"。这是一种必不可少的礼节，是婚事的最后一项仪式。回门一般在上午九十点钟动身，新郎新娘要购买新娘家人喜欢的礼品，礼品一般为四件。回到娘家，新郎新娘首先要问候老人。这时新郎就应改口，跟新娘一样，称岳父岳母为父亲、母亲。女家设宴款待，新郎入席上座，由女方尊长陪饮。就餐时，新郎新娘一一向父母、亲友和邻里敬酒。饭后，新郎新娘陪父母聊天，听听他们的教诲，然后告辞回家，并要主动邀请岳父岳母和兄弟姐妹到自己家里做客。有的地区也可小住几日。这种风俗起源于上古，称"归宁"，意为婚后回家探视父母。后世名称不一，宋代称"拜门"，清朝时北方称"双回门"，南方称"会亲"。河北地区称"唤姑爷"，浙江杭州称"回郎"。

丧葬习俗

丧葬习俗指的是安葬和悼念死者时所必须遵循的一整套礼仪制度。我国汉族丧礼，根源于上古社会的丧葬习俗，与灵魂不灭的观念有关。由秦汉及隋唐，丧礼臻于完备。主要包括丧葬仪规、丧服制度、祭祀活动三个方面。

汉族丧礼的传承，由于时代的不同、地域的差异而有所变

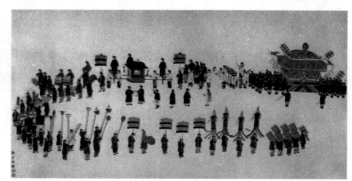

北京出殡行列图 清

化，加上宗教等因素的影响，因而产生无数多姿多态、风格特异的丧葬习俗，反映出不同的文化心理。出殡是汉族丧礼最后一项重要仪式，其时间一般人家是在"大殓（即将死者放入棺材）"的次日或人死后的第七日，而官宦富贵之家则在"七七"（49天）以后甚至更长时间，才在事先择定好的日子出殡。出殡前一天晚上，死者至亲好友都来到丧家，晚饭后祭奠烧纸，称为"辞灵"，而且整夜留在丧家，俗称"伴宿"或"守夜"。次日清晨，撤去灵前所供诸物，"孝子"将"丧盆"摔碎，执领魂幡在他人搀扶下前导，灵柩随后起行，还要带上一只公鸡，到墓地后释放，给死者"引路"。出殡的规模一般没有固定标准，因贫富而异，少则二三十人，多则百人以上。按规矩，棺材必须用人抬步行，而不能用车拉。抬棺材的人在农村多是由亲友帮忙，而在城市可以雇人。出殡的队伍中还要有相应的"仪仗"，包括铭旌、纸制冥器和用柳枝糊白纸做成的"雪柳"和祭幛等，以及沿途吹打的鼓乐班子，边走边撒纸钱。

归葬之处，一般都是在本家族的墓地。棺入穴后，先由孝子用衣襟捧土覆盖，然后众人填土成坟，于坟前焚烧冥器摆供祭奠后返回。下葬后第三天，家人要到墓地给新坟填土、祭奠，称为"圆坟"。死者去世后每隔七天都要有祭奠仪式，俗称"办七"或"烧七"，一般至七七而止。死者去世后第一百天、周年、二年、三年的"整日子"也要祭奠。另外，清明、七月十五、十月初一以及除夕等，都是民间烧纸上供，祭奠亡灵的日子，一直延续至今。

挽歌和挽联

挽歌就是哀悼死者的歌。在古代，送葬时"孝子"在前执绋，挽枢者唱挽歌。上古时期没有挽歌，《礼记·曲礼上》："适墓不歌，哭日不歌，临丧前则必有哀色，执绋不笑。"《左传·哀公十一年》记载："公孙夏命其徒歌《虞殡》。"（《虞殡》即送葬的挽歌。）此后挽歌逐渐流行。《晋书·礼志中》记载："汉魏故事，大丧及大臣之丧，执绋者挽歌。"在古代，不同的等级送葬时也要唱不同的挽歌。汉武帝命音乐家李延年作两首挽歌《薤露》和《蒿里》。《薤露》是在送王公贵族时唱的，《蒿里》是送士大夫和庶人时唱的。一般来说，挽歌都是死者的亲友写的，但也有的死者在生前就为自己写好了挽歌，嘱咐亲友在为他送葬时唱。比如大诗人陶渊明在自己临死前三

个月就写了三首挽歌。在当时，有很多文人都在生前为自己写挽歌，以示对死亡的大彻大悟。

挽联则是哀悼死者、治丧祭祀时专用的对联。内容主要是概括死者的一生功绩，对死者进行评价，诉说自己与死者的友谊，对死者的去世表示哀悼等。

收继婚

收继婚，是中国旧时婚俗的一种，在汉族和少数民族中都有存在，指的是兄弟亡故之后收其寡妻为自己妻子的现象，也包括父死子娶庶母、叔死侄娶婶母的情况。收继婚最早起源于群婚时期兄弟共妻的风俗，进入父系社会以后，父亲的妾也成为嫡子所继承的遗产的一部分，于是往往会有子娶庶母的情况，这在某些部族甚至成为一种定制，《史记·匈奴列传》即记载："父死，妻其后母；兄弟死，皆取其妻妻之。"出塞的王昭君在匈奴呼韩邪单于死后又嫁给了其长子复株累若单于。后来这一风俗为人们所摒弃，明、清两代更是用法律来禁止收继婚的行为，如《明律集解·附例·户婚》声明："兄亡收嫂、弟亡收妇者，各绞。"但是在广大民间，兄收弟妻、弟继兄妻的事情依然经常发生，原因是一些家庭由于经济条件的限制而承受不起另娶的花费，所以就有鳏寡两相将就之事。

跪拜礼

跪拜礼的产生源于古人席地而坐的方式，因为汉代以前，并没有专供坐用的椅、凳之类，人们坐的时候是两膝着席，将臀部压在脚后跟上。以这种方式而坐，遇到需要向他人表示敬意或致谢的时候，就将臀部抬起来，也即是呈现跪的姿态，然后再俯身向下，这也就是跪拜礼的由来和其基本形式。原始的跪拜礼很简单，后来成为一种正式的礼节之后则变得繁复起来，并且发展出了诸如"九拜"等多种跪拜方法，应用范畴也扩及到生活中的方方面面。

九拜

"拜"，是中国古代的一种表达崇高敬意的礼节。所谓的"九拜"，并不是指叩拜九次，而是指九种不同的叩拜礼仪，不同的人依据其各自的等级和身份在不同的场合使用相应的叩拜方式。《周礼·春官·太祝》记载："辨九拜，一曰稽首，二曰顿首，三曰空首，四曰振动，五曰吉拜，六曰凶拜，七曰奇拜，八曰褒拜，九曰肃拜。"

各自的具体做法是："稽首"，为屈膝跪地，左手按右手，拱手于地，头缓缓贴近地面，而且头在地面上须停留一段时间，手在膝前，头在后，这是拜礼中最为庄重的一种。"顿首"，其他方面与稽首相同，只是头一碰到地面就抬起来，因为头接触地面的时间很短，所以称作顿首，其庄重性仅次于稽首。"空首"，是两手拱地，引头至手而不着地，这是拜礼中的较轻者。"振动"，是两手相击，振动其身而拜，有捶胸顿足之意，表达极度的悲哀之情。"吉拜"，是先空首，再顿首。"凶拜"，是先顿首，再空首。"奇拜"，"奇"是单数的意思，为先屈一膝而拜，又称"雅拜"。"褒拜"，是行拜礼后为回报他人行礼的再拜，也称"报拜"。"肃拜"，推手为"揖"，引手为"肃"，"肃拜"实际上是一种是揖礼，并不下跪，而是俯身拱手行礼，但其表达的是拜的含义。

"九拜"之中，前三种是正式的拜礼，后面的几种则是正拜的变通。这些拜礼的应用范畴大体是：宗庙祭祀拜祖先，郊祀拜天神，以及臣拜君，子拜父，学生拜老师，新婚夫妇拜天地、拜父母，都行稽首礼；平辈和同级之间，行顿首礼；对于卑者的稽首礼，尊者以空首礼答拜；振动礼为丧仪中所用；吉拜礼行于各种祠祭；凶拜礼是服3年之丧时所用；肃拜礼为女子所用，因为女子佩戴的首饰较多，不便于跪拜，另外也用于军人之中，原因是军人身披甲胄，行动有所不便。

拱手

拱手是中国古代的一种常行的礼节，在上古时期就已产生，做法是双手抱拳前举，近似于带手枷的奴隶，原初的含义为表示愿做对方的奴仆，以表示一种相当的尊敬。清代学者阎若璩在对《论语》的注释中提到："古之揖，今之拱手。"但是拱手与作揖并不完全相同，拱手仅仅是双手抱拳前举而已，作揖则还要配合两臂的上下左右等方向性的动作，正式的作揖还要鞠躬，后来揖礼简化，在行用的时候常常变成了拱手，而拱手与作揖这两个概念也就时常混用。

作揖

作揖是中国古代的一种表示敬意的礼节行为，至今仍在行用，其方式为双手抱拳前举，同时身体略弯，也有很多时候仅仅是举手而已。作揖起源很早，相传在夏代就已经出现，在西周时期就很为流行了。据《周礼》记载，根据双方的地位和关系，作揖的种类有土揖、时揖、天揖、特揖、旅揖、旁三揖等。土揖是拱手前伸而稍向下；时揖是拱手向前平伸；天揖是拱手前伸而稍上举；特揖是一个一个地作揖；旅揖是按等级分别作揖；旁三揖是对众人一次作揖三下；此外，还有一种表示特别敬意的长揖，即拱手高举，自上而下向人行礼。一般而言，作揖是一种恭敬之心的表达，但在个别时候却有着反面的含义，《汉书·高帝纪》记载郦生见刘邦的时候不拜而长揖，表达出一种不敬服的心态，当然，这并非是作揖本身的含义，而是说按照礼节，本应当致以更为尊贵的行礼方式，这时如果用作揖来代替的话反而显得不敬了。严格来讲，作揖抱拳的通常方式是右手握拳，左手成掌，包住或者盖住右手，这称为"吉拜"；反之则为"凶拜"，也就是左手握拳，右手成掌，这种作揖方式一般用于丧礼的场合。这一区别的源起为一种诚意的表示，因为大多数人右手为主手，在攻击他人的时候主要用的是右手，作揖时左手在外，而将用于攻击的右手盖在里面，是一种友好的表示与真诚的传达。

坐、跪和长跪

坐，是人体态势的一种，泛指将臀部依靠在可以支持身体重量的物体上、用臀部来代替两脚着力的姿势，当今一般指将臀部放在椅、凳之类的坐具上，古时因为没有椅子，人们坐的方式与现代有所不同，在正式的场合是席地而坐，两膝着地，臀部压在脚跟上，这种方式腿部受到的压迫很严重，日常生活中并不全都如此，只是因为其姿势较为美观，而成为一种表示庄重的正坐。跪的姿势是两膝着地或着席，直身，臀部不着脚跟，是一种对地位高者表示尊敬的姿势，古人席地而坐，在有急要之事或谢罪之时，也会采取跪的方式，有时单膝着地也称之为跪。长跪是跪的一种最为郑重的方式，特点是挺身直立，用膝盖和脚趾来支持身体，拜跪时习惯上以先下右膝为礼。

避席

避席，是古代的一种表示尊敬的行为，古时没有椅子，人们席地而坐，在需要的时刻离开席子站立一边，也就是避席。《孝经》中记载了曾子在听孔子讲课的时候接到提问即避席而立的故事，颇为传诵，引为美谈。避席最初只是个别行为，后来则为人效仿，成为社会上通行的一种礼节。魏晋时期，椅子由少数民族传入中原，人们逐渐不再习惯于坐在席子上，避席之礼也就无从谈起，但并没有消失，而是转化为新的"避席"方式，当今通常的离座起立以表敬意的礼节也就是古代避席之礼的转化。

投刺

刺，指的是古时所用的一种写有姓名的简牍，相当于现在的名片，清代赵翼在《陔余丛考》中说："古者削木以书姓名，故谓之刺；后世以纸书，谓之名帖。"投刺也就是将写有自己名字的刺或名帖投递给想要求见的人，以期对自己事先有一个基本的了解。唐代之后，投刺成为一种普遍的风习，而刺的形制也多了起来，因为主人身份的差异和传达目的的不同等都有着各自的区分，例如，位尊者（如亲王）可以使用红色的名帖，向别人传达丧事的时候要在名帖的四周卷上黑框。古代的刺或名帖都是亲笔书写的。

古人的见面礼

见面礼，即见面时所行用的礼节。古人常用的见面礼有揖、拱和拜等。揖是古人相见的最常用的礼节，具体又分为三种：没有婚姻关系的异性之间，行礼时推手微向下；有婚姻关系的异性之间，行礼时推手平而致于前；一般的同性宾客之间，行礼时推手微向上。另外还有长揖，是一种不分尊卑的相见礼，拱手高举，自上而下，较普通的揖程度更深一些。拱，是两手在胸前相合以表示敬意，《论语》中记载一次子路见到孔子时"拱而立"，就是行用的拱礼。拜，古人见面时最为庄重的一种礼节。早时的拜，只是拱手弯腰而已，两手在胸前合抱，头向前俯，额触双手。《孔雀东南飞》中的"上堂拜阿母"，指的就是焦仲卿对母亲所行的这种拜礼。后来拜则主要指跪拜，臣民在面见皇帝的时候都要行跪拜礼。

座次的讲究

古时座次有着严格的尊卑之分。在筵席上，最尊的座次是坐西面东，其次是坐北向南，再次是坐南面北，最卑是坐东向西。《史记·项羽本纪》中载有："项王、项伯东向坐，亚父南向坐，……沛公北向坐，张良西向侍。"其中，项王的座次最尊，而张良的座次最卑。在举行朝会的时候，则是背

紫光阁赐宴图　清

北面南为尊，所以称帝叫作"南面"，而为臣则叫作"北面"。另外，通常的看法是，右者为尊，因此遭受贬谪称为"左迁"，而在座次的排定上，地位次尊的人则居于最尊者的右边。

饮食文化

烧尾宴

古代名宴烧尾宴历来声名显赫，是指士子登科或官位升迁而举行的宴会。此宴出现在唐高宗时期，距今已有1300余年了。"烧尾"一词源于唐代，有三种说法：一说是兽可变人，但尾巴不能变没，只有烧掉；二说是新羊初入羊群，只有烧掉尾巴才能被接受；三说是鲤鱼跃上龙门，必有天火把它的尾巴烧掉才能成龙。此三说都有升迁更新之意，故此宴取名"烧尾宴"。

烧尾宴的风习，始于唐中宗景龙时期，终于玄宗开元年间，仅流行了20余年。景龙三年（公元709年），韦巨源官升尚书左仆射，在家设烧尾宴奉请皇帝，肴馔丰美绝伦，世所罕见。《清异录》中记载了韦巨源设烧尾宴时留下的一份不完全的食单，使我们得以窥见这次盛筵的概貌。食单共列58种菜点。20余种糕饼点心中仅"饼"的名目就有"单笼金乳酥"、"贵妃红"、"见风消"、"双拌方破饼"、"玉露团"、"八方寒食饼"等七八种之多；馄饨一项，就有24种形式和馅料……烧尾宴中的工艺菜也令人叹为观止，一道"素蒸音声部"，用素菜和蒸面做成一群蓬莱仙子载歌载舞，栩栩如生，华丽壮观。菜肴则水陆八珍，尽皆入馔。从菜名到烹调均新奇别致，超乎想象。有乳煮的"仙人脔"，生烹的"光明虾"，活炙的"箸头春"，冷拼的"五生盘"，笼蒸的"葱醋鸡"，油炸的"过门香"以及匠心独运的蛤蜊羹"冷蟾儿羹"……58种菜点并非烧尾的全部，我们已能显见此宴的奢华，无怪乎唐代另一个宰相苏琼得官，却不向皇帝进献烧尾宴，并义正词严地说："宰相是辅佐皇帝治理国家的，今关中大饥，米价昂贵，百姓都吃苦头饱，所以臣不敢烧尾。"从此，烧尾宴也就渐渐消逝了。虽然如此，烧尾宴是中国筵宴史上的一座丰碑，它上承周代八珍席，下启宋朝万寿宴和清廷满汉宴，开了豪华大宴之先河。

满汉全席

满汉全席，起兴于清代，原是官场中举办宴会时满人和汉人合坐的一种全席，逐渐发展成集满族与汉族菜点之精华的历史上最著名的中华大宴。乾隆年间李斗所著的《扬州书舫录》中有关于满汉全席的最早记载："满汉全席，分为六宴，均以清宫著名大宴命名，一为蒙古亲藩宴，二为廷臣宴，三为万寿宴，四为千叟宴，五为九白宴，六为节令宴。全席汇集满汉众多名馔，择取时鲜海错，搜寻山珍异兽。计有冷荤热肴一百九十六品，点心茶食一百二十四品，计肴馔三百二十品。合用全套粉彩万寿餐具，配以银

奇石摆出的"满汉全席"

器，富贵华丽，用餐环境古雅庄隆。席间专请名师奏古乐伴宴，沿典雅遗风，礼仪严谨庄重，承传统美德，侍膳奉敬校宫廷之周，令客人留连忘返。全席食毕，可使您领略中华烹饪之博精，饮食文化之渊源，尽享万物之灵之至尊。"

满汉全席是我国一种具有浓郁民族特色的巨型宴席。既具有宫廷菜肴之特色，又吸取地方风味之精华，菜点精美，礼仪讲究，形成了引人注目的独特风格。满汉全席共有108道菜，分三天吃完。满汉全席取材广泛，用料精细，山珍海味无所不包。烹饪技艺精湛，富有地方特色，突出满族菜点特殊风味，烧烤、火锅、涮锅几乎是不可缺少的菜点；同时又展示了汉族烹调的特色，扒、炸、炒、溜、烧等兼备，为中华菜系文化的瑰宝。

宫廷御膳

宫廷菜历史悠久，源远流长。我国的宫廷菜萌芽于夏商时期，到西周时，宫廷御膳机构已全面建立。商代有"酒池肉林宴"，周朝有"八珍宴"，战国时期有"楚宫宴"，汉代有"王宫宴"、唐代有"烧尾宴"、"龙凤宴"，宋代有"皇寿宴"，到清代的"盛京宴"、"满汉全席宴"等，宫廷御膳以其独特的魅力流芳至今。宫廷御膳就是中国历代封建王朝专门管理帝王和后妃膳食的机构所做的菜肴。宫廷菜作为中华民族饮食文化登峰造极的产物，其特点是菜点众多，珍馐齐全，选料精细，制作讲究，调料多样，滋味各异，形状美观，餐具精致，菜名典雅，富有情趣，注重滋补，美容养颜；多山珍海味，既有白煮烧烤，又可煎炒烹炸，技术较任何地方菜系更为全面。经历代御厨不断加以完善，宫廷菜品种更加繁多，味道的层次感强，口味以清鲜酥嫩见长。宫廷御膳的外形可谓是精美绝伦，美食与美器共同彰显皇族风范；宫廷御膳在菜品质量上堪称天下无双，营养丰富，口感极佳。

康熙皇帝的一品龙皇翅、宫门献鱼；雍正皇帝的御膳极品鲍、清宫蒸蟹；乾隆的长寿汤；慈禧太后的一品官燕、抓炒鱼片、蜂窝土豆等，皆为菜肴之上品。溜鸡脯、荷包里脊、炸佛手等更是千古流传的特色菜肴。宫廷御膳不仅以绝顶的形、色、香、味征服了封建皇族，更是中国博大精深的传统饮食文化的典型代表。

中国菜系

中国是传统的"烹饪王国"，在中国人的心目中，美食有着重要的地位。"民以食为天"、"饮食男女，人之大欲存焉"等古语形象地说明了中国人自古就有重饮食的习俗。中国文化对世界影响最为广泛而深远的当属中国烹饪，在世界各个国家，只要有华人居住，就有中国餐馆。到中国旅游，不品尝一下中国的美味佳肴、风味小吃，就无法领略中国饮食文化的精妙所在。可以这样说，不了解中国饮食，就不了解中国，中国饮食文化可谓是独一无二、博大精深。

在中国饮食文化发展演变的过程中，形成了以"中国菜"总的格调下不同的地方风味，逐渐成为一套自成体系的烹饪派别。中国的地方菜系丰富多样，最著名的有八种：鲁菜、川菜、粤菜、闽菜、苏菜、浙菜、湘菜、徽菜，称为"中国八大菜系"，还有的加上京、鄂两菜系，构成十大菜系。众多菜系的不同，主要是源于各地区的地理环境、自然条件或物产资源存在着差别，这是各地人民的饮食种类和口味习惯各不相同的物质基础。"东南之人食水产，西北之人食陆禽"，就是这个道理。物产决定了人们的食性，长期形成的对某些食物独特味道的追求，渐渐地就成为一种难以更改的习性。俗称的"南甜北咸、东辣西酸"，就是地方饮食长期形成的结果。菜系的形成还与社会的发展，政治、经济、文化中心的形成和转移密切相关。中国著名的几大菜系基本上都是出自富庶的省份地区或是人杰地灵之乡。如四川被称为"天府之国"，淮扬是盐商的老家，湘菜和徽菜名列八大菜系，也与其省份出读书人较多有很大的关系。

宴饮之礼

作为传统的古代宴饮礼仪，自有一套程序：主人折柬相邀，到期迎客于门外。宾客到时，互致问候，引入客厅小坐，敬以茶水、烟或点心。《清稗类钞·宴会》云："（客来）即就坐，先以茶点及水旱烟敬茶，俟筵席陈设，主人乃肃客一一入席。"客齐后导客入席，以左为上，视为首席，相对首座为二座，首座之下为三座，二座之下为四座。客人坐定，由主人敬酒让菜，客人以礼相谢。席间斟酒上菜也有一定的讲究：应先敬长者和主宾，最后才是主人。男女同席时，则先女宾后男宾。酒要斟至八分满为宜。上菜时要先上冷菜后上热菜。上全鸡、全鸭、全鱼等大菜时，不能把头尾朝向正主位。宴饮结束，主人要将客人让入客厅小坐，上茶，交谈至辞别。这种传统宴饮礼仪如今在我国大部分地区仍完整保留。

宴饮图
明张岱《夜航船》载："十月朔拜暮，有司进暖炭，民间作暖炉会。"图为众人围坐宴饮的热闹场面。

待客之礼

对待客之礼，《周礼》、《仪礼》与《礼记》这儒家经典三礼中已经记载得非常详细。凡是陈设便餐，带骨的菜肴放在左边，切的纯肉放在右边。干的食品菜肴靠着人的左手方，羹汤放在靠右手方。细切的和烧烤的肉类放远些，醋和酱类放在近处。蒸葱等伴料放在旁边，酒浆等饮料和羹汤放在同一方向。这些规定都是从用餐实际出发的，并不是虚礼，主要是为了取食方便。仆从摆放酒壶酒樽，要将壶嘴面向贵客；端菜上席时，不能面向客人和菜肴大口喘气，如果此时客人正巧有问话，必须将脸侧向一边，避免呼气和唾沫溅到盘中或客人脸上。主人要作引导，要作陪伴，主客必须共餐。尤其是有长者在席时，酌酒时须起立，离开座席面向长者拜而受之。长者表示不必如此，少者才返还入座而饮。如果长者举杯一饮未尽，少者不得先干。凡是熟食制品，侍食者都得先尝一尝。如果是水果之类，则必让尊者先食，少者不可抢先。

进食之礼

进食之礼在先秦时已有了非常严格的要求，直至现在。一般要坐得比尊者长者靠后，而进食时要尽量坐得靠前一些，以免不慎掉落的食物弄脏了座席。主人不能先吃完而撤下客人，要等客人食毕才停止进食。宴饮完毕，客人自己须跪立在食案前，整理好自己所用的餐具及剩下的食物，交给主人的仆从。更有"共食不饱"、"共饭不泽手"、"毋口它食"、"毋啮骨"、"毋投与狗骨"、"毋扬饭"、"毋刺齿"、"当食不叹"等许多饮食礼仪。这些进食之礼曾作为许多家庭的家训，代代相传。食礼为先，食礼是饮膳宴筵方面的社会规范与典章制度，餐饮活动中的文明教养与交际准则，体现了赴宴人与东道主的仪表、风度、神态和气质。

席间雅兴

　　中国人不仅讲究吃，还讲究吃的艺术。一桌宴席不仅要吃得有滋味，还要吃得有兴致、有水平。如果一人坐于席上，或大汗淋漓、挥汗咀嚼，或谈吐粗鲁、举止不雅，那岂不是在暴殄天物？诗仙李白《春夜宴从弟桃花园序》云："幽赏未已，高谈转清。开琼筵以坐花，飞羽觞而醉月。"只有这样的雅兴、逸兴，才能使宴席陡增味外之味，盎然无比。

　　诗文宴饮，大多为文雅之士而为之。此时食客既要有席宴的吃情，又要有应时的才情。早在先秦之时，就有以赋诗为宴饮增趣的。《春秋左传》记载，齐国国君与晋国君欢宴，席上晋国大夫荀吴赋诗曰："有酒如淮，有肉如坻。寡君中此，为诸侯师。"齐君也赋诗曰："有酒如渑，有肉如陵。寡人中此，与君代兴。"两人均赋诗颂扬自己的国家，在这样的豪情之中不禁大增宴席的雅兴。不仅诗如此，文亦然。唐朝著名诗人王勃在宴会上文情大发，挥毫泼墨，留下了千古绝唱《滕王阁序》。可想而知，赋文之后的宴席定会别有兴味。诗文言志，宴饮吃情，在席间饮酒欢宴，赋诗撰文，真应了那句"醉翁之意不在酒，在乎山水之间也"。为筵宴助兴，除了音乐舞蹈和赋诗撰文之外，古人席间还有种种雅致的游乐活动，有的甚至流传至今。如礼射、投壶、流觞、传花、酒令、剑、看戏、划拳、征联、说笑话、射覆、抛球、骰子、酒胡子……这些游乐活动虽大多与饮酒关系更为密切，但却无不为席宴增添无限的趣味。

流觞

　　流觞又称"流杯"、"浮杯"。"觞"、"杯"均为酒器，又称为"羽觞"或"耳杯"，春秋战国之时的楚国就已经非常流行羽觞了。羽觞很轻，能够浮于水上，便有了流觞之戏。人们在水旁欢宴时，将酒杯盛满酒自上游放入水中，之后奏乐。待酒杯流到筵席之处时，众人便取酒分饮。在山水美景之间，饮酒、美食和玩乐，是何等的雅兴。

曲水流觞图　宋
此图描绘的是东晋大书法家王羲之在春三月与朋友集会赋诗之雅事。

酒令

　　酒令更是中国人席上常见的游乐方式，以酒令佐饮既活泼又富有情趣。酒令用于行酒，是以众人事先约定的方式来决出胜负，以胜者罚负者酒。酒令多种多样，许多均为文字游戏，有对诗、联句、拆字、回环、连环、藏头等。此外，还有骰令、游戏令，即掷骰子行酒和抛球、划拳等游戏方式。唐代著名诗人白居易有云"香球趁拍回环盒，花盏抛巡取次飞"，形容酒筵上欢快热烈的抛球游戏的场面。

传花

传花也是古人筵宴上的一个极其有趣的节目，最常见的一种是击鼓传花。击鼓时，在座每人依次传递花枝，鼓停之时，花枝在谁手中，此人即将受罚。《红楼梦》中提到贾府每在元宵中秋佳节之时就会击鼓传花，宴饮玩乐。除了传花，还有数花。宋叶梦得的《避暑录话》载，宋代大文学家欧阳修在扬州有一座"淮南第一堂"美誉的平山堂。每逢暑天，便会与骚人墨客、至友同仁们宴饮于此。饮酒之时，常常令人将池中的荷花摘来，与众宾客依次摘取花瓣，待花瓣全被摘光之时在谁手里，谁就要认罚酒一杯。众人欢宴，"往往侵夜戴月而归"。

茶道

茶道即饮茶之道，是一种以茶为媒的生活礼仪，也是修身养性的一种方式，它通过沏茶、赏茶、饮茶来增进友谊、美心修德、学习礼法，是很有益的一种仪式。茶道最早起源于中国，兴于唐，盛于宋、明，衰于近代。宋代以后，中国茶道传入日本、朝鲜，获得了新的发展。唐朝《封氏闻见记》中有记载："茶道大行，王公朝士无不饮者。"这是我国现存文献中对茶道的最早记载。唐朝陆羽所著的《茶经》是最早记载中国茶道历史发展的巨著。

在我国，茶被誉为"国饮"，被人们视为生活的享受、健康的良药、提神的饮料、友谊的纽带和文明的象征。中国的茶文化博大精深，茶道是核心。茶道包括两个内容：一是备茶品饮之道，即备茶的技艺、规范和品饮方法；二是思想内涵，即通过饮茶达到陶冶情操、修身养性，使思想升华到富有哲理的境界之目的。中国茶道的基本要求是：1.茶具必须清洗洁净。2.主张用清水煎茶，有条件的情况下可用泉水、江水，甚至用松上雪、梅花蕊上雪化水煎茶。3.讲求水沸适度。4.要求使用名贵优质茶具，将茶碗烫热或烤热，以便于茶汤香气充分升扬。中国四大茶道流派分别为贵族茶道、雅士茶道、禅宗茶道和世俗茶道。

中国茶道大胆地探索茶饮对人类健康的真谛，创造性地将茶与中药等多种天然原料有机结合，使茶饮在医疗保健中的作用得以增强，从而获得了更大的发展空间，这就是中国茶道最具实际价值的方面。

古人的娱乐

六博

"六博"，又称"陆博"，可以看做是象棋的前身，因为每人六枚棋子而得名。六博在棋盘和棋子之外还有箸，相当于后来的骰子，在行棋之前使用，因而六博的胜负具有很大的偶然性。六枚棋子为：枭、卢、雉、犊、塞（2枚），"枭"之外的5枚又统称为"散"，玩法就是以杀枭为胜，枭也就相当于后来象棋中的将或帅。六博在春秋时期即已出现，在此后相当长的时期都非常盛行，后来六博发生分化，一支发展为后来的象棋，另一支则演变为赌博的手段，原初形式的六博在宋代之后就基本消失了。

投壶

投壶是古时士大夫阶层在宴饮时所进行的一项游戏。春秋时期，诸侯宴请宾客的礼仪之一是请客人在席上射箭，因为当时射箭为六艺之一，为士人必备的技能，但也有一些客人射艺不佳，于是就采用以箭投酒壶的方式来代替，逐渐成为一种风习，投壶代替了射箭而成为宴饮之间的一种游戏。秦汉之后，"雅歌投壶"几乎是士人们会宴之时的必有项目，并且产生了许多较为复杂的形式，游戏的难度有所增加，同时趣味性也变得更强。宋代司马光在专著《投壶新格》中详细记载了游戏的各个方面，包括壶具的尺寸、投矢的名目和计分方法

投壶图

等。然而在宋代之后，投壶渐趋衰落，不复盛行。

射覆

"射覆"，是古时《易经》占卜的学习者所玩的一种卜测性质的游戏。"射"是猜度之意，"覆"是覆盖之意，"射覆"的直义就是猜测覆盖物所遮藏的为何物。游戏的时候，覆者用盆碗杯盂等器皿覆盖某一物件，射者通过占筮的途径来进行猜度。覆盖的一般都是生活中常见的物品，有时也写下一个字来让人卜测。汉代的东方朔就是一位射覆大家，晋代的郭璞、梁元帝萧绎、唐代的李淳风、宋代的邵雍等也都是史上有载的一流高手。射覆在古代是一项十分流行的游戏，在诗词典籍中多有所见，如李商隐《无题》诗中写道："隔座送钩春酒暖，分曹射覆蜡灯红。"《红楼梦》第六十二回中对宝玉、宝钗、探春、香菱等进行的射覆游戏更是描写得非常详细。射覆需要运用到非常玄妙的易学知识，蕴涵着全息理论的奥义，但也表现出通常思维所不可理解的一面。

围棋

围棋是一种双方各执黑白棋子进行对弈以最终占地面积大小来定胜负的游戏。战国时期赵国史官编写的《世本》称"尧造围棋"，晋代张华在《博物志》中说"或曰舜以子商均愚，故作围棋以教之"，反映围棋起源之早。至少在春秋时期，围棋已经很流行。关于围棋的最早确切记载见于《左传·襄公二十五年》："今宁子视君不如弈棋，其何以免乎？弈者举棋不定，不胜其耦。而况置君而弗定乎？必不免矣。九世之卿族，一举而灭之。可哀也哉！"公元前559年，卫国的国君献公被大夫宁殖等人驱逐出国，后来，宁殖的儿子又答应把卫献公迎回来，文子听说后感叹宁氏的做法反复无常，预言他们的灾祸将要不远了。"举棋不定"这一成语也就是由此而来。其后围棋在发展的过程中又经过了较大改进，三国时期魏邯郸淳在《艺经》上说，魏晋及其以前的"棋局纵横十七道，合二百八十九道，白、黑棋子各一百五十枚"，而在甘肃敦煌莫高窟石室中发现的南北朝时期的《棋经》载明当时的棋局是"三百六十一道，仿周天之度数"，这与现代围棋的格制是完全

相同的。唐玄宗时设立了"棋待诏"制度，就是为翰林院中的专业棋手赋予官职，提高了棋人的地位，扩大了围棋的影响。明清两代则是围棋发展的高峰，名家辈出，并且形成不同的流派，这种兴盛的局面直到清末因国势衰弱而被截断。

重屏会棋图卷　南唐　周文矩

古人有"围棋初非人间之事，乃仙家养性乐道之具也"之说，下棋可使人精神集中，排除杂念。

中国象棋

中国象棋，在战国时代已经成为贵族阶层所流行的一种游戏。《楚辞·招魂》曰："菎蔽象棋，有六簙些。"王逸注云："言宴乐既毕，乃设六簙，以菎蔽作箸，象牙为棋，丽而且好也。"这里讲的是先秦时期的象棋，当时称作"六簙"，棋制由棋、箸、局等三种器具组成。局，就是棋盘；箸，相当于骰子，每次行棋之前进行投掷；棋是棋子，用象牙雕刻而成，每方6子，分别为枭、卢、雉、犊、塞（2枚）。象棋是模仿当时的兵制而设计的，象棋游戏也具有军事训练的意义。后来象棋取消了投箸，也就是说不再存有侥幸的成分，而全凭实力和智谋取胜。此后秦汉及至隋唐象棋在流传过程中不断地得到改进，最后定型于北宋末年，即当代的象棋样式：双方各16枚棋子，分别为将（帅）一个，车（车）、马、炮、象（相）、士（仕）各两个，卒（兵）五个。南宋时期，象棋变得家喻户晓，十分盛行，还出现了洪迈的《棋经论》、叶茂卿的《象棋神机集》等多种象棋专著，象棋由此成为一门独立的学问。

百戏

"百戏"一词产生于汉代，是当时各种民间表演艺术的泛称。据宋代类书《事物纪原》卷九"百戏"引《汉元帝纂要》："百戏起于秦汉曼衍之戏，后乃有高絙、吞刀、履火、寻橦等也。"这里的"曼衍之戏"指的是一种由人装扮成巨兽的舞蹈，"高絙"就是走钢丝，而"寻橦"是一个人手持或头顶长竿，另有数人缘竿而上的表演。"百戏"原本涵盖广泛，包括各种乐舞、说唱、戏耍等，而宋代之后则习惯上将"百戏"仅用于称呼杂技一类的表演。

角抵

角抵，又称角，是两人相抵以较量力气的一种运动。《汉书·刑法志》记载："春秋之后，灭弱吞小，并为战国，稍增讲武之礼，以为戏乐，用相夸视。而秦更名角抵。"这段话表明，角在战国时期已经兴起，秦代的时候更名为"角抵"（角抵）。实际上，角的由来是相当久远的，司马迁在《史记·黄帝本纪》中说："蚩尤氏头有角，与黄帝斗，以角抵人，今冀州为蚩尤戏。"按这种说法，角是从黄帝战蚩尤的时候流传下来的。到了晋代，角又称为"争交"。南宋吴自牧在《梦梁录·角抵》中介绍："角抵者，相扑之异名也，又谓之争交。"相扑是角在南北朝时期又起的名字，这项运动在唐代时传入日本，并发展成为在日本非常受欢迎的体育项目。当然，现代日本的相扑与中国古代的角运动是有着较大差异的。其实，角早期的涵盖是很丰富的，到宋代之后才变为专指相扑一类的摔跤活动。

骑射

骑射，即骑在马上射击，最初是一种军事技能，后来也作为一项独立的体育活动。中国古代早期，马只用来驾车，并不用来骑乘，直到周赧王八年（公元前307年），赵武灵王实行军事改革，令军民着胡服，学骑射，中原地区才有了骑马的风俗。在此之前，中原各国的军队编制是步兵与战车相配合，而胡人则已有骑兵队伍，在交战的过程中，虽然中原军队的武器更为先进，但是灵活性却不如胡军，加之身着长袍，行动起来更

乾隆射猎图

不方便，这常常导致作战失利，于是赵武灵王决心改易服装，建立骑兵。后代历朝也都建有骑射部队，至于辽、金、元等游牧民族所建立的朝代更是以骑兵立国，骑射是一项看家本领。清朝前期，骑马和射击被看做是生活必备的技能，连同妇女和儿童也普遍善于骑射，骑射成为民族兴盛的一项标志，满族人也深以此为豪，努尔哈赤和皇太极皆被誉为"马上皇帝"。后来战事平息，骑射则主要作为一项体育运动而存在。清末唐晏在《天咫偶闻》中说："国家创业，以弧矢威天下，故八旗以骑射为本务，而士夫家居亦以射为娱。家有射圃，良朋三五，约期为会。其射之法不一。"从这段记述中可以看出骑射对于八旗子弟的重要性，同时也展现出当时骑射风气的盛行。

蹴鞠

蹴鞠，是中国古代的一种球类运动。关于蹴鞠的最早记录见于《史记·苏秦列传》："临苗甚富而实，其民无不吹竽、鼓瑟、蹋鞠者。""蹋鞠"也就是蹴鞠，又名"蹴球"、"蹴圆"、"筑球"、"踢圆"等，说的都是用脚踢球的意思。蹴鞠是一项古老的体育运动，起源于齐国都城临淄，齐宣王在位时期（公元前319～前310年）已经很为盛行。秦代，蹴鞠运动一度沉寂，进入汉代又复兴盛，并被视为"治国习武"之道，在军队和宫廷之中十分流行，使得蹴鞠由一种下层人民的运动提升为一种贵族运动。汉代还出现了研究这项运动的专著——《蹴鞠二十五篇》，这也是中国和世界上最早的一部体育著作，可惜已经失传。到了唐代，蹴鞠的制作艺术和运动技术都有了很大的改进，球变得更圆、更轻，而充气技术也是世界上最早的发明。唐代分队比赛，由原来的直接对抗转为间接对抗，中间隔着球门，双方各在一侧，以射门数多者为胜，并且还出现了女子蹴鞠，女子蹴鞠不射门，而以踢球的技法显胜，这被称为"白打"。及至宋代，蹴鞠变得更加兴盛，上海博物馆藏一幅《宋太祖蹴鞠图》，描绘的就是当时皇帝亲身从事蹴鞠运动的情景。《文献通考》记载："宋女弟子队一百五十三人，衣四色，绣罗宽衫，系锦带，踢绣球，球不离足，足不离球，华庭观赏，万人瞻仰。"这时，球技已经发展出成套的花样动作，擅长者可调用头、肩、背、胸、膝、腿、脚等身体的各个部位，使"球终日不坠"。《水浒传》中记述的因擅长踢球而发迹的高俅就是当时蹴鞠盛行的一个鲜明的例证。在球的制作方面，宋代又有了进一步的发展，"密砌缝成，不露线角"，做成的球要"正重十二两"，"碎凑十分圆"，由此可见制球工艺已经非常精湛。清代开始，蹴鞠运动变得冷落，近代西方足球传入，蹴鞠作为一种社会流行的体育运动就销迹了。

豆叶戏

豆叶戏，又叫"掉城戏"，是明神宗朱翊钧（即万历皇帝）所发明的。万历皇帝奢华淫逸而不事政务，在宫中与宫女和太监们纵情享乐，琢磨出了一种具有赌博性质的游戏。游戏的玩法非常简单，分为小规模和大规模两种。小规模的玩法是：用色罗一方，界成井字形的九营，中间的一营为上营，四方的四营为中营，四角的四营为下营，玩的时候，宫女用银钱或者小银珠投掷，落在上营赏银九两，落在中营赏银六两，落在下营赏银三两，双抛双赏，落在营外和压着井字，则均罚银六两。大规模的玩法是：在御前十步开外，界画出一座方城，城内用数个十字分成八个部分，即方城八城，每座城中分别写上银十两至三两不等，玩的时候，太监用银豆叶（即豆叶大的银子）或者八宝（即八种表示吉瑞的佛教物品）唱着投掷，落在某城就照数赏赐，落在城外或者压着界线，则收其所掷银豆叶或八宝。因为游戏以掉城决定赏罚，所以又得名"掉城戏"。当时后金已经在东北崛起，明朝的关外城池开始失陷，人们于是认为"掉城戏"是不吉利的，因此这项游戏也就迅速地消失于历史的尘影之中了。

马球

马球，又称"击鞠"或者"击球"，是一种骑在马背上用长柄球槌拍击木球的运动。相传马球在唐初由波斯（今伊朗）传入，初时称之为"波罗球"。也有人认为中国更早的时候就已经有了马球，如曹植《名都篇》中"连骑击鞠壤，巧捷推万端"的句子描写的就

骑马击球彩绘陶俑 唐
1958年出土于陕西省西安市韦洞墓。马球运动在唐代十分流行。

是马球运动。有可能是中国原来的击鞠运动后来参照波斯的马球进行了一定的改造，而后打马球方开始为人们所普遍注意。但是马球运动由于需求条件的特殊，所以只在宫廷和军队中流行。唐代是马球运动最盛的时期，据文献记载，唐朝的中宗、玄宗、穆宗、敬宗、宣宗、僖宗、昭宗等多个皇帝都是马球爱好者，不仅对这项运动予以积极的提倡，并且也亲身参与其中。唐玄宗于天宝六载（公元747年）还专门颁诏将马球作为军队的训练课目之一。陕西西乾县出土的唐章怀太子李贤墓中的打马球壁画充分地表现了唐代马球运动的场景。画面上击球者有二十余人，皆着各色窄袖袍，足登黑靴，头戴幞头，手执偃月形球杖，身骑奔马，做出竞争击球的各种姿态，非常逼真，这为人们了解古代打马球的情形提供了生动的直观认识。

冰戏

冰戏，亦称"冰嬉"，是各种冰上体育活动的泛称，包括跑冰、花样滑冰、冰上执球与踢球以及冰上杂戏等，是北方人民在寒冷的冬季中一项重要的娱乐活动。冰戏在宋代的时候已经流行，到明代更成为宫廷的体育活动，而在清代最盛。满族由于生活在冬季严寒而漫长的东北地区，所以冰戏更成为生活中的重要内容，并且不仅仅是一种娱乐活动，同时还是一项重要的军事训练。按清代的习俗，皇帝每年在冬至到三九的这一段时间都要在太液池（即当今的北京之三海）校阅八旗溜冰，同时观看冰戏表演。表演的兵丁分为两翼，每翼头目12名，穿红黄马褂，其余的人穿红黄齐肩褂，射球兵丁160名，幼童40名，也都穿马褂，背插小旗，按八旗各色，依次走冰，然后对优胜者给予奖励。除了一般

的溜冰之外，还有冰上射箭、打球、单人表演、双人表演等项目，内容非常丰富。其中的单人和双人表演与现在的花样滑冰有相似之处，当时的冰上单人和双人表演不仅技术高，形式也很多，有金鸡独立、蜻蜓点水、紫燕穿波、凤凰展翅、哪吒探海、双燕飞、朝天蹬等多种花样。此外，还有冰上舞龙、舞狮、跑旱船等集体表演。这种隆重的冰戏表演在当时堪称为一件盛事。

看社戏

古代诗人陆游在《稽山行》中曾写道："空巷看竞渡，倒社观戏场。"在以前，各社各村都有定期演戏的习俗，民间称为"年规戏"，也就是鲁迅先生所说的社戏。以前，每个乡镇村落都有社庙。各地都有民约规定，春秋两季要祭社，后来发展为采用演戏来祭社，这就是年规戏的渊源。

社戏作为一种流行于绍兴地区的传统民间娱乐风俗，源于该地农村春秋两季祭祀社神（土地神）的习俗。先时，春社为祈求五谷丰登，秋社为庆贺一年丰收，后发展为以演戏酬神祈福，进而沿袭为民间文化娱乐活动。

绍兴演社戏的风俗在南宋时已经盛行，到清末仍非常流行。鲁迅先生小时在家乡酷爱看社戏，在《社戏》、《无常》、《女吊》等名作中，我们都看到他对社戏多加赞扬，称它为"很好的戏"。社戏一般在庙台或临时搭建的草台上演出。古时的庙台有两种：一种建于庙宇大殿前的天井内；另一种是筑于庙门的水上舞台，也叫"水台"，观众可坐在船上看戏。一些乡村还流行邀请亲友看社戏的习俗。每当此时，各家各户宰牲，制备酒肴，用来款待宾客。

社戏剧目一般来说可分为三部分：彩头戏、突头戏和大戏。彩头戏，也称"口彩戏"，主要为恭祝发财、晋官的吉利戏剧。突头戏，当地称"骨子毁"，是为正戏作铺垫的戏剧。其剧目情节曲折，有较高的艺术性，著名剧目有《龙虎斗》、《英列传》、《双龙会》等折子戏。大戏即正戏，绍兴人也称"平安大戏"，傍晚时开始演出。著名的大戏有《双核桃》、《倭袍》、《双龙会》等。演出中，根据剧情的发展需要，还会插演一些《男吊》、《女吊》、《跳无常》等鬼戏。现在，在岁末农闲或重大节日期间，绍兴乡村还会请剧团进村演戏，不乏社戏之遗风。

斗鸡

斗鸡比世界上其他善斗的动物"斗"的历史要长得多，在春秋战国时期就已经十分盛行。

斗鸡的民俗游戏，大多从清明开始，斗到夏至休止。我国最早的斗鸡记录，见于《左传》："季、郈之鸡斗，季氏介其鸡，郈氏为之金距。"唐朝是斗鸡活动最昌盛的时代，不只是民间设鸡场，捧鸡而斗，就是皇帝也要斗鸡。据唐代《东城父老传》记，李隆基即位前就好斗鸡。在那时，斗鸡之戏是清明节俗的一项重要内容。李隆基当上皇帝后，在宫内建鸡坊，"索长安雄鸡，金毫、铁距、高冠、昂尾千数，养于坊中"，并有500人专司驯鸡。结果上行下效，有钱的倾家荡产买鸡，没钱的就以假鸡为戏。在长安有个名叫贾昌的少年，驯鸡有一套办法，博得玄宗欢心，一下子就荣华富贵，成了闻名天下的"神鸡童"。

唐代斗鸡驯鸡发达，社会却为此付出了世风靡废的巨大代价。斗鸡使人如痴如狂，也使一些"斗鸡小儿"恃宠骄横，不可一世。李白在《古风》诗中有云："路逢斗鸡者，冠盖何辉赫。鼻息干虹霓，行人皆怵惕。"

明朝的斗鸡之风与唐朝不分上下，当时还有一种专门研究和举办斗鸡活动的民间组织，叫作"斗鸡社"。在明代，泰山是斗鸡的重要场所之一，每逢泰山庙会，前来斗鸡的人都络绎不绝，观看捧场的人更是数不胜数。

直到今天，斗鸡活动在山东、河南等地依然十分流行。

踏青

踏青，又叫春游，指的是在清明前后芳草始生、杨柳泛绿的好春时节到郊野去游览的出行活动。踏青的习俗由来已久，至迟在魏晋时期已经成为社会上盛行的风气，而到唐宋年间更是极盛。"三月三日天气新，长安水边多丽人……"杜甫的这首《丽人行》所描写的就是当年长安踏青的盛况。在古代，三月三日称为上巳日，因王羲之的集序和书法而颇为传颂的兰亭集会实际就是在上巳日举行的一种踏青活动，这一风俗流传到唐代，长安的士女在这一天汇集到城南的曲江游玩踏青，为一时之盛容。在游赏春光之外，荡秋千和放风筝是踏青时节最为主要的两项活动。李清照在一首《点绛唇》中写道："蹴罢秋千，起来慵整纤纤手。露浓花瘦，薄汗轻衣透。"这描写的就是荡秋千之后所给人带来的快意感受。而清代诗人潘荣陛的一首《北京竹枝词》则对清明时节的风筝活动进行了精彩的描绘："新鸢放出万人看，千丈麻绳系竹竿。天下太平新样巧，一行飞上碧云端。"千百年来，虽然在不同的时代具体的活动内容有所变化，但是踏青这一习俗却一路流传下来，当今依然为人所喜爱。

斗蛐蛐

斗蛐蛐是中国民间的一项重要民俗活动，而且颇具"民族特色"。因为除中国或华人聚集的地区外，尚未听说其他民族亦有如此嗜好。从古至今，自宫廷到民间，爱好斗蛐蛐的人数不胜数，以致历史上竟出了几个有名的"蛐蛐宰相"、"蛐蛐皇帝"、"蛐蛐相公"，至于民间的"蛐蛐迷"们，就更难以计数了。

春山游骑图 明 周臣
此图描绘春山、旅店、游骑和旅行者春游的情景。踏青郊游是很好的养生方式。

斗蛐蛐究竟始于何时，已经无法考证了。人们是怎样发现蛐蛐善斗并使之成为一种历久不衰的民间游戏呢？有一种说法是这样的，说宫女们或民间小儿在捕捉蛐蛐，放在笼中畜养以解闷的过程中，发现两只蛐蛐放在同一只笼中，就会出现视如仇敌般的争斗，于是开始有意识地引逗，从中取乐。

还有一种可能，说斗蛐蛐是在斗鸡、斗鹌鹑的启发下而出现的。既然皇帝酷好斗鸡，达官贵人也趋之若鹜，又有因斗鸡而得宠的人，就难免会勾起某些"有心人"的嗜利之欲，他们便在其他禽虫中进行试验，结果发现蛐蛐的斗性最强，其场面一点儿也不亚于斗鸡，于是将蛐蛐精心畜养起来，或做贡品以邀宠，或留做自己闲时玩赏。此举逐渐传布开来，斗蛐蛐便发展为一项民间游戏，并且一直保存至今。

斗蛐蛐这一游戏之所以普及得特别快，原因首先在于它本身具有极强的娱乐性。另外，玩斗蛐蛐十分简便易行，既无须多大的财资，又不甚劳神费力，只要从野地里捉来稍加调养，便可决一雌雄。

除此之外，斗蛐蛐的盛行还有一个刺激性因素，那就是赌博。唐代的赌风极盛，斗蛐蛐最初只是一种纯娱乐性的游戏，并没有用于赌博。但很快人们发现用斗蛐蛐进行赌博更方便，同时也更具刺激性。由于金钱因素的加入，斗蛐蛐活动以更快的速度普及发展，至宋代就已经达到相当规模了。

赛龙舟

赛龙舟，又称"赛龙船"或"龙舟竞渡"，是我国传统节日端午节的主要习俗，也是深受人们喜爱的水上竞赛性娱乐活动，在江苏、浙江、湖南、湖北、福建、云南、贵州等地最为盛行。相传赛龙舟起源于对屈原的纪念：古时楚国人由于舍不得贤臣屈原投江死去，许多人划船追赶拯救。他们争先恐后，追至洞庭湖时不见踪迹，之后每年五月五日人们都要划龙舟以纪念屈原，借划龙舟驱散江中之鱼，以免鱼吃掉屈原的身体。

后来，赛龙舟除纪念屈原之外，在各地人们还赋予了不同的寓意。

江浙地区划龙舟，兼有纪念当地出生的近代女民主革命家秋瑾的意义。贵州苗族人民在农历五月二十五至二十八举行"龙船节"，以庆祝插秧胜利和预祝五谷丰登。云南傣族同胞则在泼水节赛龙舟，纪念古代英雄岩红窝。不同民族、不同地区，划龙舟的传说有所不同。直到今天，在南方的不少临江河湖海的地区，每年端午节都要举行富有自己特色的龙舟竞赛活动。

清乾隆二十九年（1736年），台湾地区开始举行龙舟竞渡。直到现在，台湾地区每年五月五日都举行龙舟竞赛。此外，划龙舟也先后传入日本、越南及英国等国。1980年，赛龙舟被列入中国国家体育比赛项目，并每年举行"屈原杯"龙舟赛。

鸣虫

鸣虫，指能够发出鸣声的、可供人赏玩的昆虫，类别多达近百种，常见的有蝈蝈、小黄铃、大黄铃、马铃、竹铃、金钟、纺织娘、墨铃、石铃、蟋蟀、花镜、铁弹子，等等。养玩鸣虫有着悠久的历史，自唐代就开始盛行，而明清两代更是臻于鼎盛，形成了颇为可观的"鸣虫文化"，在虫的种类、大小、颜色、鸣声、养虫的食物、温度、器材、虫的繁殖、习性等各个方面都十分讲究。鸣虫之所以受到人们的喜爱，主要原因在于鸣声的特性，据行家称，虫鸣可以表现出喜叫、怒叫、哀叫、乐叫、呼叫、爱叫、吟叫等多种情感，能够传达呼偶、求爱、繁殖、警戒、自卫、争斗、对敌、群聚、迁徙等各种需求信号。虫家们因为能够领略虫的美妙的鸣声而陶醉，也因为能够分辨虫的语言而倍感欣慰。另外，一些鸣虫不仅可供聆听，还可向人们展现其不凡的"武技"，最常见的就是斗蛐蛐儿，玩家成百上千地聚到一起，纷纷展示各自的爱虫，看一个个威武的"将军"奋勇厮杀，堪称一场颇为壮观的"武林盛会"。

荡秋千

荡秋千是我国古代清明节的一种习俗，也是妇女十分喜欢的一种传统游戏。秋千，古字两字均有"革"字旁，千字还带走字，意思是揪着皮绳而迁移。它的历史很古老，最早叫千秋，后为了避忌讳，改为秋千。古时的秋千多用树桠枝为架，再拴上彩带做成，后来逐步发展为用两根绳索加上踏板的秋千。到了唐宋时代，秋千成为专供妇女玩耍的游戏。一些地方还认为，荡秋千能祛除疾病。这也许就是荡秋千能世代相传、经久不衰的原因之一。

荡秋千是我国各族人民普遍喜爱的一种民间体育运动，尤其受朝鲜族妇女的喜爱。每逢节日聚会，人们便会看到成群结队的朝鲜族妇女，聚集在参天的大树下或高耸的秋千架旁。身穿鲜艳民族服装的朝鲜族妇女，在人们的欢呼、叫好声中荡起了秋千，她们一会儿腾空而起，一会儿俯冲而下，尽情地欢乐，长长的裙子随风飘舞，大有腾云驾雾之感。

荡秋千的方法通常有三种，一种是单人荡，单人荡需要很高的技巧和力量。有的荡得很高，有的甚至能绕梁一转，显示了艺高人胆大；第二种是双人荡，两人面对面站在秋千上，一人使劲一人牵引，讲究两人的配合，尽管重量加大了也能荡得很高，有时能与横梁比高，荡幅达到180度，但很难越过横梁作360度旋转；第三种是大人带小孩荡，一边念着"荡一荡，除百病，岁岁得平安"的歌谣。

在中国封建社会里，妇女们深受封建礼教的束缚，长期大门不出，二门不迈，很少有机会与外界接触。在清明前后、春回大地的大好时光，妇女们便趁走出户外之机，以荡秋千舒展身子，同时也得到精神的解脱和放松。荡秋千作为一种娱乐活动，因为其运动量小，时间也可以自由支配而深受妇女儿童的喜爱。

放风筝

风筝起源于中国，至今已有2000余年的历史。在古代，风筝又叫做"纸鸢"或者"鹞子"，被称为人类最早的飞行器。相传春秋时期，著名的建筑工匠鲁班曾制木鸢飞上天空。后来，以纸代木，称为"纸鸢"；汉代起，人们开始将其用于测量和传递消息；唐代时，风筝传入朝鲜、日本等周边国家；到五代时期，又在纸鸢上系以竹哨，风入竹哨，声如筝鸣，因此又称"风筝"。至宋代，放风筝逐渐成为一种民间娱乐游戏。

十美图·放风筝
放风筝在中国由来已久，是深受人们喜爱的一种游戏，也是一种重要的娱乐疗法。

历代放风筝的时间均有较强的节令性，原因在于自然季节、气候对放风筝有较强的约束力。宋朝以后，春季放风筝已成定例。清明节前后，城镇居民多于城外空旷处放风筝。宋人高承《事物纪原》中把纸鸢列入"岁时风俗类"，即可说明风筝已有了明确的节令性。清代，仍盛行春季放风筝。清人李声振在《百戏竹枝词》中说："百丈游丝放纸鸢，芳郊三女禁烟前。"与北方风俗所不同，南方各地常有秋季放风筝的习惯，福建省内即多取九月初九重阳节放风筝，清末风俗画家吴友如先生在《纸鸢遣兴》图中题道："闽中风俗，重阳日都人士女每在乌石山、于山、屏山上竞放风筝为乐。"

明清两代的文人士子、庶民百姓都十分喜爱风筝，但是封建帝王却不许百姓在城里放风筝。原因是这样的：古代传说韩信曾利用放风筝测量未央宫远近，企图开凿地隧进入宫廷造反起事。明清两代帝王竟引为前鉴，生怕再发生类似的事情，因此明令禁止在城内放风筝。

在古代，人们还把放风筝与去晦气联系在一起。古人认为，放风筝可清目、泻内热，如果某人有灾，就将姓名写在风筝上，放至空中后，剪断引线，使其任意飞远，灾难也就可以随之消失。

消寒

消寒是古代文人雅士之间进行聚会、宴饮的一种习俗。北方天寒，冬至"入九"之后，同僚和挚友们每逢"九"日即相互邀请，举办不同规模的雅聚，人数必取"明九"或"暗九"（即9的倍数，如18、27等），大家坐在火炉旁用餐和饮酒的同时，进行吟诗作画，而酒令、餐品和诗画也都要与"9"有关，消解寒气的同时更兼遣心娱情，堪称苦寒时节的一大乐事。

第八篇

百工名物

三教九流

三教九流

最早时，汉儒曾将"夏尚武，殷尚敬，周尚文"称作三教，其意为三种社会教化的风气。东汉时，佛教传入中国，道教兴起。至三国时期，"三教"逐渐固定指儒教、道教、佛教。"九流"最早出现在《汉书·艺文志》中，指的是春秋战国时期在"百家争鸣"的背景下形成的九个学术流派，分别是以孔孟为代表的儒家、以老庄为代表的道家、以墨翟为代表的墨家、以韩非子和商鞅为代表的法家、以苏秦和张仪为代表的纵横家、以邹衍为代表的阴阳家、以邓析为代表的名家、以吕不韦为代表的杂家和以许行为代表的农家。同时，人们也习惯将宗教、学术中的各种流派统称为"三教九流"。不知从何时起，民间口头上又将从事各行各业的人们分为"九流"，根据高低贵贱又具体分为上九流、中九流、下九流三个等级。因上、中、下九流的内容随着社会经济、风俗的变化有所变化，故不止一个版本。而随着时间的推移，三教九流逐渐贬义化，泛指那些在江湖上从事各种不是很体面的行当的人。

民间九流排序

民间在口头上形成对各个行业归类的"九流"说法之后，其版本一度产生变化，目前流传下来的至少有四个版本。其一为：以帝王、圣贤、隐士、童仙、文人、武士、农、工、商为上九流；以举子、医生、相命、丹青、书生、琴棋、僧、道、尼为中九流；以师爷、衙差、升秤、媒婆、走卒、时妖（拐骗及巫婆）、盗、窃、娼为下九流。在另外三个版本的九流排序中，上九流和中九流的内容均变化不大，而下九流的变化比较大。卖油、修脚、剃头、抬食合、裁缝、巫、吹手、戏子、卖糖、搓背等职业均曾被列入下九流。可以看出，虽然名义上上、中、下九流内部各职业间也存在先后之别，但其非突出重点，"九流"的重点在于强调上、中、下九流之间的横向比较。其中，上九流主要是指帝王、官员、商人、地主等有权有钱阶层；中九流则主要是读书人、宗教人士、医生、风水先生、画师、书法家等技术含量较高或高雅一些的职业；而下九流除了固定地包括盗贼、娼妓、吹手等职业外，其他各种比较简单的服务性行业都经常随着时代变化而入选。因此可以推测，所谓上、中、下九流其着力点并不在于推崇上、中九流，而在于强调下九流职业的低贱。可以想见，各个时代的下九流的从业人员往往遭到人们的歧视，也便难怪"三教九流"从一个中性词逐渐变成了一个具有贬义意味的词了。

另外，元代时，曾经在九流的基础上形成过简单化的"十流"的说法，即一官、二吏、三僧、四道、五医、六工、七匠、八娼、九儒、十丐。元朝作为少数民族入主中原，统治者缺少"以儒治国"的中原社会传统观念。自金亡北方科举停办，直至元代中业复科，科举取士制度在元朝统治时期废弃达八十年之久，儒生仕进无途，社会地位恶化。儒生居"十流"之末也是这一社会现实的反映。

郎中

郎中即医生之意。周朝之前，华夏先人处于巫医不分的阶段，自春秋时期开始，巫、医逐渐分家，并开始出现专科医生。宋代之前的医生往往按专科性质称为食医、疾医、金疮医等。唐代时曾有医生的说法，但其时指的是学医的学生之意。而郎中、大夫本来均是古代官职名，唐宋之际，一些皇家医生的官职也达到了郎中、大夫级别。因当时民间流行以官职称呼，故民间普遍开始以郎中、大夫称呼医生。其中，南方人习称"郎中"，北方人则习称"大夫"，至今沿用。总体而言，因为郎中能够救死扶伤，加上大部分郎中颇具道德，对诊疗费一般是根据对方家庭情况酌情收取，对穷苦人往往免收诊疗费。因此大部分郎中往往在一乡之内颇具声望，社会地位较高，在对古代职业进行排序的"九流"的多个版本中，均稳居于中九流第二位，仅次于举子。古代许多读书人都一向有"不为良相，便为良医"的志愿。

风水先生

在我国民间，对占卜方位的方术多称为"风水"，进而把从事这种职业的人称为"风水先生"。由于看风水的过程中，大多数风水先生都习惯以阴阳学说来解释天象、地脉，人们从直觉上认为他们是经常与阴阳界打交道的人，所以又称他们为"阴阳先生"。

风水从诞生之初就与天文历法、地理结下了缘。作为风水先生，必须能够仰观天文，俯察地理，这是他们的基本技艺。之所以被称为相地术，是因为看风水主要是观察地理形势。叫做青乌根源于汉代相地家青乌子，人称青乌先生，以后人们多称此术为青乌。至于青囊称谓的缘起，大致是由东晋郭璞根据青囊九卷而著的相地术经典《青囊经》得名的。

因此，后世的风水先生多以郭璞为鼻祖，也有的认为九天玄女是阴阳院（风水门）的宗师。传说中，黄帝在九天玄女的帮助下战胜蚩尤，解救百姓于水火之中，而且从玄女那里学会玄学术数，其中很大一部分就是风水术。

拆字先生

清代蒲呱绘。这位先生只要看顾客写下的字，通过分析就能占卜吉凶。陈文瑞有诗云："学数谈星各隐占，偏旁字拆减还添。心驰商贾工农外，且设君平卜肆帘。"

算命先生

算命是中国最古老的行当之一。自殷商时代起，人们便开始利用龟甲裂纹来占卜吉凶，其时的占卜者多为巫师。到春秋战国时期，因八卦的流传及阴阳五行学说的兴起，许多知识分子开始通过看相预测一个人的命运。如春秋时的范蠡便善于看相；战国时的魏国人唐举曾准确预测过别人的寿命。不过上古时代的算命并不是一个谋利的职业，而更像是一种学问。秦汉之际，在社会的大动荡中，人们普遍感到命运无常，因此都希望能提前对命运有所把握。在这种社会心理下，占卜、算命行业开始形成正式的职业。汉代时，上至皇室、下至百姓，无不热衷相术。到唐宋之际，"八字"算命法开始流行，使得原来仅凭相术的算命法形式更加多样化，算命行业自此形成一个普遍的职业，当时一些算命师甚至在街市中租房"营业"。

就社会地位而言，算命因为是个脑力活，且"事关"别人命运，因此算命先生在早期形成的多个版本的"九流"中都排在中九流的中间位置，社会地位应该说还是比较高的。但到清代时，由于各类江湖郎中、落魄文人、云游僧道都加入算命行业，加上一些人引进欧洲、朝鲜等国的算命术，算命行业开始鱼龙混杂，可信度大大下降，算命先生的地位也因此开始下降。

厨师

"厨师"本是西周时期官名，指当时宫廷内负责天子饮食事宜的官员，又叫膳夫、厨人、庖丁、庖子等。上古时期，厨师一般指的都是宫廷和贵族的私人奴仆，民间并未形成比较普遍的厨师行业。直到汉代文、景时期，都市经济的兴起促进了饮食市场的兴旺，厨师才成为民间一个普遍的职业。当时的厨师已经穿上专门的厨师工作服，并存在明确的分工。唐宋时期，都市进一步繁荣，厨师行业已经形成一个庞大的职业群体。其时厨师称作"禽行"，禽行又分内、外行，内行指在饭馆里的师傅，外行则指专门四处走穴给人办宴席的厨师。当时的分工更是严格，据唐代《国史补》记载，富人家需要办席时，找社会上专门提供服务的相应组织，三五百人的宴席可立刻做好，这没有极细密的分工自然是不可能做到的。明清时期，饮食更是形成一种文化，各繁华都市均出现不少名噪一时的名厨。就社会地位而言，那些宫廷、贵族的家用厨师虽然能够发家乃至做官，但一不小心便有杀身之祸，担的风险也比较大；而那些民间厨师的社会地位则不高不低，既没有列入中九流，也未列入下九流。总的来说，人们对厨师是一种并不看在眼里，但也略微羡慕的态度。因为在古代多数时候，物质贫乏且经常发生饥荒，而厨师在嘴上自然是不受委屈的，即使饥荒年月，至少是不挨饿的。"三年天旱，饿不倒厨官"等谚语便反映了这种心理。

私塾先生

因为中国古代民间教育发达，因此私塾先生也是相当普遍的职业。早期教育多为贵族家庭垄断，私塾先生数量有限。自隋朝开科举制度之后，政府与社会之间通过教育打通一条仕途，民间教育兴起，私塾先生开始遍布全国城乡各地。古代的私塾先生总体上可分为两种，一种是自己"开班招生"，即先生在自己家里或借庙宇、祠堂或租赁房屋开办学堂，招收附近学龄儿童入塾读书，《水浒》中的智多星吴用便是如此；另一种则为被延请施教，或者是被富贵人家单独请到家中教育子女，或者是被一个村庄或一个宗族之人集体请去开馆教育儿童，如《红楼梦》中作为林黛玉老师的贾雨村。对应于主人的"东家"称呼，私塾先生往往有"西席"、"西宾"的别称。私塾先生施教的内容主要是对儿童进行启蒙阶段的识字教育。古代私塾先生主要由科举落第的秀才，其次是未中秀才的童生担当。

关于私塾先生的待遇和社会地位，则因人而异。在大户人家做私塾先生，待遇一般比较好；在村塾教学，待遇往往差些。当然这也与东家是大方还是吝啬有关。另外，明清之前的私塾先生待遇与社会地位都还比较不错。明清之际，读书人地位下降，私塾先生待遇与地位都直线下降，故有"家有三斗粮，不当孩子王"的谚语。不过总体而言，因古代通过读书能够做官，所以人们普遍重视教育，私塾先生固然挣不到什么大钱，但还足以或宽或紧地养活一家之口；地位虽说不上高，但还算是受人尊敬的。

药铺

周朝之前，巫、医、药不分。春秋战国之际，医、巫分家，同时医、药也开始逐步分工。医生除了自己采药外，也向民间的采药人购买药材。汉代时，在医官之外，已经存在专门的药官——药丞、方丞，两者分别掌药和药方。同时，民间采药卖药也成为专门职业。唐代，民间开始出现固定的卖药摊贩和摊位，药品零售业得到进一步发展。宋代，朝廷还在开封开办了第一家国家药店"官药局"，都市中出现大量的正规药铺。除一些医生自己也开有药铺外，许多医生只负责看病开药，病人自到药铺抓药。明清之际，药铺更是遍地开花，清代仅北京城里就有100多家中药铺。另外，在规模上也更成气候，出现许多全国知名并流传久远的著名药铺，如开办于明天启年间的杭州朱养性药堂，清代著名"红顶商人"胡雪岩在杭州开的胡庆馀堂，而康熙年间开办于北京的同仁堂至今存在。许多大药铺往往还有坐堂医生提供咨询。清末西药房也开始出现，并逐渐取代了中药房。在古代，开药铺被称为善举，药铺老板有时还被称作善人。因此明小说《金瓶梅》中西门庆之所以人人尊称其为"大官人"，不仅是因其有钱，还与其药铺老板的身份有关。

优伶

中国最早的职业演员，大约产生于西周末年，那时称"优"。这些"优"是奴隶主贵族的家养奴隶，善歌舞，会模仿别人的语言和动作，专供贵族声色之娱。优孟就是春秋时楚国国王的"优"。

优伶的社会地位从来就是卑微的，职业没有给他们带来任何欢乐。有的优伶则"献媚邀宠"，以博得安乐。优伶邀宠的手法无非就是以艺或色，或艺色并用，双管齐下。他们经常在帝王或权贵的身边，有机会察言观色，投其所好。

优伶的出现和发展是伴随着中国古代戏曲产生和发展的。先秦滑稽戏中已经产生了优伶，经过汉魏六朝的故事剧、唐朝的参军戏、宋代的南戏、元朝的杂剧、明清的传奇等发展阶段，优伶活跃于戏曲发展的各个时期，并为中国戏曲文化的发展与繁荣做出了不可磨灭的贡献。

宋国河北郡太夫人宋氏出行图　莫高窟壁画
画面是行进中的乐舞杂技表演。队伍最前列为杂耍表演。中间四名舞女，身着花衣，相对起舞，长袖飘动，姿态优美。乐队十几人，所持乐器有拍板、腹鼓、鸡娄鼓、笙、横笛、箫、琵琶等。乐队面对舞者演奏，舞者合乐而踏，乐与舞相融无间。

婢女

婢女是古代为皇家、官府或富贵人家充当奴仆的女子，具体可分为宫婢、官婢和私婢三类。婢女的来源大体上有四类，一类是因父母犯罪，子女被牵连的，其中男子为奴，女子为婢；另一类是穷人无法度日，将女儿卖作女婢的，这种情况在发生大的饥荒时尤其普遍，如东汉末年便是如此，官不能禁；第三类则是遭拐骗、劫掠的女子被违法卖到异地的，如《红楼梦》中的香菱。另外，有些女子因父母为别人家的奴仆，其生来也就是人家的婢女了。婢女是古代社会中一个相当悲惨的群体，往往要早起晚睡，服侍主人的饮食起居、洗菜烧火、打扫房间、洗衣服等，有的还要织布，为主人赚取经济收入；另外，婢女人权也遭到严重剥夺，经常被主人打骂，被男主人奸淫也无可奈何，因古代法律多规定奴仆告主人官府不予受理；并且，婢女的人身自由完全由主人决定，主人既可以将其卖出，也可以将其随便婚配别人。尤其宫中的婢女往往将青春年华空耗在寂寞里，一辈子没有婚配机会。不过，虽在法律及风俗上婢女地位低下，但由于古人受儒家思想影响，多数主人对婢女还是讲究人情味的。

娼妓

娼妓业古已有之，最早的娼妓发端于宗教卖淫，后来出现了宫妓、私妓。正式的市妓和妓院则产生于春秋初期。这一时期的管仲设置女闾，开了官办妓院的先河。

娼妓中的主要角色，即以卖淫为业，以肉体换取金钱的女人，称为妓女。我国古代，最早的妓女来源于"家妓"。后来，随着历史的发展，妓女的种类也渐趋多样，如"宫妓"、"官妓"、"市妓"、"私妓"等。无论是"宫妓"、"官妓"还是"市妓"、"私妓"，沦落风尘的良家女子都是其重要源泉。纵观中国娼妓发展史，妓女不外乎"艺妓"和"色妓"两种。所谓的艺妓，就是卖艺不卖身，这类妓女一般具有较高的才艺；而色妓则是直截了当地以出卖肉体谋生。从春秋战国至南北朝近千年的时间里，妓女以"艺妓"为主；到了唐宋时期，艺妓和色妓呈现出并存的局面；到了明清的时候，艺妓基本上退出了历史舞台，或者说转变为色妓，而色妓则成为妓女在这一历史时期的主要存在形式。

妓女身处社会的底层，受到方方面面的剥削和压迫，生活极其悲惨。如果遇到生病或者其他灾厄，她们更是苦不堪言，有时甚至生命都没有任何保障。

乞丐

据史学家考证，乞丐自原始社会的氏族公社解体以来，一直存在。时间长了，人们根据行乞的方式对其进行了分类。

原始型乞丐，他们因采取哀乞苦讨的方式乞讨而得名。古书称这类乞丐为"乞儿"。他们有的是由于一时落魄走到这一步，或遭遇天灾人祸沦落至此，只能靠行乞苟延残喘。卖艺型乞丐，指那些有一技之长，并以此招徕看客而且能博得其欢心，从而换取施舍的乞丐。劳务型乞丐，指的是那些从事一般人不愿或不屑于做的低贱、简单、肮脏、辛苦的劳务，以此换取施舍的乞丐。残疾型乞丐，即肢体残疾、丧失劳动能力的乞丐。他们当中有的是真的先天残疾或后天致残，无

丐求祖师

选自《点石斋画报》。讲述了这样一个故事：乞丐盘踞某庙，某日镇上戏班演戏，欲将戏箱抬进，与乞丐发生争执。乞丐被打得落花流水，于是只好祈求祖师严嵩相助。相传严嵩当年奉旨讨饭，又不许别人施饭，以致饿死，于是被奉为乞丐鼻祖。

亲无故，自身又丧失劳动力，只能靠乞讨过活，着实可怜。流氓无赖型乞丐，这些人表面上是乞丐，实质上则是披着乞丐外衣的流氓。

上述各种类型的乞丐也只是"丐帮"这个大群落中的一小部分，其他还有形形色色的乞丐。但无论以什么样的面貌出现，都不会跑出乞怜或骗钱或二者兼而有之的圈子。

流氓

流氓古已有之，从先秦时期的"赖子"、"恶少"到明清之际的"光棍"、"青手"、"打行"、"讼棍"、"帮闲"、"神棍"等，绵延不绝，其类型也不断增加。

光棍，本意是指没有妻室的单身汉，后泛指以敲诈为生的流氓无赖。近代的齐如山在《北京土语》一书中对该语的解释是：强索人钱财，占人便宜者，称之为"光棍"。光棍游手好闲，无所事事，整日出入于市井、青楼妓院之中。这些人滋生是非，扰乱社会秩序。

青手与打行是比较专业的流氓。所谓青手就是打手，而打手的组织就叫做打行。这种流氓在明朝中期以后的江南地区较为多见。他们有的是由于人口的激增，农村的剩余劳动力流动到城镇无所事事形成的。迫于生计，这些青手往往聚在一起，专门替别人报私仇，逼讨债务。有时也成群结党，以强凌弱，故意找碴儿与人发生争执或口角，然后就动手打人，抢夺财物。

讼棍，专指流氓习气严重的讼师，有时也叫做"讼鬼"。他们专门等别人吃官司，然后就出入公堂，为买通者作伪证，颠倒黑白，从中渔利。

帮闲，其实就是闲汉，他们不务正业，满街乱串，踢气，嗑瓜子，走街串巷，有时在花街柳巷闲逛，为嫖客打听一些花柳逸闻，讨几个赏钱。

善棍和神棍，分别指那些披着行善的外衣，打着宗教的旗号，进行流氓活动的无赖之徒。善棍以兴办慈善事业为名，在街市上赁一间屋，挂上"某某善堂"的牌匾，然后四处募捐。如果有人问及钱款的去向，他们就胡诌什么放赈、办学、养老、育婴等，蒙混过去，其实市民们捐助的款项全被这些人中饱私囊。神棍，则创立某某会，"教劝人修炼功行圆满，即可白日升天"，让他们拿出若干财物，到某某地方进香，最后达到骗钱害人的目的。

剃头师傅

剃头在古代属于下九流的行当，剃头者俗称剃头师傅、剃头匠、整容匠、镊工、待诏等。汉代时，出现了以理发为职业的工匠，当时主要是为贵族服务。直到宋代时，都市经济的发展带来了服务业的繁荣，理发的行为才开始广泛存在于市民的日常生活中，剃头师傅成为城市中常见职业。不过，古人信奉"身体发肤，受之父母"，因此除了幼儿外，成年人找剃头师傅主要并不是为剃去头发，而是做一些洁面、梳头等方面的事情。如宋代剃头师傅剃头时所做的主要是三个方面的内容：一是用镊子将客人头上的白发拔掉，故剃头匠有镊工之称；二是剃去颊毛与胡子，并拔鼻毛；三是用竹篦梳理头发，以使头发顺畅并清除头皮屑及虱卵，最后则将头发盘在头顶做成一个造型。明代还增加了挖耳、推拿等服务。金及元代，均对汉族人下过剃发令，但因汉族人的拒斥而不了了之。清代，在强制推行剃发易服令的政治背景下，剃头行业大盛，到处都能看到剃头师傅挑着担子走街串巷。因清人脑袋前端的头发需要经常剃掉，对于剃头师傅的需求量大大增加。顺治、康熙年间，城市中开始出现理发铺，后来剃发行业还建立了自己的行业协会，并有自己的祖师爷（一说罗祖，一说吕洞宾）。总体上，古代理发的都是男子。直到"五四"之后，女子才开始成为理发店的主顾。

木匠

木匠这个职业可以说是再古老不过了，木匠最早被称为"木工"，《礼记·曲礼下》记载："天子有六工，曰：土工、木工、金工、石工、兽工、草工。"之后木匠又有"梓人"、"梓匠"、"匠人"等称呼。木匠在古代的工作范围相当广泛，除了建筑之外，人们生产生活中家具、车船、棺材、木工艺品乃至军事上的弓箭、碉堡等，都离不开木匠。故此木匠在整个古代社会都是一个大行当，无论农村还是城市都有大量的木匠。古人早期按照木匠的专职领域进行过相当繁琐的分类，后来又简化为三类，一类是负责建筑等大器作的木匠；另一类是制作比较精致的木工艺品等小器作的木匠；第三类则是制造车船等介于前两者之间的木匠。总体上，木匠在古代属于典型的有一技在身之人，但木匠行业毕竟入门门槛不高，一般人都能学，因此其社会地位并不高，甚至一度被归为下九流。

当铺

　　当铺旧称质库、解库、典铺等，是我国古代出现的一种金融机构，具体形式为典当人以自己的房产、土地或某件物品作为抵押，按抵押物品的打折价值从当铺借到一定银钱，然后约定日期。如到期归还银钱，则当铺收取一定利息，归还典当物品；如到期未能归还银钱，则典当物归当铺所有。当铺最早是南朝梁的僧人搞出来的，因南朝梁武帝信奉佛教，寺院财产丰富，一些僧人收取别人抵押物后放高利贷，形成最早的典当业务。唐宋时期，典当行业在民间兴盛起来，当时还存在官办当铺。明清时期，当铺尤其繁盛。清乾隆年间，仅北京就有六七百家当铺。古代到当铺典当者，均是家有急难逼不得已才如此，多为穷人，尤其灾荒年景，穷人多以典当渡难关。总体上，典当行业在古代名声相当不好，往往是高息低放，刻意压价，典当金额往往不及物品价值的一半，利息却相当高，故穷人多恨之。《金瓶梅》中的西门庆便开有当铺，小说对其贪婪有生动的描写。不过古代金融服务业缺乏，当铺毕竟为人们提供了一条解一时之难的路径。

北京城百姓抢当铺
杨柳青年画。清朝光绪二十六年（1900 年），八国联军攻进北京，清帝及慈禧太后西逃，城中大乱。众多的贫民因国破兵乱，无处谋生，不得不铤而走险。图中描绘了当时群众激动地向高利剥削的当铺抢夺财物的情景。

澡堂

　　中国人相当爱好洁净，汉代时，朝廷每5天便给官吏放一次假，让其回家洗澡。早期贵族多利用天然池塘或在府邸内建造露天池塘以供洗澡。唐代人则喜欢在温泉洗澡，除著名的供唐玄宗和杨贵妃洗澡的华清池外，还建有众多的温泉澡堂。到宋代，随着城市的发展和商业经济的繁荣，城市中出现公共澡堂。当时开澡堂称为"香水行"，可能是澡堂内放有一定的香料之故。泡澡堂成为广大市民阶层离不开的消遣活动，文人士大夫尤其喜欢光顾。据说苏东坡便喜欢光顾公共澡堂，并就此有过一些词作。当时还有将澡堂与茶馆一块儿经营的，客人洗完澡还可以在茶馆里品茶。元、明、清时期，公共澡堂更加普及，尤其清代时，澡堂门口竖有高高的杆子，上挂澡堂招牌广告，以吸引顾客。澡堂内服务也更加周到，配有专门的伙计为客人服务，备有专门毛巾、饮料等；另外，澡堂还派生出了搓澡、捏脚、修脚等行业。不用说，澡堂行业必定是属于下九流了。

三百六十行

人们常说："三百六十行，行行出状元。"其实，所谓的三百六十行，只是个笼统说法，泛指各行各业。唐代时，一度产生"三十六行"的说法，但同样只是一种笼统说法。宋代时，好事者周辉在《清波杂志》上凑出了三十六行，具体包括肉肆行、丝绸行、文房用具行、酒米行、铁器行、药肆行等，基本上代表了社会生产生活中的各种常见行业。至于"三十六"为何变为"三百六十"，清末徐珂的《清稗类钞·农商类》载："三十六行者，种种职业也。就其分工约计之，曰三十六行；倍之，则七十二行；十之则三百六十行。"可见"三百六十行"乃是人们在三十六行的基础上乘十形成的。明清之际，中国农业、手工业获得极大发展，商品经济日渐繁荣，许多原本由家庭生产的用品都开始从家庭中分离出去，成为专门行业；另外又出现了诸如金融、报行等新兴第三产业。可能人们普遍感觉生活中的行业迅速增多，于是干脆在三十六的基础上乘以十，形成了"三百六十行"的说法。

名物国宝

鼎与簋

鼎，最早是古人用来做饭的器皿，相当于现在的锅。鼎分为两类，一类圆形三足，另一类方形四足。需要做饭时，直接在鼎下面烧火即可。因此，鼎其实附带了灶的功能。早期的鼎是用黏土烧制的陶鼎，后来则全为青铜鼎。簋，起初是商周时期的人们用来放置煮熟的食物的器皿，形制比较多，变化也较大。商代簋形体厚重，多为圆形，侈口，深腹，圈足，两耳或无耳，器身多饰的兽面纹。西周又出现四耳簋、四足簋、圆身方座簋等。

除了实用外，鼎与簋还是商周时期的重要礼器，是贵族身份的象征，而且，两者有一定的搭配关系。史书记载，天子用九鼎八簋，诸侯用七鼎六簋，卿大夫用五鼎四簋，士用三鼎二簋，众多考古发现也证实了这点。战国以后，鼎与簋的象征意义均失去，鼎大多成了香炉，簋则极少见到了。

君子之德比于玉

"君子之德比于玉"是春秋时期出现的一种说法，意思是君子的德行就像玉那样。在我国商周时期，玉极受人们尊崇，经常被用来比喻和形容美好的人或物，如玉女、玉食、金科玉律等。而君子同样是古人所推崇的一种人格，于是便产生了"君子之德比于玉"的说法。孔子曾直言："玉之美，有如君子之德。"孔子是否是第一个提出这种说法不得而知，不过他曾在《礼记聘义》中就此做出过最全面的解释："昔者君子比德于玉焉。温润而泽，仁也。慎密以栗，知也。廉而不刿，义也。垂之如坠，礼也。叩之其声，清越以长，其终诎然，乐也。瑕不掩瑜，瑜不掩瑕，忠也。孚尹旁达，信也。气如白虹，天也。精神见于山川，地也。圭璋特达，德也。天下莫不贵者，道也。"孔子对君子与玉的相通之处进行了精致的分析。故此，在春秋时期有"君子无故，玉不去身"的习俗，贵族男子随时随地身上都是要佩戴各种玉质佩饰。据说身上佩玉之后，只有在不快不慢、富有节奏的步伐下，玉佩才会发出有韵律、悦耳动听的声音，这便时刻提醒君子走路要温文尔雅，不要有丝毫的邪念。同时也告诉别人，君子来去光明正大，来去都事先（通过玉的声音）让人知道，是光明磊落的象征。至今，虽然随身佩玉已经不再流行，但"君子温润如玉"的说法仍未过时。

红山文化玉龙

红山文化玉龙是1971年在内蒙古赤峰市红山文化遗址考古发掘出的一个玉制的龙，该玉龙因是迄今发现最早的保存完好的龙而被誉为"中华第一龙"。红山文化玉龙通体由一块完整的玉雕成，呈墨绿色，身体卷曲，整体如同一个"C"字。从细节上看，龙首短小，吻部前伸，梭眼上翘，鼻端截平，头似猪首，身如蟒蛇，已经具备了成熟龙的基本造型。从雕琢工艺上看，其整个头部运用了浮雕、阴雕等手法来表现眼、鼻、嘴等部位，身体部分则由琢磨而成，光洁异常，这也表明了当时琢玉工艺的发达。整体上，红山玉龙造型独特，工艺精湛，圆润流利，生气勃勃，其身上负载的神秘意味，又为它平添一种美感，其对于中国龙文化的研究具有重要意义。关于红山文化玉龙的用途现在尚无定论，因其高达26厘米，显然并非配饰之物，推测大概是一种用于作为宗教图腾象征或是用于祭祀的礼器。

后母戊方鼎

后母戊方鼎是产生于中国商代晚期的一个青铜鼎，是迄今发现的世界上最大的青铜器。后母戊方鼎是商王文丁为祭祀其母亲"戊"而特地铸造，其高133厘米、口长110厘米、口宽79厘米，重达875公斤。外型呈长方形，口沿厚实，轮廓方直，四足而立，看上去沉稳而庄严。在鼎身四周布有以饕餮为主的纹饰，鼎耳外廓有两只猛虎，虎口相对，中含人头。整体上，后母戊方鼎形制雄伟，纹势华丽，工艺高超，是商代青铜文化顶峰时期的代表作。因鼎内部铸有"后母戊"三字而得名。后母戊方鼎于1939年在河南安阳被一个农民发掘，当时差点被闻讯赶来的一个日本人买走，几经周折，现存于中国历史博物馆。

后母戊方鼎模型（原名司母戊鼎）

四羊方尊

　　四羊方尊是后世发掘出的一件商朝中晚期的青铜器。铜尊盛行于商代和西周时期，是一种饮酒礼器。四羊方尊是现存商代青铜方尊中最大的一件，高58.3厘米，每边长52厘米，重34公斤，是我国现存商器中最大的方尊。尊口外沿呈方形，四角各塑一羊，羊头与羊颈伸出器外，羊身与羊腿附着于尊腹部及圈足上。羊角弯曲有力，羊头上饰有雷纹，羊背和胸部有鳞纹，前腿雕有长冠鸟，圈足雕有夔纹，其余空白地方均饰有雷纹。四羊方尊集线雕、浮雕、圆雕于一器，以异常高超的铸造工艺制成，造型简洁优美，寓动于静，极具端庄典雅意蕴，被认为代表了商代青铜器具制作的最高水平。四羊方尊于1938年在湖南宁乡县被发掘，目前存于中国国家博物馆。一般认为商文化南界到淮河流域，对于湖南为何存在如此精美的青铜器，一直是学界的一个疑案。

大型青铜立人像

　　大型青铜立人像是于1986年出土于四川广汉三星堆遗址的一件青铜器。该器由一个高172厘米的铜人站在一个高90厘米的底座上构成。立人头戴太阳花（象征日神）冠，身穿3件窄袖与半臂式右衽套装衣服，两臂一上一下聚在胸前，双手则各自握成环状，手势夸张，不知道在干什么。尤其令人不解的是其一双手异常大，显然非正常人的尺寸。考古学者推测这可能与古蜀人对手的崇拜有关，有考古学者推测铜像刻画的乃是一个巫师或帝王正在向人们传达神灵之意的形象，故意制造巨大的手和怪异的姿势是为了增加其神秘性。三星堆遗址作为远离华夏文明中原核心区的早期文明遗址，出土了数量巨大、种类繁多的诡异怪异文物。大型青铜立人像只是其中之一，与其他文物共同反映了殷商中晚期至西周早期的古蜀国繁杂诡异的原始宗教观念。

何尊

　　何尊是西周成王时期一位姓何的人奉命所造的青铜器，乃西周第一件有纪年的青铜器。何尊于1965年出土于陕西宝鸡县贾村塬，高38.8厘米，口径宽28.8厘米，重14.6公斤。圆口、长颈，腹微鼓，高圈足，体侧有四道扉棱，外壁刻有高浮雕兽面纹，整体上造型浑厚，工艺精美。何尊最具价值之处在于尊内所刻的122个铭文，铭文大致内容为：成王五年四月，周成王在成周（即洛阳）营建都城，并祭祀武王。周成王于丙戌日在京宫大室内对宗族子弟进行了训诰，内容讲到何的先父追随文王，文王受天命统治天下。武王灭商后以此地作为天下的中心，统治万民。周成王又赏赐何贝三十朋。何因就此事做尊，作为对这件事的纪念。铭文所记述的营造东都洛邑之事与《尚书·召诰》、《逸周书·度邑》等古代文献相符，对于研究西周历史具有重要的历史价值。并且，何尊铭文中还首次出现了"中国"一词，这使得其历史价值更是非同一般。

青铜立人像

宴乐攻战纹壶

嵌错宴乐攻战纹壶是我国战国时期的一种上嵌错宴乐、攻战等图纹的青铜器。嵌错金银是我国古代的一种金属细工的装饰技法之一，是在青铜器及青铜兵器上嵌错金银样纹。此技艺出现于春秋时期，战国时尤其盛行，许多车器、符节、镜上，也多有精美的错金银样纹。当时的纹饰题材一般为贵族生活的习射、宴乐及狩猎、水路攻战等内容。东汉之后，该技艺逐渐消失。目前存在的三个嵌错宴乐攻战纹壶是这一类青铜器的代表，其中一个是故宫博物院所藏传世品，另两件分别出土于陕西凤翔高王寺和四川成都百花潭。三个壶均为侈口、斜肩、鼓腹，壶身饰有金属镶嵌的异色图案，纹饰分层分组以横列式构图展开，每层之间则隔以斜角云纹。

侯马盟书

侯马盟书是1965年在山西侯马秦村西北的祭祀坑里发掘出的春秋时期的5000多件盟书。盟书又叫载书，是古代贵族之间订立盟约的书面文书。春秋战国时期，统治阶级内部斗争激烈，贵族之间经常通过订立盟约的形式结成集团，共同对付政敌。在订立盟约时，往往举行仪式，杀牲祭祀神灵，然后书写盟书。盟书一式两份，一份藏于盟府，一份与祭祀神灵的祭品一起埋入地下或沉入河中，以取信于神灵。侯马盟书是用毛笔将盟辞写在玉石片上，字迹多数为朱红色，少数为黑色。侯马盟书出现的时间一般认为是在春秋晚期晋定公十五年到二十三年（公元前497～前489年），地点在晋国晚期都城新田，反映的内容是晋国世卿赵鞅联合韩、智、魏氏针对范氏、中兴氏进行斗争的事，其历史背景则是新兴的地主阶级之间为争夺领地而进行的斗争。侯马盟书的发现为研究中国古代盟誓制度、古文字以及晋国历史有重大意义。

越王勾践剑

越王勾践剑是中国春秋晚期越国的一把青铜剑。该剑于1965年在湖北荆州市附近的望山楚墓群中被发掘，其被置于墓主人左手边的一个黑色漆木箱鞘内。拔剑出鞘之后，寒光耀目，毫无锈蚀，以纸试之，20余层一划即破，故享有"天下第一剑"的美誉。后经测量，剑总长55.7厘米，其中剑身长45.6厘米，剑宽4.6厘米。剑身上装饰着菱形花纹，剑格（剑柄与剑刃相接处）两面也用蓝色琉璃镶嵌着精美的花纹。中间靠近剑格外，镌有"越王勾践，自作用剑"8个错金鸟篆体铭文，故此考古学家将之命名为"越王勾践剑"。关于该剑历经两千多年不锈的原因，考古学家们一直没有定论，一般主要原因在于一方面青铜是以铜为主的铜、锡合金，不容易生锈；另一方面在于墓室曾经长期被地下水浸泡，剑完全隔绝氧气。目前，越王勾践剑藏于湖北省博物馆。

曾侯乙编钟

曾侯乙编钟是于1978年出土于湖北随州市擂鼓墩曾侯乙墓的一套编钟。编钟出现于我国商代，是一种由多个钟按照钟的大小和音的高低挂在钟架上以形成合律合奏的音阶的一套钟，属于打击乐器。春秋战国时期编钟风靡一时，和其他乐器如琴、笙、鼓、编磬等成为王室显贵的陪葬重器。曾侯乙是战国早期曾国的国君，在其墓中挖出的这套编钟是我国迄今为止发现数量最多、保存最好、音律最全、气势最宏阔的一套编钟，被称为"编钟之王"。该编钟有钮钟19件，甬钟45个，外加楚惠王送的一枚钟共65枚，按大小和音高为序编成8组悬挂在3层钟架上，总重2400公斤。钟上有错金铭文，除"曾侯乙作持"外，剩下全为关于音乐方面的，是研究先秦乐律的重要资料。这套编钟深埋地下2400余年，至今仍能演奏乐曲，音律准确，音色优美，令人惊叹。

虎符

　　虎符是中国古代皇帝用以调兵遣将的兵符，因古人崇拜老虎而将其做成伏虎形状，故称虎符。虎符盛行于战国和秦汉时期，最早时以青铜或黄金为材料，背部刻有铭文，一劈两半，右半部分由皇帝或朝廷军事机构保管，左半部分交与统兵的将帅或地方官。且各地虎符均有不同，专符专用，不可能用一个兵符同时调动两个地方的军队。需要调兵时，朝廷派遣使臣带着右半部分虎符到军中，与左半部分虎符扣合验证，如能吻合，才表示来使可信，军队首领则会按照使者的命令听从调遣。在《史记》记载的"信陵君窃符救赵"的故事中，信陵君当时作为魏国君主的弟弟，没有虎符同样调不了军，可见虎符在当时战争中的重要性。历代虎符的形状、铭刻等多有变化。汉代后，虎符均为铜质。隋朝时改用麟符，唐朝改为鱼符、兔符或龟符，南宋时又恢复虎符，元朝则用虎头牌，后世演变为铜牌。

阳陵铜虎符

此符是秦始皇调动军队的凭证，用青铜铸成卧虎状，可中分为二，虎的左、右颈背各有相同的错金篆书铭文 12 字："甲兵之符，右在皇帝，左在阳陵。"意为此兵符，右半存皇帝处，左半存驻扎阳陵（今陕西咸阳市东）的统兵将领处；调动军队时，由使臣持右半符验合，方能生效。

虎座凤架鼓

　　虎座凤架鼓是战国时期的一种充满楚国风格的鼓。虎座凤架鼓于2002年在湖北枣阳的九连墩战国楚墓中被考古学家发掘出，是目前楚墓中发掘出的最大的虎座凤架鼓之一。虎座凤架鼓以对称背向而卧的双虎作为底座，以同样对称背向的双凤作为鼓架。鼓身以黑漆为底，以红、黄、蓝三色绘制有精致的彩绘作为装饰。尤其是作为底座和鼓架的双虎、双凤，形神各异，俏丽优雅，栩栩如生，使整个鼓看上去充满一股率直原真的野性实感。战国时代的楚国，文化充满神秘色彩，极其流行似乎能将人和大自然贯通的木鼓，这只虎座凤架鼓就是当年楚国发达的祭祀文化的一个见证。该鼓目前存于湖北省博物馆。

商鞅铜方升

　　商鞅铜方升是战国时期商鞅监制的作为一升的标准容器的铜量器。其全长18.7厘米，内口长12.4厘米、宽6.9厘米、深2.3厘米。其外壁3面及底部均刻有铭文，其中，左壁刻有："十八年，齐率卿大夫众来聘，冬十二月乙酉，大良造鞅，爰积十六尊（寸）五分尊（寸）壹为升。"器壁与柄相对一面刻"重泉"两字。考古学者推测其应为商鞅任"大良造"时所监造，其地点则是在重泉（今陕西蒲城）。而后底部刻有秦始皇二十六年诏书，"廿六年，皇帝尽并兼天下诸侯，黔首大安，立号为皇帝，乃诏丞相状、绾，法度量则不壹歉疑者，皆明壹之"，右壁刻"临"字。此应是秦始皇统一六国后，仍以商鞅的此标准作为度量衡标准推向全国，"临"同样应是一个地名。商鞅铜方升说明早在战国时期，我国古人已经采用了将容量度量化的手段，为见证我国度量衡史的重要文物，目前藏于湖北省博物馆。

马踏飞燕

　　马踏飞燕是中国东汉时期的青铜器，于1969年出土于东汉镇守张掖的军事长官张某及其妻的合葬墓中。该青铜器塑造的是一只奔跑的骏马踏在一只燕子身上的造型，其意在于形容这匹马的矫健。在器物中，奔马身长45厘米，高34.5厘米，宽13厘米，形象雄健轻灵，神采飞扬。奔马昂首鸣叫，三足腾空、飞驰向前，一足踏在一只疾驰的飞燕背上，飞燕则吃惊地回过头来观望，看到底发生了什么事。整匹马的重量都踏在一只正疾驰的飞燕身上，显然作者事先严格计量设计了整个器物的重心。整个作品构思巧妙，极具浪漫色彩，雕塑本身也生动逼真，传神地塑造了一匹正在"天马行空"地奔跑的骏马形象。该作品的出现与汉代时朝廷通过骑兵战胜了匈奴，国威大振，人们因此非常喜欢马的社会心理有关。另外，此马也展现了汉代人在开疆拓土，广交天下诸国的背景下的积极向上的心态。

金缕玉衣

金缕玉衣也叫"玉匣"、"玉押"，是汉代皇帝和贵族死后所穿的殓服。因汉代人认为玉是"山岳精英"，将玉置于人的九窍，人的精气不会外泄，从而保持人的尸骨不腐，于是便制作了这种将人整体包裹在玉中的玉衣。其中用以缝接玉片的线分三个档次，即金缕、银缕、铜缕，分别对应皇帝、诸侯王及公侯大臣。这种玉衣便是将许多片的玉用"线"连接起来，整件衣服穿在人身上后能将人从头到脚包严，而后再在表面按照所对应的人的身体部位画上眼、鼻子、口、手等。整件玉衣光彩照人，有些像盔甲。这种玉衣流行于汉代，后魏文帝曹丕鉴于其浪费巨大，禁止该风俗，遂消失。目前共从汉墓中发掘出各类金缕玉衣20多件，其中以中山靖王刘胜及其妻窦绾墓中出土的两件金缕玉衣年代最早、做工最精美。其中刘胜之衣共用玉片2498片，金丝约1100克；窦绾的则用玉片2160片，金丝700克。这两件玉衣排列整齐，对缝严密，表面平整，颜色协调，乃是令人叹为观止的艺术品。据说这两件衣服是由几百名玉工花两年时间制成的。

长信宫灯

长信宫灯是汉代青铜器，属于有实用目的的宫灯。因此灯曾置放于窦太后（汉武帝祖母）的长信宫，灯身也刻有"长信"二字，故名。长信宫灯于1968年出土于河北满城县中山靖王刘胜之妻窦绾墓。灯体为一通体鎏金、双手执灯跽坐的宫女形象，灯体高48厘米，重15.85公斤，内中为空。整体由宫女头部、身躯、右臂及灯座、灯盘和灯罩六部分组成，各部均分别铸造，最后组装而成，也可拆卸。整个灯设计十分巧妙，宫女神态优雅恬静，一手执灯，另一手则置于灯顶做挡风状，实则作为一烟囱，避免了污染空气。据考证，此灯原为西汉阳信侯刘揭所有，景帝时刘揭被削爵，此灯与其他家产一道被朝廷没收，归窦太后居所长信宫使用，其后又被窦太后送给远亲窦绾。长信宫灯一改以往青铜器具的神秘厚重，造型轻巧华丽，集实用与美观于一体，是极其珍贵的青铜器具。

长信宫灯

博山炉

博山炉是中国古人的熏香器具，又叫博山香炉、博山香薰等。古代贵族喜欢在屋内燃香料，一方面通达神灵以辟邪，同时也用以熏衣、熏被、除臭等。而博山炉便是盛行于两汉及晋代的一种香炉，一般为青铜器或陶瓷器，外形呈豆形，中间镂空，上有一个高而尖的盖子，其外面雕有飞禽走兽，象征传说中的仙山——博山（汉代传海上有博山、蓬莱、瀛洲三座仙山），故此得名。另外，在当时的山东也确有一个博山（在今山东淄博地区），并且当地陶瓷、窑业也相当发达，因此博山炉有以产地命名的意思。青铜博山炉初为铜质素面，后施以鎏金，或错金、银，更加精致。博山炉下一般有底座，往往饰云气花纹，或鎏金。博山炉流行于两汉时期，以出土于河北满城县的错金博山炉为代表。魏晋时期，出现陶瓷质的五足和三足瓷器香炉，其工艺远逊汉代博山炉。

击鼓说唱俑

击鼓说唱俑是出土于四川成都天回山崖墓的一个汉代陶俑。陶俑是汉代雕塑产品中的一个重要门类，其体裁十分广泛，从侍卫奴仆到民间艺人，无所不有。而四川作为远离统治中心的地区，其汉俑则独具特色，内容更为丰富。目前出土的众多俑雕像中，以这件产生于东汉时期的击鼓说唱俑最富特色。该俑席地而坐，硕大的头上裹着一个方巾，额头布满皱纹，赤膊跣足，左臂抱着一个圆鼓，右手高高地举起鼓槌。看那样子，显然已经进入了表演的高潮，神情激动，表情夸张，仿佛已经忘记了别人的存在，竟不自觉地手舞足蹈起来。该陶俑生动地表现了一位热情、幽默而充满生命活力的艺人形象，令人不由自主产生会心的微笑。就艺术手法而言，击鼓说唱俑显然不是一种写实手法，而是采用了极其大胆夸张的手法，表现了汉代雕塑家们高超的艺术创造力，是研究汉代民俗及雕塑艺术的珍贵文物，目前收藏于中国历史博物馆。

宋针灸铜人

宋针灸铜人是宋代医学家王惟一所制造的一对用于示范针灸教学和考核医生的铜人。针灸学一直是中医学中最具有中国特色的治疗方法，但因为许多针灸书籍存在错误，容易误导人。鉴于这种情况，宋仁宗诏令对于针灸术有深入研究的翰林医官院医官王惟一编订了《铜人腧穴针灸图经》，后为使之更加易于为人掌握，又命其制造铜人两个，用于示范教学。王惟一造了一男一女两个铜人，其身高近于正常成年男女，胸背前后两面可以开合，体内雕与真人大小、位置基本相似的五脏六腑。铜人表面镂有穴位，穴旁刻题穴名。空穴由黄腊封涂，并注水于内。人取穴准确，针入而水出；取穴不准，则针刺不入。此一对针灸铜人当时一是用来作为皇家医院的教学之用，另外则用于考核医生针灸技术。相传宋金交战时，金人曾以索取针灸铜人作为一项议和条件，可见其珍贵。不过经历代战火之后，目前宋针灸铜人已经不知所在。据说现日本博物馆所藏铜人，即宋针灸铜人，但尚有争议。不过自宋代针灸铜人产生后，明、清、民国乃至现代都有不少医生陆续造有针灸铜人，记百余具。

郭店楚简

中国湖北省荆门市纪山镇郭店一号战国楚墓内的竹简，称郭店楚简，又称郭店楚墓竹简，1993年10月出土。经考证，郭店楚简抄写成书的时间不晚于公元前300年（大约相当于战国中期），是迄今为止所发现的中国最早的原装书。

郭店楚简共八百零四枚，经整理，有字竹简共七百零三枚，另残简二十七枚，总字数计一万三千多。竹简内容包括《老子》、《太一生水》、《缁衣》、《五行》等十六篇道家及儒家著作。秦始皇焚书坑儒时焚毁了大量先秦典籍，郭店楚简所保存的历史资料尤为珍贵。郭店楚简所载内容与传世儒道经典颇有不同，比如今本《道德经》第十九章为："绝圣弃智，民利百倍；绝仁弃义，民复孝慈；绝巧弃利，盗贼无有。"竹简《老子》甲却是："绝智弃辩，民利百倍；绝巧弃利，盗贼亡有；绝为弃作，民复孝慈。"从文字到思想，差异巨大，以致于哈佛大学杜维明教授说郭店楚简出土以后，整个中国哲学史、中国学术史都需要重写。

敦煌藏经洞

藏经洞是位于古丝绸之路河西走廊的敦煌莫高窟第17窟的俗称。光绪二十六年（1900年）五月，道士王圆箓清除第16窟甬道积沙时，偶然发现了这个藏经洞。藏经洞封闭的原因与时间，几十年来，众说纷纭，主要有避难说、废弃说和书库改造说三种。藏经洞封存了4 11世纪初的文献、绢画、纸画、法器等各类文物，约计五万件，五千余种；其中90%是宗教文书，非宗教文书占10%。后者的内容包罗万象，经、史、子、集、诗、词、曲赋、通俗文学、水经、地志、历书、星图、医学、数学、纺织、酿酒、熬糖、棋经等一应俱全，还有大量民间买卖契约、借贷典当、账簿、户籍、信札等。文书除汉语写本外，还有古藏文、于阗文、梵文、回鹘文、突厥文、龟兹文等写本。此外还有一批木版画、绢画、麻布画、粉本、丝织品、剪纸等作品。这些来自丝绸之路的中世纪珍宝，与殷墟甲骨文、居延汉

敦煌莫高窟

简、明清档案，被誉为中国近代古文献的四大发现。但由于最初发现时的原貌没有一份详细而科学的记录和目录，藏经洞珍宝的确切数量至今众说不一。目前，敦煌学已经形成为一门具有世界意义的学科。

居延汉简

1930年，瑞典人贝格曼在居延地区发掘汉简一万余枚，称为"居延汉简"。1972年，发掘汉简两万余枚，称为"居延新简"。在内蒙古自治区额济纳旗和甘肃北部额济纳河流域绵延三百公里，先秦时称"弱水流沙"（匈奴语），秦汉以后称"居延"。西汉武帝时，为了防御匈奴入侵，于太初三年（公元前102年）沿弱水（今额济纳河流域）两岸修筑了屯戍要塞，后因缺水而废弃。如今，这里又因雨水奇缺，气候干燥，使大量文物得以幸存，包括居延汉简。居延汉简大多发掘于金塔县境内肩水金关、大湾城、地湾城等汉代烽燧遗址，这些烽燧遗址因此而出名。居延汉简多是汉代边塞屯戍档案，小部分是书籍、历谱和私人信件等。居延汉简数量之多，在全世界范围内，也是首屈一指、无与伦比的。居延汉简多为木简，少数为竹简，书体为隶书章草。居延汉简纪年简最早者是汉武帝太初三年（公元前102年），最晚者是汉灵帝建宁二年（公元169年），为汉代历史的研究开辟了一个新的领域。居延汉简内容包括了当时社会的政治、经济、军事、科技、文化等方面，具有极高的科学、历史与文物价值。

车马服饰

卤簿

"卤簿"，指的是皇帝出行时随从的仪仗队。汉代已有关于卤簿的记载，蔡邕在《独断》中记述："天子出，车驾次第，谓之卤簿。"应劭在《汉官仪》中解释说："天子出车驾次第谓之卤，兵卫以甲盾居外为前导，皆谓之簿，故曰卤簿。""卤"在古代是"橹"的通假字，意思是"大盾"；"簿"指的是册簿，就是把"车驾次第"和保卫人员以及其他装备的规模、数量和等级记录下来的典籍。后代卤簿制度逐渐丰赡，到明代已经趋于完备，至清代乾隆时期更是发展到顶峰。卤簿的使用范围基本是祭祀、朝会、外出和巡幸，它的主要作用是保障皇帝及随员的安全，同时也是为了彰显皇帝至高无上的威仪，还带有对神显示庄重和虔诚的意味。清代乾隆十三年（1748年），完成了中国古代卤簿制度的最后定例，皇帝卤簿在装备方面的具体内容包括：华盖54个；执扇72个；孔雀雉尾和鸾凤16个；幢16个；幡16个；八旗大纛24个，羽林大纛、前凤大纛共16个，五色销金龙纛共40个，图案相反的80个；旗共120个；旌16个；金节4个；仪氅黄麾4个；金钺、星钺、卧瓜、立瓜、吾仗、御仗各16个；红镫6个；鼓24个；横笛12个；钲4个；铜角大小各16个。每一种装备还不仅仅是数量上的要求，对样式也有着非常严明的规定，例如对旗的要求，需有取材于四神（青龙、白虎、朱雀、玄武）图案的4个，四渎（长江、黄河、淮河、济水）图案的4个，五岳图案的5个，五星二十八宿的33个，甘雨（甘泽、甘澍、甘膏、甘霂）的4个，八风（东方曰明庶风，东南曰清明风，南方曰景风，西南曰凉风，西方曰间阖风，西北曰不周风，北方曰广莫风，东北曰融风）的8个等。

出巡与行宫

出巡指的是皇帝为了巡视或游赏而外出，一般指离开京城的远出。皇帝出京后临时居住的官署和住宅被称为"行宫"，有时皇帝会经常性地出巡到某地，这样就会在该地建造专供皇帝出巡居住的宫殿，而这也成为"行宫"一词的正式含义。在商末纣王的时候就已有了行宫的营建，据《史记·殷本纪》记载，纣王"益广沙丘苑台，多取野兽蜚鸟置其中，慢于鬼神。大聚乐戏于沙丘，以酒为池，县肉为林，使男女倮相逐其间，为长夜之饮"。这段话概括地描写了纣王的淫乐场景，而"沙丘苑台"也就是纣王的行宫，唐代李泰等撰写的《括地志》解释说："沙丘台在邢州平乡东北二十里。《竹书纪年》自盘庚徙殷至纣之灭253年，更不徙都，纣时稍大其邑，南距朝歌，北据邯郸及沙丘，皆为离宫别馆。"秦始皇统一天下之后，大肆修建行宫，据说秦时"关中计宫三百，关外四百余"，秦代行宫的数目为历代之最。到隋唐时期，行宫的营建成为一种与国家政治密切相关的制度，行宫的所在往往成为国家的临时政治中心，而陪都也是行宫的集中地点，如唐代以长安为都，而洛阳、太原、凤翔、江陵都曾立为陪都，尤其是洛阳，地居天下之中，又距京师长安较近，在诸陪都之中的地位最为重要，与长安一起被称为"东西二宅"或"东西两宫"。隋炀帝、唐高宗、武则天和唐玄宗都曾多次巡幸洛阳，因此洛阳成为隋唐时期行宫分布最密集之处。同时，为了皇帝的往来方便，在长安与洛阳之间的道路上也修建了许多行宫。

《康熙南巡图》局部 清 王翚

金根车和温凉车

金根车和温凉车都为秦始皇时期所创制，为皇帝专用车。《中华古今注》记载："金根车，秦制也。秦并天下，因三代之舆服，谓殷得瑞山车，一曰金根，故因作金根之车，秦乃增饰而乘御焉。"之所以将其称为金根车，取的是根为载育万物之义，而车又是用黄金来装饰的，天下也只有皇帝才配乘这种车。温凉车，亦作车，是专供皇帝外出巡视的交通工具，车内冬暖夏凉，在内可以自由窥探外面的景象，而外面的人则不能看到里面的情形。皇帝可以在车中召见臣僚，收听奏文，而臣属则在车外聆听皇帝在车里的传话和命令。据说秦始皇在出巡途中即死在温凉车里，后来温凉车也用来做丧车。

乘舆

乘舆特指天子和诸侯所乘坐的车子，秦后成为皇帝用车的专称，后来用于泛指皇帝所用的器物，也借指帝王。秦始皇统一天下后，建立了一套严整而奢华的乘舆制度，这套制度而后为汉朝所继承，《后汉书·舆服志》记载："汉承秦制……乘舆金根、安车、立车，轮皆朱斑重牙，贰毂两辖，金薄缪龙为舆倚较，文虎伏轼，龙首衔轭，左右吉阳，鸾雀立衡，文画，羽盖华蚤，建大旆，十有二游。画日月升龙，驾六马……五时车安、立亦皆如之。各如方色，马亦如之……所御驾六，余皆驾四，后从为副车。"从这段记载可以看出，汉代的乘舆分为多个种类，装饰是非常豪华的。唐代杜佑在《通典》中指出，汉代以来皇帝的乘舆，"有青立车、青安车、赤立车、赤安车、黄立车、黄安车、白立车、白安车、黑立车、黑安车，合十乘，名为五时车"。这也反映出皇帝乘舆规制的谨严与宏阔。

黄屋左纛

黄屋指的是皇帝车上用黄缯做里子的车盖，引申为皇帝所乘之车，有时也指皇帝居住的房屋；左纛是皇帝车上用牛尾或雉尾做的装饰物，设在车衡的左边，借指皇帝的车辆。"黄屋左纛"合用代指帝王的权位，如《史记·南越列传》记载："西南诸蛮，虽曰称臣奉贡，乘黄屋左纛，称制与中国等，尤志士所同愤。"这是在说，西南的蛮族部落，名义上向中央王朝称臣奉贡，实际上却行用皇帝的仪制，与皇帝等同，这是有志之人所不能容忍的。在君主专制时代，君臣上下，等级森严，对于衣饰行用等诸多方面都有着严格的规定，有所僭越是非常严重的罪行，作为臣子的如果享用黄屋左纛，就意味着对君王权威的蔑视，或是有意篡位称帝，这当然是为人所不容的。

"五辇"和"五辂"

辇，本义为用人力拉的车，秦汉以后，成为对皇帝、皇后所乘车的专门称谓；辂，原义为安在车辕上供人牵拉的横木，也是古代一种大车的名称。清代前期，皇帝乘坐的玉辂、大辂、大马辇、小马辇、香步辇这5种车，并称为"五辇"。乾隆八年（1743年），对"五辇"的名称进行更改，改大辂为金辂，改大马辇为象辂，改小马辇为革辂，改香步辇为木辂，玉辂仍旧，遂有"五辂"之称。

轩车和公车

轩车是指有屏帏的车，在古代是大夫以上的官员乘坐的。公车，原指入京请愿或上书言事，也特指入京会试的人上书言事，后来变为应试举人的代称。公车最早为汉代官署名，臣民上书和征召都由公车接待，被征应试的人员也由皇家用公家马车接送。到了清代，顺治八年（1651年）做出规定："举人公车，由布政使给与盘费。"（《钦定科场条例》）即应试举人的路上花费由政府的布政使供给，这是"公车"一词最早的正式提法，由此，"公车"也就成了应试举人的代称。

官员仪仗

仪仗，是指古代用于仪卫的兵仗，包括帝王和官员出行时护卫所持的旗、伞、扇、兵器等。皇帝的仪仗队伍最为庞大、最为显赫，王侯百官的仪仗也各有等级，规定非常详细，原则上是官阶越高，仪从越盛，仪仗越堂皇，至于平民百姓，则没有运用仪仗和仪从的权利。以唐代为例，一品官员有仪从七骑，二、三品官员为五骑，四、五品官员为三骑，六品官员为一骑。再如明代，公爵出行有仪从10人，侯爵8人，伯爵6人，一品至三品的官员6人，四品至六品的官员4人，七品至九品的官员2人。到了清代，官员的仪仗更为繁复，等级差别也变得更大，总督的仪仗为官员之中最盛者，各种仪仗器物如伞、扇、旗、兵器、回避牌、肃静牌等共17种34个，而一般府、州、县官员的仪仗器物只有5种8个。

官员出行

中国古代官员出行，有一套严整的仪式，而且不同等级的官员随行的仪仗有着严格的区别。个别时候的微

车马出行图

晋初辽东大族公孙氏墓壁画，绘有车8乘，骑从24人，其中有7乘车均为白盖轺车。中下位置一马拉行为轺车，此车后面另有一乘车驾三马，车后簇拥5人，为主车。此图反映了晋时世家大族出行的气势。

服出行之外，官员出行需要回避牌、肃静牌、官衔牌、铁链、木棍、乌鞘鞭、金瓜、尾枪、乌扇、黄伞等一套完整的随行仪仗，此外，还要"鸣锣开道"，以提醒前面的百姓避让，这被认为是必行的官仪，并且鸣锣多少也视官员品级而有着明确的规定。州县官员出行鸣锣，打三响或七响，称为三棒锣、七棒锣，分别意为"速回避"、"军民人等齐回避"；道府官员出行鸣锣，则打九棒锣，意为"官吏军民人等齐回避"；节制武官的大官出行，要打十一棒锣，意为"文武官员军民人等齐回避"；总督以上官员出行，因是极品，要打十三棒锣，意为"文武百官官员军民人等齐回避"。

官轿

官轿，即官员用轿，不仅是一种交通工具，同时也是权力和威仪的象征。在封建社会，轿子不是随便什么人都可以乘坐的，例如，唐代规定，士庶不得坐轿，只有仆射（相当于宰相）级别的高层官员在患病时才可以坐轿；其余朝官，一律不准坐轿；即使朝廷命官出差途中因患病需要乘轿，也必须陈请中书门下及御史台，经批准后才能乘轿。北宋初年，只有个别朝廷重臣经皇帝特许后才能乘轿。明代初年，朱元璋规定，京官三品以上方可乘轿，四品以下京官和京外官员只能骑马，不许坐轿。对于准许乘轿者，依照官员品级的不同对其所乘轿子的式样也有严格的规定，没有达到相应的级别是绝对不可以逾越的。以清代为例，皇帝所坐官轿是最为奢华的，为金黄轿顶、明黄轿帏，而且一般是十六抬的大轿，至于官员，"汉官三品以上、京堂，舆（即轿）顶用银，盖帏用皂（即黑色），在京舆夫四人，出京八人；四品以下文职，舆夫二人，舆顶用锡；直省督、抚，舆夫八人；司道以下，教职以上，舆夫四人；杂职乘马。……庶民车，黑油，齐头，平顶，皂幔。轿同车制，其用云头（即云状的装饰物）者禁止"（《清史稿·舆服志一》）。按照规定，乘坐轿子的只能是文官，武官只能骑马，年纪过大而行动不便需要乘轿者，则必须事先奏请恩准。

黄帝定服饰

上古先民们创造的服饰文化虽然和博大精深的中华服饰文化相比，连沧海之一粟恐怕都算不上，但它的地位是不容忽视的，因为它是我们中华服饰文化的初兴。尤其是黄帝时期，是我国历史发展的关键阶段，中华文化的各种制度大多在这个时期草创，服饰文化也不例外。这个时期的服饰制度初步成型，并较为充分地体现出古人的世界观和文化观，服饰开始成为礼制的载体。黄帝本人及他的大臣胡曹和伯余可以说是最早的服装设计师，他们制作出上衣下裳，上衣如天（天没有亮的时候），用玄色；下裳如地，就用黄色，以此表达对天和地的崇拜。尤其是在拜祭祖先、祭祀天地时，着统一的样式、统一的颜色，使得这些大型活动显得隆重而有秩序，无形中成为一种被人们认可和遵循的礼仪。黄帝时期的"垂衣裳而天下治"，影响了整个中国奴隶社会和封建社会。

冕旒和龙袍

冕旒是古代帝王、诸侯、卿大夫参加重大祭祀典礼时所戴的礼帽，是礼帽中最尊贵的一种，后来专指皇冠。

冕外面黑色，里面朱红色，上面是一块长方形的版，叫延，延的前端有一组缨，穿挂着玉珠，叫旒。天子有十二旒（排），《礼记·玉藻》："天子玉藻，十有二旒。"《淮南子·主术训》："古之王者，冕而前旒。"诸侯有九排，上大夫有七排，下大夫有五排。南北朝后只有皇帝才可以戴冕，所以"冕旒"成为皇帝的代称。龙袍又称龙衮、黄袍，因袍的主要颜色为黄色，上面绣龙纹而得名，是皇帝专用的袍，后泛指古代帝王穿的龙章礼服。龙袍的特点是盘领、右衽、黄色。龙一般是9条：前后身各3条，左右肩各1条，襟里1条。这样正背各显5条龙，意味"九五至尊"。清代龙袍下摆等部位绣有水浪山石图案，称"水脚"，意味一统山河。在封建社会，臣民严禁穿龙袍，否则就是谋反。

乾隆帝朝服像

十二章纹样

帝王礼服上的花纹共有12种，是以天地山川为代表的"十二章"纹样，是中国儒家学派服饰理论的核心。十二章包括日、月、星辰、山、火、宗彝、粉米、龙、华虫、藻、黼、黻12种纹样，几乎囊括了天地之间一切有代表性的事物。

日月星辰，除了取它们照耀大地，带来光明之意外，更重要的是，古代的人们认为日月和星辰在宇宙中有着主宰一切的意义。日一般是绘在上衣的左肩，而月则在右肩，两者合起来就是"肩挑日月"的意思，显得非常霸气，星辰都绘在日和月的下面。

山也是绘在上衣上的，由于山川显得稳重，用在衣服上有隐喻江山永固的用意。华虫实际上并不是虫，而是禽类，俗称雉鸡，羽毛华美，寓意王者有文采，即有文章之德。由于雉鸟高洁的缘故，通常都被绣在上衣的肩部到袖子外侧的地方，它在古代人眼中是一种祥瑞，又是神灵的象征，还具有神秘性，故而十二章取其随机应变之意。十二章中的火，既有光明的意思，也有旺盛向上的吉利含义。宗彝的解释比较多，一方面认为它是庙堂里用于祭祀的礼器，后来又在礼器上绘了一只虎和一只长尾猿，虎是凶猛的象征，而长尾猿是非常聪明的，用在这里表达了聪慧的含义，另外一种看法则认为这是表达了一种忠孝之意。至于藻，也是绣在下裳上的，藻在民间往往被用来借喻华丽的装饰，也有洁净的意思。粉米听起来就是和吃的东西有关，实际上也是如此，在衣服上绣上这样的纹样，主要是提醒帝王要注意滋养众生，注意惜福养民。黼实际上就是斧头，在章服上用斧头，无疑是为了增加礼服的庄严稳重，提醒王者"当断则断"；而与黼相似的黻是一种奇怪的图案，表达的是一种明辨是非的含义。

乌纱帽

"乌纱帽"也叫纱帽，它的前身是古代男子裹头发用的幞头。东晋成帝时，都城建康（南京）宫中做事的人，都戴一种用黑纱做的帽子，人称"乌纱帽"。到了南朝宋明帝时，"乌纱帽"传入民间，成为百姓常戴的一种便帽。隋唐时，皇帝、官员和百姓都戴乌纱帽。但为了区别官衔高低，乌纱帽上装饰了玉块：一品有9块，二品有8块，三品有7块，四品有6块，五品有5块，六品以下没有装饰玉块。宋太祖赵匡胤时，为防止大臣在朝堂上交头接耳，下令在乌纱帽的两边各加一个一尺长翅，又在乌纱帽上装饰不同的花纹，来表

文一品官乌纱帽　明

示官位的高低。明朝开国皇帝朱元璋规定文武百官上朝和办公时，必须戴乌纱帽，穿圆领衫，束腰带。另外，取得功名但还没有授予官职的状元、进士，也可戴乌纱帽。从此，乌纱帽成为官帽。清代官员的乌纱帽被换成红缨帽。至今人们仍习惯地将"乌纱帽"作为官位的代称，"丢掉乌纱帽"就意味着被罢官。

衣冠禽兽和补子

最能衬托大明皇帝的龙形象的，当然就是禽和兽了。所以明代官员的服饰规定：文官官服绣禽，武将官服绘兽。"衣冠禽兽"在当时遂成为文武官员的代名词。

明代服制规定：文官一品绯袍，绣仙鹤；二品绯袍，绣锦鸡；三品绯袍，绣孔雀；四品绯袍，绣云雁；五品青袍，绣白鹇；六品青袍，绣鹭鸶；七品青袍，绣鸂鶒；八品绿袍，绣黄鹂；九品绿袍，绣鹌鹑。武将一品、二品绯袍，绘狮子；三品绯袍，绘老虎；四品绯袍，绘豹子；五品青袍，绘熊；六品、七品青袍，绘彪；八品绿袍，绘犀牛；九品绿袍，绘海马。当时，"衣冠禽兽"是一个令人羡慕的赞美词，只是到了明朝中晚期，官场腐败，"衣冠禽兽"才演变成为非作歹，如同牲畜的贬义词。明代官服上的禽兽被绣在两块正方形的名叫"补子"的织锦上，使用时将它缝在官员的服装上，前后各一块，所以官员的服装也叫"补服"。"补子"是明代官服上新出现的等级标志，以后600年为官场所沿用，成为封建等级制度最突出的代表。

织锦一品文官仙鹤补子

刺绣二品武官狮补子

织锦都御史獬豸补子

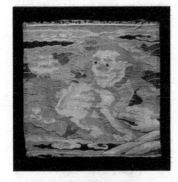

刺绣都御史獬豸补子

缂丝五品武官熊补子

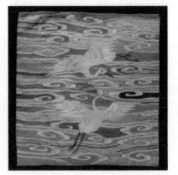

缂丝六品文官鹭鸶补子

顶戴花翎

清代冠帽大致分为礼帽和便帽，而冠帽中最具特色的当属礼帽。影视作品清宫戏中出现的拖着羽毛翎子的圆顶大帽——顶戴花翎就是官员的礼帽。礼帽还叫大帽，按季节分为八月到次年二月之间戴的暖帽和三月到八月戴的凉帽。

暖帽从上面看起来是圆形的，圆顶，四周有一圈宽宽的折檐。它的颜色以黑色为主，材料采用呢子、绸缎、绒布等。帽檐用黑貂皮、银貂皮、海龙皮、狐皮等各种皮毛制成，由于这些皮毛的原料比较昂贵，一般官员便使用黄鼠狼皮染黑了来制作。暖帽的顶上都装着红色的帽纬，有的用丝绦制作，有的用红缎子裁成，通常叫做红缨儿帽。在礼帽顶部的中央装有一颗顶珠，是用宝石、珊瑚、金、银等制成的。顶珠是区别官员职位高低的标志。凉帽则是一个圆锥体的笠帽，是用玉草或藤丝、竹丝编成的，外面罩上罗纱，缀上红色的帽纬，顶珠与暖帽相同。其他的同于暖帽。

不管是凉帽，还是暖帽，在顶珠的下面都插有一根两寸长的翎管，一般用白玉、翡翠、珐琅或者玻璃做成。翎管是专门用来插花翎的，这也是清代官员特有的身份等级标志。花翎通常用孔雀翎，采用的是向后拖垂的插法。由于孔雀翎末梢中央有一圈灿烂的花斑，中心是蓝黑色的，就像眼睛一样，所以清人称之为"眼"。花翎有三眼、双眼、单眼和无眼之分，品级不同，眼数也不同，有眼的叫花翎，无眼的叫蓝翎。清初的时候，花翎是十分珍贵的，只有建立功勋或是蒙有特恩的人才配赏戴。花翎的赏赐制度，在乾隆之后就开始松弛了，不仅品级比较低的官员可以得到花翎，商人也可以被赏赐。

衣和裳

我国的衣裳文化源远流长。据《易·系辞下》记载："黄帝垂衣裳而天下治。"可见在很久以前，古人就制定了衣裳制度。古人的衣服以交领右衽为主，也有圆领、直领，无扣系带，宽衣大袖，线条柔美流畅。商代时，上衣下裳的衣裳制度基本形成，帽、冠、发式、鞋子也随之产生。在古代社会，人们出于对天地祖先的崇拜，认为上衣象征天，天未明时是玄（黑）色；下裳象征地，而地是黄色。所以古人祭祀天地、祖先的衣裳（祭服）都是上玄下黄。而在日常生活中，衣裳的颜色要求就不十分严格了。西周时，宗法分封制确立后，等级制度也随之形成，对服饰的要求也严格起来，衣裳也随之出现了不同的等级。

隋唐时，随着社会的发展，上衣下裳已经不符合时代要求。裙子逐渐只限于女子穿用，而男子则穿袍子。但在正式的朝贺或祭祀时，君臣们仍然穿正式的上衣下裳的朝服。

品位和服色

在我国古代，黄色是皇帝的专用服色，象征神圣、权威和不容侵犯。除皇帝外，任何人都不允许穿黄色的衣服。但并不是每个朝代的君主都穿黄色衣服，如夏朝君主穿黑色，商朝君主穿白色，周朝君主穿红色。春秋时，齐国流行紫色，齐桓公穿紫袍，导

舞伎图 唐

图中舞伎着一件黄蓝色卷草纹白袄，红裙曳地，脚登高头青绚鞋。

致齐国紫色丝织品价格暴涨。秦国为了统治天下，按照五德循环理论制造舆论，认为秦在西方，属水德，尚黑色，黑色是尊贵的颜色。而汉高祖刘邦从南方起兵，最终登上皇位，南方属火德，所以红色又成为尊贵的颜色。唐高祖武德年间下令臣民的衣服不得使用黄色，黄色逐渐成为皇室的专用颜色。历朝历代官员官服因品级高低的不同，颜色也不同。以明朝为例：文武官员一至四品都是绯红色，五至七品是青色，八、九品是绿色。

冠、巾、帽

冠是古代专供贵族戴的帽子，是贵族服饰的标志。早在夏朝时期，就已经出现了礼服、礼冠的制度，以显示贵族身份。到了封建社会，有资格戴冠的除了贵族外，还有为统治阶级服务的士大夫阶层。

到了汉代，冠的种类非常多。通过冠帽就可以看出一个人的身份和等级。汉代主要冠帽有：冕冠、通天冠、长冠、远游冠、建华冠、方山冠、巧士冠、却敌冠、樊哙冠、进贤冠、武冠和法冠等。不同身份、不同场合所戴冠都有严格规定。帝王在参加祭祀大典时要戴冕冠；帝王在朝会和宴会上，要戴通天冠；官员在参加祭祀时戴长冠；各级武官在朝会时戴武冠；文官和儒士戴进贤冠等。

贵族和士戴冠，而普通老百姓只能用巾（用丝或麻织成的布）包头或结扎发髻。后来统治阶级也开始佩戴巾。汉朝末年，王公贵族开始流行佩戴巾，巾的种类逐渐繁多。文官佩戴"展脚幞头"巾，武官佩戴"交脚幞头"巾。后来人们发现戴帽子比戴巾方便，老百姓也逐渐淘汰巾而开始戴帽。

第九篇

国学掌故

阿堵物

出自《世说新语·规箴》："夷甫晨起，见钱阂行，呼婢曰：'举却阿堵物。'"王衍，字夷甫，是西晋的名士，自命清高，言谈之中从来不提金钱。一次，家人在他熟睡之际弄了很多钱围在他的旁边，想让他醒来的时候不得不提到钱。王衍醒来时，发现自己被钱围住，妨碍动身，于是大呼仆人：快把这阿堵物拿开。"阿堵物"是王衍为了避免提"钱"字而临时找的一个代称，后来通行起来。人们将钱称作"阿堵物"的时候，往往带有讽刺的意味。

半部《论语》治天下

《论语》是儒家经典的集大成者，所覆盖范围极为广泛，是很多古人提升自己、探寻解决问题之道的指导性书籍。很多政者在辅佐朝政时，也都以《论语》为参考范本。"半部《论语》治天下"典出宋代罗大经《鹤林玉露》卷七：宋初宰相赵普，人言所读仅只《论语》而已。太宗赵匡义因此问他。他说："臣平生所知，诚不出此，昔以其半辅太祖（赵匡胤）定天下，今欲以其半辅陛下致太平。"赵普是宋朝的开国元老。太祖在位时，赵普曾因读史不精，在与众人讨论年号"乾德"一事中犯了大错。被太祖训斥不学无术之后，赵普开始潜心钻研《论语》。太宗即位后，赵普再次出任宰相，朝中一些人因不满只读一部《论语》的赵普身居要职，经常在朝后议论。太宗听说了，便问赵普原因。赵普答道："臣一生所学，的确只有一部《论语》。太祖在位时，我凭借一半《论语》，辅佐太祖定天下，制定政策纲领。如今，我依旧以半部《论语》来辅佐您完成治理天下的大任。"太祖、太宗在位期间，赵普所制方针确实效果显著，对两朝的平定、巩固有重大意义。

伴食宰相

"伴食宰相"典出《旧唐书·卢怀慎传》："开元三年，迁黄门监。怀慎与紫微令姚崇对掌枢密，怀慎自以为吏道不及崇，每事皆推让之，时人谓之伴食宰相。"卢怀慎，唐玄宗开元元年任宰相一职。他与同为宰相的姚崇共同负责处理军机大事。卢怀慎为官廉洁，但是在政事上，他自认为不如姚崇，因此，很多事他都不敢做主，凡事都交给姚崇处理，自己则注重于举荐贤能一事，因而时人戏称卢怀慎为"伴食宰相"。伴食，指的是陪人家一同吃饭，后以"伴食宰相"形容那些空占职位，不谋其政的人。

鞭长莫及

典出《左传·宣公十五年》："虽鞭之长，不及马腹。"楚国派申舟出访齐国，途中要经过宋国，按照规矩，楚国是应当先与宋国打招呼的，但是楚庄王自恃大国，就没有事先通知。宋国认为楚国的这种做法是无视宋国的存在，就把申舟扣留起来并杀掉了。楚国于是派兵攻打宋国，将宋国都城睢阳围困了几个月之久。宋国派人向晋国求救，晋侯欲出兵，但是伯宗说：不可，鞭子虽然很长，但是抽不到马肚子上；楚国现在正处于强盛的称霸时期，晋国虽然也很强大，但还是不应当违背天意而与楚国相争。晋侯便没有出兵。后来楚国退军三十里，楚宋两国达成和平协议。

伯牙绝弦

典出《列子·汤问》："伯牙善鼓琴，钟子期善听。伯牙鼓琴，志在高山，钟子期曰：'善哉，峨峨兮若泰山！'志在流水，钟子期曰：'善哉，洋洋兮若江河！'伯牙所念，钟子期必得之。子期死，伯牙谓世再无知音，乃破琴绝弦，终身不复鼓。"《吕氏春秋·本味篇》也记载了同样的事。伯牙即人们常说的俞伯牙，原本姓伯名牙，"俞伯牙"之名出于冯梦龙《警世通言》中的"俞伯牙摔琴谢知音"一篇。伯牙为春秋时楚国人，精通琴艺，但是只有钟子期一人能够真正独到地领会他鼓琴的志意之所在。钟子期死后，伯牙因为世上再无知音而放弃了琴艺。

高山流水遇知音

不入虎穴，焉得虎子

　　语出《后汉书·班超传》。当年班超出使西域的鄯善国，开始时国王对他非常敬重，后来却忽然怠慢起来。班超敏感地意识到事情的变化，于是召集同来的人分析说，一定是匈奴也派人来拉拢鄯善国，所以国王才忽然改变了态度，因此他们现在的处境很危险。于是他当机立断，决定冒险袭击匈奴的使者，同时说出了"不入虎穴，焉得虎子"这句话，意在表明不下定决心去经历风险是不可能获得成功的。大家同意班超的看法，夜里发动了对匈奴使者的袭击，奋力死战，以少胜多，从而令自身的处境转危为安。

不食周粟

　　"武王已平殷乱，天下宗周，而伯夷、叔齐耻之，义不食周粟，隐于首阳山，采薇而食之。"（《史记·伯夷列传》）商末，孤竹君生前立三子叔齐为继承人。孤竹君去世后，叔齐想要让位给兄长伯夷，便悄悄出走了。但是伯夷也不愿作国君，偷偷地逃跑了。结果，两人在路上相遇，于是两人决定投奔深得民心的西伯侯姬昌。周武王继位以后，兴兵讨伐纣王，伯夷、叔齐认为此次战争荼毒百姓，是不仁之战，便极力劝谏。武王不纳，最终灭商。伯夷、叔齐认为做兴不仁之战的国家的臣民是可耻的，便隐居到首阳山，拒绝吃周朝提供的粮食，以采野果维持生命。后来，"不食周粟"便被用作坚守节操、志向高洁之典。

不为五斗米折腰

　　语出《晋书·陶潜传》："潜叹曰：'吾不能为五斗米折腰，拳拳事乡里小人邪！'"五斗米是晋代县令的俸禄，时陶潜任彭泽县令，上属的浔阳郡委派督邮来视察，而这个督邮是一个贪官，每次巡访都要索取贿赂，令陶潜深为反感。但是若不给督邮送上贿赂，势必会得罪他，从而给自己带来害处，因此陶潜索性挂冠解绶而去，表示不能因为求得俸禄而向小人卑躬献媚，此后隐居田园，甘于贫穷，再未出仕，拒绝与官场中人同流合污。

不学无术

　　语出《汉书·霍光传》："然光不学亡术，暗于大理。"不学无术的原义是因为没有学问而没有办法，后来转义为没有学问、没有技能。霍光是霍去病同父异母的兄弟，由霍去病带到京城，被汉武帝封为郎中。他为人小心谨慎，跟随汉武帝20余年，从未出过差错，深得赏识，在武帝驾崩后成为辅政大臣，权倾朝野，因其忠于汉室，使得武帝之后汉朝出现了中兴的局面。然而霍光居功自傲，独自一人垄断了朝政大权，而且形成了强大的家族势力，因而遭致皇帝和许多大臣的不满，犯下了为臣的大忌，为后来的祸变埋下了隐患，在死后3年被满门抄斩。因而，班固评价霍光"不学亡术，暗于大理"。

草木皆兵

"草木皆兵"典出《晋书·苻坚·载记》。公元383年，想要征服中原的先秦王苻坚，率领90万大军向淮河挺进，准备攻打东晋。东晋王朝派出大将谢石、谢玄，带领8万精兵前去迎战。秦军来势凶猛，实力强大，很快便攻占了寿阳城。先秦王苻坚大喜过望，认为晋军弱小，无法与秦军抗衡，便带着8000骑兵先行到寿阳城。苻坚笃信秦兵必胜，派东晋降将朱序前去劝降。朱序到了谢营，非但没有劝降，反而将秦军现状以及防守攻略全盘说给谢石、谢玄两位将军听。谢石听罢，针对秦军后援部队暂在路上，先锋部队兵力不足的现状，命刘牢之率精兵5万夜袭秦军。傲慢轻敌的苻坚军队被打得落花流水、死伤惨重。秦军元气大伤，军心涣散。苻坚登上寿阳城都，只见谢营中，官兵持刀执戟，队伍整齐，士气高昂。雾气蒙蒙的淝水之上，战船密布，桅杆林立。北面，八公山上，风吹草动，仿佛晋兵埋伏其中。看到此处，苻坚惊慌失措，懊悔自己轻敌，下令向后撤退，结果中计，被晋军打败。不久，先秦王朝也土崩瓦解。后来，"风声鹤唳，草木皆兵"便被用作惊慌失措、疑神疑鬼之典。

沧海桑田

"沧海桑田"出自东晋葛洪的《神仙传·麻姑》。汉孝桓帝时期，有两位名叫王远和麻姑的神仙。一日，他们约好到蔡经家去饮酒。到了那天，王远带着美酒佳肴先行来到蔡经家，不多时，麻姑也翩然到来。只见麻姑面容姣好，看起来年龄不过十八九，长发垂至腰间，身穿华服，光彩夺目，衣料之上绘有不可名状的花纹，是世间从未见过之花色，看得蔡经一家目瞪口呆。相互拜见之后，王远吩咐上菜。宴席间所用餐具全部是金玉制成，杯盘当中所盛食物，皆世间罕见。望着一桌香气十足的美酒佳肴，麻姑自顾说道："我刚才路经蓬莱一带而来，看见海水比之前浅了一半。自我得道成仙以来，已经亲眼见过三次东海变成农田，农田变成沧海了。难道这次，东海又要变成陆地了吗？"王远叹道："圣人都说，海水在下降，不久之后，那里又将尘土飞扬了啊！"后以"沧海桑田"比喻人世沧桑，世事变化大。

陈蕃室

陈蕃，字仲举，汝南平舆人氏（今河南平舆北），东汉太傅。陈蕃15岁时，独居西偏庭院研习诗书。一日，陈蕃父亲的老朋友来到府中，看到陈蕃所在庭院杂草丛生，室内秽物满地，便问他说："有宾客来，你怎么不打扫房间呢？"陈蕃答道："大丈夫胸怀大志，当以治理天下为己任，又怎么会在乎一间屋子呢？"薛勤听后，规劝道："一屋不扫，何以扫天下？凡事当从小事做起，方能成就一番大业。"此后，"陈蕃室"指闲居之处。

成也萧何，败也萧何

语出南宋洪迈《容斋续笔·萧何绐韩信》："信之为大将军，实萧何所荐，今其死也，又出其谋。故俚语有'成也萧何，败也萧何'之语。"韩信早年在项羽手下谋事，因不受重视而投奔刘邦，但是依然很受冷落，于是逃离汉营。萧何得知后，未及向刘邦禀告即去追韩信。返回后，萧何对刘邦说，韩信乃"国士无双"，欲取天下，非赖韩信之功不可。由此韩信始得用武之地。天下平定之后，韩信因遭受猜忌被贬而抑郁不得志，于是与巨鹿郡守陈豨商定谋反。刘邦亲往征讨陈豨，韩信则准备袭击吕后和太子，但是被人告密，吕后得知后与萧何商议，利用萧何与韩信的交情将他骗到宫中而斩杀。

萧何月下追韩信图　清　佚名　瓷板画

本画取材于汉史故事，萧何向刘邦推荐韩信，却未受重用，韩信一气之下离去，萧何惜其才能，星夜追赶，追回后拜为大将，为刘邦统一天下立下汉马功劳。图中韩信持弓佩箭、骑马于前边奔跑，后边萧何带仆从骑马追赶。

程门立雪

"程门立雪"语出《宋史·杨时传》："至是，杨时见程颐于洛，时盖年四十矣。一日见颐，颐偶瞑坐，时与游酢侍立不去。颐既觉，则门外雪深一尺矣。"程颢、程颐兄弟是宋代极有学问的人。进士杨时曾经拜程颢为师，虚心求教。程颢死后，尽管杨时已经到了不惑之年，但他仍然学而不止，约好友游酢一起前往洛阳，欲拜理学家程颐为师。他们赶到程颐家的时候，恰巧程颐闭目养神，于是，二人便恭恭敬敬地站在一旁等候。此时，天上飘起了漫天白雪。程颐醒后，门外的积雪已经深过一尺了，但是杨时、游酢没有丝毫倦怠之色。后来，"程门立雪"便被用作尊师重道、虔诚求学之典。

程门立雪

"程门立雪"是讲尊师的典故。程颢的弟子杨时追随程颢学习。不久，程颢故去，临死前嘱咐杨时去投奔弟弟程颐。杨时与同学游酢来到程颐的伊川书院时，正遇上程颐闭目养神。杨时与游酢没有叫醒程颐，恭恭敬敬等在门口。此时，天降鹅毛大雪，积了厚厚一层，二人仍在静静地等候。

楚囚南冠

"楚囚南冠"典出《左传·成公九年》："晋侯观于军府，见钟仪，问之曰：'南冠而絷者，谁也？'有司对曰：'郑人所献楚囚也。'使税之，召而吊之。再拜稽首。"楚国在南方，故楚冠又称南冠。"楚囚南冠"本指被俘虏的楚国囚犯钟仪，后泛指被囚禁的战俘。楚共王在位时，派兵攻打郑国。结果，得到晋景公出兵相助的郑国打败楚军，随军出征的钟仪被俘，后被转送晋国，囚禁在军需库中。被囚期间，钟仪从未摘下过头上的楚冠。公元前582年，晋景公到军中视察，看到了戴着楚冠的钟仪，经过询问，晋景公了解到钟仪不但会抚琴，还是仁、信、忠、敬之人，便将他放回楚国，让他为两国的和平友好出力。后以"楚囚南冠"比喻身在敌营，却仍然忠于祖国的坚贞之人。

大义灭亲

语出《左传·隐公四年》："大义灭亲，其是之谓乎？"春秋时卫庄公有三个儿子：姬完、姬晋和州吁。州吁最受庄公宠爱，但是性格暴戾，无恶不作。大夫石碏规劝庄公管教州吁，但庄公对此不予介意。后来姬完继位，为卫桓公，州吁听从石碏之子石厚的建议，杀害桓公，篡夺了君位，但是不受拥戴，所以想请石碏出来控制局面。石碏深感此二人祸国甚重，于是用计将他们骗到陈国，再血书于陈国大夫子针，令其奏请国君，擒获此二人。而后，石碏从邢国接回姬晋即位，并派家臣羊肩赴陈国诛杀了石厚。

箪瓢陋巷

颜回，春秋末鲁国人，字子渊。孔子弟子3000，贤者72人，其中，颜回是孔子最得意的弟子。自汉代以后，颜回便被列为七十二贤人之首。他谦逊好学，以德行著称。《论语·雍也》载："颜渊一箪食，一瓢饮，居陋巷，而不改其乐。"孔子评价颜渊说："贤者，回也。"意思说，在所有士大夫中，能够生活在简陋的破巷里，每顿饭只吃些简单的、能够填饱肚子的食物，喝水也只是达到不让自己口渴的限度，还能够以勤学苦读、不辍学习为乐的，恐怕只有颜回一人了。这种安贫乐道的态度，正是贤者所具备的乐观精神。后来，"箪瓢陋巷"便被用作生活清贫之典。

盗泉

"盗泉"位于今山东省新泰市石莱乡道泉峪村西石桥南边，如今已更名为"道泉"。《尸子》卷下中记载说："孔子过于盗泉，渴矣而不饮，恶其名也。"相传，春秋时期，有一年天下大旱，庄家颗粒无收，而当地政府却变本加厉，增加税收。一批早已饥不择食的百姓在一位名叫刘夏子的庄稼汉的带领下，登上附近的青龙山，占山为王，公开与官府抗衡。由于山上聚集的人数众多，而且这伙强盗势头凶猛，官府对他们无可奈何。后来，朝廷请孔子到山上说服盗匪，以消除祸患。但是，孔子一番礼教之后，盗匪却不为所动，孔子只得带领众弟子下山，来到了道泉峪村。烈日当空，众人饥渴难耐，在路人的指引下，他们来到一处泉水边。众弟子以瓢取水，畅饮起来，并将水捧到孔子面前。孔子看到泉水旁边立有碑刻，上面题有"盗泉"二字。经过询问，孔子才知道，这口甘甜如饴的泉水名为盗泉，是青龙山上盗匪霸占之水，故以此名表示所属。孔子听后非常生气，命令众弟子放下手中泉水，迅速赶路，即使渴死也不喝盗泉的水。后来，这个典故在村子中流传开来，人们便以"志士不饮盗泉之水"来形容那些为人清廉、拥有浩然正气的人，同时旨在说明儒家学派的正义思想。

登龙门

登龙门，比喻得到有权位、有声望者的援引而身价大增，也指在会考时得中进士。出自《后汉书·李膺传》："膺独特风裁，以声名自高，士有被其容接者，名为登龙门。"东汉的李膺性情高傲，不随意与人交往，但是学问和品格俱为世人所仰重，有着很高的名望，人们都将与李膺有过交往看做是一件非常荣耀的事情，就像鱼跃过了龙门一样，身价由此非同一般。

东床坦腹

语出《世说新语·雅量》："王家诸郎，亦皆可嘉，闻来觅婿，咸自矜持；唯有一郎在东床上坦腹卧，如不闻。"东晋时，太傅郗鉴为女儿择婿，听说丞相王导家的子弟多，于是写信派门生前往。王导看过信后说他的儿子们都在东厢，可以任意挑选。门生回来禀告郗鉴说，王家的几个儿子都很好，听说有人来挑选女婿，都很庄重、拘谨，只有一个在东床上露着肚子躺着，好像没有听到这回事一样。郗鉴听了，非常欣赏坦腹东床这种任诞率真的性情，决定就选这一个做女婿，这人就是后来被誉为"书圣"的王羲之。

东道主

典出《左传·僖公三十年》："若舍郑以为东道主，行李之往来，共其乏困，君亦无所害。"春秋时，秦晋两国合攻郑国，郑文公派烛之武去说服秦穆公退兵。烛之武指出，郑国与秦国并不相邻，若郑国灭亡了，秦国跨越其他国家在远方设置边邑是很困难的，灭郑的结果只是增强了晋国的力量，晋国强大了，秦国相对就变得弱小了。可是如果保留郑国而令其作为秦国东方道路上的主人，供给秦国使臣的交通往来，这是没有坏处的。而且晋国的欲望是没有止境的，当初晋惠公因为受到秦国的帮助而答应将焦、瑕二地赠与秦国，可是他回国之后马上就背约设置了防守。郑国灭亡之后，晋国必然要向西侵害秦国。秦穆公于是退兵。后来，"东道主"一词就常常用来代指主人。

东门犬，华亭鹤

李斯，战国末年楚国上蔡（今河南上蔡西南）人，秦朝宰相。秦始皇死后，他与赵高密谋，伪造遗诏，令太子扶苏自杀后，扶立秦始皇少子胡亥。胡亥坐上皇位后，李斯、赵高因功在朝中担任要职。李斯一心争名夺利，赵高早已对他心存不满，便借着李斯等人上奏秦二世削减赋税、停止修建阿房宫一事，陷害李斯与其子李由密谋造反。秦二世二年七月，李斯被腰斩在咸阳市，并夷三族。临刑前，他对儿子说道："我想与你像当年一样，牵着黄狗出上蔡东门追逐野兔，这样的生活不会再有了啊！"

陆机，西晋吴郡华亭人，文采出众，颇受成都王司马颖的器重。司马颖讨伐长沙王司马乂时，陆机被封为主帅，与挟持了晋惠帝的司马乂战于鹿苑，结果大败。后来，有人诬陷陆机与长沙王司马乂私通，陆机被杀于军中。临终之时，陆机叹道："华亭鹤唳，可复闻乎？"后以"东门犬，华亭鹤"作为官员遭难，抽身不能，思念故土，眷恋自由人生之典。

东施效颦

典出《庄子·天运》："故西施病心而颦其里，其里之丑人见而美之，归亦捧心而颦其里。

羲之爱鹅图 清 任颐

王羲之是东晋著名的书法家，相传他常常观察鹅游水的姿势，从中悟出了用笔之法，从而养成了好鹅的性情。他曾经以写一部《道德经》作为筹码换取道士的一只鹅，一时间传为美谈。此画即拟意于此。桥下塘水涟涟，竹叶披纷掩映，两只白鹅游弋水中。桥头王羲之凭栏观鹅，其面目清秀，神情专注，手拿团扇却忘记扇动，尽显儒雅、恬淡之气。身旁童子则以臂、颔撑栏上，一手下垂，双目一眨不眨，姿势自然全神贯注。作者以浓淡墨写意，人物用笔挥洒自如，面部晕染合宜，衬景用墨淡淡相间，尽显雅境之淋漓气息。全画设色淡雅，力脱时习，追古意而极具文人画气息。

其里之富人见之，坚闭门而不出；贫人见之，挈妻子而去之走。彼知矉美而不知矉之所以美。"西施是春秋时越国的美女，因为心痛而将眉头皱起，邻里有一个长得丑的女子见了，觉得西施的表情和动作很美，于是效仿起来，捧住胸口，皱起眉头，结果弄得人们见了唯恐避之不及。这个丑女以为西施之美是因为矉的样子，而实际上矉这种姿态是因为西施本来的美才会令人感觉到美的。后来人们将其与西施相对而以东施称之，于是"东施效矉"就流传为一条成语，用来形容不知所以、胡乱模仿、弄巧成拙的行为。

东山再起

"东山再起"典出《晋书·谢安传》："隐居会稽东山，年逾四十复出为桓温司马，累迁中书、司徒等要职，晋室赖以转危为安。"指退隐之后再度出任官职，也比喻失势后重新得势。谢安，字安石，东晋陈郡阳夏（今河南太康）人，出身士族，曾为著作郎，在士大夫中名望甚高，后因病辞官，归隐于会稽的东山之中。朝廷曾多次召请他出山，但都被他拒绝了。士大夫都在议论："谢安不出来做官，让百姓怎么办？"四十岁的时候，谢安重新步入仕途。后来，前秦南侵，东晋危在旦夕。谢安临危受命，率军在淝水打败前秦军队。后来，人们便将谢安出东山，重新做官称为"东山复起"，亦作"东山再起"。"东山再起"也被用作卷土重来、重新得势之典。

断袖之癖

"断袖之癖"典出《汉书·董贤传》："常与上卧起。尝昼寝，偏藉上袖，上欲起，贤未觉，不欲动贤，乃断袖而起。"董贤，西汉御史董恭之子，汉哀帝的男宠。西汉建平二年（公元前5年）的一天，哀帝与董贤同床午睡。哀帝醒来，欲起身，发现衣袖被董贤压在身下，为了不惊醒董贤，哀帝拔剑割断了衣袖。从这一事例中，足见这位长相极具阴柔之美的男宠被哀帝喜爱程度之深。后来，"断袖之癖"便常被用作形容同性之间的爱恋。

董贤像

汉哀帝的男宠。原为龙阳舍人，长得十分漂亮，汉哀帝非常喜欢他。有一次，哀帝与董贤午睡，哀帝有事起床，但袖子压在董贤身下，哀帝不忍心惊醒他，就用剪刀把袖子剪断了。"断袖之癖"的典故即出于此。图为清代瓷花瓶上董贤画像。

多行不义必自毙

语出《左传·隐公元年》："多行不义必自毙，子姑待之。"郑庄公即位后，他的弟弟共叔段积极扩大自己的封地，力图夺取君位，祭仲告诫庄公说共叔段的势力现在已经发展得很大了，应当及时采取措施。庄公说：不义的事情做多了必然自取灭亡，你姑且等待一下就知道了。其实庄公对于共叔段的图谋早有准备，后来，趁共叔段向外征讨的时候出奇兵一举蹿袭了他的领地，使得他最后走投无路而被迫自杀。

尔虞我诈

典出《左传·宣公十五年》："我无尔诈，尔无我虞。"楚国因为出访齐国的使者申舟在途中被宋国所杀而出兵讨伐，围困宋国都城之后，相持了几个月也没有攻下，楚庄王打算退兵。但是申舟的儿子申犀对楚庄王说：当初我的父亲明知道要死也还是坚持受命而行，可是现在您怎么能置当初说过为其报仇的话而不顾呢。楚庄王只好留了下来，申叔时建议楚军在城外修建房舍和耕种田地，这样宋国就害怕了。果然宋国承受不住，于是大夫华元在一天夜里潜入楚军营地，来到统帅子反的卧榻上，对他说：宋国城内缺粮，已经达到易子而食的地步，可尽管如此，宋国也不会与楚国订立屈辱的城下之盟的，但是如果楚军肯退却三十里，那么宋国会听从楚国所提出的条件。于是，楚军后退三十里，两国谈和，谈判书上写道："我无尔诈，尔无我虞。"即彼此诚信，互不欺骗。

二桃杀三士

二桃杀三士，用来比喻借刀杀人，典出《晏子春秋·谏下》。春秋时，公孙接、田开疆和古冶子是齐国的三大壮士，以勇力闻名，但是傲慢自大，因而得罪了晏子。晏子于是向齐景公建议除掉他们，以免后患。齐景公考虑他们十分勇猛而不宜硬攻，晏子就想出了这样的计策，即送给他们两个桃子，令三人论功劳的大小来分吃。公孙接和田开疆都认为自己的功劳大，各自拿了一个桃子。古冶子非常气愤，述说了自己的功绩，公孙接和田开疆认为古冶子的功劳才是最大的，于是把桃子让出来，又因为刚才的狂言而羞愧自杀，这令古冶子觉得自己再活下去就是不仁不义，于是他也自杀了。晏子利用他们妄逞义气却不通事理的缺点而凭借两个桃子就轻松地除掉了他们。

防民之口，甚于防川

语出《国语·周语上》："防民之口，甚于防川，川壅而溃，伤人必多，民亦如之。是故为川者，决之使导；为民者，宣之使言。"西周后期，周厉王推行暴政，人民怨声载道，于是厉王派人监视，有怨议者皆被逮捕杀害，因此人们在路上相遇的时候都变得不敢说话了，而仅仅用眼神示意一下。厉王对此颇为满意，召公却很担忧，指出"防民之口，甚于防川"，认为对人民的言论应当疏导，而不应当限制，这种做法的后果是很严重的。但是厉王不予理睬，不久之后，果然发生了"国人暴动"，人民攻击王宫，厉王仓皇出逃，失掉了执政的权力，后来在外地死去。

焚书坑儒

秦始皇三十四年（公元前213年），齐人淳于越反对秦朝实行的"郡县制"，李斯认为这种言论对秦朝的统治不利，因而奏请："史官非秦记皆烧之。非博士官所职，天下敢有藏《诗》、《书》、百家语者，悉诣守、尉杂等烧之。有敢偶语《诗》、《书》者弃市。以古非今者族。吏见知不举者与其同罪。令下三十日不烧，黥为城旦。所不去者，医药、卜筮、种树之书。若欲有学法令，以吏为师。"秦始皇采纳了他的建议，这就是历史上的"焚书"。第二年，两个术士侯生和卢生非议秦始皇，并畏罪潜

秦坑儒谷
坑儒谷是秦始皇镇压方士儒生的地方，在西安市临潼区韩峪乡洪庆堡。

逃，秦始皇得知后大怒，派御史调查审理，获罪者共460余人，全部坑杀，此即"坑儒"，实际上坑杀的大部分是术士，并非儒生。

分道扬镳

镳，是马嚼子，分道扬镳就是分开走路，意为志趣不同，难以合作同行。典出《北史·魏诸宗室·河间公齐传》："洛阳，我之丰沛，自应分路扬镳。自今以后，可分路而行。"北魏时，元志为都城洛阳的长官，依仗皇帝的器重而颇为自傲。一次，御史中尉李彪与元志在路上相遇，各不相让，李彪认为自己的官职高，元志应当为他让路，而元志则坚称自己是洛阳的地方长官，李彪对于他来说只不过是洛阳的一个住户而已，自己没有让路的道理。两人各执一词，纷争到了皇帝那里。孝文帝觉得他们讲得都有道理，于是劝解说：洛阳是我的都城，以后你们可以分开来各自走各自的路。

风马牛不相及

比喻事物之间相隔遥远，彼此完全不相关。语出《左传·僖公四年》："君处北海，寡人处南海，唯是风马牛不相及也。"齐桓公会盟北方七国征讨楚国，楚成王派大夫屈完去质问齐国征伐的原由。屈完对齐军说：你们在遥远的北方，而我们在遥远的南方，即使彼此的马和牛走丢了，也跑不到对方的土地上，不知道你们出兵来侵伐是出于什么原因？管仲就历数了楚国不向周天子纳贡的罪状。屈完表示不纳贡是自己的错，以后一定会纳贡。但是齐军依然向前推进，于是屈完再次出访齐军。齐桓公向屈完展示了强大的军队，而屈完表示，齐国的军队固然强大，而楚国有方城和汉水可守，也是不可攻破的。后来，齐桓公还是撤军了。

烽火戏诸侯

烽火戏诸侯源自历史上千金博一笑的故事。周幽王宠爱妃子褒姒，可褒姒却从来没有笑过，幽王为此想尽了办法，宣布有办法令妃子笑者赏赐千金。后来按照虢石父的建议，一天夜里命人点起了烽火，烽火意味着国都遭到了侵犯，邻近的诸侯见到烽火就会纷纷派兵赶来救援。可是当这些诸侯赶到时，却发现并没有敌人来侵犯，竟是幽王为了博宠妃一笑而将他们戏弄了一番，不禁大为恼怒。褒姒见到这么多的人无事匆匆赶来又匆匆而去，终于笑了起来，幽王于是重赏了虢石父。不久之后，西戎来犯，幽王再点起烽火，可诸侯们以为又是在开玩笑，就都没有理会。国都的兵士很少，不足以御敌，结果镐京被攻破，幽王出逃，后被杀，西周灭亡，王室东迁，从此一蹶不振。

冯唐易老

语出王勃《秋日登洪府滕王阁饯别序》："嗟乎！时运不齐，命途多舛；冯唐易老，李广难封。"冯唐在汉文帝时以孝悌闻名，被拜为中郎署长，但是长期未得到升迁。一次，文帝经过郎署，见到冯唐，问他因何这样大的年纪仍在郎署任职，冯唐一一回答了文帝的问题，却又因直言而与文帝抵牾，令文帝大为生气。后来匈奴入侵，文帝求问冯唐，冯唐荐举了处于刑罪之中的魏尚，冯唐也被任命为车骑都尉。数年之后，景帝即位，以冯唐为楚相，后来免官。武帝即位之后，征求天下贤良，人们举荐冯唐，可这时冯唐已经90多岁，不能再出来做官了。王勃在文中引用这则典故意在说明人生短暂，而际遇难逢。

冯谖弹铗

　　典出《战国策·齐策》。冯谖是齐国人，生活贫困，投靠于孟尝君。孟尝君问他有什么擅长的技能，冯谖说什么也没有，但孟尝君还是收留了他。手下人因为孟尝君轻视他，也慢待冯谖。过了一些时候，冯谖弹铗（即剑）歌曰："长铗归来乎！食无鱼。"于是孟尝君令他和别的门客一样也吃到鱼。此后，冯谖又用同样的方式得到了车，并且将自己的老母也接过来。后来冯谖为孟尝君精心谋划，令他在齐为相数十年而无祸，以自己不凡的才能回报了孟尝君的恩遇。

扶不起的阿斗

　　阿斗是蜀汉后主刘禅的小名。先主刘备死后，丞相诸葛亮倾力辅佐刘禅，苦心经营着汉家江山。诸葛亮在死前安排蒋琬、费祎、姜维等贤臣和名将继续辅佐刘禅。后来蒋琬和费祎先后去世，宦官黄皓专权，使得蜀汉的政治昏暗，终于被魏国灭掉。亡国之后，刘禅被带到魏国，封为安乐公。一次，司马昭宴请刘禅和一些蜀汉的旧臣，席间演奏起了蜀地的歌舞，其他的人想起亡国之苦而神色凄然，刘禅却一副很惬意的样子。司马昭问他是否想念蜀国，刘禅回答说："此间乐，不思蜀。"司马昭由此看出了刘禅的本质，认为他不是一个会造成威胁的人物，对他也就没有了杀心。而这也成为历史上的一件笑事，人们用"扶不起的阿斗"来形容缺乏才能、无法成事的人。

司马昭宴请刘禅

刘备去世后，刘禅即位。他昏庸无能，加上诸葛亮等辅佐他的人相继去世，蜀汉国势日消。不久，就为魏国所灭，刘禅被俘，演出了"乐不思蜀"的闹剧，被世人传为笑柄。

高阳酒徒

　　高阳酒徒，用于形容狂放不羁的人。语出《史记·郦生陆贾列传》："郦生目按剑叱使者曰：'走，复入言沛公，吾高阳酒徒，非儒人也。'"郦食其是陈留高阳乡（在今河南杞县西南）人，少有壮志，喜读书而嗜酒，家境贫困，在地方任监门吏，县里人都叫他狂生。刘邦经过陈留的时候，郦食其托人向刘邦推荐自己。刘邦让郦食其到驿舍去见面，但是因为听说他是儒人而拒绝接见。郦食其大怒，对使者高声叱呵，自称高阳酒徒，非为儒人。后来郦食其为刘邦立下了汗马功劳，并为之付出了生命。

割鸡焉用牛刀

　　出自《论语·阳货》："子之武城，闻弦歌之声。夫子莞尔而笑，曰：'割鸡焉用牛刀。'"子游学成之后到武城为官，一天，孔子来这里，听到了弦歌之声，也就是子游在武城推行他所积极倡导的礼乐教化。孔子笑了笑说："割鸡焉用牛刀。"意思是讲治理这样小的一个地方是用不着做得这么隆重的。子游马上反驳道：从前我听到老师说，君子学习礼乐，则有涵养之心，能博爱他人；常人学习礼乐，则能谨守法度，易于指挥。孔子听了转而对别的徒弟说：你们听着，言偃（即子游）讲的是对的，我刚才的话是开玩笑的。

功人功狗

功人功狗，亦作功狗功人，用来比喻立功的将士。出自《史记·萧相国世家》："夫猎，追杀兽兔者，狗也；而发纵指示兽处者，人也。今诸君徒能走得兽耳，功狗也；至如萧何发踪指示，功人也。"刘邦平定天下之后，封赏群臣，以萧何功最盛，群臣不服，对刘邦说："臣等披坚执锐，多者百馀战，少者数十合，攻城略地，大小各有差。今萧何未尝有汗马之劳，徒持文墨议论，不战，顾反居臣等上，何也？"刘邦说，就如打猎一样，追杀野兽是猎狗的功劳，可能够发现踪迹向猎狗指示野兽所在之处的却是猎人，你们就好比猎狗，而萧何则如猎人。群臣听了这话，就不敢再说什么了。

恭敬不如从命

恭敬不如从命，为客套与应酬之语，指一味谦恭礼让，不如遵其所命，也表示自己虽不敢当之，但不能违命。清代杜文澜《古谣谚·卷四十二·人为孝妇谣二则》中《笋谱》一篇讲述了这样一件事：从前，有个新媳妇，公婆不喜欢她，年底的一天婆婆突然让她做笋羹，媳妇立即答应下来。妯娌们感到不解，问她："今腊月中，何处求笋？"媳妇回答说："且应为贵，以顺攘逆责耳，其实何处求笋。"意为不管怎样，违命总是不应当的，首要的是先应承下来，至于求笋，其实自己也没有办法。婆婆知道后，颇为后悔，此后对她倍加恋爱。因而留下谚语："腊月煮笋羹，大人道便是；恭敬不如从命，受训莫如从顺。"

争功图 汉

此图描绘汉初天下始定，各位将领争功的场面，最后叔孙通奏议立礼仪规范，使高祖体会到做皇帝的高贵。

狗尾续貂

狗尾续貂，比喻用差的来接续或代替好的。典出《晋书·赵王伦传》："奴卒厮役亦加以爵位。每朝会，貂蝉盈坐，时人为之谚曰：'貂不足，狗尾续。'"晋惠帝时，贾后专权，废掉太子，又将其杀害。赵王司马伦以为太子报仇的名义带兵入宫，杀掉贾后，自封相国，后又废惠帝而自立。为了笼络人心，司马伦大封文武百官。当时官员戴的帽子是用貂尾来装饰的，由于官员数量骤增，貂尾供给不上，就用狗尾来代替。于是人们用"貂不足，狗尾续"来形容司马伦的胡作非为。

贾人渡河

典出刘基《郁离子》。济水的南面有个贾人（即在各地之间流动经营的商人），一次在渡河的时候落入水中，停留在水中的浮草上呼救。有个渔人用船去救他，在还没有靠近的时候，他大声叫说自己是个大富翁，若救了他可赠予一百两金子。可是得救上岸之后，贾人却只给了渔人十两金子。渔人责备他不讲信用，他却说：你一个打渔的，一天能收入多少钱？一下子得到十两金子还不满足吗？后来这个贾人又翻船落水，恰巧那个渔人在附近，却未去搭救。旁人疑问，他回答说："是许金而不酬者也！"就是讲这种不守信用的人是不值得救的，因为他失去了做人的本分。

顾左右而言他

形容无言以对，因而欲转移话题。语出《孟子·梁惠王下》："曰：'四境之内不治，则如之何？'王顾左右而言他。"孟子在与齐宣王谈论治国之道的时候说：如果大王有个臣子因为要出访楚国而把妻子和孩子托付给了朋友，可当他回来的时候却发现妻子和孩子在受冻挨饿，这样的朋友该怎么办呢？齐宣王说：放弃他。孟子再问：司法的官员管理不好他的下属，这样的官员该怎么办呢？齐宣王说：罢免他。孟子又问：那么一个国家治理不好又应当怎么办呢？齐宣王于是向左右两边看，说一些别的话来搪塞。

挂冠

"挂冠"典出《后汉书·遗民传·逢萌传》："时王莽杀其子宇，萌谓友人曰：'三纲绝矣！不去，祸将及人。即解冠挂工都城门归，将家属浮海，客于辽东。"王莽执政期间，屡次改变币制，更改官制与官名，削王为侯，不断挑起对匈奴和东北、西南各族的战争，赋役繁重，刑政苛暴，国内阶级矛盾日益尖锐。看到政治如此黑暗，逢萌早已对王莽的统治不满，加之逢萌的儿子曾被王莽所杀，于是，逢萌就脱去官服，解下官帽挂于长安东郭城门之上，携家眷辞官客居辽东去了。后来，"挂冠"便被用作辞官归隐，不与黑暗朝政同流合污之典。

管鲍之交

管鲍之交，用以比喻极为深厚的交情。出自《列子·力命》："此世称管鲍善交者，小白善用能者。"管仲年轻时家里很贫困，鲍叔牙知道后就找他一起做生意，而本钱全由自己来出，分利的时候却让管仲拿得比自己多。仆人看了觉得不公平，鲍叔牙解释说，管仲家贫，又要奉养母亲，多拿一些是应当的。之后一起作战，管仲总是躲在后面，人们以为他贪生恶死。鲍叔牙又对大家解释说，管仲这样做是因为他还有老母亲需要照顾。后来管仲与召忽一同辅佐公子纠，公子纠败后，召忽为之殉死，而管仲忍受囚辱活了下来。鲍叔牙并不以管仲的做法为羞耻，而知道他是不羞于小节而耻于名不显于天下。管仲知道后，慨叹说："生我者父母，知我者鲍子也。"

韩信将兵，多多益善

出自《史记·淮阴侯列传》："上问曰：'如我能将几何？'信曰：'陛下不过能将十万。'上曰：'子有何如？'曰：'臣多多而益善耳。'"刘邦曾与韩信闲谈，论及诸将的能力大小，刘邦问："像我这样的能统帅多少兵马呢？"韩信说："陛下不过能统帅10万人。"刘邦又问韩信能帅多少兵马，韩信说："对于臣来说，那就是越多越好啦。"刘邦再问："既然这样，那你又因何为我所服呢？"韩信答："陛下不能将兵，而善将将，此乃信之所以为陛下禽也。且陛下所谓天授，非人力也。"韩信说刘邦虽然不能统率兵马，却会控驭将领，而且他的这种能力是天生的，不是人的努力所能达到的。

好好先生

"好好先生"典出《世说新语·言语》。司马徽是东汉末年一位有名的隐士。当时群雄割据，司马徽不愿在乱世为官，便隐居到阳翟故里，躬耕于陇亩之上。他为人谦谨，从不谈论别人的长短，别人跟他说什么，他都说"好"，时人称他为"贤德之人"。有一次，邻人对司马徽说自己的儿子死了，司马徽回答说："很好。"妻子规劝司马徽说："平日里，别人有问题请教于你，是人家认为你有德能，你当为人解惑。今天，人家告诉你自己的儿子死了，你怎么能也说好呢？"司马徽听后，说道："你刚才说的，也很好。"后来，"好好先生"便被用来指代那些不分是非曲直，与人无争，只求平安无事的人。

鸿门宴

典出《史记·项羽本纪》。刘邦破咸阳后，驻军于霸上，他的手下曹无伤派人对项羽说，刘邦打算在关中称王。项羽听后大怒，欲引兵西进，消灭刘邦。项羽的叔父项伯急忙赶去会见张良。张良对刘邦说明了事情的紧急。刘邦于是对项伯以厚礼相待，并结为亲家，又施予巧言，约定第二天赴鸿门见项王谢罪。项伯回去后对项羽说了刘邦的很多好话，使得项羽转变了除掉刘邦的想法。次日筵席上，项羽的谋士范增屡次对他示意杀掉刘邦，可是项羽并不理睬。于是范增命项庄献以剑舞，乘机刺杀刘邦。项伯见故，亦拔剑起舞，保护着刘邦，使项庄不能得手。刘邦借如厕的借口逃跑，最终躲过了这场杀机四伏的"鸿门宴"。

鸿门宴壁画 汉

鸿雁传书

典出《汉书·苏武传》。汉武帝时，苏武出使匈奴，被扣押起来，由于不肯归降，被流放到北海（今贝加尔湖）去牧羊。多年以后，汉朝与匈奴达成和议，索求苏武等人归汉，而匈奴一方则谎称苏武已经死了。一同被扣押在匈奴的常惠设法见到了汉使，告诉他们苏武现在的情况，并授计令使者对单于说："天子射上林中，得雁，足有系帛书，言武等在荒泽中。"就是讲汉昭帝在上林苑射到一只雁，雁足上系有帛书，说苏武还活着。单于听了只得让苏武回归汉朝，而此时距离苏武离开汉朝已经有19年了。苏武出使时还是强壮之年，而归来时已经须发尽白。

沆瀣一气

"沆瀣一气"出自宋代钱易的《南部新书·戊集》："又乾符二年，崔沆放崔瀣，谭者称座主门生，沆瀣一气。"唐僖宗年间，长安举行了一次选官考试，吸引了全国各地的读书人前来应考。其中，一位名叫崔瀣的读书人所答的试卷颇受主考官的赞赏。发榜之时，崔瀣看到自己榜上有名，很是高兴。按照当时的习俗，考试及第的人，要算主考官的门生，发榜之后，门生要登门拜访恩师。于是，崔瀣来到主考官府中拜见恩师，一番交谈之后，崔瀣才知道这位主考官也姓崔，名为沆。"沆"、"瀣"二字合在一起恰好是一个词，表示夜间的水汽。于是，有些认为崔瀣是靠裙带关系得到官位的人编出俏皮话："座主门生，沆瀣一气。"用来暗喻崔沆、崔瀣同流合污。后来，"沆瀣一气"便被用作因臭味相投而联系在一起之典。

画龙点睛

画龙点睛，用来形容作文或说话时在关键之处加上精辟的语句，从而使得内容变得灵妙而生动。典出唐代张彦远《历代名画记》："张僧繇于金陵安乐寺，画四龙于壁，不点睛。每曰：'点之即飞去。'人以为诞，因点之。须臾，雷电破壁，二龙乘云上天。未点睛者皆在。"张僧繇是南朝梁武帝时期的著名画家，他的画活灵活现，栩栩如生。一次，他在金陵安乐寺的墙壁上画了四条龙，却不点眼睛，说："如果点上了眼睛，龙就会飞走。"人们不信，张僧繇就给龙点上了眼睛。当下，点上了眼睛的两条龙就乘云飞去，而另两条龙都还在。

画虎不成反类犬

"画虎不成反类犬"典出《后汉书·马援传》："效季良不得，陷为天下轻薄子，所谓画虎不成反类狗者也。"意思是说，本来画的是老虎，结果却画得像狗，比喻好高骛远，一事无成，最终留下笑柄。马援是东汉著名的军事家，因功官封伏波将军。他有两个喜好结交游侠的侄子。一日，马援写信告诫两位侄子说："龙伯高为人敦厚节俭、谦约谨慎、待人诚恳。我希望你们向这样的人学习，即使不能完全修行成龙伯高这样的人，你们还可以养成谦虚谨慎的品德。杜季良喜爱结交朋友，为人仗义，可以与朋友苦乐与共，同样受到人们的尊敬。但是我不希望你们学他，如果你们做不好豪侠，

东汉"伏波将军章"
刘秀于公元41年封马援为伏波将军。

反而会成为轻薄纨绔之人，这就跟画虎不成反类狗没什么区别了。"后以"画虎不成反类犬"比喻眼高手低，模仿失真，导致不伦不类。

祸起萧墙

"祸起萧墙"典出《论语·季氏》："今由与求也，相夫子，远人不服而不能来也；邦分崩离析而不能守也；而谋动干戈于邦内，吾恐季孙之忧，不在颛臾，而在萧墙之内也。"萧墙，古代摆在宫室内，起屏蔽作用的矮墙，用于比喻发生内乱。春秋时期，鲁国季氏将要攻打邦内小国颛臾。冉有、子路二人来到孔子府内，将这件事告诉了孔子。孔子听后很气愤，责备二人："你们作为季氏的家臣，不但没有尽到辅佐的责任，还支持季氏倚强凌弱，对颛臾兴不义之师，你们枉我昔日教导。如今，季氏要对颛臾动武，恐怕季氏最大的忧愁不在颛臾，而在萧墙之内啊！"果然，孔子说出这话不久，季氏兄弟间便发生了矛盾。后来，"祸起萧墙"便被用作内部发生祸乱之典。

鸡鸣狗盗

鸡鸣狗盗，指微不足道的本领，也指偷偷摸摸的行为。典出《史记·孟尝君列传》。齐国孟尝君带领宾客出使秦国，秦昭王想让他担任相国，孟尝君被迫留了下来。可是秦国的大臣说，留下孟尝君对秦国是不利的，因为他的根基在齐国，不会真正地效力于秦国。秦昭王于是将其软禁起来，并准备将其杀掉。孟尝君得知后，向秦昭王最宠爱的妃子求助，妃子以得到齐国那件举世无双的狐白裘为答应的条件，可是那件狐白裘孟尝君已经献给了秦昭王，正好孟尝君手下有个宾客善于钻狗洞盗东西，于是把狐白裘盗了出来，送给妃子。经妃子劝说，秦昭王决定过两天为孟尝君饯行。孟尝君不敢再等，当下立即出走。到函谷关时正值半夜，秦法规定，鸡鸣才开关，有一个宾客就学起了鸡鸣，引得雄鸡们都叫了起来。于是关门得开，他们顺利地逃出。

兼听则明，偏信则暗

　　语出《资治通鉴·唐太宗贞观二年》："上问魏徵曰：'人主何为而明，何为而暗？'对曰：'兼听则明，偏信则暗。'"唐太宗问魏徵：君主怎样才叫做圣明，又怎样才叫做昏聩？魏徵回答：广泛地听取意见才能做到圣明，偏信某个人就会昏聩。从前尧明晰地向下面民众了解情况，所以三苗作恶之事得以及时掌握；舜耳听四面，眼观八方，因此共、鲧等人都不能蒙蔽他；秦二世偏信赵高，结果在望夷宫被赵高所杀；梁武帝偏信朱异，落得在台城被软禁饿死；隋炀帝偏信虞世基，死于扬州的彭城阁兵变，所以人君广泛地听取意见，则大臣不敢有所蒙蔽，下情才得以上达。

狡兔三窟

　　"狡兔三窟"出自《战国策·齐策四》："狡兔有三窟，仅得免其死耳。今君有一窟，未得高枕而卧也；请为君复凿二窟。"意在说明，做事要像聪明狡猾的兔子一样，事先做好充分准备，有很多个藏身的地方或危难时解决问题的办法。

　　相传，战国时期，齐国相国孟尝君门下有一位食客名叫冯谖。一日，孟尝君派冯谖到债务难收的薛地收取旧债，并吩咐他用收回的债银买回来一些家里缺少的东西。冯谖到了薛地，大摆筵席，宴请债户。宴会上，冯谖收了能收回的债务，对于那些还不起债务的穷人，冯谖免除了他们的债务。回到相府，孟尝君大怒。冯谖解释道："公子府内什么东西都不缺，唯缺的就是'义'。如今，我用这种方式将'义'为公子'买'了回来，公子为什么要生气呢！"一年以后，孟尝君被免去相职，搬回薛地，薛地百姓夹道欢迎。此时，孟尝君才真正领悟到冯谖当初那般的真正用意，便奉冯谖为上客。冯谖对孟尝君说："狡猾的兔子有三个洞穴，这样，它才可以免于被猎人捕杀、猛兽捕食。如今您只有一个洞穴，还不能够高枕无忧。为了报答您的恩情，我将为您再建两个洞穴。"得到孟尝君应允后，冯谖带着重金前往魏国，以游说魏国聘请孟尝君为相国。经冯谖一番美言，魏国决定重金聘请孟尝君。但是，冯谖早已告诉孟尝君拒礼不就。魏国使臣三番两次来访，都无功而返。齐王听说魏国重金礼聘孟尝君为相，便恢复了孟尝君的相职。后来，冯谖又建议孟尝君向齐王求赐先王祭器，以兴建宗庙供奉，齐王必会派兵保护，薛地也就无人敢觊觎了。如此，冯谖为孟尝君所凿的三座洞窟已经完成，孟尝君可以高枕无忧了。

魏徵像和魏徵古帖

魏徵常说乱世见忠节，板荡识诚臣。全唐诗收其诗仅一首，传世墨迹也只此一件，弥见珍贵。传说唐初虞世南书名远播，太子李世民从其学"戈"法，一日，李世民将写"戬"字，空书右半边"戈"旁，召虞世南补写。之后拿给魏徵看，并说："朕学虞世南，似乎已尽其法。"魏徵细看一番，评曰："天笔所临，万象不能逃其形，非臣所可仰。今仰观圣作。惟'戬'字'戈'法逼真。"李世民大加赞叹，可见魏徵书法鉴赏力之高。

结缨

"结缨"典出《左转·哀公五年》："石乞、孟黡敌子路（就是仲由），以戈击之。断缨。子路曰：'君子死，冠不免。'结缨而死。"子路是孔子的得意门生，七十二贤人之一。他性格直爽、为人勇武，以擅长"政事"著称。公元前480年，姬蒯聩（卫出公的父亲）夺取了卫出公的君位，卫出公被迫出走齐国。时任卫国大夫的子路因不从乱而遭到石乞、孟黡的攻击。混战中，子路的帽带被石乞用戈击断。子路说道："君子即使死了，冠帽也不能掉了。"于是，他把帽带系好后，从容就义。子路忠于职守、尽忠殉道的精神，体现了孔子"杀身而取义"的思想，是后世学者、政客学习的典范。后以"结缨"表示舍生取义、从容就死。

结草衔环

"结草衔环"是"结草"、"衔环"两个典故的合称。据《左传·宣公十五年》所载，晋大夫魏武子有个十分宠爱的妾名叫祖姬。生前，魏武子曾多次嘱托儿子魏颗，如果自己死了，一定要给祖姬找个好人家改嫁出去。后来，魏武子病重，弥留之际对儿子说，他死后，让祖姬殉葬。魏武子死后，魏颗按照父亲最初的嘱托，选了一户好人家，将祖姬改嫁。公元前594年，秦桓公出兵伐晋。时为晋国将领的魏颗与秦将杜回在辅氏（今陕西大荔县）相遇，二人激战时，有一位老人用野草绳将杜回绊倒，魏颗趁机俘虏了杜回，秦军大败。晚上，魏颗梦到白日那位结草的老人对他说，他是祖姬的父亲，为了报答魏颗救祖姬一命的恩情，特结草助魏颗一臂之力。

《后汉书·杨震传》中的注引《续齐谐记》中载到：杨震的父亲杨宝9岁的时候，在华阴山救下了一只受伤的黄雀，并且将它带回了家，每日以黄花喂养。黄雀伤愈离开的那天夜里，杨宝梦到一位黄衣童子对他说："我是西王母身边的侍童，蒙您搭救得以生还。如今我赠送您四枚白环，可保恩人子孙世代清白，身居高职。"后将二典合并，以"结草衔环"比喻受人恩惠，感恩戴德，至死不忘。

解衣推食

"解衣推食"出自西汉司马迁的《史记·淮阴侯列传》："汉王授我上将军印，予我数万众，解衣衣我，推食食我，言听计用，故吾得以至于此。"意思说，将自己穿的衣服脱下来给别人穿，将自己正在吃的食物让给别人吃。比喻对人极为关心。韩信是汉王刘邦手下的一名大将，深受汉王器重。楚汉相争之时，他曾率兵消灭了齐王田广的大军以及楚国大将龙且率领的援军，占领了齐地。楚霸王项羽见此，便派武涉前去劝说韩信脱离汉王。韩信听后，对武涉说："我为汉王所重用，实乃我之荣幸。平日里，汉王对我关爱有加，甚至可以'解衣衣我，推食食我'，这样的厚爱，我怎能另立门户，背叛汉王呢！"后来，"解衣衣我，推食食我"便逐渐简化成"解衣推食"，形容热情关怀。

惊弓之鸟

惊弓之鸟，比喻受过惊吓的人碰到一点动静就非常害怕。典出《战国策·楚策》。一天，更羸与魏王在一起，抬头看到有一只鸟飞来。更羸对魏王说："我可以不用箭，只需拉弓弦就可令鸟落下来。"魏王怀疑地问："你的射箭技术可以达到这种程度吗？"更羸答应说："能！"一会儿，鸟飞到近处，是一只雁。更羸果然只用弓弦之声就令雁落下。魏王惊讶地说："原来真有这样高超的射技！"更羸说："因为这是一只有伤的雁。"魏王问他是怎么知道的。更羸回答说："其飞徐而鸣悲。飞徐者，故疮痛也；鸣悲者，久失群也，故疮未息，而惊心未至也。闻弦音，引而高飞，故疮陨也。"

九儒十丐

据宋代遗老谢枋得的《叠山集》卷六《送方伯载归三山序》所载："滑稽之雄，以儒者为戏曰：我大元典制，人有十等：一官、二吏；先之者，贵之也，谓其有益于国也；七匠、八娼、九儒、十丐，后之者，贱之也，谓其无益于国也。"蒙古人入关后，统治者依照与蒙古族的亲疏远近以及对蒙古国的有益程度，将臣民分成四等人，即一等蒙古人、二等色目人、三等帝国所属"汉人"、四等南宋遗民"南人"。其中，统治者又将臣民依照不同的职业细分为官（政府官员）、吏（不能擢升为官员的政府雇员）、僧（佛教僧侣）、道（道教道士）、医（医生）、工（高级工程技术人员）、匠（低级手工技术人员）、娼（妓女）、儒（知识分子）、丐（乞丐）。从这个等级划分中可以看出，自元代开始，儒家学者，即文人的社会地位极为低下，仅在终日乞讨为生的乞丐之上，甚至不如妓女娼妇。据《陔余丛考》所载，清代九儒十丐之说逐渐演变成了一官、二吏、三僧、四道、五医、六工、七猎、八民、九儒、十丐，即将原来的"娼"变为指代范围较广的"民"，但是其实际意义并没有太大变化。

举案齐眉

举案齐眉，形容夫妻相敬。"案"是古代一种有脚的托盘，用于放置盛饭的器皿，送饭时用双手托着它。语出《后汉书·梁鸿传》："为人赁春，每归，妻为具食，不敢于鸿前仰视，举案齐眉。"梁鸿年轻时家里很贫困，虽然刻苦好学，很有学问，却不愿出来做官。孟光钦慕梁鸿的品德，因而托人说媒嫁给了她。婚后，两人过着俭朴的隐居生活，互敬互爱，非常和谐。梁鸿每天劳动完毕回到家里，孟光总是把饭和菜都准备好了，摆在托盘里，双手捧着，举得齐自己的眉毛那样高，恭恭敬敬地送到梁鸿面前，梁鸿则欣喜地接过来，然后两人一起愉快地吃饭。这就是举案齐眉的故事。

苛政猛于虎

出自《礼记·檀弓下》："夫子曰：'何为不去也？'曰：'无苛政。'夫子曰：'小子识之，苛政猛于虎也。'"一天，孔子和徒弟们经过泰山脚下，见到有一个妇人在坟前哭得十分悲惨，孔子就让子路过去问问。那个妇人说，这里有老虎出没，先是自己的公公被老虎吃掉了，后来丈夫也被老虎吃掉了，就剩下了她和儿子相依为命，可是现在，她的儿子也被老虎吃掉了。孔子关切地问道：那为什么不离开这里呢？妇人说：因为这里没有苛政。孔子于是告诫徒弟们都要记着，残虐的政治害起人来是比老虎还更凶猛的。

口蜜腹剑

口蜜腹剑，比喻表面和善而心地狠毒的小人行径。语出《资治通鉴·唐玄宗天宝元年》："尤忌文学之士，或阳与之善，啖以甘言而阴陷之。世谓李林甫口有蜜，腹有剑。"李林甫为人阴险奸诈，表面上与人非常友好，尽说一些好听的话，可是心地很毒辣。他在朝为官时，通过勾结宦官和妃子而得知了不少内部情况，因而能处处适逢唐玄宗的心意，通过排挤打击，最终得以升任宰相之职，独断专权长达十余年，迫害过很多贤良，对唐玄宗后期的政局造成了很大的负面影响。

胯下之辱

典出《史记·淮阴侯列传》。在韩信早年的时候，淮阴的一个屠夫对他说："你的个子比我高大，又喜欢带剑，但心里是不是很胆怯啊？"然后当着众人的面侮辱说："假如你不怕死，那就杀了我；不然，就从我的胯下爬过去。"韩信注视了他一会儿，俯下身子从他的胯下爬了过去。市上的人都讥笑韩信，以为韩信真的胆子很小。韩信发达之后，不仅没有报复那个屠夫，还封他做楚中尉，同时对众将官说："此壮士也。方辱我时，我宁不能杀之邪？杀之无名，故忍而就于此。"

滥竽充数

滥竽充数，比喻以次充好，只顾数量而忽视质量。典出《韩非子·内储说上》。齐宣王使人吹竽，是三百人一起吹，有一个南郭处士请求为宣王吹竽，宣王很高兴地接纳了。后来齐湣王继位，喜欢听人一个一个地吹，南郭处士得知后就跑掉了，因为他并不会吹竽，先前只是混在人群里充数罢了。

李林甫像

老生常谈

老生常谈，亦作老生常谭，即老书生经常说的话，比喻人们听惯了的没有新鲜意思的话。语出《三国志·魏志·管辂传》："此老生之常谭。"管辂少有才名，尤其通晓占卜。一次，吏部尚书何晏与侍中尚书邓飏找管辂来占卜。这两个人倚仗朝中得宠而胡作非为，管辂想乘机劝诫他们一番，就以凶兆来警告，要他们效法周公，为国家多做善事。邓飏不以为意地说："此老生之常谭。"管辂说："夫老生者见不生，常谭者见不谭。"意在说明老生常谈就未必没有意义。不久之后，何晏、邓飏皆被司马氏诛杀。

礼贤下士

语出《新唐书·李勉传》："其在朝廷，鲠亮谦介，为宗臣表，礼贤下士有终始，尝引李巡、张参在幕府。"李勉性情鲠直，为官清廉，然而仕途坎坷，唐肃宗时受到宦官李辅国的排挤，唐代宗时又遭到宦官鱼朝恩的忌恨，因此先后被贬出京城，唐德宗时曾一度为相，但是由于直言而为德宗所疏远。李勉为人坦率素朴，而对待士人谦恭有礼，曾任用名士李巡、张参为判官，直到他们死于幕府。此后3年之内，每当宴饮时，李勉一定在宴席上虚设二人座位，摆上膳食洒酒祭奠，言辞容色凄怆忧伤，令人深为感动。

李广难封

李广，汉代大将，素有"飞将军"、"猿臂将军"的美誉，以打硬仗而闻名，屡击匈奴，身历70余战。历史上，人们对他的评价很高，王昌龄有诗云："但使龙城飞将在，不教胡马度阴山。"然而，很多战功在李广之下的人都被封了侯，唯独战功赫赫的李广，至死都没有被封侯。唐代诗人王勃在《滕王阁序》中惋惜道："时运不齐，命途多舛；冯唐易老，李广难封。"后来，"李广难封"便被用为慨叹命运乖舛、功高不爵之典。

临时抱佛脚

临时抱佛脚，比喻平时没有准备，到事情来临的时候才仓皇应付。古时，云南的南部有一个小国，国民都崇奉佛教。一次，一个被判了死刑的罪犯越狱逃跑，跑了一天，筋疲力尽，而追捕的官兵马上就要到了。他自知无法逃脱，就走进了一座寺庙，见到释迦牟尼的坐像。因为佛像很高大，他就抱着佛脚痛哭忏悔，请求佛给他宽恕，并不停地磕头，把头皮都磕破了，出了很多血。官兵赶到时，为他的真心悔过而感动，将此事报告给了国王。国王也是个佛教徒，就赦免了他，容许他剃度为僧。这就是俗语临时抱佛脚的来历。

洛阳纸贵

语出《晋书·文苑·左思传》："于是豪贵之家竞相传写，洛阳为之纸贵。"晋武帝太康年间左思写成《三都赋》，三都即魏都邺城、蜀都成都、吴都建业，左思为了写作这篇赋，收集了大量相关

李广射石图（局部）　清　任颐
唐代诗人卢纶诗："林暗草惊风，将军夜引弓，平明寻白羽，没在石棱中。"即讲李广射石这件事，极力称赞李将军的神勇和高超箭术。

的历史、地理、物产、风俗资料，历经10年才完成，文章凝聚着他的心血。但是左思此前并没有什么名声，所以文章写出之后并未引起重视，看到的一些人甚至根本就不会认真去读，于是左思去找著名的文学家张华。张华认真赏阅了文章，大为惊异，又找了另一位名士皇甫谧，一同向世人推荐左思的《三都赋》，人们这才发现此乃天下奇文，于是皆以先阅为快，而当时还没有印刷术，人们只得争相传抄，一时都城洛阳的纸价飞涨了好几倍，依然是销售一空。

马革裹尸

马革裹尸，即用马皮把尸体包起来，指军人战死沙场。语出《后汉书·马援传》："男儿要当死于边野，以马革裹尸还葬耳，何能卧床上在儿女子手中邪？"马援是东汉初年的名将，在开国的过程中立下了巨大的功勋，而后又平定了边境的叛乱。马援从西南打了胜仗回到洛阳后，大家为他庆贺。以谋略闻名的孟翼也对他说了一些恭维的话，马援听了感到不满意，说他盼望的是先生的指教，而不是恭维，又说当今北方的匈奴和乌桓还在不断地侵扰，指出男儿当"以马革裹尸还葬耳"。不久，马援果然出征匈奴和乌桓。后来，南方的少数民族再发叛乱，马援虽然年事已高，依然英勇请战，领兵远征武陵、五溪，适逢溽暑，疾疫流行，士卒多病，马援亦病殁于军中。

马上得天下

指凭借武功取得天下。出自《史记·郦生陆贾列传》："陆生曰：'居马上得之，宁可以马上治之乎？'"汉朝初年，刘邦看重武力而轻视文教，陆贾经常向他谈论读《诗》、《书》

的重要性，刘邦斥责陆贾说：天下是我在马上得来的，读《诗》、《书》有什么用？陆贾应答说：得天下于马上，难道治天下也在马上吗？又说："且汤武逆取而以顺守之，文武并用，长久之术也。"

毛遂自荐

典出《史记·平原君虞卿列传》。长平之战后，白起领秦兵围困了赵国都城邯郸。危急之际，平原君决定前往楚国求救，欲精心挑选20个最为得力的门客同往，可是挑选之后，还少一人，这时毛遂挺身自荐，经再三请求，得以跟随平原君一同出使。平原君与楚王单独谈了很久都没有结果，毛遂却突然闯了过来，快言利语，陈说利害，终于使楚王同意援救赵国。平原君称赞他说："毛先生一至楚，而使赵重于九鼎大吕。毛先生以三寸之舌，强于百万之师。"

孟母三迁

"孟母三迁"讲的是孟子的母亲为了给孟子创造一个良好的学习环境，三次搬家的故事。孟子，战国时期鲁国（今山东邹城）人，父亲早逝，从小他便与母亲相依为命。小的时候，孟子很淘气，模仿能力也很强。在他家附近，有一座坟场，经常会有一些披麻戴孝以及吹锣打鼓的乐手前来送葬，哭泣声、锣鼓声不断。日子久了，孟母发现孟子在和小朋友玩的时候，常常用小铲子挖坑，还模仿孝子哭啼送葬的场景。孟母觉得这个环境不适

孟母择邻 版画

相传孟母为了让孟子有一个良好的成长环境，曾三迁其住处。孟家原距墓园很近，孟子年幼，常游戏于墓园之中；孟母于是把住处迁至闹市附近，孟子又学商人做买卖；孟母再迁住处于学宫旁，孟子于是开始学揖让进退之礼，孟母欣慰，即定居于此，世称"大迁之教"。

合孟子成长，便将家搬到集市边上。没过多久，孟子竟然学会了商家做生意的套数，就连东邻屠宰猪的把式也模仿得有模有样。孟母见此，又将家迁到学堂附近。这次，孟子不但对学堂里学生学习的礼、乐、射、御、书、数六艺十分感兴趣，还经常和小朋友模仿老夫子教学生演习的周礼。孟母见孟子如此上心，便将家安置在这里。从此，孟子在母亲的教育引导下，专心读书，终成儒家学派的代表人物之一，被后世称为"亚圣"。孟母被后世视为父母教育子女的典范。"孟母三迁"也经常被用为以适当的方式引导、教育孩子之典。

门可罗雀

语出《史记·汲郑列传》："始翟公为廷尉，宾客阗门；及废，门外可设雀罗。"翟公曾在汉武帝时担任廷尉，即国家的最高法官，是时宾客盈门；被贬后，立时变得门庭冷落，以致门前可以张网来补麻雀；后来复职，宾客又纷纷前往。翟公深为感慨，在大门张贴告示说："一死一生，乃知交情；一贫一富，乃知交态；一贵一贱，交情乃见。"

名落孙山

典出南宋范公偁《过庭录》：吴地有个人叫做孙山，是一个滑稽才子。一年他到外郡去应考，有个乡里人把儿子托付给他一同去参加考试。结果孙山位居榜末，与他一起来的同乡的儿子则在榜外。他先返回来，同乡问他自己儿子的情况，他诙谐地回答说："解名尽处是孙山，贤郎更在孙山外。"此后，人们就以"名落孙山"来代指考试落榜。

明修栈道，暗度陈仓

栈道，指一种修在山间峭壁上的道路；陈仓是地名，位于今陕西宝鸡东。这则成语用以形容布置假象来迷惑对方，从而达到出奇制胜的目的。典出《史记·高祖本纪》。章邯受项羽的命令，驻守汉中，堵截刘邦。刘邦欲引军东进，征询韩信的计策。韩信命人去修复栈道，章邯以为汉军要从栈道出击，而栈道地势险恶，修复起来需要花费很长的时间，于是放松了警惕。然而韩信绕道而行，渡过渭水，从陈仓进军。章邯仓皇迎敌，结果惨败，而后被迫自刎，汉中失守。

栈道遗址

公元前206年，韩信率汉军东征。当时，汉中入关的栈道已被烧毁，不能行军，张良献"明修栈道，暗度陈仓"计，遂得关中。

莫须有

莫须有，即也许有、大概有的意思，用来指凭空捏造。语出《宋史·岳飞传》："飞子云与张宪书虽不明，其事体莫须有。"秦桧诬陷岳飞谋反，说岳飞的儿子岳云给张宪写有反书，却没有实际的证据。韩世忠找秦桧去质问，秦桧说：虽然反书的事还没有查明，但谋反的事情大概是有的。韩世忠说："'莫须有'三字，何以服天下？"

沐猴而冠

沐猴，即猕猴，猕猴戴冠，打扮成人的装束，然而终究不是人，形容虚有其表，后来常常指依靠恶势力的傀儡。语出《史记·项羽本纪》："人言楚人沐猴而冠耳，果然。"这里的楚人说的就是项羽。项羽进入咸阳后，将秦朝的宫殿都焚毁了。有人建议在这里建都，因为地理条件有利，项羽却说："富贵不归故乡，如衣绣夜行，谁知之者！"表示要在江东建都才可令乡人更好地知道自己的富贵。建议的人就对别人说项羽为沐猴而冠之徒，意思是讲项羽徒名霸王，实际并不是个人物，成就不了大事。这话被项羽知道，就将他烹杀了。

南柯梦

"南柯梦"典出唐代李公佐的传奇小说《南柯太守传》：有一个名叫淳于棼的人，平日喜爱饮酒作乐。一日恰逢淳于棼生日，他便在家中庭院的大槐树下摆下酒席，宴请亲朋好友。月明星稀、树影婆娑，淳于棼一时高兴，多喝了几杯，有些飘飘然。众人宴饮完毕，再次道贺后，便离开了。

淳于棼带着朦胧的醉意，感受着习习晚风，不知不觉竟在大槐树下睡着了。他梦到自己被两位紫衣使者带到大槐国，并且参加了一场选拔官员的考试，金榜题名后，被国王赏识，招为驸马，封为南柯太守。30年中，不但功成名就，而且家庭美满，得了五男二女，享尽荣华富贵。不料，邻国来袭，淳于棼奉命出征，结果兵败。国王知道后，下令将淳于棼贬为平民，遣回老家。淳于棼醒后按照梦中线索寻找，发现所梦大槐国竟是门前大槐树树洞中的蚂蚁窝，而槐树南枝下的另一个蚂蚁窝就是他做南柯太守的地方。"南柯梦"形容一场梦境，后多被用来慨叹富贵荣华不过过眼云烟，仿佛梦境，也比喻空欢喜一场。

南柯梦石碑 清
后人根据《南柯太守传》所立的南柯梦石碑。

内举不避亲

语出《吕氏春秋·去私》："孔子闻之，曰：'善哉，祁黄羊之论也！外举不避仇，内举不避子，祁黄羊可谓公矣。'"祁黄羊是春秋时晋国的大夫，一次晋平公问祁黄羊，南阳缺少一个县令，委任谁比较合适。祁黄羊推荐的是解狐。晋平公很惊讶，因为解狐是祁黄羊的仇人。祁黄羊解释说："您问的是谁担任这个职位合适，并没有问臣的仇人是谁。"又有一次，晋平公问他尉官的人选，这次他推荐的是祁午。晋平公更加惊异，因为祁午正是祁黄羊的儿子。但祁黄羊荐举的依据只以国家利益为准，而不论最合适的人选是自己的仇人还是亲人，都不应当出于私人的考虑而有所避忌。

弄巧成拙

语出黄庭坚《拙轩颂》："弄巧成拙，为蛇画足。"孙知微是北宋著名的画家，尤其擅长人物画。一次，他画了一幅《九耀星君图》，只剩下着色这最后一道程序，恰巧有朋友约他出去饮酒，于是他就令徒弟们给画着色。众徒弟聚在一起欣赏老师的画作，纷纷指出画作的各种优长之处。而有一个叫童仁益的徒弟，平时最喜欢卖弄，这时却一直都没说话。大家问他是否觉得这幅画哪里有问题，他说，水暖星君身边的童子手中的水晶瓶里缺了什么，每次老师都要在瓶中画上花的，这次一定是遗漏了，就去添上一枝红莲花。孙知微回来后感到好笑，因为那是水暖星君用来降服水怪的镇妖瓶，不是插花用的，说这真是弄巧成拙，添上了一枝花，整幅画就都没法要了，就把画给撕了。

牛衣对泣

"牛衣对泣"典出《汉书·王章传》："初，章为诸生学长安，独与妻居。章疾病，无被，卧牛衣中，与妻诀，涕泣。其妻喝怒之曰：'仲卿！京师尊贵在朝廷人谁逾仲卿者？今疾病困厄，不自激昂，乃反涕泣，何鄙也！'"王章，西汉时期的谏大夫。年轻的时候，王章在长安的太学求学，与妻子一同住在陋室之中。有一次，王章生病，因为生活拮据，家里没有被子盖，妻子便拿来牛畜用来保暖的麻草编织而成的牛衣，将王章裹了起来。王章缩在牛衣里，哭着对妻子说："我病得很重，恐怕将不久于人世了，你我就此诀别吧。"妻子听了怒斥道："仲卿，朝廷中，有几个才能超过你的？现在你生病，自己不振作精神，却在这里哭哭啼啼，这是胸怀大志之人该做的吗？"后以"牛衣对泣"之典，比喻艰难困苦之中，夫妻相携共度，其中也蕴含了人际关系中互敬互爱的儒家思想。

皮里阳秋

"皮里阳秋"出自《晋书·褚裒传》:"谯国桓彝见而目之曰:'季野有皮里阳秋。'其言外无臧否,而内有所褒贬也。"本作"皮里春秋",意思说,虽然嘴上不直说,但是肚子里自有褒贬。《春秋》是儒家五经之一,是孔子根据鲁国史书《鲁春秋》修订而成,是中国最早的编年体史书。书中借由各诸侯国发生的重大历史事件,宣扬王道思想。书中对历史人物和事件寄寓褒贬而不直言。后以"皮里春秋"作心中有褒贬,却不直言之典。后因晋简文帝的母后名春,为了避讳,便将"皮里春秋"改为"皮里阳秋"。

破釜沉舟

破釜沉舟,指不留退路,勇往直前,将全部希望寄托在事情的成功上。典出《史记·项羽本纪》:"项羽乃悉引兵渡河,皆沉船,破釜甑,烧庐舍,持三日粮,以示士卒必死,无一还心。"项羽率领军队与章邯率领的秦军主力相迎于巨鹿(今河北平乡西南),渡过漳水之后,命令将船只全部沉毁,将炊具全部打破,将庐舍全部烧掉,仅随身携带三天的粮食,以令士兵断绝后退的念头,只有拼死一战取得胜利才是唯一的生路。巨鹿一战,项羽大破秦军,威名天下。

项羽像

破天荒

破天荒,指从未有过的新鲜事。出自宋代孙光宪《北梦琐言》第四卷:"唐荆州衣冠薮泽,每岁解送举人,多不成名,号曰'天荒解'。刘蜕舍人以荆解及第,号为'破天荒'。"唐朝时,荆南地区连续几十年解送到京城的举人都没有考中进士,人们于是称之为"天荒解"。后来,在唐宣宗大中四年(公元850年),有一个叫作刘蜕的举人考中了,总算破了天荒。当时镇守荆南一带的魏国公崔弦因此而赠送了刘蜕七十万的"破天荒"钱,但刘蜕未肯接受,在回信中写道:"五十年来,自是人废;一千里外,岂曰天荒。"

破镜重圆

破镜重圆,比喻夫妻失散或决裂后重新团聚与和好。语出宋代李致远《碧牡丹》:"破镜重圆,分钗合钿,重寻绣户珠箔。"南朝陈太子舍人徐德言与妻子乐昌公主恐国破后不能相保,因此破开一铜镜为两半,二人各执其一,约定他年正月望日卖破镜于都市,以期相见。陈亡后,乐昌公主被隋朝越国公杨素纳为妾。徐德言依期到市中寻镜,见一老者在卖半面铜镜,与自己的这一半正相合,于是在上面题诗云:"镜与人俱去,镜归人不归;无复嫦娥影,空留明月辉。"乐昌公主见诗之后,悲泣不已,不进餐食。杨素知道后,召见了徐德言,令他们夫妻团聚,同归江南。

奇货可居

语出《史记·吕不韦列传》:"吕不韦贾邯郸,见(异人)而怜之,曰:'此奇货可居。'"大商人吕不韦在邯郸做生意的时候偶然见到异人,了解到异人是秦国太子安国君的儿子,现在赵国做人质,意识到这是难得的一笔好生意。他以重金结交于监守异人的公孙乾,从而结识了异人。安国君有很多儿子,但是正妻华阳夫人无子,吕不韦买通了华阳夫人的姐姐,通过她向华阳夫人说了异人的很多好话，并且说异人想认夫人为生母。华阳夫人听了很高兴，表示应允。然后吕不韦又买通了秦昭襄王王后的弟弟杨泉君，令昭襄王决定接异人回国。后来，异人成为秦王，封吕不韦为丞相。吕不韦终于在这笔奇货可居的大生意中得到了巨大的回报。

千人之诺诺，不如一士之谔谔

语出《史记·商君列传》："千羊之皮，不如一狐之掖；千人之诺诺，不如一士之谔谔。武王谔谔以昌，殷纣墨墨以亡。"商鞅在秦国推行新法的过程中得罪了很多人，一次，赵良特地去见他，说：1000张羊皮比不上一领狐腋贵重，1000个人随声附和也比不上一个人仗义直言。武王允许大臣们直言谏净，国家就昌盛；纣王的大臣不敢讲话，商朝因而灭亡。您如果不反对武王的做法，那就让我直言而您不予责备。然后，赵良指出他实施严刑酷法，刻薄少恩，积累怨恨，长此以往，势必引祸于身。但是商鞅并没有认真地反省，秦孝王死后，商鞅即遭受构陷，被五马分尸。

千金买马骨

"千金买马骨"出自《战国策·燕策一》，比喻重视人才，求贤若渴。公元前314年，齐国趁燕国发生内乱之际，侵占了燕国大量土地。燕昭王即位后，为了讨回失地，采取一系列兴邦安国的措施，并发布诏令招揽天下贤士。但是消息发出很久，也没有几个人前来投奔。于是，燕昭王来到郭隗住处，虚心向他请教。郭隗对燕昭王说：从前有一个国君，想用千金购买千里良驹，但是三年过去了，竟然没有一匹千里马入厩。国君为此耿耿于怀。一日，国君手下一名不起眼的小官自告奋勇，说能解国君之忧。三个月后，他竟然花五百金买回了一匹死马。国君见了很生气，问其原因。小官答道："天下人要是知道您肯花五百金购买良驹的尸骨，还怕没人主动送良驹上门吗？"果真，千金买马骨的消息一传出，在不到一年的时间里，就有三匹千里马被献到国君面前。郭隗讲完，补充道："如今大王求贤与国君买马是一个道理。要让天下之人知道大王您求贤若渴，要从重聘不起眼的贤士开始，譬如说我。"燕昭王听后，立即拜郭隗为老师。不久，果真有很多贤人志士闻讯前来投奔。

倾城倾国

倾国倾城，原指女色亡国，后来一般用于形容女子非同寻常的美貌。典出《汉书·外戚传》。李延年是汉武帝的乐师，一次在演奏时唱道："北方有佳人，绝世而独立，一顾倾人城，再顾倾人国。宁不知倾城与倾国，佳人难再得。"意思是讲，有这样一位绝世佳人，回眸顾盼的神采可以令一座城池、一个国家都因此而倾覆。可是（君王）难道不知道这样的后果吗？不是的，因为这样的佳人实在太难得了。李延年实际是在向汉武帝推荐自己的妹妹。汉武帝召他的妹妹进宫，见她果然十分美貌，而且极擅歌舞，因此十分宠爱。

请君入瓮

"请君入瓮"出自《资治通鉴·唐纪·则天皇后天授二年》："兴曰：'此甚易尔！取大瓮，令囚入中，何事不承！'俊臣乃索大瓮，火围如兴法，因起谓兴曰：'有内状推兄，请兄入此瓮。'兴惶恐叩头伏罪。"比喻以其人之道，还治其人之身，即用某人整治别人的办法来整治他自己。武则天统治时期，周兴与来俊臣是当时有名的酷吏。来俊臣善于动用各种刑罚让犯人"俯首认罪"，周兴则在研究刑具方面更胜一筹，在他们手下冤死的人不计其数。一日，武则天收到一封揭发周兴伙同丘神绩谋反的密奏，于是，武则天便将审理此案的任务交给来俊臣。几日后，来俊臣将周兴请到府中宴饮。酒席上，来俊臣与周兴讨论起近来审问犯人的一些情况，并且煞有介事地说到了关于犯人拒不招供的事情。周兴听后，便得意将自己最新研究的刑具推荐给了来俊臣。听罢，来俊臣立即命人按照周兴所说，抬进了一口大瓮，并厉声质问周兴谋反罪行。周兴见来俊臣要用他研制的刑具对自己动刑，早已吓得魂飞魄散，对犯下的罪行供认不讳。后以"请君入瓮"比喻那些自作自受的人。典故中，反对酷吏的儒家思想也蕴涵其中。

青眼与白眼

青眼指正视，因为正着看的时候黑眼珠在中间；白眼指斜视，这时是眼白对着人。青眼和白眼分别表示尊重和轻视两种态度，这种说法出自《晋书·阮籍传》："籍又能为青白眼。"阮籍善于使用青白眼来表达自己的态度，见到一些庸俗之辈，就用白眼对之，而遇到自己所敬重的人，则予青眼相视。阮籍的母亲去世后，嵇喜前往吊唁，遭到了阮籍的白眼，嵇喜很不高兴。嵇喜的弟弟嵇康听说了，带着酒和琴前去拜访，阮籍则以青眼待之。因为嵇喜名高位重，热衷于俗务，而嵇康却直率旷达，倜傥不羁，正与阮籍性情相投。

阮籍像

染指

染指，原义为品尝食品，后来一般喻指插手某件事情，尤指从中获得不正当的利益。典出《左传·宣公四年》："子公怒，染指于鼎，尝之而出。"一天，子家和子公去朝见郑灵公。将要进门的时候，子公发现自己的食指不自主地动了起来，于是对子家说：往常有这种情况发生的时候，都会有美味吃的。等他们进入宫中，果然，郑灵公正在烹制一只楚国送来的鼋鱼准备宴请大家。子家就把刚才子公的话讲给了灵公，灵公听了很不高兴，独独没有给子公吃鼋，子公大怒，就伸手指到鼎里取了点尝一尝，然后就走了。灵公因此想杀掉子公，但是子公与子家先谋反，杀掉了郑灵公。

塞翁失马，焉知非福

比喻虽然一时受到损失，也许反而因此能得到好处，或者说坏事在一定条件下可以转变为好事。典出《淮南子·人间训》。在边塞上有个老翁，一天他的马无故跑丢了，人们都过来安慰他。他却说："怎么知道这不是件好事呢？"几个月之后，那匹马自己回来了，还带回了许多胡地的好马。人们纷纷向他表示祝贺，他却说："怎么知道这不是件坏事呢？"家里有这么多好马，他的儿子就喜欢骑马出去玩，结果从马上掉下来摔断了大腿。人们又来安慰他，可是他又说："怎么知道这不是件好事呢？"一年之后，胡人入侵，边塞的绝大部分青年人都战死了，他的儿子却因为腿瘸的缘故未曾参军而得以存活，父子俩能够相依为命。

丧家之犬

"丧家之犬"典出《史记·孔子世家》："东门有人，其颡似尧，其项类皋陶，其肩类子产，然自要以下不及禹三寸，累累若丧家之狗。"形容丧事人家的狗因无人照看，失意而四周观望的样子。为了推行儒家的政治主张，孔子携众弟子周游列国。在前往郑国的途中，孔子与弟子走散。于是，孔子站在郑国外城的东门张望。子贡在城中向郑国人打听孔子的消息，有一个郑国人对子贡说："东门那站着一个人，他的额头像唐尧，脖子像皋陶，肩膀像子产，然而从腰以下比夏禹差三寸，瘦骨嶙峋、憔悴不堪，样子好似丧家之犬。"子贡寻到孔子之后，将这番话说给孔子听，孔子笑道："我的样子倒不太像他所讲的那样，不过，他说我像'丧家犬'倒是说得很对啊！"孔子如是说，意在表明，尽管自己现在的情形如同无家可归的"丧家犬"一样，却能够志高识远、安贫乐道，比起那些精神上如同"丧家犬"的人则要好得多。孔子能在自己的政治思想四处碰壁，不得意的时候说出这番话，足见孔子的大丈夫之风。后以"丧家之犬"形容无家可归、失意落魄的人。

三顾茅庐

典出《三国志·蜀志·诸葛亮传》引《出师表》："先帝不以臣卑鄙，猥自枉屈，三顾臣于草庐之中。"东汉末年，天下大乱，群雄逐鹿，刘备起事多年，却一直辗转漂泊，未能实现大的发展，后经徐庶和司马徽推荐，往卧龙岗拜访诸葛亮，请求他出山辅佐。第一次去的时候，诸葛亮不在家；第二次去的时候，又赶上诸葛亮出去；第三次求访，诸葛亮没有外出，但正在睡觉，刘备没有让人叫醒他，而是等诸葛亮醒来了才过去谈话。后来诸葛亮辅佐刘备，成就了蜀汉的三分天下，而刘备和诸葛亮之间也成为君臣关系的典范。

失之毫厘，差之千里

出自《礼记·经解》："《易》曰：'君子慎始，差若毫厘，缪以千里。'"毫和厘是很小的长度单位，但是如果不在意，即使开始的时候仅仅有很小的偏差，那么到后来也会积聚成非常严重的差缪，所以人们做事一定要特别注意开端，因为开端往往决定着事情以后发展的状态与行进的方向。

三顾茅庐图　明　佚名

使功不如使过

意为使用有功绩的人，不如使用有过失的人。语出《后汉书·索卢放传》："太守受诛，诚不敢言，但恐天下惶惧，各生疑变。夫使功者不如使过，原以身代太守之命。"新朝后期，爆发了反对王莽的全国性大起义，刘玄被拥立为皇帝之后，急欲树立良好的政治风气，查处了东郡太守贪赃枉法的事，属官索卢放前去向使者求情，认为此时国家最需要的是安定，如果太守被诛，那么其他的许多人也会因此而担忧，由此引发变乱。而从另一方面讲，使用一些有过错的人会更胜于使用有功的人，因为有过错的人更为谦谨，也更需要通过出色的表现来弥补曾经的过错，所以往往会做得更好。

司马昭之心，路人皆知

比喻人所共知的野心。语出《三国志·魏志·高贵乡公传》裴松之注引《汉晋春秋》："司马昭之心，路人所知也。"魏明帝曹叡驾崩前交代司马懿与曹爽共同辅佐幼主曹芳。但是曹爽与司马懿彼此之间展开了权力争夺。曹爽飞扬跋扈，而司马懿韬光养晦，令曹爽放弃了警惕。于是，司马懿伺机发动了高平陵之变，打倒了曹爽，开始独掌大权。后来，司马懿的儿子司马师废掉了曹芳，改立曹髦。曹髦意欲除掉司马氏，但是力量不足，反而被司马昭所杀。接着，曹奂被立为新君，但是司马氏篡位称帝已是早晚的事。不久之后，司马昭的儿子司马炎逼迫曹奂禅位，建立了晋朝。

苏武节

苏武，字子卿，杜陵（今陕西西安西南）人。公元前100年，苏武奉命以中郎将持节出使匈奴，被扣留。匈奴单于威逼利诱苏武投降不成，将其流放到北海（今俄罗斯贝加尔湖一带）牧羊，断绝了他所有的食物供应。苏武靠着啃毡食雪勉强维持生命，誓死不背叛自己的国家。公元前81年，苏武被释放回汉朝。苏武死后，汉宣帝将其列为麒麟阁十一功臣之一。后以"苏武节"作为赞美忠贞不屈节操之典。

弹冠相庆

"弹冠相庆"典出《汉书·王吉传》："吉与贡禹为友，世称'王阳在位，贡禹弹冠'，言其取舍也。"西汉时期，王吉与贡禹是极为要好的朋友，二人为官清廉，皆以贤能、直谏著称。典故发生在王吉刚做官的时候。听说王吉当了官，贡禹便拿出帽子，弹了弹帽子上的灰尘，说道："我也快当官了啊。"后以"弹冠相庆"比喻一个人做了官，其他和他志趣相投的人互相庆贺，自己也将有官做。如今，"弹冠相庆"多用于贬义，形容坏人得意的样子。

苏武牧羊图 清 任颐

桃李满天下

"桃李满天下"，出自《资治通鉴·唐纪·武后久视元年》："天下桃李，悉在公门矣。"桃李，指代学生。唐代武则天执政时期，宰相狄仁杰德高望重，他性格耿直，敢于直言进谏，深得武则天赏识。作为一代女皇，为了巩固自己的统治政权，武则天尤其注重人才的选拔与培养。被武则天尊称为"国老"的宰相狄仁杰先后举荐了张柬之、姚崇等数十人，辅佐武则天执政。当时，朝中贤能之辈众多，因而，有人对"国老"狄仁杰说："您德高望重，举贤任能，为朝廷输送了如此多的贤能之士，您门下的桃李，可以说遍布天下了。"狄仁杰笑着叹道："我只是将他们举荐给朝廷，这不是我一个人的功劳，是他们实为可用之人。"后来，"桃李满天下"便被用来形容培养的优秀后辈或教过的学生遍布各地。

太公钓鱼，愿者上钩

比喻心甘情愿地上圈套。典出《武王伐纣平话》："姜尚因命守时，直钩钓渭水之鱼，不用香饵之食，离水面三尺，尚自言曰：'负命者上钩来！'"姜尚在渭水边钓鱼，用的是直的鱼钩，而且不用鱼饵，甚至连鱼钩都没有放进水中，其实姜尚钓的并不是鱼，而是人，就是周文王。果然，周文王听说姜尚的才能之后，亲自到水边求访。后来，姜尚辅佐周武王开辟了周朝天下，并受封齐国，为第一代齐侯。

渔樵问答图
山中樵夫看到姜太公用直钩钓鱼，上前询问。

投笔从戎

典出《后汉书·班超传》。班超是著名的史学家和文学家班固的弟弟，年轻时家境贫困，以给人抄书为业，非常劳苦。一天，班超忽然扔下了笔，慨叹道：大丈夫应当像当年的傅介子、张骞那样立功西域，以取封侯，怎么能长久地困窘于抄书这样不屑的事情中呢？旁边的人都笑话他妄想，班超说："小子安知壮士之志哉！"于是参加了军队，逐渐成为一名颇具才略的军官，后来出使西域，为国家作出了重要贡献，受封定远侯。

图穷匕见

比喻事情发展到最后，真相或本意显露了出来。典出《战国策·燕策》："秦王谓轲曰：'起，取舞阳所持图。'轲既取图奉之，发图，图穷而匕首见。"战国后期，秦国愈加强大，东方诸国岌岌可危，燕国太子丹派壮士荆轲赴咸阳刺杀秦王。荆轲由秦舞阳陪同，并且带上了秦国叛将樊於期的人头和燕国的膏腴之地督亢的地图，言称燕国欲将此地献与秦国。秦王令荆轲打开地图来看，地图展开之后露出了里面藏着的匕首，荆轲抓起匕首猛刺秦王，但没有刺中，宫廷之中经过一番惊险的打斗，秦王脱险，荆轲被杀。

推敲

推敲，指在写作过程中反复斟酌文字的运用，也指做其他事情时反复考虑。典出后蜀何光远《鉴戒录·贾忤旨》。唐代诗人贾岛一天骑驴在路上吟诗，得句"鸟宿池中树，僧推月下门"，而又欲用"敲"字来代替"推"字，正在费心思索，不知用哪个字更合适的时候，误闯入了当时京城代理长官韩愈出行的队伍中。韩愈问明情况后，不仅没有责怪他，还认真地帮他斟酌一番，说还是用"敲"字更佳。这两句诗就是五律《题李凝幽居》的颔联。

唾面自干

"唾面自干"典出《新唐书·娄师德传》："其弟守代州，辞之官，教之耐事。弟曰：'有人唾面，洁之乃已。'师德曰：'未也，洁之，是违其怒，正使自干耳。'"娄师德，郑州原武（今河南原阳县师寨镇安庄村）人，因德才兼备，深受武则天赏识，因而，朝中嫉妒之人不在少数。在他弟弟外放做官的时候，娄师德言辞恳切地对弟弟说："承蒙陛下厚爱，我能够在朝中担任要职。但是朝中上下，诋毁之声四起，你这次外出做官，更要多加谨慎，凡事能忍则忍。"他弟弟答道："哥哥，放心，我定会谨记，就算有人将唾沫吐在我脸上，我也只是擦掉而已。"娄师德叹道："这就违背了别人的意愿。你应该让脸上的唾沫自己干掉，这样别人才能够消除怒气啊。"后以"唾面自干"形容受了侮辱，却极度忍让、不加反抗的态度。

退避三舍

"退避三舍"出自《左传·僖公二十二年》，比喻为了不与对方发生冲突而主动做出让步。春秋时期，晋公子重耳被迫流亡在外19年。几经辗转，重耳来到了楚国，并且得到楚王的厚待。一天，酒宴中，楚王对重耳说："我如此礼遇你，如果有一天，你回到晋国当上了国君，你准备如何报答我呢？"重耳思索片刻，随即答道："金银珠宝、稀世珍品、美女绸缎您这里应有尽有，即使我献给大王这些东西，您也未必稀罕。如果我真能回到晋国登上王位，我愿与贵国交好。假使两国不得不剑拔弩张，为报答您的恩情，我定会命令军队退避三舍。"4年后，重耳果真回到晋国，做了晋文公。随着国家日益强大，公元前632年，楚、晋两国在城濮交战，晋文公依照曾经的诺言，下令官兵后退九十里。楚国军队以为晋军实力弱小，不敢前来应战，便向晋军发起了猛烈进攻，结果傲慢轻敌的楚军中计，大败而归。后以"退避三舍"比喻以退为进，不与对方发生正面冲突。

望梅止渴

梅子是酸的，人们吃梅子的时候口中会生出许多津液，因而可以止渴。望梅止渴是说虽然没有吃到梅子，但即使仅仅是望见了也会起到止渴的作用，用来比喻愿望无法实现，而凭空想来安慰自己。典出《世说新语·假谲》。曹操在讨伐张绣的行军途中，天气极为炎热，士兵们口渴得厉害，因而非常疲惫，行军速度就慢了下来。曹操担心贻误战机，非常焦急，而向导又说近处没有水源，于是心生一计，跃马前行，以期看得高远一些，然后告诉士兵说，前方就有一片梅林，上面结的果子很多，又甜又酸，很能解渴。士兵们听了，立即振作起来。军队凭借这种力量，终于找到了前方的水源。

闻鸡起舞

闻鸡起舞，比喻有志向的人会时时地砥砺自己，令自己奋发向上，积极有为。典出《晋书·祖逖传》。东晋时祖逖和好友刘琨为了实现收复北方国土的理想，刻苦习武，相约每天夜里听到鸡鸣就起来舞剑。后来二人

彩绘闻鸡起舞图 民国 魏墉生

本画源自《晋书·祖逖传》："祖逖与司空刘琨俱为司州主簿，情好绸缪，共被同寝。中夜鸡鸣，蹴琨觉曰：'此非恶声也。'因起舞。"祖逖立志为国效力，与刘琨互相勉励，半夜鸡啼起床舞剑。后成为有志者及时奋发的典故。

分别成为镇西将军和征北中郎将，但终因东晋皇室和贵族贪图苟安，不予支持，而没有取得北伐的成功。

问鼎

"问鼎"典出《左传·宣公三年》。公元前606年，楚庄王率军北伐至洛水。为了炫耀自己实力强大，楚庄王在东周都城洛阳南郊举行了一场盛大的阅兵仪式。刚刚即位的周定王感到十分恐慌，便派王孙满前去慰劳楚军。王孙满来到楚军营帐，楚庄王便迫不及待地向他询问代表政权的周鼎大小轻重一事。王孙满听后，严词训斥了楚庄王。通过"问鼎"一事，楚庄王欲取周定王而代之的意图昭然若揭。《晋书·王敦传》中有言道："又问鼎之心，帝畏而恶之。"后来，"问鼎"便被用作意图篡夺王位、觊觎某个地位之典，引申为争夺第一的意思。

文字狱

文字狱，指因著作而获罪，又特别指故意从其著作中摘取字句以罗织罪名的构陷方式，明清两代尤盛，在雍正、乾隆朝达到顶峰。例如徐骏案，徐骏是顾炎武的甥孙，时任翰林院庶吉士，一次在奏章里将"陛下"的"陛"字错写成"狴"字，雍正见到之后，马上把徐骏革职，并继续审查，在徐骏的诗集里找出了这样的诗句："清风不识字，何事乱翻书"、"明月有情还顾我，清风无意不留人"。雍正因此认为这是存心诽谤，照大不敬律处徐骏斩立决。

庄氏史案本末
即"明史案"，为清初臭名昭著的文字狱，开创大清一代文化禁锢的先河，严重制约了清人文化学术的发展。

吴下阿蒙

"吴下阿蒙"典出《资治通鉴》卷六十六："卿今者才略，非复吴下阿蒙。"吕蒙是三国时期，孙权手下的一员大将。他居住在江南一带，从小寄人篱下，没有读书的机会，所以学识浅薄。追随孙权以后，他更以军务繁忙为借口，不肯读书。有一次，孙权对吕蒙等将领说："尽管你们在行军作战方面颇有一套，但是如今你们身居要职，要不断地学习，以增长自己的见识。我平日里要比你们忙，但是我从来没有间断过学习，年轻的时候如此，现在也一样。自古不读书者，孤陋寡闻。通过读史书、兵书，能够增长很多史实、军事方面的知识，对个人修养、行军作战都有好处。"吕蒙听后，深觉自己才疏学浅，无以应对，从此发奋读书。很快，他所掌握的知识，已非一般人所及。一日，将军鲁肃与吕蒙就当前政治军事进行交流。谈论过程中，鲁肃颇为诧异，不禁拍着吕蒙的肩膀叹道："士别三日，当刮目相看。你一番言论，足见学识渊博，你早已不是那个吴下的阿蒙了！"后来，"吴下阿蒙"便被用来比喻那些学识尚浅的人。

五十步笑百步

比喻自己跟别人有同样的缺点错误，只是程度上轻一些，却毫无自知之明地去讥笑别人。语出《孟子·梁惠王上》："或百步而后止，或五十步而后止。以五十步笑百步，则何如？"梁惠王对孟子说："我对国家是很尽心的了，看看邻近的国家，也没有像我这么用心的，可是邻国的人民没有减少，我的人民也没有增多，这是怎么回事呢？"孟子就用作战来比喻："有的人逃跑时后退了五十步，有的人后退了一百步，退五十步的人可不可以笑退一百步的人呢？"梁惠王说："不可以，虽然不是退了一百步，但都是逃跑啊。"孟子的意思是，梁惠王虽然自己觉得治理国家是尽心的了，但其实与其他国君只是程度上的差别而已，没有什么本质的不同，当然国势就不会有根本的改观。

许由洗耳

"许由洗耳"的典故出自晋代皇甫谧《高士传·许由》："尧又召为九州长，由不欲闻之，洗耳于颖水滨……巢父曰：'……子故浮游俗间，求其名誉，污吾犊口。'牵犊上流而饮之。"许由是上古时期有名的"清高"之人。他以不问政事、品德高尚著称于世。"许由洗耳"指的是许由不想当官，也包含想过隐居的日子。相传，尧曾想将帝位让给许由，许由听说之后，非但没有接受，反而隐入箕山，从此不问世事。尧见许由如此谦谨，便更加想笼络这样的贤人。于是他派人到箕山，希望许由能够担当九州长一职。这一次，许由没等使者说完，便跑到颖水边，用河水清洗耳朵。此时，许由的朋友巢父恰好牵着牛犊来饮水。看到许由如此行为，便询问原因，许由便将尧想让位于他，并复请他出任九州长的事情说给巢父听，并且厌恶地补充道："听了这样有伤高洁的话，我怎能不清洗自己的耳朵呢！"听罢，巢父冷笑道："这一切都是你之前在俗世沽名钓誉换来的，你只清洗耳朵有什么用，我倒觉得玷污了我家小牛的嘴。"于是，巢父牵着小牛朝上游走去。

相濡以沫

"相濡以沫"出自《庄子·大宗师》："泉涸，鱼相与处于陆，相呴以湿，相濡以沫，不如相忘于江湖。"庄子用一种淡然无绪的口吻，借助自然规律，说明一切都是自然规律使然，人不该拘泥于形骸，应当融于自然，忘怀一切。"相濡以沫"的意思是说，当泉水干涸之后，两条没来得及离开的鱼同时搁浅在陆地上的小水洼中，为了生存，两条朝夕相对的鱼便相互吐气，向对方吐沫，以湿润彼此的皮肤。但是这种情况下，生存都十分困难，还不如待到湖水涨满时，各自游回水中，从此彼此相互忘记，活得自由自在。后来，"相濡以沫"便被用来比喻同处患难中的人能够相互扶持，给予力量，甚至彼此维系生命。如今，"相濡以沫"常被用来比喻人与人之间相依相偎、不离不弃的感情。

萧规曹随

"萧规曹随"典出《史记·曹相国世家》："参代何为汉相国，举事无所变更，一遵萧何约束。"宰相萧何死后，曹参做了宰相。一日，刚刚即位的

曹参像

萧何像

汉惠帝对曹参说："我年纪尚轻，很多地方都需要宰相辅佐。我见您每日与人饮酒聊天，不知道宰相对国家制度有何想法呢？"曹参答道："陛下觉得，您跟高祖比，谁更贤明些呢？"惠帝答道："自是先帝要贤明英武得多啊。""那陛下觉得，我跟萧相国比，谁更有才能呢？""不及他。"曹参说道："统一天下以后，先帝与萧相国已经制定了一系列有利于国家的政策法令。只要我们谨遵旧法，守业治国未尝不能成功啊。"扬雄有诗云："夫萧规曹随，留侯画策。"后多以萧何创立规章制度，曹参照着实行，比喻按照前任成规办事。

小时了了

语出《世说新语·言语》："小时了了，大未必佳。"意为小的时候很聪慧，但是长大了未必就表现也很好。孔融少有才名，10岁时与父亲到洛阳，一次，他自己去拜见河南太守李元礼，自称是太守的亲戚。李元礼见了他后，问他是自己的什么亲戚。孔融说："我的祖先仲尼和你家的祖先有师资之尊，因此我和你是世交啊。"他说的是当年孔子曾问礼于老子（字伯阳）的事迹。在座的宾客听了都很惊赞，而中大夫陈韪却说："小的时候聪明，长大了未必就有出息。"孔融随即应道："想必陈大夫小的时候一定很聪明喽？"

杏坛

春秋时期，自西周而形成的学在官府的"王官之学"逐渐走衰，因而，教育家孔子将《诗》、《书》、《礼》、《易》、《乐》、《春秋》六经整理成教材，以礼、乐、射、御、书、数六艺为教学内容，在杏坛开课授徒，开创了私人讲学的先河。《庄子·杂篇·渔父第三十一》中载到："孔子游乎缁帷之林，休坐乎杏坛之上。弟子读书，孔子弦歌鼓琴。"从文献中可以看出，"杏坛"并非实指。现今流行的山东曲阜孔庙大成殿前的杏坛实地之说，形成于宋代。孔子第五十四代孙孔道辅增修祖庙，以讲堂旧基石为坛，周围种植杏林之后，人们普遍将这里视作当年孔子讲学授徒的地方。如今，教育界也将人才辈出、育人无数的教学之地誉称为"杏坛"。

孔庙杏坛
位于孔庙大成门与大成殿之间甬道正中，原为孔子旧宅教授堂遗址，宋时将此堂址址"除地为坛，环植以杏，名曰杏坛"。整个建筑玲珑典雅，为孔子从事教育活动的重要标志。

胸中十万兵

又说"胸中甲兵"，或"胸中百万兵"，比喻胸中自有用兵之计，也泛指胸怀韬略。出自《魏书·崔浩传》："又召新降高车渠帅数百人，赐酒食于前，世祖指浩以示之，曰：'汝曹视此人，纤懦弱，手不能弯弓持矛，其胸中所怀，乃逾于甲兵。'"崔浩是北魏重臣，经历了道武帝、明元帝和太武帝三朝，参与了多次重大的军事决策，屡出奇谋，内平叛乱，外服强敌，为北魏统一北方作出了巨大贡献。魏太武帝拓跋焘因此称赞他虽然外表纤弱，但是胸中甲兵强不可当。

叶公好龙

　　叶公好龙，用来指表面上爱好某事物，实际上并非真的爱好，或者说爱好的并不是该事物真正的面貌。典出刘向《新序·杂事》。孔子的学生子张去见鲁哀公，过了7天哀公都不予礼遇，他就托仆人去对鲁哀公讲了这个故事：叶公子高喜欢龙，在家里的各个地方都雕刻绘画了龙的图像，天上的龙知道了就下来看他，从窗户将头探进去，而尾巴拖在屋堂中。叶公子高见到了真龙，吓得魂飞魄散，马上跑开了。可见他并非是喜欢龙，而只是喜欢那些像龙的东西罢了。子张是用此来比喻鲁哀公表面上说自己喜好人才，可是当自己因此而不远千里赶来的时候却得不到接见，这说明其所谓的敬重贤士只不过是做做样子的。

一鸣惊人

　　语出《韩非子·喻老》："三年不飞，飞将冲天；三年不鸣，鸣将惊人！"楚庄王即位后，三年的时间不理朝政，耽于享乐，并声称："有敢谏者，死无赦！"伍举委婉地讽谏道："有一只鸟，停在山阜上，三年了，不飞也不叫，请问大王这是一只什么鸟呢？"楚庄王回答说："这只鸟啊，三年不飞，可是一飞起来就会冲天；三年不叫，可是一叫起来就会惊人。"然而之后楚庄王依然如故。苏从再去进谏。楚庄王抽出宝剑欲杀掉他，但苏从毫不畏惧。楚庄王并没有真的杀掉他，而是对苏从和伍举委任重职，从此亲理国事，励精图治，成为春秋五霸之一。

一诺千金

　　典出《史记·季布栾布列传》："得黄金百，不如得季布诺。"季布为人任侠有名，在项羽手下时曾数次带兵围困刘邦，因而刘邦平定天下后以千金悬赏捕捉季布，有敢窝藏者，罪及三族。季布躲藏到濮阳周家，周氏令其剃发充为家童，卖到朱家。朱家为他置办了田舍，并去洛阳拜见汝阴侯滕公，为季布开脱罪名，说当时各为其主，项羽的旧臣怎么可以都杀掉呢？滕公转告刘邦，季布才得赦免，并入朝为官。季布有一个同乡叫曹丘生，阿谀权贵，为季布所厌恶。但曹丘生还是固执地见了季布，对他说："楚地流传着这样的话——得到黄金百两，不如得到季布的一句诺言。我们都是楚人，我又在到处传扬着您的好名声，您怎么不肯接见我呢？"季布听了很高兴，将曹丘生待为上客，临走还以厚礼相赠。

一字师

　　"一字师"多被用来形容人谦虚好学，一字可为师，即订正、更换诗文中的一两个字的老师。古籍中，有关"一字师"的记载很多。据《五代史补》记载，唐朝末年，一位名叫齐已的和尚带着自己作的一首《早梅》来到袁州，虚心向诗人郑谷请教。郑谷看后，指出"前村深雪里，昨夜数枝开"中"早梅"与"数枝开"不相符，若改成"一枝开"更为妥当。齐已听后，钦佩不已，整装跪拜。时人将郑谷视为齐已的"一字师"。五代王定宝的《唐摭言·切磋》中也记载：五代时，有个名叫李相的官员，平日里很喜爱读书。有一次，他将《春秋》中的叔孙婼的"婼"误读成了"吹"。立在旁边的侍从听到后，委婉地指出了这个错误。李相听后，立即改正了自己的错误，并拜这位侍从为"一字师"。"一字师"经常被用作虚心好学之典。

一叶障目，不见泰山

　　语出《鹖冠子·天则》："一叶蔽目，不见太山；两豆塞耳，不闻雷霆。"有个楚国人，一天在《淮南子》这本书中读到，螳螂在捕蝉的时候可以用树叶来遮蔽自己的身体，他就到树上找了一片螳螂捕蝉时用以隐身的树叶，但是那片树叶落了下来，与地上的很多叶子混在了一起，他就将树下的叶子全都收了起来，带回家中，然后一片一片地往身上贴树叶，每贴一片，都问一问他的妻子是否还能看见他，可每次妻子的回答都是看得见，后来他的妻子烦了，就说了一句看不见，于是他就信以为真，跑到街上去拿人家的东西，结果被告发而捕拿了起来，他在受审问的时候将事情的来龙去脉讲了一番，大家听了大笑起来，也没有治他的罪，把他给放了出来。

以德报怨，何以报德

语出《论语·宪问第十四》："或曰：'以德报怨何如？'子曰：'何以报德？以直报怨，以德报德。'"有人问孔子，不记别人的仇，而以好处来回复，这种做法怎么样呢？孔子说：如果以好处来回报仇恨，那么又用什么来回报恩德呢？正确的做法应当是用正直的态度来对待仇怨，而用好处来回赠对自己有恩惠的人。

欲盖弥彰

语出《左传·昭公七年》："或求名而不得，或欲盖而名章，惩不义也。"孔子在《春秋》中记下了："冬，黑肱以滥来奔。"黑肱是邾国大夫，投靠了鲁国，因而他的领地也并入了鲁国的版图。黑肱是一个不值得褒扬的人物，但孔子还是记下了这件事，因为这是涉及领土变动的重大事件，同时黑肱的叛国行径也一同被记录了下来。《左传》评论道：有的人想求名而不得，有的人欲掩盖掉恶名，恶名却仍会彰显出来，这是对不义的惩戒。

欲加之罪，何患无辞

出自《左传·僖公十年》："不有废也，君何以兴？欲加之罪，其无辞乎？"晋献公死后，公子奚齐继位，大夫里克杀掉了奚齐，又杀了公子卓和大夫荀息，而迎接流亡在外的公子夷吾回国。夷吾即位后，削除了里克的职权，然后又命其自杀，并令使者对他说：没有你的力量，我没有今天，可是你杀了两个国君和一个大夫，给你做国君岂不是很难吗？里克听了说：如果不废掉先前的国君，你又怎能得到君位呢？想要加罪于人，又怎么会找不到借口呢？然后受命伏剑而死。

约法三章

语出《史记·高祖本纪》："与父老约，法三章耳：杀人者死，伤人及盗抵罪。"刘邦进入咸阳后，本想住进豪华的皇宫里，但是樊哙和张良告诫他不要因此而失去人心，于是刘邦令人将秦宫的财宝都保护起来，而自己则回到灞上，并将关中父老召集起来，宣布废除秦朝的严刑峻法，向大家约定了人人应当遵守的三项基本法律，即杀人者要处死，伤人和盗窃者要抵罪。百姓听了，热烈拥护，刘邦由此得到了人民的支持，为其后夺取天下奠定了根基。

张良像

宰相肚里能撑船

比喻为人宽宏大量。相传王安石中年丧妻之后续娶了一个年轻的女子名娇娘，但王安石身为宰相，公务繁忙，经常不回家，天长日久，娇娘就与一个仆人发生了私情。王安石得知后回家探访，果然撞遇此事，但他并没有大发雷霆，而是装作若无其事。过了些日子，到中秋节与娇娘赏月之时，王安石才把这件事婉转地说出来，娇娘闻听，仓皇之中随口说了一首诗："八月中秋月儿圆，小妾知罪跪桌前。大人莫见小人怪，宰相肚里能撑船。"王安石果然没有怪罪她，还给了她一笔钱，令娇娘和那个仆人成了亲。

中山狼

春秋时期，晋国大夫赵简子一行人在中山狩猎时，射伤了一只恶狼。恶狼带伤逃走，赵简子等人沿血迹追捕。狼逃命途中，遇到了儒雅书生东郭先生，便哀求说："请先生让我躲入您的口袋中，避过这一劫吧，日后我定会报答您的恩情。"于是，东郭先生发了怜悯之心，将狼藏入口袋中，使其躲过了赵简子等人的追捕。然而，保住了性命的恶狼却将毒爪伸向了东郭先生，欲取其性命以充饥。后来，"中山狼"的故事便被用来鞭挞那些忘恩负义之徒，比喻恩将仇报，也用于惊醒一些不分是非、滥发慈悲的人。

周公吐哺

"周公吐哺"典出《史记·鲁周公世家》："我一沐三捉发，一饭三吐哺，起以待士，犹恐失天下之贤人。"周公，周文王第四子，西周杰出的政治家、军事家和思想家。曾经帮助其兄武王灭商。成王年幼时，他倾力辅佐朝政，为周朝的建立与巩固作出了重大贡献。他曾对儿子说："我经常洗一次头发要多次握住头发，吃一顿饭也要间断数次，谦诚待士，唯恐错过贤能之人。"后世视周公为政者的典范。他是孔子最为崇敬的古代圣人，被尊为儒学奠基人。后以"周公吐哺"用作礼贤下士之典。

重于泰山

出自司马迁《报任安书》："人固有一死，或重于泰山，或轻于鸿毛。"汉武帝时，李陵在与匈奴的作战中因寡不敌众而被迫投降，司马迁为李陵辩解，称其乃不得已而为之，将来必伺机报效国家，因此触怒了汉武帝，先被下狱，再遭宫刑，身心承受了巨大的伤害和屈辱。司马迁在给任安的信中表明了自己的心迹，说自己之所以忍辱负重，没有因为不堪残辱而赴死，是由于自己还有一项重要的事业没有完成，就是"欲以究天人之际，通古今之变，成一家之言"的《史记》。人总是要有一死的，可是若自己就这样死了，就像九牛亡一毛，与蝼蚁没有什么区别的，而若"已著此书，藏之名山，传之其人，通邑大都，则仆偿前辱之责，虽万被戮，岂有悔哉"？

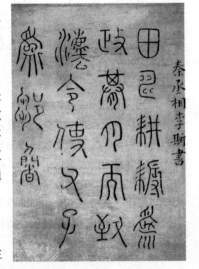

李斯书法 秦

逐客令

典出《史记·李斯列传》。公元前237年，韩国水工郑国主持兴建大型灌溉渠时，被告发是韩国派来的奸细。为此，秦始皇颁布了驱逐国内所有外来大臣宾客的诏令。当时在秦国任官的楚人李斯也在驱逐之列，于是他冒死上奏了一篇《谏逐客书》，反对秦始皇逐客。谏书中，李斯列举了在秦国为官的楚国百里奚、宋国蹇叔、晋国丕豹等外来官员对秦国所作的贡献，并指出逐客的弊端，言辞恳切，慷慨激昂。秦始皇看后，觉得颁布逐客令确实不妥，便下令废除了逐客令。"逐客令"指赶走客人的言辞或行为举止，后多用作主人赶走不受欢迎的客人之典。

糟糠之妻不下堂

"糟糠之妻不下堂"典出《后汉书·宋弘传》："臣闻贫贱之交不可忘，糟糠之妻不下堂。"糟糠，指的是用以充饥的酒糟糠皮等粗劣的食物。堂，指正室。宋弘，东汉初年大司空，为人正直，做官廉洁，深得光武帝信赖。光武帝的姐姐湖阳公主早年丧夫，守寡在家。光武帝有心给湖阳公主再找个如意郎君，交谈之中，湖阳公主吐露倾心于宋弘。于是，光武帝将湖阳公主安置在屏风后倾听，召宋弘前来，说道："人显贵了，朋友圈子就要发生变化；富有了，就该改娶妻子。"宋弘明白皇上的用意，正言道："古人云：穷困卑微时交的朋友不可忘记，患难与共的妻子也不能抛弃。"光武帝听后，赞叹宋弘为人正直，湖阳公主听后，也明白了宋弘的意思。后以"糟糠之妻不下堂"为不抛弃患难夫妻之典。

执牛耳

"执牛耳"典出《左传·哀公十七年》。春秋时期，各诸侯国要订立盟约，必须举行"歃血为盟"的仪式。盟誓以前，要事先割下牛的耳朵取血，然后将牛耳放在珠盘之上，由主盟者执盘。祭拜之后，主盟者率先将牛血涂在口上，然后所有参与盟约的人在神灵面前相继歃血，盟誓不违盟约，否则必受惩罚，像被宰的牛一样死亡。当时，人们称仪式中手执装有牛耳珠盘的主盟者为"执牛耳"。后以"执牛耳"作居于首领地位之典，泛指在某个领域居于领导地位的人。

座右铭

座右铭，即写在座位右边用以警戒和砥砺自己的格言。出自《文选·崔瑗〈座右铭〉》吕延济题注："瑗兄璋为人所杀，瑗遂手刃其仇，亡命，蒙赦而出，作此铭以自戒，尝置座右，故曰座右铭也。崔瑗是东汉时期的书法家，年轻时因意气用事而杀了害死哥哥的仇人，之后逃亡，过了几年，适逢朝廷大赦，才返回家乡。崔瑗深知自己因为一时鲁莽而吃足了苦头，于是写作铭文放在座位的右侧，以期时时提醒自己。

坐山观虎斗

比喻对双方的斗争采取旁观的态度，等其两败俱伤之后再从中捞取好处。典出《史记·张仪列传》："两虎方且食牛，食甘必争，斗则大者伤、小者死；从伤而刺之，一举必有双虎之名。"魏国与韩国交战，持续了一年仍未休兵，秦惠王有意让双方和解，但是在征询意见的时候又有人说不令他们和解才对秦国有利，秦惠王因此拿不定主意。这时，陈轸给他讲了卞庄子刺虎的故事。两只虎在争夺一只牛的时候，卞庄子没有立即就去刺它们，而是等着它们争斗到最后，结果一只死了，另一只也受了很重的伤，这个时候再去刺，就一下子得到了两只虎。秦惠王于是放弃了令魏、韩和解的打算。

坐怀不乱

柳下惠是春秋时期鲁国人，为人刚正不阿，曾因得罪权势而三遭罢黜。尽管如此，他依然不改气节，而且至死不离开父母之邦，被孟子誉为"和圣"。相传，在一个寒冷的夜晚，柳下惠夜宿城门之时，遇到了一名衣单体寒、无家可归的女子。于是，柳下惠用自己的衣服包裹住女子，将其抱在怀中。两人这样互相依偎，彼此取暖，坐了一夜，却没有发生任何非礼的事情。很快，这件事在民间流传开来。柳下惠因此而被尊崇为遵守中国传统道德的典范，士大夫个人修为的楷模。成语"坐怀不乱"也常被用来形容那些为人正派，在两性关系上谨守道德规范的男子。